Insbruck.

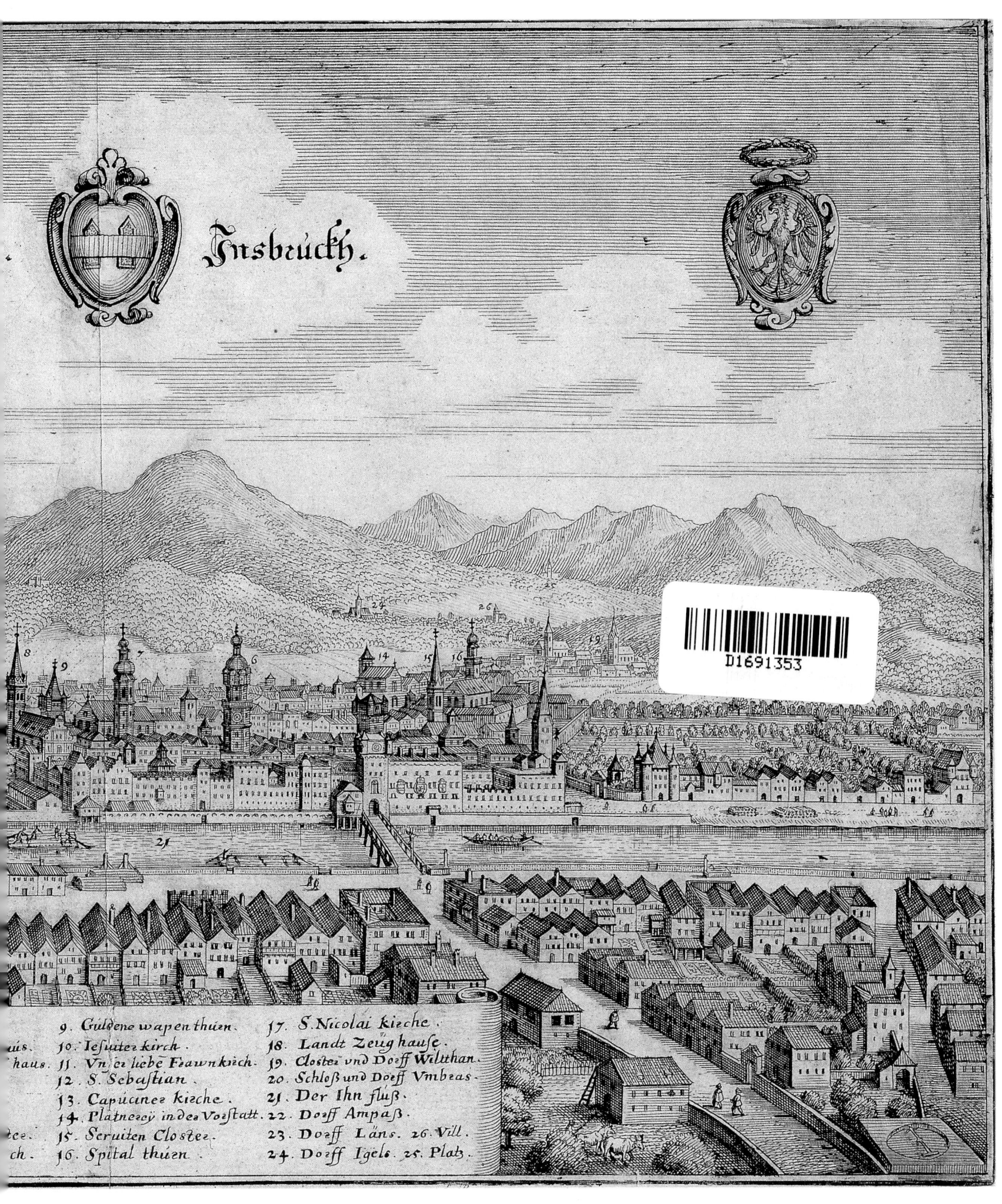

9. Guldene wapen thüen.	17. S. Nicolai kirche.
10. Iesuiter kirch.	18. Landt Zeüghauss.
11. Vnser liebe Frawnkirch.	19. Closter und Dorff Wilthan.
12. S. Sebastian.	20. Schloß und Dorff Vmbras.
13. Capuciner kirche.	21. Der Ihn fluß.
14. Platnerey in der Vorstatt.	22. Dorff Ampaß.
15. Seruiten Closter.	23. Dorff Läns. 26. Vill.
16. Spital thüen.	24. Dorff Igels. 25. Platz.

Sabine Weiss

Claudia de' Medici

Sabine Weiss

Claudia de' Medici

Eine italienische Prinzessin
als Landesfürstin von Tirol
(1604 – 1648)

Tyrolia-Verlag · Innsbruck-Wien

Herausgegeben vom Südtiroler Kulturinstitut

Die Drucklegung dieses Buches wurde unterstützt von:
Südtiroler Landesregierung über das Südtiroler Kulturinstitut
Abteilung Kultur im Amt der Tiroler Landesregierung
Kulturamt der Stadt Innsbruck

Bibliografische Information Der Deutschen Bibliothek
Die Deutsche Bibliothek verzeichnet diese Publikation in der Deutschen Nationalbibliografie; detaillierte bibliografische Daten sind im Internet über http://dnb.ddb.de abrufbar.

2004
© Verlagsanstalt Tyrolia, Innsbruck
Umschlaggestaltung: Peter Mair, unisono Werbeagentur, Innsbruck,
unter Verwendung des Bildes IN 349 im Merkantilmuseum Bozen
Layout: Tyrolia-Verlag
Digitale Gestaltung: Satzstudio Schöpf, Oberperfuss
Lithografie: Artilitho, Trento
Druck und Bindung: Athesia-Tyrolia Druck, Innsbruck
ISBN 3-7022-2615-X
E-Mail: buchverlag@tyrolia.at
www.tyrolia.at

Inhalt

Zum Geleit 7

Das Haus Habsburg und die Medici
Macht und Pracht verbündet.. 11

Erzherzog Leopold V.
Ein verschuldeter Bräutigam.. 41

Claudia de' Medici, Prinzessin von Toskana
Eine begehrte reiche Braut.. 55

Erzherzogin Claudia von Österreich
Heirat und Familie... 63

Der Innsbrucker Hof
Leben im Florentiner Stil.. 113

Claudia von Gottes Gnaden verwittibte Erzherzogin zu Österreich
Regentin in schwieriger Zeit.. 137

Heiliges Land Tirol
Katholische Frömmigkeit, Hexen und Sünder, Judenfeindschaft........ 189

Die letzten Lebensjahre
Triumph und Niederlage.. 233

Spurensuche
Was blieb von Claudia de' Medici?... 251

Anmerkungen.. 269

Abkürzungen... 291

Literatur.. 292

Zeittafel... 294

Bildnachweis... 295

Register... 296

Zum Geleit

"Claudiens Andenken bleibt allen Tirolern gesegnet."

Diese Worte Franz Carl Zollers in seinem 1816 veröffentlichten Werk „Geschichte und Denkwürdigkeiten der Stadt Innsbruck" beziehen sich vor allem auf die Bedeutung, die Claudia de' Medici bei der Verteidigung Tirols während des Dreißigjährigen Krieges zukam. Aber brachte sie nicht auch die Theaterkultur nach Innsbruck und das erste Roßballett an den Wiener Hof? Zeugen nicht der Bozner Merkantilmagistrat, die geplante Seidenindustrie und sogar eine beabsichtigte Büffelzucht von ihrem Bemühen um wirtschaftliche Prosperität, der „Claudiasaal" in der Innsbrucker Altstadt von ihrem Interesse an einer gut funktionierenden Verwaltung? Sind nicht auch die Jesuitenkirche und die Mariahilfkirche in Innsbruck mit ihrem Namen verbunden? Entstand nicht zu ihrer Zeit der Plan, hier eine Universität zu errichten, um den Landeskindern das teure Studium im Ausland zu ersparen und zugleich den Hof mit gut ausgebildeten Beamten zu versorgen? War sie nicht die erste „Fremdenführerin" in Tirol? War sie nicht eine Tierfreundin, die sich gern mit Hunden umgab und sie sogar auf Gemälden abbilden ließ, während sie dem fürstlichen Jagdvergnügen wenig abgewann? Wie stand es mit der Rechtspflege, als sie über Leben und Tod entschied? War Tirol ein „heiliges Land"? Gab es religiöse Toleranz oder waren alle bei Strafe verpflichtet, der „allein seligmachenden" katholischen Kirche anzugehören?

Claudia de' Medici auf ihrem Lebensweg zu begleiten hieß, einen Bogen zu spannen vom Florentiner Fürstenhof bis hin zu entlegenen Tiroler Dörfern, in denen sich die Bevölkerung von Hexen und Zauberern bedroht fühlte und sie vor Gericht brachte. Es bedeutete, die Fülle des Lebens kennenzulernen in einer Zeit, deren Kunstwerke uns noch heute begeistern, deren grausame Gerichtsbarkeit, religiöse Unduldsamkeit und soziale Ungleichheit aber gottlob der Vergangenheit angehören.

Wie interessant war es, sich mit dem Aufstieg einer reichen Bankiersfamilie zu beschäftigen, die durch ihre Kredite an die Habsburger zu Fürstenehren gelangte. Wie anregend war es, auf den Spuren der Medici zu wandeln, ihre Villen und Gärten in der Toskana kennenzulernen, ihre prunkvollen Paläste in Florenz zu besichtigen.

In einem von ihnen, dem Palazzo Pitti, kam Claudia de' Medici am 4. Juni 1604 zur Welt, als letztes Kind des kunstsinnigen Großherzogs Ferdinando I., der während seiner Zeit als Kardinal in Rom die *Villa Medici* erworben und reich ausgestattet hatte. Er war es auch, der sie bereits im Kindesalter mit dem Thronerben von Urbino verlobte, um dieses Herzogtum wieder an die Familie zu bringen. Auch sein Sohn und Nachfolger, ihr ältester Bruder Cosimo II., der mit Erzherzogin Maria Magdalena aus der steirischen Linie der Habsburger verheiratet war, hielt an dieser Verbindung fest, obwohl Kaiser Ferdinand II. 1619 um sie warb. So mußte die 17jährige Prinzessin 1621 Federigo della Rovere von Urbino heiraten und in das abgelegene Herzogtum übersiedeln. Doch bereits zwei Jahre später kehrte sie als Witwe mit einer Tochter nach Florenz zurück, die Sitte verlangte, daß sie sich in ein Kloster zurückzog. Hätte der Florentiner Hof nicht doch besser auf die kaiserliche Karte setzen sollen?

Ferdinand II. war inzwischen mit Eleonore Gonzaga vermählt, aber vielleicht bestand noch eine andere Möglichkeit, in das Kaiserhaus einzuheiraten. Hatte nicht sein jüngerer Bruder Leopold, Bischof von Passau und Straßburg, seit langem die Absicht, das geistliche Gewand abzulegen und zu heiraten? Konnte man ihm vielleicht Claudia als reiche Braut offerieren? Großherzogin Maria Magdalena wagte es, doch es gab beträchtliche Schwierigkeiten. Wovon sollte der Erzherzog, nach der Aufgabe seiner Bistümer ohne eigenes Land, eine fürstliche Gemahlin erhalten? Als Gubernator der Tiroler Linie bezog er nur ein geringes Deputat, seinem Wunsch, ihm diese Länder als erbliches Eigentum zu übertragen, widersetzte sich der Kaiser.

Wie schwer wird der jungen Witwe die Wartezeit im Kloster gefallen sein, bis endlich die erlösende Nachricht kam, daß Ferdinand II. einer Länderteilung zustimmte (1625). Wie besorgt wird sie der ersten Begegnung mit ihrem Bräutigam entgegengesehen haben, der auf dem Weg nach Rom im November 1625 einen Abstecher nach Florenz machte, um seine Braut in Augenschein zunehmen. Wie erfreut wird sie gewesen sein, als der Papst Leopold den Ausstieg aus dem geistlichen Stand unter günstigen finanziellen Bedingungen zugestand und damit die Ehe ermöglichte. Nun konnte sie endlich den Witwenschleier mit dem Brautschleier vertauschen.

Nach der Trauung im Florentiner Dom (25. März 1626), bei der ihr Neffe, Großherzog Ferdinando II., den abwesenden Bräutigam vertrat, brach die nunmehrige Erzherzogin von Österreich Ende März 1626 nach Tirol auf. Wie würde es ihr in ihrer neuen Heimat ergehen?

Mit Claudia de' Medici kam neues Leben in die Innsbrucker Residenz. Die Stadt konnte die vielen Menschen, Mitglieder des Hofstaats und Gäste, kaum fassen. Auch die fürstliche Familie vergrößerte sich ständig, fast alljährlich war Kindstaufe, als Taufpaten kamen befreundete Fürsten nach Innsbruck oder schickten hochrangige Vertreter. Wie ergötzlich war der Blick in die Kinderstube bei Hof, über die ungewöhnlich viele Berichte vorliegen. Hochzeiten von Hofdamen, Maskeraden im Fasching und sonstige Hoffeste sorgten ebenfalls für Abwechslung.

Das Jahr 1628 war besonders ereignisreich. Der Besuch des jungen Großherzogs von Toskana, die Taufe des Erbprinzen Ferdinand Karl und die erwartete Ankunft der spanischen Infantin spornten den Innsbrucker Hof zu Höchstleistungen an: Ein Theater wurde errichtet, Theaterstücke wurden geprobt, ein Roßballett einstudiert. Weil die Infantin, Braut König Ferdinands III., aber nicht über Innsbruck nach Wien reiste, begab sich auch das Tiroler Fürstenpaar im Winter 1631 an den Wiener Hof, wo seine Darbietungen – Roßballett und Damenballett – großen Eindruck machten. Über Innsbruck war italienisches Kulturgut an den Kaiserhof gelangt.

Das glanzvolle Hofleben endete 1632 mit dem Tod Leopolds V. Seine noch jugendliche Witwe mußte sparen, Verteidigungsausgaben, alte Schulden und fehlende Einnahmen wegen des langandauernden Krieges schufen eine triste Finanzlage. Als Regentin war Claudia nun bis zur Volljährigkeit ihres Sohnes Ferdinand Karl verantwortlich für die Regierung, für die Wirtschaft, für die Landesdefension. Bei der Ausübung der Gerichtsbarkeit lernte sie auch die weniger schönen Seiten des Daseins in Tirol kennen: Hexenprozesse, deren Protokolle man nur mit Erschütterung lesen kann, abschreckende Strafen wie Verbrennen, Pfählen, Rädern oder Handabschlagen, die sie zwar mildern, aber nicht abschaffen konnte. An einer Strafminderung für sexuelle Verfehlungen – nach damaliger Ansicht – war sie offenbar selbst nicht interessiert.

Claudia de' Medici umgab sich gern mit Italienern und Welschtirolern, die deutsche Sprache beherrschte sie nur notdürftig. Am Ende ihrer Regentschaft sorgte sie durch die Vermählung des Erbprinzen mit ihrer Nichte Anna de' Medici für den Weiterbestand des italienischen Elements in Innsbruck.

Die vorliegende Biographie beruht auf umfangreichen Recherchen. Dabei wurde ich überall freundlich unterstützt. Besonders bedanken möchte ich mich bei Prof. Dott.ssa Alessandra Contini (Staatsarchiv Florenz), bei Mag. Gerhard Gonsa (Haus-, Hof- und Staatsarchiv in Wien), bei Dr. Manfred Tschaikner (Vorarlberger Landesarchiv), bei Univ.-Prof. P. Dr. Emerich Coreth (Archiv des Innsbrucker Jesuitenkollegs) sowie bei Mag. Roland Kubanda (Stadtarchiv Innsbruck). Hofrat DDr. Wilhelm Kundratitz half mir bei der Suche nach Archivalien im Stift Stams.

Nahezu unerschöpflich war das im Tiroler Landesarchiv vorhandene Quellenmaterial, das ich in jahrelanger Arbeit auswertete. Den Archivdirektoren Univ.-Prof. Dr. Werner Köfler und Univ.-Prof. Dr. Richard Schober sage ich für die mir gewährten optimalen Arbeitsbedingungen verbindlichen Dank. Von den Archivaren erhielt ich jegliche Assistenz, erwähnen möchte ich vor allem Dr. Manfred Rupert für seine nie ermüdende Hilfestellung bei schwierigen Problemen. Auch Dr. Wilfried Beimrohr, Dr. Christian Fornwagner, Dr. Christoph Haidacher und Dr. Heinz Moser gaben mir bereitwillig Auskunft aus ihrem jeweiligen Spezialwissen. Bei der Bestellung der Archivalien zeigte Peter Krall nie Unwillen über die Unmengen der gewünschten Stücke, Peter Santer scannte unzählige Stücke für mich und fertigte von aussagekräftigen Archivalien Fotos an. Gern erinnere ich mich auch an viele informative Gespräche, die ich an meinem Arbeitsplatz mit Mag. Oswald Überegger führte.

Bei den im vorliegenden Buch aufgeführten Quellen wurden die wörtlichen Zitate *kursiv* gedruckt, die Ortographie blieb unverändert, nur u und v sowie i und j wurden der leichteren Lesbarkeit halber der heutigen Schreibweise angepaßt. Die Quellen- und Literaturangaben wurden möglichst kurz gehalten.

Bei der Beschaffung und Interpretation der Bilder fand ich ebenfalls freundliche Unterstützung. Besonders erwähnen möchte ich Hofrat Dr. Karl Schütz, Direktor der Gemäldegalerie, und Hofrat Dr. Helmut Trnek, Direktor der Kunstkammer des Kunsthistorischen Museums in Wien, sowie Frau Dr. Veronika Sandbichler von Schloß Ambras. Dank sage ich weiters Univ.-Prof. P. Dr. Floridus Röhrig (Institut für Kirchengeschichte) und Univ.-Ass. Dr. Friedrich Polleroß (Institut für Kunstgeschichte), beide Universität Wien.

In Florenz unterstützte mich Angela Dossi im Gabinetto Fotografico in liebenswürdiger

Weise bei der Suche nach aussagekräftigen Bildern, Serge Domingie fertigte zahlreiche Fotos für mich an.

Graf Leonhard von Wolkenstein-Rodenegg, Prof. Dr. Magdalena Hörmann sowie Eduard Scheiber (Brixen) und Albert Steger (St. Lorenzen) waren mir bei der Beschaffung von Fotos aus Rodeneck behilflich, Univ.-Prof. Dr. Franz-Heinz Hye stellte mir ein Porträt von Dr. Paul Weinhart, Prof. Mag. Josef Ziegler (Wien) Aufnahmen von der Restaurierung der Zinnsärge in der Innsbrucker Jesuitengruft zur Verfügung, Dr. Mercedes Blaas machte mich auf die Markterhebung ihres Heimatortes Mals aufmerksam. Ihnen allen sage ich dafür herzlichen Dank.

Äußerst zuvorkommend erfüllte P. Norbert Harm, Prior des Innsbrucker Servitenklosters, meine Bilderwünsche. Auch P. Wolfgang Thienen, Guardian des Kapuzinerklosters, und P. Wolfhard Würmer, Guardian des Franziskanerklosters, gestatteten freundlich die Besichtigung ihrer Kunstschätze. Für die schwierigen Aufnahmen kam Walter Graf eigens aus Schwaz nach Innsbruck, wofür ich ihm ganz besonders danke.

In der Handschriftenabteilung der Innsbrucker Universitätsbibliothek waren mir Mag. Peter Zerlauth und Michael Springer stets sehr behilflich, ich bedanke mich bei ihnen herzlich.

Gern denke ich auch an die herbstliche „Schanzentour" zurück, bei der mir Dr. Hans Santer ortskundig die Befestigungsanlagen von Scharnitz und Ehrenberg zeigte. Der beschwerliche Aufstieg zum Fort St. Claudia wird mir stets in Erinnerung bleiben.

Meine liebe Kollegin Univ.-Prof. Dr. Brigitte Mazohl-Wallnig verfolgte das Entstehen der Biographie mit großem Interesse und gab mir wertvolle Tipps, herzlichen Dank.

Univ.-Prof. Dr. Werner M. und Mag. Gerti Bauer borgten mir eines ihrer Hundebücher. So erfuhr ich, daß Bologneserhündchen und Löwchen die Schoßhunde der vornehmen Damen des 17. Jahrhunderts waren. Claudia de' Medici lag also mit ihrer Vorliebe für diese beiden Hunderassen voll im Trend der Zeit. Ein graziöses weiß-rostrot geflecktes Bologneserhündchen ziert viele ihrer Porträts, es ist in Zweifelsfällen ein sicheres Erkennungszeichen.

Ein Hinweis zum Schluß: Die in der deutschsprachigen Literatur häufig vorkommende Bezeichnung „Claudia von Medici" ist falsch. Die Bankiersfamilie war nicht adelig, also „von" *(de)* Medici. Als Angehörige dieser Familie, der Medici, lautet ihr Name im Italienischen *Claudia dei Medici* (Genitiv Plural, also Mitglied „der" Medici), heute meist verkürzt in: *Claudia de' Medici*. Sie selbst unterschrieb im Jahr 1621 mit *Claudia Medicj*, später nannte sie sich meist *Claudia geborne Prinzessin von Toscana*.

Innsbruck, im März 2004   S. W.

Das Haus Habsburg und die Medici
Macht und Pracht verbündet

Seit die Habsburger Ende des 10. Jahrhunderts aus dem Dunkel der Geschichte traten, waren sie Träger von Herrschaft. Von adeliger Geburt, hatten sie Grafenrechte in Süddeutschland, im Elsaß (heute Frankreich) und in der heutigen Schweiz inne. Sie besaßen in diesen Gebieten ausgedehnten Grundbesitz, aber kein geschlossenes Territorium. Die um 1020 erbaute Habsburg im Schweizer Kanton Aargau war nur zeitweise ihr Wohnsitz (*Abb. 1*), gab aber dem Geschlecht den Namen: Habsburger.

Als Grafen von Habsburg standen viele Familienmitglieder im Dienst der deutschen Herrscher, und mit Rudolf I. (1273–1291) erlangte die Familie schließlich selbst königliche Ehren (*Abb. 2*).

Abb. 1: Die um 1020 erbaute Habsburg (= Habichtsburg) gab einer mächtigen Dynastie den Namen. BA, KO 1112-C.

Die Habsburger erweitern ihr Herrschaftsgebiet

Ein König ohne eigenes Land hatte im Reich keine starke Position. Darum griff Rudolf, der „arme Graf", entschlossen zu, als sich ihm die Möglichkeit bot, gleich drei Herzogtümer zu erwerben: Im Jahr 1246 war die Dynastie der Babenberger, die die Herzogtümer Österreich und Steiermark innehatte, ausgestorben, ihr Erbe übernahm König Ottokar II. von Böhmen, der 1269 auch das Herzogtum Kärnten an sich brachte. Als er sich weigerte, diese Länder als Lehen von Rudolf I. in Empfang zu nehmen, wurde er geächtet. 1276 rückten die Heere des deutschen Königs und seiner Verbündeten in Ottokars Länder ein, der stolze Böhmenkönig unterwarf sich und bekam die aberkannten Herzogtümer zurück. Als er aber mit der Herausgabe wichtiger Plätze zögerte, zog Rudolf I. ein zweites Mal gegen ihn zu Feld und besiegte ihn in der Schlacht auf dem Marchfeld (26. August 1278).

Der Sieg über den Böhmenkönig, der auf der Flucht von persönlichen Feinden ermordet wurde, machte den Weg frei für die Herrschaft der Habsburger in Österreich und Steiermark. Lediglich Kärnten verlieh Rudolf I. an seinen Verbündeten, Graf Meinhard von Görz und Tirol. Zu Weihnachten 1282 belehnte der König seine Söhne mit Österreich und der Steiermark – die Herrschaft der neuen Dynastie sollte 636 Jahre, bis zum Jahr 1918 dauern.

Die Bedeutung der Erwerbung Österreichs drückte sich bald auch im Namen der Familie aus, seit dem 14. Jahrhundert nannte sie sich „Haus Österreich". Das Wort „Haus" kennzeichnete im habsburgischen Familienrecht den gemeinsamen Besitz, alle Söhne und, wenn solche fehlten, auch die Töchter hatten Anrecht auf Erbe und Herrschaft.

Im Jahr 1335 übernahmen die Habsburger Kärnten, im Jahr 1363 erwarben sie die Grafschaft Tirol, in weiterer Folge kamen Gebiete im heutigen Vorarlberg hinzu. Damit besaßen sie nicht nur eine Landbrücke zu ihren westlichen Besitzungen, sondern mit dem Brenner auch den wichtigsten Alpenpaß auf dem Weg von Deutschland nach Italien. Kleinere, aber nicht unwesentliche Gebietszuwächse folgten: Im Jahr 1368 unterstellte sich die Stadt Freiburg im Breisgau ihrer Herrschaft, im Jahr 1382 Triest an der Adria. Als Inhaber mehrerer Herzogtümer und vor allem Kärntens legten sich die Habsburger seit Rudolf IV. (1358–1365) den Titel „Erzherzog" zu (*Abb. 3*), der ihr Charakteristikum wurde.

Abb. 2: Die hagere Gestalt König Rudolfs I. von Habsburg, gezeichnet nach der Grabplatte im Dom zu Speyer von Hans Knoderer (1508). KHM, KK, IN 9.

Abb. 3: Herzog Rudolf IV., der Stifter. BA, PHC 21.798-B.

Weniger erfolgreich war die Familie in ihrem Bestreben, die Reichskrone auf Dauer an sich zu bringen. Die deutschen Fürsten wollten kein Erbrecht an der Königswürde aufkommen lassen und übergingen die Habsburger bei mehreren Wahlen. Eine Wende trat erst ein, nachdem sich Herzog Albrecht V. (1411–1439) als Erbe der Luxemburger mit den Königreichen Böhmen und Ungarn eine gewaltige Machtposition geschaffen hatte. Seine Wahl im Jahr 1437 stand am Beginn einer nahezu ununterbrochenen Reihe habsburgischer Herrscher auf dem deutschen Thron. Zwar gingen Böhmen und Ungarn unter Albrechts Nachfolger Friedrich III. (1440–1493), der als erster Habsburger vom Papst in Rom zum Kaiser gekrönt wurde (*Abb. 4*), wieder verloren, doch die Kaiserwürde blieb dem „Haus Österreich" erhalten.[1]

Die Habsburger als Kaiser des Heiligen Römischen Reiches

Im Jahr 1477 gelang ein spektakulärer Ländergewinn im Westen: Friedrichs einziger Sohn Maximilian (*Abb. 5*) heiratete Maria von Burgund (*Abb. 6*), die reichste Erbin Europas. Das Herzogtum Burgund war allerdings zugleich das bedeutendste französische Kronlehen, und König Ludwig XI. von Frankreich sowie seine Nachfolger verweigerten den Habsburgern die Belehnung. Trotzdem führte die Familie auch weiterhin den Titel „Herzog (Herzogin) von Burgund". Die übrigen zum burgundischen Staat gehörenden Territorien, vor allem die sogenannten Niederlande – das heutige Belgien, die Niederlande und Luxemburg umfassend –, konnten aber größtenteils behauptet werden und bildeten jahrhundertelang einen imposanten habsburgischen Herrschaftskomplex in Westeuropa.

Einen noch größeren Ländergewinn erzielte Maximilian, seit 1486 Römischer König und damit designierter Nachfolger als Kaiser, im Jahr 1495.

Abb. 4: Kaiser Friedrich III. im Krönungsornat. KHM, GG, IN 4397.

Abb. 5: Maximilian I., geschmückt mit der Kette des burgundischen Hausordens, dem Goldenen Vlies. TLMF, Gem 1277.

Abb. 6: Maria von Burgund brachte reiche und fortschrittliche Länder in die Ehe mit. KHM, GG, IN 4402.

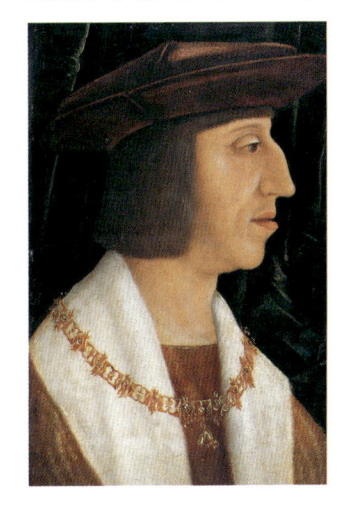

Das Haus Habsburg und die Medici

Abb. 7: Philipp der Schöne gewann Spanien für die Habsburger. KHM, GG, IN 4449.

Abb. 8: Infantin Johanna, die unerwartet Erbin von Spanien wurde. KHM, GG, IN 4450.

Sein Sohn Philipp der Schöne (*Abb. 7*) heiratete die spanische Infantin Johanna (*Abb. 8*), seine Tochter Margarete wurde mit dem spanischen Thronfolger vermählt. Als der Thronerbe kurz nach der Hochzeit kinderlos starb und zwei weitere Erben gleichfalls vom Tod hinweggerafft wurden, ging das gesamte spanische Weltreich völlig unerwartet auf die Infantin Johanna und ihren Gemahl Philipp über. Ihnen fielen nicht nur die innerspanischen Königreiche Kastilien und Aragon, sondern auch das italienische Doppelkönigreich Neapel-Sizilien und vor allem die Gebiete in der Neuen Welt zu, die Kolumbus 1492 entdeckt und für Spanien in Besitz genommen hatte.[2]

Die Sicherung dieses riesigen Länderbesitzes wurde Aufgabe der Söhne Philipps des Schönen, Karls und Ferdinands. Gemäß habsburgischer

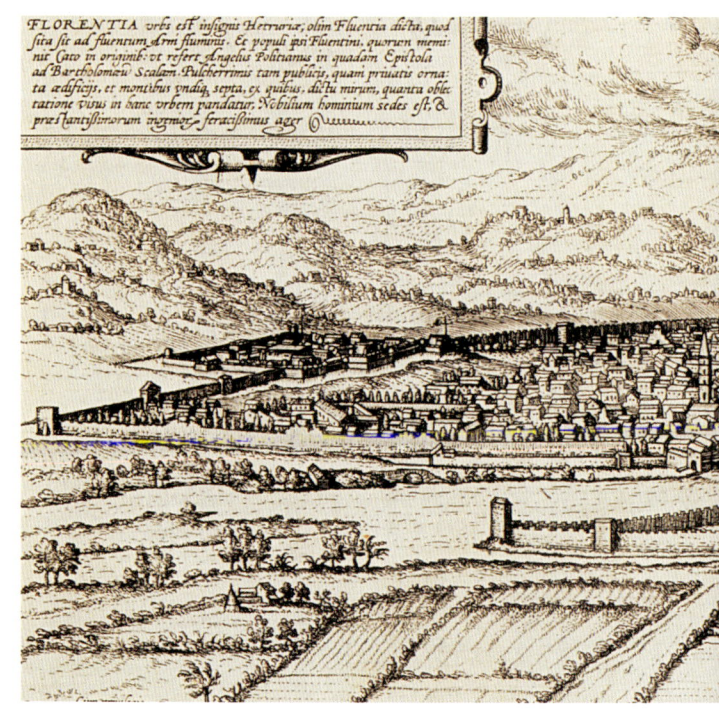

Haustradition verlangte der jüngere Bruder Anteil am Erbe, zumal er mit einer Königstochter – Anna Jagiello von Böhmen und Ungarn – verheiratet wurde. 1521/22 kam es zu einer Teilung der Herrschaft, wobei Ferdinand (1503–1564) die Herzogtümer Österreich, Steiermark, Kärnten und Krain sowie Tirol und die Vorlande erhielt. 1526/27 wurde er, durch seine Ehe mit der letzten Jagellonin begünstigt, König von Böhmen und Ungarn. Diese machtvolle Position veranlaßte ihn, auch die Nachfolge im Reich anzustreben, wo sein älterer Bruder Karl V. seit 1519 regierte. Tatsächlich wurde er 1531 Römischer König und nach der Abdankung des Kaisers (1556) dessen Nachfolger (1558). Von dieser Zeit an blieb die Kaiserwürde – von einer kurzen Unterbrechung im 18. Jahrhundert abgesehen – bis zum Ende des Heiligen Römischen Reichs (1806) im Besitz der österreichischen Habsburger.[3]

Das Kaisertum erhob das „Haus Österreich" über die anderen Dynastien Europas. Es verschaffte den Habsburgern nicht nur Rang und Ansehen, sondern auch viele Vorteile. Denn als Kaiser konnten sie heimgefallene Reichslehen neu vergeben, Adelstitel verleihen, Fürsten in ihrem Rang erhöhen und durch Eheverbindungen deren Prestige heben. Eine Familie, die aus diesen Beweggründen Kontakt zu ihnen suchte, waren die Medici aus Florenz.

Die Medici – Vom Bankhaus zum Fürstenhaus

Die Habsburger verdankten ihren Aufstieg ihrer adeligen Herkunft und den ihnen übertragenen Herrschaftsrechten, die Medici ihrer Beschäftigung mit Geld, dem „nervus rerum".

Die Stadt Florenz, ein Lehen des Heiligen Römischen Reiches, erlebte im Mittelalter dank der Tüchtigkeit ihrer Kaufleute, Händler und Handwerker einen großen wirtschaftlichen Aufschwung (*Abb. 9*). Hinzu kamen bald zahlreiche Bankiers, die den internationalen Warenverkehr mit Geldwechsel und Kreditwesen erst möglich machten. Eine Florentiner Bankiersfamilie hob sich allmäh-

Abb. 9: Florenz im 16. Jahrhundert. UBI, Sign. 101.687 (Georg Braun/Franz Hogenberg, Civitates orbis terrarum, Köln 1572, unfoliiert).

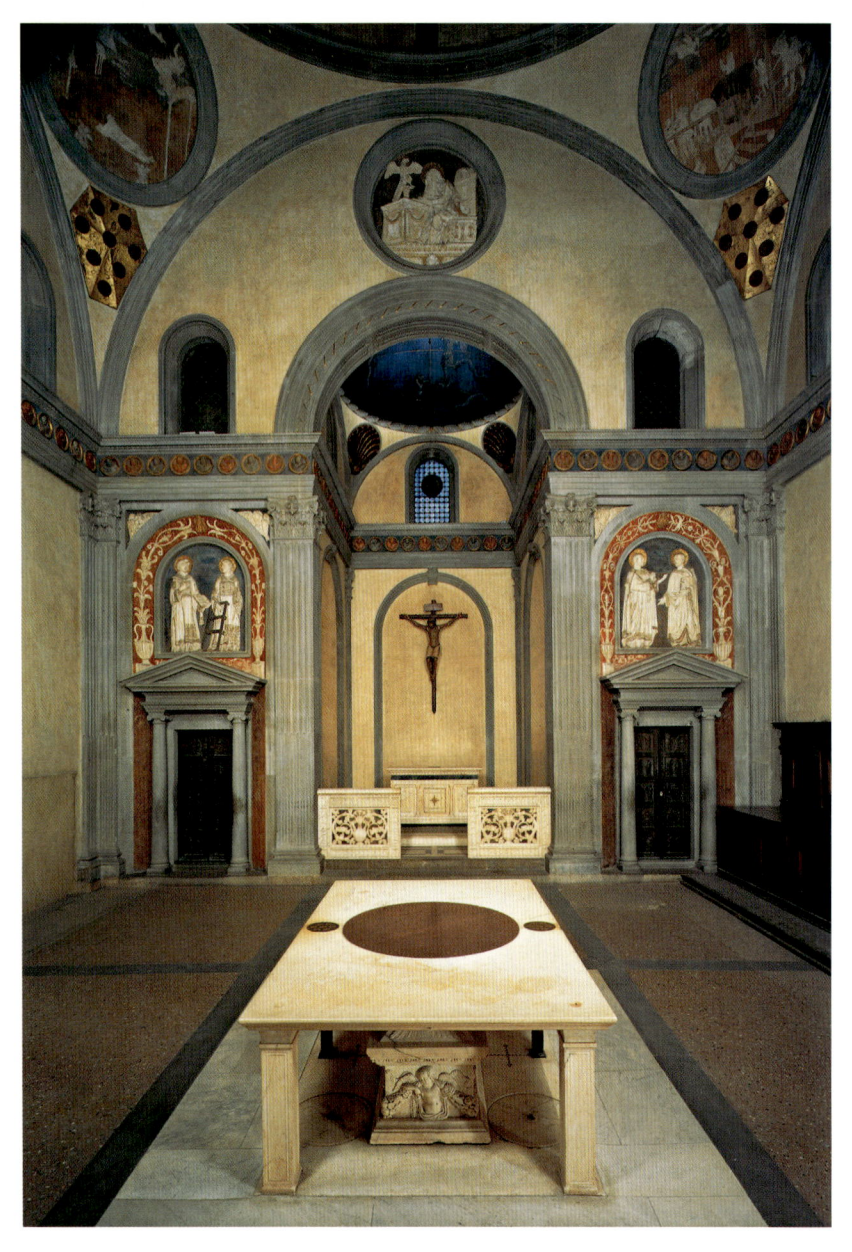

Abb. 10: Das Grab von Giovanni di Bicci dei Medici in der Sagrestia Vecchia von San Lorenzo. In den Gewölbezwickeln zwei Schilde mit je acht roten Scheiben, vermutlich das ursprüngliche Wappen der Medici.

lich über ihre Konkurrenten empor und erlangte Weltruhm: die Medici.

Die Medici stammten aus dem Mugello, einem Tal etwa 30 km nördlich von Florenz. Seit dem 13. Jahrhundert lassen sie sich in der Stadt am Arno nachweisen, als Händler und vor allem Bankiers.[4]

Der Aufstieg der Familie begann mit Giovanni, Sohn des Averardo (genannt Bicci) dei Medici (1360–1429). Er errichtete Filialen seiner Florentiner Bank in mehreren europäischen Städten und wurde 1413 Hauptbankier des Papstes, womit die lukrative Verwaltung der kirchlichen Einnahmen in weiten Teilen Europas verbunden war. Er kaufte Ländereien rund um Florenz und ließ die ersten der später so berühmten Medicivillen erbauen. Die Landgüter dienten nicht nur der Erholung oder bisweilen sogar der Zuflucht der Familie, sondern versorgten auch den immer größer werdenden Haushalt in Florenz mit Lebensmitteln.[5]

Als reicher Bürger stiftete Giovanni de' Medici das Geld für den Bau der Sakristei in der neuen Florentiner Kirche von San Lorenzo. In dem heute als „Alte Sakristei" (*Sagrestia Vecchia*) bezeichneten Raum liegt er auch begraben (*Abb. 10*). Zwei Wappenschilde an den Wänden zeigen auf goldenem Grund jeweils acht flache rote Scheiben, die wohl Münzen darstellen. Es dürfte das ursprüngliche Wappen der Medici sein, die ja nie – wie der Name *Medici* (d. h. Ärzte) nahelegen würde – den Arztberuf ausübten, sondern stets der Zunft der Kaufleute und Geldwechsler angehörten.

Cosimo de' Medici (1389–1464), der seinem Vater im Jahr 1429 nachfolgte, galt als „reichster Mann der Welt". Er nutzte seinen Reichtum bereits zu politischem Einfluß in der Stadt, geriet aber zunächst zwischen die Fronten rivalisierender politischer Gruppierungen, wurde verhaftet und verbannt. Doch schon ein Jahr später (1434) konnte er dank der Intervention des Papstes nach Florenz zurückkehren (*Abb. 11*) und spielte von nun an jahrzehntelang eine führende Rolle in der Stadt. Seiner Initiative war es zu verdanken, daß 1439 das Konzil von Ferrara nach Florenz verlegt wurde, was nicht nur sein eigenes Ansehen hob, sondern durch die Anwesenheit hoher geistlicher wie weltlicher Gäste auch der Stadt Gewinn brachte. Florenz ehrte seinen prominenten Mitbürger für seine Leistungen im Dienst des Gemeinwohls mit dem Titel „Vater des Vaterlandes" (*pater patriae*).

Mit Cosimo „dem Alten" (*il Vecchio*) begann eine künstlerische und kulturelle Blütezeit für Florenz.⁶ Es war die Zeit der Renaissance, der Wiederentdeckung der Antike, mit einem neuen Welt- und Menschenbild. Als vermögender Bankier konnte er sich den mächtigen Palast in der *Via Larga* (*Abb. 12*) erbauen lassen, der bereits das bekannte Familienwappen – die Kugeln (*palle*) – trägt. Er gründete auch eine Akademie für Gelehrte und sogar eine Bibliothek, die erste öffentlich zugängliche Einrichtung dieser Art in Europa (*Abb. 13*).

Künstler von Weltruhm schufen zu dieser Zeit Meisterwerke in Florenz: Filippo Brunelleschi krönte den Dombau mit seiner weithin sichtbaren kolossalen Kuppel, der Bildhauer Lorenzo Ghiberti schuf die Bronzetore des gegenüberliegenden Baptisteriums, Donatello wagte es erstmals seit der Antike, einen Menschen nackt darzustellen: *David*, den alttestamentarischen Kämpfer. Die Statue stand einst im Hof des Medicipalastes in der Via Larga und befindet sich heute im *Museo del Bar-*

Abb. 11: Cosimo der Alte kehrt im Jahr 1434 aus der Verbannung nach Florenz zurück, von der Bevölkerung jubelnd begrüßt. Florenz, Palazzo Vecchio.

Abb. 12: Der Palazzo Medici, Mitte des 15. Jahrhunderts für Cosimo il Vecchio erbaut, trägt sieben Steinkugeln als Wappen. Im Jahr 1695 erwarb die Familie Riccardi den Palast und ließ ihn im 18. Jahrhundert erweitern.

Das Haus Habsburg und die Medici   17

Abb. 13: Die von Cosimo il Vecchio gegründete, von Lorenzo il Magnifico vermehrte und von Michelangelo errichtete Biblioteca Medicea Laurenziana bei San Lorenzo, seit 1571 öffentlich zugänglich.

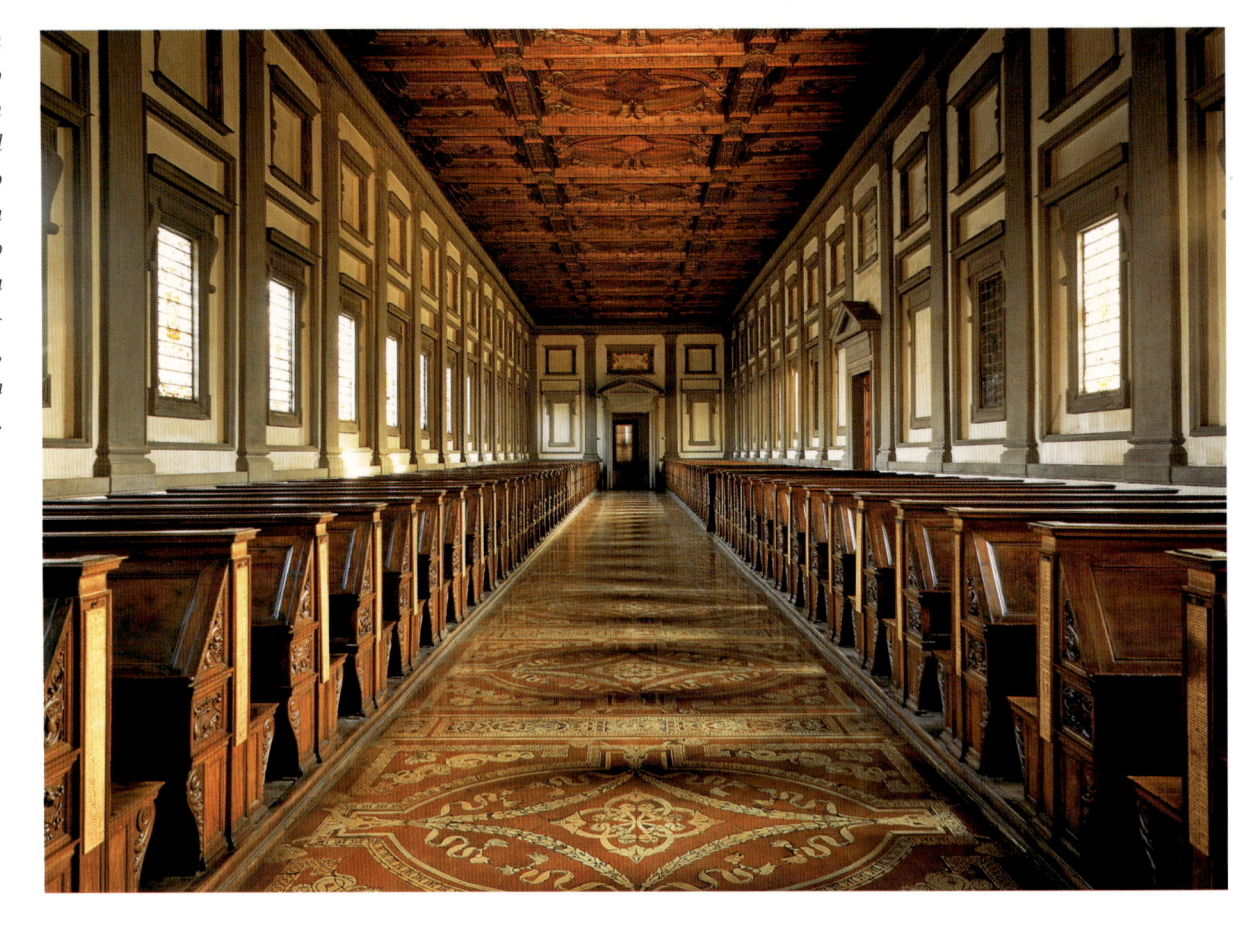

Abb. 14: Lorenzo der Prächtige ließ seine Mutter (als Madonna), sich selbst (links im Profil) und seinen jüngeren Bruder Giuliano (rechts neben ihm) in einem verkleideten Porträt von Botticelli abbilden. Florenz, Uffizien.

gello. Dagegen zeigte sich Fra Angelico, der in Cosimos Auftrag die weltbekannte „Verkündigung" (*Annunciazione*) im Kloster San Marco malte, noch sehr dem überlieferten Stil verhaftet, ebenso Sandro Botticelli, der auf Madonnenbildern Angehörige der Familie Medici abbildete (*Abb. 14*). Auch Benozzo Gozzoli verewigte in der Kapelle des Palazzo Medici mehrere Familienmitglieder im Kreis berühmter Zeitgenossen.

Das Mäzenatentum der Medici war nicht nur Ausdruck persönlicher Kunstliebe, sondern diente ihnen auch als Ausdruck ihrer Macht. Die Bevölkerung von Florenz wurde daran gewöhnt, der reichen Bankiersfamilie eine führende Rolle im Leben der Stadt zuzubilligen. Mehrere Familienmitglieder förderten diese Tendenz, unter ihnen besonders Lorenzo „der Prächtige" (*il Magnifico*, 1449–1492), der in seinem ganzen Lebensstil das Ideal des kultivierten Renaissancemenschen verkörperte: Interesse für Kunst und Wissenschaft, Sammelleidenschaft für antike Artefakte, feine Lebensart, ein starkes Selbstbewußtsein.

Doch es gab auch Ausnahmen: Lorenzos Sohn und Nachfolger Piero de' Medici (1471 bis 1503) war kulturell desinteressiert und vernachlässigte die Geschäfte. Vor allem aber überschätzte er seine Rolle in der Stadt. Das sollte sich bitter rächen, denn gerade er wurde

18 DAS HAUS HABSBURG UND DIE MEDICI

vor eine große Herausforderung gestellt: Im September 1494 zog der französische König Karl VIII. (*Abb. 15*) mit einem großen Heer nach Italien, um das Königreich Neapel in Besitz zu nehmen. Piero unterwarf sich ihm im Namen der Stadt, eigenmächtig und unter schmählichen Bedingungen. Regierung und Bevölkerung von Florenz waren empört, die Medici mußten flüchten, ihr Palast wurde geplündert.

Am 17. November 1494 zog König Karl triumphierend in Florenz ein. Voll Bewunderung sah er die schönen Gebäude, die reich gekleideten Menschen (*Abb. 16*). Florenz war zum Zentrum eleganter Lebensart geworden. Strenge Sittenwächter sahen den Luxus der Bürger und Bürgerinnen allerdings mit anderen Augen. Bettelmönche predigten gegen Verweltlichung und Sittenverfall, gegen das Laster der Prunksucht. Sie riefen die Bevölkerung zu Umkehr und Verzicht auf weltlichen Tand auf. Allen voran der Dominikaner Girolamo Savonarola, der bei seinen Bußpredigten zunächst großen Zulauf hatte. Doch dann schlug die Stimmung um, und am 23. Mai 1498 loderten die Flammen seines Scheiterhaufens gen Himmel (*Abb. 17*).

Italien im Fadenkreuz der europäischen Politik

Der Vorstoß Karls VIII. nach Italien hatte weitreichende Folgen. Die europäischen Großmächte wollten den Machtzuwachs Frankreichs nicht hinnehmen und verbündeten sich. Papst, Kaiser, Venedig und Spanien schlossen sich 1495 zur „Heiligen Liga" zusammen, um die französischen Eindringlinge aus Italien zu vertreiben. König Karl erkannte die Gefahr und verzichtete auf die Erwerbung Neapels. Doch sein Nachfolger Ludwig XII. setzte die französische Expansionspolitik fort und war erfolgreicher: Im Jahr 1500 eroberte er das Herzogtum Mailand, das wie Florenz ein Reichslehen war.

Das Vordringen der Franzosen nach Italien nötigte die italienischen Staaten, Position zu beziehen. Sollten sie sich auf die Seite der Habsburger,

Abb. 15: Der jugendliche Karl VIII. von Frankreich. Sein Zug nach Italien störte das europäische Gleichgewicht. KHM, GG, IN 4738 D 160.

Abb. 16: Der Einzug Karls VIII. in Florenz (17. November 1494). Das um 1518 entstandene Fresko zeigt links den damaligen Palazzo Medici. Florenz, Palazzo Medici-Riccardi.

Das Haus Habsburg und die Medici

Abb. 17: Die Verbrennung von Savonarola auf der Piazza della Signoria (1498). Rechts der Palazzo Vecchio und die Loggia dei Lanzi, links der Dom mit seiner berühmten Kuppel. Florenz, Museo di San Marco.

also des Kaisers und des spanischen Königs stellen oder das aufstrebende Frankreich favorisieren? Der Kaiser als Oberlehensherr von Florenz forderte Gehorsam und meist auch Geld zum Unterhalt von Truppen, die Franzosen besaßen im Kampf um die Vorherrschaft zeitweise die besseren Karten. Klugerweise durfte man es sich mit ihnen nicht verderben. Wie andere italienische Mächte betrieb daher auch die reiche Florentiner Republik eine Schaukelpolitik.

Die französischen Könige waren traditionell Freunde der Medici. Ludwig XI. hatte ihnen im Jahr 1465 erlaubt, auf ihrem Wappen zum Zeichen seiner Gunst die französische Lilie zu führen. Seit dieser Zeit zeigt das Mediciwappen stets sechs Kugeln auf goldenem Grund, fünf davon sind rot, die oberste blau und mit drei Lilien geschmückt.

Die Medici waren – noch – nicht gleichbedeutend mit Florenz, außerdem lebten sie nun im Exil. Doch auch die Republik hielt am Bündnis mit

Frankreich fest, während Spanien und der Papst, an dessen Territorium der Florentiner Staat mit weiten Teilen angrenzte, die Franzosen vom Kirchenstaat fernhalten wollten. Als Florenz sich weigerte, mit Frankreich zu brechen, zog ein päpstlich-spanisches Heer vor die Stadt, und in seinem Schutz kehrten die Medici am 1. September 1512 triumphierend nach Florenz zurück.

Prominentestes Opfer dieser politischen Wende wurde der wohl berühmteste Florentiner: Niccolò Machiavelli (*Abb. 18*). Seit 1498 als Sekretär und Diplomat im Dienst der Stadt, war er bis zuletzt ein entschiedener Anhänger der republikanischen Staatsform. Er fiel nun in Ungnade, wurde aus allen Ämtern entlassen und vorübergehend sogar eingesperrt. Verbittert zog er sich aufs Land zurück und begann die erzwungene Muße mit literarischer Tätigkeit, vor allem politischen Inhalts auszufüllen. Sein Hauptinteresse galt jetzt den Fürsten, denen er Ratschläge zur Aufrichtung und Erhaltung ihrer Herrschaft gab. Als Fernziel stand ihm die Befreiung Italiens von den „Barbaren" vor Augen, die er – ob tatsächlich oder nur aus Opportunismus? – von den Medici erwartete. Daher und sicher auch in Erwartung seiner Rehabilitierung widmete er sein Werk „Der Fürst" (*Il Principe*) „dem erlauchten" Lorenzo de' Medici, dem der Papst 1516 das Herzogtum Urbino verliehen hatte. Doch der Herzog schenkte dem ihm überreichten handgeschriebenen Exemplar wenig Beachtung, die erhoffte Wirkung blieb jedenfalls aus. Machiavelli erhielt bis zu seinem Tod (1527) kein öffentliches Amt mehr.[7]

Abb. 18: Niccolò Machiavelli auf einem Gemälde von Santi di Tito. Florenz, Palazzo Vecchio.

Päpste aus dem Haus Medici

Zu dieser Zeit war den Medici gelungen, was selbst die ahnenstolzen Habsburger nicht erreicht hatten: ein Familienmitglied wurde Papst. Giovanni de' Medici (1475–1521), ein jüngerer Sohn von Lorenzo dem Prächtigen, war bereits im Alter von dreizehn Jahren in das Kardinalskolleg aufgenommen worden, im Jahr 1513 bestieg er als Leo X. den päpstlichen Thron. Um Chancen für die Nachfolge weiterer Familienmitglieder zu schaffen, berief er sogleich zwei Verwandte in das Kardinalskolleg: Giulio de' Medici, einen unehelichen Sohn seines Onkels Giuliano, sowie Innocenzo Cibo, den Sohn seiner Schwester Maddalena.

Der Glanz des Hauses Medici stieg weiter, als auch Kardinal Giulio de' Medici 1523 die Tiara erhielt. Der neue Papst, Clemens VII. (*Abb. 19*), wur-

Abb. 19: Giulio de' Medici als Papst Clemens VII. KHM, GG, IN 6511.

Das Haus Habsburg und die Medici 21

Abb. 20: Karl V. im Harnisch. Im Kampf um die Vorherrschaft in Italien zog er die reichen Medici auf seine Seite. KHM, GG, IN 8060.

Abb. 21: Alessandro de' Medici, der erste Herzog von Florenz, auf einem Gemälde von Cristofano dell'Altissimo. Florenz, Museo Mediceo.

de in den Konflikt zwischen Kaiser Karl V. und dem französischen König Franz I. hineingezogen. Der Papst wollte beide Großmächte aus Italien verdrängen, doch die undisziplinierten kaiserlichen Söldnertruppen drangen 1527 bis nach Rom vor und plünderten die Stadt. Es war der berüchtigte „Sacco di Roma". Clemens VII. flüchtete in die Engelsburg und mußte einen demütigenden Frieden mit dem Kaiser schließen. Auch für seine Florentiner Verwandten blieb diese Schmach nicht ohne Folgen. Alessandro de' Medici, vermutlich ein unehelicher Sohn des Papstes, und sein Vetter Ippolito wurden aus Florenz vertrieben. Wieder büßte die Familie politische Umbrüche mit dem Exil. Doch der Kaiser wollte als Schirmherr der Kirche keinen Konflikt mit dem Oberhaupt der Christenheit. Nach der Freilassung des Papstes kam es zu einem Ausgleich. Karl V. (*Abb. 20*) versprach, die Medici nach Florenz zurückzuführen und Alessandro mit seiner illegitimen Tochter Margarete zu verheiraten. 1530 eroberten kaiserliche Truppen die Stadt, und der Kaiser als Lehensherr der Stadt bestimmte, daß Alessandro de' Medici das Oberhaupt der Republik Florenz sein sollte. Am 27. April 1532 erklärte er die Herrschaft der Medici für erblich, seit dieser Zeit regieren sie Florenz als Herzöge. Die Habsburger erwarteten von ihnen treue Gefolgschaft und bei Bedarf finanzielle Unterstützung.

Die Medici als Herzöge von Florenz

Herzog Alessandro (*Abb. 21*), der 1536 die vierzehnjährige Kaisertochter Margarete geheiratet hatte, wurde bereits ein Jahr später von einem Verwandten ermordet, ohne einen Erben zu hinterlassen. Immerhin, erstmals hatte ein Angehöriger des Hauses Medici in das habsburgische Kaiserhaus eingeheiratet.

Clemens VII. wollte sich nicht einseitig an die Habsburger binden. Um die Kontakte zu Frankreich enger zu knüpfen, sorgte er dafür, daß Caterina de' Medici, die Tochter des verstorbenen Herzogs Lorenzo von Urbino, 1533 mit dem französischen Thronfolger Heinrich von Orléans vermählt wurde, der 1547 als Heinrich II. den Thron bestieg. Zum ersten Mal war eine Mediceerin Königin geworden (*Abb. 22*).

Heiratsverbindungen mit den angesehensten europäischen Fürstenfamilien waren auch in den nächsten Jahrzehnten das Ziel der Medici. Doch nicht immer waren ihre Bemühungen von Erfolg gekrönt. Alessandros Nachfolger, sein jüngerer Vetter Cosimo (1519–1574), konnte keine Kaiserbraut heimführen. Als er um die Hand der verwitweten Margarete (*Abb. 23*) anhielt, wurde er von Karl V. hochmütig abgewiesen. So wandte er sich an den spanischen Vizekönig von Neapel, dessen Tochter Eleonora er 1539 heiratete. Der Wohnsitz der Familie wurde aus diesem Anlaß vom Palast in der Via Larga in den *Palazzo della Signoria* – den heutigen *Palazzo Vecchio* – verlegt, mit Lanzen bewaffneten Wachen in der *Loggia dei Lanzi* sorgten für die Sicherheit der Familie.

Eleonora von Toledo brachte viel Geld in die Ehe mit und kaufte 1549 den *Palazzo Pitti* jenseits des Arno. Er wurde in den folgenden Jahrzehnten zur glanzvollen neuen Residenz der Medici ausgebaut, ein großer Park hinter dem Palast, der berühmte Boboligarten, sollte der Familie erholsame

Abb. 23: Margarete, die Witwe nach Alessandro de' Medici, wurde Herzogin von Parma und Statthalterin der Niederlande. Hier auf einem Gemälde von Sanchez Coello. Brüssel, Musées royaux des Beaux-Arts de Belgique, IN 1295.

Abb. 22: Caterina de' Medici, Königin von Frankreich, gemalt von François Clouet. Florenz, Palazzo Pitti.

BELVEDER CON PITTI

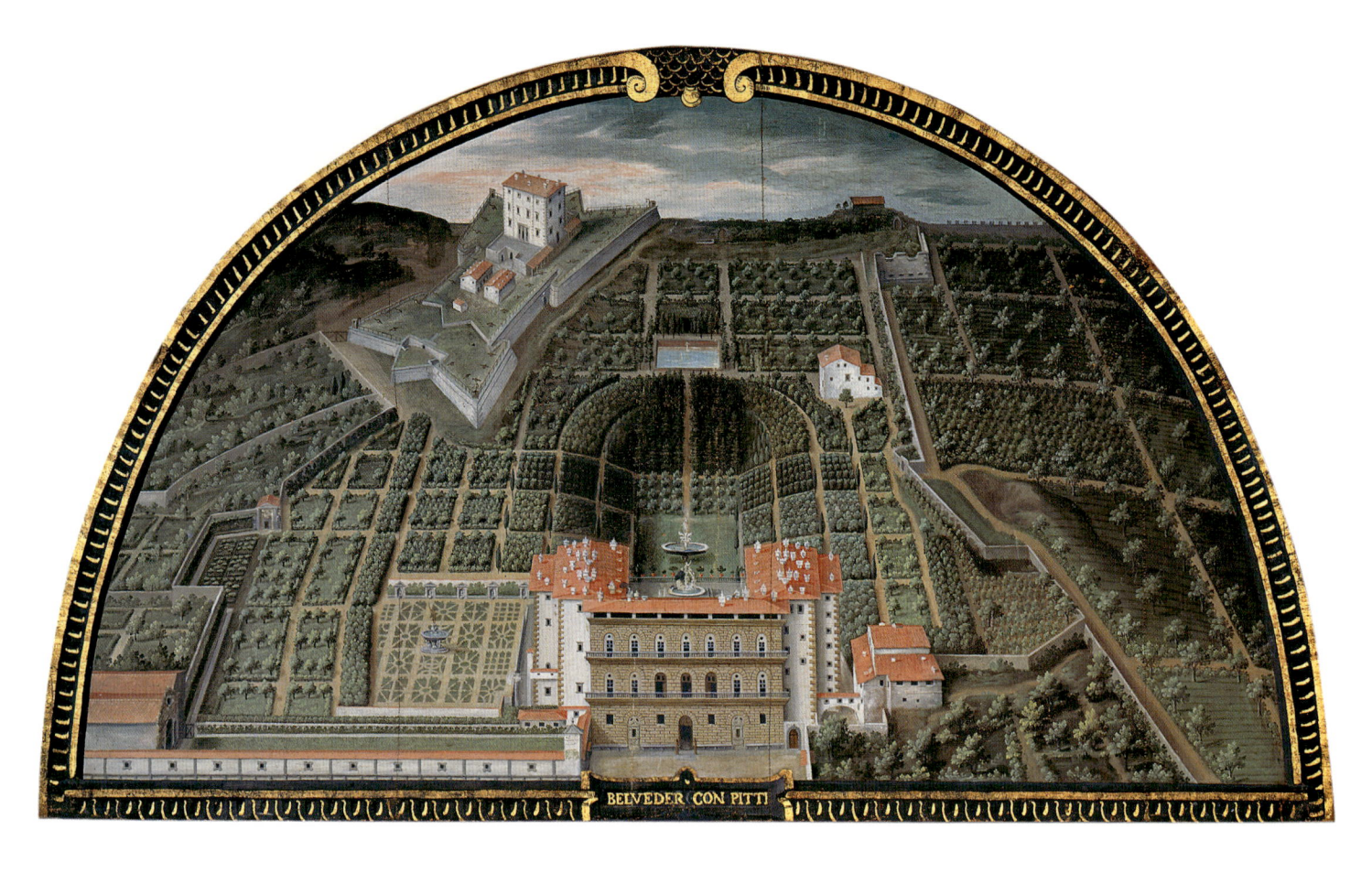

Abb. 24: Palazzo Pitti, Boboligarten und Belvedere auf einem Gemälde von Justus Utens (1599). Florenz, Museo Firenze com'era.

Mußestunden in der Natur ermöglichen (*Abb. 24*).[8]

Auch Cosimo I. war künstlerisch interessiert. An seinem Hof lebten der Schriftsteller Giorgio Vasari und der Maler Agnolo Bronzino, vermutlich auch der vielseitige Michelangelo. Er schuf die Medicikapelle (*Sagrestia Nuova*) in San Lorenzo und den berühmten *David*, der vor dem Palazzo Vecchio aufgestellt wurde.[9] Giorgio Vasari baute den berühmten *Corridoio*, einen Geheimgang, der den Arno oberhalb des *Ponte Vecchio* überspannte und den Palazzo Pitti mit den 1560 begonnenen Uffizien sowie dem Palazzo Vecchio verband. Nach einem Hochwasser ließ der Herzog die Brücke bei Santa Trinità wieder aufbauen, die bis heute als ein Meisterwerk der Technik gilt. In der Umgebung der Stadt sorgte er durch die Trockenlegung von Sümpfen für das Wohl der Bevölkerung.

Auf dem Territorium des Herzogtums wurden 1553 bedeutende etruskische Bronzen (*Abb. 25*) gefunden, von Cosimo eifrig gesammelt. Sie regten seine Phantasie an, der Herzog begann sich als

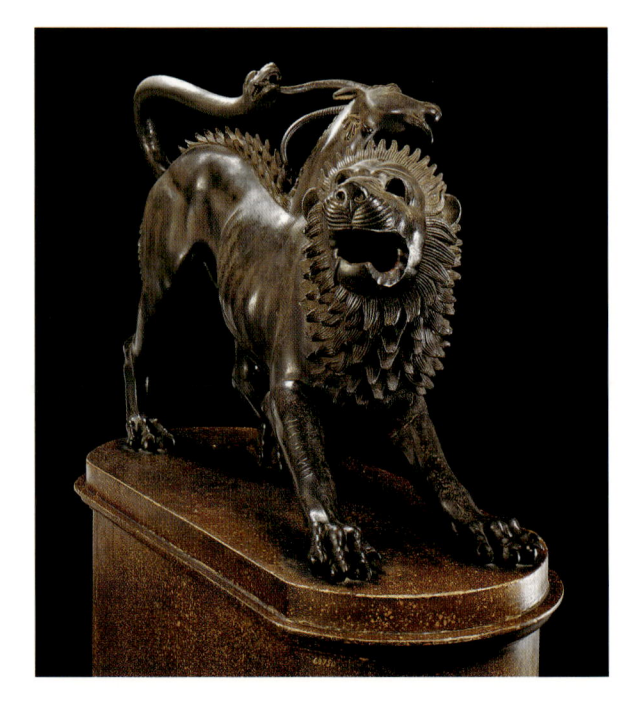

Abb. 25: Eine etruskische Chimäre (Ende des 5. Jahrhunderts vor Christus). Florenz, Museo Archeologico.

24 DAS HAUS HABSBURG UND DIE MEDICI

Nachfahre der etruskischen Könige zu fühlen. Sein Selbstgefühl stieg, als mächtigster Fürst Italiens, dem auch die Städte Pisa und Siena (Abb. 26) unterstanden, wollte er nicht weiter Vasall des Kaisers sein. Eine Rangerhöhung war sein Ziel, um als souveräner Herrscher anderen europäischen Dynastien ebenbürtig zu werden.

Als vom Kaiserhof negative Signale kamen, wandte sich der Herzog an den Papst. Pius IV. (1560–1565), namensgleich, aber nicht verwandt mit der Fürstenfamilie, zeigte sich den Wünschen des prominenten Bittstellers nicht abgeneigt: 1560 wollte er Cosimo den Titel „König von Toskana" verleihen. Doch Kaiser Ferdinand I. (Abb. 27) sah darin einen unerlaubten Eingriff in seine Rechte und akzeptierte die Rangerhöhung nicht. Einer Verbindung mit den Medici, deren Geld der Kaiserhof dringend benötigte, war man allerdings nicht abgeneigt. Reiche Geschenke und namhafte Kredite ebneten den Weg für eine engere Verbindung: Cosimos Sohn Francesco (Abb. 28) erhielt die Kaisertochter Johanna (Abb. 29) zur Gemahlin.[10]

Die Hochzeit wurde 1565 mit großem Pomp begangen, ganz Florenz feierte fast drei Monate lang. Zu Ehren der Braut war der Säulenhof des Palazzo Vecchio mit heimatlichen Städteansichten geschmückt worden.[11] Doch mit der Rangerhöhung ließ sich ihr Bruder, Kaiser Maximilian II. (Abb. 30), Zeit. So kam ihm der Papst, tatkräftig unterstützt von Kardinal Ferdinando de' Medici,

Abb. 26: Cosimo I. studiert den Schlachtplan zur Eroberung von Siena. Deckengemälde von Giorgio Vasari (um 1555). Florenz, Palazzo Vecchio.

Abb. 27: Kaiser Ferdinand I., gemalt von Johann Bocksberger. KHM, GG, IN 4386.

Abb. 28: Francesco de' Medici, gemalt von Giovanni Bizzelli. KHM, GG, IN 288.

Abb. 29: Erzherzogin Johanna, seit 1565 Gemahlin des späteren Großherzogs Francesco, auf einem Gemälde von Giovanni Bizzelli. KHM, GG, IN 3243.

Abb. 30: Kaiser Maximilian II. KHM, GG, IN 9080.

zuvor: Aus päpstlicher Machtvollkommenheit verlieh er Cosimo I. am 27. August 1569 die erbliche Würde eines „Großherzogs von Toskana" (*Granduca di Toscana*). Im Februar 1570 brach Cosimo zur Krönung nach Rom auf, ein riesiges Gefolge begleitete ihn. Trotz kaiserlichen Protests setzte ihm der Papst am 5. März 1570 die mitgebrachte, eigens angefertigte kostbare Krone aufs Haupt.[12]

26   Das Haus Habsburg und die Medici

Die Medici werden Großherzöge von Toskana

Am Kaiserhof nahm man die Rangerhöhung eines Vasallen durch den Papst übel auf und verweigerte dem neuen Großherzog (*Abb. 31*) die Anerkennung. Doch Cosimo I. hatte ein Druckmittel in der Hand: Noch immer war die Mitgift seiner Schwiegertochter Johanna, 100.000 Gulden betragend, nicht bezahlt. Maximilian II. war in finanziellen Schwierigkeiten, denn er mußte im Jahr 1570 zwei seiner Töchter ausstatten, die politisch bedeutsame Partien machten: Erzherzogin Anna heiratete Philipp II. von Spanien, ihre jüngere Schwester Elisabeth wurde mit dem französischen König vermählt.

Der spanische Hof ermöglichte schließlich die Aussöhnung des Kaisers mit seinem ungetreuen Vasallen. Spanien, die wichtigste Macht in Italien, fand sich mit dem vom Papst verliehenen Großherzogstitel ab, und als Cosimo dem Herzog von Alba, der die rebellischen Niederlande bekämpfte, ein großzügiges Darlehen gewährte, sah auch der Kaiser die Zeit zum Einlenken für gekommen. Francesco, der 1574 seinem Vater in der Regierung nachgefolgt war, wurde am 2. November 1575 als Großherzog von Toskana anerkannt, nachdem er zuvor die kaiserliche Bitte um einen hohen Kredit erfüllt hatte.

Die Ehe des großherzoglichen Paares erfuhr durch die Gunst des Kaisers keine Besserung. Francesco hatte von Anfang an eine attraktive Geliebte (*Abb. 32*) – ein Schicksal, wie es vielen Habsburgerinnen, die ins Ausland verheiratet wurden, beschieden war. Zu ihrem Unglück konnte Johanna jahrelang den wesentlichen Zweck jeder dynastischen Ehe, die Sicherung der Nachfolge, nicht erfüllen. Erst im Jahr 1577 kam nach fünf Töchtern endlich ein schwächlicher Sohn zur Welt. Ein Jahr später hauchte die unglückliche Mutter, die finanziell kurz gehalten wurde und sogar ihren Schmuck versetzen mußte, ihr Leben aus, der Wit-

Abb. 31: Cosimo I. als Großherzog. Florenz, Depot der Florentiner Galerien.

Abb. 32: Bianca Cappello, vom Maler Scipione Pulzone durch die rote Nelke im Ausschnitt als Geliebte des Großherzogs Francesco gekennzeichnet. KHM, GG, IN 1138.

Abb. 33: Das Studiolo des Großherzogs Francesco I. Florenz, Palazzo Vecchio.

wer heiratete ein Jahr danach seine langjährige Geliebte Bianca Cappello.

Francesco de' Medici kümmerte sich weniger um das Staatswesen als um seine privaten Interessen. Er beschäftigte sich mit naturwissenschaftlichen Experimenten und verbrachte viel Zeit in seinem Laboratorium. Im kostbar eingerichteten Studierzimmer (*Studiolo*) des Palazzo Vecchio bewahrte er in Schränken seine wertvollen Sammlungen auf (*Abb. 33*), Gemälde zeigten die Verarbeitung von Mineralien (*Abb. 34*). Seiner Vorliebe für schöne Steine entsprang die Einrichtung einer Werkstätte für kunstvolle Einlegearbeiten aus Marmor und Halbedelsteinen (*Pietre Dure*), die allgemeine Bewunderung hervorriefen. An seinem Hof wurde auch bereits Porzellan hergestellt, eine Sensation für das damalige Europa.[13]

In den Uffizien ließ der Großherzog nicht nur ein Theater einrichten, das mehr als 3000 Personen Platz bot, sondern auch eine Gemäldegalerie anlegen, die heute zu den bedeutendsten Kunstsammlungen der Welt zählt.[14] Den für sich und seine Geliebte errichteten Landsitz *Pratolino* schmückte er mit antiken Statuen und einer von Giambologna geschaffenen Monumentalfigur des Apennin (*Abb. 35*), die auch dem modernen Besucher staunende Bewunderung abnötigt.

Francesco starb im Jahr 1587, sein einziger Sohn war ihm bereits 1582 im Tod vorausgegangen. Damit fiel die Thronfolge an seinen jüngeren Bruder Ferdinando de' Medici (1549–1609). Er war von Kindheit an für den geistlichen Stand bestimmt, hatte 1563 den Kardinalspurpur erhalten und in Rom das Leben eines reichen Kirchenfür-

Abb. 34: Die Werkstatt der Goldschmiede im Studiolo. Der Goldschmied im Vordergrund arbeitet an der großherzoglichen Krone. Florenz, Palazzo Vecchio.

Abb. 35: Die Monumentalfigur des Apennin im Park von Pratolino.

Abb. 36: Ferdinando de' Medici als Kardinal, gemalt von Scipione Pulzone. KHM, GG, IN 9489.

sten geführt. Als kundiger Sammler von Kunstschätzen machte er sich einen Namen. Im Jahr 1576 kaufte er ein Haus auf dem Monte Pincio, ließ es großzügig ausbauen und als Naturliebhaber einen schönen Garten anlegen. Die prachtvolle *Villa Medici* (*Abb. 38*) wurde ein kulturelles und geistiges Zentrum Roms, das auch der Gegenreformation wichtige Impulse gab. Selbst der Papst war häufig zu Gast in diesem prächtigen Ambiente.

Kardinal und Großherzog Ferdinando I.

Im Jahr 1587 legte Ferdinando das geistliche Gewand (*Abb. 36*) ab und kehrte als neuer Großherzog nach Florenz zurück. Um den Fortbestand der Dynastie zu sichern, heiratete er 1589 Christine von Lothringen (*Abb. 37*), die Lieblingsenkelin der französischen Königin Caterina de' Medici. Die Braut brachte eine reiche Mitgift und eine wertvolle Ausstattung in die Ehe mit. Sie erfüllte auch die Hoff-

Abb. 37: Christine von Lothringen, Gemahlin von Großherzog Ferdinando I. Florenz, Uffizien.

30 DAS HAUS HABSBURG UND DIE MEDICI

Abb. 38: Die Villa Medici in Rom, vom Garten aus gesehen.

nungen ihres Gemahls auf Nachwuchs in hohem Maß. Bereits ein Jahr nach der Hochzeit kam der Thronerbe Cosimo zur Welt, vier Söhne und vier Töchter folgten. Die letzte, 1604 geborene Tochter wurde auf den Namen Claudia, nach ihrer französischen Großmutter Claudia von Lothringen, getauft.

Der Großherzog sorgte auch für die Prosperität des Hofes. Er verlegte die von seinem Bruder Francesco gegründete Werkstätte für die Herstellung von Steinmosaiken in die Uffizien und gab ihr eine neue Organisation. Die *Galleria dei lavori* fertigte Pietra-dura-Arbeiten von höchster Qualität an, die bald in ganz Europa gefragt waren. Die Manufaktur wurde zu einem einträglichen und dauerhaften Luxusbetrieb, der in abgewandelter Form bis heute besteht.[15] Auch die Ausschmückung der „Fürstenkapelle" (*Cappella dei Principi*) in der Kirche San Lorenzo, die als Grabkapelle der Medici dienen sollte, stammte aus diesen Hofwerkstätten (*Abb. 39*).

Ferdinando war tatkräftig um das Wohlergehen seiner Untertanen bemüht. Er förderte Handel und Industrie, ließ die Florentiner Flotte ausbauen und die Hafenanlagen in Livorno, das zum Freiha-

Abb. 39: Die in kostbarer Pietradura-Arbeit ausgeführte Grabkapelle der Medici in San Lorenzo. Zu sehen sind die Kenotaphe von Cosimo II. und Ferdinando II., die Särge mit den sterblichen Überresten befinden sich in der darunterliegenden Krypta.

Abb. 40: Hoch zu Roß sitzt Großherzog Cosimo I. auf dem von Giambologna geschaffenen bronzenen Reiterstandbild auf der Piazza della Signoria in Florenz. Drei Bronzereliefs zeigen wichtige Szenen seines Lebens.

Abb. 41: Der ‚gar grosse weitberümbte Diamantstein', der nach Ferdinando I. „Florentiner" genannt wurde. UBI, Sign. 111.845 (Furttenbach, S. 82).

Abb. 42: Maria de' Medici, künftige Königin von Frankreich, gemalt von Agnolo Bronzino. Florenz, Uffizien.

fen erklärt wurde, erweitern. Er überwachte die Medicibanken im In- und Ausland, die Quelle des Reichtums seiner Familie.

Seinen Vater Cosimo I. ehrte Ferdinando durch die Errichtung einer Reiterstatue an prominenter Stelle, auf dem Platz der Signorie in Florenz (*Abb.*

40). Für sich selbst gab er ebenfalls ein Reiterstandbild in Auftrag, das heute auf der *Piazza della SS. Annunziata* steht.

Auf den kunstsinnigen Großherzog geht auch die Erwerbung eines unterdessen legendären Diamanten zurück: In seinem Auftrag verhandelte der am Florentiner Hof tätige Delfter Goldschmied Jacques Bylivelt im Jahr 1599 über den Ankauf eines großen, gelblichen Solitärs, der aus Indien in die Ewige Stadt gekommen war. Die Verhandlungen über den Kaufpreis zogen sich jahrelang hin, sodaß der Auftraggeber den Kauf nicht mehr erlebte.

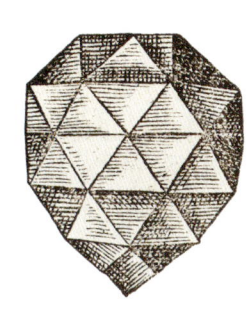

Ein Diamant erhält bekanntlich erst durch den Schliff Glanz und Feuer. Diese heikle Aufgabe übernahm ein Diamantschleifer aus Venedig, der den Stein in vierjähriger Arbeit in den Hofwerkstätten der Uffizien bearbeitete. Der mandelförmig geschliffene „Florentiner" (*Abb. 41*) hatte nun einen Wert von 200.000 Dukaten.[16]

Wie seine Vorgänger wollte auch Ferdinando gute Beziehungen zu den beiden führenden Großmächten, Frankreich und den Habsburgern, unterhalten. Selbst mit einer Französin verheiratet, sorgte er dafür, daß Maria (*Abb. 42*), die jüngere Tochter seines verstorbenen Bruders, ebenfalls einen französischen Ehepartner, sogar aus königlichem Blut erhielt: Im Jahr 1600 wurde sie die zweite Gemahlin König Heinrichs IV., der zehn Jahre später

Das Haus Habsburg und die Medici 33

Abb. 43: König Ludwig XIV. von Frankreich im Krönungsornat, gemalt von Justus van Egmont. KHM, GG, IN 3208.

einem Attentat zum Opfer fiel. Nun führte sie jahrelang die Regentschaft für ihren Sohn Ludwig XIII., sorgte für seine Vermählung mit einer spanischen Infantin und erlebte 1638 die Geburt seines einzigen Sohnes, der als „Sonnenkönig" Ludwig XIV. (*Abb. 43*) in die Geschichte eingehen sollte.

Als Gegengewicht gegen eine zu enge Bindung an Frankreich wählte der Großherzog aber für seinen Sohn und Nachfolger eine habsburgische Braut. Die Verhandlungen darüber begannen bereits im Jahr 1602, als der Erbprinz Cosimo zwölf Jahre zählte.

Cosimo II. und Maria Magdalena

Eine spanische Infantin war für den künftigen Großherzog unerreichbar. Im österreichischen Zweig der Habsburger gab es seit der Länderteilung von 1564 drei Linien: die Hauptlinie mit Sitz in Wien oder Prag, die Tiroler Linie mit der Residenz Innsbruck sowie die steirische Linie, die von Graz aus die Herzogtümer Steiermark, Kärnten und Krain regierte. Am Kaiserhof in Prag gab es zu dieser Zeit keine heiratsfähige Erzherzogin, denn Rudolf II. lebte in wilder Ehe und besaß keine legitimen Kinder. Der Innsbrucker Hof hatte zwei Erzherzoginnen zu bieten, Töchter aus der Ehe Ferdinands II. mit Anna Katharina von Mantua. Von ihnen war Maria, die ältere Erzherzogin, geistig und körperlich behindert, die jüngere fünf Jahre älter als der 1590 geborene Florentiner Thronerbe. Beide kamen also für eine Heiratsverbindung nicht in Frage.

Mit dem Grazer Hof hatten die Medici bereits Kontakt gehabt. Am 15. November 1598 war Erzherzogin Margarete, die Braut Philipps III. von Spanien, auf dem Weg in ihre neue Heimat in Ferrara vom Papst getraut worden. Als einer der Kardinäle hatte Alessandro de' Medici, zugleich Erzbischof von Florenz, an dieser Zeremonie teilgenommen, der Großherzog selbst ließ auf 25 Maultieren kostbare Tapisserien und Silbergeschirr im Wert von 300.000 Scudi nach Ferrara bringen. Auch an den Hochzeitsfeierlichkeiten im spanischen Valen-

Abb. 44: Königin Margarete von Spanien, die Förderin der Heirat ihrer Schwester Maria Magdalena mit Cosimo II., gemalt von Bartolomé González. Madrid, Museo Nacional del Prado, IN 716.

Abb. 45: Erzherzogin Maria Magdalena, künftige Großherzogin von Florenz, gemalt von Frans Pourbus um 1603/04. KHM, GG, IN 3385.

Abb. 46: Großherzog Cosimo II., um 1620 gemalt von Justus Suttermans. KHM, GG, IN 6726.

cia im Frühjahr 1599 nahmen zwei Mediciprinzen, Don Pietro und Don Giovanni, teil.[17]

Für seinen Sohn Cosimo standen in Graz zwei heiratsfähige Erzherzoginnen, jüngere Schwestern der spanischen Königin (*Abb. 44*), zur Auswahl: Maria Magdalena, 1587 geboren, galt als kräftig und intelligent, ihre um ein Jahr jüngere Schwester Konstanze als attraktiver, aber kränklich. Die Wahl fiel dem Großherzog schwer. Zu Gesicht bekam er selbstverständlich keine der beiden Kandidatinnen. Schließlich entschied er sich nach gründlichen geheimen Nachforschungen für die robuste Maria Magdalena, war doch sein eigener Sohn von schwächlicher Konstitution und das Hauptziel der Heirat die Sicherung der Nachfolge.[18]

Während Erzherzogin Konstanze 1605 mit dem König von Polen verheiratet wurde, der aus seiner ersten Ehe bereits über Nachkommenschaft verfügte, begann für Maria Magdalena (*Abb. 45*) eine lange Wartezeit. Zunächst zögerte Kaiser Rudolf II., der als Vormund die Erlaubnis zur Heirat geben mußte, mit der Zustimmung, angeblich dachte er selbst an eine Ehe mit seiner jungen Verwandten. Anders der spanische König, er begrüßte als Familienoberhaupt das Heiratsprojekt. Trotzdem gab es weiterhin Schwierigkeiten. Der Grazer Hof war arm, Maria Magdalena hatte nur eine geringe Mitgift (45.000 Gulden) und der Florentiner Hof forderte eine hohe Summe. Zum Glück sprang die spanische Königin hilfreich ein und erreichte, daß Philipp III. eine beträchtliche Summe zuschoß, bei der es sich aber teilweise um die Rückzahlung eines vor langer Zeit gewährten Kredits der Medici handelte. So konnten die Heiratsverhandlungen 1608 endlich erfolgreich abgeschlossen werden.[19]

Abb. 47: Der Einzug Maria Magdalenas in Florenz am 18. Oktober 1608. UBI, Sign. 209.018 (Descrizione Delle Feste Fatte nelle reali Nozze de' Serenissimi Principi di Toscana D. Cosimo de' Medici e Maria Maddalena Arciduchessa D'Austria, Firenze 1608).

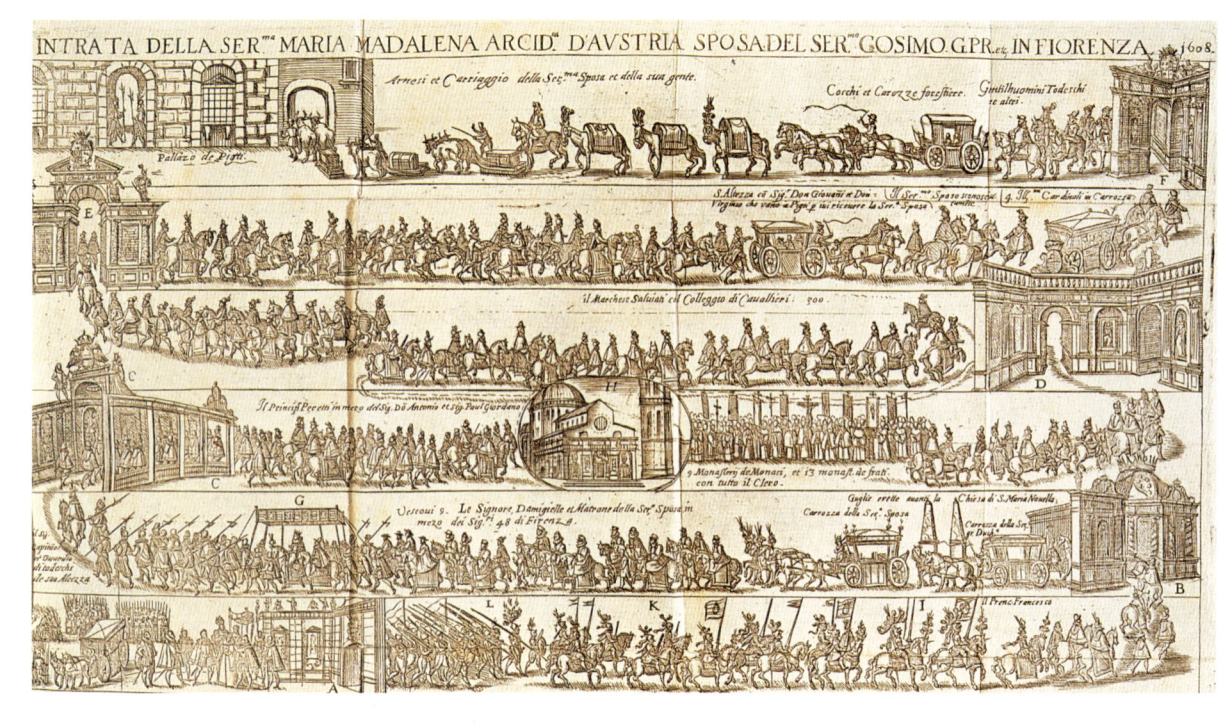

Abb. 48: Türvorhang, mit dem Wappen der Medici und dem österreichischen Bindenschild (= Habsburg) unter der großherzoglichen Krone. Florenz, Palazzo Pitti, Deposito Arazzi.

Wie bei Fürstenehen üblich, fand zunächst eine prokuratorische Trauung am Heimatort der Braut, in Graz statt, der Bräutigam wurde bei dieser Zeremonie durch einen adeligen Abgesandten vertreten. Danach brach die Erzherzogin mit zahlreichem Gefolge nach Florenz auf. Die erste Begegnung fürstlicher Brautleute, die einander zuvor nie gesehen hatten, wurde traditionell noch vor dem offiziellen Einzug arrangiert, um unliebsame Szenen zu vermeiden. So auch hier. In einem kleinen Ort außerhalb von Florenz sah Cosimo (*Abb. 46*) seine ihm bereits angetraute Gemahlin zum ersten Mal. Er fand sie sympathisch und graziözer als erwartet. Er konnte sich mit ihr auch unterhalten, denn er sprach etwas Deutsch. Maria Magdalena ihrerseits dürfte einige Italienischkenntnisse gehabt haben, jedenfalls beherrschte sie diese Sprache später in Wort und Schrift.

Am 18. Oktober 1608 zog die Braut feierlich in Florenz ein (*Abb. 47*), rauschende Feste folgten. Wieder war eine Habsburgerin Großherzogin von Toskana geworden, die Allianz der Häuser Medici und Habsburg erneut gefestigt (*Abb. 48*). Die Verbindung erwies sich als fruchtbar: Bereits zehn Monate nach der Hochzeit brachte Maria Magdalena eine Tochter zur Welt, am 14. Juli 1610 folgte ein Sohn, der nach seinem Großvater auf den Namen Ferdinando getauft wurde. Florenz feierte die Geburt des Thronerben fünf Tage lang. Auch in den folgenden Jahren erfreute Maria Magdalena ihren zunehmend kränkelnden Gemahl mit zahlreichem Nachwuchs. Insgesamt acht Mal gab es Kindstaufe am Florentiner Hof, Maria Magdalena enttäuschte die in sie gesetzten Erwartungen nicht.

An einem bescheidenen Hof aufgewachsen, genoß die Großherzogin (*Abb. 49*) das glanzvolle Leben in Florenz in vollen Zügen.[20] Sie erlebte festliche Bankette, an denen bis zu 3000 Personen teilnahmen, mit erlesenen Speisen und Getränken aus aller Welt. Als begeisterte Tänzerin vergnügte sie sich auf Hofbällen und Maskeraden, bei denen sie prächtig gekleidet auftrat. Auf einem dieser Maskenbälle trug sie ein Diamantkollier im Wert von einer Million Scudi. In den Medicivillen rund um Florenz konnte sie ihre Jagdleidenschaft ausleben, die alljährlichen Rundreisen durch das Großherzogtum zeigten ihr einen prosperierenden Staat, dessen Bewohner die großherzogliche Familie mit fröhlichen Festen (*Abb. 50*) ehrten.

Das Leben am Florentiner Hof verlief in heiterer Atmosphäre, Musik umrahmte das ganze Leben. Sowohl Cosimo wie auch Maria Magdalena waren begeisterte Musikliebhaber. Man feierte gern, nahezu ständig gab es musikalische oder theatralische Darbietungen, an denen die Mitglieder des Hofes nicht nur als Zuschauer, sondern je nach Können auch als Akteure teilnahmen. Der Besuch illustrer Gäste oder wichtige Familienereignisse wie Hochzeiten und Taufen boten Anlaß zu besonderen Festlichkeiten. Es wurden Ballette und Theateraufführungen inszeniert, Hofkünstler entwarfen die Szenerien, Hofdichter schrieben Texte, Hofmusiker komponierten die Musik. Turniere und kunstvoll arrangierte Roßballette, die intensive Proben erforderten, wurden abgehalten. Der ganze Hof einschließlich der großherzoglichen Familie tanzte und spielte mit oder suchte auf dem Pferd eine gute Figur zu machen. Adelige aus der

Abb. 49: Maria Magdalena und Cosimo II., gemalt von Justus Suttermans (Ausschnitt). Florenz, Uffizien, Corridoio Vasariano.

Abb. 50: Domenico Cresti (Passignano): Ein Gastmahl. Mit dem jugendlichen Großherzog – erkennbar an seiner Krone – könnte Cosimo II. gemeint sein, ihm gegenüber Maria Magdalena. KHM, GG, IN 1522.

Abb. 51: Kunstvoll arrangierte Roßballette gehörten in Florenz zu Beginn des 17. Jahrhunderts bereits zur Tradition. Hier der Pferdetanz bei der Hochzeit des Jahres 1608. UBI, Sign. 209.018 (Descrizione Delle Feste ...).

Stadt nahmen ebenfalls an den Vorführungen teil. Die Bevölkerung von Florenz konnte bei den öffentlichen Veranstaltungen zusehen, so etwa bei Feuerwerksschlachten auf dem Arno, die bis zu 30.000 Zuschauer anlockten. Auch sonst gab es für die Florentiner, die in ihren Häusern ebenfalls Theater- und Musikstücke aufführten, viel zu sehen: Fußballspiele, Pferderennen, bisweilen ein großes Ballspiel (*pallone*) oder ein Roßballett (*Abb. 51*). Häufig wurden diese Spiele vom Großherzog veranstaltet, der damit eine Tradition seiner Vorfahren weiterführte.

Bereits zu Beginn seiner Regierung (1609) hatte Cosimo II. die Banken seines Hauses geschlossen, sie schienen ihm mit dem fürstlichen Rang der Medici nicht mehr vereinbar. Sein Stolz stieg weiter, als Ferdinand, der älteste Bruder seiner Gemahlin, am 28. August 1619 zum Kaiser gewählt wurde. Die Großherzogin ließ die von ihr bald danach gekaufte *Villa Baroncelli* später in „Kaiservilla" (*Villa Imperiale*) umbenennen und mit Bildern aus der Familiengeschichte schmücken.[21] Der Palazzo Pitti wurde großzügig ausgebaut, er glich fast

Abb. 52: Galileo Galilei. KHM, GG, IN 7976.

nem „Ersten Mathematiker" (*Mathematicus primarius*). Galilei konnte sich nun, mit einem großzügigen Gehalt ausgestattet, ganz der Forschung widmen. Als großherzoglicher „Philosoph und Erster Mathematiker" (*Filosofo e Matematico Primario del Sereniss. D. Cosimo II. Gran Duca di Toscana*) veröffentlichte er Arbeiten „Über das Schwimmen der Körper" (Abb. 53) oder die „Goldwaage" (Abb. 54). Sie wiesen ihn als Anhänger des kopernikanischen Weltsystems aus, demzufolge die Sonne im Mittelpunkt des Weltalls stand. Damit befand er sich im Widerspruch zur geltenden Lehre der Kirche, die die Erde im Zentrum der Welt sah

Abb. 53: Galileo Galilei: Discorso ... Intorno alle cose, che Stanno in sù l'Acqua (2. Auflage, Florenz 1613). UBI, Sign. 211.189, Titelblatt.

Abb. 54: Galileo Galilei: Il Saggiatore (Rom 1623). UBI, Sign. 211.181, Titelblatt.

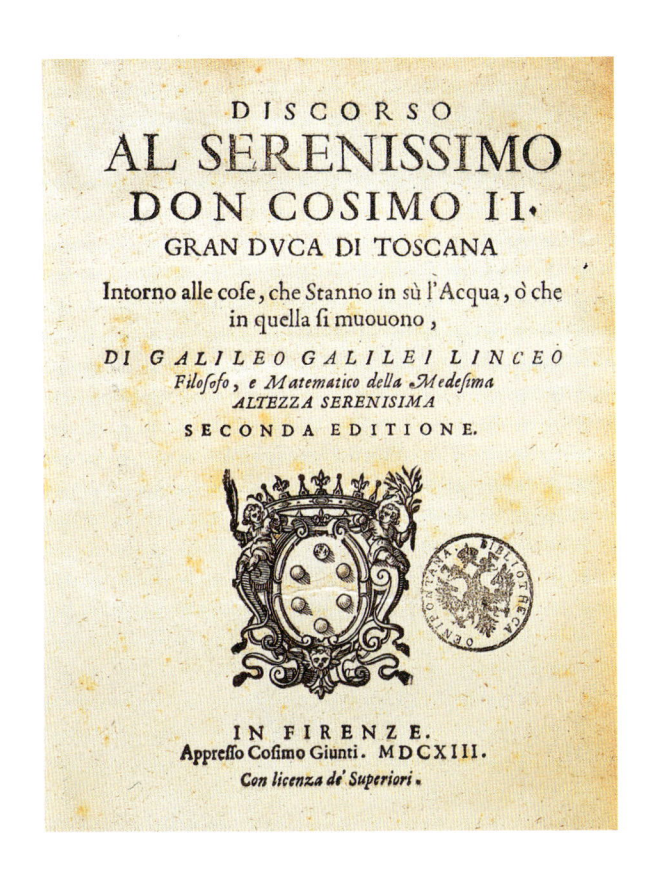

einer Königsresidenz. Erwartete man eine Rangerhöhung? Die Hoffnung, daß der nahe verwandte Kaiser einem alten Wunsch der Medici nachkommen und den Großherzog zum „König von Toskana" erheben würde, erfüllte sich allerdings nicht. Ferdinand II. trug selbst den Titel „Römischer König", ein weiterer König in Italien hätte das diffizile Gleichgewicht unter den italienischen Fürsten, die einander eifersüchtig beobachteten, gestört.

Ein fortschrittlicher Geist – Galileo Galilei

Im Jahr 1610 entdeckte der in der großherzoglichen Stadt Pisa geborene und an der Universität Padua lehrende Mathematikprofessor Galileo Galilei (Abb. 52) mit seinem Fernrohr die vier Trabanten des Planeten Jupiter.[22] Er nannte sie zu Ehren seines Landesherrn „Mediceische Sterne" (*Medicea Sidera*) und widmete das darüber publizierte Werk Cosimo II. Der Großherzog berief ihn daraufhin nach Florenz und ernannte ihn zu sei-

Das Haus Habsburg und die Medici

Abb. 55: Galileo Galilei an Erzherzog Leopold, 15. April 1621. TLA, Autographen G.

(ptolemäisches Weltsystem). Als Galilei, um sich gegen Angriffe kirchlicher Kreise, besonders der Jesuiten, zu verteidigen, 1615 nach Rom reiste, gab ihm der Großherzog Empfehlungsschreiben mit auf den Weg und wies ihm die Villa Medici als Quartier an. Sein früher Tod ersparte es ihm, in der folgenden Auseinandersetzung zwischen der Kirche und seinem Schützling Stellung beziehen zu müssen.

Cosimo II. starb am 28. Februar 1621, 31 Jahre jung, an Lungenschwindsucht und Gicht. Seine Witwe Maria Magdalena, auch sie eine Gönnerin von Galilei (*Abb. 55*), übernahm für ihren minderjährigen Sohn Ferdinando die Regentschaft (*Abb. 56*). Als eifrige Förderin habsburgischer Familieninteressen fädelte sie seit 1623 die Ehe ihres Bruders Leopold mit Claudia, der gerade verwitweten jüngsten Schwester ihres verstorbenen Gemahls, ein. Die Heirat war für beide Partner vorteilhaft:

Der Erzherzog erhoffte sich von der reichen Mitgift eine Verringerung seiner Schuldenlast, die Braut konnte das Kloster verlassen und sich schmeicheln, als erste Mediciprinzessin in das Kaiserhaus einzuheiraten.

Abb. 56: Großherzogin Maria Magdalena als Witwe, porträtiert von Justus Suttermans (Ausschnitt). Florenz, Palazzo Pitti.

40 DAS HAUS HABSBURG UND DIE MEDICI

Erzherzog Leopold V.
Ein verschuldeter Bräutigam

Als Leopold am 9. Oktober 1586 in der Grazer Burg zur Welt kam, konnte niemand ahnen, daß er dereinst Landesfürst von Tirol werden würde. Denn er stammte aus der steirischen Linie der Habsburger und seine Eltern, Erzherzog Karl II. und Herzogin Maria von Bayern, hatten bereits zwei Söhne. Die Nachfolge war also doppelt gesichert, seine Chancen, jemals eine weltliche Herrschaft zu erhalten, standen schlecht. Daher sollte er nach dem Willen des Vaters in den geistlichen Stand eintreten und hohe kirchliche Ämter übernehmen, um standesgemäß versorgt zu sein. Ein Prinzenschicksal, wie es zu dieser Zeit vielen jüngeren Söhnen katholischer Fürstenhäuser zugedacht war.[23]

Der geistliche Stand – ein Prinzenschicksal

Der kleine Leopold gedieh prächtig, die stolze Mutter ließ ihn laufend porträtieren (*Abb. 57–59*). Er war ein frommes Kind, der geistliche Beruf schien seinen Neigungen zu entsprechen. Von Jesuiten erzogen, besuchte er auch die von ihnen geleitete Grazer Universität. Er blieb dem Orden zeitlebens eng verbunden und suchte ihn nach Möglichkeit zu fördern. Seine Religiosität folgte jesuitischen Vorbildern, seine ausgeprägte Marienverehrung ging auf jesuitischen Einfluß zurück.

Der junge Leopold (*Abb. 60*) begeisterte sich aber auch für die Jagd, was damals kein Widerspruch zum geistlichen Beruf war, viele Kirchenfürsten huldigten dieser „Freizeitbeschäftigung". Im Alter von zehn Jahren wurde er im Grazer Dom zum Akolyth geweiht, empfing also die höchste der vier niederen Weihen. Er war zu diesem Zeitpunkt bereits Domherr von Passau und Salzburg, ein Indiz dafür, daß der Grazer Hof darauf hinarbeitete, ihm diese beiden Bischofssitze zu verschaffen. Tatsächlich wurde er im Jahr 1598, also im Alter von zwölf Jahren, zum Nachfolger des Passauer Bischofs bestellt. Im gleichen Jahr erhielt er die Koadjutorie von Straßburg, womit er Aussicht hatte, demnächst auch dieses Bistum zu erlangen.

Im Jahr 1605 verließ der inzwischen 19jährige Erzherzog seine Heimatstadt Graz, um das Bistum Passau zu übernehmen. Drei Jahre später war auch

Abb. 57: Erzherzog Leopold im Jahr 1587.
KHM, GG, IN 6758.

Abb. 58: Leopold im Alter von zwei Jahren. KHM, GG, IN 8056.

Abb. 59: Leopold im Alter von zwei Jahren und sieben Monaten. KHM, GG, IN 3389.

schlag belegte und Leopold am 14. Juli 1609 zum kommissarischen Verwalter des strittigen Territoriums ernannte. Im kaiserlichen Auftrag, aber auf eigene Kosten warb der zweifache Bischof in seinen beiden Bistümern Soldaten an, die allerdings nichts ausrichteten. Er selbst verließ Jülich im Mai 1610, mit Schulden beladen. Die Gläubiger verfolgten ihn bis an sein Lebensende.

Trotz des Scheiterns in Jülich blieb Leopold in des Kaisers Gunst. Um ihn gegen Erzherzog Matthias zu unterstützen, zog der bischöfliche Soldat mit seinen Truppen im Februar 1611 nach Prag, konnte die Stadt aber nicht einnehmen. Rudolf II.

der Straßburger Bischofssitz vakant, und Leopold wurde Bischof von Straßburg. In den folgenden Jahren hielt er sich abwechselnd in beiden Diözesen auf, ließ sich aber nicht zum Priester und Bischof weihen (*Abb. 61*). Ein Austritt aus dem geistlichen Stand war daher jederzeit möglich.

An diese Eventualität dachte Leopold zu dieser Zeit bereits, obwohl er seiner Mutter auf dem Sterbebett (1608) versprechen mußte, den geistlichen Stand nicht zu verlassen. Er hatte Gefallen an seiner bayerischen Cousine Magdalena gefunden und wollte sie heiraten. Politische Ambitionen kamen hinzu. Rudolf II. plante, ihn zu seinem Nachfolger als Kaiser zu machen, um seinen Bruder Matthias vom Thron fernzuhalten. In beiden Fällen benötigte der zweifache Bischof allerdings ein weltliches Territorium. Überraschend bot sich eine Gelegenheit dazu: Nach dem Tod des letzten katholischen Herzogs von Jülich, Kleve und Berg (1609) stritten mehrere protestantische Fürsten um das Erbe, woraufhin der Kaiser das Land mit Bedes Kaisers mit Erzherzogin Anna aus der Tiroler Linie kinderlos geblieben war, bestanden gute Aussichten, daß Ferdinand ihm im Reich nachfolgen würde. Der Erzherzog verzichtete daher auf die Nachfolge in Tirol, womit die Regentschaft seinem jüngeren Bruder Leopold zufiel. Das Land erhielt wieder einen geistlichen Gubernator.

Leopold kannte Tirol bereits. Im Jahr 1607 war er zugegen, als seine Schwestern Maria Christierna und Eleonore in einer feierlichen Zeremonie, zu der Familienmitglieder und Verwandte aus Graz, Innsbruck und München anreisten, im Haller Damenstift eingekleidet wurden.[25] Jahre später, am 21. und 22. Dezember 1618, nahm er als Vertreter der Dynastie an der feierlichen Beisetzung Maximilians des Deutschmeisters in der Innsbrucker

Abb. 60: Leopold im Alter von etwa sieben Jahren, gemalt von Jakob de Monte. KHM, GG, IN 3241.

mußte seinem ungeliebten Bruder – „Bruderzwist in Habsburg" – nach der ungarischen nun auch die böhmische Krone überlassen.

Nach Rudolfs Tod wurde Matthias erwartungsgemäß Nachfolger im Kaisertum (13. Juni 1612), während Leopold auf Wunsch seiner Verwandten weiterhin das klerikale Gewand tragen mußte.

Geistlichen Standes war auch der jüngere Bruder des Kaisers, Erzherzog Maximilian, seit 1585 Hoch- und Deutschmeister.[24] Nach dem Tod Erzherzog Ferdinands II. aus der Tiroler Linie war er 1596 als Vertreter der Hauptlinie Gubernator von Tirol geworden (*Abb. 62*). Als er am 2. November 1618 starb, sollten gemäß einer Vereinbarung vom Jahr 1602 (Prager Rezeß) die Mitglieder der steirischen Linie die Regentschaft übernehmen. Leopolds ältester Bruder Ferdinand war seit 1596 Landesfürst der Steiermark, seit 1617 König von Böhmen und seit 1618 König von Ungarn. Da die Ehe

Abb. 61: Leopold in geistlichem Gewand, gemalt von Joseph Heintz. KHM, GG, IN 3128.

Abb. 62: Eine Tiroler Landtagsssitzung, vielleicht unter Maximilian dem Deutschmeister. HHStA, Hs. W 231/4 (Matthias Burglechner, Tiroler Adler, fol. 110r).

Abb. 63: Trauergerüst für Erzherzog Maximilian den Deutschmeister, aufgerichtet in der Innsbrucker St.-Jakobs-Kirche am 21./22. Dezember 1618. Stich von Andreas Spängler. UBI, Sammlung Roschmann, Bd. 14, Bl. 91.

St.-Jakobs-Kirche – dem heutigen Dom – teil (*Abb. 63*). Er war auch anwesend, als sein jüngster Bruder Karl, seit 1608 Bischof von Breslau, seit 1613 Bischof von Brixen, am 26. Dezember 1618 in der Haller Stiftskirche als Koadjutor des Deutschen Ordens eingekleidet wurde.[26] Er blieb anschließend in Tirol, besichtigte Hall mit seiner Münze und Saline, den wichtigsten Einnahmequellen des Landes, sowie Schwaz, dessen Silberbergwerk die Landesfürsten einst reich gemacht hatte. Er ritt auch zur berühmten Martinswand, die sein Vorfahr Maximilian erklommen hatte, und nahm am Fuß des Berges bei einem Forstknecht das Frühmahl ein.[27]

Leopold wird Gubernator von Tirol

Das wichtigste Ereignis des beginnenden Jahres 1619 war zweifellos seine offizielle Ernennung zum Regenten der vorder- und oberösterreichischen Länder. In dem vom 14. Jänner 1619 datierten *gewaltbrief* übertrugen ihm Kaiser Matthias als Vertreter der Hauptlinie sowie König Ferdinand als Vertreter der steirischen Linie die üblichen Vollmachten (*Abb. 64*).[28]

Abb. 64: Kaiser Matthias und König Ferdinand ernennen Leopold zum Gubernator von Tirol, 14. Jänner 1619. TLA, Leopoldinum, Kasten B, Nr. 27/2.

Als *Gubernator und Regierer diser Ober- und Vorderösterreichischer, auch Mitincorporierter Leuth und Lannden* hatte Leopold einen aus zwei Teilen bestehenden Länderkomplex zu verwalten. Der wichtigste Teil war die Fürstliche Grafschaft Tirol, die sich im Süden bis an den Gardasee und nach Ala (heute Italien) erstreckte, im Westen bis ins Unterengadin und den Prättigau (heute Schweiz) reichte und im Osten am Ziller endete (*Abb. 65*). Im Gegensatz zu den frühesten habsburgischen Besitzungen in Ostösterreich rund um Wien, die man „Niederösterreich" nannte, trug das Tiroler Gebiet den offiziellen Namen „Oberösterreich". In sein Territorium eingebettet waren die weltlichen Herrschaftsgebiete der Bischöfe von Brixen und Trient. Beide Kirchenfürsten galten als reichsunmittelbar, waren aber vertraglich eng an die Grafschaft Tirol gebunden.

Ganz anders stellte sich „Vorderösterreich" dar. Es bestand aus den vier Herrschaften „vor dem Arlberg", die die Habsburger seit 1363, dem Zeitpunkt der Erwerbung Tirols, als Landbrücke zu ihren deutschen und Schweizer Stammlanden hinzugewonnen hatten: Feldkirch mit Neuburg am Rhein, Bregenz mit Hohenegg, Bludenz sowie Sonnenberg, im wesentlichen also das heutige Vorarlberg. Daran anschließend erreichte man die habsburgischen Herrschaften im Südwesten Deutschlands sowie die Besitzungen jenseits des Rheins, im Sundgau und Elsaß (heute Frankreich). Diese Gebiete lagen in der Nähe von Straßburg, seit 1608 Leopolds Bistum.

Zentrum der Herrschaft, Residenz des Landesfürsten und Sitz der zentralen Behörden war Innsbruck. Wichtigstes Organ zur Beratung des Gubernators bei der Regierung dieses umfangreichen,

ERZHERZOG LEOPOLD V. · 45

Abb. 65: Matthias Burglechner: Die Fürstliche Grafschaft Tirol (1608), hier mit späterer Kolorierung. TLMF, Historische Sammlungen K V/5.

aber auch weitgestreuten Länderbesitzes war der Geheime Rat, ein Gremium eigens ausgesuchter, kompetenter und zuverlässiger Männer seiner Wahl. Als oberste Instanz konnten die Geheimen Räte auch als Stellvertreter des abwesenden Regenten fungieren. Dem Rat unterstellt waren die Regierung als Regierungs-, Verwaltungs- und Gerichtsbehörde sowie die Kammer als landesfürstli-

46 Erzherzog Leopold V.

che Finanzbehörde, die die Einnahmen und Ausgaben verwaltete und verrechnete.

Vordringlichste Aufgabe des neuen Gubernators war die Abhaltung eines Landtags, um sich den Ständen zu präsentieren und vor allem ihre finanzielle Unterstützung für das durch die böhmische Rebellion in seinem Besitzstand bedrohte Haus Österreich zu erhalten. Die Landtagseinladung erging am 27. Jänner 1619, tags darauf kehrte Leopold in sein Straßburger Bistum zurück.[29]

Der Tiroler Landtag wurde für den 11. März 1619 nach Innsbruck einberufen. Tags zuvor, am Fastensonntag Laetare (10. März), fand Leopolds offizieller Einzug statt. Wegen der Hoftrauer um Maximilian den Deutschmeister und der Fastenzeit verzichtete der sonst so prunkliebende Gubernator auf einen aufwendigen Empfang. Sein Einritt sollte *ohne sonndere Solennitet und Freidenfest*, auch ohne Ehrenpforten vor sich gehen. Trotzdem war natürlich ein gewisses Zeremoniell obligatorisch, um den Antritt der Statthalterschaft *mit erzaigender allegreza zu condecorirn.* Auf jeden Fall sollte auf Wunsch des bischöflichen Gubernators in der Hofkirche *dem Allmechtigen zue Lob und Ehren daß Te Deum laudamus* gesungen werden, wofür er seine Musiker vorausschicken wollte.[30]

Aus dem Elsaß kommend, wurde Leopold am 9. März abends in Reutte von Abgeordneten des Geheimen Rates feierlich empfangen. Zu seiner Begrüßung wurden auf Schloß Ehrenberg Salutschüsse abgefeuert, auch tags darauf bei seiner Weiterreise. An der Ehrenberger Klause hatten etliche hundert Soldaten aus dem Landvolk mit ihren Musketen Aufstellung genommen und begrüßten den Gubernator mit Ehrensalven. In Innsbruck erfolgte der Empfang am 10. März gegen Abend auf der Ulfiswiese im Westen der Stadt. Aus etwa 50 großen und kleinen Geschützen feuerten 300 Söldner Salut. Die Innsbrucker Bürgerschaft hatte in zwei Schwadronen Aufstellung genommen, Vertreter der Landschaft und des Hofes sowie die Mitglieder der Regierung und Kammer samt ihren Dienern waren versammelt. Nach der offiziellen Begrüßung ging es, wie Leopold es gewünscht hatte, zur Hofkirche zum feierlichen Tedeum. Die Geheimen Räte hatten den Provinzial des Franziskanerklosters sowie den Hofbaumeister Bartholomäus Lucchese aufgefordert, Portal und Betstühle der Kirche festlich zu schmücken, Hofkapellmeister Johann Stadlmayr besorgte die musikalische Umrahmung. Die Prälaten von Stams, Georgenberg

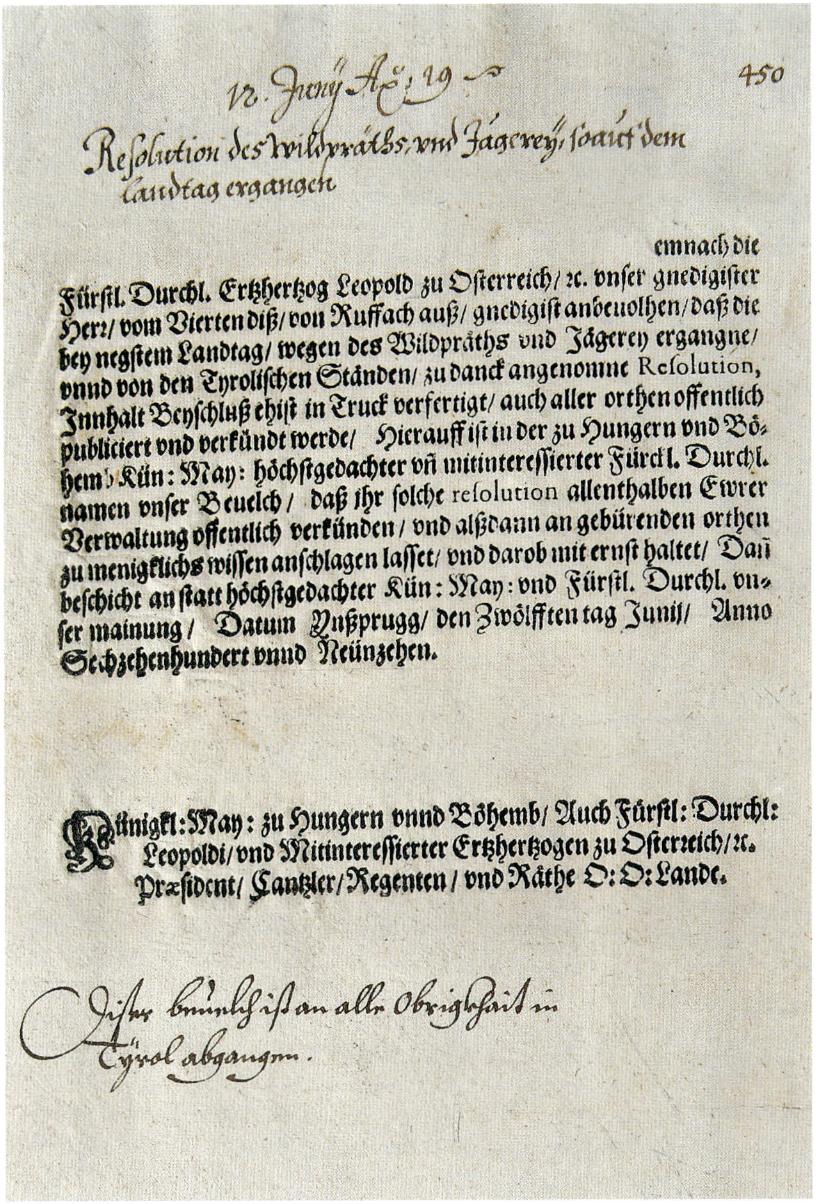
12. Juny Ao: 19 450
Resolution des Wildpräths, und Jägerey, so auf dem
Landtag ergangen

emnach die
Fürstl. Durchl. Ertzhertzog Leopold zu Osterreich/ ꝛc. vnser gnedigister
Herr/ vom Vierten diß/ von Ruffach auß/ gnedigist anbeuolhen/ daß die
bey negstem Landtag/ wegen des Wildpräths vnd Jägerey ergangne/
vnnd von den Tyrolischen Ständen/ zu danck angenommne Resolution,
Jnnhalt Beyschluß ehist in Truck verfertigt/ auch aller orthen offentlich
publiciert vnd verkündt werde/ Hierauff ist in der zu Hungern vnd Bö-
hemb Kün: May: höchstgedachter vñ mitinteressierter Fürstl. Durchl.
namen vnser Beuelch/ daß jhr solche resolution allenthalben Ewrer
Verwaltung offentlich verkünden/ vnd alßdann an gebürenden orthen
zu menigklichs wissen anschlagen lasset/ vnd darob mit ernst haltet/ Dañ
beschicht an statt höchstgedachter Kün: May: vnd Fürstl. Durchl. vnser mainung/ Datum Ynßprugg/ den Zwölfften tag Junij/ Anno
Sechzehenhundert vnnd Neünzehen.

Künigkl: May: zu Hungern vnnd Böhemb/ Auch Fürstl: Durchl:
Leopoldi/ vnd Mitinteressierter Ertzhertzogen zu Osterreich/ ꝛc.
Præsident/ Cantzler/ Regenten/ vnd Räthe O: O: Lande.

Diser bevelch ist an alle Obrigkhait in
Tyrol abgangen.

Abb. 66: Erzherzog Leopold erläßt einen Generalpardon für Wildschützen, 4. Juni 1619. CD 1617/1619, fol. 450r.

Abb. 67: Diese Darstellung der Gründungslegende von Maria Waldrast – die Auffindung einer Muttergottesstatue mit Kind in einem Baum – widmete ein Florentiner Servit der Regentin Claudia de' Medici. UBI, Sammlung Roschmann, Bd. 14, Bl. 1.

und Wilten waren gebeten worden, in Pontifikalkleidung am Gottesdienst teilzunehmen.[31]

Leopold hatte sein Amt *mit Götlichen genaden* angetreten, nun konnten die Regierungsgeschäfte beginnen. Am 11. März 1619 wurde der Landtag eröffnet. Das Hauptinteresse des Gubernators galt einer möglichst großen Geldhilfe der Stände, war doch der Aufstand in Böhmen in vollem Gang. Die Lage verschärfte sich, als Kaiser Matthias am 20. März 1619 starb und die böhmischen „Rebellen" nun Leopolds Bruder Ferdinand allein gegenüberstanden. Der Landtag bewilligte nach längeren Verhandlungen 100.000 Gulden zur Abzahlung der Tiroler Kammerschulden und 30.000 Gulden *zu hilff des Beheimbischen Kriegs*, außerdem fünf Jahre lang je 30.000 Gulden als Deputat für den Gubernator.[32]

Die Übernahme der Statthalterschaft vollzog sich in Tirol reibungslos. Die von der Innsbrucker Regierung befürchteten Bauernunruhen waren ausgeblieben, die im Land befindlichen Söldner nicht zum Einsatz gekommen. Leopold war klug genug, seinen Regierungsantritt nicht mit einer Strafsanktion gegen seine bäuerlichen Untertanen zu beginnen. Denn wie von alters her hatten viele Tiroler auch dieses Mal den Tod des Landesfürsten zum Anlaß genommen, das fürstliche Jagdrecht auf Rot- und Schwarzwild bis zum Regierungsantritt seines Nachfolgers zu nutzen, obwohl die Landesordnung (Buch 4, Titel 11) dies ausdrücklich verbot. Auf Wunsch des Landtags erließ der Gubernator einen Generalpardon für Wildschützen und versprach Abhilfe gegen Wildschäden (*Abb. 66*).[33]

Während der Landtagsverhandlungen wohnte Leopold am 14. März 1619 der Grundsteinlegung der Innsbrucker Jesuitenkirche bei. Für das Theaterstück, das aus diesem Anlaß aufgeführt wurde, erhielten die Patres Kleidungsstücke aus Ambras. Auch in den folgenden Jahren unterstützte der Erzherzog als eifriger Förderer der Jesuiten den Kirchenbau durch materielle und finanzielle Zuwendungen.[34]

Der Innsbrucker St.-Jakobs-Kirche, die als Pfarrkirche galt, wandte der Gubernator gleichfalls

Abb. 68: Der Heiterwanger See, ein beliebtes Jagdgebiet der Tiroler Landesfürsten. Hier zu sehen auf einem Aquarell Jörg Kölderers im Fischereibuch Kaiser Maximilians I., 1504. ÖNB, Cod. 7962, fol. 26r (BA, E 5457-C).

Abb. 69: Schwerer halber Reiterharnisch Leopolds V., angefertigt vom Innsbrucker Plattner Hans Jakob Topf im Jahr 1619. KHM, HJRK, IN A 1534.

seine Aufmerksamkeit zu. Mit 3000 Gulden stiftete er zu Ehren *des zarten Heilligisten Fronleichnambs Cristi* eine Bruderschaft, die allwöchentlich am Donnerstag ein Hochamt samt Prozession abhalten sollte. Der Schwazer Goldschmied Elias Schön fertigte dafür eine silberne Monstranz an.[35]

Als besonderer Verehrer der Gottesmutter besuchte Leopold wohl auch die wundertätige Marienstatue in Maria Waldrast (*Abb. 67*). Auf jeden Fall bemühte er sich seit Frühjahr 1619 um eine bessere Betreuung der Wallfahrer und legte so den Grundstein zu einer noch heute gern besuchten Wallfahrtsstätte.[36]

Noch bevor der Landtag am 9. April 1619 zu Ende ging, kehrte der Gubernator am 6. April wegen *hochwichtiger unsers lob. Hauses obligenden notturfften* in das Elsaß zurück, wo er keine feste Bischofsresidenz hatte, sondern vielfach unterwegs war. Auch in seiner Bischofsstadt Passau hielt er sich bisweilen auf. Die Regierungsgeschäfte führte er ambulant mit Hilfe der Geheimen Räte, denen er seine Weisungen erteilte. So am 11. April, als er den Bischöfen von Brixen und Trient angesichts der gefährlichen Zeitläufte befehlen ließ, *den lieben Gott* mit eifrigen Gebeten und anderen *Gottliebenden werkhen* inständig um Verschonung und Abwendung allen Übels und der Gefahr zu bitten.[37]

Doch jedes Jahr kam Leopold auch selbst für kurze Zeit nach Tirol. Wie einst Kaiser Max schätzte er, ein begeisterter Jäger, die Tiroler Jagdgebiete. Nahe Innsbruck liebte er die Ötztaler Almen, wo er sich im Kühtai ein Jagdhaus bauen ließ. Am Heiterwanger See (*Abb. 68*) hielt er Jagden mit Fischfang ab, daher wurde in Reutte eine neue Unterkunft mit Hofküche samt Vorratskammer eingerichtet. Auch am Achensee konnte er jagen und fischen, also mußten die Schiffe hergerichtet werden. Sein Gestüt im Achental zeigte er gern seinen Gästen. So im Sommer 1620 seinem Bruder Karl, gemeinsam fuhren die beiden Bischöfe von Hall per Schiff nach Rotholz und ritten von dort zum Gestüt.[38]

Angesichts drückender Geldnot der Innsbrukker Kammer mußte sich Leopold aber auch um finanzielle Dinge kümmern. Weil die vorhandenen Ressourcen erschöpft waren, wurden Darlehen bei Privatpersonen aufgenommen, vor allem bei den Fuggern. Um 130.000 Gulden übernahmen sie am 20. Juni 1619 die drei Herrschaften Seifriedsberg (bei Augsburg), St. Petersberg (bei Imst) und Sterzing (Südtirol).[39] Da weitere hohe Auslagen zu erwarten waren, schlug die Kammer vor, goldenes Trinkgeschirr und Münzen aus der Ambraser Kunstkammer einzuschmelzen. Der Gubernator lehnte diesen Vorschlag am 7. Juli 1619, inzwischen in Wien eingetroffen, aber ab.[40]

zu ihrem König gewählt hatten. Weil diese Wahl *ohne zweifel auß sonderlicher schickung des Allmächtigen* erfolgt war, wurden in ganz Tirol Freudenschüsse abgefeuert und Dankgottesdienste abgehalten.[44]

Während seines Wiener Aufenthalts hatte Leopold eine neue Geldquelle ins Auge gefaßt: Er wollte Erzbischof von Salzburg werden. Das Erzbistum war sehr gut dotiert und lag in der Nähe Tirols. Doch das Domkapitel wählte am 13. November 1619 Paris von Lodron, dessen Familie in Tirol ansässig war. Immerhin gelang es Leopold, am 28. November 1619 die vom verstorbenen Erzbischof innegehabte Dompropstei von Konstanz zu erhalten. Damit war er mit kirchlichen Pfründen reichlich versehen. Außer einigen kleineren Benefizien

Abb. 70: Leopold als Bischof von Straßburg (links) und Passau (rechts) sowie Abt von Murbach (links) und Luders. HHStA, Hs. W 231/1 (Matthias Burglechner, Tiroler Adler, fol. 1v).

Der Krieg in Böhmen beginnt

Auf Wunsch seines Bruders Ferdinand, der sich zur Kaiserwahl nach Frankfurt begeben wollte, war Leopold Anfang Juli nach Wien gekommen, wo er auch die Statthalterschaft der niederösterreichischen Länder übernahm.[41] Die Lage war gefährlich, der Gubernator ließ sich daher aus Innsbruck einen Leibharnisch (*Abb. 69*) bringen. Er hat ihn später in der Innsbrucker Hofburg aufbewahrt, von wo er unterdessen in die Wiener Hofjagd- und Rüstkammer gekommen ist.[42]

Der Ausgang der Kaiserwahl war für die Habsburger von entscheidender Bedeutung. Daher wurde in Innsbruck an vier Tagen des August 1619 in vier verschiedenen Kirchen ein vierzigstündiges Gebet samt Prozession abgehalten, um für die Wahl des habsburgischen Kandidaten zu beten.[43] Tatsächlich wurde Ferdinand, als König von Böhmen selbst Kurfürst und stimmberechtigt, am 28. August 1619 einstimmig gewählt, auch mit der Stimme des Kurfürsten Friedrich von der Pfalz, den die böhmischen Stände nach der Absetzung Ferdinands (19. August 1619) am 26. August 1619

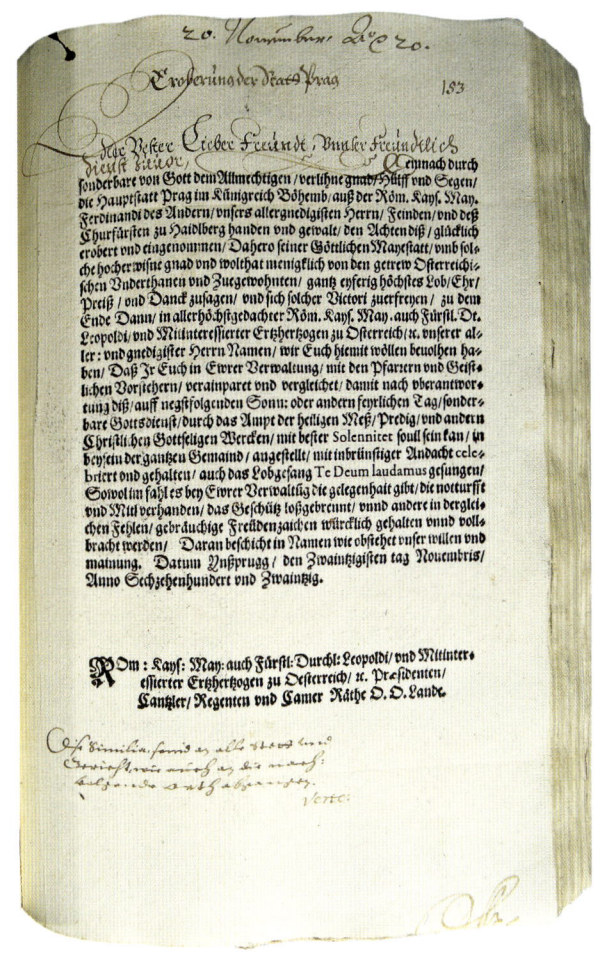

Abb. 71: Befehl zur Feier des Sieges am Weißen Berg (20. November 1620) in ganz Tirol, 21. November 1620. CD 1620/1623, fol. 153r.

ERZHERZOG LEOPOLD V. 51

Abb. 72: Kaiser Ferdinand II. in vornehmer Kleidung. KHM, GG, IN 6100.

gehörten ihm die beiden Bistümer Straßburg und Passau sowie die beiden Abteien Murbach und Luders im Oberelsaß und in Burgund (*Abb. 70*).

Mit der Annahme der böhmischen Königskrone hatte sich der calvinistische Kurfürst Friedrich von der Pfalz gegen seinen Lehensherrn, den Kaiser, gestellt. Diese Verletzung der Lehenspflicht blieb nicht ungestraft. Im Juni 1620 befahl Ferdinand II. den Angriff auf Böhmen, gleichzeitig besetzten spanische Soldaten fast die gesamte Pfalz. Sie konnte den spanischen Habsburgern als Brückenkopf dienen, wenn sie die in Spanien eingeschifften und in dem seit 1535 spanischen Herzogtum Mailand an Land gehenden Truppen über Tiroler Gebiet in die aufständischen Niederlande bringen wollten.

Die Schlacht am Weißen Berg (8. November 1620), an der auch Geschütze aus den Zeughäusern in Innsbruck und Günzburg beteiligt waren[45], besiegelte das Schicksal des „Winterkönigs". Er flüchtete aus Böhmen und wurde geächtet (29. Jänner 1621), seine Länder fielen an den siegreichen Kaiser. In Tirol feierte man diesen Sieg mit Dankgottesdiensten und Freudenschüssen (*Abb. 71*).

Die protestantischen Reichsfürsten sahen diesen Machtzuwachs der katholischen Habsburger ungern, auch der König von England wollte die Demütigung seines pfälzischen Schwiegersohns nicht tatenlos hinnehmen. Das katholische Frankreich fühlte sich durch diesen neuerlichen Territorialgewinn Spaniens noch mehr eingekreist und bereitete sich auf künftiges Eingreifen vor.

Leopold V. war durch seine elsässischen und süddeutschen Besitzungen von dieser Entwicklung wesentlich betroffen. Als Graf Ernst von Mansfeld, der Söldnerführer Friedrichs von der Pfalz, im November 1621 in das Elsaß einfiel, eilte Leopold aus Innsbruck in das bedrohte Gebiet. Seine bischöfliche Residenzstadt Zabern, von feindlichen Truppen belagert, konnte sich zwar halten, die Gefahr war aber nicht gebannt. Erst im März 1622 zog Mansfeld mit dem Hauptteil seines Heeres ab. Das Elsaß war wieder in habsburgischer Hand.

Kaiserhochzeit in Innsbruck

Während Leopold seine Elsässer Besitzungen verteidigte, hielt sein kaiserlicher Bruder (*Abb. 72*) in Innsbruck Hochzeit. Da die geplante Verbindung mit Claudia de' Medici nicht zustande kam, ent-

Abb. 73: Eleonore Gonzaga im Brautkleid, gemalt von Justus Suttermans. KHM, GG, IN 7146.

wurde die Braut im Namen des Gubernators an der Tiroler Grenze empfangen und nach Innsbruck geleitet, wo der Kaiser sie erwartete. Ein prächtiger Brautzug zog am 2. Februar in die festlich geschmückte Stadt ein, durch zwei Ehrenpforten hindurch ging es zur kirchlichen Ehezeremonie in die Hofkirche. Danach begab sich die Hochzeitsgesellschaft in die Hofburg zum Festmahl. Das Tiroler Tafelsilber und *fürneme sachen* aus der Schatzkammer waren bereitgestellt worden, der Kaiser seinerseits hatte zwölf große Truhen mit Tapisserien nach Innsbruck bringen lassen. Die Hauptkosten trug aber Leopold, nämlich 260.007 Gulden 17 Kreuzer.[46]

Kämpfe und Schulden

Während Ferdinand II. sein junges Eheglück genoß, war sein bischöflicher Bruder weiter militärisch aktiv. Er wollte den Krieg im Reich ausnützen und Länder erwerben, die Besitzungen der protestantischen Fürsten schienen dazu geeignet.

schied sich Ferdinand im Herbst 1621 zur Ehe mit der um 20 Jahre jüngeren Eleonore Gonzaga von Mantua (*Abb. 73*). Immerhin war sie eine Enkelin des Großherzogs Francesco de' Medici und seiner habsburgischen Gemahlin Johanna, ihre Tante Maria de' Medici war Königinwitwe von Frankreich.

Das Hochzeitsfest sollte im sicheren Innsbruck stattfinden. Mitten im Winter, am 23. Jänner 1622,

Nachdem Markgraf Georg Friedrich von Baden, Gründungsmitglied der protestantischen Union, bei Wimpfen von den Truppen der katholischen Liga vernichtend geschlagen worden war (6. Mai 1622), begann Leopold zwei Tage später mit kriegerischen Aktionen. Doch erst nachdem die Unionstruppen das Elsaß verlassen hatten, eroberte er am 25. Oktober 1622 Stadt und Amt Germersheim in der Pfalz. Die Kosten dieser Eroberung waren

ERZHERZOG LEOPOLD V. 53

Abb. 74: Großherzogin Maria Magdalena als Witwe, gemalt von Justus Suttermans. Brüssel, Musées royaux des Beaux-Arts de Belgique, IN 3273.

hoch (über 377.806 Gulden), daher übertrug ihm der Kaiser am 10. November 1622 das dem geächteten pfälzischen Kurfürsten verpfändete Oberamt Germersheim zur Nutznießung.

In seiner Eigenschaft als Gubernator von Tirol ging Leopold in diesen Jahren gegen die Bewohner des Engadins vor. Das Unterengadin und der Prättigau waren habsburgischer Besitz und als Durchzugsland für spanische Truppen von großer aktueller Bedeutung. Nach dem Einfall eines Fähnleins leopoldinischer Söldner ins Münstertal (Juli 1620) folgte im Oktober 1621 ein Angriff weiterer Truppen. Gegen die in den annektierten Gebieten eingeleiteten Rekatholisierungsmaßnahmen erhoben sich die protestantisch gesinnten Bewohner des Prättigaus im April 1622 und griffen Vorarlberger Gebiete an, was Gegenaktionen zur Folge hatte. Als Spanien in die Kämpfe eingriff, verbündete sich Frankreich mit den protestantischen Bewohnern und schloß mit ihnen den Vertrag von Paris (7. Februar 1623), worauf Leopolds Truppen abziehen mußten. Die Kosten für die in den heimischen Quellen als Engadinerkrieg bezeichneten Kämpfe beliefen sich für Leopold auf nahezu 3 Millionen Gulden, wofür teilweise Anleihen bei Tiroler Privaten aufgenommen wurden. Spanien übernahm etwas mehr als 500.000 Gulden, der Rest blieb unbezahlt.[47] Zu den alten Schulden aus dem Krieg um Jülich waren nun neue hinzugekommen.

In dieser tristen Situation erreichte den Gubernator im Juli 1623 eine wichtige Nachricht: Seine Schwester Maria Magdalena (*Abb. 74*) ließ ihn wissen, daß ihre Schwägerin Claudia, seit 1621 mit dem Thronerben von Urbino verheiratet, Witwe geworden war. Konnte eine Verbindung mit ihr nicht einen Ausweg aus seiner finanziellen Misere bedeuten?

Claudia de' Medici, Prinzessin von Toskana
Eine begehrte reiche Braut

Als letztes Kind des Großherzogs Ferdinando I. (*Abb. 75*) und seiner Gemahlin Christine von Lothringen (*Abb. 76*) kam Claudia de' Medici am 4. Juni 1604 im Palazzo Pitti in Florenz zur Welt. Ihren Namen erhielt sie nach Claudia von Lothringen, ihrer Großmutter mütterlicherseits. Sie wurde hineingeboren in eine Familie, die sich mit Kunstwerken ersten Ranges umgab, sie wuchs auf an einem Hof, der in kultureller Hinsicht zu den führenden Residenzen Europas zählte, in einer

Abb. 75: Großherzog Ferdinando I. als Großmeister des St.-Stephans-Ordens, gemalt von Scipione Pulzone. Florenz, Uffizien.

Abb. 76: Großherzogin Christine von Lothringen, porträtiert von Scipione Pulzone. Florenz, Uffizien.

Abb. 77: Das Hochzeitsmahl am 19. Oktober 1608. Die vierjährige Claudia saß noch nicht an der festlichen Tafel. UBI, Sign. 209.018 (Descrizione Delle Feste ...).

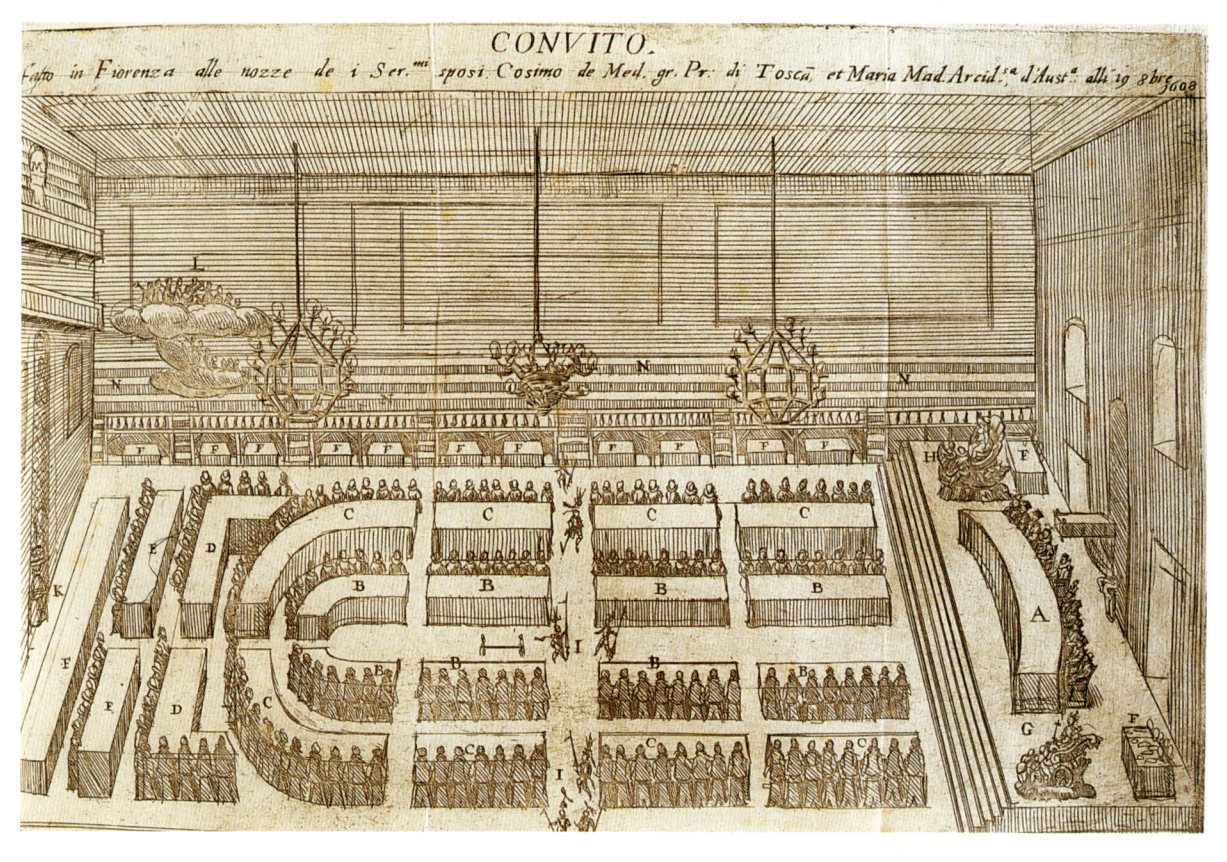

Stadt, die als Wiege des Humanismus und der Renaissance galt.

In diesem nicht nur prächtigen, sondern auch angenehmen Ambiente verbrachte die „geborene Prinzessin von Toskana" ihre Kinderzeit. Der weitläufige Boboligarten hinter dem Palast bot Raum für vergnügliche Spiele, während der alljährlichen Rundreisen mit ihrer Familie gab es reichlich Gelegenheit, in den Medicivillen das ungezwungene Landleben zu genießen.

Im Alter von vier Jahren erlebte Claudia im Oktober 1608 die Hochzeit ihres ältesten Bruders Cosimo mit Erzherzogin Maria Magdalena, die Festlichkeiten dauerten mehrere Tage (*Abb. 77*).[48] Sie selbst war zu dieser Zeit bereits verlobt, ihr Vater hatte sie dem um ein Jahr jüngeren Thronerben von Urbino, Federigo della Rovere (*Abb. 78*), zur Ehe versprochen. Der Verlobungsvertrag wurde am 23. März 1609 zwischen Cosimo II. und Herzog Francesco Maria von Urbino geschlossen.[49]

Ihre Erziehung erhielt Claudia im Benediktinerinnenkonvent *delle Murate*[50], wohin die seit 1609 verwitwete Mutter auch die drei anderen Töchter gebracht hatte. Sechs Jahre lang blieb sie im Kloster, begeisterte sich für die Musik, lernte Harfe und Laute spielen, versuchte sich auch im Malen. Der Liebe zu Musik und Malerei blieb sie ihr Leben lang treu.

Abb. 78: Federigo della Rovere, als fest gefatschtes Bündel gemalt von Alessandro Vitali. Florenz, Palazzo Pitti.

56 CLAUDIA DE' MEDICI, PRINZESSIN VON TOSKANA

Abb. 79: Claudia de' Medici als Mädchen. Florenz, Uffizien.

Heiratspläne

Ihren Bräutigam Federigo della Rovere lernte die in den Palazzo Pitti zurückgekehrte Prinzessin (*Abb. 79*) im Oktober 1616 persönlich kennen. Der elfjährige Prinz kam für zwei Wochen zu einem offiziellen Besuch nach Florenz. Ihm zu Ehren fanden zahlreiche Festveranstaltungen statt, darunter ein Roßballett mit einem Sonnenwagen (*Abb. 173*).[51]

Als ihre Schwester Caterina im Februar 1617 in Florenz mit Ferdinando Gonzaga vermählt wurde, war Claudia natürlich unter den Festgästen. Sie erfuhr wohl auch, daß Erzherzog Ferdinand, der älteste Bruder ihrer Schwägerin Maria Magdalena, am 19. Juni 1617 zum böhmischen König gekrönt worden war.

Im Frühjahr 1618 kam Leopold, der Bruder der Großherzogin und des Königs von Böhmen, nach Florenz. Anlaß dürfte die Taufe seines kurz zuvor geborenen Neffen gewesen sein, der wohl ihm zu Ehren den Namen Leopoldo erhielt (*Abb. 80*). Der Erzherzog wurde in den Gästezimmern des Palazzo Pitti untergebracht und nahm am Familienleben seiner Schwester teil. Ihm zu Ehren rezitierten die Kinder des Großherzogs eines Abends eine *commedia*, wohl im Theatersaal des Palastes. Das von Andrea Salvadori verfaßte Stück war ein Huldigungswerk zu Ehren der Häuser Habsburg und Medici. Als Pferdeliebhaber (*Abb. 81*) sah Leopold in der Reitbahn Don Lorenzo, einem Bruder von Claudia de' Medici, beim Reiten zu. Im Dom hörte er eine Messe, in der drei Chöre sangen, am 9. März wohnte er in einem Palast einer abendlichen Theateraufführung bei, in der junge Florentiner in prächtigen Gewändern und schönen Kulissen eine Pastoralkomödie in fünf Akten und sechs Zwischenspielen zum besten gaben.[52]

Während dieses Aufenthalts lernte Leopold auch die inzwischen 14jährige Claudia kennen, ohne an Heirat zu denken. Er selbst war ja Geistlicher, die Prinzessin verlobt.

Am 6. September 1619 brachte ein Kurier die Nachricht nach Florenz, daß König Ferdinand von

Abb. 80: Leopoldo de' Medici als Säugling, ungefatscht in einer Wiege liegend, gemalt von Tiberio Titi. Florenz, Palazzo Pitti.

Abb. 81: Ein Buch über Pferdegeschirre und Reitkunst wurde Leopold im Jahr 1608 von Johann Georg Zinner gewidmet. Die Darstellung des Erzherzogs auf dem sich aufbäumenden Pferd könnte eine Anregung für den späteren Leopoldsbrunnen sein. UBI, Cod. 554, fol. 2r.

Böhmen – seit 1. Juli 1618 auch König von Ungarn – am 28. August zum Kaiser gewählt worden war. Der Florentiner Hof demonstrierte seine Freude in gewohnter Weise: Drei Tage lang wurden in der Stadt die Kirchenglocken geläutet, es gab prächtige Feuerwerke, feierliche Dankgottesdienste, Festbeleuchtung und vieles mehr. Die Großherzogin ließ im Palazzo Pitti eine musikalische Komödie aufführen, deren Text von Andrea Salvadori stammte. An der Aufführung nahm außer der gesamten großherzoglichen Familie auch *la principessa d'Urbino*, also Claudia teil.[53]

Kaiser Ferdinand II. war seit 1616 verwitwet. Auf Wunsch Spaniens sollte er sich wieder verheiraten, am besten mit einer reichen italienischen Prinzessin. Der Kaiserhof dachte an die noch unvermählte Claudia de' Medici. Großherzogin Maria Magdalena griff die Idee begeistert auf und entwickelte gegen Jahresende 1619 eine rege Betriebsamkeit. Sie entsandte einen ihrer Sekretäre nach Wien und ließ ein großes Porträt der Prinzessin anfertigen (*… ritratto grande dela Principessa Claudia fatto cosi al naturale chemai ne ho visto uno piu simile*). Das nach Wien geschickte Bild gefiel dem Kaiser sehr.[54] Doch es gab Probleme. Erstens verlangte der Wiener Hof für die künftige Kaiserin eine höhere Mitgift als die für Mediciprinzessinnen üblichen 300.000 Scudi, der Großherzog war dazu nicht bereit. Vor allem aber wollte Herzog Francesco Maria von Urbino die Verlobung seines Sohnes mit Claudia nicht annullieren. Die Heirat mit dem Kaiser kam daher nicht zustande.[55]

Bereits am 19. Mai 1619 hatte der Herzog von Urbino Christine von Lothringen, Claudias Mutter, mitgeteilt, daß sein – am 16. Mai 1605 geborener – Sohn Federigo das 14. Lebensjahr vollendet hatte, also ehefähig war. Doch der Florentiner Hof zögerte mit der Hochzeit, vielleicht wegen der Heiratsverhandlungen mit dem Kaiser, vielleicht weil die 15jährige Braut körperlich noch nicht ehereif war. Über die zunehmende Krankheit des Großherzogs besorgt, schrieb der ungeduldige Bräutigam ihr am 15. Juni 1620 einen drängenden Liebesbrief, worüber man in Florenz sehr ungehalten war.[56] Schließlich entschloß man sich aber doch zur Hochzeit, denn die Erwerbung des bereits einmal besessenen Herzogtums Urbino war ein erklärtes Ziel der Medici.

Die Heirat mit Prinz Federigo von Urbino

Wie am Florentiner Hof üblich, wurde aus Anlaß der bevorstehenden Hochzeit ein Theaterstück in Auftrag gegeben, dessen Text vom Hofdichter Salvadori stammte: *La regina sant'Orsola*.[57] Im Oktober 1620 wurde das Melodram bereits eifrig geprobt. Auch als die Braut im November an den Pocken (*Khindts Plattern*) erkrankte, gingen die Vorbereitungen weiter. Doch der qualvolle Tod des

Großherzogs am 28. Februar 1621 machte jede öffentliche Feier unmöglich (*Abb. 82*). Maria Magdalena wollte so kurz nach dem *seeligen absterben* ihres Gemahls und auch wegen des Todes ihres Schwagers, König Philipps III. (31. März 1621), die *frische grosse traurigkeit* nicht mit *zuvill freud* vermischen, sondern die Hochzeit ohne *alle freudenfest* abhalten. Aus diesem Grund sollte die Trauung *auf Baroncelli* (*Abb. 83*), also auf dem von Maria Magdalena gerade erworbenen Landsitz außerhalb der Stadt, stattfinden. Die unterdessen 17jährige Claudia (*Abb. 84*) erlebte hier am 29. April 1621 nur eine schlichte Hochzeitsfeier. In der Kapelle des Landsitzes steckte ihr Federigo während der Messe in Gegenwart der Familie Medici einen goldenen Ehering an. Am 22. Mai 1621 verließ die junge Ehefrau Florenz, ihre Mutter Christine von Lothringen gab ihr das Geleit bis Pratolino. Auf der Weiterreise wurde die bereits schwangere Claudia von ihrem Bruder, Kardinal Carlo de' Medici, begleitet. Die Mitgift (300.000 Scudi) sollte ihr in Raten ausbezahlt werden, ihre Ausstattung im Wert von 38.839 Scudi führte sie mit sich.[58]

Der offizielle Einzug in das Herzogtum Urbino (*Abb. 85*) fand am Pfingstsonntag (30. Mai 1621) in Pesaro statt. Bei strömendem Regen wurde die künftige Landesherrin, in einer silbernen Sänfte sitzend, unter einem Baldachin in die Stadt geführt, durch vier Triumphpforten hindurch bewegte sich der Zug zum Dom, wo der Bischof den Ehesegen erteilte. Im Palazzo erwartete die Herzogin von Urbino ihre Schwiegertochter und führte sie in ihre Gemächer. Das vorgesehene Feuerwerk konnte wegen des Regens nicht stattfinden, es wurde auf den nächsten Abend verschoben. An den folgenden Tagen fanden die üblichen Festlichkeiten statt, auch eine Oper *L'Ilarocosmo overo Il Mondo Lieto* wurde aufgeführt.[59] Alles in allem hielt das kleine Herzogtum aber dem Vergleich mit der Florentiner Kunstmetropole nicht stand, ein Hofleben wie in Florenz gab es nicht.

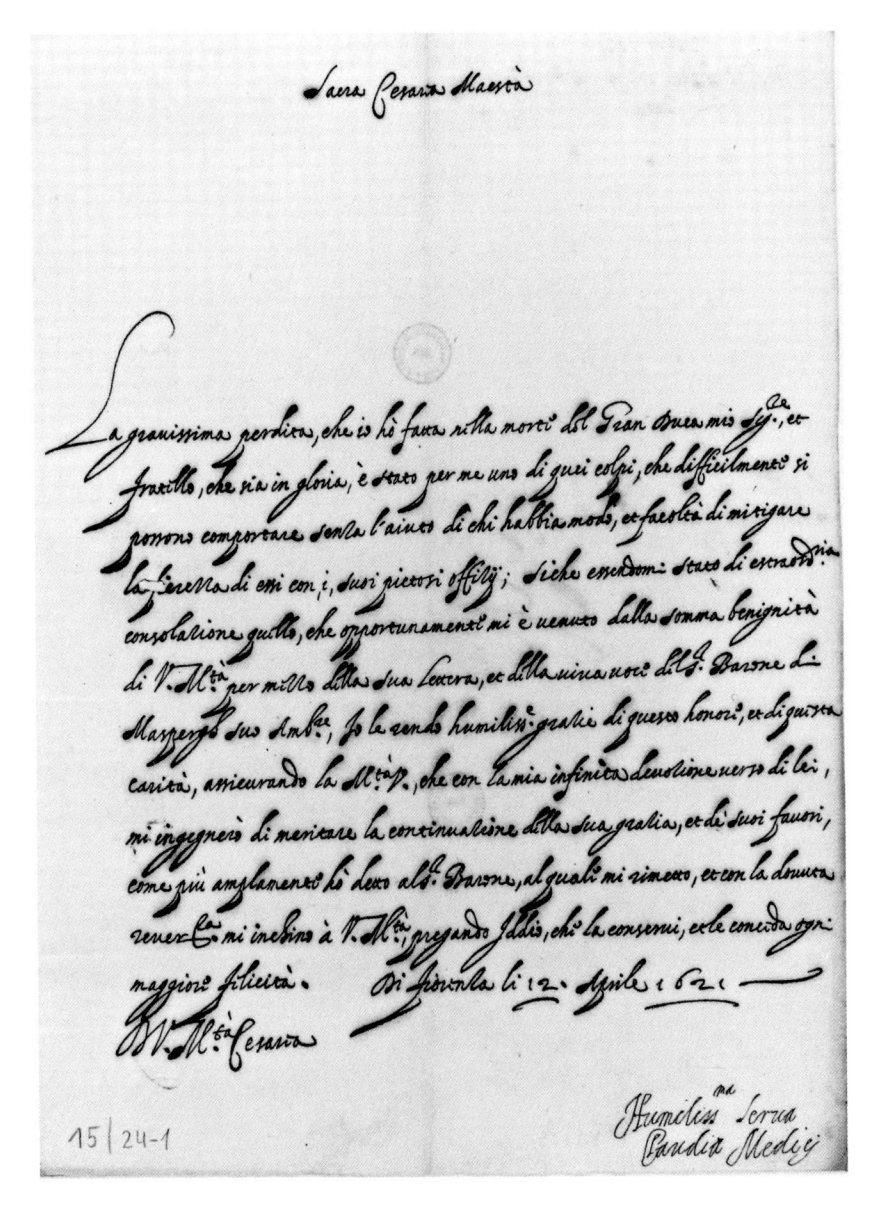

Da sich Herzog Francesco Maria von der Regierung zurückzog, bezog das junge Paar den Herzogspalast in Urbino (*Abb. 86*). Er war für die Hochzeit mit 17 Gemälden geschmückt worden, dem *Apparato di Nozze*, Darstellungen aus der Geschichte der herzoglichen Familie della Rovere (*Abb. 87*). Der *Palazzo ducale* barg allerdings auch eine unangenehme Überraschung für die junge Ehefrau: Federigo hatte seine Geliebte, eine Schauspielerin, im Palast einquartiert. Er streifte nachts durch die Gassen und führte ein lockeres Leben. Die in ih-

Abb. 82: Claudia Medicj dankt Kaiser Ferdinand II. für sein Kondolenzschreiben, 12. April 1621. ÖNB, Autographen 15/24-1.

Abb. 83: In der Villa Baroncelli, später in Villa di Poggio Imperiale umbenannt, heiratete Claudia de' Medici am 29. April 1621 Prinz Federigo von Urbino. Aus: Solerti, S. 182.

Abb. 84: Claudia de' Medici als Braut, wegen der Hoftrauer um ihren Bruder Cosimo II. in dunklem Kleid (Ausschnitt). Florenz, Uffizien.

rem Stolz gekränkte Mediciprinzessin zog sich nach Pesaro zurück. Erst nach einer Versöhnung ließ sie sich zur Rückkehr nach Urbino überreden und brachte hier am 7. Februar 1622 eine Tochter zur Welt.

Doch der junge Vater setzte sein unbekümmertes Leben fort. Als man ihn am 28. Juni 1623 tot im Bett auffand, hieß es, er sei von den Medici vergiftet worden. Tatsächlich starb Federigo aber eines natürlichen Todes, vermutlich an einem epileptischen Anfall. Für die Medici bedeutete sein plötzlicher Tod einen großen Verlust, denn die Nachfolge in Urbino war nur möglich, wenn es einen männlichen Erben gab. Aber Claudia hatte bislang nur eine Tochter geboren.[60]

Die Dynastie della Rovere in Urbino stand mit dem Tod des 18jährigen Thronerben vor dem Ende ihrer Herrschaft. Federigo war der einzige Sohn

URBINO.

Abb. 85: Das Herzogtum Urbino, seit 1621 die Heimat von Claudia de' Medici. TLMF, W 1594 (Georg Braun/ Frantz Hohenberg: Contrafactur und Beschreibung von den vornembsten St[e]ten der Welt, Bd. 4, Köln 1590, Bl. 52).

des Herzogs gewesen, seine Tochter besaß kein Anrecht auf den Thron, denn das Herzogtum Urbino war ein päpstliches Mannslehen. Ein Hoffnungsschimmer blieb noch: Vielleicht war die verwitwete Claudia schwanger und brachte einen Sohn zur Welt. Nachdem man einige Zeit gewartet und festgestellt hatte, daß die Witwe angesichts der zerrütteten Ehe nicht „gesegneten Leibes" war, konnte sie die Geburtsstadt Raffaels verlassen und in die Heimat zurückkehren.[61]

Rückkehr nach Florenz

Am 19. August 1623 kehrte Claudia nach Florenz zurück, der Hof fuhr ihr mit zahlreichen Kavalieren und Damen bis zum Stadttor entgegen. In feierlichem Geleit zog sie wieder in den Palazzo Pitti ein, wo sie im Obergeschoß Quartier bezog. Doch in Florenz war es Brauch, *das man die jungen Wittiben gar vast eingespert halt.*[62]

Sollte die junge, schöne und reiche Witwe ihr Leben in Einsamkeit beschließen? Mit ihrer Mit-

Abb. 86: Der Herzogspalast in Urbino. TLMF, W 1594, Bl. 52.

gift war sie eine gute Partie, ihre bewiesene Gebärfähigkeit machte sie für einen Fürsten, der eine Dynastie gründen wollte, zusätzlich attraktiv. Während die Ehe Kaiser Ferdinands II. mit Eleonore Gonzaga von Mantua kinderlos blieb, versprach eine Verbindung mit Claudia de' Medici Geld und Nachwuchs.

Abb. 87: Der offizielle Einzug einer Herzogin in Urbino, unter einem Baldachin im Damensitz auf einem Pferd reitend. Claudia zog in einer Sänfte ein und kehrte als Witwe nach Florenz zurück.
Urbino, Palazzo Ducale, Apparato di Nozze.

Erzherzogin Claudia von Österreich
Heirat und Familie

... die fürstin were recht für Eur Liebden am alter. Mit diesen Worten machte Maria Magdalena, Großherzogin von Toskana, ihrem Bruder Leopold, Bischof von Straßburg und Passau, am 4. Juli 1623 einen überraschenden Vorschlag: Sie empfahl ihm die Ehe mit ihrer soeben verwitweten Schwägerin Claudia de' Medici. Die Prinzessin zählte 19 Jahre, Leopold war 37 Jahre alt (*Abb. 88*). In weiteren Schreiben informierte sie den Erzherzog über die zu erwartende hohe Mitgift und pries Claudia als *von gesicht, leib und tugendt schön.* Sie bot an, ihm ihr Porträt zu schicken, nicht in schwarzer Witwentracht, sondern in einer anderen Farbe. Tatsächlich sandte sie ihm am 30. September 1623 das *Contrafet* der Prinzessin mit weißer Witwenschneppe (*Abb. 89*).[63]

Maria Magdalena sorgte auch dafür, daß die Witwe in den Dominikanerinnenkonvent *della Crocetta* übersiedelte, *welches gar ein schönes und fröliches orth ist.* Aber nur deshalb, weil die Großherzogin auf dem Klosterareal einen Palazzo hatte errichten lassen, der nicht der Klausur unterworfen war.[64] Hier lebte ihre älteste, debile Tochter Maria Cristina mit ihren Hofdamen, hier sollte auch Claudia bleiben, *biß das sie Gott wider mit ein gemahel versehen thuet.*[65] Als besondere Vergünstigung durfte sie ihre Tochter bei sich behalten, die als einzige Erbin des Privatvermögens des Herzogs von Urbino eine reiche Braut war und daher bereits im Alter von 20 Monaten mit dem immerhin schon 13 Jahre alten künftigen Großherzog Ferdinando verlobt wurde.[66]

Doch Leopold, der zweifache Bischof, konnte nicht so ohne weiteres heiraten. Er benötigte dazu die Einwilligung des Königs von Spanien und die seines kaiserlichen Bruders, vor allem aber eigenen Länderbesitz. Denn mit dem Austritt aus dem

Abb. 88: Erzherzog Leopold, schon etwas behäbig als Bischof von Straßburg und Passau.
TLMF, Dip. 1372, Nr. 75.

Abb. 89: Claudia de' Medici mit weißer Witwenschneppe, Miniatur in Elfenbeinkapsel. KHM, KK, IN 4323.

geistlichen Stand verlor er seine beiden Bistümer, die beiden Abteien sowie die übrigen geistlichen Besitzungen und Einkünfte. Wovon sollte er eine fürstliche Gemahlin erhalten?

Während der spanische König die Heirat seines Onkels, wenn auch nur ungern, genehmigte, versuchte Ferdinand II. die Ehe zu hintertreiben. Der Kampf gegen die aufständischen Böhmen und andere Feinde des Hauses Habsburg in Deutschland und Ungarn verschlang Unsummen, eine Bündelung der Kräfte, nicht eine Aufsplitterung der Länder war das Gebot der Stunde. Doch Leopold gab nicht auf. Persönlich reiste er zum Kaiser nach Wien und erreichte sein Ziel. Ferdinand stimmte der Länderteilung mit seinen beiden Brüdern Leopold und Karl zu und teilte die Tiroler Linie in drei Teile. Er selbst behielt das westliche Gebiet, auf das Spanien ein Anrecht besaß und aus strategischen Gründen besonders interessiert war. Leopold er-

hielt die beiden übrigen Teile, weil Karl auf seinen Anteil verzichtete. Mit diesem an Leopolds Namenstag (15. November 1623) abgeschlossenen Erbvertrag konnten die Heiratsverhandlungen beginnen.

Schwierige Heiratsverhandlungen

Aus Florenz erhielt der Erzherzog gute Nachrichten. Elisabeth von Stein, seine Vertraute aus Kindertagen, einst Hoffräulein seiner Mutter in Graz, hatte Maria Magdalena 1608 nach Florenz begleitet und 1611 Attilio Incontri geheiratet, nun war sie Oberthofmeisterin der Großherzogin.[67] Sie ließ Leopold Ende November 1623 wissen, daß Claudia *Iro Heuratguet beysamen* hatte, der Erzherzog könne also *khain bessere partida finden, dan da ist par gelt*, das man von einer Stunde zur anderen auszahlen könne. Die Prinzessin sei nur ungern *in dem versperrten haus, doch aus Ihrer frombkheit und hohen verstand* zeige sie es nicht.[68]

Mitte Jänner 1624 traf Leopolds Vertrauter, Oberst Ascanio Albertini aus Ferrara, in Florenz ein. Nun war die junge Witwe *fein frölich*.[69] Wie bei Fürstenehen üblich, ging es zunächst vor allem um finanzielle Fragen. Wie zuvor Ferdinand II. suchte auch Leopold die Mitgift seiner Braut zu steigern. Doch er wurde mit seiner Forderung gleichfalls abgewiesen. Claudia, die der Abgesandte nicht zu Gesicht bekam, sollte wie ihre Schwestern und sie selbst bei ihrer Verheiratung nach Urbino 300.000 Scudi (= Goldkronen) erhalten.[70] Auch das war eine beträchtliche Summe, mehr als eine halbe Million Gulden.

Das Heiratsgut fürstlicher Bräute sollte ihnen auch in der neuen Heimat einen standesgemäßen Lebensunterhalt garantieren. Dazu wurde die Mitgift in Herrschaften oder Ämtern (z. B. Saline, Münze, Bergwerke, Zollstätten) angelegt, aus deren Erträgnissen ihnen jeweils zu bestimmten Zeiten ein Betrag angewiesen wurde, der einer etwa fünfprozentigen Verzinsung des eingelegten Kapi-

Abb. 90: Karte Tirols in Matthias Burglechners Tiroler Adler. HHStA, Hs. W 231/4, fol. 6v.

ERZHERZOGIN CLAUDIA VON ÖSTERREICH 65

Abb. 91: Claudia, Herzogin von Urbino, dankt für die gute Nachricht über den Erbvertrag zwischen Ferdinand II. und Leopold. SP 2.

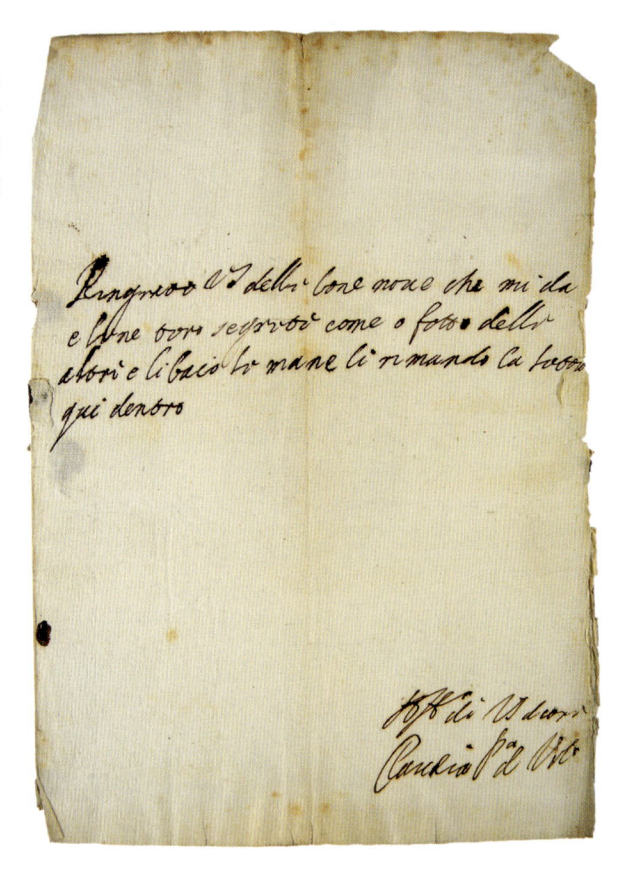

Salz, Silberminen und anderen Metallen, woran andere Länder Mangel leiden. Man kann diese Produkte mit großem Gewinn auf dem Inn oder über Land verkaufen und auf dem Rückweg Getreide ins Land bringen. Tirol ist größer als viele Fürstentümer in Deutschland, es mißt mindestens 40 Meilen (= 200 italienische Meilen) in der Länge und halb so viel in der Breite. Es gibt viele Täler mit zahlreichen Städten, Burgen und unzähligen Dörfern. Die Bevölkerung ist so groß, daß mindestens 30.000 Soldaten rekrutiert werden können. Innsbruck ist von alters her die Residenz, unterdessen reich an neuen Werkstätten (*fabriche*). Die einst hohen Einnahmen sind jetzt vielfach verpfändet, teils wegen der verschiedenen Kriege, teils aus anderen Gründen. Doch wird daran gedacht, die Schulden allmählich zu verringern.[71]

Mit dieser etwas geschönten Beschreibung der Fürstlichen Grafschaft Tirol und ihrer Ressourcen gab sich der Florentiner Hof zufrieden. Er drängte aber darauf, daß der künftige Bräutigam ein fest umschriebenes Territorium erhielt. Leopold trat daher neuerlich in Verhandlungen mit Ferdinand II. ein, ließ ihm am 11. September 1625 die Schwierigkeiten der Teilung darlegen, konnte den Kaiser aber nicht umstimmen. Am 24. September 1625 wurden ihm nur folgende Gebiete zu erblichem Eigentum übergeben: die Grafschaft Tirol (Oberösterreich) sowie die Arlberger und schwäbischen Herrschaften und Städte, die Markgrafschaft Burgau, die Landgrafschaft Nellenburg, die Grafschaft Hohenberg und die Landvogtei Schwaben (Vorderösterreich).[72] Claudia nahm diese gute Nachricht dankbar auf (*Abb. 91*).

Leopolds geistliche Besitztümer waren für den Kaiser von großem Interesse, besaß er doch außer dem Thronerben Ferdinand noch einen zweiten Sohn, den er kirchlich versorgen wollte. Er verband also seine Bereitschaft zur Länderteilung mit dem Wunsch, daß der 1614 geborene Leopold Wilhelm seinem Onkel in dessen Bistümern und Ab-

tals entsprach. Die vorgesehenen Orte mußten im Ehevertrag festgelegt werden.

Überrascht stellte der Florentiner Hof im Verlauf der Verhandlungen fest, daß Leopold kein genau definiertes Territorium besaß. Vor allem Christine von Lothringen machte sich Sorgen um die materielle Absicherung ihrer Tochter Claudia. Sie wollte wissen, ob der Erzherzog in der Lage war, einen Hof, wenngleich nur von mittlerer Größe, zu erhalten, wie die Gesetze des Landes waren und auf welche Orte die Mitgift versichert werden würde. Leopold beantwortete diese Fragen am 4. März 1624 und gab eine Schilderung seines wichtigsten Landes, der Grafschaft Tirol (*Abb. 90*):

Tirol ist eine der ältesten und bedeutendsten Besitzungen unseres Hauses, von ihm hängt die Sicherheit der schwäbischen und anderer Territorien ab. Das Land ist arm an Getreide und Futter für die Tiere, aber stark durch seine Berge, reich an Wein, teien nachfolgen sollte. Der scheidende Bischof war damit einverstanden, allerdings benötigte er dazu die Genehmigung des Papstes.

Romreise und Begegnung mit Claudia im Klosterpalast

Unter dem Vorwand, aus Anlaß des Heiligen Jahres nach Rom zu pilgern, brach Leopold am 3. November 1625 mit reichlichem Gefolge von Innsbruck aus zu seiner Italienreise auf. Erstes Ziel war Florenz, wo er am 17. November eintraf. Obwohl er Claudia de' Medici im Jahr 1618 kennengelernt hatte, wollte er sie vor seiner endgültigen Entscheidung noch einmal sehen. Denn seither hatte die Prinzessin nicht nur die Pocken gehabt, sondern auch eine unglückliche Ehe erlebt. Maria Magdalena hatte Verständnis für den Wunsch ihres Bruders und fuhr mit ihm in den Klosterpalast *della Crocetta*, wo sie sich in einem Zimmer mit Claudia unterhielt. An der Türschwelle stehend, verfolgte Leopold die Unterredung schweigend und wechselte kein Wort mit der *vedova d'Urbino*. Doch auch so fand er Gefallen an seiner Braut. Am 19. November 1625 verließ er Florenz, am 21. November schrieb er aus Arezzo an Fürst Eggenberg, den Intimus des Kaisers, daß ihm die Prinzessin gleich *zu dem ersten ansehen, vil mehr aber durch deroselben so vilfeltig und hochverrümbte Tugenden so guete satisfaction gegeben*.[73]

Auch auf Claudia machte der Erzherzog einen guten Eindruck. Die Tatsache, daß er noch immer geistlichen Standes war, konnte sie nicht abschrecken, war doch ihr Vater vor der Hochzeit sogar Kardinal gewesen. Als die Großherzogin sie nach Leopolds Abreise im Kloster besuchte, fand sie die Witwe *gar guter ding* und fragte sich, wen *der Cupido mehr geschossen hat, Eur Liebden oder sy*.[74] Also gute Voraussetzungen für die geplante Verbindung.

Nach einem Abstecher zum Marienheiligtum Loreto langte Leopold am 6. Dezember in Rom an. Er wollte im Jesuitenkolleg wohnen, doch der Papst betrachtete ihn als seinen Ehrengast und quartierte ihn im *Appartamento Borgia* des Vatikanischen Palasts ein. Als frommer Pilger besuchte der Erzherzog in den nächsten Tagen die wichtigsten Kirchen der Ewigen Stadt und wohnte auch der Schließung der Heiligen Pforte am 24. Dezember 1625 bei.

Die Verhandlungen mit dem Papst verliefen erfolgreich. Urban VIII. billigte es, daß der zweifache Bischof, der nur die Subdiakonatsweihe empfangen hatte, „im Interesse des Hauses" in den Laienstand zurücktreten und heiraten wollte. Er gestand ihm die Einnahmen aus den Bistümern Straßburg und Passau bis zu einem Jahr nach Eheschließung zu, diejenigen der Konstanzer Dompropstei sowie der Klöster Murbach und Luders auf drei Jahre. Die ihm 1612 von Spanien gewährten Einkünfte aus Monreale durfte er lebenslang behalten, um damit die 100.000 Scudi, die Großherzog Ferdinando ihm leihen wollte, sicherzustellen. Sein minderjähriger Neffe Leopold Wilhelm sollte ihm in seinen geistlichen Besitztümern nachfolgen dürfen.

Auch während seines römischen Aufenthalts beschäftigte sich Leopold mit der bevorstehenden Heirat (*Abb. 92*). Denn unterdessen hatten Ascanio Albertini und Konrad von Bemelberg, der Präsident des Innsbrucker Geheimen Rates, in Florenz die Verhandlungen geführt. Auch sie sollten versuchen, die Mitgift der Braut zu steigern. Die Familie Medici möge bedenken, daß sie durch diese Verbindung *in Rhuembliche verwandtschafft* zum *Ertzhauß* komme, außerdem seien dem Erzherzog *von andern Fürstlichen Hohen Heüßern* mehrfach Heiratsangebote gemacht worden – eine glatte Lüge.[75]

Die Verhandler gaben ihr Bestes, doch der Florentiner Hof ging nicht von den für seine Bräute üblichen Bedingungen ab. Daher sah auch die Ehevereinbarung vom 6. Dezember 1625 nur 300.000 Scudi (= 587.000 Gulden) als Mitgift für Claudia vor. Noch bevor Leopold diesen Ehepakt am 16. Dezember bestätigte, studierte man in Florenz bereits die Ballette ein. Aber erst nach Einlangen der päpstlichen Dispens vom 18. Dezember 1625, durch die der Erzherzog vom Subdiakonat gelöst wurde[76], konnte die Heirat offiziell beschlossen werden. Am 25. Dezember 1625 erfolgte in Florenz die Publikation der Ehevereinbarung, tags darauf gratulierte der Hof und Claudia de' Medici konnte ihre Witwenkleidung ablegen. Am 27. Dezember 1625 übergab Bemelberg der Braut öffentlich eine diamantenbesetzte Goldkette samt einem Medaillon als Geschenk des Erzherzogs. Als ihr die Kette um den Hals gelegt und der Anhänger mit dem Bild des Bräutigams geöffnet wurde, zeigte Claudia große Freude. Kein Wunder, denn die Zeit der Ungewißheit war endlich vorbei.[77]

Nach Leopolds Rückkehr nach Florenz (5. Jänner 1626) gingen die Verhandlungen aber weiter. Der Florentiner Hof wollte sich nicht damit abfinden, daß der Erzherzog bei der Länderteilung lediglich zwei Teile der Tiroler Ländergruppe erhalten hatte. Doch der Kaiser blieb unnachgiebig und gab mit Rücksicht auf seine geheime Absprache mit Spanien sein eigenes Länderdrittel nicht auf. Daher enthielt auch der endgültige Ehevertrag, der am 18. Jänner 1626 im Palazzo Pitti, im Gemach der Großherzogin Maria Magdalena in Gegenwart des Erzherzogs sowie des minderjährigen Großherzogs Ferdinando und seiner beiden Vormünderinnen (Mutter und Großmutter) abgeschlossen wurde, neben den üblichen detaillierten Bestimmungen über die Mitgift nur deren Sicherstellung auf die zwei Leopold gehörenden Landesteile. Dafür hatte Claudia am 17. Jänner 1626 auf alle Erbansprüche an das Haus Medici verzichtet.[78]

Von diesen Problemen abgesehen, stand Leopolds Aufenthalt am Florentiner Hof im Zeichen ungetrübter Freude. Es gab zahlreiche Einladungen, Jagden, ein Fußballspiel und ein Karussell, Hanswurstkomödien (*comedie di Zanni*) sowie Bälle. Einmal machte der Erzherzog einen Ausflug nach Pisa sowie nach Livorno, wo er die Florentiner Galeeren und die imposanten Hafenanlagen besichtigte. Seine Braut hielt sich tagsüber bei ihm auf, abends kehrte sie stets wieder in ihren Klosterpalast zurück. Sie war daher auch nicht zugegen, als man am 20. Jänner um Mitternacht durch den Korridor vom Palazzo Pitti in das Theater in den Uffizien ging, wo Florentiner Adelige vor zahlreich versammeltem adeligen Publikum eine aufwendige Pastoralkomödie von Andrea Salvadori aufführten. Sie sah auch nicht die Komödie *Medoro, Re dell'Indie*, ebenfalls von Salvadori, die am 29. Jänner 1626 abends in der *sala delle figure* gespielt wurde. Dieses Stück hatte sie aber in anderer Version im Jahr 1619, als es zur Feier der Kaiserkrönung Ferdinands II. aufgeführt worden war, gesehen. Auch am anschließenden Ball hatte sie damals als *principessa d'Urbino* teilgenommen.[79]

Gern hätte der Florentiner Hof die Hochzeit in Florenz gefeiert, wo große Festlichkeiten zur Tradition gehörten. Doch Leopold wollte das Freudenfest im Beisein vieler Gäste in Innsbruck begehen, um die neue Landesfürstin in gebührendem Rahmen präsentieren zu können. Daher einigte man sich auf einen Kompromiß, der bei Fürstenhochzeiten häufig angewendet wurde: Die Trauung sollte *per procuram* in Florenz stattfinden, die Hochzeitsfeier in Innsbruck folgen. Zu seinem Stellvertreter bei der prokuratorischen Eheschließung ernannte Leopold seinen vierzehnjährigen Neffen, Großherzog Ferdinando. Danach reiste er ab (30. Jänner 1626). Über Mantua, wo er Anfang Februar 1626 die verschwägerte Herzogsfamilie besuchte, kehrte er nach Innsbruck zurück.

Hier hatte man sich unterdessen mit den Vorbereitungen für das Hochzeitsfest, das am 22. Februar 1626 stattfinden sollte, beschäftigt. Es ging um die Sicherheit der Stadt[80], um die Erstellung einer Gästeliste und um die Kostfreihaltung der Gäste auf Tiroler Boden. Ungefähr 40.000 Gulden wurden dafür veranschlagt. In der Hofburg waren Schatzgewölbe und Schlafkammer hergerichtet worden, Tapisserien, Baldachine und Teppiche mußten noch beschafft werden. Tafelsilber und Konfektschalen konnte man von Markgräfin Sibylle, der Witwe Karls von Burgau, ausborgen. 50 Fasane wollte der Hofküchenmeister Blasius Greiner *aufs besst* füttern, damit sie einen guten Braten abgeben würden. Federwildbret konnte aus der Umgebung Innsbrucks, Rot- und Schwarzwild aus Burgau herbeigeschafft werden, Austern, Meeresfische, Spezereien und Konfekt – davon benötigte man zwei Zentner – sollten aus Venedig und Genua geliefert werden.[81]

Die Hochzeit mußte verschoben werden, weil sich die Übergabe der Bistümer an Leopold Wilhelm verzögerte. Als neuer Termin wurde der 19. April 1626 (Sonntag Quasimodo) festgelegt, der Papst sandte seine Segenswünsche.[82]

Unterdessen hatte sich der Innsbrucker Hof weiter Gedanken über das *Hochzeitlich Freidenfest* und vor allem seine Finanzierung gemacht. Viel Geld war für die Brautreise und die Hochzeitsgäste vonnöten. Die Kammer schlug vor, die für die Ausstattung der Hofburg notwendigen Dinge – Silbergeschirr, Tapisserien, Teppiche, Baldachine, Sessel und dergleichen mehr – außer bei der Markgräfin von Burgau auch bei den Fuggern in Augsburg auszuborgen, vielleicht auch aus der Passauer Bischofsresidenz nach Innsbruck zu bringen. Da Leopold angeblich vorhatte, fremde Ingenieure für die Aufstellung der Triumphpforten nach Innsbruck kommen zu lassen, wies man darauf hin, daß es hier genügend Leute gebe, die zu dieser Arbeit fähig wären und weitaus kostengünstiger arbeiten könnten.[83]

Am 17. Februar 1626 kehrte der Erzherzog von seiner Romreise nach Innsbruck zurück. Die Hofburg erschien ihm nun öd und leer[84], er hatte kein Geld, sie fürstlich einzurichten. Vergeblich bemühte er sich, Möbel aus der Verlassenschaft seines

Abb. 92: Leopold als Bräutigam. Das goldene Gewand mit reicher Stickerei wurde wohl in Rom angefertigt. Auf dem Kragen der Erzherzogshut und darunter das Marien- und Jesusmonogramm, die ihn als Jesuitenzögling kennzeichnen, daneben zwei ineinandergeschlungene Ringe als Symbol der Ehe.
KHM, GG, IN 4393.

Abb. 93: Claudia de' Medici in großer Robe, wohl ihrem Florentiner Brautkleid. Das angeheftete Medaillon könnte ein Geschenk des Bräutigams sein. Florenz, Uffizien.

und zahlreiche Adelige, es folgte eine von vier Pferden gezogene rote Karosse, in der die Braut (*Abb. 93*) und ihre Mutter Christine von Lothringen saßen. Im folgenden Wagen fuhr Großherzogin Maria Magdalena mit ihren Töchtern Margherita und Anna, daran schloß sich eine große Zahl weiterer Karossen, in denen die angesehensten Damen von Florenz Platz genommen hatten. Viele Menschen säumten die Straßen und auch der Dom war so voll, daß der Brautzug kaum eintreten konnte. Am Portal begrüßte der Klerus die Hochzeitsgesellschaft und geleitete sie in den Chor, wo kostbar geschmückte Plätze hergerichtet waren. Vier Chöre sorgten für schöne Musik.

Während der Messe wurde vor dem Altar der Heiratskontrakt verlesen, der Erzbischof von Florenz segnete den Ehering, den der Großherzog der Braut präsentierte, als Symbol der Eheschließung. Freudenschüsse vor dem Dom zeigten der versammelten Menschenmenge die vollzogene Trauung Bruders Karl, der Ende Dezember 1624 in Madrid gestorben war, zu erhalten. Immerhin gewährte Kaiser Ferdinand II. – schon aus Prestigegründen – einen Zuschuß von 50.000 Gulden. Davon konnte man die wichtigsten Auslagen bestreiten.[85]

Prunkvolle Hochzeit in Florenz

In gewohnter Pracht feierte man dagegen in Florenz. Am Fest Mariä Verkündigung (25. März 1626) fand die prokuratorische Trauung statt, ein gesellschaftliches Ereignis für die ganze Stadt. Um 17 Uhr bewegte sich ein festlicher Zug vom Palazzo Pitti zum Dom, voran ritten der Großherzog

Abb. 94: Vittoria della Rovere im Alter von zwei Jahren. Die Nelke in der linken Hand kennzeichnet sie als Verlobte. Florenz, Uffizien.

an. Claudia selbst empfing *mit grosser devotion* die Kommunion. Nach dem Hochamt kehrte die festliche Gesellschaft in den Palazzo Pitti zurück, wo ebenfalls *alles geschitz losbrent* wurde. An der anschließenden öffentlichen Tafel im großen Saal nahmen aber nur die Fürsten teil.[86]

Am folgenden Tag wurden Ausstattung und Dienerschaft auf den Weg gebracht, am 28. März 1626 verließ Claudia de' Medici selbst, in Begleitung ihrer Brüder Carlo und Lorenzo die Heimat in Richtung Tirol. Ihre Tochter Vittoria della Rovere (*Abb. 94*) blieb als Braut des Großherzogs in Florenz zurück.[87]

Der Brautzug

Seit ihrer prokuratorischen Trauung unterstand die nunmehrige Erzherzogin von Österreich der Befehlsgewalt ihres Ehemanns. Er legte ihre Reiseroute und die Verweildauer in jedem Ort fest. Der Aufenthalt in Mantua, wo Claudia von ihrer älteren Schwester Caterina Abschied nehmen wollte, sollte nur kurz dauern. Trotzdem ließ es sich der Mantuaner Hof nicht nehmen, ihr zu Ehren am 5. April ein prächtiges Feuerwerk zu inszenieren (*Abb. 95*).[88]

Die folgenden Aufenthalte sollte der Brautzug so einrichten, daß man am 19. April 1626 in Innsbruck eintreffen würde. Zur Begleitung der *Erzfürstlichen Gespons* wurden Freiherr Johann Andrä von Brandis, Landeshauptmann an der Etsch und Burggraf von Tirol, Maximilian von Lodron, Johann Baptist von Arco, Sebastian Gienger und sieben weitere Adelige abkommandiert. In Ala betrat die neue Landesfürstin Tiroler Boden (*Abb. 96*), danach ging es über Trient und Bozen, wo die Stadtväter der Braut ein wertvolles Bild verehrten[89], in Richtung Norden weiter.

Am Morgen des 18. April traf der Brautzug in Sterzing ein, wo ein Gehängter gerade noch rechtzeitig vom Galgen genommen wurde, um die *Ertzfürstliche Gespons* nicht zu erschrecken (*Abb. 97*).

Es war bitterkalt, daher ließ Leopold seiner Braut fürsorglich Pelze überbringen. Danach passierten die Florentiner einen verschneiten Brenner, ehe sie am späten Abend in Matrei mit dem Erzherzog, der inkognito mit der Post gekommen war, zusammentrafen. Es folgte eine herzliche Begrüßung, man kannte einander ja bereits. Anschließend kehrte Leopold wieder nach Innsbruck zurück, wo tags darauf der feierliche Einzug stattfinden sollte.[90]

Die Residenzstadt hatte sich für den Empfang der Landesfürstin und ihrer beiden Brüder festlich herausgeputzt, der Erzherzog viele Hochzeitsgäste eingeladen und die Tiroler Landleute zur Begrüßung aufgeboten. Die Hofburg war unterdessen festlich hergerichtet worden, Silbergeschirr, Tapisserien und Teppiche borgten die Fugger und die bayerische Kurfürstin, Claudias Tante Elisabeth von Lothringen.[91] Für die Verköstigung der Gäste kamen aus Mailand 9 Kisten Marzipan und Konfekt, vom Koadjutor von Trient 17 Reb- und 13 Steinhühner, von Hieronymus von Lodron 23 Reb- und 11 Steinhühner. Der Kaiser schickte süßen Wein, an gutem Tiroler Landwein sowie Spe-

Abb. 95: Ein Feuerwerk erfreute Claudia während ihres Aufenthalts in Mantua. TLMF, Dip. 651/6, am Schluß.

Abb. 96: Matthias Burglechner, Aquila Tirolensis 1620. Tirol in Form eines Adlers, hier mit späterer Kolorierung. TLMF, Historische Sammlungen K IX/40.

zialweinen war der Innsbrucker Hof selbst gut versehen. Die meisten Lebensmittel kamen natürlich aus der näheren Umgebung. So wurden allein aus Reutte 165 Stück Wildgeflügel, 17 Truthähne (*indianisch gefligel*), 82 Kapaunen, 33 Hennen, weiters Kälber, Kitze, Lämmer, Fische und mehrere tausend Eier angeliefert.[92]

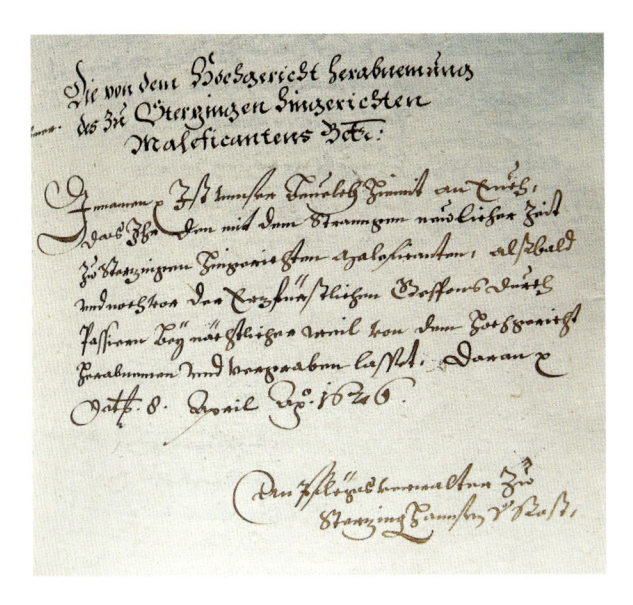

Zur religiösen Vorbereitung hatte Leopold am 1. März 1626 in der Hofkirche ein vierzigstündiges Gebet abhalten lassen. Die Innsbrucker Bevölkerung wurde aufgerufen, 40 Stunden – Tag und Nacht – vor dem ausgesetzten Allerheiligsten um göttlichen Segen für die bevorstehende Heirat des Landesfürsten zu beten.[93] Aber auch an praktische Dinge war gedacht worden. Mitte März 1626 erging auf Leopolds speziellen Befehl die Aufforderung, für die Aufrichtung der *Triumphporten* die Vorstadt gründlich zu säubern.[94]

Ein glanzvolles Hochzeitsfest in Innsbruck

Sonntag, den 19. April 1626, bot Innsbruck ein buntes Bild: Leopold empfing seine Braut mit großem Zeremoniell (*Abb. 98*). Mit ansehnlichem Gefolge war er am Nachmittag nach Wilten geritten, wo der Brautzug vom Brenner herabkam.[95] Die ankommenden Florentiner bewunderten den Anblick des prächtigen Aufzugs. Claudia saß in einer kostbaren, von zwei weißen Mauleseln getragenen Sänfte, an ihrer Seite ritten ihre beiden Brüder: Kardinal Carlo de' Medici als Vertreter des Papstes und Don Lorenzo de' Medici als Vertreter des Kaisers. Die Landesfürstin wurde in ein Zelt geführt und offiziell begrüßt. Kanonenschüsse und Gewehrsalven von 1500 Tiroler Schützen begleiteten die Zeremonie. Danach setzte sich der festliche Zug in Richtung Hofkirche in Bewegung. Claudia blieb in ihrer Sänfte sitzen, obwohl für sie eine goldene Kutsche mit den Initialen ℭ bereitstand (*Abb. 99*).[96] In sechs weiteren Sänften saßen je zwei italienische Damen, gefolgt vom Troß einer wahrhaft fürstlichen Ausstattung, die von 12 Mauleseln und 8 Gepäckwagen transportiert wurde. Insgesamt zählte der Florentiner Brautzug über 300 Personen.

Durch drei Ehrenpforten hindurch (*Abb. 100*), die der junge Florentiner Theaterarchitekt Alfonso

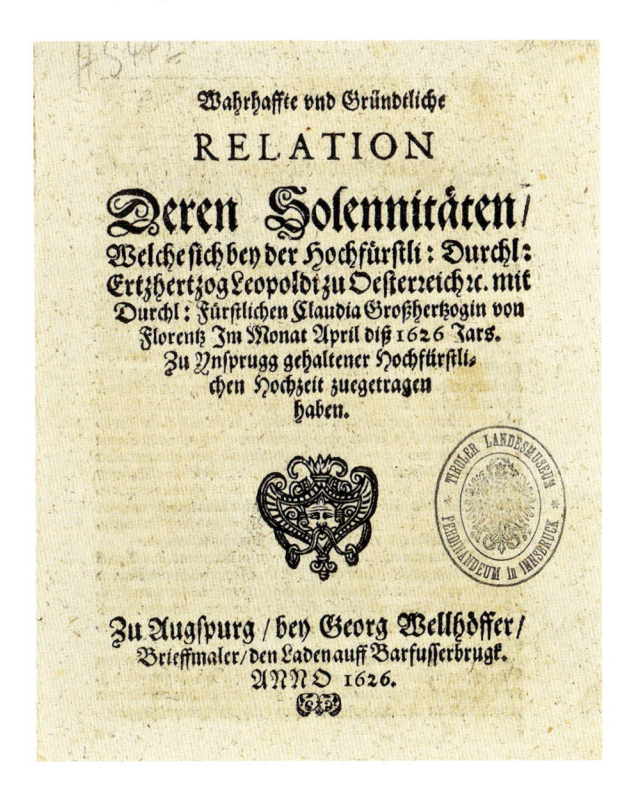

Abb. 97: Anweisung der Innsbrucker Regierung, in Sterzing einen Gehängten noch vor der Durchreise der Braut vom Galgen zu nehmen. CD 1624/1627, fol. 387r.

Abb. 98: Beschreibung der Hochzeit durch einen anonymen Autor, Augsburg 1626. TLMF, FB 13.313, Titelblatt.

Abb. 99: Der Einzug des Brautpaares auf einem Triumphwagen. In Wirklichkeit blieb Claudia in ihrer Sänfte sitzen. Allegorische Darstellung von Paul Honecker, gestochen von Lucas Kilian, 1626. TLMF, FB 6512.

Parigi für den heimatlichen Hof skizzierte[97], an zahlreichen Zuschauern vorbei bewegte sich ein Zug von etwa 750 Personen zur festlich geschmückten Hofkirche, wo die Innsbrucker Bürgerschaft mit Fahnen, Trommeln und Pfeifen Aufstellung genommen hatte. Wieder wurden Salutschüsse abgefeuert, alle Glocken der Hofkirche läuteten. Der Bischof von Brixen empfing die Braut am Kirchenportal mit seinem Segen und reichte ihr ein goldenes Kreuz zum Kuß.[98] Im Chor erwartete der Salzburger Erzbischof Paris von Lodron – ein Welschtiroler – das Brautpaar und hielt eine deutsche Predigt, die er anschließend in *welscher sprach* wiederholte, eine offensichtliche Höflichkeitsgeste gegenüber der Braut und ihrer italienischen Begleitung.[99] Danach vollzog er die kirchlichen Zeremonien mit Ringübergabe an die Braut und Segenspendung. Das feierliche Tedeum wurde von 40 Musikanten *mit statlicher Music* umrahmt.[100] *Die Großhertzogliche Praut, so ein schöne Firsstin ist*, trug ein silbernes Kleid, das mit goldenen Blumen und Diamanten besetzt war (*Abb. 107*).[101] Der Hochzeiter hatte schwarze burgundi-

sche Hoftracht angelegt und war reich geschmückt.

Nach dem Gottesdienst begaben sich Brautpaar und Gäste über den Gang in die Hofburg zur Tafel. Das Hochzeitsmahl, an dem neben den Brüdern der Braut und dem Salzburger Erzbischof auch Abgesandte des Kurfürsten von Bayern und des Königs von Spanien saßen, war als Schau-Essen festlich arrangiert. Trompeter bliesen beim Einzug der Tischgesellschaft, Trommelwirbel erklang. Stabelmeister, Mundschenk, Vorschneider, Silberkämmerer und Küchenmeister, Kammerherren, Truchsessen und Edelknaben bedienten. Auf einer eigenen Bühne hatten 40 Musikanten Platz genommen und unterhielten die Tafelnden mit ihrem Spiel. Die weniger vornehmen Gäste wurden in verschiedenen Zimmern der Hofburg oder der benachbarten Ruhelust verköstigt, an 200 Tischen etwa 2400 Personen.

Nach dem Essen fand im Goldenen Saal der Hofburg ein Ball statt. Leopold, der einstige Bischof, eröffnete den Tanz mit seiner Gemahlin, es folgten die adeligen Gäste mit ihren Damen. Danach gingen alle, die Florentiner wohl ermüdet von der langen Reise, zu Bett. Über die Hochzeitsnacht schweigt der Innsbrucker Chronist Leopardt, der diese Hochzeit beschrieb, doch offenbar nicht zum Kreis der Eingeladenen gehörte. Wohl aber erfuhr er, daß *der Firsstlich Hochtzeitern Schlaff Peth ... über die massen cöstlich, statlich und königelichen* war.[102]

Am folgenden Tag (20. April 1626) begab sich das fürstliche Ehepaar mit seinen Gästen und zahlreichem Gefolge um 11 Uhr zum Hochamt in die Hofkirche, wo diesmal schön gesungen und musiziert wurde. Leopold trug ein grün-goldenes Gewand mit Goldstickerei und goldenen Borten, darüber einen schwarzen Samtmantel, am Hut Reiherfedern und ein großes Schmuckstück (*ain statliches Clainet*), die Hutschnur war mit Edelsteinen bestückt. Claudia erschien in einem grüngeblüm-

Abb. 100: Huldigungsblatt, nachgebildet der ersten Ehrenpforte. Dargestellt sind auf diesem Stich von Andreas Spängler die Schätze Tirols: Silber, Wein, Salz.
TLMF, FB 6500.

ERZHERZOGIN CLAUDIA VON ÖSTERREICH

ten goldenen Kleid mit goldenen Rosen, Perlen und Edelsteinen. Mit ihrem wertvollen Schmuck war sie *ganntz Königelichen angelegter*. In ihrer Begleitung befanden sich zahlreiche Damen, alle kostbar gekleidet und geschmückt.

Nach dem Gottesdienst, wieder gehalten vom Salzburger Erzbischof, kehrte die Gesellschaft in die Hofburg zurück, wo das Mittagmahl eingenommen wurde. Während des Essens bliesen zwei Trompeter *lieblichen auf den Pussaunen*, Narren sorgten für Erheiterung. Unter ihnen befand sich ein alter großer Narr aus München, *Hannßwursch* (Hanswurst) genannt. Anschließend gab es wieder einen Ball, den das Hochzeitspaar eröffnete. Das Abendessen fand in privatem Rahmen statt.

Tags darauf (21. April 1626) hörte man in der Hofkirche eine gesungene Messe, danach nahmen die Fürsten im Riesensaal und in der Anticamera (*in der Risen- und Anntestuben*), die übrigen Gäste in ihren Zimmern das Mittagessen ein. Leopold speiste allein, denn nach dem Mittagessen wollte er auf dem Rennplatz vor der Hofburg an einem Kopfrennen teilnehmen.

Die Mitwirkenden an dieser Geschicklichkeitsübung waren in zwei Gruppen geteilt. Die Mitglieder der von Leopold angeführten Partie waren als Mohren gekleidet, die anderen *auf Türggisch*. Es galt, die Köpfe von drei Figuren mit Lanzen, Pfeilen und Schwertern abzuhauen. Claudia und ihre beiden Brüder sowie andere Gäste und das Frauenzimmer sahen vom langen Gang der Hofburg aus zu, Parigi machte wieder Skizzen für den Florentiner Hof.[103] Die Sieger erhielten vom Erzherzog ein silbernes, vergoldetes Handbecken und eine Kanne. Alles in allem verhielt sich der Mohrenkönig – Leopold selbst – *am pesten riterlich lobsam ..., darob die firsstlich Hochtzeiterin* – also Claudia – *sambt den Frawentzimer ain Freid empfanngen*. Die Kavaliere beider Gruppen überreichten dem fürstlichen Frauenzimmer *ain schen in welscher Sprach gedruckhte Ehr und lauter Zetel*, auf denen *Amorado Re di Turchi* und *Florido Re di Mori* Glückwünsche darbrachten. Nach dem Abendessen fand wieder ein Hofball statt.

Am Mittwoch (22. April 1626) begab sich das Fürstenpaar mit seinen adeligen Gästen nachmittags nach Zirl, *alda das Crucifix steet*, zur Gemsenjagd. Leopold schoß einen Gamsbock, Don Lorenzo de' Medici zwei Gemsen. Vier Jäger stiegen zum Kreuz auf, das an die wunderbare Errettung Kaiser Maximilians erinnerte, und wollten die ganze Wand durchsteigen. Plötzlich einsetzender Regen verhinderte dieses gefährliche Abenteuer. Bei der Rückkehr nach Innsbruck leuchteten an allen Fenstern Ampeln und Lichter, was *ain schöns ansechen gewest*.

Nach der abendlichen Tafel wurde im Goldenen Saal der Hofburg ein Ballett aufgeführt. Leopold selbst stand mit Don Lorenzo an der Tür und ließ nur Adelige und das Frauenzimmer ein. Er, seine Gemahlin und Gäste nahmen auf golden überzogenen Stühlen Platz, Schweigen wurde geboten. Als sich der Vorhang teilte, erblickte man einen Venusberg, auf dem Neptun saß und *ganntz lieblich und anmietig in welscher Sprach* sang. Danach sprangen fünf Geister aus dem Berg, tanzten eine Intrada (*Indräde*) und verschwanden wieder, indes eine Nymphe sang. Es folgten vier Männer – allesamt Mitglieder des Innsbrucker Hofes –, die als Bergknappen gekleidet ebenfalls eine Intrada tanzten und danach in den Berg zurückkehrten. Wieder sang eine Nymphe mit *gleichsam ennglischer Stimb*. In weiterer Folge entsprangen dem Berg drei Fischer sowie sechs Damen *auf Arrabischer Manier* gekleidet, auch sie in Wirklichkeit Männer. Eine Göttin erschien auf dem Venusberg und erklärte die vorangegangenen drei Intraden in italienischen Versen. Schließlich tanzten neun Kavaliere und der französische Tanzmeister des Innsbrucker Hofes eine Partida, in der sie die Buchstaben L und C – für Leopold und Claudia – darstellten. Das Tempo ihrer Darbietungen setzte die An-

Abb. 101: Die Kirche des Regelhauses. TLMF, FB 1637 (Aigner-Codex), Nr. 11.

Das Versperrte Kloster, und das Reglhaus nebst der Kirche.

wesenden in Erstaunen. Neptun beschloß dieses Ballett mit einer schönen Melodie (*in gantz schöner Mellantei*).

Am nächsten Morgen (23. April 1626) ruhte sich der Hof aus. Am Nachmittag führten die Jesuiten eine Komödie auf, zu der der gesamte Hof erschien. Das Thema war mit Bedacht gewählt: *Rudolphus Habspurgicus*, der erste Habsburger auf dem deutschen Thron. Er wurde auf Latein, aber in italienischer Manier (*all Italiano*) gepriesen. Die Vorstellung fand im verdunkelten Raum bei Fackeln und Windlichtern statt und dauerte bis 20 Uhr.[104]

Am folgenden Tag (24. April 1626) reiste als erster Gast Erzbischof Paris von Salzburg ab, in 15 sechsspännigen Kutschen. Ihm folgte am Nachmittag in Leopolds Leibsänfte der erkrankte Brixner Bischof mit 70 Pferden.[105]

Tags darauf (25. April 1626) zogen das Fürstenpaar, die beiden Großherzöge sowie eine große Menschenmenge in einer Prozession von der St.-Jakobs-Kirche zur Kirche des Regelhauses (*Abb. 101*), wo Erzherzogin Maria, die Tochter Ferdinands II. und seiner Mantuaner Gemahlin Anna Katharina, als Ordensschwester lebte. Es wurde *statlich musiciert*. Nach dem Mittagessen fuhren und ritten das Fürstenpaar und seine Gäste nach Hall in die Saline und zur Münze, 300 bewaffnete Haller Bürger erwarteten sie vor der Stadt. Als man die Herankommenden bei Maria Loreto erblickte, wurde aus zahlreichen Geschützen Salut geschossen. Auch beim Verlassen der Stadt donnerten die Kanonen. Die Haller Jesuiten hatten eine Komödie über die hl. Cäcilia vorbereitet, die aber nicht zur Aufführung gelangte. Die Heimkommenden überraschte in Innsbruck ein brillantes Feuerwerk beim

ERZHERZOGIN CLAUDIA VON ÖSTERREICH

Abb. 102: Der Schwazer Erbstollen galt als Wunderwerk der Technik. ÖNB, Cod. 10.852 (Schwazer Bergbuch), fol. 234v–235r (BA, E 24.409).

Lusthaus am Inn, das drei Stunden dauerte. Es war von einem Büchsenmeister aus Straßburg und einem Geistlichen inszeniert worden.[106]

Am 26. April 1626 gab es nachmittags eine Veranstaltung, die für Erheiterung sorgte: Auf dem Rennplatz fand ein Kübelrennen statt, eine Parodie auf die ritterlichen Turniere. Teilnehmer waren 24 reisige Knechte, die statt Ritterhelmen hölzerne Kübel über den Kopf gestülpt hatten, mit zwei Löchern für die Augen. Ihre Gewänder waren dick mit Heu ausgestopft, die Pferde ohne Sattel. Jeder versuchte den Gegner vom Pferd zu stoßen, zuletzt waren alle *Kibelreiter* erschöpft. *Es ist ein wunderschöne Kurtzweil gewesen, darbei es vil Lachens wegen so vilfeltigen fallens und burtzlens von den Pferdten abgeben*, schreibt der Innsbrucker Chronist Leopardt.

Weniger sympathisch mutet uns heute die nächste Belustigung an: Am 27. April 1626 ließ Erzherzog Leopold durch seine Reitknechte ein Katzenrennen veranstalten. 18 Berittene sollten, auf ungesattelten Pferden galoppierend, einer an den Füßen aufgehängten Katze den Kopf abschlagen. Keinem der Teilnehmer gelang dieses Kunststück, trotzdem war die Katze, mit der noch allerhand Unfug angestellt wurde, schließlich tot. *Ist also gar khurtzweillig zusechen und darvon vil zusagen gewesen*, meint der wenig tierfreundliche Hans Jakob Leopardt. Es ging aber noch weiter: Im Burghof wurden etliche englische Hunde auf einen großen Bären gehetzt. Man nahm den Bär allerdings bald aus dem ungleichen Kampf, *sonnsten were Er von den Hunden zerissen worden.* Unblutig ging der Tag zu Ende: Seiltänzer, Gaukler und Tänzer sorgten für *vil annndere schöne Khurtzweiln*, es herrschte also Volksfesttreiben in Innsbruck.

Am 28. April 1626 wurde ein Ringelrennen abgehalten, bei dem Leopold und die anderen Kavaliere in vollem Galopp mit einer langen Lanze einen an einer Schnur hängenden Ring erwischen mußten. Wie bei den vorangegangenen Veranstaltungen kündeten Trompeten und Pauken den Beginn an, wie stets sah auch Claudia mit ihrem Frauenzimmer und den Gästen zu.

Tags darauf (29. April 1626) begaben sich der Hof und seine Gäste, insgesamt 400 Personen, nach Schwaz, um das Bergwerk zu besichtigen. Man fuhr sogar in den Erbstollen (*Abb. 102*) hinein, *so schen zuesechen gewest.*[107] Anschließend wurde das Schmelzhüttenwerk in Brixlegg besucht. Erst am Abend des folgenden Tages kehrte die Gesellschaft nach Innsbruck zurück, wo unterdessen bereits die Ehrenpforten abmontiert worden waren.

Den Abschluß der Hochzeitsfeiern bildete ein Besuch in Ambras am 1. Mai 1626. Das Fürstenpaar, die beiden Mediciprinzen und die noch verbliebenen Gäste und das Frauenzimmer fuhren

Abb. 103: Schloß Ambras mit dem oberen Tiergarten und dem Amraser See, im Hintergrund die Stadt Innsbruck, Radierung von Georg Hoefnagel 1574. Privatbesitz S. W.

ERZHERZOGIN CLAUDIA VON ÖSTERREICH

Abb. 104: Dieses um 1400 in der Werkstätte des Baldassare Embriachi in Venedig hergestellte Schmuckkästchen schenkte Claudia im Jahr 1627 nach Ambras. KHM, KK, IN 112.

oder ritten *ins Firsstlich Schloss* und zum See, um *sich zuerlustigen*. Vermutlich erging man sich in den Ambraser Lustgärten oder spazierte durch die Tiergärten hinunter zum heute nicht mehr vorhandenen Amraser See (*Abb. 103*). Claudia bereicherte die Kunstsammlungen ein Jahr später mit zwei wertvollen Schmuckkästchen (*Abb. 104*).[108]

Am 2. Mai 1626 verließ der welsche Hofstaat Innsbruck, tags darauf Kardinal Carlo de' Medici.

Abb. 105: Das Hochzeitsgeschenk des Passauer Jesuitenkollegs. UBI, Sign. 99.615, Tafel 1.

Abb. 106: Hochzeitswünsche, dargebracht vom Jesuitenkolleg in Ensisheim. UBI, Cod. 841, Titelblatt.

Don Lorenzo reiste einige Tage später ab, er begab sich nach Wien zum Kaiser.[109] Ferdinand II. hatte seiner *lieben Muehm ein geringes Heurat Praesent* übermitteln lassen, was hoffentlich nicht allzu wörtlich gemeint war. Der spanische König, Herr eines Weltreichs, verehrte ihr ein Schmuckstück im Wert von 8000 Dukaten, das allerdings im Juli 1626 noch nicht eingelangt war. Erst nach Beendigung der Hochzeitsfeiern traf auch eine Gesandtschaft aus Brüssel ein, die ein Geschenk der Infantin Isabella überbrachte.[110] Nichts davon ist erhalten geblieben, nur die Geschenke der Jesuitenkollegien von Passau (*Abb. 105*) und Ensisheim (*Abb. 106*) haben die Zeitläufte überdauert.[111] Auch mehrere Huldigungswerke sind noch vorhanden.[112]

Mit dieser glänzend ausgestatteten Fürstenhochzeit, bei der Leopold eine silberne Rüstung getragen haben soll[113], hatte sich der Innsbrucker Hof viel Mühe gegeben und keine Kosten gescheut.[114] Man wollte sich der neuen Landesherrin und den Gästen von seiner besten Seite zeigen, die Sehenswürdigkeiten von Innsbruck und Umge-

80 Erzherzogin Claudia von Österreich

bung vor Augen führen. Die Eingeladenen konnten zufrieden sein, und sogar die verwöhnten Florentiner zeigten sich beeindruckt. Heimgekehrt berichteten einige von ihnen Maria Magdalena von ihrer vortrefflichen Aufnahme, das Land habe ihnen *so woll gefahllen, das Sy sich schier verwundert und nicht vermeint haben, das sollich Gelegenheiten sein sollen.*[115]

Eheleben und Familie

Nach der Abreise der Gäste fand am 11. Mai 1626 die Erbhuldigung der Tiroler Stände statt. Die neue, 22 Jahre junge Landesfürstin (*Abb. 107*)[116] dürfte allgemein gefallen haben. Während Leopold danach mit Landtagsverhandlungen beschäftigt war, richtete sich die Erzherzogin in der Innsbrucker Residenz häuslich ein. Sie packte ihre wertvolle Ausstattung an Schmuck, Kleidern, Wäsche, Silber- und Kristallsachen, feinem Geschirr und vielem mehr aus; sogar einen Gebärstuhl und Kindbettutensilien hatte sie mitgebracht.[117] Leider hat sich nichts von alledem erhalten. Nur die vorhandenen Porträts zeigen die kostbaren Kleinodien und langen Perlenketten, die prächtigen Kleider mit den Spitzenkragen, die von Florentiner Nonnen gestickt worden waren. Nun durfte sich Claudia auch in ihrer körperlichen Schönheit porträtieren lassen (*Abb. 108*). Mit ihrer hohen Mitgift von mehr als einer halben Million Gulden, die im Monte di Pietà in Florenz deponiert war und in Raten ausbezahlt wurde, konnte sie sich private Wünsche erfüllen.[118] Ein neuer Lebensabschnitt hatte begonnen.

In den nächsten Wochen und Monaten lernte die Landesfürstin Tirol näher kennen, vor allem jene Orte, die Leopold besonders am Herzen lagen, also seine Jagdgebiete. Im September 1626 begab sich der Hof nach Hall und von dort per Schiff nach Rotholz, wo es einen Lustgarten und einen Tiergarten mit Rotwild gab. Von hier aus war es nicht weit zum Achensee, einem beliebten Jagdge-

Abb. 107: Claudia de' Medici als Landesfürstin von Tirol, mit nachträglich aufgesetztem Erzherzogshut. Das Kleid aus Silberstoff mit goldenen Blumen könnte ihr Innsbrucker Brautkleid sein, Überrock und Schärpe sind in Rot und Blau, den Farben des Mediciwappens, gehalten. Das geöffnete Buch soll sie als gebildete Fürstin kennzeichnen. KHM, GG, IN 4392.

Abb. 108: Claudia als hl. Christine von Bolsena, der Namenspatronin ihrer Mutter. Die Sakralidentifikation gab der Fürstin die Möglichkeit, sich relativ freizügig porträtieren zu lassen. KHM, GG, IN 8323.

biet seit Kaiser Maximilians Zeiten. Bereits im Mai hatte er ihr St. Petersberg bei Imst gezeigt, es war eines seiner bevorzugten Jagdgebiete. Wie er seiner Schwester nach Florenz schrieb, vergnügte sich auch Claudia bei der Auerhahnbalz und *andern Khurtzweillen*, er war *so woll mit ihr zufrieden*.[119]

Die Ehe verlief also harmonisch. Den Schreiben des Bruders entnahm Maria Magdalena, *wie lieb Eur Liebden die fromme firstin haben*. Die eheliche Liebe hatte bereits Früchte getragen: Claudia war schwanger. Stolz meldete der werdende Vater diese Tatsache Mitte Juli nach Florenz.[120] Aber im Verlauf des Spätsommers erkrankte die Erzherzogin schwer und lief Gefahr, das Kind zu verlieren.[121] Besorgt informierte Leopold seine erfahrene Schwester, die acht Kinder geboren hatte und ihn beruhigte. Allerdings war sie selbst während ihrer ersten Schwangerschaft erkrankt und hatte eine debile Tochter zur Welt gebracht. Nun aber versprach sie, gemeinsam mit Vittoria della Rovere für die werdende Mutter zu beten, eine junge Harfinistin aus Rom sollte sie aufheitern.

Tatsächlich wurde die schwangere Erzherzogin wieder gesund und konnte sogar auf Reisen gehen. Anfang September 1626 befand sich das Fürstenpaar in Salzburg, ihm zu Ehren wurde am 3. September ein bereits zweimal gespieltes Stück zum dritten Mal aufgeführt: *Saul rex Israel*.[122]

Anschließend zeigte Leopold seiner Gemahlin die süddeutschen Besitzungen der Habsburger. Am 15. November 1626 statteten beide dem bekannten Kunsthändler Philipp Hainhofer in Augsburg einen Besuch ab und besichtigten seine Kunstkammer. Am 8. Dezember war die lange Reise zu Ende, das Fürstenpaar traf wieder in Innsbruck ein.[123]

Als der Geburtstermin näherrückte, benachrichtigte Leopold am 16. Jänner 1627 die umliegenden Bischöfe sowie den Salzburger Erzbischof. Da *der allmechtig Gott* seine Gemahlin *mit einer leibsfrucht vatterlich gesegnet und beladen*, sollten sie in ihren Diözesen ein vierzigstündiges Gebet für eine glückliche Geburt abhalten lassen. Auch alle Städte und Gerichte Tirols wurden informiert (*Abb. 109*). In Innsbruck selbst wurde am 22. Jänner 1627 ein *viertzig Stindig gepet* angeordnet, an dem die Mitglieder des Hofes, der Regierung und der Kammer teilnehmen mußten.[124] Aber der werdende Vater wollte seiner Gemahlin vor der Entbindung auch noch eine ungewohnte Freude bereiten: Es hatte kräftig geschneit, daher machte er mit ihr eine Schlittenfahrt nach Hall, bei der er selbst das Gefährt lenkte.[125]

Die Geburt der Tochter Maria Eleonore

Wie einst in Urbino wollte Claudia bei ihrer ersten Niederkunft in Innsbruck eine bewährte Florentiner Hebamme bei sich haben. Die 70jährige Anna Steppin, die auch Maria Magdalena bei vier Geburten beigestanden war, sollte es sein. Die Hebamme erklärte sich zu diesem Dienst bereit und machte sich auf den beschwerlichen Weg. Mit ihrer Hilfe brachte Claudia am 9. Februar 1627 eine Tochter zur Welt. Die befreundeten Höfe wurden umgehend verständigt und sandten Glückwunschschreiben.[126]

Nach Florenz brachte Leopolds Kammerherr Carlo Caraffa die Botschaft, daß die Erzherzogin *mit einer schönen Jungen dochter ist erfreudt worden.* Maria Magdalena gratulierte herzlich, *wie woll wir alle lieber ein sohn gehabt heten.* Sie schickte ihrer Schwägerin ein Hemd fürs Kindbett und ein *Chrisamb hemetl zu der Khindtstauff.* Christine von Lothringen übersandte ihrer Tochter Informationen für die Kindbettzeit und erbat sich häufige Nachrichten über die kleine Erzherzogin. Nebstbei informierte sie Claudia auch über ihre erstgeborene Tochter Vittoria, die nun ihr Liebling war. Das „Bräutchen" entwickelte sich gut (... *la nostra sposina va tuttavia crescendo di corpo et di spirito*).[127]

Nach kirchlicher Tradition galt jede Frau vierzig Tage nach der Geburt als unrein und durfte sich erst nach der „Hervorsegnung" wieder in der Öffentlichkeit zeigen. Auch Claudia mußte sich an diese Regelung halten. Mitte März hatte sie ihr Kindbett beendet und war ausgesegnet.[128]

Trotz der Enttäuschung über die Geburt einer schwächlichen Tochter[129] unternahm das fürstliche Elternpaar im April 1627 eine Wallfahrt, um für die glückliche Niederkunft zu danken. Der weite Fußmarsch – wohl nach Maria Loreto in der Haller Au – führte bei Claudia zu so heftigen Schmerzen in einem Knie, daß sie längere Zeit im Bett bleiben mußte. Schmerzhafte Fußsohlen hinderten sie bis Mitte Mai am Gehen.

Der Kaiser hatte Ende 1626 versprochen, den in Kürze erhofften *Leibs Erben* seines Bruders aus der Taufe zu heben. Da es „nur" eine Tochter war, übernahm Kaiserin Eleonore (*Abb. 110*) die Patenstelle.[130] Nach ihr wurde die Erzherzogin auf den Namen Maria Eleonore getauft. In Vertretung der Taufpatin kam Kurfürstin Elisabeth von Bayern Ende April 1627 nach Innsbruck, wo die Gassen, in denen *grosse Unsauberkhait* herrschte, sowie die Zimmer für die fremden Gäste gesäubert werden mußten. 30 Stück Geschütz und zwei Fähnlein Milizsoldaten aus der Umgebung wurden aufgeboten, Untertanen mußten in *Iren Rüsstung und wöhrn* zum Aufwarten nach Innsbruck kommen, ein Feuerwerk erfreute die Zuschauer. Am 3. Mai führten die Innsbrucker Jesuiten aus diesem Anlaß das Theaterstück *Gondisalvus Lusitanus* auf.[131]

Am 30. Mai 1627 nahm das Fürstenpaar an der Grundsteinlegung der neuen Jesuitenkirche teil,

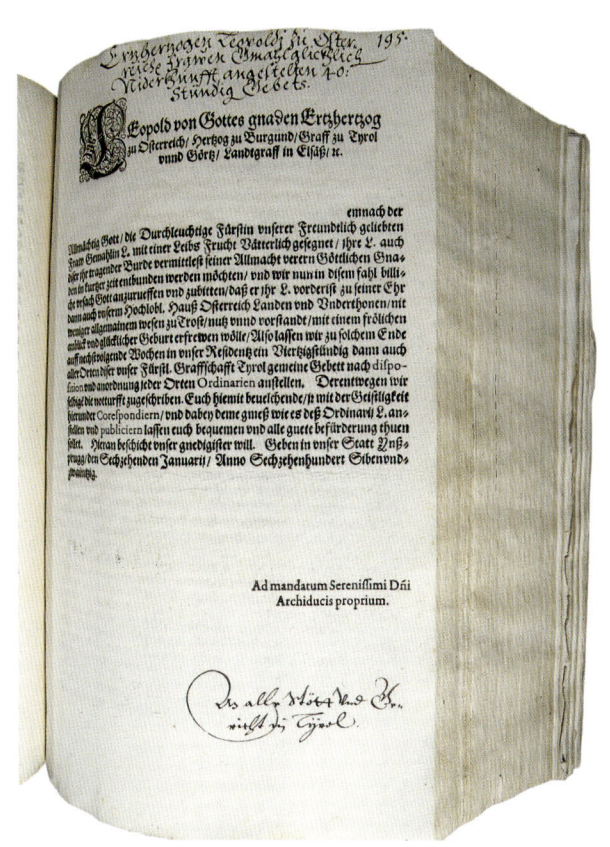

Abb. 109: Aufforderung zum vierzigstündigen Gebet für die bevorstehende Niederkunft der Landesfürstin, 16. Jänner 1627. BT 1625, fol. 195r.

die zu ihrer Grabstätte bestimmt war.[132] Anfang Juni war die Erzherzogin so weit von ihrer Wallfahrt genesen, daß sie mit Leopold auf die Auerhahnbalz gehen konnte. Durch einen unglücklichen Zufall wurde sie allerdings daran gehindert, *den Ersten hanen zuschiessen.* Maria Magdalena,

Abb. 110: Kaiserin Eleonore, gemalt von Justus Suttermans KHM, GG, IN 1734.

selbst eine begeisterte Jägerin, hatte deshalb *ein freundtliches mitleiden* mit ihr.

Ende Juni unternahm das Fürstenpaar eine Wallfahrt nach Maria Waldrast, wo ihm offenbar geklagt wurde, daß das Kloster keine große Schlaguhr besaß; man versprach Abhilfe.[133]

Am 5. Juli 1627 brach der Hof mit großem Gefolge nach Vorderösterreich auf, um auch hier die Erbhuldigung entgegenzunehmen. Der Hofstaat umfaßte zeitweise 286 Personen und 176 Pferde. Zur Beförderung des Gepäcks (*zu Fortbringung der Bagalien*) mußten die Untertanen in jeder Station 75 Pferde und 15 Wagen kostenlos (*in der Fron*) bereitstellen, was vielfach Unmut hervorrief, denn die Bauern wollten für ihre Dienste bezahlt werden. Von Konstanz aus, wo die schwäbischen Landstände ihrer Landesfürstin ein Hochzeitspräsent von 12.000 Gulden bewilligten, unternahm das Fürstenpaar einen eintägigen Abstecher in den Schweizer Marienwallfahrtsort Maria Einsiedeln.[134]

Taufpatin Claudia

Während dieser Reise wurde Claudia erstmals als Taufpatin erbeten. Leopolds Obersthofmeister Fortunat von Wolkenstein ersuchte sie, falls *der Allmechtig* seine Frau *mit einer Jungen Tochter erfreuen* würde, diese in ihrem Namen *zue der Heyligen Tauff* bringen zu lassen. Die Landesfürstin willigte ein (*Abb. 111*), und so erhielt das am 17. August geborene und am 4. September 1627 in der Innsbrucker St.-Jakobs-Kirche getaufte Mädchen ihren Namen: *Claudia Seraffia* (*Abb. 112*). Der Kindesmutter Johanna von Königsegg ließ die *Gfätterin* eine vergoldete Silberkanne verehren.[135]

Im September 1627 wurde Leopold krank, die Ärzte rieten ihm bezüglich seiner *erlittner Flissen* zur Anwendung einer Fontanelle (*eines fundanels*)[136] am rechten Arm. Der Patient genas, aber die Krankheit kehrte immer wieder.[137] Auch Claudia hatte gesundheitliche Probleme. Zur Jahreswende bekam sie Bauchschmerzen (*grimmen*), anschließend Zahnweh und eine geschwollene Backe. Über ihre Behandlung ist nichts bekannt.

Während der langen Abwesenheit ihrer Eltern blieb Maria Eleonore in Innsbruck zurück, von einer *Kindtsfrau* versorgt und Ammen gestillt. Die jungen Hunde, die im Kinderzimmer zurückgeblieben waren, wurden allerdings entfernt. Außer dem Personal kümmerte sich Leopolds Kammerdiener Kaspar Griessauer, der selbst Kinder hatte, um die kleine Erzherzogin. Im Juli erhielt sie eine Klapper und einen Wolfszahn *von Silber gefast und verguldt*, wohl als Amulett. Im August wurden eine

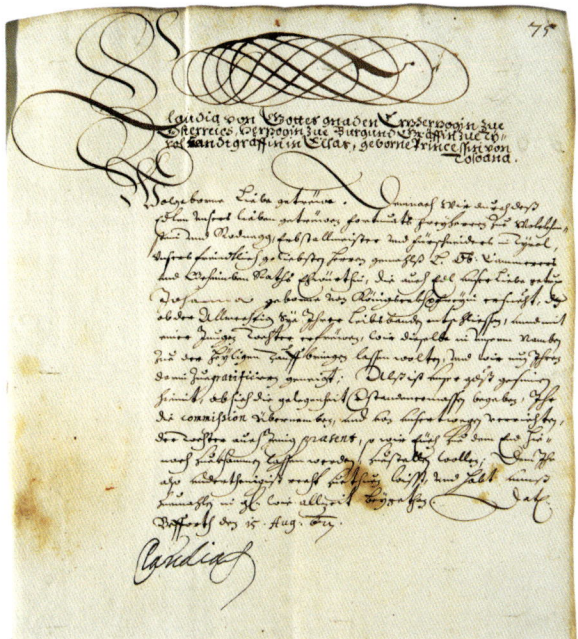

Abb. 111: Claudia willigt ein, Taufpatin für das erwartete Kind des Obersthofmeisters Fortunat von Wolkenstein zu werden, 15. August 1627. TLA, Reiseresolutionen 1627.

Abb. 112: Claudia von Wolkenstein, das Taufkind der Landesfürstin, geboren am 17. August 1627. Schloß Rodeneck.

größere Wiege und ein neuer Fatschtisch angeschafft, *weil die andern zue khlein worden*. Zu Mariä Himmelfahrt (15. August 1627) hörte Maria Eleonore *in der khleinen Cappeln* die Messe, die der Guardian des Kapuzinerklosters las. Im September wurden ihre Matratzen ausgebessert, im November Leinwand für sechs größere Hemdchen sowie Schlafhäubchen und Vorhänge besorgt, auch pelzgefütterte Kleidung angeschafft. Ihre Amme bekam einen Schlafpelz gegen die bevorstehende Winterkälte, *wan sie zue meiner gnedigsten Ertzhertzogin aufstehet*. Im Dezember wurden für Maria Eleonore Nähsachen (*Leinwath, Spietz und Faden*) besorgt sowie ein kleines, mit grünem Samt überzogenes *Sesselle* und ein silberner, vergoldeter Mundbecher mit Deckel angefertigt.[138]

Im Sommer 1627 hatte Christine von Lothringen Erzherzog Leopold um ein Porträt ihrer Enkelin gebeten. Zwei nicht namentlich genannte Maler porträtierten Maria Eleonore, angeblich sehr ähnlich (*sehr gleich und wol gemacht*). Eines der Bilder wurde im Herbst nach Florenz gesandt und Maria Magdalena zugestellt. Wie sie ihrem Bruder berichtete, waren alle darüber sehr erfreut, besonders die *Madama*, also Großherzogin Christine. Sie *hat vor freiden gleichsamb geweint und einen unbeschreiblichen contento über dise Eur Liebden sehr ähnliche guete gestalt empfunden*.[139] Wohl dieses Porträt ist in Florenz noch heute erhalten (*Abb. 113*)[140].

Am 5. Februar 1628 legte Leopold – gemeinsam mit Claudia? – den Grundstein für den Neubau des Jesuitenkollegs in Ensisheim[141], am 7. März kam er ohne sie mit nur wenigen Begleitern nach Augsburg und erstand tags darauf bei Hainhofer einen wertvollen Schreibsekretär, den er seinem Neffen Ferdinando verehren wollte. Denn die Ankunft des Großherzogs, der auf dem Weg zum Kaiser Innsbruck passieren sollte, stand bevor.[142]

Am 15. März 1628 nahm das Fürstenpaar noch an der Grundsteinlegung eines Franziskanerklosters in Reutte teil[143], ehe es nach über achtmonatiger Abwesenheit wieder in die Residenz einzog. Die Tochter war bereits mehr als ein Jahr alt,

ERZHERZOGIN CLAUDIA VON ÖSTERREICH   85

Abb. 113: Maria Eleonore im Alter von sechs Monaten. Florenz, Depot der Florentiner Galerien.

Claudia erneut schwanger. Ende März wurde ein Bote nach Florenz geschickt, um die Hebamme Anna nach Innsbruck zu geleiten. Sie hatte um einen deutschsprachigen Begleiter gebeten.

Der Besuch des Großherzogs von Toskana

Am Karfreitag (21. April 1628) war es soweit: In Begleitung seines jüngeren Bruders Giovanni Carlo (*Abb. 114*) traf Ferdinando de' Medici (*Abb. 115*) in Innsbruck ein. Die beiden Neffen des Tiroler Fürstenpaares erlebten das Osterfest in Innsbruck, aufwendige Gottesdienste mit herrlicher Musik, eine öffentliche Tafel und familiäre Mahlzeiten in den Gemächern ihrer Tante Claudia, ebenfalls mit exquisiter musikalischer Umrahmung.

Natürlich bekam Ferdinando auch Maria Eleonore zu sehen. Man brachte die *klaine Princessin* dem Großherzog, *und schweiget diß klaine Fürstliche Fräwlin am ehesten bey ainem armen, aber doch schönen mägdlin*, das Leopold *ab der Gaßen genommen, sauber klayden lassen und bei dem fräwlin auferziehen.*[144] Deutet dieser Hinweis auf das Schweigen der kleinen Erzherzogin darauf hin, daß sie sonst viel weinte? Vielleicht hatte sie deshalb eine ungewöhnliche Spielgefährtin erhalten, ein „auf der Gasse aufgelesenes Mädchen".[145]

Abb. 114: Giovanni Carlo de' Medici als Ritter des Malteserordens, gemalt von Justus Suttermans. Florenz, Uffizien.

Den für den Großherzog erworbenen komplizierten Schreibsekretär brachte der Augsburger Kunsthändler Hainhofer persönlich nach Innsbruck. Wie bei anderen Reisen verfaßte er auch dieses Mal eine Beschreibung (*Abb. 116*), die äußerst wichtige Informationen über den Innsbrucker Hof, seine Gebäude und Angehörigen enthält und überdies manche Einblicke in das Privatleben des Fürstenpaares gewährt. So erfahren wir, daß Leopold werktags fast täglich nach dem Mittagessen eine Stunde lang in seiner Drechslerei arbeitete und bereits einige Gegenstände gedrechselt hatte. Einen in der Drechselstube stehenden kunstvollen Tabernakel, der als Geschenk für das Kloster Maria Waldrast bestimmt war, hatte er allerdings nicht selbst angefertigt, dazu reichte sein Können nicht aus.[146]

Abb. 115: Großherzog Ferdinando II. von Toskana, porträtiert von Justus Suttermans. Florenz, Uffizien.

italienischen Komödianten. Das Angebot von Mezettino, der ihm im Winter 1627 mit seiner Truppe (*con buonissima Compagnia di Comici*) vorspielen wollte[147], wurde nicht angenommen.

Beim Jagdvergnügen legte man, wie man Hainhofer offenbar erzählte, auf Bequemlichkeit Wert: Zur Auerhahnbalz oberhalb des steilen Zirler Bergs saßen Leopold und Claudia *gleichsam in ainen trog und werden hinder sich lainend, jede von 2 Ochsen gar gemach hinauff gezogen*. Auch das vornehme Gefolge wurde mit diesen Aufzügen befördert.

Hainhofer begleitete den Erzherzog und seine Gemahlin am 2. Mai zum Zeughaus, wo es eine große Waage gab. Denn Leopold hatte *wegen leibes indisposition* eine Kur – angeblich wegen seines *catarro*, zugleich aber wohl auch eine Abmagerungskur – gemacht und überprüfte nun sein Gewicht. Gegenüber dem Vorjahr hatte er stark abgenommen, statt 90 Kilo wog er nur mehr 73 ½ kg. Auch

Von Claudia berichtet Hainhofer, daß sie eine Hundeliebhaberin war. Sie besaß zwei Schoßhündchen, die bei ihr auf dem Tisch herumliefen: ein weißes Löwchen und ein Bologneserhündchen. Das weiß-rostrot gefleckte Bologneserhündchen ziert mehrere ihrer Porträts, das Löwchen ist nur im Marienoratorium (*Abb. 231*) abgebildet.

Lobend hebt der Kunsthändler hervor, daß die Erzherzogin sehr kunstverständig war und Latein verstand. Er erwähnt auch eine Freizeitbeschäftigung bei Hof, nämlich das Preisschießen auf den Hofwiesen, an dem sich selbst Claudia beteiligte. Kein Interesse hatte das Fürstenpaar dagegen an

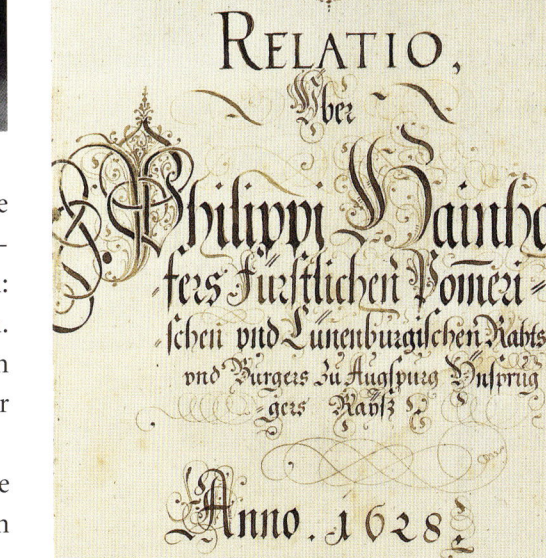

Abb. 116: Philipp Hainhofer, Beschreibung seines Aufenthalts in Innsbruck im Jahr 1628. TLMF, Dip. 902, Titelblatt.

Erzherzogin Claudia von Österreich 87

Die Geburt Ferdinand Karls

Während der Großherzog beim Kaiser in Böhmen weilte und ihm ein wertvolles Gastgeschenk überbrachte (*Abb. 118*), wartete der Innsbrucker Hof gespannt auf die bevorstehende Geburt. Am 15. Mai 1628 unternahm das Tiroler Fürstenpaar aus diesem Anlaß eine Wallfahrt nach Maria Loreto, von der die hochschwangere Claudia völlig erschöpft zurückkehrte. Doch die Strapaze hatte sich gelohnt: Eineinhalb Tage später, am 17. Mai 1628, brachte sie im Morgengrauen einen Sohn zur Welt. Boten mit der freudigen Nachricht wurden an alle befreundeten Höfe gesandt, nach Rom, Florenz und vor allem zum Kaiser. Alle gratulierten, am aufrichtigsten sicher Maria Magdalena. An sie war Freiherr Hans Georg von Königsegg, Leopolds Kämmerer, abgesandt worden, der am 22. Mai die schwangere Claudia stieg auf die Waage, sie wog 59 Kilo statt vorjährig 56 ½ kg. Von den Begleitern des Erzherzogs war Oberststallmeister Jakob Hannibal von Hohenems besonders schwergewichtig, er brachte 97 Kilogramm auf die Waage (*Abb. 117*). Die Damen der Erzherzogin wogen naturgemäß weniger.[148]

Abb. 117: Der schwere Reiterharnisch für den wuchtigen Jakob Hannibal von Hohenems, angefertigt vom Innsbrucker Plattner Hans Jakob Topf. KHM, HJRK, IN A 1528.

Abb. 118: Ein kostbarer Eimer aus Lapislazuli, geschaffen im Jahr 1575 von Gian Stefano Caroni, war das Gastgeschenk des Großherzogs für seinen Onkel Ferdinand II. KHM, KK, IN 1655.

1628 am Florentiner Hof eintraf. Ihr Bruder könne sich nicht vorstellen, schrieb die Großherzogin ihm tags darauf, *mit was grossen freyden* sie die *lang erwünschte und herzlich verlangte guete Zeittung* erhalten habe, *das der Allmechtig Gott Euer Liebden und Ihre geliebste Frau Gemahlin mit einem schönen Prinzen begnadet.*¹⁴⁹

Die Geburt des Thronerben war Anlaß, sich intensiver mit der fürstlichen Kinderstube zu beschäftigen. Der Leibarzt Dr. Paul Weinhart (*Abb. 119*), der selbst aus zwei Ehen 16 Kinder besaß¹⁵⁰, schien geeignet, nicht nur medizinische, sondern auch praktische Ratschläge zu geben. Er wurde beauftragt, sie schriftlich zu Papier zu bringen. Seine detaillierte Anleitung für die Kinderfrau des Erbprinzen, die auch für Maria Eleonore galt, ist überliefert: *Instruction, wie man sich bey der Jungen Herschafft Khyndts Zeit verhalten solle.*¹⁵¹ Erstes Gebot sollte die religiöse Betreuung der Fürstenkinder sein: *Erstens vor allem, solle die khyndtsfraw aufs vleissigst aufmercken, das wan man die Fürstliche Khynder von der wiegen aufhöbt oder niderlegt, bey tag oder nacht, frue oder spat, das solches bescheche in namen der Heyligisten Dreyfaltigckeit, und das sye mit dem Heiligisten Creitz bezaichnet werden, also auch so oft mans aus den Zimmern trägt.* In der Wiege sollten die Kinder Agnus Dei und *geweichte sachen* bei sich haben. Sobald sie verständig seien oder reden könnten, wie bereits die *Princesin* – Maria Eleonore –, solle man ihnen das Kreuzzeichen beibringen und sie beten lehren, *morgens, abents, vor und nach dem essen.*

Zum zweiten sollte den fürstlichen Kindern *alle gebürende schuldige ererbiettung* erzeigt werden und vor ihren Augen und Ohren nichts Unrechtes oder *Unthugentliches* geschehen.

In den weiteren 13 Punkten gab der Arzt hygienische Anweisungen, plädierte für Sauberkeit, frische Luft, richtige Ernährung und sachgemäßes – genau beschriebenes – Fatschen. Allzu häufiges Baden sei nicht angebracht, die Säuberung sollte nicht immer mit Wein oder Rosenwasser geschehen. Danach möge man die Kinder *umb das Nabe-*

Abb. 119: Dr. Paul Weinhart, der Leibarzt der erzherzoglichen Familie.

Abb. 120: Schloß Rodeneck in imposanter Lage, von Südosten gesehen.

Abb. 121: Eine mächtige Monstranz erinnert noch heute an die Verleihung des Goldenen Vlieses an Leopold im Jahr 1628. Auf der später mit vielen Edelsteinen angereicherten „Säculummonstranz" hat der Goldschmied Elias Schön auf der rechten Seite auch das Mediciwappen angebracht, darunter falsch zugeordnet das goldene Widderfell. Innsbruck, Domsakristei.

le, *Halsele, under den Yeylen* (= Äuglein), *bey den gemachtlen* (= Genitalien), *fingerlen, Zechelen* gut abtrocknen und beim Einfatschen Falten unbedingt vermeiden.

Nach der Taufe am 18. Juni – darüber später mehr – kehrte die Florentiner Hebamme mit ihren Enkeln in die Heimat zurück[152], das Fürstenpaar selbst blieb einige Zeit in Innsbruck. Man genoß das Kinderglück, besonders die Freude über die Geburt eines Sohnes.

Im August 1628 begab sich Leopold allein mit ungefähr 50 Personen und 30 Pferden nach Ladis zum Sauerbrunn, anschließend wollte er in den Vinschgau zur Jagd. Claudia sollte gesondert nach Bozen reisen und von dort zu ihm stoßen. Das Unternehmen wurde abgesagt. Statt dessen brach das Ehepaar Ende August mit 170 Personen und 150 Pferden ins Eisacktal auf, Stationen waren Klausen, Brixen und Villnöß.[153] Vom 14. bis 16. September 1628 weilten Leopold und Claudia als Gäste bei Fortunat von Wolkenstein auf Schloß Rodeneck (*Abb. 120*).

Die Reise nach Salzburg

Ende September 1628 reiste das Fürstenpaar nach Salzburg, wo Leopold V. im Rahmen der Domweihe in den Orden vom Goldenen Vlies aufgenommen wurde. Claudia begleitete ihren Gemahl mit geringem Gefolge.[154] Es war für sie eine gute Gelegenheit, erneut mit ihrer Tante, Kurfürstin Elisabeth von Bayern, zusammenzutreffen. Gemeinsam saßen die beiden Damen in der Residenz an der Fürstentafel, gemeinsam besichtigten sie die Lustschlösser Hellbrunn und Mirabell und sahen einer italienischen Komödie zu. Wie lange Claudia in Salzburg blieb, ist unbekannt, sie dürfte vor ihrem Gemahl, der als letzter der Ehrengäste am 2. Oktober 1628 abreiste, nach Innsbruck zurückgekehrt sein.[155] Die Erinnerung an die Vliesverleihung hält bis heute die in diesem Jahr für die St.-Jakob-Kirche hergestellte Monstranz (*Abb. 121*) fest.

Ein weiteres Verwandtentreffen stand bevor: Infantin Maria, die Tochter von Leopolds Schwester Margarete und Philipp III., sollte als Braut König Ferdinands, des ältesten Sohnes seines Bruders

90 Erzherzogin Claudia von Österreich

Ferdinand II., über Innsbruck nach Wien reisen. Umfangreiche Vorbereitungen wurden getroffen, um vor dem Glanz Spaniens bestehen zu können. Doch der Brautzug mußte seine Reiseroute ändern und kam nicht nach Innsbruck. So konnte das Fürstenpaar Anfang November 1628 mit ungefähr 150 Personen und 100 Pferden zur Wildschweinjagd ins Etschtal aufbrechen.[156]

Das Jahr 1629 brachte Höhen und Tiefen. Es begann mit einer lustigen Unterhaltung, dem „Königreich"-Spiel am 9. Jänner. Dabei tauschten die Angehörigen des Hofes für einen Tag ihre Rollen und amüsierten sich in ungewohnten Aufgaben. Dem Erzherzog war durch das Los das Amt des Oberstfalkenmeisters zugefallen, die schwangere Claudia betätigte sich als Tafeldecker.[157]

Hoffräulein Julia Incontri heiratet

Eine Woche später, am 14./15. Jänner 1629, heiratete das *Frauen Zimer Freiele* Julia Incontri den Freiherrn Johann von Schneeberg, Leopolds Kämmerer. Die Braut war die Tochter von Elisabeth Incontri, der Obersthofmeisterin der Großherzogin Maria Magdalena. Dieses Naheverhältnis bewog die gebürtige Florentinerin im Jahr 1628, als die Heirat bereits feststand, Großherzog Ferdinando und seine Mutter zur Hochzeit nach Innsbruck einzuladen. Doch die Großherzogin winkte ab. Claudia zuliebe sollte aber der Oberstkämmerer Fortunat von Wolkenstein in ihrer beider Namen dem Freudenfest beiwohnen und der Braut zwei Silberbecher oder etwas Ähnliches überreichen. Tatsächlich übernahm Wolkenstein diese Aufgabe.[158]

Die Hochzeitsfeierlichkeiten begannen am 14. Jänner 1629 mit einer Vesper in der Hofkirche, zu der der Hof gemeinsam mit der Braut über den Gang von der Hofburg in die Kirche kam.[159] Vor dem Hauptaltar traute der Innsbrucker Stadtpfarrer das Paar, danach kehrte die Hochzeitsgesellschaft in die Hofburg zurück, wo Leopold und Claudia im Riesensaal unter einem goldenen Baldachin Platz nahmen, das Brautpaar gegenüber. Während der Tafel erklang festliche Musik, die Inhaber der Hofämter servierten. Anschließend gab es Tanz, *darbey statlichen aufgeigt worden*. Die Hochzeitsnacht erlebte das Brautpaar bei Hof.

Am folgenden Tag (15. Jänner 1629) begab sich die Hochzeitsgesellschaft um 10 Uhr zum Hochamt in die Hofkirche, anschließend wurden der Braut im Riesensaal goldene Kredenzbecher als Hochzeitsgeschenk verehrt. Danach ging man zur Tafel, wo wieder festlich musiziert wurde. Nach dem anschließenden Tanz hielten die Kavaliere auf dem Rennplatz ein Pferdekarussell und ein Quintanarennen ab. Acht streitbare Helden kämpften gegen acht *streitpare weiber*, die natürlich ebenfalls männlichen Geschlechts waren. Die Zuschauer lachten über die Stürze, nur das Frauenzimmer hatte Mitleid mit den vom Pferd gefallenen Reitern. Unter Pauken- und Trompetenschall überreichten Hoffräulein den drei Siegern die von Leopold gespendeten Ringe.[160] Als Abfertigung wurden der Braut 500 Gulden zugesprochen, die allerdings nicht gleich bezahlt werden konnten.[161]

Im Fasching des Jahres 1629 veranstaltete Claudia de' Medici eine Maskerade, zu der ihr der Erzherzog aus dem Schatzgewölbe ein kostbares Trinkgeschirr in Form eines Schiffs zur Verfügung stellte. Auch aus Florenz hatte sie Utensilien erhalten: Im Herbst zuvor schickte ihr die Großherzogin eine Kassette mit Schmuckstücken, die ihr *al tempo del Carnevale* für eine ihrer Maskeraden (*in una sua mascherata*) dienen könnten.[162]

Im Mai 1629 bereitete der einjährige Ferdinand Karl Sorge. Er schlief schlecht, war hitzig *am gantzen leibel* und hatte blutigen Durchfall. Da in Innsbruck die Blattern grassierten, fürchtete man bei Hof um *den geliebtesten Prinzen*. Doch der Thronerbe erholte sich wieder.[163]

Der Tod der Erzherzogin Maria Eleonore

Im Sommer 1629 erkrankte Maria Eleonore an der Ruhr (*di flusso maligno*) und starb nach wenigen Tagen (29. Juli 1629).[164] Sie war der Liebling ihrer Eltern gewesen und mehrfach porträtiert worden. Im April 1628 hatte der Hofmaler Martin Teofil Polak für den Florentiner Hof ein Bild gemalt, das Claudia de' Medici mit ihrer Tochter an der Hand zeigte. Auch *hochgedachtes fräwlin in ainem sesselin sitzent* hatte er porträtiert[165], desgleichen etwas später die Erzherzogin mit ihren beiden Kindern für den Hochaltar der Innsbrucker Servitenkirche (*Abb. 122*), offensichtlich nach einer Vorlage in Urbino (*Abb. 123*). Weil der Gesundheitszustand ihrer Tochter besorgniserregend war, stifteten die Eltern im Mai 1628 ein silbernes Jesuskind als Votivgabe nach Maria Einsiedeln und ließen dort am

Abb. 122: Martin Teofil Polak, Die Vermählung Mariens. Nachträglich wurde in die Bildkomposition ein fürstliches Familienporträt eingefügt: Claudia sitzt als Caritas im roten Kleid im Vordergrund, den Thronerben Ferdinand Karl auf dem Schoß haltend, ihre Tochter Maria Eleonore zur Linken, ihr Bologneserhündchen zur Rechten. Innsbruck, Servitenkirche, Hochaltarblatt.

Abb. 123: Claudio Ridolfi und Girolamo Cialdieri: Die Vestalin Claudia mit ihren Kindern, offensichtlich Vorbild für die Darstellung der Tiroler Fürstenfamilie auf dem Hochaltarbild der Innsbrucker Servitenkirche. Urbino, Palazzo Ducale, Apparato di Nozze.

23. Mai 1628 *zue Hayl der Princessin* eine Messe für sie und auch sich selbst lesen.¹⁶⁶ Mit Erfolg, denn die Tochter erholte sich damals wieder. Am 6. Dezember 1628 gab Leopold Auftrag, ihr zwei goldene, mit Rubinen besetzte Laubfrösche *für den Nicolaus* einzulegen, worüber sie sich sicher freute. Nun starb sie im Alter von nur zweieinhalb Jahren (*Abb. 124*) und wurde in einen Zinnsarg gelegt.¹⁶⁷ Da die Fürstengruft unter der Innsbrucker Jesuitenkirche noch nicht fertiggestellt war, wurde der Sarg einstweilen in der Ruhelust abgestellt. Unter den Beileidschreiben ist jenes von Philipp Hainhofer, der Maria Eleonore während seines Innsbrucker Aufenthalts im Frühjahr 1628 persönlich kennengelernt hatte, sicher am berührendsten. Er kondolierte den Eltern zum Verlust der *holdseeligen Princessin*, an der *Sie all Ihr freud und kurzweil* gehabt hätten.¹⁶⁸

Abb. 124: Wohl die jung verstorbene Maria Eleonore ist auf diesem Gemälde Martin Teofil Polaks (um 1630) dargestellt. Symbolträchtig bringt sie als Engel dem Kapuzinerheiligen Felix von Cantalice, der um Nahrung bettelte, eine Korbtasche mit Gemüse. Das blonde Christuskind könnte Sigismund Franz sein. Innsbruck, Kapuzinerkloster.

Abb. 125: Infantin Isabella Clara Eugenia, als Witwe im Habit einer Klarissin gemalt von Anthonis Van Dyck. KHM, GG, IN 496.

Abb. 126: Jakob Balde: Jocus serius theatralis. Das Theaterstück wurde am 1. Oktober 1629 zur Taufe von Isabella Klara aufgeführt. ÖNB, Cod. 13.303, Titelblatt.

Die Geburt der Tochter Isabella Klara

Anfang Juli 1629 war die Florentiner Hebamme Anna über eine bevorstehende Niederkunft der Erzherzogin informiert, am 15. Juli bat Claudia ihre Mutter, ihr Anna Naldi zu schicken. Am 12. August 1629, um 7 Uhr morgens, gebar sie ihre zweite Tochter in dieser Ehe, *unfürsechen und fruer* als erwartet.[169] Die zu früh geborene Erzherzogin war ein Problemkind. Wie der Leibarzt Dr. Paul Weinhart dem auf der Jagd in Südtirol weilenden Vater am 27. August 1629 schrieb, hatte sie starken Ausschlag, den das Pflegepersonal nach dem ersten Bad mit Bohnenmehl und gesottenem Schmalz behandelte. Zuckungen um Augen und Mund erregten weitere Besorgnis. Als Claudia davon erfuhr, ließ sie den Erzherzog fragen, ob man nach Florentiner Art (*more Florentinorum*) eine Fontanelle (*ain Fontanella pro praeservatione*) setzen solle. Der beigezogene Arzt Dr. Metz billigte die Öffnung der *fonticuli*, wollte aber einen Chirurgen beiziehen.[170] Zwei Tage später hatte die *Serenissima Bimba* – das „Erlauchte Kind" war noch ungetauft und daher namenlos – keine Zuckungen mehr, doch Pusteln bedeckten den ganzen Körper. Anfang September hatte sich ihr Zustand aber weitgehend gebessert.

Die im Kindbett liegende Erzherzogin war wohlauf. Nur wenn sie aufstand, war der Kopf *Etwaß schwach*. Sonst bereitete sie keine Probleme. Sie schlief nachts ruhig, aß *mit guetem lust*, auch abends mehr, als der Leibarzt gern sah. Sie war guter Dinge und freute sich über Leopolds Jagdglück.[171]

Ferdinand Karl besaß Ende August 1629 bereits zwei Zähne. Am 5. September hatte er blutigen Durchfall und schlief wie immer bis zum Morgen fast nicht. Tags darauf hatte er blutigen Stuhl und erhielt daher ein Klistier.[172] Danach aß er ein Papperl (*pappa*) und trank eine Brühe (*consumatum*). Claudia war über die Erkrankung ihres Sohnes sehr betrübt, hatte sie doch gerade den Tod ihrer Tochter erlebt. Sie ließ in allen Innsbrucker Klöstern und auf der Waldrast ein vierzigstündiges

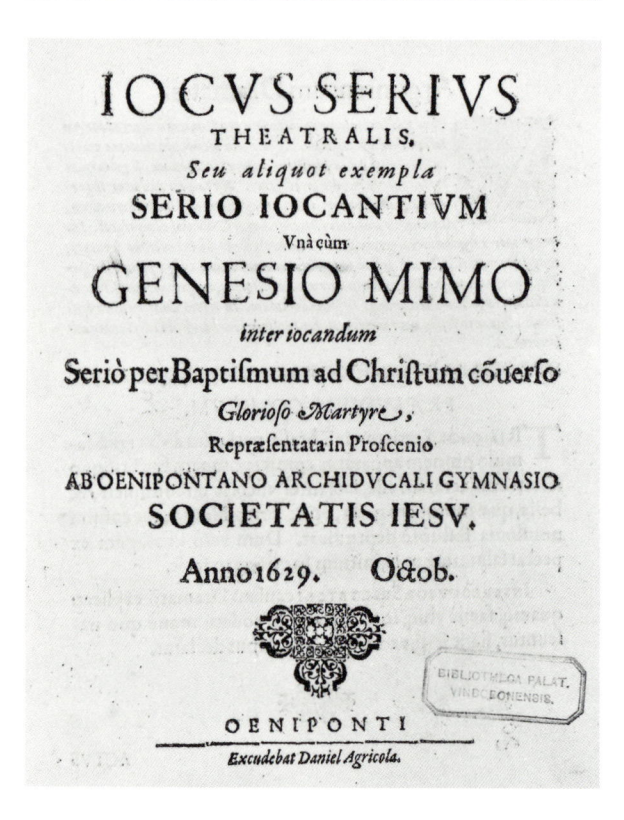

94 Erzherzogin Claudia von Österreich

Gebet abhalten, doch in aller Stille, damit bei der Bevölkerung *nit allerlai discurs* verursacht werde.[173] Der Erbprinz erholte sich wieder. In den nächsten Tagen ging es ihm schon besser, er aß seinen Brei und anderes mit Appetit und schlief ruhig.

Für seine zweite Tochter hatte Leopold den spanischen König um die Patenschaft gebeten. Philipp IV. stimmte zu und bestimmte Herzog Albrecht von Bayern zu seinem Stellvertreter, der ein Taufgeschenk im Wert von 30.000 Gulden überbringen sollte. Die Taufe fand am 29. September 1629 in Innsbruck statt, statt des spanischen Königs übernahm seine Tante, Infantin Isabella Clara Eugenia (*Abb. 125*), die Patenschaft. Nach ihr wurde das Taufkind auf den Namen Isabella Klara getauft. Ein Feuerwerk verschönte das Tauffest, der berühmte Jesuit Jakob Balde inszenierte ein Theaterstück (*Dramation aliquod*), das am 1. Oktober 1629 aufgeführt wurde. Für die Unkosten dieser *action oder Comedi* (*Abb. 126*) erhielt er 65 Gulden 12 Kreuzer vergütet.[174]

Mitte Oktober 1629 brach das Fürstenpaar zur Wildschweinjagd in die Markgrafschaft Burgau auf.[175] Die beiden Kinder blieben in Innsbruck zurück, vom Pflegepersonal und dem Leibarzt, der Leopold über den Gesundheitszustand des Geschwisterpaares auf dem laufenden hielt, betreut. So erfuhr der Vater Mitte November, daß Ferdinand Karl bereits festere Nahrung zu sich nahm, ausreichend und gut schlief, spielte und zu sprechen begann. Er hatte schon sechs Zähne. Seine Worte klangen eher italienisch als deutsch, mit Honorata Piccolomini sprach er mit italienischem Akzent. Isabella Klara schlief mehr, als sie wach war. Trotz ihres gewohnten blutigen Ausflusses am Kopf (*etiam suo cum Capitis effluxu consueto ichoroso*) war sie das Muster eines äußerst ruhigen und geduldigen Kindes. Der Ausfluß hielt auch im Dezember an, doch begannen die Augenlider bereits frei zu werden. Alle warteten sehnsüchtig auf die Rückkehr der Eltern.

Eine italienische Kinderfrau wird engagiert

Ende Jänner 1630 trat im Kinderzimmer eine wichtige Veränderung ein: Als Nachfolgerin der *Zuchtfraw* Anna Katharina Grienegger wurde für den Erbprinzen, *die jung Ertzfürstliche Herrschafft*, die wohl italienischsprachige Maria Madruzzo als Kinderfrau nach Innsbruck geholt.[176] Ferdinand Karl sollte also von Kindheit an mit italienischer Sprache und Lebensart vertraut gemacht werden.

Im Fasching gab es die üblichen Belustigungen. Am 7. Februar fand in der Hofburg das traditionelle „Königreich-Spiel" statt. Der Landesfürst mimte den Kaminkehrer (*Kemich Kherer*), Claudia de' Medici eine Kammermagd, Julia Incontri, nun Freifrau von Schneeberg, den Küchenmeister. Um 10 Uhr vormittags zog die Gesellschaft, rangmäßig geordnet, in den Riesensaal ein. König und Königin sowie deren Sohn und Tochter schritten allen voran zur Tafel, wo ein Schau-Essen aufgetragen wurde. Die jeweiligen Hofchargen bedienten, schöne Musik erklang. Nach dem Essen ging man über den Gang in das Hofballhaus zur Jagd. Junge Hunde jagten Füchse und Hasen, *so lächerlich zuezusechen gewest*, wie der Chronist Hans Jakob Leopardt berichtet.[177] Danach kehrte man paarweise in den Riesensaal zurück, das Fürstenpaar gemeinsam. Beim Nachtmahl herrschte dieselbe Sitzordnung wie mittags, Graf Franz von Lodron gab ein lustiges schwäbisches Lied zum besten. Hofmusiker sangen und spielten auf. Die Attraktion des Abends bot Leopold: Als *obrister Kemichkherer* kam er gemeinsam mit vier weiteren Kaminkehrern aus dem Kamin hervor. Seine Begleiter tanzten anschließend ein Ballett, er selbst trug seinen *Jungen Printzen* in Kaminkehrerkleidung auf dem Arm und präsentierte ihn so seiner Mutter. Anschließend gab es Tanz bis zum Morgengrauen, darunter auch den Zeinertanz (*Zenier Danntz*), bei dem die Kavaliere die Damen in die Höhe warfen und wieder auffingen. Der Erzherzog tanzte mit seiner Gemahlin, aber wohl nicht in dieser Tanzart.

Mit einer Schlittenfahrt in Masken (*in mascherata*) ging der Fasching im verschneiten Tirol weiter. Die Hofgesellschaft hatte aber auch zwei Ballette einstudiert, die Mitte Februar 1630 im Beisein des Herzogs von Sachsen aufgeführt wurden.[178]

Am 12. August 1630, zum ersten Geburtstag *unsser holdseligisten Princesin*, wohnten Ferdinand Karl und Isabella Klara im Marienoratorium zwei Messen bei und empfingen danach den besonderen Segen der Guardiane der Kapuziner und Franziskaner. Von den im Burgfrieden grassierenden ansteckenden Krankheiten war man in der Residenz gottlob verschont geblieben. Am 26. August konnte Dr. Weinhart den abwesenden Eltern berichten, daß ihre *Hertzliebste Jugent* sich bester Gesundheit erfreute, den *Printzen* hatte man nachmittags im Hof- und Fasanengarten herumfahren lassen, *ist yber die massen lustig gewesen*. Die *Princesin*, also Isabella Klara, hatte einige Tage lang *ein hitzel* gehabt, inzwischen war sie aber wieder wohlauf.

Ende September 1630 begab sich Leopold zum Kaiser nach Regensburg und erreichte, daß Ferdinand II. ihm am 24. Oktober auch das bisher vorenthaltene westliche Drittel der Tiroler Linie überließ. Damit gelangte das heißbegehrte Elsaß endlich in seinen erblichen Besitz.[179]

Die Geburt von Sigismund Franz

Zu den beiden fürstlichen Kindern kam am 28. November 1630 ein drittes: Claudia de' Medici gebar ihren zweiten Sohn.[180] Wieder war eine Hebamme aus Florenz nach Innsbruck gekommen, wohl auf Wunsch der Mutter dehnte sie ihren Aufenthalt bis zum Frühjahr 1631 aus.[181]

Als Taufpatin wählte Leopold dieses Mal seine Schwester Maria Magdalena. Die Großherzogin war über die Ehre, sie *zu Gevatterin zu bitten*, hocherfreut und nannte auch gleich den Namen des Täuflings, falls es ein Sohn sein würde: Er sollte Sigismund Franz heißen. Eine Erklärung für die Wahl dieses Namens gab sie nicht. Sigismund war der Name des polnischen Königs (*Abb. 127*), der zunächst ihre älteste Schwester Anna und nach deren Tod (1598) in zweiter Ehe ihre jüngste Schwester Konstanze geheiratet hatte. Mit Franz war wohl Francesco, der erste Großherzog von Toskana, gemeint. Maria Magdalena wollte selbst zur Taufe nach Innsbruck kommen, doch die bevorstehende Ankunft der spanischen Infantin machte ihren Plan, der *Khindtstauff* persönlich beizuwohnen, zunichte. Sie bestimmte daher die Erzherzogin *im Gloster*, also die im Regelhaus lebende Erzherzogin Maria, zu ihrer Stellvertreterin.[182]

Die Taufe wurde allerdings verschoben, denn der Landesfürst war am 4. Dezember nach Triest aufgebrochen, um dort die spanische Königsbraut Maria in Empfang zu nehmen. Während seiner Abwesenheit unterrichtete ihn außer Dr. Weinhart

Abb. 127: König Sigismund III. von Polen. KHM, GG, IN 3302.

auch Oliverio Schinchinelli, der Obersthofmeister seiner Gemahlin, über das Befinden der Familie.¹⁸³

So erfuhr der Erzherzog am 7. Dezember 1630, daß die *Serenissima Padrona*, also Claudia, wohlauf war, desgleichen die beiden Söhne. Der Katarrh der Tochter begann nachzulassen, nachdem sich ein neuer Zahn gezeigt hatte. Ende Dezember hatte die Fürstin *woll purgiert und gerainiget*, sodaß Hoffnung bestand, daß sie sich bald ganz *aus der Khindelbeth erschwingen wirdet* und am 5. Jänner 1631 öffentlich zur Messe erscheinen werde. Das baldige Erscheinen in der Öffentlichkeit, nach der Hervorsegnung, war dringend notwendig, weil die Erzherzogin zur Königshochzeit nach Wien aufbrechen sollte.

Am 5. Jänner 1631 zeigte sich Claudia noch nicht öffentlich, sondern ging nur in das Marienoratorium (*alla Capeletta*), wo sie zwei Messen hörte. Am Dreikönigstag (6. Jänner) war sie aber in der Öffentlichkeit zu sehen. Sie nahm im Fürstenchor der Hofkirche (*Abb. 128*) am Hochamt teil und wohnte dort auch der Vesper bei.

Die Abreise nach Wien verzögerte sich, sodaß die Erzherzogin am 26. Jänner noch ihre Kinder besuchen konnte. Alle waren gesund und entwickelten sich gut. Am 30. Jänner reiste sie selbst in bester Gesundheit (*con buonissima salute*) nach Kärnten ab, wo sie mit Leopold und der Königsbraut zusammentraf.

Wieder waren *derselben geliebteste kinder* allein, nur vom Pflegepersonal und dem Leibarzt Dr. Weinhart betreut. Er informierte die Eltern laufend über die Geschehnisse in der fürstlichen Kinderstube. So erfuhren sie Ende Februar, daß Ferdinand Karl bereits allein gehen konnte und dem Vater bei dessen Rückkehr hoffentlich entgegenlaufen würde. Isabella Klara, die *Printzesin*, begann schon mehr zu essen und Farbe anzunehmen. Sigismund Franz, *der jungste Printz*, war mit seinen drei Monaten bereits so stark, als ob er ein halbes Jahr alt wäre. Obwohl er eine milchreiche Amme (*ein starckh saugam*) hatte, konnte sie ihm kaum genug zu trinken geben.

Ende März 1631 – die Eltern waren noch in Wien – begann Isabella Klara schon zu sprechen, sie war die Geduld und Sanftmütigkeit selbst, wenngleich die Stockzähne, von denen sie bereits zwei besaß, ihr Schmerzen bereiteten. Sie aß nun auch besser, sodaß man hoffte, sie bald abstillen zu können. Mehr und mehr ähnelte sie der Mutter, wie die Söhne dem Vater (*magis et magis assimiliatur Sereniss.ᵃᵉ Matri, sicut Filioli Sereniss.º Patri*). Sigismund Franz war wohlauf und gesund, aber morgens um 4 Uhr und bisweilen auch abends ließ er sich und anderen keine Ruhe, hob morgens sein Köpfchen frisch auf, sah um sich und lachte. Er wuchs sehr stark, sein Gewicht würde bei der Taufe jedem zu schaffen machen.¹⁸⁴

Abb. 128: Der Fürstenchor der Innsbrucker Hofkirche.

Am 19. April 1631 war das Fürstenpaar wieder in Innsbruck, die Familie für einige Zeit vereint. Nun konnte endlich die Taufe des jüngsten Sohnes stattfinden. Am Pfingstsonntag (8. Juni) taufte ihn der Brixner Weihbischof, der Bischof selbst vertrat König Sigismund, der unterdessen zum Taufpaten bestimmt worden war. Maria Magdalena, die ursprüngliche Taufpatin, übersandte ein Präsent.[185] Den festlichen Höhepunkt bildete die Aufführung jener Oper, die seit langem für die spanische Königsbraut geprobt worden war.

Hoffräulein Justina von Kuefstein heiratet

Eine Hochzeit gab es bei Hof im Juli 1631. Das Hoffräulein Justina von Kuefstein war 1626 auf Wunsch der Kaiserin Eleonore in das Innsbrucker Frauenzimmer aufgenommen worden, um sie der Zudringlichkeit eines verheirateten Generals zu entziehen, der *hoch verliebt* in sie gewesen war. Von Claudia vermittelt, heiratete sie nun Veit Benno von Brandis, Kämmerer Leopolds, Amtmann zu Bozen und Tiroler Erbsilberkämmerer. Den Stoff für das kostbare Hochzeitskleid (*ain Silber Stuckh*) kaufte der Hof in Bozen.[186]

Am 15. Juli 1631 kam die Hochzeitsgesellschaft gegen 17 Uhr aus der Hofburg in die Hofkirche, wo der Innsbrucker Stadtpfarrer die Trauung vornahm. Danach ging man in die Kürnstube zum Hochzeitsmahl, das als Schau-Essen angerichtet war. Narren saßen an einem kleinen Tisch und unterhielten die Tischgesellschaft, fröhliche Musik erklang. Nach dem Essen begann der Tanz, den vier Vortänzer eröffneten, gefolgt vom Fürstenpaar. Danach wurde ein Ballett vorgeführt: Sechs Kavaliere *in halbem Harnisch* mit großen Federn und in *weissen larfen* führten es vor. Einer von ihnen tanzte anschließend mit der Erzherzogin, ein anderer mit der Braut, die übrigen vier tanzten mit brennenden weißen Wachslichtern vor. Der Ball dauerte bis 24 Uhr, das Brautpaar verbrachte die Hochzeitsnacht in der Hofburg.[187]

Tags darauf (16. Juli 1631) begab sich die Hochzeitsgesellschaft zum Hochamt in die Hofkirche, danach kehrte man über den Gang in die Hofburg zurück, wo wieder in der Kürnstube aufgetischt war. Der folgende Tanz dauerte bis 17 Uhr, anschließend verabschiedete sich das Brautpaar und feierte in Innsbruck privat weiter. Die der Braut als Abfertigung zugesicherten 500 Gulden wurden auf das Amt Bozen angewiesen.[188]

Ein Blick in die fürstliche Kinderstube

Anfang August 1631 weilten der Landesfürst und seine Gemahlin auf Einladung des Kurfürsten Maximilian von Bayern in München, danach verreiste Leopold allein nach Prutz und Südtirol und erfuhr wieder nur aus den Berichten Dr. Weinharts, wie es den *liebsten firstlichen khyndern* ging.[189]

Am 31. August, so schrieb der Leibarzt, weinte der über drei Jahre alte Ferdinand Karl fast die ganze Nacht ohne ersichtlichen Grund, weshalb er ihn aus dem Bett nehmen und herumtragen ließ, worauf er wieder etwas fröhlicher wurde und bis 7 Uhr morgens schlief. In der nächsten Nacht fand er fünf Stunden ununterbrochenen Schlaf und holte so das Versäumte ein. Die Ursache seiner Unruhe war nicht zu ermitteln, der Grieß im Urin konnte es kaum sein, den hatte Weinhart auch zuvor öfter bemerkt. Vielleicht war der Erbprinz beim Zubettgehen irgendwie verärgert worden, weil man nicht nach seinem Willen handelte. Inzwischen ging es ihm aber wieder bestens.

Wenn man Isabella Klara, unterdessen zweijährig, fragte, *was Ihr Durchlaucht der Herr Vatter* zu ihr sagen werde, wenn er zurückkomme, antwortete sie entzückend (*gratiosissime*): *Was thuest, bist wollauf, Pompernickhele, sagt der Herr vatter*. Nach Meinung des Leibarztes war die Erzherzogin, die von ihrem Vater mit diesem Kosewort für lebhafte Kinder bedacht wurde, weit über ihr Alter klug und verständig.[190]

Der Besuch der Großherzogin Maria Magdalena

Im Herbst 1631 stand hoher Besuch ins Haus. Auf Einladung des Kaisers reiste Maria Magdalena mit ihren beiden Söhnen Mattias und Francesco, 18 und 17 Jahre alt, über Innsbruck nach Wien. Ihr Gefolge betrug anfänglich 229 Personen und 235 Tiere (Pferde, Maulesel), wurde aber später – vielleicht auf Wunsch Leopolds, dem sie die Hofstaatsliste zugesandt hatte – reduziert. Die Großherzogin wollte *mit kheiner pompa, sondern privatim* reisen. Immerhin war auch dieses Gefolge beachtlich: Am 22. August 1631 bat sie ihren Bruder, ihr sechs Kutschen für je sechs Personen und je sechs Pferde an die Tiroler Grenze entgegenzuschikken. Anschließend revidierte sie ihren Plan und ersuchte nur noch um die Entsendung von drei bis vier Kutschen nach Ala, da ihr Frauenzimmer und die Kammerdienerinnen in Sänften nach Innsbruck reisen würden.[191]

Als die Großherzogin an der Tiroler Grenze eintraf, erwartete sie eine Überraschung: Claudia hatte ihr die eigene Sänfte entgegengesandt. Über Rovereto, wo ihr zu Ehren Grußsalven von der Festung donnerten, als sie gerade beim Abendessen auf Leopolds Wohl trank, erreichte sie am 11. Oktober 1631 Trient. Auch hier war alles für den Empfang vorbereitet worden. Ihre Innsbrucker Schwägerin hatte die Zimmer für die verwitwete Großherzogin schwarz ausstaffieren lassen und, da sie keinen Konfekt aus Venedig bekommen konnte, eigenhändig hergestellte Süßigkeiten (*ch'ella stessa ha fatte di sua mano*) geschickt.[192]

Kurz vor Innsbruck begrüßten Leopold und Claudia mit ihrem Gefolge und der bewaffneten Leibgarde die Großherzogin. Am Abend des 18. Oktober traf die Florentiner Reisegesellschaft in Innsbruck selbst ein, Bewaffnete (*Milizie*) waren aufgeboten, ein herrlicher Anblick. Die Gäste bezogen ihre reich ausgestatteten Zimmer in der Ruhelust, es folgte ein opulentes Abendessen.

Maria Magdalena (*Abb. 129*) bekam nun erstmals die fürstlichen Kinder zu Gesicht und war entzückt. Ferdinand Karl, dreieinhalb Jahre alt, glich einem lichten Engel, blond und schön, hübscher als auf dem nach Florenz gesandten Porträt. Auch der fast einjährige Sigismund Franz war ausnehmend schön. Sie hatte für beide Neffen Kleidung *all'Italiana* mitgebracht, die sie ihnen persönlich anzog. Don Francesco überreichte den Kindern Geschenke im Namen ihrer Stiefschwester Vittoria. Ferdinand Karl begann sofort mit dem Ball zu spielen und wollte ihn nicht mehr aus der Hand lassen, Isabella Klara, *la Bambina*, herzte die Puppe und ging mit ihr wohl schlafen.

Claudia erkundigte sich eingehend nach ihrer Mutter und voller Liebe (*con un grandissimo affetto*) nach Vittoria, der unterdessen neunjährigen Braut des Großherzogs. Sie bedankte sich für deren spanisch geschriebene Briefe und wollte sie bald beantworten.[193]

Abb. 129: Großherzogin Maria Magdalena im Alter von etwa 40 Jahren. Florenz, Depot der Florentiner Galerien.

Abb. 130: Maria Loreto in der Haller Au. TLMF, FB 1637 (Aigner-Codex), Nr. 72.

Die Innsbrucker Tage waren ausgefüllt mit Besuchen und Besichtigungen. Claudia persönlich stellte sich für Maria Magdalena als Fremdenführerin zur Verfügung. Sie ging mit ihr durch den Korridor zu den Kapuzinern, sie fuhr mit ihr nach Maria Loreto (*Abb. 130*) und anschließend nach Hall, wo sie im Damenstift (*Abb. 131*) zu Mittag speisten und dann der Saline und der Münze (*Abb. 132*) einen Besuch abstatteten. Eigenhändig schlugen sie einige Münzen. In Innsbruck frühstückten alle einmal gemeinsam im Regelhaus, besuchten die Hofkirche, das Grab von Philippine Welser in der Silbernen Kapelle und das Grabmal des Deutschmeisters in der St.-Jakobs-Kirche. Natürlich stand auch Schloß Ambras auf dem Besichtigungsprogramm, das den Florentinern mit seinen Rüstungen und Kunstschätzen bestens gefiel. Allein besuchte Maria Magdalena in Innsbruck die Gießerei, wo verschiedene Figuren und ein Pferd hergestellt wurden, die einen prächtigen Brunnen ergeben sollten – den „Leopoldsbrunnen" (*Abb. 155*).[194] Anschließend besichtigte sie noch das Zeughaus.

Ihre beiden Söhne interessierten sich mehr für die Jagd. Einmal fand eine Hirschjagd im Tiergarten auf der Ulfiswiese statt, zweimal mußte die Gemsenjagd, die Attraktion des Innsbrucker Hofes, wegen Schlechtwetters abgesagt werden. Die Prinzen begaben sich statt dessen zu den Pferden in die Hofstallungen. Am 23. Oktober 1631 herrschte endlich gutes Wetter, daher ging es nach dem Mittagessen zur Gemsenjagd. Aber nur zwei Tiere wurden erlegt. Am Morgen des 24. Oktober konnte man schließlich richtig zur Jagd aufbrechen: Leopold ritt mit seinen Neffen nach Hall, abends kehrten sie mit 18 toten Gemsen hochzufrieden nach Innsbruck zurück.

Doch auch die Kultur kam nicht ganz zu kurz. Eines Abends wurde musiziert. Während der Abendtafel spielten die Musiker des Erzherzogs, eine Hofdame Claudias und Sänger der Großherzogin sangen, die Harfinistin spielte.[195] Am 23. Oktober ging man zu den Jesuiten, die gerade ihr alljährliches Theaterstück aufführten. Die lateinische *comedia* dauerte fünf Stunden, anschließend gab es die übliche Preisverteilung.[196]

Zum Abschied verehrte Leopold seiner Schwester ein wertvolles achteckiges Schränkchen, Don Mattias erhielt von ihm ein Picknickservice, Francesco ein Kästchen mit Gewürzen (*una speceria*). Claudia schenkte ihrer Schwägerin eine silberne Uhr, Mattias bekam von ihr ein Schränkchen mit Galanteriewaren, Francesco ein Frisierschränkchen (*una pettiniera*).

Am 24. Oktober verließen die Florentiner Verwandten auf dem Leibschiff, das für die spanische Infantin angefertigt worden war, Innsbruck. Leopold und Claudia begleiteten sie in einer Barke. Gemeinsam besichtigte man in Brixlegg das Schmelzwerk, anschließend in Schwaz das Bergwerk, danach Rattenberg, wo einige Arbeiter ein Ständchen brachten, und die Festung Kufstein (*Abb. 133*). Von da an setzten die Florentiner ihre Fahrt bei gutem Wind allein fort, innabwärts nach Passau. Hier erkrankte die Großherzogin und starb am 1. November 1631, nur 44 Jahre alt. Die

Abb. 131: Das Haller Damenstift, gegründet von drei Schwestern Erzherzog Ferdinands II. UBI, Sammlung Roschmann, Bd. 16, Bl. 35.

ERZHERZOGIN CLAUDIA VON ÖSTERREICH

Abb. 132: Saline und Münzturm in Hall. UBI, Sign. 30.239 (Josef Nikolaus Sterzinger: Ursprung, Verfertigung und ächte Eigenschaften des Hall-Innthalischen Kochsalzes, Innsbruck 1767, Titelblatt, Ausschnitt).

einbalsamierte Leiche wurde durch Tirol nach Florenz gebracht. Leopold ließ für seine überraschend verstorbene Schwester im ganzen Land Trauergottesdienste abhalten, für sich selbst beanspruchte er ein Reliquienkreuz, das Maria Magdalena einst aus Graz mitgenommen hatte. Die beiden Söhne schickten es an Claudia.[197]

Drohende Kriegsgefahr

Während in Innsbruck eine neue Fürstengeneration wohlbehütet heranwuchs, tobte in Deutschland seit Jahren der Krieg. Tirol war bislang von der Kriegsfurie verschont geblieben. Zwar hatten tausende spanische und kaiserliche Soldaten mehrfach das Land durchquert, doch war es Leopold V. gelungen, die Anlegung von Musterplätzen für die Anwerbung von Landsknechten und die gefürchteten Wintereinquartierungen fremder Söldner von Tirol fernzuhalten. Seit der Schwedenkönig Gustav Adolf aber die kaiserlichen Truppen am 17. September 1631 bei Breitenfeld in Sachsen vernichtend schlug und unaufhaltsam nach Süden vorrückte, entstand auch für das Land im Gebirge akute Kriegsgefahr. Der Innsbrucker Hof mußte handeln.

Bereits am 24. Jänner 1632 bat Claudia de' Medici ihre Mutter um die Entsendung von Alfonso Parigi, der als Militärarchitekt die Nordtiroler Befestigungen in Verteidigungsbereitschaft setzen sollte. Außerdem wollte sie als Sofortmaßnahme 90.000 Scudi von ihrem Heiratsgut abheben. Anfang Mai bat sie die Madama dringend um Geld, wobei sie die Notlage der Familie wohl allzu drastisch schilderte. Am 17. Mai traf ihr Oberlsthofmeister, Graf Schinchinelli, im Auftrag des Fürstenpaares in Florenz ein. Er bat um Asyl für Claudia und ein Darlehen von 300.000 Gulden für den Erzherzog. Da der Großherzog diese Summe nicht bar zur Verfügung hatte, steuerten die Familienmitglieder zusammen und übermittelten fürs erste 37.000 Gulden aus ihrer Privatschatulle: Ferdinando spendete 25.000 Gulden, Großherzogin Christine sowie Don Lorenzo und Kardinal Carlo de' Medici je 4000 Gulden. Die beiden Prinzen Mattias (*Abb. 134*) und Francesco (*Abb. 135*) bereiteten sich vor, an der Seite des Kaisers in den Krieg zu ziehen.[198]

Die Geburt der Tochter Maria Leopoldine

Mitten in diesen Turbulenzen gebar Claudia de' Medici am 6. April 1632 ihre dritte Tochter in zweiter Ehe.[199] Wieder war die Amme Anna nach Innsbruck gekommen, sie blieb mehrere Monate lang.[200] Als Taufpaten hatte Leopold bereits am 10. Februar den Papst erbeten, der seinem Wunsch nachkam und je nach Belieben des Erzherzogs wahlweise den Bischof von Brixen oder von Trient zu seiner Vertretung bestimmte.[201] Mit beiden Bischöfen gab es aber Spannungen, weshalb die Taufe einstweilen verschoben wurde.

Während die Erzherzogin angeblich mit ihren Kindern nach Florenz flüchten wollte[202], hielten die bayrischen Verwandten Tirol noch für sicher. Am 29. April 1632 war Kurfürst Maximilian von Bayern bereits in Salzburg eingetroffen und bat um die Erlaubnis, seine Gemahlin Elisabeth von Lothringen nach Tirol bringen zu dürfen. Am 4. Mai wollte auch Herzog Albrecht von Bayern hier gegebenenfalls sein *Refugium* finden.[203]

Der schwedische Einfall in Reutte

Die größten Sorgen um die Verteidigung seines Landes machte sich naturgemäß der Landesfürst. Auf dem seit Frühjahr 1632 tagenden Landtag versuchte er Geld und Soldaten für die *defension des Vatterlandts* zu erhalten, beides kam nur zögernd in Gang. Ende Juni begab er sich persönlich an die von den Schweden bedrohte Tiroler Nordgrenze. Mit der Verteidigung sah es schlecht aus. Es fehlte an Geld und Getreide für den Unterhalt der *soldatesca*, an Futter für die Pferde, die Untertanen wei-

Abb. 133: Die Festung Kufstein. TLMF, FB 6201 (Burglechner-Codex), Nr. 3.

Abb. 134: Mattias de' Medici, gemalt von Justus Suttermans. Florenz, Palazzo Pitti.

Abb. 135: Francesco de' Medici, Porträt von Justus Suttermans. Florenz, Palazzo Pitti.

gerten sich anfangs, ohne Bezahlung an der Ausbesserung der Befestigungen mitzuarbeiten. Vor allem die Feste Ehrenberg, das Einfallstor nach Tirol, war nur notdürftig instand gesetzt, Geschütz und Munition mangelhaft. Mäuse, Ratten und anderes Ungeziefer gefährdeten den Proviant.[204] Außer der Landmiliz, insgesamt 20.000 Mann, sollten auch Jäger und Schützen aufgeboten werden, um das Land zu verteidigen. All das war natürlich gegen eine Berufsarmee kriegsgewohnter Soldaten nicht ausreichend, zumal die rekrutierten Bauern nach Hause drängten, um die Ernte einzubringen. Deshalb ersuchte Leopold sowohl Wallenstein wie auch den Kurfürsten von Bayern und den kaiserlichen Generalfeldzeugmeister Aldringen *instendig* um Hilfe. Doch die vier ankommenden Kompanien, die das von Tiroler Truppen eroberte Füssen verteidigen sollten, liefen großteils zum Feind über, Leopold hatte sein bestes Kriegsvolk verloren.

Daher war himmlischer Beistand dringend vonnöten. Die Bischöfe von Brixen und Trient wurden aufgefordert, allerorten ein vierzigstündiges Gebet anzuordnen, *auf das des Allmechtigen Zorn und Straff, so diesen Landen destiniert sein möchte*, gemildert werde. Diesem Ziel diente auch eine Bußprozession in Innsbruck, an der Leopold „der Fromme" persönlich teilnahm.

Seit schwedische Truppen am 29. Juli 1632 in Reutte einmarschiert waren, bestand für Tirol akute Gefahr, der Innsbrucker Hof bereitete seine Flucht vor. Leopold selbst bezog an der Ehrenberger Klause (*Abb. 136*) Stellung, um die Schweden am weiteren Vormarsch zu hindern. Doch von Gustav Adolf abkommandiert, zogen sie sich am 31. Juli überraschend zurück. Erleichtert benachrichtigte der Landesfürst am 1. August seine Gemahlin (*Abb. 144*), die glückliche Wende am Tag des Ordensgründers Ignatius (31. Juli) schrieb er der Fürbitte des Petrus Canisius (*Abb. 137*) zu.[205] Bereits seit Jahren betrieb er die Heiligsprechung des in Innsbruck sehr verehrten Jesuitenpaters, doch der Papst wollte ihn nicht in den Kreis der Heiligen aufnehmen.[206] So mußte auch Leopold weiterhin irdische Hilfe in Anspruch nehmen: Am

9. September 1632 schrieb er zu *Gottes Ehr, erhaltung Catholischer allain seligmachenden Religion* und *defendierung deß geliebten Vatterlands* eine Kopfsteuer aus, die von allen Veranlagten umgehend bezahlt werden sollte.[207]

Zur Erholung von den ausgestandenen Kriegsmühen begab sich der Erzherzog auf die Jagd, zuerst nach Heiterwang, danach zum Achensee (*Abb. 138*).[208] Die Jagdleidenschaft wurde Anlaß zu seinem frühem Tod. Bereits seit Jahren war er häufig krank, besuchte den Sauerbrunn in Obladis oder ließ sich das Heilwasser nach Innsbruck bringen.[209]

Sein Katarrh wurde wieder akut, hohes Fieber stellte sich ein.[210] Er wurde nach Schwaz gebracht, wo sich sein Zustand dank ärztlicher Kunst wieder besserte. Doch drei Tage später, am 13. September 1632, starb er um 10 Uhr vormittags, mit den Sterbesakramenten versehen. Ob Claudia an seinem Krankenlager weilte, ist ungewiß, an seinem Totenbett war sie sicher, denn von Schwaz aus benachrichtigte sie noch am Todestag den Kaiser. Gleichzeitig bat sie um seine Hilfe, weil Schwaben und das Elsaß größtenteils vom Feind okkupiert seien; Veit Künigl werde Näheres berichten.[211]

Abb. 136: Schloß Ehrenberg und die Ehrenberger Klause von Süden. TLA, Karte 141h.

Abb. 137: Petrus Canisius, um dessen Heiligsprechung sich Leopold vergeblich bemühte. UBI, Sammlung Roschmann, Bd. 16, Bl. 99.

Mit 28 Jahren war Claudia de' Medici zum zweiten Mal Witwe geworden. Am 18. September 1632 ließ sie den Sarg mit dem Leichnam des Verstorbenen in die Leopoldskapelle der Ruhelust bringen und gab Anweisung, sich mit den Gebeten und übrigen Zeremonien nach den Totenfeiern für Erzherzog Ferdinand II. zu richten.[212] Am gleichen Tag sandte sie den Kämmerer Hans Georg von Königsegg mit der Todesnachricht nach Florenz.[213]

Eine harmonische Ehe

Über das Eheleben am Innsbrucker Hof informieren nur wenige Quellen. Gleich nach ihrer Ankunft schrieb Claudia einen eigenhändigen Brief an Großherzogin Maria Magdalena, die ihre Verbindung mit Leopold eingefädelt hatte. Sie dankte ihr darin für die Verheiratung „mit einem so großen und höflichen Fürsten, der mich mehr liebt als ich verdiene"; es gehe ihr bestens, auch das Land gefalle ihr (Abb. 139).

Wie bei Fürstenehen üblich, hatten die Eheleute getrennte Hofhaltungen und getrennte Schlafzimmer, in der Hofburg bescheidene *schlafkammern*. So blieb es Claudia erspart, ihren erlauchten Gemahl in Schlafrock, Nachtpelz und Nachtkappe sowie Pantoffeln zu sehen. Sie selbst schlief in der kalten Jahreszeit wohl ähnlich, erst im Jahr 1642 ist von Kaminen in ihrer Schlafkammer die Rede.[214]

Im Ansitz Ruhelust bewohnte Leopold den ersten Stock, Claudia mit ihrem Frauenzimmer das zweite Stockwerk (Abb. 140). Auf diese Weise konnte sie mit den italienischen Hofdamen den gewohnten Lebensstil beibehalten, wohl auch spät schlafen gehen, während sich Leopold bereits um 21 Uhr zu Bett begab, was nicht zuletzt auch seiner Jagdleidenschaft zugute kam.

Die engste Vertraute der Erzherzogin war Honorata Piccolomini, die ihr bereits in Urbino als Hofdame gedient hatte. Mit ihr konnte sie sich in ihrer Muttersprache unterhalten, Italienisch blieb aber auch sonst in Innsbruck ihre bevorzugte Sprache, selbst im Verkehr mit Leopold und den Kindern.

Da Claudia das wichtigste Ziel jeder fürstlichen Ehe, die Geburt eines Thronerben, erfüllte und in sechs Ehejahren fünf Kinder zur Welt brachte, konnte sie des Wohlwollens ihres Gemahls sicher sein. Um die Kinderpflege brauchte sie sich nicht zu kümmern, dafür gab es Ammen, Kinderfrauen und Kindsmägde.[215] Eine dieser „Saugammen" trug einen bald berühmt werdenden Namen: Elisabeth Gumpp. Sie war die Gattin des Hoftischlers Christoph Gumpp und gebar am 12. Februar 1628 einen Sohn. So konnte sie – nebst anderen Ammen – den am 17. Mai 1628 zur Welt gekommenen Ferdinand Karl stillen.[216]

Auch die Frömmigkeit und das Kunstverständnis seiner Gemahlin gefielen dem Erzherzog. Ausdruck seiner Zuneigung sind einige persönliche Geschenke an sie, die er dem Innsbrucker Schatzgewölbe entnahm. Etwa eine Reisekassette zur Aufbewahrung ihrer Juwelen, Diamanten für eine Hutschnur, Reiherfedern, zahlreiche schöne Perlen und verschiedene Gefäße. Auch die Erlaubnis, vom „Einhorn" (*von dem Runden stuckh Ainkhirn*) einige kleine Stücke abfeilen zu dürfen, war sicher eine besondere Vergünstigung.[217] Ein kostbares Nähkästchen, das er seiner hochschwangeren Gemahlin am 21. April 1628 schenkte[218], hat sich bis heute erhalten (*Abb. 141, 142*). Sollte sie sich die bevorstehende Kindbettzeit mit Handarbeiten verkürzen?

Claudia ihrerseits paßte sich der Jagdleidenschaft ihres Gemahls an. Soweit es fünf Schwangerschaften und Kindbettzeiten zuließen, nahm sie selbst an Jagden teil, am Auerhahnschießen und der Sauhatz. Als sie im November 1629 erstmals ein Wildschwein zur Strecke brachte, meldete es

Abb. 138: Der Achensee mit Umgebung, darunter der Stadt Schwaz, Leopolds Sterbeort. TLMF, FB 6201 (Burglechner-Codex), Nr. 16.

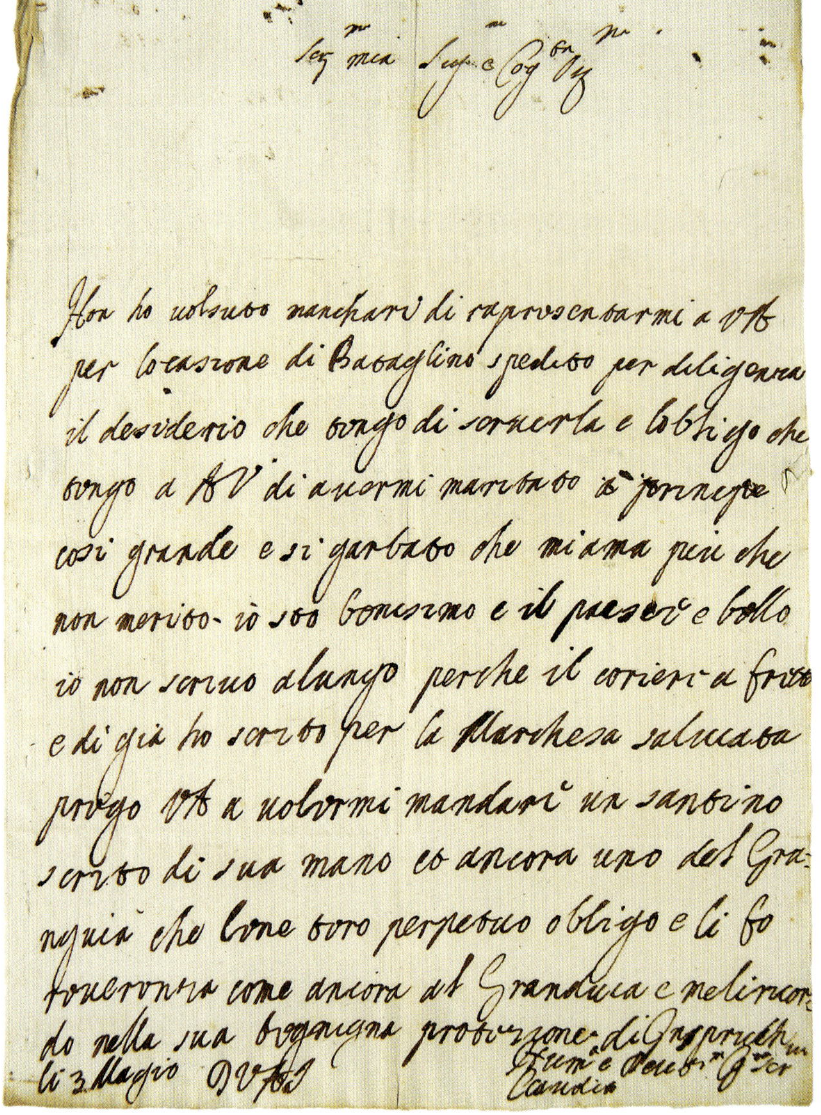

die Jagdgesellschaft ihre Hunde bei sich und konnte sie auf das Wildschwein hetzen (*Abb. 143*). Die starken englischen Hunde der Erzherzogin wurden losgelassen, sie selbst sprang vom Pferd und fing die Bache ohne Gefahr mit einem gewöhnlichen Schweinsspieß ab, *zue meinem und Ihrem sonderbahren Contento dapffer und Meisterlich. Die Saw hatt gewogen 300 Pfundt Wienerisch.* Maria Magdalena freute sich über die *Dapferkheit*, die Claudia *mit dem fang eines schönen Schweins* gezeigt hatte, sie konnte sich gut vorstellen, daß Bruder und Schwägerin *darbey einen grossen lust gehabt.*[219]

Testamentarisch gedachte Leopold der Vorliebe seiner Gemahlin für den Claret, einen leichten französischen Rotwein aus dem Bordeaux. Ein alljährliches Deputat ihres Mundtrunks sollte ihr auch in der Witwenschaft zustehen.[220]

Zwei persönliche Schreiben deuten ebenfalls auf ein herzliches Verhältnis zwischen den Ehegatten hin: Am 2. September 1630, kurz vor seiner entscheidenden Reise nach Regensburg, versprach Leopold, seiner „geliebtesten Gemahlin" (*Consorte mia amantiss.^{ma}*) wahlweise eine der Tiroler Herrschaften Petersberg, Hörtenberg oder Imst zu schenken, und schloß den offenbar deutsch gedachten, aber italienisch geschriebenen Brief sehr persönlich „mit ganzem Herzen ihre Hände küssend" (*de tutto il core vi bacio le mani*) als „ihr liebevollster und treuester Gemahl bis in den Tod, Leopoldo" (*Aff.^{mo} et fedelissimo marito fin alla morte Leopoldo*).[221]

Vom Sommer 1632 stammt ein zweiter, ebenfalls italienisch geschriebener Brief an sie (*Abb. 144*). In Eile berichtete er ihr am 1. August 1632 aus Nassereith, daß sich der Feind – Herzog Bernhard von Weimar – überraschend zurückgezogen habe, man müsse Gott und dem heiligen Ignatius ewig danken. Im Augenblick könne er nicht mehr schreiben, weil er viel zu tun habe, er wisse nicht, wo ihm der Kopf stehe. Es gehe ihm gut, er hoffe auf baldiges Wiedersehen. „Küßt meine Kinder!

Abb. 139: Claudia de' Medici an Großherzogin Maria Magdalena, 3. Mai 1626, eigenhändig. SP 38.

Leopold stolz nach Florenz. Die jagdbegeisterte Großherzogin freute sich, daß ihre Schwägerin eine so tüchtige Jägerin (*cosi prava Cacciatrice*) geworden sei, und wollte Einzelheiten wissen. Daraufhin erstattete er ihr am 12. Jänner 1630 *wegen deß von Meiner freindtlich geliebten Fraw Gemahlin gefangenen Schweins* Bericht: Auf dem Heimweg von der Jagd erfuhr das Fürstenpaar nahe Seifriedsberg von einem Bauer, daß gerade ein Wildschwein vorbeigelaufen sei. Tatsächlich sichtete ein Lakai die *Saw* bald danach. Glücklicherweise hatte

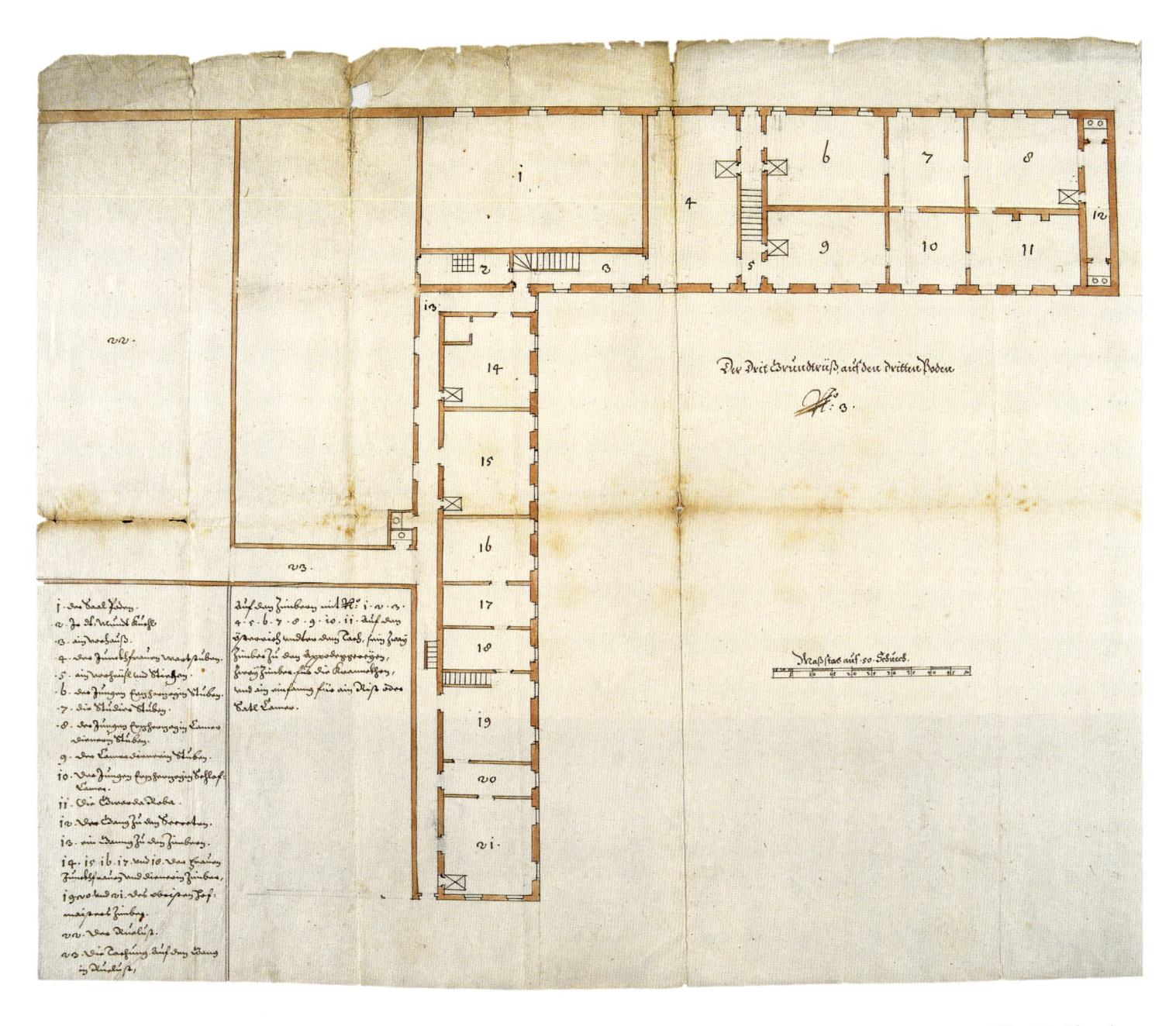

Abb. 140: Plan des Witwensitzes (Anbau an die alte Ruhelust) aus dem Jahr 1619, 2. Stockwerk. KS I/994.

Abb. 141 und 142: Nähkästchen, Seitenansicht und geöffnet. Der Samtpolster diente zum Spitzenklöppeln. KHM, KK, IN 1006.

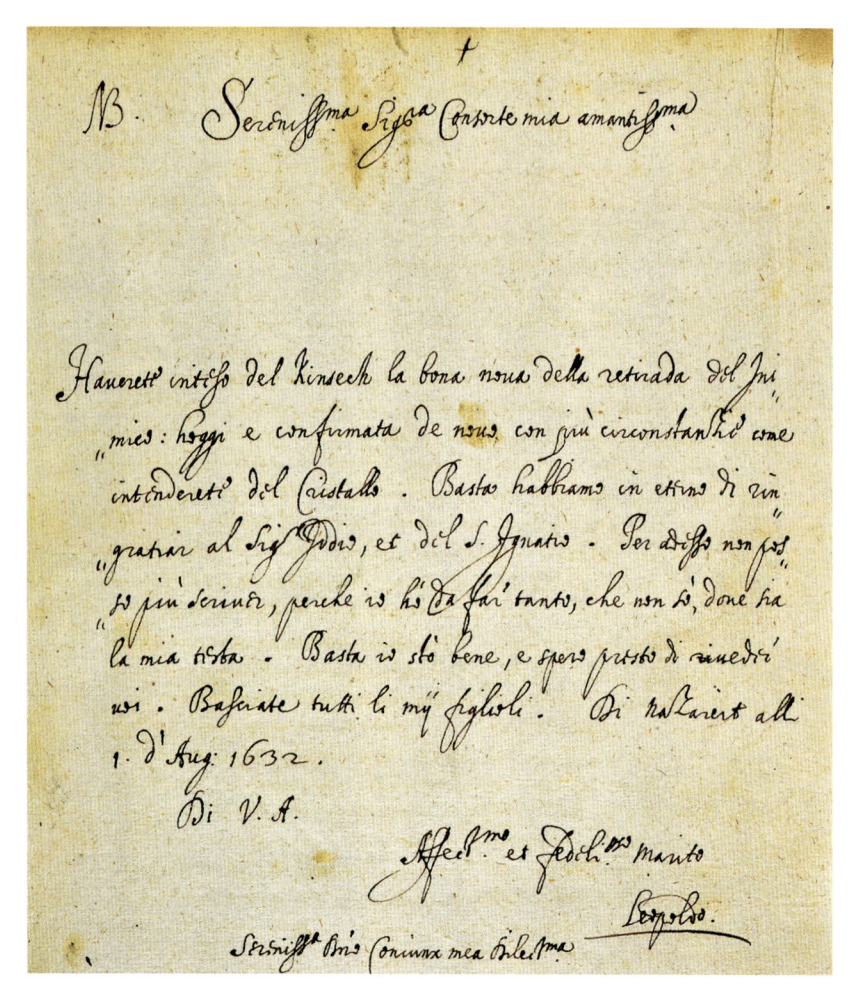

Abb. 144: Leopold an Claudia, 1. August 1632. Der Brief, in großer Eile in italienischer Sprache geschrieben, ist nur kopial überliefert. Initium, vor S. 269.

110 ERZHERZOGIN CLAUDIA VON ÖSTERREICH

Wie Tewrdanckh durch anweisung Onfalo sich an seim aigen Schwert beschedigt solt haben an einem schwein geieid.

Abb. 143: Die Wildschweinjagd mit Schwert oder Spieß war ein gefährliches Unterfangen. Hier abgebildet in Maximilians Theuerdank. UBI, Sign. 42.B.2 (Erstdruck 1517), fol. 88r.

Euer liebevollster und treuester Gemahl Leopoldo." Der geliebtesten Gemahlin schickte er keine Küsse, sie erhielt wohl stets nur Handküsse.

Erst nach Leopolds Tod wurde seine jüngste Tochter getauft. Der päpstliche Taufpate wurde durch den vor den Schweden nach Tirol geflüchteten Bischof von Augsburg vertreten, zusätzlich hatte Claudia ihre Verwandte, Königin Maria de' Medici von Frankreich (*Abb. 145*), zur Gevatterin gebeten, an deren Stelle Erzherzogin Maria trat. Die Taufe fand am 28. November 1632 vermutlich im Regelhaus statt, das Taufkind erhielt nach dem Vater den Namen Maria Leopoldine.[222]

Abb. 145: Maria de' Medici, Königin von Frankreich, im Jahr 1617 gemalt von Frans Pourbus. Madrid, Museo Nacional del Prado, IN 1624.

112 ERZHERZOGIN CLAUDIA VON ÖSTERREICH

Der Innsbrucker Hof
Leben im Florentiner Stil

Als Claudia de' Medici im Frühjahr 1626 nach Innsbruck kam, fand sie einen wenig attraktiven Hof vor. Anna Katharina, die Witwe Erzherzog Ferdinands II., war 1612 in den Servitenorden eingetreten und 1613 mit ihrer Tochter Maria in das von ihr gegründete Regelhaus übersiedelt, Maximilian der Deutschmeister und Leopold als zweifacher Bischof hatten als Geistliche einen weitgehend frauenlosen Haushalt geführt.[223] Als Angehörige einer der reichsten und kulturell höchst ambitionierten Familien Italiens stand die neue Landesfürstin vor einer schweren Aufgabe, wenn sie Innsbruck zu einem glanzvollen Fürstensitz machen wollte.

Zunächst mußten die baulichen Gegebenheiten in Betracht gezogen werden. Die Innsbrucker Residenz bestand aus mehreren Gebäuden, das wichtigste war die Hofburg. Aus dem Mittelalter stammend (*Abb. 146*) und seit Maximilian I. mehrfach umgebaut, bot sie einen altertümlichen Eindruck (*Abb. 147*). In ihrem Innern gab es eine Fülle von Zimmern und Sälen, mit Gemälden und Tapisserien geschmückt, ein Schatzgewölbe, eine Rüstkammer, eine Bibliothek, eine Silberkammer. Auch die Hofkanzlei und die Hofküche waren in der *alten Burg* untergebracht. Die Einrichtung der privaten und repräsentativen Räume hatte Leopold anläßlich der Hochzeit ergänzt. Trotzdem: Mit dem Palazzo Pitti, der gerade von Giulio Parigi vergrößert wurde, konnte sich die Innsbrucker Hofburg nicht messen. Leopold hatte daher vor, sie abzureißen und durch einen modernen Bau zu ersetzen.

Gegenüber der Hofburg, durch den Rennplatz von ihr getrennt, lag inmitten der Gärten der Ansitz Ruhelust. Er bestand aus zwei Gebäuden, einem ehemaligen Sommerhaus Erzherzog Ferdinands II. und einem angebauten Ziegelbau, den sich seine Witwe Anna Katharina hatte errichten

Abb. 146: Der Innenhof der Innsbrucker Burg, gemalt von Albrecht Dürer im Herbst 1494. Wien, Graphische Sammlung Albertina, IN 3058.

Abb. 147: Die Innsbrucker Hofburg von außen (Osten) gesehen, um 1525/34. Universitätsbibliothek Erlangen, Graphische Sammlung, IN B 458.

lassen (*Abb. 148*). Hier konnte die Fürstenfamilie während der Sommermonate wohnen.

Zur Residenz gehörte auch Schloß Ambras. Es war nicht bewohnbar, sondern ziemlich baufällig. Die von Ferdinand II. angelegten Sammlungen – Kunstkammer, Rüstkammern und Bibliothek – wurden bewahrt und hohen Gästen gezeigt. Beim Schloß lagen Lustgärten und Tiergärten mit Wildbestand, die zur Erholung dienen konnten. In Innsbruck selbst gab es auf der Langen Wiese ebenfalls einen Tiergarten, in dem Wild aber zu Jagdzwecken gehalten wurde. Vornehme Gäste konnten hier bequem ihrer Jagdlust frönen.

Der Hofstaat der Landesfürstin und seine italienischen Mitglieder

Der Einzug der neuen Landesherrin machte eine *reformierung des Hofstatts* notwendig, es mußten neue Hofchargen aufgenommen werden und Instruktionen erhalten. Der Innsbrucker Hof sollte ein repräsentatives Zentrum der Herrschaft sein.[224]

Anders als bei Fürstenheiraten sonst üblich, durfte die Erzherzogin etliche ihrer Begleiter aus der Heimat behalten, nur ihre Amme mußte sie, wie versprochen (*Abb. 149*), zurückschicken. Auch Violante Piccolomini, wohl eine Tochter von Honorata Piccolomini, verließ Innsbruck im Jahr 1628.[225]

Der Hofstaat der Landesfürstin umfaßte nicht nur weibliche, sondern auch männliche Angehörige. An der Spitze stand zunächst Obersthofmeister Luigi Vettori, der Claudia nach Innsbruck begleitet hatte. Im Herbst 1626 wurde er vom Kaiser zum Marchese erhoben und zu Leopolds Geheimem Rat ernannt, im Jahr 1627 kehrte er nach Italien zurück.[226] Als Obersthofmeisterin scheint seit 1627 Maria Barbara von Brandis auf, eine geborene Arzt, also deutschsprachig.[227]

Ein Verzeichnis *Meiner Gnedigisten Frauen Hoff Stat* aus dem Jahr 1627 listet 28 Personen auf.[228] Von ihnen waren 13 Mitglieder italienischer Herkunft: Mario Galeotti fungierte als Garderobier, seine hübsche junge Frau war im Frühjahr 1628 schwanger.²²⁹ Stefano Favi diente als Kammerdiener, Francesco Corsi als Kammerheizer, Stefano Cantini als Sommelier, Carlo Jorda als Silberdiener. Stefano Rupinato war Leibschneider, Andrea Bruno Mundkoch, Piero Sänftenmeister und Francesco Spolverino, der „Staubwedel", Leiblakai.²³⁰ Im Frauenzimmer scheinen Honorata Piccolomini (ohne nähere Bezeichnung) sowie die Kammerdienerinnen Elisabetha Cittadini, Constancia Baccelli und Leonora Lampredi auf, die Namen der sechs Hoffräulein und ihrer Dienerinnen fehlen.

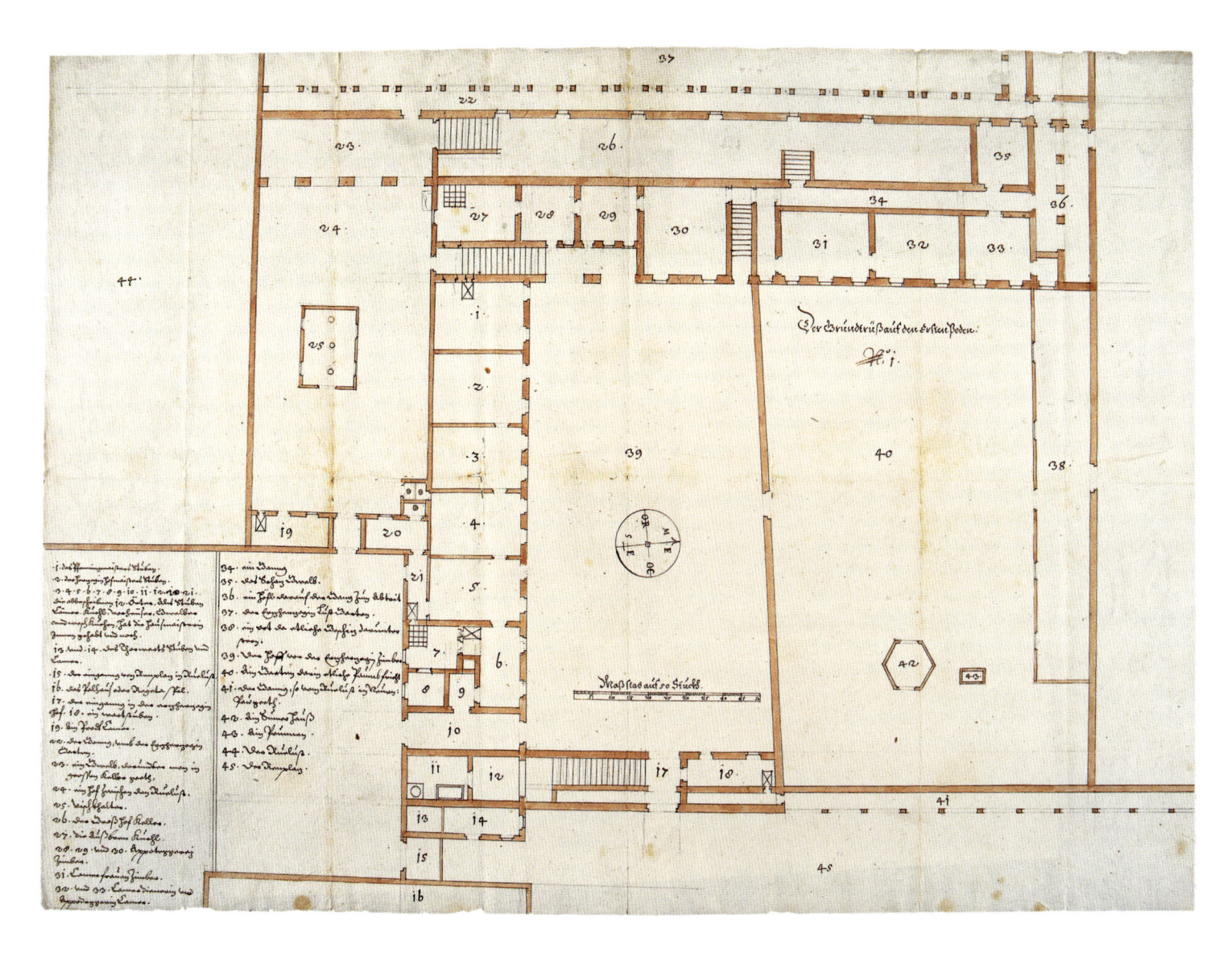

Ein Jahr später werden in einem Verzeichnis unter den 34 Mitgliedern des Hofstaats der Landesfürstin außer fünf deutschsprachigen männlichen Bediensteten folgende Damen aus Italien und Welschtirol aufgeführt²³¹: Julia Incontri, Isabella Arco sowie Katharina und Elisabeth von Spaur als Hoffräulein, ferner die drei bereits genannten Kammerdienerinnen; Honorata Piccolomini war *Frauenzimer Hofmaisterin*.

Nach dem Hofstaatsverzeichnis des Jahres 1629 umfaßte Claudias Hofstaat 49 Mitglieder²³², darunter 17 Personen italienischer/welschtirolischer Herkunft: Isabella Arco sowie Elisabeth und Felizitas Spaur als Hoffräulein, Honorata Piccolomini

Abb. 148: Der Witwensitz von Anna Katharina, angebaut an die alte Ruhelust, Parterre mit Angabe der Himmelsrichtungen: SE (Septentrio = Norden), OR (Oriens = Osten), ME (Meridies = Süden), OC (Occidens = Westen). KS I/994.

Abb. 149: Claudia verpflichtet sich, ihre Amme nach der Hochzeit nach Florenz zurückzuschicken. Undatiertes eigenhändiges Schreiben. SP 38.

Abb. 150: Jakob Hannibal von Hohenems, ein Mann von stattlicher Figur. Aus: Welti, nach S. 256.

als *Freylein Hofmaisterin,* die drei genannten Kammerdienerinnen samt der neu hinzugekommenen Helena Barbara Peregrini. Unter den männlichen Mitgliedern waren Galeotti, Favi, Cantini und Spolverino noch in ihren bisherigen Funktionen tätig, neu scheinen auf: Piero di Limoni als Apotheker[233], Francesco Bazino als Kammerheizer und Carlo Forte als Kredenzier. Als Leibschneider wird Sebastiano Rubinate genannt, wohl identisch mit Stefano Rupinato im Hofstaatsverzeichnis 1627. Als Sänftenmeister wird Piero Carli aufgeführt, ob er mit dem im Vorjahr aufscheinenden Piero identisch ist, muß angesichts der Häufigkeit des Vornamens offenbleiben.[234]

Im Jahr 1632 gehörten dem Hofstaat der Landesfürstin 44 Personen an.[235] Noch immer war Felizitas von Spaur Hoffräulein, im Jahr 1636 ließ sie sich *in Ehepflicht* mit Hans von Wolkenstein ein.[236] Honorata Piccolomini, die drei Kammerdienerinnen Cittadini, Baccelli und Peregrini gehörten dem Frauenzimmer noch immer an, neu scheint Aurelia von Lodron als Hoffräulein auf.[237] Seit 1630 war Maria *Madrutschin Fr. Kindts Zimer Zuchtfraw,* also Kinderfrau.[238]

Ranghöchstes männliches Mitglied des Hofstaats war Graf Oliverio Schinchinelli, seit 1630 ihr Oberhofmeister und Leopolds Geheimer Rat. Er war auch Ritter des Santiagoordens und wurde im Jahr 1635 zum spanischen Statthalter nach Mailand gesandt, von wo er nicht mehr nach Innsbruck zurückkehrte, wohl weil ihm König Philipp IV. dort einen lukrativeren Posten anbot. Von seinem Innsbrucker Gehalt von 3000 Gulden waren zu diesem Zeitpunkt noch 2156 Gulden 43 Kreuzer ausständig.[239]

Neu war Vincenzo Pinelli als dem Beichtvater Malaspina zugeordneter Geistlicher, vielleicht schon damals Kaplan der Erzherzogin. Galeotti,

116 DER INNSBRUCKER HOF

Corsi, Cantini[240] und Spolverino waren wie bisher beschäftigt, desgleichen Favi, der am 21. Oktober 1633 das Zollamt von Rovereto erhielt, aber weiterhin am Innsbrucker Hof blieb.[241] Bereits langgedient war Forte, dem im Jahr 1637 die beiden bisher innegehabten Ambraser Hofgärten lebenslang übertragen wurden.[242] Piero di Simone Baccelli ist wohl identisch mit Claudias Kammerdiener Pietro Baccelli, der auch im Jahr 1639 als solcher genannt wird.[243] Aufgeführt werden noch der Leibschneider Sebastiano Rubnate sowie der Mundkoch *Andrea Prun*, zuvor Andrea Bruno genannt. Als Sänftenmeister fungierte *Piero Doter*, der Sänftenknecht *Pero genant* war 1630 gestorben.[244]

Von besonderer Bedeutung für Claudia war sicher ihr Beichtvater, der Jesuit Pietro Malaspina. Er war mit ihr aus Florenz gekommen, gehörte aber nicht ihrem Hofstaat an.[245]

Italiener in Leopolds Hofstaat

Im Hofstaat Leopolds V. gab es außer Welschtirolern ebenfalls etliche Italiener: Bereits im Jahr 1619 war Dominico Sebastiani als Kammerportier beschäftigt, seit 1623 scheint er als Hoflustgärtner auf. Im Jahr 1629 erbat er sich den Landesfürsten für den *negst Erwartendten Leibs Erben* zum Taufpaten, seiner *Ehewierdtin* wurden aus diesem Anlaß 10 Gulden verehrt. Er starb 1635 als Schloßgärtner von Ambras.[246]

Zur Erledigung der Korrespondenz mit Italien wurde im Jahr 1624 Scipio Varagnano als *welscher Hof Secretarius* aufgenommen, er war bis 1632 tätig.[247] Ebenfalls im Jahr 1624 wurde der Diener des Herrn *Camilo welschen Secretari* am Innsbrucker Hof verköstigt, Camillo Ferrari selbst wird im Furierzettel für die Reise ins Elsaß (1627/28) als Geheimsekretär aufgeführt.[248] In der Weinkellerordnung vom 1. August 1625 und in der Tafelordnung vom 1. März 1626 scheint Andrea Godin als italienischer Kanzlist auf.[249] Im Frühjahr 1628 verzeich-

Abb. 151: Claudia in großer Robe, mit ihrem Bologneserhündchen. Gemälde von Justus Suttermans. Florenz, Palazzo Pitti.

net Hainhofer unter Leopolds Hofstaatsmitgliedern Hortensio Lottiere als seinen *elemosinario maggiore et Segretario*, der bei der Fußwaschung am Gründonnerstag Almosen verteilte. Im Herbst 1628 sowie November 1629 wird er als italienischer Sekretär, Elemosinier und Zeremonienmeister genannt.[250]

Kammerherr war laut Tafelordnung vom 1. März 1626 Graf Franz von Lodron.[251] Er und Paris von Lodron sowie Silvester Gasoldo scheinen auch in der Tafelordnung vom 11. Oktober als Kämmerer auf, Stefano Favi wird darin als Leopolds Kammerdiener bezeichnet.[252]

Im Jahr 1629 gehörten Franz und Paris von Lodron, Graf Silvester Gasoldo und Carlo Caraffa dem Hofstaat als Kämmerer an[253], neu hinzu kamen Dominico Bassin[254] sowie Nicola Bassin als Lakaien.[255]

Im Jahr 1632 scheinen Franz von Lodron und Carlo Caraffa als Kammerherren, Paul von Spaur als Truchseß und Anton Girardi als Hof- und italienischer Sekretär auf.[256] Als Mitglied der Geheimen Hofkanzlei noch immer tätig war Godin, der 1635 ein Zollamt erhielt.[257] Dominico Bassin wird als Kammerdiener aufgeführt[258], Nicola Bassin als Lakai[259], Johann Baptist Guidi als Sänftenknecht.[260]

Auch vier geistliche Musiker aus Italien, die bereits vor Leopolds Heirat am Innsbrucker Hof engagiert waren, blieben weiter im Dienst: Vincenzo Scapita, Tenorist[261], Giovanni Battista Scarmiglione, Altist[262], Sebastiano Francio, Tenorist[263], sowie Matteo Rossi, Bassist.[264] Ein *Itallienischer Musicus mit zwo Stimben* wird in der Tafelordnung von 1626 genannt[265], ein *Welscher Trumeter* im Jahr 1628.[266]

Kein Italiener, doch durch seine Herkunft mit italienischer Sprache und Lebensart vertraut war Graf Jakob Hannibal von Hohenems (*Abb. 150*). Er hatte in den Jahren 1615/1616 eine Kavaliers- und Bildungsreise nach Italien gemacht, bei der er die Villa Medici in Rom bewundert und auch Florenz besichtigt hatte. Ihn nahm Leopold wohl im Hinblick auf seine Gemahlin als Rat, Kämmerer und Oberststallmeister auf.[267]

Kein Hofstaatsmitglied war der Sattler Andrea Pandolfini. Um den Hof mit feiner Sattlerarbeit zu beliefern, war er von Florenz nach Innsbruck übersiedelt. Er hatte viel zu tun, fertigte Sessel, Kutschen und Schlitten an, für Claudia auch eine Aufstiegshilfe (*ain höber, wann die Ertzhertzogin zu Ross aufsteigt*). Ein prächtiger Kutschenwagen, um fürstliche Gäste *in der Statt herumb zu fiern*, war im Jahr 1629 noch nicht fertig.[268]

Claudia de' Medici war also auch in ihrer neuen Heimat von etlichen Landsleuten und Freunden Italiens umgeben. Sie mußte nicht auf italienische Kultur und Sprache verzichten, die gewohnte Küche kam ebenfalls nicht zu kurz. Auch Leopold liebte Leckerbissen aus Italien: Trüffeln (*dipfling*), Austern und Meeresfische, spezielles Geflügel, *Gartseefricht* – also Produkte vom Gardasee wie Zitronen, Granatäpfel oder Kastanien – und andere *welsche Victualien* wie Olivenöl (*Paumb Oel*), Parmesan oder Reis.

Der Besuch des Großherzogs

Als reiche und kunstsinnige Mediceerin (*Abb. 151*) wird Claudia wohl von Anfang an daran gedacht haben, das Innsbrucker Hofleben zumindest teilweise nach Florentiner Vorbild zu gestalten. Den ersten Anlaß, sich entsprechend zu präsentieren, bot die Ankunft ihrer beiden Neffen Ferdinando und Giovanni Carlo de' Medici im Frühjahr 1628.[269]

Auf der Reise zu Kaiser Ferdinand II. machten der junge Großherzog und sein Bruder zu Ostern in Innsbruck Station. Um die Kleinheit der Stadt zu kaschieren, betraten die Florentiner Verwandten die Stadt durch das Saggentor, wo der Wappenturm ihnen die zahlreichen habsburgischen Herrschaften zeigte (*Abb. 152*). Dann ging es in die

Abb. 152: Der Wappenturm am Eingang zur Innsbrucker Hofburg. Er zeigte 54 Wappen der habsburgischen Besitzungen, gemalt von Jörg Kölderer, Ende 15. Jahrhundert. Rekonstruktion auf einem Gemälde von Matthias Perathoner, 1777. TLMF, Gem 3408.

Hofburg, die für die Gäste kostbar ausgestattet worden war. Sie fanden eine fürstlich eingerichtete Residenz vor. Der Hof speiste ganz aus Silber, eine eigene Silberkammer war vorhanden. In den Räumen der Hofburg und der Ruhelust hingen zahlreiche Gemälde, in den intimeren Zimmern be-

Abb. 153: Hippolyt Guarinoni: Die Grewel der Verwüstung Menschlichen Geschlechts, Ingolstadt 1610, Titelblatt. UBI, Sign. 101.851.

deckten Tapisserien die Wände. Leopold besaß ein reich gefülltes Schatzgewölbe, eine Rüstkammer, eine Bibliothek mit zwei Exemplaren von Kaiser Maximilians *Theuerdank* sowie den ersten Band von Guarinonis *Grewel der Verwüstung* (*Abb. 153*), ein Laboratorium für seine naturwissenschaftlichen Experimente sowie eine Drechslerei. Auch Claudia hatte eine Schatz- und Kunstkammer mit vielen Gemälden und Wertgegenständen. Ihre Juwelen bedeckten einen ganzen Tisch.

Für den hohen Besuch entfaltete man entsprechendes Zeremoniell. Beim Schau-Essen am Ostersonntag saßen das Tiroler Fürstenpaar und seine Gäste in der Ritterstube unter einem Baldachin. Kammerherren, Truchsessen und Edelknaben trugen die Speisen auf, Stabelmeister, Mundschenk und Fürschneider bedienten, Silberkämmerer und Küchenmeister waren zugegen. Herrliche Musik erklang. Am Nachmittag zeigte Leopold seinem Neffen Ferdinando das für ihn gekaufte Gastgeschenk, einen wertvollen Schreibsekretär aus Ebenholz mit Uhr- und Orgelwerk (*Abb. 154*). Er ist noch heute im Palazzo Pitti in Florenz zu sehen.

Am Ostermontag speisten Gastgeber und Gäste im Refektorium der Jesuiten, Jesuitenschüler führten während der Tafel ein lateinisches Stück auf, in dem das Haus Medici gepriesen wurde. Der Nachmittag war weltlichen Vergnügungen gewidmet. Auf der Reitbahn im Hofballhaus – dem Vorläufer des heutigen *Congress* – ließ Leopold den Gästen seine schönsten Pferde vorführen, sein Roßbereiter Philipp Heinrich Schleicher und dessen Bruder zeigten ihre Kunst. Danach gingen der Erzherzog und seine Gäste zum „Tierhaus", um eine Tierhetze zu sehen. Wie in Florenz gab es auch in Innsbruck einen Zwinger, in dem damals Löwe, Tiger und Bär gehalten wurden. Ferdinando de' Medici besaß selbst einen kleinen Löwen, den er anschließend für seinen Onkel aus Florenz kommen ließ. Claudia de' Medici erhielt bei dieser Gelegenheit ein kleines Hündchen.

An ihre Heimatstadt wurden der Großherzog und sein Bruder wohl erinnert, als sie anschließend im Bossierhaus das in Arbeit befindliche Reiterstandbild ihres Onkels besichtigten, das wohl durch das Monument Cosimos I. neben dem Palazzo Vecchio angeregt worden war. Auch die Brunnenfiguren könnten ein Florentiner Vorbild haben, denn direkt neben dem Reiterstandbild steht in Florenz der Neptunsbrunnen mit zwölf Bronzefiguren (*Abb. 155*). Der „Leopoldsbrunnen" wurde in den nächsten Jahren fertiggestellt.[270]

Nach der Rückkehr in die Hofburg zeigte Leopold seinen Neffen einige schöne alte Gemälde und machte zwei davon – *Adam und Eva* – Ferdinando zum Geschenk. Dem 18jährigen Großherzog, der seit seinem 13. Lebensjahr mit der im Kin-

Abb. 154: Der aufwendig gestaltete Schreibsekretär aus Augsburg, Leopolds Geschenk an Großherzog Ferdinando II., 1628. Florenz, Palazzo Pitti, Museo degli Argenti.

desalter befindlichen, im Kloster erzogenen Vittoria della Rovere verlobt war, hatte es wohl besonders die nackte Eva (*Abb. 156*) angetan. Er zeigte großes Interesse an dem Maler – angeblich Albrecht Dürer –, daher verschaffte ihm Leopold anschließend noch Dürers *Kalvarienberg*. Beide

Abb. 155: Das bronzene Reiterstandbild Cosimos I. auf der Piazza della Signoria und der Neptunsbrunnen nebenan mit seinen Bronzefiguren könnten Leopold als Anregung für seinen Brunnen gedient haben. Aus Platzgründen mußte sein Pferd allerdings statt auf drei auf zwei Beinen, also in der Levade dargestellt werden. Florenz, Piazza della Signoria.

Kunstwerke sind noch heute in den Uffizien vorhanden.²⁷¹ Der Tag klang aus in einem Zimmer der Erzherzogin, wo man bei erlesener Kammermusik das Abendessen einnahm, einige Hofnarren sorgten für Unterhaltung.

Tags darauf (Osterdienstag) fuhren das Fürstenpaar und seine Gäste in einem neu angeschafften vergoldeten Wagen zu Erzherzogin Maria ins Regelhaus. Nach der Messe in der kleinen Kirche, bei der schöne Musik erklang, nahmen alle im Erzfürstlichen Stift das Mittagessen ein. Am Nachmittag fand im Tiergarten auf der Ulfiswiese eine Beizjagd statt, abends speisten der Großherzog und sein Bruder in den Gemächern ihrer Tante

Abb. 156: Eva, Kopie nach Albrecht Dürer. Florenz, Uffizien.

ke hatten bewaffnete Bürger Aufstellung genommen. Auf dem Weg nach Zirl machte man Jagd auf Vögel, erschoß einen Hirsch und an der Martinswand eine von Treibern gehetzte Gemse.

Dieser erste Besuch aus Florenz war ein Verwandtenbesuch ohne große Festlichkeiten. Trotzdem hatte man sich in Innsbruck bereits entsprechend ausgestattet, um vor den verwöhnten Florentinern bestehen zu können. Man präsentierte seine edlen Pferde, seine wilden Tiere, seine Kunstschätze. Erlesene Musik erklang allerorten, wertvolle Geschenke wurden gemacht. Das Fürstenpaar hatte sich bemüht, sich und den Hof von der besten Seite zu zeigen.

Die Taufe des Erbprinzen

Während der Großherzog bei seinem Onkel in Prag weilte, brachte Claudia de' Medici am 17. Mai 1628 den heißersehnten Thronerben zur Welt. Weil der als Taufpate erbetene Kaiser seinen Neffen Ferdinando zu seinem Stellvertreter bestimmte (*Abb. 157*), stand der zweite Aufenthalt der Florentiner

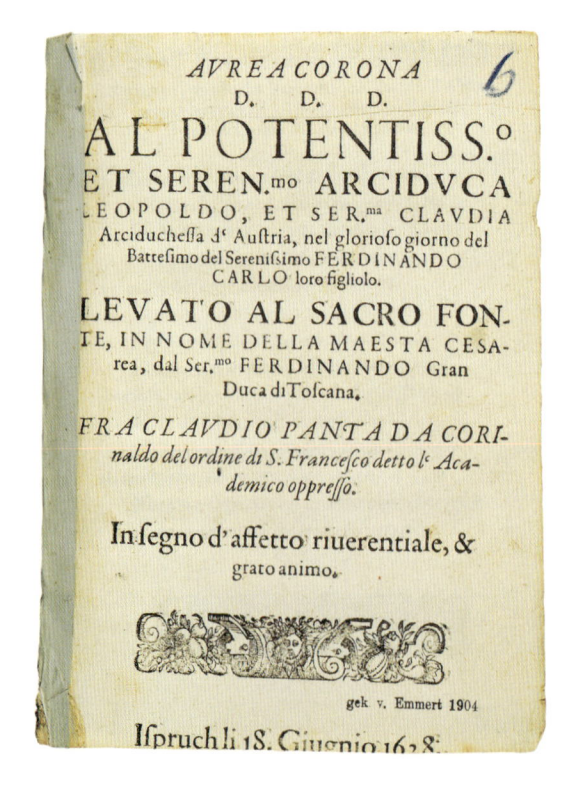

Abb. 157: Claudio Panta: Aurea Corona ..., Innsbruck 1628, Titelblatt. TLMF, W 172/6.

und feierten Abschied. Tags darauf (26. April) verließen sie Innsbruck. Leopold gab ihnen mit vielen Hofleuten und seiner berittenen Leibgarde das Geleit, längs der Straße von der Hofburg zur Innbrük-

Verwandten im Zeichen großer Festlichkeiten. Wie in Florenz üblich, wollte auch der Innsbrucker Hof zur Taufe ein Theaterstück aufführen. Weil die Probenzeit – ab dem 17. Mai 1628 – sehr kurz war, wurde Ferdinando gebeten, seinen Zwischenaufenthalt in Salzburg zu verlängern. Am 15. Juni erwartete ihn Leopold in Brixlegg, wo er ihm das Schmelzwerk zeigte, gemeinsam begab man sich tags darauf (16. Juni 1628) nach Schwaz, Volders und Hall (*Abb. 158*). Überall wurden der Florentiner Reisegesellschaft die Sehenswürdigkeiten gezeigt.

Die Taufe des Erbprinzen war für den Dreifaltigkeitssonntag (18. Juni) angesetzt worden, der Einzug des Großherzogs, der den Kaiser repräsentierte, fand zwei Tage zuvor in großem Rahmen statt. Soldaten begrüßten die Ankommenden mit Trommeln und Trompeten, die Bevölkerung akklamierte begeistert. Kanonen feuerten Begrüßungssalven ab, als Ferdinando und sein Gefolge in sieben sechsspännigen Kutschen in die Stadt einfuhren. Am nächsten Tag (17. Juni) ruhten sich die Florentiner aus, es gab nur eine Tierhetze für sie.

Der Taufsonntag begann mit einer Messe in der Hofkirche, der die Gäste im Fürstenchor (*Abb. 159*) beiwohnten. Das anschließende Mittagessen in der festlich geschmückten Paradeisstube der Hofburg war öffentlich. Pauken und Trompeten verkündeten den Einzug der Fürsten. Unter einem goldenen Baldachin nahmen der Großherzog, sein Bruder und Erzherzog Leopold Platz, Claudia durfte sich als Kindbetterin noch nicht in der Öffentlichkeit zeigen. Festliche Musik erklang, auf der fürstlichen Tafel war ein Schau-Essen arrangiert.

Die Taufe sollte um 16 Uhr in der nahegelegenen Klosterkirche des Regelhauses stattfinden. Durch ein Spalier von Soldaten, durch zwei Triumphbogen hindurch und an zahlreichen Bildtafeln vorbei bewegte sich ein festlicher Zug von der Ruhelust zur Kirche. Der gesamte Adel der Stadt und Umgebung war dazu aufgeboten, insgesamt 160 Personen. In einer von sechs grauen Schimmeln gezogenen Kutsche in den Farben Rot, Blau und Gold – den Farben des Mediciwappens – saß die Obersthofmeisterin der Erzherzogin, den Täufling im Arm. Zwei weitere adelige Damen und die Amme hatten ebenfalls im Wagen Platz genommen. In den folgenden sechs Kutschen saßen sieben adelige Damen sowie acht Angehörige des Frauenzimmers: Julia Incontri, Violante Piccolomini, Justina von Kuefstein, Katharina und Elisabeth von Spaur sowie Isabella von Arco als Hoffräulein und Honorata Piccolomini sowie Maria Elisabeth Haidenreich ohne nähere Bezeichnung. Der Großherzog, sein Bruder und Erzherzog Leopold waren vorangeritten und erwarteten den Zug vor der Kirche. Ferdinando nahm den Täufling in

Abb. 158: Die Karlskirche in Volders und das Städtchen Hall.
UBI, Sign. 21.817 (Hippolyt Guarinoni: Chylosophiae academicae ..., 1648, Titelblatt, Ausschnitt).

Milch war die beste Medizin für ihn", bemerkte ein anwesender Florentiner. Mit einem Tedeum und unter dem Donner der Geschütze ging der Festakt zu Ende. Die Jesuiten huldigten dem Thronerben mit einem lateinischen Gedicht (*Abb. 160*).²⁷²

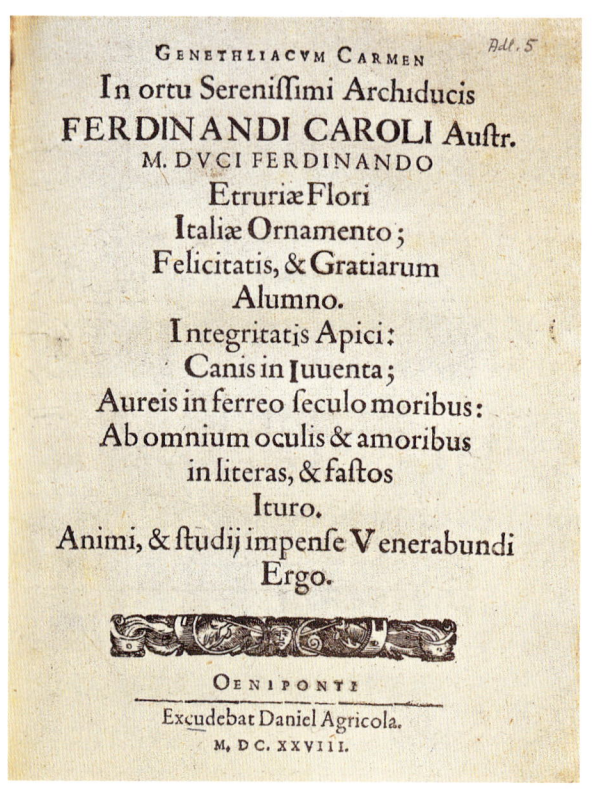

Abb. 159: Der Fürstenchor der Innsbrucker Hofkirche.

Abb. 160: Geburtstagsgedicht, verfaßt von Pietro Malaspina, dem Beichtvater von Claudia de' Medici. UBI, Sign. 30.271, Adl. 5, Titelblatt.

Empfang und brachte ihn zum vorbereiteten Tisch. Er selbst hatte als Stellvertreter des Kaisers seinen Platz unter einem goldenen Baldachin. Die Taufe vollzog – in Vertretung des erkrankten Brixner Bischofs – der Stadtpfarrer von Innsbruck. Der Erbprinz wurde auf den Namen Ferdinand Karl getauft. Kaiser Ferdinand war sein Taufpate, Karl der Name seines Großvaters väterlicherseits.

Der feierliche Akt mußte unterbrochen werden, weil der Täufling immer heftiger zu schreien begann. Man brachte ihn daher in die Sakristei, wo die Amme ihn stillte. Dann war er wieder ruhig, „die

Claudia de' Medici durfte an der Taufe ihres ersten Sohnes nicht teilnehmen, sie galt nach kirchlicher Ansicht als unrein. Doch sie wußte einen Ausweg: Sie ließ sich vorzeitig aussegnen und sah vom Oratorium der Regelhauskirche dem Festakt zu. Nach der Taufe brachten Hofdamen Ferdinand Karl zu ihr und geleiteten sie durch den Gang (*Abb. 161*) zur Ruhelust zurück, wo sie noch *im kindlbett lag*.

Nach der Abendtafel in ihren Gemächern gab es in der Hofburg einen Ball, an dem zahlreiche Hofdamen, aber auch Damen aus der Stadt – wie es bei Taufen in Florenz üblich war – teilnahmen. Für ein großes Hofbankett – wie am Florentiner Hof – fehlte es vermutlich an Platz und Tafelge-

126 DER INNSBRUCKER HOF

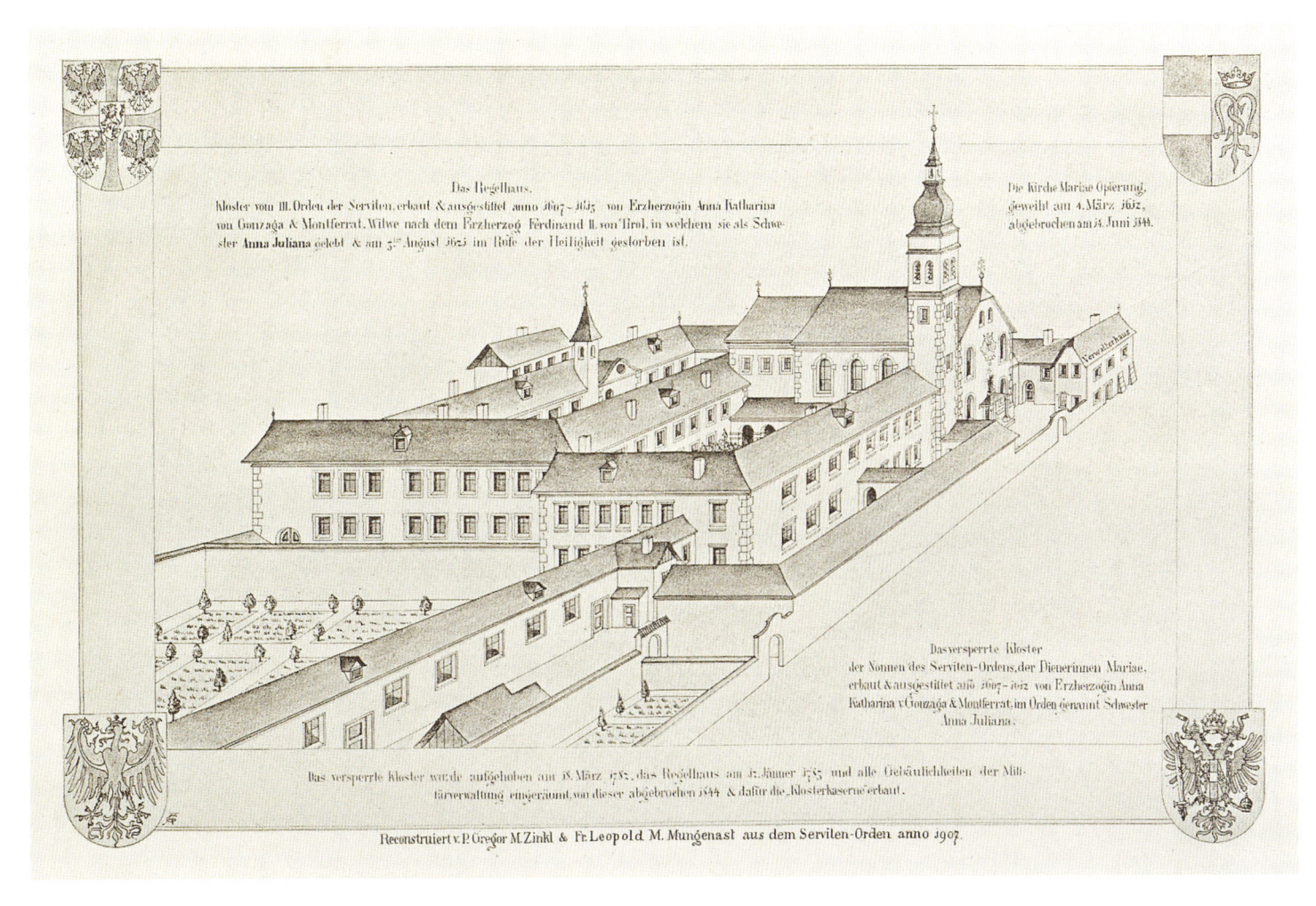

Abb. 161: Ansicht des Regelhauses und des Versperrten Klosters mit dem Verbindungsgang zur Ruhelust, Rekonstruktion. TLMF, W 12.872.

schirr. Claudia war anwesend und eröffnete den Tanz mit ihrem Neffen Ferdinando, vier Kavaliere mit Windlichtern in den Händen schritten ihnen voran, zwei weitere, ebenfalls mit Windlichtern, folgten ihnen. Den Florentinern war dieser Fackeltanz ungewohnt, aber er gefiel ihnen.

Die Jagd am folgenden Morgen entfiel wegen Schlechtwetters, der Nachmittag war der Besichtigung von Schloß Ambras gewidmet. In über 30 Kutschen fuhr der gesamte Hof zum Schloß, Claudia ließ sich – wie meist – in einer Sänfte hinbringen. Zuerst wurden die Rüstkammern besichtigt, wo die Rüstungen von Karl V., Franz I. von Frankreich und Großherzog Cosimo I. wegen ihres Bezugs zur Florentiner Geschichte das besondere Interesse der Gäste erweckten. Danach begab sich die Gesellschaft in das Ballhaus[273], um eine *Commedia* zu sehen.

Im verdunkelten Saal öffnete sich der Bühnenvorhang und gab den Blick auf eine schöne Kulisse mit Himmel, Erde und Meer frei. Zwei Meeresgötter tauchten auf und sangen in italienischer Sprache, Neptun fuhr in einer Muschel über die Bühne, sang und verschwand wieder, Gott Arion entstieg dem Meer auf einem Fisch und spielte auf der Geige, drei Sirenen sangen. Aus Wolken schwebten vom Himmel herab zwei Götter, die ebenfalls sangen und wieder abtraten. Ein Schiff mit Matrosen und gefangenen Türken kam angefahren, die Matrosen tanzten ein Ballett, anschließend führten die Gefangenen in türkischer Kleidung allerlei Tänze vor. Schließlich erschien auf dem Meer eine große

Abb. 162: Halber Knabenharnisch für den Erbprinzen Ferdinand Karl, italienische Arbeit. KHM, HJRK, IN A 1526.

Galeere, aus der Kavaliere im Harnisch und mit Federn auf dem Kopf unter Schalmeien- und Pfeifenklängen an Land gingen, von Matrosen und Soldaten begleitet. Die Kavaliere tanzten über eine Stunde lang ein Ballett mit Lobpreisungen auf Ferdinand Karl, Leopold und Claudia, deren Anfangsbuchstaben (F. K. L. C.) sie darstellten. Während der gesamten Aufführung waren Musiker des Innsbrucker Hofes im Einsatz.

Obwohl Leopold seinen Gästen gegenüber meinte, daß sich diese Darbietung nicht mit ähnlichen Vorführungen in Florenz messen könne, zeigten sich die Florentiner von den Bühnenapparaten und der rasch wechselnden Szenerie doch beeindruckt. Auf jeden Fall stellte die Aufführung für Innsbruck eine beachtliche Leistung dar. Denn die Darsteller, Sänger und Tänzer waren allesamt Tiroler Adelige und Edelknaben, zum Teil sogar Mitglieder des Hofstaats. Das entsprach Florentiner Usancen, wo der Hof häufig an theatralischen Darbietungen mitwirkte.

Abb. 163: Der Florentiner Senat leistet Großherzog Ferdinando II. den Eid, gemalt von Justus Suttermans. Florenz, Palazzo Pitti.

Das Stück, von dem man allen Anwesenden ein gedrucktes Exemplar überreichte, war ein Huldigungswerk. Die gefangenen Türken und die Galeere mit den Kavalieren des Ordens vom Hl. Stephan spielten auf den Sieg der Florentiner Galeeren über die Türken im Jahr 1608 an, bei dem Ferdinando I. die Feinde des Glaubens besiegt hatte. So wie einst sein Großvater sollte nun auch Ferdinand Karl ein Verteidiger des rechten Glaubens sein, ein Knabenharnisch (*Abb. 162*) war dazu bereits aus Florenz geschickt worden. Nach der Vorstellung nahm die Gesellschaft in Ambras – im „Spanischen Saal"? – das Abendessen ein, erst spät nachts kehrte man nach Innsbruck zurück. In den Gassen der Stadt boten brennende Pechpfannen und andere Lichter sicher ein stimmungsvolles Bild.

Am folgenden Tag (20. Juni 1628) zeigte Leopold seinen beiden Neffen vormittags die geplante fürstliche Grablege in der Krypta der Jesuitenkirche. Am Nachmittag fand auf dem Rennplatz ein Kübelrennen mit 18 Stallburschen statt. Das Herabpurzeln von den Pferden sorgte bei den Zuschauern für Erheiterung. Auch der Hof und seine Gäste sahen von der Hofburg aus zu und waren sehr belustigt.

Als weitere Veranstaltung stand ein Feuerwerk auf dem Programm. Dazu fuhr man innaufwärts zum Lusthaus im Tiergarten, nahm dort das Abendessen ein und delektierte sich zwei Stunden lang an dem feurigen Spektakel. Wie in Florenz gab es dabei zahlreiche Zuschauer. Auf dem Rückweg zeigte sich die Stadt wieder von ihrer schönsten Seite. Sie war illuminiert, an vielen Fenstern brannten Lichter in verschiedenen Farben und Formen. Den Abschluß des ereignisreichen Tages bildete ein Turnier auf dem Rennplatz, bei dem 12 geharnischte Kavaliere mit Pistolen und Schwertern gegeneinander kämpften. Die Florentiner Gäste waren von der prächtigen Ausstattung begeistert.

Tags darauf trat der Großherzog die Heimreise nach Florenz an, wo er an seinem 18. Geburtstag (14. Juli 1628) die Regierung übernahm (*Abb. 163*). Der Aufenthalt in Innsbruck blieb ihm und seiner Begleitung wohl in guter Erinnerung, das Fürstenpaar (*Abb. 164, 165*) hatte sich viel Mühe gegeben, den Florentiner Gästen zu imponieren. Ein Theaterstück war aufgeführt worden, an dem Mitglieder des Hofstaats mitwirkten. Weil die Hofburg für die Aufführung und die Zuschauer nicht genügend Platz bot, hatte man Ambras als Spielort gewählt. Das sollte sich bald ändern, denn der Hof erwartete die Ankunft der spanischen Infantin Maria, die als Braut König Ferdinands von Ungarn natürlich besonders ehrenvoll empfangen werden mußte.

Die Vliesverleihung in Salzburg

Die Abreise der Königsbraut verzögerte sich, daher konnte das Tiroler Fürstenpaar im September 1628 noch nach Salzburg aufbrechen, wo Leopold im Rahmen der Weihe des neuen Domes in den

Abb. 164: Erzherzog Leopold, nach einer Vorlage des Jahres 1628 gestochen im Jahr 1629. Der Stecher Lucas Kilian versah das Porträt mit zahlreichen Attributen: Über Leopolds Kopf seine Devise ‚Pietas ad omnia utilis' („Frömmigkeit ist zu allem nützlich") nach dem ersten Timotheusbrief, links daneben der Erzherzogshut, rechts die Wappen von Österreich und Burgund; unten links eine Szene aus dem Alten Testament (Moses teilt das Meer, Exodus 14/15), rechts auf zwei Gesetzestafeln das Liebesgebot aus dem Neuen Testament (Matthäus 22, 38–39). TLMF, FB 2125 (Tirolensium Principum Comitum ..., Augsburg 1623, am Schluß).

Abb. 165: Claudia de' Medici, gestochen von Lucas Kilian 1629. Über dem Kopf ihre Devise ‚Deus omnia cernit' („Gott sieht alles") mit dem Namen Gottes in hebräischer Schrift, daneben links die Großherzogskrone, rechts das Wappen der Medici; unten die Symbole des Fleißes (links) und der Tüchtigkeit (rechts). TLMF, W 5226, Nr. 4.

Der Innsbrucker Hof

Abb. 166: Das Inventar des Innsbrucker Schatzgewölbes, geschmückt mit der Kette des Ordens vom Goldenen Vlies, zeigt den Reichtum des Hofes. TLA, Inv. A 4/1, fol. 3v–4r.

vornehmsten weltlichen Ritterorden, den Orden vom Goldenen Vlies, aufgenommen wurde.[274] Man reiste mit großem Gefolge, an jeder Station in Tirol mußten 50–60 Reitpferde und 20 Gepäckwagen bereitgestellt werden. Mit seinen insgesamt 288 Begleitpersonen – darunter lediglich elf im Gefolge von Claudia – übertraf Leopold alle anderen Ehrengäste, selbst Maximilian von Bayern. Im Wettstreit mit dem bayerischen Kurfürsten ließ auch Leopold für ein großes Feuerwerk, das während der mehrtägigen Festlichkeiten am 25. September abgebrannt wurde, eine Galeere nach Salzburg bringen. Am 27. September 1628 sahen die Gäste im Hellbrunner Steintheater eine italienische Komödie. Beides hat Claudia de' Medici sicher aufmerksam verfolgt.

Der Prunk am Hof des neuen Vliesritters (*Abb. 166*) übertraf jenen des Salzburger Erzbischofs. Als Paris von Lodron im Juni 1629 durch Tirol in das heimatliche Nogaredo reiste, wurde er nicht nur kostfrei gehalten, sondern seine Tafel auch exquisit gedeckt, zumal der Landesfürst selbst *mit dem Herrn Ertzbischoffen zu Saltzburg sich erlustigt*. Aus der Innsbrucker Silberkammer wurden silbernes und vergoldetes Tafelgeschirr sowie feine Tischwäsche *nach dem Etschland* versandt. Da das Maultier, das das Tafelgeschirr trug, im Eisack stolperte, versank die kostbare Last im Fluß. Sechs Eisackfischer stellten ihre Boote zur Suche nach den versunkenen Schätzen zur Verfügung, der Erzherzog selbst setzte für die gefundenen Stücke einen Finderlohn nach Gewicht aus, drei Silberschüsseln wurden am 6. September 1629 vor Claudia gewogen. Der Großteil des Silbers und ein gestreifter Tischteppich, der ebenfalls *im wasser Eysackh weckhgerunen*, blieben aber verloren. Der Hof mußte neues Tafelsilber kaufen.[275]

Der Besuch der Infantin Maria

Besonders glanzvoll wollte sich der Innsbrucker Hof der spanischen Infantin zeigen, deren Ankunft seit 1628 erwartet wurde.[276] Vor allem sollte ein Hoftheater errichtet werden, um Ambras als Spielstätte abzulösen. Vorbilder konnten die berühmten Theaterbauten in Parma und Florenz (*Abb. 167*) sein, wohin der Hoftischler Christoph Gumpp, der Hofbaumeister werden wollte, im Sommer 1628 entsandt wurde. Mit den von ihm gezeichneten Plänen *der Comedie heußer* war man in Innsbruck zufrieden, am 11. Jänner 1629 wurde Gumpp zum Hofbaumeisteramtsverwalter ernannt. Im Frühjahr des folgenden Jahres begannen die Arbeiten am *Comedi haus im Palhaus*, also am Bau eines Theaters im bestehenden Ballhaus nächst der Hofburg (*Abb. 168*). Für einen Neubau fehlten Zeit und Geld.

Nun mußte das Festprogramm vorbereitet werden. Anregungen dazu kamen aus Florenz, wo Leopolds theaterfreudige Schwester Maria Magdalena lebte. Ende September 1628 erfuhr er von ihr, daß sich ihre Söhne täglich *in einem Ritterspil*, das anläßlich der Hochzeit ihrer Tochter Margherita mit dem Herzog von Parma stattfinden sollte, *exercirn*. Er erbat sich nähere Informationen über dieses Roßballett. Am 13. März 1629 übersandte Maria Magdalena die *dissegni des Pfertdanz, auch die beschreibung der machine, wie in dem büchl zu lesen*. Und obwohl Giulio Parigi auf Claudias Wunsch noch weitere Pläne anfertigte, war die Großherzogin doch in Sorge, ob ihre Tiroler Verwandten das Ballett zu Pferd zustande bringen würden, ohne Alfonso, den Sohn von Giulio Parigi, sowie Agnolo Ricci, den Florentiner Tanzmeister, nach Innsbruck zu beordern. Schließlich konnten am 20. März die neuen *dissegni über den Pfertdantz* übersandt werden, Leopold bedankte sich am 30. März 1629 dafür.

Giulio Parigi war der führende Architekt und *ingeniere* des Florentiner Hofes. Sein Entwurf für ein Roßballett war sicher anspruchsvoll, ging es doch um eine Königshochzeit. Leopold folgte daher dem Rat seiner Schwester und ließ Alfonso Parigi samt einem Gehilfen im April 1629 nach Innsbruck kommen. Mehrere andere Florentiner sowie drei Tummelpferde trafen zu dieser Zeit ebenfalls ein, jedoch nicht der Florentiner Tanzmeister.

Alfonso Parigi, der – von Unterbrechungen abgesehen – bis Juni 1631 in Innsbruck blieb, war auch ein Theaterexperte. Diese Tatsache kam dem Innsbrucker Hof ebenfalls zustatten. Denn man

Abb. 167: Das Teatro Mediceo in Florenz. UBI, Sign. 111.845 (Furttenbach, nach S. 86).

Abb. 168: Das Hofballhaus mit dem angebauten Theater, Ansicht von Osten. Die Beschriftung nennt fälschlich Ferdinand Karl als Erbauer. TLMF, FB 1637 (Aigner-Codex), Nr. 14.

Abb. 169: Andrea Salvadori, Hofdichter in Florenz. ÖNB, Sign. 105.353-A (Andrea Salvadori: Opere, Vol. 3, Roma 1669, nach Titelblatt).

Abb. 170: Andrea Salvadori, La Selva d'Armida. ÖNB, Sign. 105.353-A (Andrea Salvadori: Opere, Vol. 1, Roma 1668, S. 432–433).

wollte für die Infantin im Hoftheater ein Theaterstück aufführen. Maria Magdalena hatte für die Hochzeit bei ihrem Hofdichter Andrea Salvadori (*Abb. 169*) ein passendes Stück in Auftrag gegeben. Sein Werk *La Flora overo Il Natale de' Fiori*, eine *Favola Amorosa*, war am 14. Oktober 1628 im *Teatro Mediceo* aufgeführt worden. Alfonso Parigi hatte sicher daran mitgearbeitet, denn er fertigte für den Druck fünf Kupferstiche an.

Der junge Florentiner traf am 25. April 1629 in Innsbruck ein, kurz danach, am 8. Mai, unterbreitete ein Ungenannter – Parigi? – Vorschläge zur Kostümierung der Schauspieler in einer *Commedia*. Folgende Bühnenfiguren waren einzukleiden: Kadmos, Apoll und Pallas Athene im Prolog sowie Juno, Neptun, Perseus, Andromeda, Kepheus, Teiresias, Mars, Saturn, Merkur, Luzifer, Jupiter, Amor und *il Re della Dorrida* in der Komödie. Aber auch zahlreiche Nereiden, Nymphen, Musen und Pagen mußten passende Gewänder erhalten, desgleichen die zwölf Kavaliere des Roßballetts und die sechs Damen des Balletts der Erzherzogin. Viel Gold, Silber und Seide war vorgesehen, ein Teil der aufwendigen Ausstattung konnte der vorhandenen Gardarobe entnommen werden. Der Inhalt des Stückes mit diesem Großaufgebot an handelnden Personen war sicher dem konkreten Anlaß der Königshochzeit angepaßt, vermutlich trug Gott Amor schließlich nach manchem Wettstreit im Himmel, in der Unterwelt und auf Erden den Sieg davon.

Für die musikalische Leitung wurde der renommierte italienische Sänger Francesco Campagnolo nach Innsbruck berufen. Im September 1629 verteilte er bereits die Rollen zu *anbevolchner*

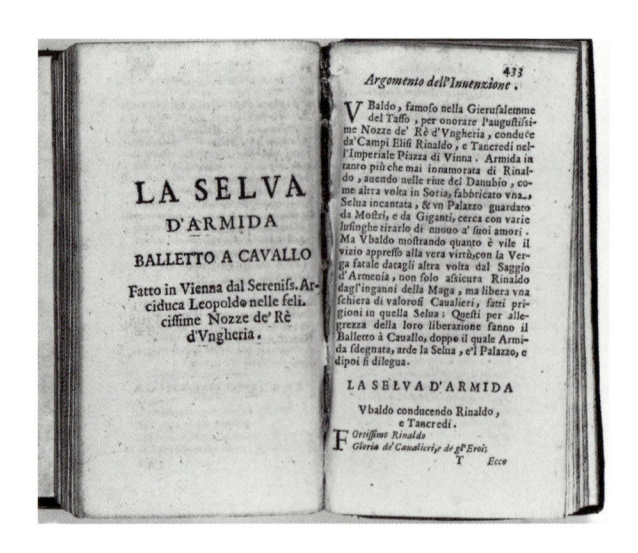

Comaedi. Sie sollte im entstehenden Theaterbau aufgeführt werden, der Hofmaler Martin Teofil Polak malte die Bühnenbilder. Er stand unter Zeitdruck und bat, einen weiteren Maler, *wellicher in mahlung der Landschafften gar guet*, beiziehen zu dürfen, was ihm gestattet wurde.

Zusätzlich kam aus Florenz noch das Textbuch des von Ferdinando Scarinelli verfaßten Stücks *La Liberazione di Rugiero Dall'Isola D'Alcina* nach Innsbruck. Die Großherzogin hatte dieses musikalische Ballett, in dem es um die Befreiung des Ritters Rugiero aus den Armen der Zauberin Alcina ging, im Februar 1625 anläßlich des Besuches ihres Neffen, des Prinzen Wladislaw Sigismund von Polen, in der Villa di Poggio Imperiale aufführen lassen. Giulio Parigi hatte die Bühnenmaschinerie hergestellt, sein Sohn Alfonso den Druck mit Kupferstichen versehen.

Am 22. Februar 1630 schrieb Leopold seiner Schwester, daß ihm der Text für eine Hochzeit nicht passend erscheine, was man in Florenz verstand. Andrea Salvadori verfaßte daher ein neues Stück, genannt *La Selva d'Armida (Abb. 170)*, das die Großherzogin ihrem Bruder Ende März 1630 übersandte. Der Text – es ging um die verführerische Liebe der Zauberin Armida zum Ritter Rinaldo – gefiel ihm, er wollte das Stück bei künftiger Gelegenheit verwenden.

Damit steht fest, daß „Der Wald der Armida" im Frühjahr 1630 in Innsbruck nicht geprobt wurde. Wohl aber war der Maler Michael Waldmann im Juli 1630 mit den Arbeiten am *Theatro* fast fertig. So konnte König Ferdinand von Ungarn *(Abb. 171)*, als er im Herbst 1630 vom Regensburger Kurfürstentag aus zu einem Kurzbesuch nach Innsbruck kam, die *stattliche Comedie*, die seit zwei Jahren für die Durchreise seiner Braut *(Abb. 172)* in Bereitschaft gehalten wurde, sehen. Auch der Kardinal von Dietrichstein, der die nun bereits als Königin von Ungarn titulierte Infantin in Genua abholen sollte, sowie ein dänischer Prinz erfreuten sich an dieser Komödie.

Die Reise zur Königshochzeit in Wien

Seit Sommer 1630 stand fest, daß Königin Maria nicht über Innsbruck nach Wien reisen würde. Leopold mußte die Königsbraut in Triest abholen und über Kärnten nach Wien geleiten. Dadurch ergaben sich Änderungen, das Festprogramm

Abb. 171: Jan van den Hoecke, König Ferdinand von Ungarn, in ungarischer Tracht.
KHM, GG, IN 697.

Abb. 172: Infantin Maria, gemalt von Bartolomé González.
KHM, GG, IN 3165.

mußte auf die Wiener Verhältnisse zugeschnitten werden.

Als Campagnolo am 7. Oktober 1630 überraschend starb, bat Leopold seine Verwandte, die Infantin Isabella in Brüssel, ihm mit ihrem Sänger Bernardino Grassi aus der Verlegenheit zu helfen. Sie war dazu bereit, am 22. Dezember traf der *Musico di Bruseles* in Innsbruck ein. Da Leopold zu dieser Zeit bereits abwesend war, lag die Verantwortung für die in Wien geplanten Darbietungen bei Claudia. Am Heiligen Abend sang Grassi das „Magnificat" mit und danach allein eine Motette. Der Hofkapellmeister Stadlmayr war mit ihm zufrieden. Die Erzherzogin ließ ihn am 6. Jänner 1631 in ihren Gemächern vorsingen, war mit Grassi ebenfalls zufrieden und ordnete an, ihm die Rolle des *Orfeo* – er sollte als Sänger ein Huldigungswerk vortragen – zu geben.

Gleichzeitig wurde auch das Roßballett geprobt, dessen Thema *il Ballo delle stelle* war. Die Regie hatte Alfonso Parigi dem Innsbrucker Roßbereiter Giacomo Paradis übertragen. Das Vorbild für diesen „Tanz der Sterne" war sicher jenes *Balletto a cavallo*, das am 16. Oktober 1616 anläßlich des Besuchs des Thronerben Federigo von Urbino, des damaligen Verlobten von Claudia, in Florenz aufgeführt worden war. Sein Thema waren die 12 Sternzeichen gewesen, mit der Sonne als Mittelpunkt (*Abb. 173*). Nun wollte Leopold die Partie der Sonne übernehmen, Kavaliere des Hofes sollten die Sternzeichen tanzen. Was lag für Claudia näher, als gemeinsam mit ihren Hofdamen als Mond aufzutreten? Ihr Ballett zu Fuß und sein Ballett zu Pferd würden eine gelungene Kombination darstellen. Ein musikalisches Intermezzo sollte den Kavalieren, die an beiden Balletten mitwirkten, genügend Zeit zum Klei-

Abb. 173: Roßballett zu Ehren des Prinzen von Urbino, aufgeführt am 16. Oktober 1616 in Florenz. Aus: Solerti, S. 116.

derwechsel geben. Man probte eifrig, Kapellmeister Stadlmayr übte mit den Musikern und dem Innsbrucker Tanzmeister. Am 19. Jänner 1631 sang Grassi, zuvor verkühlt, vor der Landesfürstin, sie war mit ihm zufrieden.

Während Parigi, Paradis und der sie begleitende Dichter Panta, der für Grassi den vorgesehenen Hymnus verfaßt hatte, mit Pferden, Gepäck und Musikinstrumenten per Schiff inn- und donauabwärts nach Wien fuhren, reiste Claudia auf dem Landweg. Am 30. Jänner 1631 brach sie von Innsbruck auf, um in Kärnten zum Brautzug zu stoßen. Nicht nur Leopold hatte ein riesiges Gefolge – 400 Personen – bei sich, auch Claudia war von *vielen Cavalieren und Damen* begleitet, als sie am 11. Februar in Hollenburg mit ihm und der Königin zusammentraf. Nicht so steif wie befürchtet verlief die erste Begegnung. Maria faßte die Erzherzogin freundlich bei der Hand, sie war froh, nach den ausgestandenen Mühen endlich in ihrer neuen Heimat zu sein.

Von nun an nahm das Tiroler Fürstenpaar im offiziellen Geschehen eine bevorzugte Stellung ein: Gemeinsam saßen Leopold und Claudia in Klagenfurt an der öffentlichen Tafel, als ranghöchste Ehrengäste nahmen sie am feierlichen Einzug in Wien (26. Februar 1631) teil. Der Erzherzog ritt voran, im goldverzierten Brautwagen saß seine Gemahlin neben der Königin, die ihr zuvor ein diamantenes Kleinod verehrt hatte. Nach der kirchlichen Einsegnung in der Augustinerkirche folgte das gemeinsame öffentliche Abendessen in der Hofburg. Am folgenden Tag standen Hoftafel und Hofball für 180 geladene Damen auf dem Programm, wobei sich Leopold – der ehemalige Bischof – als Tänzer bewährte. Er war einer der Vortänzer beim ersten Ehrentanz, tanzte selbst den dritten Ehrentanz und führte anschließend seine Gemahlin zum Tanz.

Am 4. März 1631 präsentierte sich das Tiroler Fürstenpaar mit seinen Darbietungen. Zunächst trat Leopold in einem vergoldeten, mit 36 Musikern besetzten Wagen auf. Als Sonne führte er gemeinsam mit zwölf Adeligen, die die Sternzeichen verkörperten, im Burghof das vom Roßbereiter Paradis kunstvoll arrangierte Ballett zu Pferd vor (*Abb. 174*). Die Namen Ferdinand und Maria waren so klar zu erkennen, daß man sie auch zu Fuß nicht besser hätte tanzen können. Die Vorführung gefiel außerordentlich.

Abends erschien Claudia, als Luna maskiert, auf einem Wagen im Ballsaal, begleitet von sechs Hofdamen und Grassi, der als *Orfeo* das vorbereitete Huldigungswerk vortrug. Danach stiegen die Erzherzogin und ihre Damen vom Wagen und tanzten gemeinsam mit sechs Kavalieren des Roßballetts ein Ballett. Bei der anschließenden Preisverleihung gingen sie leer aus, während Leopold für die beste *Invention* ausgezeichnet wurde. Zwei Tage später sandte er einen Teil seines Hofstaats – zusammen mit den Musikern über 200 Personen – nach Innsbruck zurück. Er selbst brach mit Gemahlin und dem restlichen Hofstaat am 26. März dorthin auf.

Das am Wiener Hof bis dahin unbekannte Ballett zu Pferd machte also einen großen Eindruck. Von Florenz übernommen, kam es über Innsbruck nach Wien und wurde bald zu einem festen Bestandteil prunkvoller Festivitäten, und das über Jahrhunderte. Innsbruck hatte sich als Drehscheibe zur Vermittlung von Kulturgut aus Florenz nach Österreich profiliert.

Das Wiener Hochzeitsfest, das dem Tiroler Fürstenpaar Gelegenheit zu glanzvoller Selbstdarstellung bot (*Abb. 175*), war der Höhepunkt der

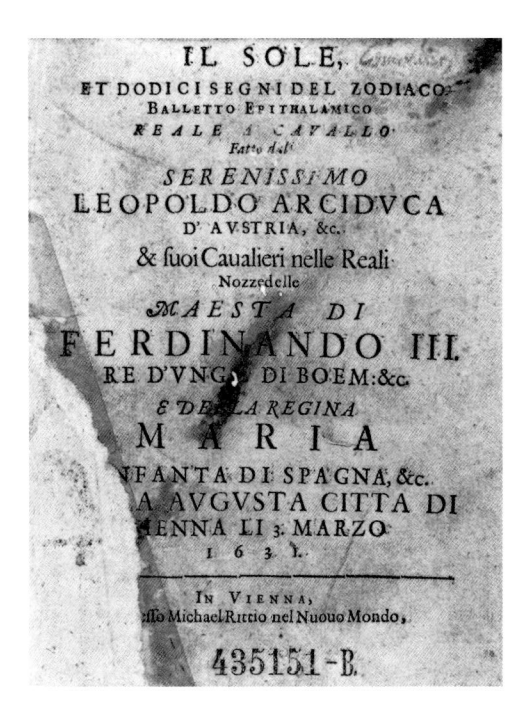

Abb. 174: Il Sole e dodici segni del Zodiaco ..., Roßballett und Huldigungsgedicht zu Ehren des Hochzeitspaares Ferdinand und Maria, 3. März 1631. Die Vorführung fand aber am 4. März 1631 statt. ÖNB, Sign. 435.151-B, Titelblatt.

Abb. 175: Claudia de' Medici in großer Robe. KHM, GG, IN 7225 (Ausstattungsbild im Finanzministerium).

Prunkentfaltung im „Florentiner Stil". Auch wenn nicht alles gezeigt werden konnte, was zu Ehren der Königsbraut einstudiert worden war, so hatte man doch vor erlauchtem Publikum demonstriert, zu welch künstlerischen Leistungen der Innsbrucker Hof unter Claudia de' Medici fähig war.

Innsbruck selbst profitierte ebenfalls von den Vorbereitungen, die einst der Infantin gegolten hatten. Denn wenige Monate nach der Rückkehr aus Wien wurde im Juni 1631 zur Taufe von Sigismund Franz endlich die für sie geprobte *Comedia in Musica* (*Opra*) aufgeführt. Entwurf und Bühnenmaschinerie stammten, wie Leopold anläßlich dieser Aufführung an den Großherzog schrieb, von Alfonso Parigi. Welchen Inhalt diese **erste in Innsbruck aufgeführte Oper** hatte, wird nicht erwähnt. Auf jeden Fall wurden heftige Kämpfe ausgetragen, denn ein schwarzer Feldküriß, der lange Zeit *im Palhaus alhie zu den Comedien* verwendet worden war, mußte im August 1631 ausgebessert werden.

Die kulturelle Entwicklung wurde durch den Tod Leopolds V. unterbrochen. Die junge Witwe mußte erkennen, daß man bisher, den reichen Florentiner Hof vor Augen, weit über die Verhältnisse gelebt hatte. Die Tradition des Hoflebens mit Maskeraden, Theateraufführungen und Bällen lebte erst unter Ferdinand Karl neu auf.

Claudia von Gottes Gnaden verwittibte Erzherzogin zu Österreich
Regentin in schwieriger Zeit

Der Tod ihres *freundtlich geliebsten Herrn Gemahels* traf Claudia de' Medici unvorbereitet, ihr künftiges Schicksal lag im dunkeln. Viel hing von der Entscheidung des Kaisers ab, den sie seit der Königshochzeit im Jahr 1631 persönlich kannte. Umgehend wurde Veit Künigl mit der Todesbotschaft nach Wien entsandt, sie selbst legte Witwentracht an (*Abb. 176*).[277] Weltliche Freuden wurden verboten[278], die Jesuiten ehrten ihren verstorbenen Gönner mit einer Theateraufführung.[279] Viele Tiroler machten von ihrem angeblichen Recht Gebrauch, beim Tod eines Landesfürsten in dessen Jagdgebieten zu jagen.[280]

Als Familienoberhaupt erteilte Ferdinand II. nach intensiven Beratungen die ersten Direktiven. Vor allem befahl er die Eröffnung des Testaments seines Bruders *Christseeligisten angedenckhens*.

Claudia de' Medici wird Regentin

Leopold V. hatte seinen letzten Willen bereits am 25. Juli 1629 abgefaßt. Er regelte darin u. a. die finanzielle Versorgung seiner Familie, stellte die Erziehung und Unterweisung seiner Kinder *in Studien unnd Khünsten* unter die Aufsicht der Jesuiten, die auch ihre Beichtväter sein sollten. Als Grabstätte wählte er die Gruft der Innsbrucker Jesuitenkirche, wo eine schwarze Marmortafel *mit guldenen Puechstaben* seinen Titel, Namen und Todestag festhalten sollte. Vor allem aber bestimmte er seine Gemahlin, von der er stets nur alle mögliche *Khindtliche bestendigkhait und hertzliche Trew und Lieb* erfahren habe, zur Mitvormünderin (Mitgerhabin) der fürstlichen Kinder. Gemeinsam mit seinem kaiserlichen Bruder, dem als Familienoberhaupt traditionell die Vormundschaft zustand, sollte sie die *Administration der Lannden* bis

Abb. 176: Claudia de' Medici, in Witwentracht an einem Tisch sitzend, mit Tischglocke und schöner alter Uhr. TLMF, FB 6693.

Abb. 177: Kaiser Ferdinand II. in schwarzem Harnisch, gemalt von Georg Pachmann. KHM, GG, IN 3115.

Abb. 178: Claudia als Regentin. Selbstbewußt weist sie auf ihre hohe Mitgift von 300.000 Goldkronen (= 587.000 Gulden) hin. TLA, Hs. 422/4.

Fürstenhauses und *mit hochansehentlichen Qualiteten und Vernunfft von Gott reichlich begabet.* Die Geheimen Räte sollten ihr allen schuldigen Respekt und Gehorsam erweisen, vor allem in der Öffentlichkeit, damit die Untertanen sich daran ein Beispiel nehmen könnten. Gegen ihre Entscheidungen sollten sie nicht opponieren, sondern im Gegenteil dafür sorgen, daß zwischen der Fürstin und ihren Untertanen *ein rechte Harmonia* erhalten werde. Alle Dokumente waren nur der *Verordneten Mitgerhabin* zur Unterschrift vorzulegen, aber in seinem und ihrem Namen auszustellen. Am 15. Juni 1633 gab Ferdinand II. dann allein allgemein bekannt, daß Claudia *alß ein Mitvormunnderin und Gerhabin* und von ihm *Verordnete Volmechtige Gewaldthaberin* alles, was ihre Kinder sowie Land und Leute betraf, entscheiden könne.[282] Seit dieser Zeit lenkte sie weitgehend selbständig die Geschicke des Landes (*Abb. 178*).

Die erste wichtige Überlegung der Regentin galt der Auswahl der Geheimen Räte. Wem konnte zum vollendeten 18. Lebensjahr des Erbprinzen übernehmen.[281]

Ferdinand II. (*Abb. 177*) akzeptierte die letztwilligen Anordnungen Leopolds und nahm auch Rücksicht auf die Bitte seiner Schwägerin, nichts zu *commandiern,* was ihrer *Reputation zuwider lauffe.* Am 8. April 1633 gaben er als *von Gottes Gnaden Erwölter Römischer Kaiser* und sie als *Verwittibte Erzherzögin zu Österreich* – ohne den Zusatz „von Gottes Gnaden" – bekannt, daß Ferdinand wegen anderweitiger wichtiger Verpflichtungen die Vormundschaft nicht persönlich ausüben könne und daher ein Geheimes Ratsgremium bestellt habe, das Claudia als Regentin bei der Regierung beraten werde. Mitglieder dieses Geheimen Rates sollten fünf Personen aus dem Gebiet der Tiroler Linie sein. Der Kaiser pries die Erzherzogin als Angehörige eines von ihm sehr geschätzten

sie vertrauen, mit wem die Regierung führen? Klugerweise entschied sie sich für altbewährte Persönlichkeiten. Drei von ihr in den Geheimen Rat Berufene hatten dieses Amt bereits unter Leopold V. inne, nämlich Fortunat von Wolkenstein, Dr. Johann Lindner und Oliverio Schinchinelli. Oberstkämmerer Wolkenstein entstammte altem Tiroler Adel und war 1630 vom Kaiser in den Grafenstand erhoben worden.[283] Lindner kam 1621 vom vorderösterreichischen Regiment in Ensisheim (Elsaß) als Hofkanzler nach Innsbruck[284], Schinchinelli war gebürtiger Cremoneser und Graf von Casalbutano, seit 1630 Claudias Obersthofmeister. Er stammte also keineswegs aus dem Territorium der Tiroler Linie. Sie alle schworen der Erzherzogin *als gevolmechtigt Gwalttragerin, principal Vormund und Mitgerhabin* sowie den erzherzoglichen Pupillen (= Kindern) am 8. April 1633 treue und gehorsame Dienste: *So wahr mir Gott helff und alle liebe Heilig.* Neu hinzu kam Ulrich von Stotzingen zu Dellmessingen, Reichshofrat und Landvogt in Burgau, der am 1. Juni vereidigt wurde.[285]

Eine der ersten Regierungshandlungen mußte die Einberufung von Landtagen sein, um sich den Ständen als Regentin zu präsentieren. Die Schwierigkeiten, die Claudia erwarteten, zeigten sich bereits bei dieser Gelegenheit. Da sich die Vorlande in feindlicher Hand befanden, konnte sie nur den Tiroler Ständen als *Irer Kayserlich Maiestet Gwaltthaberin, auch Mitvorminderin* vorgestellt werden.

„Landtag ist Zahltag". Diese Erfahrung mußten die Tiroler Stände auch unter Claudia de' Medici machen. Bereits auf dem am 20. Februar für den 4. April 1633 einberufenen Landtag (*Abb. 179*) forderte die Regentin für den Unterhalt ihrer Familie einen jährlichen Betrag von 50.000 Gulden sowie 100.000 Gulden für die Abfertigung des leopoldinischen Hofstaats. Außerdem sollten die Stände einen Teil der Schulden des Hofes übernehmen und angesichts der bedrohlichen Lage auch Mittel zur Landesverteidigung bereitstellen. Mit diesen For-

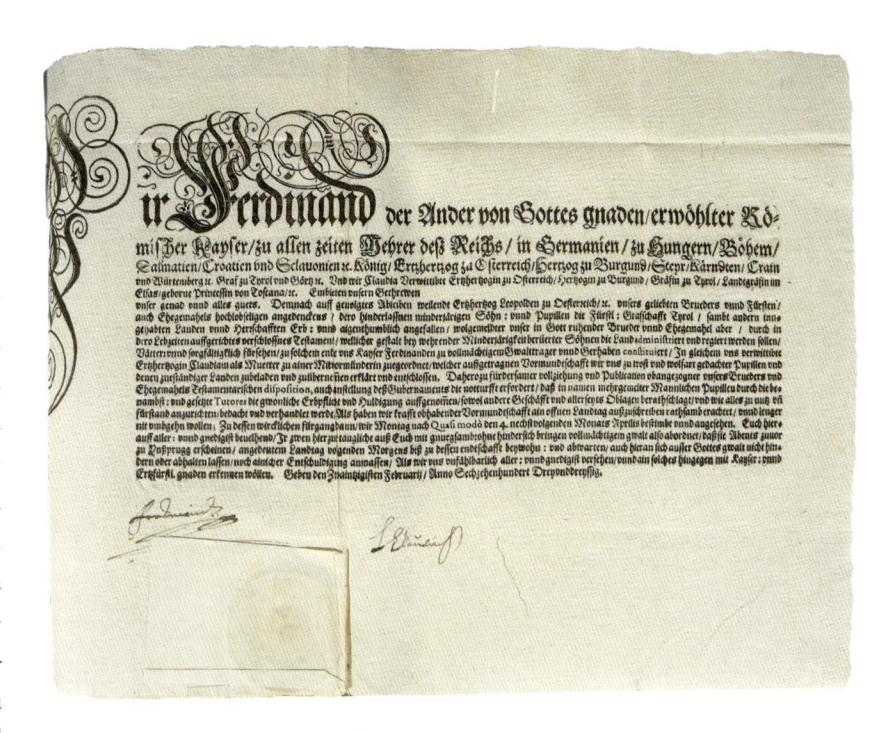

derungen drang Claudia nur teilweise durch. Immerhin wurden 40.000 Gulden für die Abfertigung des bisherigen Hofstaats bewilligt, während für die Landesdefension eine Zwangsanleihe von 200.000 Gulden aufgenommen werden sollte.[286]

Die Landesverteidigung das zentrale Thema

Die vordringlichste Aufgabe der Regentin war die Sicherung des Landes gegen feindliche Angriffe. Seit 1630, nach der Entmachtung der Königinmutter Maria de' Medici, ging Kardinal Richelieu, der Erste Minister Ludwigs XIII., systematisch daran, das Übergewicht der Habsburger zu brechen, deren spanische Linie Spanien und Portugal, die Niederlande, Neapel und Sizilien sowie Mailand besaß, während die österreichische Linie das Heilige Römische Reich, die österreichischen Erblande sowie Böhmen und Ungarn beherrschte. Sein Ziel war die Erweiterung Frankreichs auf Kosten der Habsburger. Die südlichen Niederlande sollten das französische Königreich nach Norden abrunden, der Rhein die „natürliche Grenze" im Osten bil-

Abb. 179: Ferdinand II., ‚Von Gottes gnaden erwöhlter Römischer Kayser', und Claudia ‚Verwittibte Ertzhertzogin' – noch ohne das Attribut des Gottesgnadentums –, berufen den Tiroler Landtag für den 4. April 1633 ein. BT 1631/1636, fol. 304r.

den, das Elsaß an Frankreich fallen. Er führte den Kampf vorerst verdeckt, durch Subventionen an protestantische Fürsten.²⁸⁷

Den Auftakt zur offenen Auseinandersetzung zwischen Frankreich und den Habsburgern bildete im Herbst 1633 die Besetzung Lothringens durch Ludwig XIII. Herzog Karl IV. (*Abb. 180*), ein Vetter Claudias, war sowohl ein Lehensträger Frankreichs wie des Kaisers. Als er im Jahr 1631 mit seinen Truppen an der Seite Ferdinands II. in den Krieg eintrat, reagierte der französische König scharf. Der Herzog verlor seine französischen Lehen, er mußte sein Land aufgeben und kämpfte in den folgenden Jahren an der Seite der Habsburger.²⁸⁸

Abb. 180: Herzog Karl IV. von Lothringen, dessen Land den Expansionsgelüsten Frankreichs ausgesetzt war. BA, NB 502.573-B.

Die Konflikte in Lothringen, der Heimat ihrer Mutter Christine, waren für Claudia de' Medici sicher ein bitterer Wermutstropfen zu Beginn ihrer Regentschaft. Aber auch die Gefährdung der vorderösterreichischen Besitzungen durch Frankreich und das Vordringen der protestantischen Fürsten mußten alarmierend wirken. Die Regentin wandte sich hilfesuchend an die Infantin Isabella in Brüssel, allerdings ohne Erfolg.²⁸⁹ Tatkräftige Hilfe konnte nur von Spanien kommen, der noch immer führenden Militärmacht Europas.

Auch am spanischen Hof wußte man um die eminente Bedeutung der habsburgischen Territorien im Reich für die Sicherung der Niederlande. Bereits im Frühjahr 1633 hatte Philipp IV. dem Statthalter von Mailand, Don Gomez Suarez de Figueroa, Herzog von Feria, befohlen, die von den Schweden und protestantischen Fürsten besetzten Reichsterritorien zu befreien, um dem neuen spanischen Statthalter der Niederlande, Kardinalinfant Fernando (*Abb. 181*), den Weg nach Brüssel zu ebnen.²⁹⁰ Wegen der Spannungen mit Frankreich wollte der Bruder des spanischen Königs die „spanische Straße", die über Tirol und die Vorlande nach Brüssel führte, benützen. Damit war auch Claudia de' Medici in das Geschehen einbezogen. Für sie ergab sich die Chance, mit spanischer Hilfe verlorene Gebiete zurückzugewinnen, allerdings erwartete sich Spanien dafür Unterstützung beim Durchzug spanischer Truppen und die Bereitstellung eigener Soldaten. Auch der Kaiser war angesichts der tristen militärischen Situation im Reich an der Zusammenarbeit der Regentin mit Spanien interessiert. So liefen nun für einige Zeit in Innsbruck die Fäden zusammen, der Hof wurde Treffpunkt spanischer wie kaiserlicher Gesandter. Ein ständiger Repräsentant Spaniens, Don Fadrique Enriquez, bezog hier Quartier.

Im Zentrum der Überlegungen stand zunächst die strategisch wichtige Festung Breisach am Rhein. Sie sicherte den Habsburgern den Zugang zu ihren linksrheinischen Territorien und konnte andererseits zum Einfallstor für französische Truppen nach Süddeutschland werden (*Abb. 182*). In den Jahren 1631–1633 war Oberst Ascanio Albertini, der einst für Leopold die Heiratsverhandlungen in Florenz geführt hatte, Festungskommandant. Er verstärkte die Bastionen und benannte zwei von ihnen nach dem Tiroler Fürstenpaar: Leopold und Claudia.²⁹¹

Als die Nachricht nach Mailand kam, daß Herzog Bernhard von Weimar die Festung belagerte, brach Feria Ende August 1633 mit 12.000 Mann Fußvolk und 1500 Reitern in Richtung Tirol auf. Anfang September betrat er in Glurns Tiroler Boden. Über Telfs zog er nach Innsbruck weiter, wo er am 12. und 13. September Besprechungen mit Claudia und ihren Kriegsräten abhielt. Danach begab er sich nach Füssen, um sich mit dem kaiserlichen Heer zu vereinigen. Gemeinsam befreite man die Reichsstadt Konstanz. Der spektakulärste Erfolg des Herzogs von Feria war aber der Entsatz der Festung Breisach am 20. Oktober 1633, der sogar bildlich verewigt wurde (*Abb. 183*).

Nun sollte der in Mailand wartende Kardinalinfant die Gunst der Stunde nutzen und nach Brüssel aufbrechen, der in Innsbruck eingetroffene spanische Gesandte riet zu möglichster Beschleunigung. Ohne Innsbruck zu berühren, eilte Fernando daher nach Lindau am Bodensee. Doch die militärische Lage blieb kritisch, der Weg in die Niederlande war versperrt. So kehrte der Kardinalinfant ins sichere Mailand zurück. Selbst als die Infantin Isabella am 1. Dezember 1633 starb, konnte er es nicht wagen, durch feindliches Gebiet nach Brüssel zu reisen. Zu allem Überfluß starb am 11. Jänner 1634 der tapfere Herzog von Feria in Bayern. Die habsburgische Herrschaft in den aufständischen Niederlanden geriet in Gefahr.

In dieser schwierigen Situation trat der Kaiserhof in Aktion. Nach der Ermordung Wallensteins (25. Februar 1634) übernahm König Ferdinand von Ungarn das Oberkommando über die kaiserliche Armee, gemeinsam mit den spanischen Truppen wollte er seinem Schwager – der Kardinalinfant war der Bruder der Königin Maria – die Passage in die Niederlande freikämpfen. Die Vereinigung der beiden Heere sollte in Deutschland stattfinden, der Weg dorthin führte für Fernando über Tirol.

Am 30. Juni 1634 verließ der Kardinalinfant Mailand, 24 Kompanien spanisches Kriegsvolk lagerten bereits in Hall und wurden vom Innsbrucker Hof mit Wein versorgt. Am 14. Juli erreichte Fernando Glurns in Tirol. Er lehnte die von Claudia angebotenen Kutschen ab und ritt über Meran, wo die Zimmer für ihn gesäubert wurden, und Bozen nach Innsbruck. Am 21. Juli traf er nachmittags hier ein. In den nächsten Tagen gab er Audienzen an Tiroler Offiziere und fremde Gesandte. Am 24. Juli ritt er nach Hall und schiffte sich nach Rattenberg ein. Von dort begab er sich nach Kufstein, das ihm Claudia als Sammelplatz für seine Truppen zugestanden hatte.[292]

Abb. 181: Kardinalinfant Fernando. KHM, GG, IN 3481.

REVERENDISS. AC SERENISS. PRINC. AC DOMIN. D. LEOPOLDVS ARCHIDVX
AVSTR, EPS. ARG. ET PASSA. ADMINISTR. MVRB. ET IVDER, DVX BVRG, STYR, CARIN,
CARN, WIRT, LANDG, ALSA, COM, HABS, TIROL, GOR, &c.

Abb. 182: Bereits Leopold V. wußte um die Bedeutung der Festung Breisach am Rhein. Hoch zu Roß verteidigt er die linksrheinischen Territorien, im Hintergrund das rechtsrheinische Breisach. TLMF, W 5226, Nr. 60.

Ein kurzer Abstecher führte den Kardinalinfanten im August nach Passau, zur Zusammenkunft mit seiner Schwester Maria (*Abb. 184*). Die Königin kam aus Wien und wollte sich die einmalige Gelegenheit, ihren Bruder zu treffen, nicht entgehen lassen. Liebe Erinnerungen verbanden sie mit Fernando. Er war einst bei ihrem feierlichen Verlöbnis in Madrid zugegen gewesen und hatte sie, gemeinsam mit König Philipp IV., ein Stück des Weges in ihre neue Heimat begleitet. Nun traf er am 11. August 1634 per Schiff in Passau ein, wo Maria ihn bereits erwartete. Nach den üblichen Diskussionen über das Zeremoniell verbrachten die Geschwister ein paar gemeinsame Tage.[293]

Auf der Rückreise nach Tirol führte der Kardinalinfant in Braunau Besprechungen mit dem bayerischen Kurfürsten Maximilian, ehe er am 17. August wieder in Kufstein eintraf. Hier hatten sich unterdessen die spanischen Truppen versammelt, mit denen er am 19. August in Richtung Bayern aufbrach, um sich mit der Armee König Ferdinands zu vereinigen. Am 2. September 1634 begegneten sich die beiden Verwandten im Feldlager vor Nördlingen erstmals persönlich, Peter Paul Rubens hat diese historische Szene für die Nachwelt festgehalten (*Abb. 185*).

Die siegreiche Schlacht von Nördlingen

Vier Heerführer in Ferdinands Gefolge waren Claudia de' Medici bekannt: Ottavio Piccolomini (*Abb. 186*), sicher verwandt mit ihrer Vertrauten Honorata Piccolomini[294], war gemeinsam mit Graf Matthias Gallas (*Abb. 187*), einem Trentiner, der seit spätestens 1616 im Dienst der Habsburger kämpfte, wesentlich an Wallensteins Ermordung beteiligt gewesen. Der Reiterführer Jan von Werth (*Abb. 188*) diente seit 1608 in spanischen, später in bayerischen Diensten und kam öfter nach Tirol. Ihr Neffe Mattias de' Medici kämpfte ebenfalls an der Seite der Habsburger, sein Bruder Francesco war am 25. Juli 1634 vor Regensburg an der Pest gestorben.[295]

Die folgenden Tage waren angefüllt mit Schlachtvorbereitungen im Angesicht des Feindes, der 6. September 1634 brachte die Entscheidung: Gemeinsam schlugen der König von Ungarn und der Kardinalinfant mit ihren Truppen die Schweden bei Nördlingen vernichtend. Ganz Süddeutschland kam wieder in die Hand des Kaisers, endlich konnte Fernando sicher nach Brüssel gelangen, um sein Statthalteramt anzutreten.[296]

142 CLAUDIA – REGENTIN IN SCHWIERIGER ZEIT

Abb. 183: Der Herzog von Feria beim Entsatz der Festung Breisach im Oktober 1633, gemalt von Giuseppe Leonardo (Ausschnitt). Madrid, Museo Nacional del Prado, IN 859.

Abb. 184: Königin Maria, gemalt von Frans Luyck. Madrid, Museo Nacional del Prado, IN 1272.

Die Erfolge der Casa de Austria provozierten Frankreich. Im Mai 1635 erfolgte die französische Kriegserklärung an Spanien, der Kaiser zog ein Jahr später nach. Damit waren auch die Besitzungen der Tiroler Linie in Gefahr, denn das Elsaß und die süddeutschen Gebiete standen bereits seit langem auf der Wunschliste der Franzosen. Doch Tirol selbst war als Nachschublinie für spanische Truppen, die in die Niederlande gelangen sollten, ebenfalls von Relevanz.[297]

Als französische Truppen im Jahr 1635 das an Tirol angrenzende Veltlin eroberten, schickte Ferdinand II. 10.000 Mann gegen sie ins Feld, die aber nichts ausrichteten und auf dem Rückzug, demoralisiert und um ihre Kriegsbeute gebracht, die Bevölkerung des Inntals drangsalierten. Die Regentin zog daraus die Konsequenzen. Das Land sollte sich künftig selbst möglichst wirksam gegen feindliche Einfälle schützen.[298]

Die Reform der Landmiliz

Die Verteidigung ihrer Heimat lag seit Kaiser Maximilians Landlibell von 1511 in den Händen der Tiroler Landmiliz. Je nach Gefährdung wurden von Fall zu Fall 5000 bis maximal 20.000 Wehrpflichtige aufgeboten, eine schwerfällige und zeitraubende Angelegenheit. Überdies war die Effizienz dieser Einsatztruppen, die nicht einheitlich ausgerüstet, im Umgang mit Waffen wenig geschult und an militärische Disziplin nicht gewohnt waren, im Ernstfall problematisch. Daher hatte bereits Leopold V. einen Reformplan ausarbeiten lassen, der aber am Widerstand der Landstände gescheitert war. Erst die Ereignisse des Jahres 1635 führten zu einem Umdenken. Eine gestraffte Miliz und eine kleine Truppe kriegserfahrener Landsknechte sollte Tirol besser verteidigen können. Auf dem Sterzinger Ausschußlandtag, an dem Claudia persönlich teilnahm, wurde im Jahr 1636 die Reform der Landmiliz beschlossen. Nur 8000 Mann, die unter den tauglichsten Wehrpflichtigen zwischen dem 24. und 45. Lebensjahr ausgemustert und alle drei Jahre ausgetauscht wurden, sollten im Ernstfall aufgeboten werden, ihre einheitliche Bewaffnung und Einteilung in Regimenter mit klar geregelter Führung den Anforderungen der modernen Kriegsführung besser entsprechen.[299]

Die Allianz mit Spanien und dem Kaiser

Trotz dieser Verbesserung der Landesverteidigung konnte Tirol aber übermächtigen Feinden wie Frankreich nicht standhalten. Das war auch Claudia de' Medici klar. Wie der Kaiser – seit 1637 Ferdinand III. (*Abb. 189*) – sah auch sie über den Tiroler Horizont hinaus. Als Angehörige einer Dynastie, die seit Jahrhunderten in europäischen Dimensionen dachte, plante sie großräumig, wollte die Zusammenarbeit mit Spanien nutzen, um das Elsaß und die süddeutschen Gebiete vor dem Zugriff Frankreichs zu retten.

Abb. 185: Die Begegnung König Ferdinands (links) mit dem Kardinalinfanten Fernando (rechts) vor der Schlacht bei Nördlingen, gemalt von Peter Paul Rubens anläßlich des Einzugs des Infanten in Antwerpen. Im Vordergrund links die Donau, rechts Germanien als allegorische Figuren, über den beiden Fürsten weisen Siegeskränze auf ihren bevorstehenden Sieg hin. KHM, GG, IN 525.

Von entscheidender Bedeutung war wieder die Festung Breisach am Rhein. Die Versorgung der Besatzung war schwierig, denn die Schweden zogen den Belagerungsring immer enger. Um Breisach zu halten, stellte Claudia dem Kaiser im Sommer 1638 60.000 Gulden aus ihrem Heiratsgut zur Proviantierung zur Verfügung, auch ein vierzigstündiges Gebet wurde in Innsbruck abgehalten. Doch der Proviant kam zu spät, am 17. Dezember mußte sich die ausgehungerte Besatzung ergeben.[300]

Der Verlust Breisachs war eine Katastrophe für die Habsburger. Denn französische Truppen konnten nun ungehindert den Rhein überqueren und in Süddeutschland einfallen. Diese Gefahr führte zu einem Militärbündnis zwischen dem Kaiser, König Philipp IV. und Claudia de' Medici. Gleichrangig mit den mächtigsten Herrschern Europas vereinbarte sie im Ebersdorfer Vertrag vom 18. September 1639 die Aufstellung einer Armee zur Rückeroberung der Festung Breisach und weiterer habsburgischer Besitzungen. Sie verpflichtete sich, je 2000 Söldner zu Fuß und zu Pferd zu rekrutieren, notfalls nur – weil billiger – 4000 Fußsoldaten oder 2000 Fußsoldaten und 1000 Reiter. Der spanische König sollte 10.000 Mann zu Fuß und 1000 zu Pferd aufbringen und für sie während der dreijährigen Dauer dieses Abkommens freien Durchzug durch die Territorien der Tiroler Linie erhalten. Außerdem wurde ihm erlaubt, in diesen Ge-

Abb. 186: Ottavio Piccolomini, Herzog von Amalfi. UBI, Sign. 102.342 (Theatrum Europaeum, Bd. 6, S. 478).

Abb. 187: Graf Matthias Gallas. BA, NB 512.764-B.

Abb. 188: Jan van Werth, der durch seine Tapferkeit den sozialen Aufstieg vom einfachen Soldaten zum Reichsfreiherrn schaffte. Privatbesitz S. W.

Abb. 189: Kaiser Ferdinand III., gemalt von Frans Luyx. KHM, GG, IN 8024.

bieten Musterungen abzuhalten. Die Tiroler Landstände nahmen diesen Vertrag an, hofften aber, nie außerhalb ihrer Heimat eingesetzt zu werden.[301]

Doch die ersehnten Siege blieben aus. Weder der Kaiser noch Spanien, das seit 1640 mit Aufständen in Portugal und Katalonien zu kämpfen hatte, waren in der Lage, dem Vormarsch der Franzosen Einhalt zu gebieten. Frankreich besetzte das gesamte linke Rheinufer und eroberte auch süddeutsche Gebiete. Verheerende habsburgische Niederlagen in den Schlachten von Breitenfeld (2. November 1642) und Rocroi (19. Mai 1643) zeigten das Ende ihrer seit den Tagen Karls V. bestehenden Vormachtstellung in Europa an. Seit 1643 mußten sich der Kaiser und auch Claudia mit dem Gedanken anfreunden, Teile ihres bisherigen Besitzstandes abtreten zu müssen. Die gewonnene dreitägige Schlacht gegen die Franzosen bei Freiburg im Breisgau (3. bis 5. August 1644) änder-

*Abb. 190:
Dr. Isaak Volmar.
BA, Pg. Isaac
Volmar.*

und Ansprüche der Tiroler Linie verteidigen, vor allem am Rhein. Aber auch die Rückgabe der einst an Leopold übertragenen Gebiete geächteter Reichsfürsten war zu befürchten, wenn der Kaiser sie im Rahmen eines allgemeinen Friedens amnestierte.[305]

Nach einer weiteren schweren Niederlage der kaiserlichen Truppen gegen die Schweden (6. März 1645 bei Jankau) entschloß sich Ferdinand III., die bisherige Kampfgemeinschaft mit Spanien aufzugeben und einen Separatfrieden mit Frankreich zu suchen. Sein Sondergesandter, Obersthofmeister Maximilian von Trautmanstorff, war auch in Innsbruck kein Unbekannter.[306] Er schloß am 13. September 1646 einen Vorvertrag mit Frankreich, worin der Kaiser weite Teile des Elsaß sowie Breisach abtrat. Auch mit Schweden wurde ein Ausgleich vorbereitet.[307] Die endgültige Entscheidung stand jedoch noch aus.

Trotz der drohenden Verluste konnte Claudia das Verdienst für sich in Anspruch nehmen, Tirol selbst vor schweren Kriegsschäden bewahrt zu ha-

te daran nichts. Während Frankreich immer neue Regimenter in den Krieg schicken konnte, waren Spanien und der Kaiser durch den langen Krieg bereits völlig erschöpft.[302]

Beginnende Friedensverhandlungen

Seit 1644 versammelten sich Abgesandte der kriegführenden Mächte in Münster und Osnabrück, um über einen künftigen Frieden zu verhandeln. Die Tiroler Linie und auch der Kaiser wurden durch Dr. Isaak Volmar (*Abb. 190*) vertreten, seit 1620 Kanzler der vorderösterreichischen Regierung im elsässischen Ensisheim. Von dort war er 1638 nach Breisach und nach der Kapitulation der Stadt nach Innsbruck geflüchtet, wo ihn Claudia 1639 zum Kammerpräsidenten, also zum Leiter der Finanzbehörde, ernannte.[303] Volmar kannte die militärische Stärke Frankreichs aus eigener Erfahrung und haßte Kardinal Richelieu, den er als einen *Gottloßen Machiavelischen Cardinal* bezeichnete.[304] Er war seit 1640 in die Friedensverhandlungen involviert (*Abb. 191*) und sollte die Rechte

*Abb. 191: Claudia entsendet Isaak Volmar und Maximilian Mohr zum Reichstag nach Regensburg, 30. Juli 1640. Der spontane Nachtrag der Regentin und seine eigene winzige Unterschrift kennzeichnen Wilhelm Bienner als untergeordnete, nicht dominante Persönlichkeit.
TLA, Littera R, Nr. 67.*

CLAUDIA – REGENTIN IN SCHWIERIGER ZEIT   147

Abb. 192: *Die Tiroler Landesordnung von 1573, erneuert im Jahr 1603, war auch unter Claudia de' Medici die Grundlage der Gerichtsbarkeit. TLA, Bibliothek, Sign. 5357, Titelblatt.*

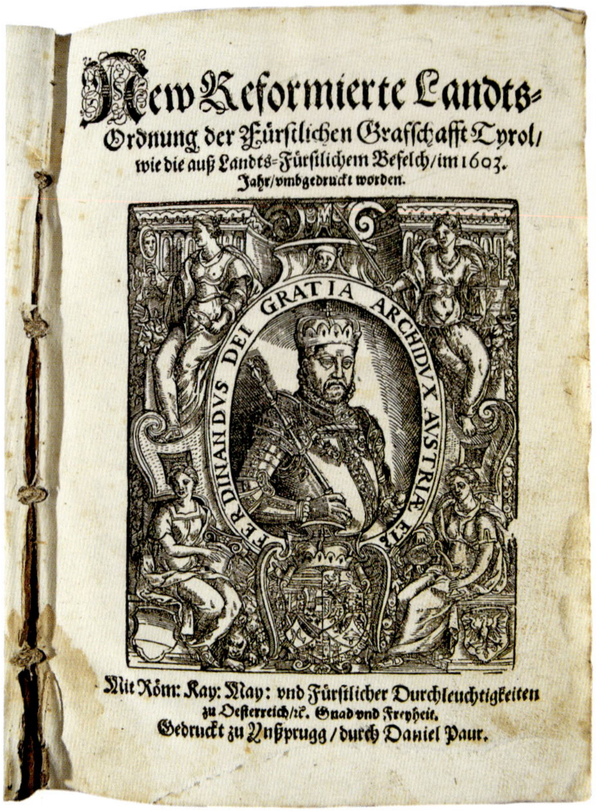

New Reformierte Landts-Ordnung der Fürstlichen Grafschafft Tyrol/ wie die auß Landts-Fürstlichem Befelch/im 1603. Jahr/umbgedruckt worden.

FERDINANDUS DEI GRATIA ARCHIDUX AUSTRIAE ETC.

Mit Röm: Kay: May: und Fürstlicher Durchleuchtigkeiten zu Oesterreich/rc. Gnad und Freyheit.
Gedruckt zu Ynßprugg / durch Daniel Paur.

ben. *Tyrolis pacifica* – „Friedliches Tirol" – war nicht nur der Titel einer Oper, die im Jahr 1646 in Innsbruck aufgeführt wurde, sondern auch die Quintessenz ihres Wirkens während vieler Jahre. Die von ihr errichteten Befestigungen in Ehrenberg und Scharnitz sicherten das Land. Während das benachbarte Bayern von schwedischen und französischen Truppen furchtbar verwüstet wurde, der Kurfürst vorübergehend sein Land verlassen und einen Bauernaufstand erleben mußte, blieb Tirol, auch begünstigt durch sein gebirgiges Terrain, von feindlichen Invasionen verschont.

Die Kosten der *Landesdefension* waren allerdings beträchtlich: Für *Landmilitia* und angeworbene Söldner, die man *auf den Painen erhalten* mußte, für Munition, Proviant und Schanzbauten wurden in den Jahren 1631 bis 1641 1,501.886 Gulden, von 1643 bis 1648 917.751 Gulden 58 Kreuzer ausgegeben.[308]

Die vielfältigen Aufgaben der Regentin

Als Regentin sollte Claudia de' Medici das Land nicht nur gegen feindliche Angriffe von außen schützen, sondern auch im Innern für Recht und Ordnung sorgen, sich um Wirtschaft und Finanzen kümmern, die oberste Gerichtsbarkeit ausüben und sogar das moralische Wohlverhalten ihrer Untertanen beaufsichtigen. Bei der Ausübung dieser Pflichten gewann sie bisher unbekannte Einblicke in Tiroler Verhältnisse, was wohl nicht immer ergötzlich für sie war.

Die Gerichtsbarkeit

In der Gerichtsbarkeit war die Regentin an die überaus rigorose Tiroler Landesordnung aus dem Jahr 1573, die im Jahr 1603 erneuert worden war (*Abb. 192*), sowie die Polizeiordnung von 1573 gebunden.[309] Sie hatte daher nur wenig Spielraum. Der bereits von Leopold V. unternommene Versuch, diese beiden grundlegenden Rechtsordnungen den modernen Verhältnissen anzupassen, scheiterte auch während ihrer Regentschaft.[310]

Prinzipiell legte Claudia Wert darauf, daß stets die *gebürende Justitia* geübt wurde. Daher forderte sie alle Richter, die über Leben und Tod zu entscheiden hatten, mehrmals auf, sich von ihr die notwendigen Bannbriefe ausstellen zu lassen.[311] Auch die Instruktion für Prozesse gegen Personen, die *der Hex- und Zauberey halben* inhaftiert waren, wurde am 6. Februar 1645 in ihrem Auftrag an al-

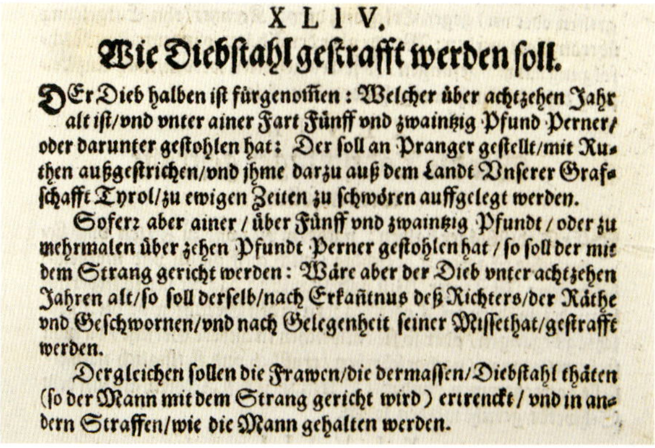

XLIV.

Wie Diebstahl gestrafft werden soll.

DEr Dieb halben ist fürgenommen: Welcher über achtzehen Jahr alt ist/und unter ainer Fart Fünff und zwaintzig Pfund Perner/ oder darunter gestohlen hat: Der soll an Pranger gestellt/mit Ruthen außgestrichen/und jhme darzu auß dem Landt Unserer Grafschafft Tyrol/zu ewigen Zeiten zu schwören aufferlegt werden.

Soferr aber ainer / über Fünff und zwaintzig Pfundt / oder zu mehrmalen über zehen Pfundt Perner gestohlen hat / so soll der mit dem Strang gericht werden: Wäre aber der Dieb unter achtzehen Jahren alt/so soll derselb/nach Erkantnus deß Richters/der Räthe und Geschwornen/und nach Gelegenheit seiner Missethat/gestrafft werden.

Dergleichen sollen die Frawen/die dermassen/Diebstahl thäten (so der Mann mit dem Strang gericht wird) ertrenckt / und in andern Straffen/wie die Mann gehalten werden.

Abb. 193: *Die Bestrafung von Dieben gemäß der Tiroler Landesordnung. TLA, Bibliothek, Sign. 5357.*

Abb. 194: Grausame Körperstrafen (von links nach rechts oben: Verbrennen, Enthaupten, Pfählen, Hängen und Rädern) sowie demütigende Schandstrafen (Auspeitschen) sollten in einer Zeit, die noch keine Haftstrafen kannte, abschreckend wirken. Im Vordergrund eine Gerichtsszene mit der Verlesung des Urteils. Privatbesitz S. W.

le Richter mit Blutgerichtsbarkeit verschickt.³¹² Weil die Gerichtskosten oft sehr hoch waren, mahnte sie die Gerichtsherren mehrfach zu Mäßigung. Auch Visitationen bei den Gerichtsschreibern sollten stattfinden.³¹³ Gegen Amtsmißbrauch von Gerichtsinhabern ging sie streng vor. So wurde Johann Pinggera, Pfleger von Landeck, nicht nur seines Postens enthoben und statt der drohenden Todesstrafe *aus Österreichischer milte* auf ewig des Landes verwiesen, auch sein Vermögen (18.000 Gulden) verfiel dem Fiskus.³¹⁴

Außer „Sittlichkeitsvergehen" – darüber später mehr – fielen in die Entscheidungskompetenz der obersten Gerichtsherrin auch Delikte, die in jeder Gesellschaft noch heute bestraft werden: Mord, Totschlag, Raub, Diebstahl u. a. m. Claudia de' Medici ließ sich die an sie gelangenden Fälle vortragen und entschied oft nach vorherigem Gutachten der Regierung. Bisweilen holte sie weitere Informationen ein, immer aber machte sie sich offenbar selbständig Gedanken und urteilte meist sehr pragmatisch. So sollte ein Ehebrecher aus Südtirol nicht eigens nach Innsbruck gebracht werden, um die ihm auferlegte Gefängnishaft bei Wasser und Brot abzubüßen. Kräftige männliche Verurteilte wurden nicht mehr auf die Galeeren oder in den Wiener Stadtgraben verschickt, sondern zum Schanzdienst verurteilt, wo sie in Ketten (*in Springeisen*) arbeiten mußten. Oft wurden sie bereits gefesselt (*in Eißen und banden*) transportiert, um ihre Flucht zu verhindern. Zielorte waren Ehrenberg oder Scharnitz, häufig auch Konstanz, damals ein

Bollwerk zum Schutz der vorderösterreichischen Besitzungen. Wildschützen oder Totschläger wurden nicht einfach des Landes verwiesen, wo sie sich dem Feind anschließen konnten, sondern zum Kriegsdienst im eigenen Heer verpflichtet.

Totschlag konnte nach der Versöhnung mit den Angehörigen auch mit öffentlicher Kirchenbuße[315], mit Gefängnishaft[316] oder mit Geld gesühnt werden. Die Geldstrafe war dem Vermögen des Totschlägers angepaßt, Beträge ab 50 Gulden sind nachweisbar.[317] Die Strafgelder verfielen dem Landesfürsten, die Kammer war angesichts ständig leerer Kassen über diese Einnahmen hocherfreut. Als der Sterzinger Bürger Christian Mohr wegen der *Entleibung* einer Frau zu 1000 Gulden Bußgeld verurteilt wurde, bestätigte die Regierung diese Gerichtsentscheidung und entließ den Totschläger am 27. Oktober 1645 gegen Bürgschaft seines Vaters aus dem Innsbrucker Gefängnis. Claudia fand die Strafsumme angemessen und bestimmte sie am 5. März 1646 zur Reparatur der Ratsstube im Innsbrucker Regierungsgebäude. Der „Claudiasaal" konnte damit restauriert werden.[318]

Auch eine Kombination aller Strafen war möglich. So begnadigte die Regentin den zum Tod verurteilten Georg Kleubenschedl am 20. Dezember 1640 zur Zahlung von 130 Gulden an das Kammermeisteramt, zur Wallfahrt nach Maria Waldrast und zu zweijähriger Landesverweisung.[319] Dem Totschläger Hans Lang, der im Jahr 1637 des Landes verwiesen worden war, gestattete sie am 15. April 1643 die Rückkehr, er sollte aber eine Bestätigung seiner geistlichen Buße beibringen, noch einen Monat lang bei Wasser und Brot ins Gefängnis kommen, die aufgelaufenen Unkosten bezahlen und eine seinem Vermögen entsprechende Geldstrafe entrichten.[320]

Diebe, für die die Tiroler Landesordnung (Buch 8, Titel 44) in schweren Fällen die Todesstrafe durch den Strang vorsah (*Abb. 193*), erfuhren ebenfalls mehrfach Begnadigung. Einige wurden *wegen begangner entfrembdungen* des Landes verwiesen oder sogar freigelassen, andere sollten – weniger ehrenrührig – statt mit dem Strang mit dem Schwert hingerichtet werden oder der Innsbrucker Kammer ein Bußgeld zahlen.[321] Die Beispiele ließen sich noch weiter vermehren und zeigen, wie intensiv die Regentin mit der Gerichtsbarkeit beschäftigt war.

Als oberste Gerichtsherrin besaß Claudia allein das Begnadigungsrecht. Die entsprechenden Gesuche mußten bei der jeweiligen Obrigkeit eingereicht werden und über die Innsbrucker Regierung an sie gelangen. Erst nach deren Befürwortung entschied die Regentin jeden Einzelfall.[322]

Ständig mit Delikten – oder was man damals darunter verstand – konfrontiert, war die Regentin bald der Meinung, daß *hochsträfliche Delicta und Mißhandlungen* in Tirol immer mehr zunahmen. Sie fühlte sich verpflichtet, sie auszurotten und gegen die Missetäter andern zum Exempel und *gnedigist hoffender Besserung mit wolverdienter gebürender Straff* vorzugehen.[323] Oft aber wollte sie *die milde der Strenge* vorziehen, wobei sie es schon als besondere Gnade empfand, daß auf dem Weg zur Hinrichtung das Läuten des Malefizglöckleins und die Beilegung des bloßen Schwerts unterblieb.[324] Fast immer aber ließ sie grausame Todesarten wie Rädern, Pfählen oder lebendige Verbrennung (*Abb. 194*) mildern und die Verurteilten vorher töten, *damit dem Delinquenten nit etwo ein Kleinmüetigkeit verursacht werde*.[325]

Handel und Wirtschaft

Die Handhabung der obersten Gerichtsbarkeit war sicher kein Vergnügen für Claudia de' Medici. Viel eher entsprach die Beschäftigung mit Handel, Wirtschaft und Finanzen den Interessen der Regentin, war doch das Haus Medici in ihrer Kinderzeit noch ein Bankhaus gewesen (bis 1609). Bereits die erste von ihr getroffene Entscheidung betraf eine wirtschaftliche Angelegenheit: Als die Stadt

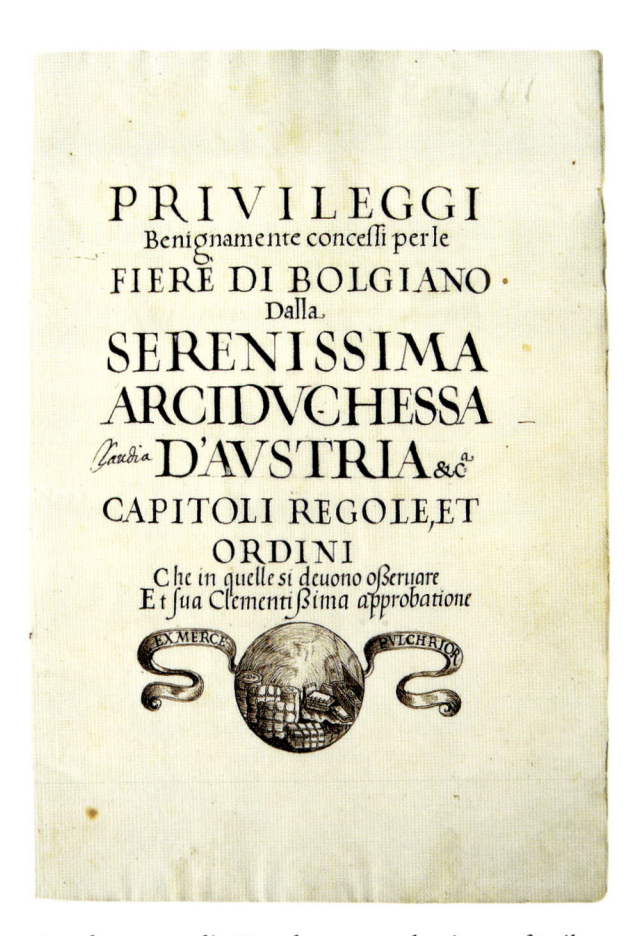

Augsburg um die Durchzugsgenehmigung für ihre Kaufleute und Waren nach Bozen bat, gab Claudia am 18. November 1632 ihre grundsätzliche Meinung zu erkennen: *Obwoln wir nun den Marckht und die Camer geföll bey den Zöllen und in annder Weg gern in esse erhalten sehen mechten,* sei ihr doch an der Sicherheit des Landes *billich mehrers* gelegen. Daher sollten wohl die Waren, nicht aber die Kaufleute passieren dürfen. Auch im August 1633 war sie der Meinung, daß *bey jetzigen Leüffen* den Augsburger Kaufleuten als Feinden des Kaisers und des *hochloblichen Haußes Össterreich* nicht zu trauen sei, zumal sich *Tyrol* unter den wichtigsten Angriffszielen *des Feindt* befinde. Nur unverdächtige Kaufleute sollten an der Tiroler Nordgrenze zum Bozner Ägydimarkt durchgelassen werden. Desgleichen durften im Jahr 1634 lediglich die Handelsgüter, nicht aber die den Schweden anhängenden Kaufleute nach Bozen gelangen.³²⁶ Die Straßen für die nach Italien reisenden Augsburger Kaufleute ließ sie aber ausbessern, um den Transithandel zu beleben und die daraus resultierenden Abgaben zu steigern.³²⁷

Der Bozner Merkantilmagistrat

Die viermal jährlich abgehaltenen Bozner Messen waren für die Tiroler Wirtschaft von großer Bedeutung. Sie dienten als Umschlagplatz für Waren aus Oberitalien und Süddeutschland und brachten den Tiroler Landesfürsten reiche Zolleinnahmen. Der langandauernde Krieg gefährdete den lukrativen Markt, die Regentin griff fördernd ein.

Bereits unter Leopold V. hatten die in Bozen handelnden italienischen Kaufleute ihren Wunsch nach einem speziellen Handelsgericht vorgetragen, um bei Streitigkeiten rasch zu einer Entscheidung zu kommen. Die eingebrachten Vorschläge wur-

Abb. 195: Die Privilegien für den Bozner Merkantilmagistrat, italienische Fassung. TLA, Hs. 2725, Titelblatt.

Abb. 196: Die Privilegien für den Bozner Merkantilmagistrat, deutsche Fassung. TLMF, FB. 1972, Titelblatt.

den von Claudia im Jahr 1633 grundsätzlich gebilligt, ein von den bedeutendsten Bozner Kaufleuten gebildetes Gremium arbeitete die Statuten des gewünschten Messegerichts aus und sandte sie an den Innsbrucker Hof. Nach längeren Verhandlungen gelangte man schließlich ans Ziel: Am 15. September 1635 erteilte die Regentin das Privileg zur Einrichtung des Merkantilmagistrats mit eigenen richterlichen Befugnissen (*Abb. 195, 196*). Eine bis 1851 bestehende Institution war damit geschaffen worden.[328] Die Bozner Kaufmannschaft bedankte sich für diese Vergünstigung mit finanziellem Entgegenkommen.[329]

Mals wird Markt

Auch Mals im Vinschgau wurde wirtschaftlich gefördert. Der Ort hatte durch die Kriegsereignisse der vergangenen Jahre schwer gelitten, war Musterplatz gewesen und hatte Durchzüge sowie Einquartierungen von kaiserlichen und anderen Soldaten erlebt. Am 13. Jänner 1642 erhoben Ferdinand III. und Claudia de' Medici Mals zum Markt mit eigenem Wappen, zweimal jährlich, zu Georgi (25. April) und Galli (16. Oktober), durften die Bewohner nun einen Markt abhalten (*Abb. 197*).[330]

Freier Warenhandel

Die Regentin wollte den Handel beleben, *die Commercia libera* halten und nicht *spörren*.[331] Doch für die einheimischen Kaufleute waren fremde Krämer und Fürkäufer eine unerwünschte Konkurrenz. Claudia befahl daher am 16. Juli 1640 ihre Ausweisung, auch einen Augsburger Buchhändler, der in Innsbruck Bücher verkauft hatte, forderte

Abb. 197: Kaiser Ferdinand III. und Erzherzogin Claudia gewähren dem Ort Mals die Marktfreiheit, 13. Jänner 1642. Südtiroler Landesarchiv, Gemeindearchiv Mals, Urkunden.

sie am 30. August 1645 zum Verlassen der Stadt auf. Aber im Jahr 1646 baten die Innsbrucker Gewerbetreibenden und Krämer erneut um *Außschaffung und abweisung fremder Handlßleüth und Kramer*, worauf die Kammer die *Clagende hiesige Gewerbsleuth* für den 12. März 1646 vorladen ließ.[332]

Bettler, Zigeuner und andere unerwünschte Personen

Im Interesse der Sicherheit ging man hart gegen umherziehende Bettler, Zigeuner und arbeitsloses Gesinde, meist *Gesindl* genannt, vor. Schon die Landesordung von 1573/1603 setzte fest (Buch 7, Titel 4), daß fremden Bettlern nicht gestattet sein sollte, in Tirol zu betteln oder sich im Land aufzuhalten. Noch härter verfuhr man gegen Zigeuner. Die Landesordnung (Buch 7, Titel 7) wies alle Obrigkeiten an, *kainen Zigeyner Manns- noch Weibspersonen* ins Land kommen zu lassen. Würden Zigeuner in Tirol betreten werden, sollten sie *mit ihrem Leib, Haab und Gütern, so bey ihnen befunden wirdet, männigklichen preyß und frey* – also vogelfrei – *sein*.

Bereits während Leopolds Regierungszeit hatte sich die Situation durch den langandauernden Krieg, der viele Menschen zu Bettlern machte, verschlimmert. Es ergingen unzählige Mandate, in denen die Obrigkeiten aufgefordert wurden, die *Zigeiner, Petler, Landtstreicher und ander dergleichen herrenloß Gesindl* nicht ins Land kommen zu lassen, sondern *strackhs* wieder auszuweisen und mit Schützengeleit an die Grenzen zu bringen.[333]

Claudia de' Medici wiederholte Leopolds letztes Mandat vom 10. November 1631 am 24. Mai 1633 und gab laufend Befehl, Tirol von fremden Bettlern, marodierenden Soldaten (*Gartknechten*) und Zigeunern freizuhalten. Sie unterbreitete der Regierung aber am 31. August 1633 noch einen anderen Vorschlag: Da es beim Ehrenberger *Schantzgepew* an Arbeitskräften mangelte, sollte man starke Bettler *Mannß- und Weibspersonnen* dorthin verpflichten, womit sie gleichzeitig versorgt wären.[334]

Die Lebensmittelversorgung

Landfremde Bettler sollten auch deshalb vertrieben werden, weil sie den Tirolern *Prodt und nahrung vor dem Maul* wegnahmen.[335] Denn die Regentin achtete in diesen Kriegszeiten besonders auf die Lebensmittelversorgung der Bevölkerung. Wegen der vielen Fasttage kam dabei den Fischen eine große Bedeutung zu. Am 23. Februar 1637 bestellte Claudia einen neuen Fischmeister, für den am 1. März 1637 eine Fischordnung erlassen wurde. Ein Mandat vom 28. Dezember 1641 befahl, das *Vischweesen* zu verbessern, und im Jahr 1644 befürwortete sie es, daß die vorhandenen Fischwasser ausgebessert und mehr Fischweiher und Fischgruben angelegt würden. Die am 2. Jänner 1645 erstellte Instruktion für den Oberstfischmeister sprach schließlich klar aus, was die Regentin wünschte: Tirol sollte künftig mit mehr einheimischen Fischen versorgt sein, damit man nicht *in hohem precio* Fische importieren müsse, sondern das dafür ausgelegte Geld im Land bleibe.[336]

Überraschend mutet ein anderes Projekt an: Claudia wollte bei Hof eine Büffelzucht beginnen. Die von ihr im Jahr 1645 für die Hofmeierschaft begehrten Büffelkälber (*Pifel Kelber*), ein Stier und zwei Kühe, waren aber nicht zu bekommen.[337]

Die Regentin dachte auch an die Verbesserung der Getreideversorgung: Am 27. Oktober 1642 war es ihr *genedigister will und bevelch*, daß Regierung und Kammer darüber beraten sollten, ob und wo mehr Getreide angebaut werden könne. Besonders die Haller Au, die sie von ihren Wallfahrten her persönlich kannte, schien ihr dafür geeignet, nachdem bereits seit dem Frühjahr 1641 entsprechende Voruntersuchungen liefen. Es wurden Deputierte entsandt, die die Gegend in Augenschein nahmen und offenbar eher für Feldbau plädierten. Auf jeden Fall sollte ein schöner gerader Weg in Richtung Maria Loreto – der bereits von Leopold V. geplante „Fürstenweg" – angelegt und mit Maulbeer- oder Weidenbäumen gesäumt werden.³³⁸

Maulbeerbäume und Seidengewerbe

Die Allee von Maulbeerbäumen war gedacht für ein weiteres Projekt der Regentin: Sie wollte in Tirol das Seidengewerbe heimisch machen, wohl auch für ihren eigenen Bedarf, denn bei Hof trug man nur noch Kleider aus schwarzem Samt und schwarzer Seide.³³⁹ In Rovereto gab es bereits Seidenhandel und eine Seidenmühle, am 17. Juli 1638 genehmigte Claudia den Bau einer weiteren Mühle *in der Wurgen* (Valsugana), weil stets *dahin zusehen, wie die Comertia und Gewerbschafften in dem Land mehrers auffzubringen und zubefürdern.* Da für Tirol *nicht geringe Nutzberkheit zuverhoffen,* wenn das *Seidengewerb etwas mehrers angericht und in esse gebracht* würde, sollten Regierung und Kammer darüber beraten und ein Gutachten ausarbeiten.³⁴⁰ Die Stellungnahme lag am 2. Oktober 1638 vor. Man berichtete der Regentin, daß bereits Maximilian der Deutschmeister *die einfierung deß Seidenwerchs in diser Tyrolischen Graffschafft* vorgehabt und durch wiederholte Mandate die Anpflanzung weißer Maulbeerbäume von Kollmann bis Rovereto befohlen habe. Am 12. Oktober 1638 billigte Claudia den Vorschlag, diese Befehle zu wiederholen, da es ohnedies vor allem *auf die erziglung* der Maulbeerbäume *als dises werckhs principal fundament* ankomme. Das unter diesem Datum gedruckte Mandat forderte die Anpflanzung weißer Maulbeerbäume in der genannten Gegend, auch sollte man nach Leuten Ausschau halten, die *deß seidenwerckhs* kundig waren und angeben konnten, wo Maulbeerbäume am günstigsten zu kaufen, wann und auf welchem Boden sie am besten zu setzen waren. Am 8. März 1641 wartete Claudia noch auf einen Bericht über den Erfolg dieser Aktion. Auch die Pflanzung in der Haller Au dürfte nicht geglückt sein, obwohl die Bemühungen im Jahr 1643 fortgesetzt wurden. Auf jeden Fall erlaubte die Regentin Cesare Rottula *handelsman von Maylandt* am 7. Jänner 1644, in der Stadt Rovereto eine Samt- und Seidenfabrik zu eröffnen.³⁴¹

Den Plan, die Seidenraupenzucht in Tirol heimisch zu machen, gab die Regentin an ihren Sohn und Nachfolger weiter, gleich zu Beginn seiner Regierung erteilte er den Befehl, Maulbeerbäume von Kollmann bis Trient und Rovereto anzupflanzen.³⁴²

Zerrüttete Finanzen

Die Förderung von Handel und Gewerbe sollte die landesfürstlichen Einnahmen erhöhen und damit dem Innsbrucker Hof, dessen Finanzen seit Leopolds Zeiten zerrüttet waren, zugute kommen. Claudia war *in bestendigem gedanckhen begriffen,* die *Commercien durch das Landt* zu fördern, doch bei Seuchengefahr mußte auch sie die Pässe sperren.³⁴³ Haupthindernis für den wirtschaftlichen Aufschwung war natürlich der langandauernde Krieg. Durch das allgemeine Kriegsgeschehen stockte der Warenhandel, die Zölle blieben aus, neben der Haller Saline die wichtigste Einnahmequelle der Tiroler Landesfürsten. Tirol war zwar nicht Kriegsgebiet, aber die Landesdefension und die Verteidigung der vorderösterreichischen Territorien verursachten enorme Kosten. Eine Steigerung der Einnahmen schien, solange der Krieg dauerte, kaum möglich, obwohl Claudia laufend prüfen ließ, wie dem *gantz darniderligenden Cammerwesen* geholfen werden könne.³⁴⁴

Daher sollte bei den Ausgaben gespart werden. Hier waren die Personalkosten ein zu festgesetzten Terminen fälliger, relativ hoher Betrag. Einsparungsmöglichkeiten ergaben sich nach Leopolds Tod, als ein Großteil seines Hofstaats entlassen wurde. Bei Regierung und Kammer kamen Entlassungen nicht in Frage, wohl aber plante Claudia gleich zu Beginn ihrer Regentschaft eine *reforma-*

tion dieser beiden Behörden, verbunden mit einem Aufnahmestopp. Nur Stellen, die durch Tod oder auf andere Weise frei wurden, sollten nachbesetzt werden, in jedem Einzelfall nach ihrer Entscheidung. Selbst die Aufnahme eines Zettelmachers mußte von ihr genehmigt werden.[345]

Manche Anwärter auf frei werdende Stellen bei Regierung und Kammer arbeiteten vor ihrer Aufnahme jahrelang unentgeltlich, einige wurden ohne Sold aufgenommen. Doch auch die fest angestellten Beamten, die notfalls selbst nächtens und sonntags arbeiten sollten, erhielten ihr Gehalt nicht regelmäßig ausbezahlt. Claudia nahm sich zwar die Klagen ihrer Sekretäre, Konzipisten oder Kanzlisten *zu hertzen* und befahl die Bezahlung, *damit Wir mit dergleichen lamentationen furters entübriget sein mögen*. Eine wesentliche Besserung trat aber nicht ein, weil die Ämter, die die Zahlungen vorrangig leisten sollten, oft bereits anderweitig belastet waren. Auch Gnadengelder für besondere Leistungen wurden selten bezahlt. Ein Kanzlist, der 20 Jahre ohne *ainiche ergetzlichait* gedient und sich jederzeit *so tag als nachtens willig und fleissig* erzeigt hatte, hoffte im Jahr 1645 vergeblich auf eine derartige Vergünstigung oder eine allgemeine Verbesserung seiner finanziellen Situation. Das Gegenteil trat ein: Am 7. April 1646 befahl die Regentin, die Gehälter der Beamten zu kürzen.[346] Nicht unbedingt verwunderlich, daß sich notleidende Angestellte nach einem Nebenerwerb umsahen und vielleicht sogar bestechlich wurden. Auf jeden Fall litt der Arbeitsbetrieb unter diesen Erscheinungen, die während der gesamten Regentschaftszeit anhielten.

Auch der Personalmangel machte sich negativ bemerkbar. Erst im Jahr 1639 wurden die Amtsbücher der Kammer aus den Jahren 1606 und 1610 in Feiertags- und Nachtschichten geschrieben, und im Jahr 1645 lagen im Regimentsgewölbe Ledersäcke mit den Schriften der Regimentskanzlei unerledigt im Staub am Boden (*Abb. 198*), obwohl der ehemalige Kanzleidiener Martin Haimbl bereits im Dezember 1636 gebeten hatte, die bei der Regierung *in Gwölb an der Cantzlei* liegenden *Sökh*

Abb. 198: Im Gewölbe, das durch diese stabile Eisentür (hier von innen zu sehen) gesichert war, wurden die Schriften des Regiments aufbewahrt. Der Raum im alten Regierungsgebäude (Herzog-Friedrich-Straße 3) dient noch heute als Archiv.

und schriften auß dem Staub erhöben, seubern und ordentlich registrieren zu dürfen.³⁴⁷ Claudia erließ strenge Vorschriften, die den reibungslosen Arbeitsbetrieb in Regierung und Kammer gewährleisten sollten.³⁴⁸

Im Jahr 1635 wurde eine „Reformkommission" (*Reformation Commission*) eingesetzt, die nicht nur die Hofämter³⁴⁹, sondern besonders die landesfürstlichen Einnahmen unter die Lupe nehmen sollte. Mehrere Kommissare bereisten das Land und inspizierten Wälder, die Saline und Münze in Hall sowie die Zollämter. Ein wesentlicher Grund für die enormen Schulden des Innsbrucker Hofes waren die von Leopold V. im Jahr 1622 aufgenommenen Zwangsdarlehen und die dafür zu zahlenden Zinsen. Die *in langer Werung* gewährten Kredite wurden nun nachträglich auf ihren wahren Kurswert zurückgeführt, was meist eine Kürzung auf ein Drittel oder ein Viertel bedeutete. Die landesfürstlichen Finanzen wurden durch diese Finanzoperation gebessert, aber sicher nicht zur Freude der Geldgeber.³⁵⁰

Innsbruck im Blickfeld der Regentin

Bei all ihrer umfangreichen Regententätigkeit, die sich weit über Tirol hinaus erstreckte, schenkte Claudia de' Medici ihrer unmittelbaren Umgebung, der Stadt Innsbruck, besondere Aufmerksamkeit. Sie wollte aus der noch etwas ländlichen Kleinstadt eine *Ertzfürstl. Residenz statt* machen. Florenz vor Augen – ein Zeitgenosse lobte die Sauberkeit der Stadt³⁵¹ –, sagte sie vor allem der *unsaubrigkeit* den Kampf an. Seit ihrer Ankunft (1626) ergingen laufend Mandate, Häuser und Gassen sauber zu halten, den Mist von den Straßen abzutransportieren, das Kleinvieh nicht frei umherlaufen zu lassen.³⁵² Mangels unterirdischer Kanalisation wurde der Abfall in offene Bachrinnen (*Bachrunsten*) geworfen oder geschüttet und von dort in Inn und Sill geschwemmt. Bei Niedrigwasser stockte der Abtransport in diesen Ritschen, bei zuviel Wasser gab es Überflutungen. Als die Regierung der Regentin im Jahr 1642 vorschlug, die Bäche mit gehauenen Steinen auszukleiden, begrüßte sie den Plan. Doch weil man die Kosten auf die Anrainer abwälzen wollte, blieb das Vorhaben unausgeführt.³⁵³

Brandvorsorge

Sorgen bereitete Claudia die ständige Feuergefahr in der eng verbauten Stadt, hatte doch *der Allmechtig Got* Innsbruck schon bisher *mit vilfeltigen erschrecklichen feurs brunsten* heimgesucht. Die Regierung führte laufend Visitationen durch, die schwere Mängel an Kaminen und Feuerstätten zu tage förderten. Die Eigentümer wurden aufgefordert, die Schäden zu beheben und auf den Dächern Wasserbottiche (*Dachprenten*) aufzustellen und Wasserkübel (*feurkibl*) bereitzuhalten. Als im Jahr 1636 die außerhalb der Stadtmauer gelegene Ruhelust abbrannte, fürchtete die Regentin, daß

Abb. 199: Feuerordnung für die Stadt Innsbruck, 1642. Stadtarchiv Innsbruck, Cod. 834, Titelblatt.

eines Tages auch die Hofburg den Flammen zum Opfer fallen könnte. Daher wurden im Frühjahr 1637 200 Feuerkübel und andere *Feurswehren* angeschafft und laufend Ergänzungen vorgenommen.[354]

Auch an einer neuen Feuerordnung für Innsbruck arbeitete man mit Nachdruck. Sie lag im Jahr 1642 gedruckt vor, ein Exemplar ist noch heute im Innsbrucker Stadtarchiv vorhanden (*Abb. 199*). Um die Innsbrucker Bevölkerung rechtzeitig zu warnen, wurde im Jahr 1642 auch der Posten des Stadttürmers wiederbesetzt und mit dem Spielgrafenamt vereinigt. Zur Verhinderung künftiger Brände sollte in der Stadt kein Holz gelagert werden, hölzerne Gebäude wie Ställe oder Stadel mußten abgerissen werden. Auch Sonnwendfeuer durften im Stadtgebiet nicht mehr abgebrannt werden. Weil fremde Bettler und sonstige *verdechtige* Personen bei Bränden wenig Hilfe leisteten, vielmehr des Diebstahls bezichtigt wurden, ergingen laufend Befehle, sie aus der Stadt zu schaffen.[355]

Die Regentin kümmerte sich auch um die Pflasterung der Straßen, die Reinhaltung der Brunnen, die Reparierung der Brücken. Sie ließ Apotheken visitieren und Vorsorgemaßnahmen gegen Seuchen treffen, die Bäcker überwachen. Sogar ein Schuhmachermeister, der in Innsbruck keine Aufnahme fand, wurde von ihr weitervermittelt.[356]

Lärmbekämpfung

Als der Augsburger Patrizier Philipp Hainhofer im Frühjahr 1628 in Innsbruck weilte, wunderte er sich nicht nur über die offenen Wasserrinnen, sondern auch über zahlreiche Wäscherinnen und *gar vil Holtzhacker*. Man erzählte ihm ein Sprichwort, wonach derjenige Besucher, der hier *nit höret glocken leüten, nit sihet wäschen und Holtzhackhen*, von großem Wunder sagen könne.[357] Dem wollte Claudia de' Medici zumindest bezüglich des Wäscheswaschens und Holzhackens entgegenwirken.

Wie zuvor Leopold V. ließ die Regentin durch Trommelschlag verbieten, im Sommer vor 6 Uhr morgens, im Winter vor Tagesanbruch Holz zu hacken oder zu waschen. Sie untersagte das *unnotwendige* Schießen und unberechtigte Waffentragen in der Stadt. Fluchen, Gotteslästern und Schreien auf der Gasse waren verboten. Auf den Straßen sollte abends Ruhe herrschen, *khain Weibs Personn* durfte sich nach 19 Uhr, keine *Mannß Personnen* nach 21 Uhr ohne Licht auf der Gasse zeigen, Zuwiderhandelnde waren bis Tagesanbruch in das *Narrenhauß* oder an andere *Verwahr* zu bringen. Allerdings: Nicht immer waren Innsbrucker Bürger die Übeltäter, meist schossen diejenigen, die dem Hofstaat angehörten. Auch Fremde verhielten sich ungebührlich. Im Sommer 1642 warfen Florentiner nächtlicherweile sogar Raketen (*Regetlen*) und Steine aus ihrer Wohnung auf die Gasse und gefährdeten dadurch die Bewohner.[358]

Innsbruck – eine Stadt des Lasters?

Das abendliche Ausgehverbot, bereits in der Tiroler Landesordnung festgelegt (Buch 9, Titel 24), sollte der Prostitution der *sündt- und lassterhafftigen Mentscher* Einhalt gebieten. Auch Kupplerinnen wurden nicht geduldet, Kuppelei war laut Landesordnung (Buch 7, Titel 13) strafbar. Unter Leopold V. wurde mehrfach, letztmalig im Juni 1632, eine *Inquisition wegen abstraff- und ausschaffung der alhie sich befindenden Kuplerin und aufhaltenden unzichtigen Weibs Persohnen* angeordnet. Die der Kuppelei verdächtige Witwe Barbara Reichart, unter Leopold noch geschont, wurde auf ausdrücklichen Befehl der Regentin im Frühjahr 1633 durch einen Einspännigen aus dem Land geschafft, die Intervention des Brixner Bischofs nützte ihr nicht. Als sie sich im Sommer 1634 erneut in Innsbruck blicken ließ, drohte man ihr *leibstraff* an.[359]

Doch auch ohne die ausgewiesene *Ertzkhuplerin* ging das muntere Treiben in Innsbruck weiter.

Mit *misfallen* mußte Claudia vernehmen, daß besonders nachts auf den Gassen wegen der *unzichtigen Weibs Pilder* Händel entstanden und die *sträffliche Unzucht* von Tag zu Tag zunahm. Nicht selten lebten gerade Witwen – es gab noch keine Witwenpension – von der Prostitution oder Kuppelei. Sie befahl daher am 11. Juli 1633 eine *eiferige inquisition*, um *leichtfertige Menscher und Kupplerinnen* aufzuspüren und aus Innsbruck zu entfernen. Weil die Aktion kein befriedigendes Ergebnis gebracht hatte, wurde im Juli 1635 erneut angeordnet, in den *verdechtigen Heüsern* fleißig zu visitieren und die *verbrecher oder verbrecherin* gebührend zu bestrafen, damit der Zorn Gottes *desto mer gestilt* werde.[360]

Ein Polizeimandat soll Abhilfe schaffen

Ihre Vorstellungen vom Leben in der Erzfürstlichen Residenzstadt legte Claudia de' Medici mehrfach, am ausführlichsten in einem umfangreichen gedruckten *Pollicey Mandat* vom 11. Oktober 1636 nieder.[361] Verärgert darüber, daß ihre bisherigen Anordnungen *zu erhaltung gueter loblicher Policey, Mannszucht, Frid und Ruhe* in Innsbruck und Umgebung so wenig beachtet wurden, machte sie nun allgemein bekannt: Alle *unzüchtige* Personen, auch Kupplerinnen und diejenigen, die *dergleichen verdechtigen Leuthen underschlaiff* und Aufenthalt gewähren, werden aus der Stadt entfernt, desgleichen fremde, gesunde und kräftige Bettler *sowol Manns als Weibspersonen*. Täglich, besonders aber an Sonn- und Feiertagen kontrollieren Streifendienste die wichtigsten Gassen, Plätze und Wirtshäuser, um eventuelle *Rumors- und Unzuchthandlung* abzustellen. Niemand darf sich im Winter nach 21 Uhr, im Sommer nach 22 Uhr ohne Licht auf der Straße aufhalten. Da seit einiger Zeit nicht nur in den Wirtshäusern, sondern auch auf den Gassen nachts, wenn Gesunde und Kranke Ruhe haben wollen, mit Gotteslästern, Singen, Geschrei und Lärm (*gedimbl*) viel Mutwillen herrscht, wird befohlen, daß sich künftig jeder in den Häusern und auf den Gassen *züchtig, erbar und loblich* verhält. Die ledigen oder jungen Burschen sollen das nächtliche *Spatzieren gehen mit Saitenspil* auf der Gasse unterlassen, Tänze sind nur bei Hochzeiten und an Kirchweihtagen *erbarlichen* erlaubt. Jeder Hausvater soll seinen Dienstboten und Mägden verbieten, an den Brunnen *unsaubers* zu waschen, woraus dem Vieh beim Trinken oder den Fischen Schaden entsteht. Aus den Häusern, Küchen und Schlafkammern soll nichts auf die Gasse geschüttet werden, wenigstens einmal wöchentlich soll jeder vor seiner Haustüre kehren. Die Bachrinnen sind öfter als bisher zu räumen und in Gang zu halten, damit die Gassen nicht mit Unrat überschwemmt werden. Da durch schadhafte Kamine und Feuerstätten leicht Feuer entstehen kann, sollen sie im Winter monatlich, sonst vierteljährlich besichtigt werden. Das Schießen mit Büchsen und Raketen (*Ragettl*) ist verboten. Das Einweichen (*Absechtlen*) und Waschen der Wäsche soll im Sommer nicht vor 5 Uhr, im Winter nicht vor 6 Uhr beginnen, auch das frühzeitige Holzhacken und der Lärm der Müllerwagen, wodurch sowohl Gesunde und Kranke wie auch Kindbetterinnen und kleine Kinder gestört werden, hat im Sommer vor 6 oder $^1/_2$7 Uhr, im Winter vor 7 Uhr zu unterbleiben. Alles das zu *auffrichtung gueter Pollicey, auch Zucht und Erbarkait*.[362]

Diese Verordnung, die ein ruhiges und friedliches Zusammenleben in Innsbruck gewährleisten sollte, war wohl nur schwer umsetzbar. Das Verbot gegen nächtliches Schießen, Schreien und andere *frefel* wurde jedenfalls am 1. Dezember 1637 wiederholt, und im Jahr 1638 erfolgte der nochmalige Befehl, allzu frühe (im Sommer vor 4 Uhr, im Winter vor 5 Uhr) oder allzu späte (im Sommer nach 22 Uhr, im Winter nach 21 Uhr) Abfallbeseitigung zu unterlassen. In den Jahren 1644 und 1645 wurde erneut verboten, das Einweichen und

Waschen der Wäsche morgens vor, abends nach dem Ave-Maria-Läuten vorzunehmen oder in der Stadt Holz zu hacken, diesmal mit dem Argument, daß dadurch die Häuser erschüttert würden.³⁶³

Im Kampf gegen Prostitution und Kuppelei

Auch der Prostitution in und außerhalb der Häuser sagte Claudia weiterhin den Kampf an. Am 20. Februar 1637 erging der neuerliche Befehl zur *Abschaffung aller alhie befindender und einschleichender untzichtigen Persohnen unnd Khupplerin*, der Kuppelei verdächtigte Frauen wurden ins Gefängnis, das Kräuterhaus (*Abb. 200*), gebracht und anschließend aus Innsbruck und Umgebung verbannt, oft nach wochenlanger Untersuchungshaft. Allerhand *liederliche gesellschafften*, die Innsbruck nachts unsicher machten, sollten 1642 verhaftet werden. Eine neue Polizeiordnung für Innsbruck war seit 1638 in Arbeit, scheint aber nicht in Kraft getreten zu sein.³⁶⁴

Da öffentliche Bäder als Stätten der Unsittlichkeit galten, verbot Claudia dem Bader im Ofenloch am 8. März 1642 bei schwerer Ungnade und Strafe das *Padthalten*, auch dem Pradler Bader untersagte sie am 8. November 1642 und 24. Juli 1643 die Errichtung einer *Padstuben daselbst*, also in Pradl.³⁶⁵

Verhängnisvolle Schäferstündchen

Fremde, die nach Innsbruck kamen, ahnten wohl nicht, wie rigoros hier Verstöße gegen die Moralvorschriften geahndet wurden.³⁶⁶ Zwei von ihnen büßten ihr Schäferstündchen mit einer jungen Innsbruckerin mit Gefängnishaft, einer verlor zusätzlich seine Stelle:

Dr. Johann Dietrich Müller, schwäbischer Kriegskommissar, lernte anläßlich einer Dienstreise nach Innsbruck Elisabeth Zeller, die Tochter eines Innsbrucker Malers, kennen und wollte sie entführen, obgleich er Ehefrau und Kinder hatte. Als er im Juli 1640 erneut nach Innsbruck kam, wurde er in Untersuchungshaft genommen, von Claudia aber in Hausarrest entlassen. Das wurde ihm zum Verhängnis. Denn am 26. August 1640, einem Sonntag, inspizierten Stadtrichter und Hofprofos zwischen 21 und 22 Uhr abends sein Quartier in einem Wirtshaus. In seinem versperrten Zimmer fanden sie die Malerstochter, nur mit Pelz bekleidet, vor. Die Situation war eindeutig, die Verhaftung des Pärchens die Folge. Während Dr. Müller im Gefängnis wegen *Leibsschwachait* zu jeder Mahlzeit Suppe und Fleisch sowie eine halbe Maß Wein erhielt, wurde Elisabeth Zeller unter Androhung der Daumenschrauben verhört, aber

Abb. 200: Der am 5. April 1890 abgerissene Kräuterturm (Fronfeste) und das angrenzende Kräuterhaus waren das Innsbrucker Gefängnis. TLMF, W 22.963 (Gemälde von Hugo Tschurtschenthaler).

schließlich nach 42 Tagen Haft (6. September bis 7. Oktober 1640) wieder entlassen. Ihr Vater weigerte sich, die aufgelaufenen Verpflegskosten im Kräuterhaus (15 Gulden 20 Kreuzer) zu bezahlen, sie wurden ihr schließlich erlassen. Auch der Kommissar kam gegen eine Kaution am 1. Oktober 1640 frei, doch seine Zukunft sah nicht gut aus: Wegen seines *leichtförtigen leben* verzichtete Claudia am 10. Oktober auf die weiteren Dienste des Kriegskommissars. Ihn und *das Mägdlen* setzte man bald danach in der damals habsburgischen Stadt Rottenburg fest, auf Befehl der Innsbrucker Regierung wurden beide im Februar 1641 freigelassen und aus dem österreichischen Territorium verbannt.[367]

Auch der französische Rittmeister Charles de la Haye, der in des *Claudi Frantzen* Behausung mit der ledigen Anna Neuner *in Unzucht begriffen* ertappt wurde, kam am 15. April 1644 ins Kräuterhaus. Die Regentin fand seine Person und *Actiones* verdächtig und befahl die Durchsuchung seines Zimmers. Anna Neuner wurde im Rathaus inhaftiert, der Stadtrichter wollte mit ihr eine öffentliche Demonstration *vermittelst des Narrenheißls* vornehmen und sie anschließend aus dem Burgfrieden verweisen. Die Innsbrucker Regierung billigte diesen Vorschlag, weil das Laster der Unzucht in Innsbruck immer mehr einreiße. Claudia befahl am 30. April eine möglichst rasche Erledigung, da bei dem von ihm verprügelten, schwangeren *weib* Lebensgefahr bestehe. Die Regierung wußte aber, daß die Verletzung nicht von des Rittmeisters Schlägen (*straichen*) herrührte und Anna Neuner keineswegs schwanger war. Man bot Haye die Entlassung aus dem Gefängnis gegen eine Kaution von 100 Gulden an, doch sollte er sein Quartier nicht verlassen. Am 14. Mai 1644 wurde dem galanten Franzosen eine Fristerstreckung bis nach den Pfingstferien bewilligt, danach verliert sich seine Spur.[368]

Tiroler Missetäter

Natürlich mußten sich auch einheimische Offiziere den in Innsbruck herrschenden Moralvorschriften beugen. Am 14. Dezember 1643 gab die Regierung Auftrag, gegen Oberstwachtmeister Anton Christanell sowie Hauptmann Hans Ober, die trotz mehrfacher Aufforderung noch immer ihre Konkubinen bei sich hatten, vorzugehen. Ober wurde Mitte Jänner 1644 drei Tage lang ins Kräuterhaus gesperrt, seiner *Concubin* drohte man mit Gefängnis und Pranger, wenn sie sich nicht entfernte.[369]

Claudia beobachtete das Verhalten ihrer Umgebung ebenfalls genau. Zu ihrem Ärger mußte sie im Jahr 1640 feststellen, daß selbst bei Hof Ehebruch und Unzucht ständig zunahmen. Als Kuppler agierte der Schneider Blasius Prindlinger, gegen den sie daher exemplarisch vorzugehen befahl. Doch nach 51 Tagen Haft (18. Oktober bis 7. Dezember 1640) entließ ihn die Regierung aus dem Gefängnis, worauf er in der Stadt herumging, was nach Ansicht der Regentin einer Mißachtung der Justiz gleichkam. Schließlich wurde er aber, weil er offenbar kein Vermögen besaß, um sich mit Bußgeld freizukaufen, samt seiner Frau ausgewiesen.[370]

Mehr Probleme bereitete der gewalttätige Philipp Ernst Prackenhofer. Im Juli 1640 beim Ehebruch mit Elisabeth Mayr angetroffen, flüchtete er, wurde aber auf Befehl der Regentin verfolgt und anschließend ins Kräuterhaus gebracht. Mutter und betrogene Ehefrau baten für ihn um Gnade, doch die Regierung war dagegen, weil er seine Geliebte ein halbes Jahr bei sich gehabt hatte. Erst die Intervention des spanischen Botschafters bewog Claudia zu Nachsicht: Am 15. November 1640 gestattete sie seine Entlassung, als Buße wurde ihm eine Wallfahrt nach Maria Waldrast *mit Wasser und brodt* auferlegt. Auch als er im Frühjahr 1642 wegen Diebstahls erneut in der *Fronfest des Kreiterhaus* in Haft war, wurde er zuvorkommend behandelt. Die Regierung erlaubte ihm sowohl das Schröpfen wie auch den Besuch seiner Frau, die aber nur in Gegenwart des Wächters und durch *das gatter* mit ihm reden durfte. Als er drohte, das Kräuterhaus in Brand zu setzen, befahl die Regierung, ihm weder Licht noch Zunder, *feurzeig* oder andere *instrumenta* zum Feuermachen in die Hand zu geben. Claudia ihrerseits erteilte am 31. März 1642 Auftrag, den Prozeß gegen Prackenhofer zu beschleunigen, gewährte ihm aber am 30. Mai 1642 drei Wochen Zeit, seine Sachen zu richten, doch unter Hausarrest. Das weitere Schicksal des offenbar begüterten Innsbruckers – er sollte im Jahr 1637 1000 Taler für das *Pixenhauß* (Büchsenhausen) bezahlen und besaß mehrere Diener – ist nicht bekannt.[371]

Das Ehepaar Albizi – ein Ärgernis für den Hof

In seinen moralischen Ambitionen scheute der Hof auch nicht davor zurück, maßregelnd in eine Ehe einzugreifen, allerdings in einem besonderen Fall: Hans Georg Albizi, illegitimer Sohn des Kardinals Andreas von Österreich, und seine Frau Susanna wurden beschuldigt, ihr Vermögen zu verschwenden und den beiden Töchtern durch ihr „liederliches" Leben ein schlechtes Beispiel zu geben. Im Jahr 1633 befahl die Regierung, daß sich die Eheleute, *wie sich gebürt*, wieder vereinen und einander *eheliche beywohnung* leisten sollten. Offenbar ohne Erfolg, denn Susanna wohnte noch immer bei einer übel beleumundeten Innsbruckerin und war im Jänner 1636 sogar im Gefängnis. Auch ihr Mann wurde im Mai dieses Jahres zum wiederholten Mal aufgefordert, sich zu bessern, niemand sollte ihm mehr Geld borgen. Die Kinder wurden ihnen abgenommen und in Kost gegeben. Im Jahr 1637 führten die Eheleute noch immer *ein sehr ergerlichs leben*, die Regierung bezweifelte sogar, ob sie die Osterbeichte verrichtet hatten. Sie gab Auftrag, sie *ohne unterlaß* zu observieren. Als sich Hans Georg im Jahr 1638 über sein ausstehendes Unterhaltsgeld beklagte, reagierte Claudia *mit ungnedigistem Misfallen*. Bald danach wurde das Ehepaar getrennt. Dem Müßiggänger Hans Georg befahl die Regentin, sich im Krieg oder anderswo ehrlich zu verdingen, man wollte ihn, *so ein gesundte starckhe Person, pöstes Alters und in Kriegsweesen wolbedient gewest*, nach Genua schikken. Susanna kam *gewisser Ursachen halber* nach Gschnitz in Kost und sollte aufmerksam beobachtet werden, später übersiedelte sie nach Sigmundskron. 1641 machte Albizi offenbar Ansprüche auf die Weiherburg sowie Büchsenhausen, das ihm Karl von Burgau hinterlassen hatte, geltend. 1642 stellte man ihm Kleidung zur Verfügung, damit er *wie ein Catholischer Crist* die Kirche besuchen könne. Besserung trat aber nicht ein, sein *liederliches leben* rief noch immer Verärgerung hervor. Claudia ordnete an, ihn in Kriegsdienste zu verbannen und Susanna in ein Kloster zu stecken. Die Kammer empfahl dagegen, ihn nicht in den Krieg zu schicken, weil er dort Unkosten verursachen würde, sondern auf eine Festung. Langsam ungeduldig geworden, befahl Claudia am 16. Jänner 1643, Vorsorge zu treffen, *damit man seinethalben weitterer ungelegenheiten* enthoben sei.[372]

Die Innsbrucker Residenz – ein strenger Witwensitz

Während die wegen sexueller Delikte Verurteilten und auch diejenigen, die durch ihren „ärgerlichen Wandel" mißliebig waren, Innsbruck verlassen mußten, führte die Regentin in der Residenz ein ihrem Witwenstand gemäßes Leben. Ein angebliches Verhältnis mit Hofkanzler Dr. Wilhelm Bienner erscheint angesichts ihrer mehrfach belegten rigorosen Moralvorstellungen undenkbar. Auch seine Schmähverse auf Claudia, die ihm später zum Verhängnis wurden, sprechen gegen eine persönliche Beziehung zwischen Untergebenem und vorgesetzter Fürstin.[373]

Der Aufenthalt in Südtirol (1634/35)

Nur zweimal hat Claudia Innsbruck für längere Zeit verlassen: Ende September 1634, nach Ausbruch einer Seuche – Pest oder Flecktyphus? – floh sie mit ihrer Familie nach Meran, wo sie sich wohl an der Weinlese erfreute. Zwei Hofsekretäre und drei Hofkanzlisten begleiteten sie, verschiedene Anschaffungen wurden für die *Meraner Raiß* getätigt. Die in Innsbruck zurückgebliebenen Mitglieder des Hofstaats waren unter Quarantäne gestellt (*eingespört*).

Von Meran aus stattete Claudia ihrem Schloß Winkl einen Besuch ab, wo einst Hans Eckhart von Rosenberg seine reiche Kunstsammlung aufgestellt hatte, aus der Leopold V. einige wertvolle Stücke kaufte. Nun war ihr Kammerdiener Leopold vom Heiligen Kreuz Hausmeister des Schlosses.[374]

Mitte November 1634 übersiedelte Claudia nach Bozen, wohin sie für Februar 1635 einen Ausschußlandtag einberief, an dem sie persönlich teilnahm, um ihren finanziellen Forderungen Nachdruck zu verleihen. Ihr Kaplan Pinelli sowie ihr Leibschneider Sebastiano Ruspigliati kamen Ende Dezember 1634 dorthin nach. Die Bozner Kaufleute dürften die Anwesenheit der Regentin benützt haben, um ihr den Wunsch nach einem eigenen Messegericht persönlich vorzutragen. Ende März 1635 kehrte die Fürstenfamilie nach Innsbruck zurück.[375]

Der Brand der Ruhelust (17. April 1636)

Im Frühjahr 1636 geriet der Hof in große Gefahr: Bartholomäus Unterperger, ein nicht bei Hof angestellter Pulvermacher, sollte in der Pulvermühle an der Sill Schießpulver herstellen und legte sich zu diesem Zweck einen großen Vorrat an Salpeter, Schwefel und anderen Materialien an. Am 17. April 1636, gegen 15 Uhr sprang ein Funke aus seiner Werkstatt durch ein Fenster in das Pulvergewölbe über und setzte die gesamte Pulvermühle in Brand. Sie flog mit lautem Krachen in die Luft.[376] Starker Wind verbreitete das Feuer in Richtung Residenz, bald stand die Ruhelust in Flammen. Nur mit Mühe entkamen Claudia und ihre Kinder dem Feuer, auch die in der Leopoldskapelle stehenden Familiensärge waren in Gefahr. Während der Sarg Leopolds V. unbeschadet gerettet werden konnte, wäre derjenige von Maria Eleonore beinahe verbrannt.[377] Das Feuer wütete fast die ganze Nacht, es bestand sogar Gefahr, daß auch die Hofburg und die Stadt ein Raub der Flammen werden würden. Dazu kam es nicht, wohl aber verlor die Regentin viele ihrer besten Sachen, darunter einen Tambur, *darinnen unter andern ain Helfenpainener Pecher mit golt gefast und Rubinstain versetzt*. Auch das Löwenhaus brannte ab, zwei schöne Löwen verloren dabei ihr Leben.[378]

Die Reise nach Polen (1637)

Am 12. Mai 1637 kam vom Wiener Hof eine ehrenvolle Anfrage: Wäre die Regentin bereit, die Schwester Kaiser Ferdinands III., Erzherzogin Cä-

Abb. 201: Erzherzogin Cäcilia Renata. KHM, GG, IN 5611.

cilia Renata (*Abb. 201*), zur Hochzeit nach Polen zu begleiten? Claudia zögerte zunächst, denn sie wollte das Land, wo sie sich gerade mit einer Reform „abgemüht hatte und dabei war, alte Mißstände und Korruptionen abzustellen", nicht den Ministern überlassen. Schließlich übernahm sie die Aufgabe aber doch.[379] Am 2. Juni sagte sie als *Gehorsamiste und getreuiste Muemb bis in Todt* zu. Zur Einholung näherer Informationen sandte sie am 13. Juli ihren Kammerdiener Walter Scheu an den kaiserlichen Obersthofmeister Maximilian von Trautmanstorff. Dem Wunsch des Kaisers, Ende Juli in Wien zu sein, konnte sie nicht nachkommen, weil in Innsbruck gerade ein Ausschußlandtag versammelt war, der noch keine Beschlüsse gefaßt hatte.[380]

Mit der Polenreise konnte Claudia auch eigene Interessen verbinden: König Wladislaw IV., als Sohn von Leopolds Schwester Anna ihr Neffe, besaß eine jüngere Schwester namens Anna Katharina Constantia. War diese Königstochter nicht eine passende und vor allem reiche Braut für Ferdinand Karl? Auf jeden Fall galt es, in Warschau einen guten Eindruck zu machen (*Abb. 202*), ungeachtet aller finanziellen Probleme.[381]

Die Reisevorbereitungen, für deren Finanzierung Kredite aufgenommen werden mußten[382], begannen im Juni 1637. Für die Fahrt nach Wien wurde für die Regentin und ihre Hofdamen in Hall ein Leibschiff bereitgestellt, das ein Maler entsprechend bemalte. Dem Transport ihrer übrigen Begleitung dienten ein Schiff für die adeligen Kavaliere, ein weiteres für das restliche Frauenzimmer, eines für die Kammerdiener und anderen Bediensteten, ein Küchenschiff, ein Schiff für die Speisevorräte samt dazugehörigem Personal, ein Schiff für das gewöhnliche Gesinde (*Gemaine Gesindl*), ein Gepäckschiff, ein Schiff für 20 Pferde sowie zwei Schiffe für alle Fälle. Zwei Truhen samt einem *Bäntzl* mit ihrer Leibkleidung wurden gesondert nach Wien expediert. Den Reisehofstaat ließ Claudia neu einkleiden (Kosten: 5120 Gulden 58 Kreuzer), für die erhoffte Braut ein wertvolles Kleinod (Preis: 13.062 Gulden) kaufen. Als Geleitschutz sollten 24 bewaffnete Reiter dienen.[383]

Zur Begleitung gehörten neben zahlreichen anderen Hofchargen Obersthofmeister Hieronymus Montecuccoli, Oberststallmeister Jakob Hannibal von Hohenems, der in seinen Briefen an den Vater interessante Details über diese Polenreise berichtet, sowie Veit Künigl. Die europäische Öffentlichkeit verfolgte die Königshochzeit aufmerksam.[384]

Abb. 202: Claudia de' Medici in Witwentracht, gemalt von Frans Luyx. KHM, GG, IN 3225.

Abb. 203: König Wladislaw IV. von Polen, gemalt von Frans Luyx. KHM, GG, IN 7150.

Wie bei Fürsten üblich, wurde die Ehe zunächst prokuratorisch geschlossen. Die Trauung fand am 9. August 1637 in der Wiener Augustinerkirche statt, der Bräutigam war durch seinen Bruder Kasimir vertreten. An der anschließenden Hoftafel in der Ritterstube der Hofburg nahm auch Claudia an bevorzugter Stelle teil. Die folgenden Tage nützte sie zu Einkäufen. Sie erstand Silbergeschirr um 2048 Gulden sowie bei einem Wiener Juden Gold und Silber um 1638 Gulden.

Am 12. August verließ der Brautzug Wien, Claudia saß bei Cäcilia Renata in der Kutsche. Der Kaiser und sein Bruder Leopold Wilhelm gaben ihrer Schwester das Geleit bis Wilfersdorf. Drei Kommissare – unter ihnen Graf Montecuccoli – sollten die Braut bis Warschau geleiten und dem König übergeben. Am 24. August traf der Brautzug an der polnischen Grenze ein, wo in einem goldenen Zelt die offizielle Begrüßung stattfand. Cäcilia Renata wurde mit einer lateinischen Rede, Claudia *mit einem zierlichen italienischen Ricevimento*, also *in welscher Sprach* willkommen geheißen. Über Krakau ging die Reise weiter nach Warschau. Kurz vor der Stadt kam der König (*Abb. 203*) inkognito zu seiner Braut und speiste gemeinsam mit ihr, Claudia und Prinz Kasimir zu Abend. Wenige Tage später wiederholte sich die inoffizielle Begegnung mit der polnischen Königsfamilie. Diesmal trafen außer dem König auch seine Geschwister Anna Katharina Constantia und Karl Ferdinand mit Cäcilia Renata und Claudia zusammen. Beim feierlichen Einzug in die Residenzstadt Warschau (12. September) saß *die verwittibte Ertz-Hertzogin von Inßbruck Nahmens Claudia* neben der Braut und den beiden Geschwistern in der Brautkutsche. Durch zwei Triumphpforten hindurch ging es zur Hofkirche, wo der Erzbischof von Gnesen die Ehe einsegnete. Danach tafelte man im Schloß.

Als Cäcilia Renata tags darauf zur polnischen Königin gekrönt wurde, war Claudia natürlich zugegen. Sie nahm auch an der anschließenden Hoftafel teil, nicht jedoch am Hofball, auf dem ihre Kavaliere bis nach Mitternacht tanzten. Als Geschenk überbrachte die Regentin ein Bett, dessen Vorhänge mit Edelsteinen und Perlen bestickt waren.

Die folgenden Tage waren ausgefüllt mit den üblichen Festveranstaltungen. Ein Feuerwerk wurde abgebrannt, bei dem ein Feuerwerker ums Leben kam, eine Tierhetze und ein Turnier fanden statt. Auch eine italienische Komödie wurde aufgeführt. Einmal tanzte Anna Katharina Constantia mit etlichen *Freylin* ein Ballett, einmal hielt sie in ihrem Zimmer einen Tanz mit fünf deutschen Kavalieren, unter ihnen auch solchen aus dem Tiroler Gefolge, ab.

Am 26. September 1637 reisten die Regentin und ihre Begleitung aus Warschau ab, das Königspaar sowie Karl Ferdinand und Anna Katharina Constantia gaben ihnen das Geleit. Am 14. Oktober traf die Reisegesellschaft in Ebersdorf wieder mit dem Kaiser zusammen.

Claudia hatte ihren Aufenthalt in Polen zu Einkäufen benützt. Am 30. August 1637 erwarb sie ein goldenes Kreuz mit sechs Diamanten, im September 1637 kaufte sie bei drei Juwelieren diversen Schmuck. Auch Pelze standen auf ihrer Wunschliste. Nach Wien zurückgekehrt, erwarb sie Ende Oktober auch hier Kleinodien.[385] Nach langer Abwesenheit kehrte sie am Abend des 8. November 1637, mit Salutschüssen im Saggen begrüßt, einigermaßen gesund nach Innsbruck zurück.[386]

Die Fürstenkinder

Die *Ertzfürstliche jugent* war in Innsbruck zurückgeblieben. Um den Alltag ihrer Kinder mußte sich die Regentin wenig kümmern, er entsprach sicher der allgemeinen Tradition. Von besonderer Bedeutung war jedoch die Erziehung des Erbprinzen. Claudia wollte ihren Sohn als künftigen Landesfürsten (*Abb. 204*) *nicht annderst als es bei disen Hochlobl. Hauß gebreichig unnd Herrkhomen*, vor allem aber nach dem Willen des Kaisers erziehen lassen. Im Sommer 1633 sandte sie ihren Geheimsekretär Anton Girardi zu Ferdinand II., um anzufragen, wann Ferdinand Karl *von den Weibern separiert* werden sollte, welche Diener ihm anfangs und bei seiner Separierung gegeben werden sollten und wann die Zeit für einen eigenen Hofstaat gekommen sei. Da Leopold testamentarisch festgelegt habe, die *Education* sowie *Inspection und obacht* des Erbprinzen den Jesuiten anzuvertrauen, wollte die Erzherzoginmutter wissen, wie diese Inspektion zu verstehen sei.

In seiner Antwort vom 19. Juli 1633 gab der Kaiser Claudia weitgehend freie Hand und verwies auf seine eigene Kindheit. Betreffend die Erziehung *der Ertzhertzoglichen Herrschafft in Tyrol* meinte er, da Ferdinand Karl erst ins fünfte Lebensjahr komme, müsse er einstweilen noch nicht von den Kinderfrauen separiert werden und einen eigenen Hofstaat erhalten. Er selbst sei bis zum neunten Lebensjahr *von denen hierzu bestelten Weibern mit der Warttung versehen* worden und habe erst dann einen Hofmeister, einen geistlichen Präzeptor, zwei Kämmerer, sechs Edelknaben, zwei Kammerdiener, einen Türhüter und Heizer erhalten. So möge es auch mit dem Erbprinzen nach der *absonderung von denen Weibern* gehandhabt werden. Die Jesuiten sollten die Aufsicht haben, damit Ferdinand Karl *vleißig im betten* (= Beten) *und der pietet* (= Frömmigkeit) unterwiesen werde.[387]

Abb. 204: Claudia und Ferdinand Karl auf einer Medaille unbekannten Jahres. TLMF, Historische Sammlungen, Medaillen III/50.

Abb. 205: Erzherzog Ferdinand Karl. KHM, GG, IN 8023.

CLAUDIA – REGENTIN IN SCHWIERIGER ZEIT 165

Abb. 206: Knabenharnisch für Ferdinand Karl, im Jahr 1641 vom letzten Innsbrucker Hofplattner Christoph Krämer angefertigt. KHM, HJRK, IN A 1702.

ein glanzvolles Leben als Tiroler Landesfürst vorbereitet. Bereits ab 1632 besaß er silbernes und goldenes Geschirr, laufend wurden für ihn Kleinodien aus dem Schatzgewölbe und der Silberkammer der Hofburg entnommen, zum Teil für ihn umgearbeitet. 1636 erhielt er eine neue Trommel, 1638 ließ ein Kriegsrat für ihn allerhand *underschidliche Sachen* – wohl Kriegsspielzeug – anfertigen, 1639 verrichtete ein Innsbrucker Goldschmied verschiedene *Goldtschmidt Arbait* für ihn. 1641 bekam der 13jährige Erzherzog eine welsche Schrotbüchse und einen Harnisch (*Abb. 206*). Auch die Falknerei und den Vogelfang konnte er in der Innsbrucker Residenz erlernen.[390]

Im August 1638 wurden Ferdinand Karl und seine beiden Schwestern Isabella Klara und Maria Leopoldine vom Brixner Weihbischof in Inns-

Erziehung und Unterricht der Fürstenkinder oblag in den folgenden Jahren weitgehend den Jesuiten. Die weltliche Ausbildung besorgten Hofleute. Aus Sparsamkeitsgründen erhielten beide Söhne und auch die beiden Töchter je einen gemeinsamen Hofstaat mit dazugehörigem Personal. Zu den üblichen Anlässen gab es Geschenke, einige entnahm Claudia dem Schatzgewölbe der Innsbrucker Hofburg.[388] Die kirchlichen Feste wurden gefeiert, es gab Weihnachtskrippe und Heiliges Grab in der Silbernen Kapelle, für den Palmsonntag kamen Palmzweige aus dem Süden.[389]

Trotz der Finanznot wurde der Erbprinz (*Abb. 205*), die *Ertzfürstliche Junge Herrschafft*, früh auf

Abb. 207: Isaak Volmar: Informatio de principatus Antaustriaci statu, Titelblatt. HHStA, Hs. B 142, fol. 5r.

166 CLAUDIA – REGENTIN IN SCHWIERIGER ZEIT

bruck gefirmt, Sigismund Franz empfing die Tonsur, wurde also Geistlicher.³⁹¹

Für die Unterweisung des Thronerben hatte der vorderösterreichische Kanzler Isaak Volmar im Jahr 1637 eine lateinische Beschreibung der vorderösterreichischen Herrschaften (*Abb. 207*) verfaßt. Ob sich der neunjährige Ferdinand Karl dafür begeisterte? Mehr Interesse dürfte er an Theaterstücken gehabt haben, die ihn auf angenehmere Art mit religiösen und weltlichen Themen vertraut machen sollten. So fanden in den Jahren 1637 und 1638 in der Silbernen Kapelle Komödien statt, der Hofmaler Michael Waldmann unterschrieb die Bestellungen zur *haltung der Comedi*. Im Jänner 1640 ließ Ferdinand Castelleti, der Obersthofmeister der beiden Prinzen, für die *Erzfürstliche Junge Herrschaft* aus unbekanntem Anlaß eine *Comedi* aufführen. Die Maler Hans Schor, Hans Tax und Bernhard Stangl halfen dem Hofmaler Waldmann bei der offenbar aufwendigen Auffführung.³⁹²

Mehrmals fanden auch Theateraufführungen im Jesuitengymnasium statt, an denen Claudia und ihre Kinder als Zuschauer oder Schauspieler teilnahmen. So spielten die kleinen Erzherzöge und Erzherzoginnen im Jahr 1636 in einer Komödie mit, die zu Claudias Geburtstag in Gegenwart der Regentin, der Herzogin Katharina von Lothringen und des Hofes aufgeführt wurde. Im Jahr 1640 verkörperten die Fürstenkinder aus demselben Anlaß komische Rollen, selbstverständlich immer in lateinischer Sprache. Bei der Festvorführung anläßlich des Geburtstags von Ferdinand Karl traten im Jahr 1642 er selbst und sein Bruder Sigismund Franz als Akteure auf.³⁹³ Theateraufführungen gehörten zum Erziehungsprogramm der Jesuiten, die ihre fürstlichen Zöglinge auf diese Weise auf künftige öffentliche Auftritte vorbereiten wollten. Der von Kanzler Bienner gegen Ferdinand Karl erhobene Vorwurf, wonach es bei ihm nur eine „schlechte Erziehung, Maskenfeste, Komödien, Bälle und sonst nichts" gegeben habe³⁹⁴, scheint zumindest für diese Jahre unberechtigt zu sein.

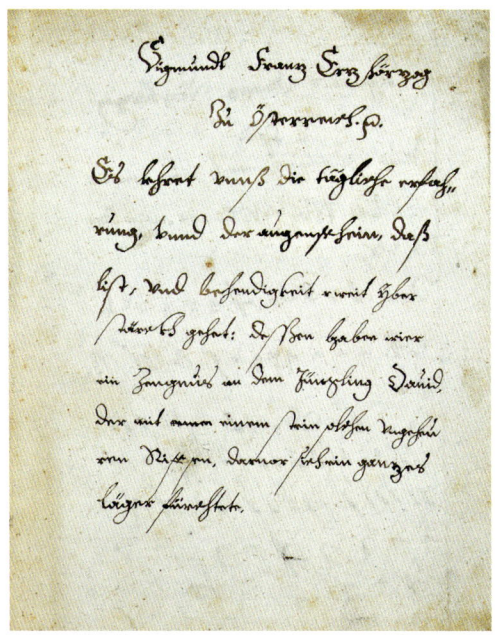

Im Jahr 1642 kaufte Obersthofmeister Castelleti 109 Hefte (*Puech*) von schönstem Papier sowie 100 kleine Hefte zum stolzen Preis von 480 Gulden, im Jahr 1644 erstand er in Salzburg und München unterschiedliche *Puecher*. Als Kaufpreis dafür sowie für Fuhr- und Buchbinderarbeiten bezahlte die Kammer 147 Gulden 10 Kreuzer.³⁹⁵ Die Hefte dienten wohl dem Schreibunterricht der beiden Prinzen (*Abb. 208, 209*).³⁹⁶

Im Sommer 1644 erlebte der Innsbrucker Hof bange Tage: Ferdinand Karl erkrankte an den Blattern.³⁹⁷ Aber wie einst seine Mutter überstand auch er diese gefährliche Krankheit offenbar gut.

Sigismund Franz teilte das Schicksal vieler jüngerer Söhne katholischer Fürstenfamilien: Er wurde von der Mutter bereits als Kind für den geistlichen Stand bestimmt. Natürlich sollte er Bischof

Abb. 208: Schreibproben Ferdinand Karls. TLMF, FB 1951, unfoliiert.

Abb. 209: Schreibproben von Sigismund Franz. TLMF, FB 1951, unfoliiert.

oder womöglich Erzbischof werden, um standesgemäß versorgt zu sein. Doch auch eine Dompropstei war nicht zu verachten. Schon im Alter von fünf Jahren sollte er daher Dompropst von Trient werden, nahm die Propstei im Jahr 1636 auch in Besitz, konnte sie aber nicht behaupten.

Die Erwerbung von Kanonikaten war ebenfalls wichtig, wohlgesinnte Domherren konnten den Erzherzog später zu ihrem Oberhaupt wählen. Gleich nachdem ihm die Tonsur die klerikale Laufbahn eröffnet hatte, erhielt der achtjährige Prinz im Jahr 1638 Kanonikate in Passau und Brixen. Im folgenden Jahr (1639) wurde er Domherr in Salzburg, Erzbischof Paris von Lodron erhielt für diese gute Nachricht vom Innsbrucker Hof vier Windspiele geschenkt. Kanonikate in Köln (*Abb. 210*) und Augsburg folgten im selben Jahr, desgleichen die Postulation zum Koadjutor und Nachfolger des Augsburger Bischofs, was der Papst aber erst 1641 genehmigte. Alle genannten Würden waren mit hohen Aufnahmekosten verbunden.

Als Sigismund Franz (*Abb. 211*) am 18. September 1645 mit 30köpfigem Gefolge nach Salzburg aufbrach, um dort seiner Residenzpflicht nachzukommen, stattete ihn Claudia de' Medici standesgemäß mit Silbergeschirr aus. Auch in den folgenden Monaten kümmerte sie sich um den Salzburger Haushalt ihres Sohnes, und als er nach seiner Rückkehr (1647) das Fürstenhaus in Hall bezog, sorgte sie natürlich ebenfalls für sein Wohlergehen.[398] Seine geistliche Zukunft war auf jeden Fall gesichert (*Abb. 212*).

In ihrer wohl kärglich bemessenen Freizeit konnte sich die Regentin in den zur Residenz gehörenden Gärten erholen. Der Hofgarten wurde weiter gepflegt, im Oktober 1633 kaufte man 230 wilde Pelzstöcke zum Aufpfropfen.[399] Auch ein Lehrling, für den Claudia das halbe Lehrgeld bezahlte, fand Aufnahme.[400] Im Juni 1634 benötigte man für den in Innsbruck weilenden *Wasserkhünstler*, der für sie ein *Spritzwerch* anfertigte, 4 Zentner *Platen Kupfer*, die aus Schwaz angefordert wurden.[401] Als der *Ruelustgarten* durch Brand wüst geworden war, wurden für sie im Lustgarten des Tiergartens auf der Ulfiswiese edle Kräuter und schöne Blumen (*Zierliches Pluembwerch*) angepflanzt.[402] Ein Innsbrucker Stein- und Siegelschneider besserte im Mai 1636 den im fürstlichen Kammergarten stehenden *Lustprunen* aus[403], im November 1637 wurden zu *Putz- und Schnaitung der Päumb in Fürst. Hofgärten alhie* vier Personen aus dem Gericht Thaur angefordert, am 30. Juni 1640 fand ein neuer Gärtner Aufnahme. Er sollte den großen Lustgarten *hinder der Alten Burckh* sowie den angrenzenden großen Obstgarten samt dem *Spitzgarten* pflegen. Ein Drechsler verrichtete im Gewürzgarten (*Wurzgarten*) etliche Arbeiten.[404] Im Herbst 1645 wurde der Hofgärtner *auf gnedigisten bevelch* der Regentin nach Schwaz geschickt, um eine Anzahl Rosenstöcke zu kaufen. Weil er aus Geldmangel nicht genügend viele erwerben konnte, erhielt der Schwazer Faktor am 31. Oktober den dringenden Auftrag, seinerseits *Rosenstauden* zu kaufen und zu bezahlen.[405] Statt wilder Tiere im abgebrannten Löwenhaus gab es im Hofgarten jetzt einen Affen.[406]

Zur Erholung konnte sich die Regentin auch nach Ambras begeben, wo die Gartenanlagen und Tiergärten zu ihrer Verfügung standen. Laufend wurden Reparaturarbeiten an Schloß und Anlagen durchgeführt.[407] Zum Hausmeister ernannte sie, nachdem Kaspar Griessauer *sein leben mit dem Zeitlichen Todt beschlossen* hatte, am 10. November 1639 ihren Kammerdiener Walter Scheu, bei dessen Amtsantritt sie ein Inventar der Kunst- und Rüstkammern anlegen ließ und der Kunstkammer ein elfenbeinernes Schiff schenkte. In der ersten Rüstkammer wurden 1641 verschiedene Plattnerarbeiten durchgeführt.[408]

Ausflüge in die nähere Umgebung standen ebenfalls auf dem Programm. Am 10. Mai 1637 wohnte Claudia mit ihren beiden Söhnen einem

Passionsspiel in Silz bei[409], im November 1640 nahmen sie gemeinsam mit dem Hofstaat in Thaur das Mittagessen ein, im Juli 1641 befand sich die Regentin allein auf der Jagd und ließ armen Leuten und Bergwerksangehörigen in Schwaz 66 Gulden austeilen. Im September dieses Jahres weilte sie in Zirl und sah dort drei Zigeuner, was ihr sehr mißfiel. Als sie sich im August 1642 mit dem Erbprinzen nach Hall, Schwaz und Rotholz zur Jagd begab, war das adelige Frauenzimmer in Hall einquartiert und schlief in den von der Bürgerschaft ausgeborgten 22 Betten. In den Jahren 1643 und 1644 war Claudia allein oder in Begleitung mehrmals auf der Jagd, am Achensee, im Unterinntal und in Seefeld, wo das *Ertzfürstl. Lusthaus* im Jahr 1641 repariert und mit drei Toiletten (*haimbligkhaiten*) ausgestattet worden war. Der Bau einer *fürstlichen Hof Kuchen aufm Seefeld* war im Jahr 1642 vollendet, das Herrschaftshaus im Sommer 1644 aber sehr baufällig.[410]

Abb. 210: Ahnenprobe für Sigismund Franz (1637). TLMF, FB 7575.

CLAUDIA – REGENTIN IN SCHWIERIGER ZEIT 169

Abb. 211: Sigismund Franz, etwa 14jährig gemalt von Lorenzo Lippi. KHM, GG, IN 8052.

Die Jagd betrieb Claudia nicht des Waidwerks wegen, sondern um sich in der Natur von ihren Geschäften zu erholen. So berichtet es wenigstens Pater Dietrich in seiner Leichenpredigt. Er erwähnt auch ein Beispiel aus dem Frühjahr 1646. Damals weilten die Regentin, Ferdinand Karl und die beiden Töchter zur Gemsenjagd am Achensee (*Abb. 213*). Während der Erbprinz *mit grossen frewden* auf Gemsen schoß und die übrige Jagdgesellschaft mit Vergnügen zusah, las Claudia ein halbes Buch, ohne sich ablenken zu lassen.[411]

Auf diesen Ausflügen wurde der Regentin die Finanznot des Innsbrucker Hofes drastisch vor Augen geführt. Denn obwohl jedes Mal hektische Aktivitäten anliefen, um die von ihr benützten Schlösser, Jagdhäuser und Unterkünfte notdürftig instand zu setzen und einzurichten, entsprachen die fürstlichen *Lusst- und Jagheiser* nicht immer ihren Vorstellungen. So ließ sie sich im Jahr 1644 ihr eigenes Bettzeug nach Wörgl nachbringen, während der Hof dringend auf das Strafgeld des Ehebrechers Kolhueber wartete, um die ganz baufälligen Fürstenzimmer in Schloß Thurnegg reparieren zu können.[412] Neuanschaffungen wurden wohl befohlen, gingen aber nur langsam vonstatten.

Für Abwechslung sorgten auch fürstliche Besuche. Der bedeutendste Gast war zweifellos Kardinalinfant Fernando von Spanien, der sich im Jahr 1633 als Statthalter in die Niederlande begeben sollte. Weil ihm der direkte Weg nach Brüssel versperrt war, wollte er über habsburgisches Territorium an seinen Zielort gelangen. Im Juli 1633 traf er im damals spanischen Mailand ein und benachrichtigte die Regentin, sie sandte Graf Jakob Hannibal von Hohenems zur Begrüßung an ihn. Die Weiterreise des Infanten verzögerte sich wegen seiner Erkrankung. Als Claudia erfuhr, daß er sich die Zeit mit Jagden vertrieb, schickte sie ihm im März 1634 „mit liebevollem Handkuß" (*baciando a V. A. affettuosamente le mani*) vier Hunde.[413]

Wie zuvor von Infantin Isabella, erhoffte sich die Regentin nun auch von Fernando militärische

Abb. 212: Sigismund Franz in geistlichem Gewand. KHM, GG, IN 7937.

170 CLAUDIA – REGENTIN IN SCHWIERIGER ZEIT

Abb. 213: Der Achensee, seit Maximilian I. ein beliebtes Jagdgebiet der Tiroler Landesfürsten. Hier eine Darstellung im Tiroler Fischereibuch. ÖNB, Cod. 7962, fol. 3v (BA, E 4857-C).

Abb. 214: Kardinalinfant Fernando, gemalt von Jan van den Hoecke. KHM, GG, IN 699.

Unterstützung. Im Mai 1634 sandte sie Graf Oliverio Schinchinelli, der für den Innsbrucker Hof lange in Spanien gewesen war, als ihren engsten Vertrauten (*come intimo della mia confidenza*) nach Mailand. Er sollte dem Kardinalinfanten ihre Notlage und die Gefährdung des Landes schildern. Über den Erfolg seiner Mission ist nichts bekannt. Als Fernando Ende Juni von Mailand aufbrach, wurde er an der Tiroler Grenze von Graf Fortunat von Wolkenstein im Namen der Regentin begrüßt und während seines Aufenthalts im Land kostfrei gehalten.

Kurz vor Innsbruck erwarteten am 21. Juli 1634 der sechsjährige Erbprinz Ferdinand Karl und zahlreiche Begleiter den hohen Gast. In 26 Kutschen fuhr man durch ein Spalier bewaffneter Bürger und zweier Kompanien, allerdings auch bei heftigem Platzregen zur Hofburg, wo Claudia den Bruder des spanischen Königs empfing. Das 65 Personen umfassende Gefolge des Kardinalinfanten ließ die sparsame Regentin nicht nur bei Wirten, sondern auch bei Hofangehörigen in der zuvor gesäuberten Stadt unterbringen, für die Sicherung des Gepäcks sorgten Musketiere.[414]

Der Kardinalinfant (*Abb. 214*) verbrachte drei Tage in Innsbruck. Am Tag nach seiner Ankunft gab er vormittags Audienzen, nachmittags schoß er im Tiergarten auf der Ulfiswiese zwei Hirsche. Beim Bankett am folgenden Tag (23. Juli), an dem auch die Herzogin von Lothringen sowie Ferdinand Karl und Isabella Klara teilnahmen, erwies er sich als galanter Kavalier. Jedesmal, wenn eine der bedienenden Hofdamen ihm einschenkte, zog er den Hut. Tags darauf, am 24. Juli 1634, verließ er Innsbruck in Richtung Rattenberg, um seine Truppen zu ordnen. Die Erzherzogin verehrte ihm zum Abschied stattliche Geschenke: Pistolen, Uhren und neue mathematische Instrumente, *so Ihrer Durchl. absonderlich lieb gewesen*.[415]

Der Krieg führte weitere Gäste nach Innsbruck: Die Herzogin von Lothringen, die der Kardinalinfant während seines Aufenthalts kennengelernt

172 CLAUDIA – REGENTIN IN SCHWIERIGER ZEIT

hatte, war Claudias Tante Katharina, Äbtissin von Remiremont. Sie lebte jahrelang im Exil in Innsbruck. Auch der regierende Herzog Nikolaus Franz, ihr Vetter, war 1634 aus Lothringen geflüchtet und kam zweimal nach Tirol. Im November 1636 erwartete man ihn mit einem Hofstaat von 60 Personen und einer entsprechenden Anzahl von Pferden, im Juni/Juli 1638 weilte er erneut in Innsbruck, nachdem er zuvor den Sauerbrunn in Ladis besucht hatte.[416]

Auch die beiden Mediciprinzen Don Mattias und Don Francesco, die im kaiserlichen Heer dienten, kehrten wohl mehrfach bei ihrer Tante Claudia zu. Sicher ist, daß Mattias de' Medici (*Abb. 215*) im Juli 1635 auf dem Weg nach Deutschland in Innsbruck Station machte. Die Regentin borgte ihm einen Heerwagen. Auf dem Rückweg nach Italien traf er im August 1639 wieder ein, sein Hofstaat umfaßte damals etwa 30 Personen und ebenso viele Pferde.[417]

Im September 1633 weilte ein polnischer Prinz – vermutlich Kasimir – in Innsbruck. Am 1. Oktober wollte er Münze und Saline in Hall, die bekannten Sehenswürdigkeiten Tirols, besichtigen.[418]

Von Claudia gerufen, vielleicht von seinem Freund Alfonso Parigi vermittelt, war der Florentiner Maler Lorenzo Lippi im Frühjahr 1644 in Innsbruck. Gemeinsam mit seinem Gehilfen Lorenzo Martelli malte er *zu Hof 57 Stuckh allerley Conterfect*, für die beide Maler laut Resolution der Regentin vom 31. März 1644 1560 Gulden erhalten sollten. Bei ihrer Abreise erhielten sie am 5. April 200 Gulden ausbezahlt, der Rest von 1360 Gulden samt 3 Gulden 15 Kreuzern Botenlohn wurde am 3. Juli 1644 in Venedig bezahlt (*Abb. 216*).[419] Am 8. April 1644 teilte Claudia ihrem Bruder Don Lorenzo mit, daß Lippi nun mit seinem *aiutante* Martelli nach Hause zurückkehre und beide ihr gut gedient hätten; von Lippi könne er erfahren, wie es ihr und ihren Kindern, die er oft gesehen habe, gehe.[420]

Diese beiden Quellenangaben sind bislang die einzigen zeitgenössischen Hinweise auf die Anwesenheit und Tätigkeit des Florentiner Malers Lippi am Innsbrucker Hof. Die Angaben späterer Autoren, wonach er sich monatelang – entweder seit Herbst 1643 oder im Jahr 1648 – in Innsbruck aufgehalten und während dieser Zeit viele Porträts der Fürstenfamilie, des Hofstaats und andere Malereien gemacht haben soll (*... fecevi molti ritratti di principi, dame e cavalieri di quella corte, e altre pitture*), lassen sich nicht verifizieren. Sicher ist nur,

Abb. 215: Mattias de' Medici im Harnisch, mit Degen und Tornister als Soldat gekennzeichnet. Der Spazierstock zeigt an, daß er gerade nicht im Kampfeinsatz ist. KHM, GG, 6718.

Abb. 216: Zahlung von 1560 Gulden für 57 Porträts an Lorenzo Lippi und Lorenzo Martelli. Rb 1648, fol. 350v–351r.

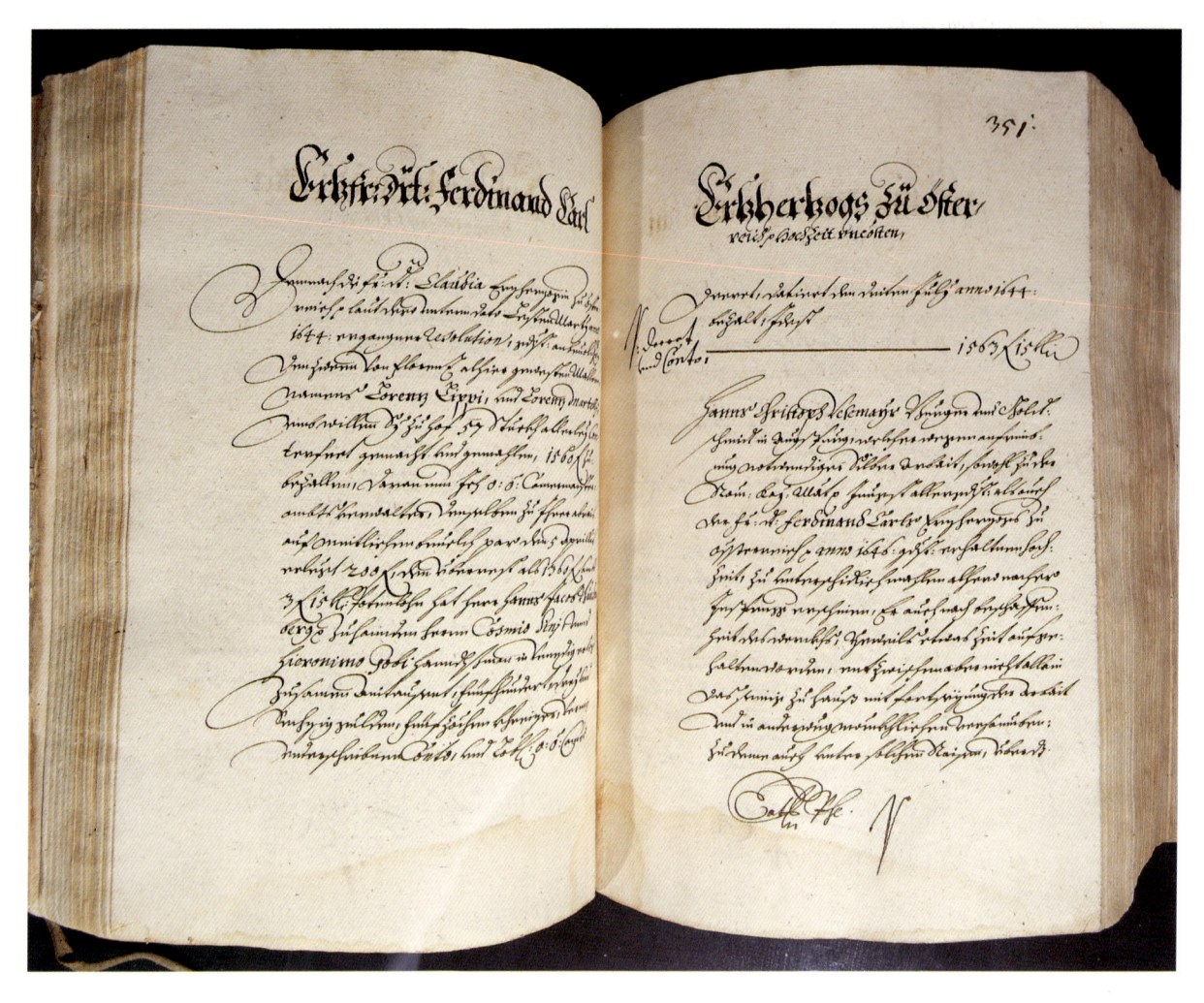

daß Lippi im Jahr 1644 das Gemälde „Die Samariterin am Brunnen" (*Abb. 217*) fertigstellte, signierte und datierte, wohl in Innsbruck. Denn von hier ließ es Sigismund Franz 1663 nach Ambras bringen.[421] Ob er der Regentin aus seinen literarischen Werken vorlas, muß offenbleiben.[422] Die Tatsache, daß die beiden Maler von dem für Hofausgaben zuständigen Kammermeister bezahlt wurden, sowie der für große Fürstenporträts doch geringe Betrag sprechen nicht dafür, daß die angeblich von Lippi stammenden Porträts von Claudia (*Abb. 218*) und Sigismund Franz (*Abb. 211*) von ihm gemalt wurden. Auch die Regentin erwähnt in ihrem Brief an ihren Bruder keine Porträts.

Ein Urteil über Claudia

Auf Einladung der Regentin machte im Juni 1644 der aus England zurückkehrende Kardinallegat Carlo Rossetti in Innsbruck Station.[423] Er traf am 21. Juni am Innsbrucker Hof ein und wurde ehrenvoll empfangen. Wie alle ausländischen Besucher besichtigte auch er in den nächsten Tagen Saline und Münze in Hall sowie Schloß Ambras mit Rüst- und Kunstkammer. Irgendwelche Festivitäten fanden nicht statt. Sein Aufenthalt – er blieb bis zum 27. Juni 1644 – wäre kaum erwähnenswert, hätte nicht sein Sekretär eine Beschreibung dieser Reise verfaßt und dabei die für italienische Besucher natürlich besonders interessante Tatsache, daß eine Angehörige des Hauses Medici als Regen-

174   CLAUDIA – REGENTIN IN SCHWIERIGER ZEIT

Abb. 217: La Samaritana, gemalt im Jahr 1644 von Lorenzo Lippi (Jahreszahl und Signatur auf dem Brunnenrand). KHM, GG, IN 205.

Abb. 218: Claudia de' Medici als Witwe, gemalt von Lorenzo Lippi (?). KHM, GG, IN 8047.

tin tätig war, eigens hervorgehoben. Seine Bemerkungen über Claudia sind voll des Lobes über deren Frömmigkeit, Schönheit und Intelligenz. Von ihm stammt der Hinweis, daß sie außer Italienisch auch Spanisch, Französisch und Deutsch beherrschte.[424] Die Kenntnis dieser Sprachen erwähnt auch Pater Dietrich in seiner Leichenrede, Deutsch beherrschte sie seiner Aussage nach aber nur notdürftig.[425]

Wenig Spielraum für Anschaffungen

Die Besucher ahnten wohl nicht, wie trist die finanzielle Situation des Innsbrucker Hofes war. Gleich nach Leopolds Tod versuchte Claudia, die ihm von Spanien gewährte Pension aus Monreale auch für ihre Söhne zu erhalten, ohne Erfolg. Im Frühjahr 1633 verpfändete sie wegen *grossen Geltmangls* dem kaiserlichen Kriegsrat und Generalfeldmarschall Johann von Aldringen die Herrschaften Enn und Kaldiff, um die wichtigsten Ausgaben tätigen zu können. Die geforderten 100.000 Gulden für 13 Jahre waren im Juni 1633 bereits bezahlt.[426]

Als gewissenhafte Rechnerin ließ die Regentin die lange nicht erfolgten Eintragungen in die Amtsbücher des Kammermeisters nachholen und seine wöchentlichen Auszüge (*Extract*) *in welsch Sprach* übersetzen, wohl um sie selbst zu überprüfen. Sie kontrollierte offenbar sogar vorgelegte Rechnungen. So bezahlte sie für Medikamente, die der Hofapotheker von 1631 bis 1638 an den Hof lieferte, statt der geforderten 904 Gulden 27 Kreuzer nur 850 Gulden.[427] Wenn bisweilen selbst das wöchentliche Geld für die *Hofkuchl* nicht eintraf, urgierte sie persönlich.[428] Sie besaß zwar eine Privatschatulle – ihre Mitgift war gut verzinst angelegt[429] –, aber dieses Geld diente ihren persönlichen Bedürfnissen und stand nur in Ausnahmefällen für Kammerausgaben zur Verfügung.[430]

Unter diesen Umständen ist es verständlich, daß die kunstsinnige Fürstin nur wenige Anschaffungen tätigen konnte, sich vielfach auf Reparaturen beschränken mußte. So ließ sie gleich zu Beginn ihrer Regentschaft in der Silbernen Kapelle die Grabmäler von Ferdinand II. und Philippine Welser vom Bildhauer Abraham Colin säubern und renovieren. Beim Altar handelte sie für die silbernen Figuren der Apostel Petrus und Paulus (*St. Peter und Pauli Bildnusen von Silber*) anderes Silber ein und ließ verschiedene Veränderungen und Ausbesserungen vornehmen, woran auch der Hofmaler Michael Waldmann beteiligt war. Im Jahr 1634 fertigte ein Innsbrucker Tischler für den silbernen Altar einen Altarfuß an, und als der Altar beim Brand der Ruhelust abgebrochen wurde, ließ Claudia ihn wieder errichten. Im Jahr 1644 ersetzte sie zwei silberne Leuchter und *ain alts Silbernis Creiz* durch zwei neue Leuchter und ein Kruzifix, die mit dem Florentiner Wappen versehen wurden.[431]

Die Hofkirche und die St.-Jakobs-Kirche – der heutige Dom – standen ebenfalls im Blickfeld der Regentin. Im Jahr 1633 weihte der Brixner Weihbischof sowohl den Paschalisaltar in der Hofkirche wie auch den Dreifaltigkeitsaltar und den Nikolausaltar in der Pfarrkirche ein.[432] Die Altäre hatten einen Bezug zum Hof: Den *newen Althar S. Paschgali* samt Geländer und Stufen hatte der damalige Hofbaumeisteramtsverwalter Christoph Gumpp 1629 errichtet und dafür 180 Gulden erhalten, am Nikolausaltar der St.-Jakobs-Kirche bestand ein österreichisches Benefiz.[433] In dieser Kirche hatte Leopold V. aber auch *zu Ehrn des Zarten Fronleichnambs Jesu Christi* ein Hochamt samt Prozession gestiftet, die allwöchentlich am Donnerstag gehalten wurden. Im Jahr 1641 ließ Claudia dafür neue Utensilien anschaffen. Zur Transferierung der Orgel wies sie am 3. Februar 1645 1000 Gulden an.[434]

Ihre reiche Mitgift ermöglichte der Regentin Ankäufe aus ihren Privatmitteln. Das war wohl der Fall, als sie im Jahr 1633 vom Maler Ferdinand Götz auf 94 Kissen, Polster und Bettdecken der Hofburg den Bindenschild samt dem Buchstaben „C" in Ölfarbe aufmalen ließ.[435] Weitere Erwerbungen wurden von Amts wegen gekauft und bezahlt. So seit 1633 zahlreiche Gläser sowie Latwergenschalen, die wohl für die Hofapotheke und Spezerei bestimmt waren.[436] Ein im Jahr 1634 im Auftrag der Regentin verfaßtes Inventar der mobilen Einrichtung der Hofburg gab Auskunft darüber, was an Tischwäsche, Geschirr und anderen Gebrauchsgegenständen vorhanden war.[437] Im Jahr 1635 lieferte der Thüringer Orgelmacher Johannes Ketelius *ain Posatiff* nach Hof, wofür am 29. Februar 1640 30 Gulden bezahlt wurden.[438] 1639 fertigte der Hofsattler Pandolfini wohl für die Regentin und ihre vier Kinder fünf Leibstühle für die Nacht (*Nachtstiel*) an, innen und außen mit Tuch gefüttert.[439] Im Jahr 1640 lieferte der Innsbrucker Bildhauer Vinzenz Ludwig vier lebensgroße *abglite Pilder* gen Hof, für die Beleuchtung fertigte er zwei neue Greifen für die Windlichter an und besserte zwei alte aus, im folgenden Jahr verfertigte er *zween Newe hiltzene Greiffen zum Wintliechter tragen*, 1643 machte er einen neuen Greif.

Der Hofkupferschmied fertigte 1641 für die Paradeisstube einen Schirm für die Windlichter an, mit *Pluembwerch außgehawen samt ainen Trachen Köpfl*. Ebenfalls im Jahr 1641 wurde das Schatzgewölbe der Hofburg inventarisiert, 1645 folgte die Silberkammer.[440]

Das Neue Hofgebäude wird gebaut

Größere Ausgaben waren notwendig, als am 17. April 1636 die Ruhelust samt dem Löwenhaus abbrannte, aber auch die Hofburg beschädigt wurde. Zur Sicherung der *alhiesigen Ertz. Fürstl. Burckh* sowie zur Räumung *vil dartzu gehöriger Pallasst und Gepey* wurden am 23. April 1636 Tagwerker aus der Umgebung aufgenommen, zusätzlich zu den Hofarbeitern. Mitte Mai waren die Aufräumungsarbeiten noch nicht beendet, daher wurden 126 weitere Arbeiter aus den umliegenden Gerichten angefordert. Auch Anfang Juni waren, weil mit den durch die *Prunst* notwendigen Reparaturen und *abraumung des verderbten Mawrwerchs* nicht ausgesetzt werden sollte, zusätzliche Arbeiter erforderlich. Sie mußten natürlich eigens bezahlt werden, was der Kammer angesichts chronischer Geldnot Probleme bereitete. Selbst Ende Dezember 1636 war man mit dem Aus- und Zusammenklauben der noch brauchbaren Ziegel beim verbrannten *Gemeyerwerch im Ruelust* noch nicht fertig und mußte damit bis zum kommenden Frühjahr warten.[441]

Die entscheidende Frage war, was mit dem freien Platz im Hofgarten geschehen sollte. Konnte sich der Hof eine neue Sommerresidenz leisten? Bei der Beantwortung dieser Frage kam dem Hofbaumeister Christoph Gumpp, den Claudia 1633 als *genuegsam tauglich* wieder in Dienst gestellt hatte[442], eine wichtige Rolle zu. Wegen der größeren Beanspruchung und wohl auch wegen der zu erwartenden Bauvorhaben hatte er im Mai 1636 um Soldaufbesserung gebeten. Die sparsame Regentin kam seiner Bitte nur zögernd nach, erst am

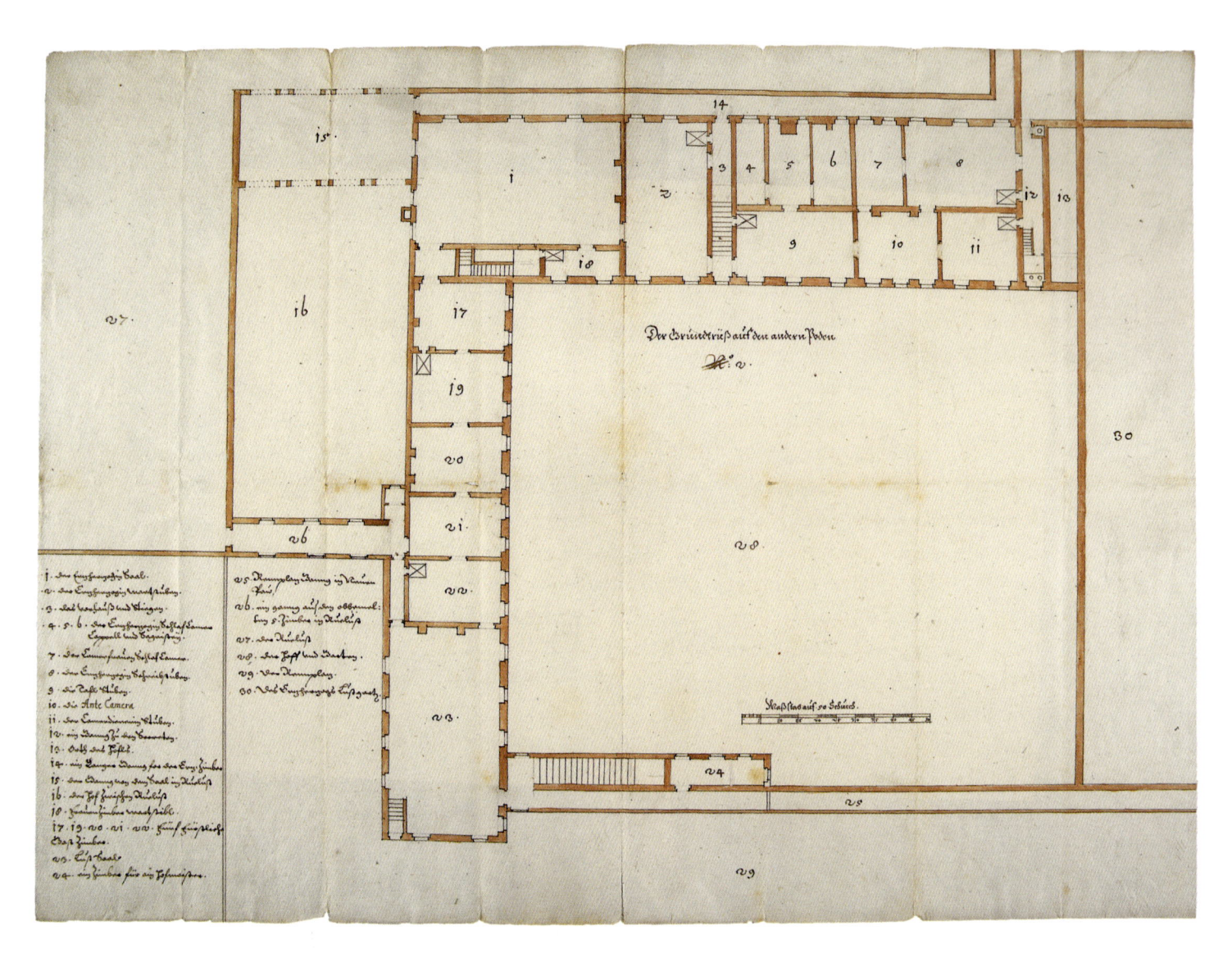

Abb. 219: Ruhelust und angebauter Witwensitz, erstes Stockwerk mit dem Verbindungsgang (Nr. 26). KS I/994.

30. Juni entschied sie, daß sein Sold verdoppelt werden sollte, die zusätzlichen 150 Gulden möge aber die Landschaftskasse tragen, weil Gumpp auch für die Befestigungsanlagen im Land zuständig sei.[443]

Den Winter über ruhten die Arbeiten im Hofgarten, doch die Entscheidung für einen Neubau war offenbar bereits gefallen. Denn am 30. Dezember 1636 erging der Befehl, die Ziegel- und Kalköfen des Hofes zu reparieren. Im Februar 1637 wurde die Aufnahme von 20 Zimmerknechten, zwei Raucharbeitern sowie Steinmetzen, Maurern und Zimmerleuten für die Hofbauten beschlossen.[444]

Nun mußte ein Plan für die neue Sommerresidenz erstellt werden. Obwohl darüber keine Quellenaussagen vorliegen, dürfte der zuständige Hofbaumeister Christoph Gumpp damit beauftragt worden sein. Auf jeden Fall erhielt er von Claudia am 22. Juli 1637, kurz vor ihrer Abreise nach Polen, eine Instruktion, was er hinsichtlich des *vorhabenden newen Gebews fur absonderliche puncten vleißig zu beachten habe*. Dazu wurden alle, *so bey dem Vorhabenden Gepew zu arbaiten haben, biß solliches dem modell gemeß perfectioniert und vollendet ist*, seinem Kommando unterworfen.[445]

178 CLAUDIA – REGENTIN IN SCHWIERIGER ZEIT

Die alte Somer Residenz

Das Modell der neuen Sommerresidenz

Die abgebrannte Ruhelust war ein aus zwei Teilen bestehender, zwei Stockwerke hoher Gebäudekomplex. Die beiden Gebäudeteile stammten aus verschiedenen Epochen und waren aus unterschiedlichen Materialien errichtet, nur im ersten Stock gab es einen Durchgang (*Abb. 219*). Ein Neubau bot die Möglichkeit, den Bedürfnissen der fünfköpfigen Fürstenfamilie besser gerecht zu werden. Ein erhalten gebliebener Plan zeigt ein eingeschossiges, vierflügeliges Gebäude mit großem Innenhof (*Abb. 220*), das sich gut für das Leben inmitten von Gärten eignete. Es ist anzunehmen, daß es sich dabei um das Neue Hofgebäude handelt und der Bau, den Gumpp als Bauleiter *dem modell gemeß* aufführen sollte, von ihm geplant worden war.[446]

Im Sommer 1637 wurde *bey dem yetzt vorhabenden Hofgepew* zügig gearbeitet. Am 28. Juli erhielt der Hofzimmermeister als Zubuße an allen Arbeitstagen mittags eine Maß Wein samt Brot und *etwas anderer* Speiß, am 6. August wurden zum neuen Hofgebäude 250 *Feichtene Zimmer Päm* in solcher Länge und Dicke, daß sie als Durchzüge dienen konnten, bestellt. Am 26. August 1637 hatte der Hofzimmermeister *zu Notdurft der angefangenen Hoffsgepewen* Holz vonnöten.[447]

Auch im Herbst 1637 gingen die Arbeiten weiter. Zur Beschleunigung der *Newen Hofarbait* wurden am 1. September zehn neue Maurer aus Ehrenberg angefordert, denen gegen Ende des Monats weitere aus Steinach folgen sollten. 20 große Zillen mit Kalkstein *zu notdurfft alhiesiger Hofgebewen* wurden am 17. September angefordert und am 6. Oktober eingemahnt. Der Hofbaumeister konnte wegen *yetzt fierender Hof Gepew* die befohlene Reise nach Ehrenberg nicht unternehmen, statt ihm sollte sein Bruder Elias die Befestigungen besichtigen. Mitte Oktober war klar, daß zu dem von Claudia *verordneten Hofpaw* bald 50 Zentner

Abb. 220: Modell (von Christoph Gumpp?) oder spätere Ansicht des Neuen Hofgebäudes. Im Hof ist die zentrale Figur des Leopoldsbrunnens zu sehen. TLMF, FB 1637 (Aigner-Codex), Nr. 4v.

Gips notwendig sein würden. Auch die 25 Zentner Blei, die am 19. Dezember für das Hofbauschreiberamt bestellt wurden, waren wohl für diesen Bau gedacht. Auf jeden Fall wollte man vor Wintereinbruch mit dem Rohbau fertig sein.[448]

Die Baukosten waren aus den laufenden Einnahmen der Kammer nicht zu finanzieren. Daher mußte am 14. Dezember 1637 ein Kredit von 2000 Gulden *zum neuen Hof Gepey* aufgenommen werden.[449] So konnte im Jahr 1638 weitergebaut werden. Im Jänner und Februar wurden 25 Zentner Blei, 6 Zentner Kupfer und 10 Zentner Stabeisen *zu Ertz. Fürstl. Gepew* angefordert, am letzten April waren bereits 7429 Gulden 50 Kreuzer *auf bezahlung des Newen Hof Gepey* ausgegeben worden. Im Juli 1638 brauchte man Holz *zu vorhabender Hoff Zieglprennen*, im August 1638 benötigte man etwa 60 Zentner *guet unnd schönen* Gips. Vermutlich war auch die Lieferung von 3 Saum ganzen und 3 Saum halben Bodennägeln sowie 3 Saum ganzen Bretternägeln (*Prötnögl*) sowie 2 Saum Eisensturzblech im September 1638 für diesen Bau gedacht. Sicher ist, daß die im Oktober 1638 bestellten 10 Zentner Stabeisen für den Bedarf *sowoll des Neu- als annderer Hofgepeu* bestimmt waren.[450] Fertig war bereits das *zum newen Hof Gepew* angefertigte Portal, der Innsbrucker Steinmetz Joachim Saurwein beschwerte sich, dafür zuwenig Geld bekommen zu haben. Die Kammer gewährte ihm am 16. Dezember 1638 weitere 9 Gulden.[451]

Claudia sah den langsamen Baufortschritt sehr ungern. Im Oktober 1638 befahl sie, alle das *newe Hofgepew* betreffenden Angelegenheiten zu dokumentieren, außerdem wollte sie eine neue Geldquelle erschließen, die Bozner Rodgefälle. Diese von den Frächtern zu bezahlenden Abgaben galten als die sichersten Einnahmen der Kammer, sie sollten ausschließlich *auf fortsetzung des newen Hof Gepey* verwendet werden.[452]

Als die Regentin im Frühjahr 1639 für den Bau wöchentlich 200 Gulden bereitgestellt wissen wollte, erklärte sich die Kammer angesichts drückender Geldnot[453] dazu nicht imstande. Die von Gumpp erbetene Gehaltserhöhung wurde abgelehnt, sie sollte aus der Landschaftskasse bezahlt werden, weil der Hofbaumeister auch mit Schanzbauten *in dem Landts Deffension weesen* verwendet werde. Am 23. Jänner 1640 war man Gumpp von seinem Sold *ainen gewissen Resst* schuldig, die von ihm anläßlich seiner zweiten Hochzeit erbetenen 80 Gulden Abschlagszahlung konnten nicht bezahlt werden, da das Geld *alhier dermalen ermanglet*.[454]

So ging der Bau nur langsam weiter. Das ganze Jahr 1639 wurde Eisen für das Neue Hofgebäude angefordert, auch die im Mai erwähnten Materialien (Stabeisen, Halbboden, ganze Bretter und Scharnägel) waren wohl für diesen Bau gedacht. Im Oktober 1639 benötigte man zu der *Ertzfürstl. Hof Malerei* allerhand Farben, Leinöl *und annders*, die in Schwaz bestellt wurden. An diverse Zollämter ergingen laufend Geldforderungen *zu continuierung alhiesigen Hofgepeus*. Insgesamt waren im Jahr 1639 für das *Newe Hof und anndere Gebewen und was darynnen begriffen ist*, bereits 18.310 Gulden 55 Kreuzer ausgegeben worden.[455]

Am 17. Februar 1640 ordnete Claudia für die *bey Hof erhaltende* – leider nicht namentlich genannten – *Künstler unnd Hanndtwerchsleut* allerhand *materialien und anders* aus dem Zeughausamt an, am 12. März waren 6 Saum Stabeisen für das Neue Hofgebäude notwendig. Ein Drechsler verrichtete *nacher Hof zum Newen Gebey* wie auch zum Gewürzgarten unterschiedliche Drechslerarbeiten. Die Geldforderungen an die Zöllner gingen weiter.[456]

Versilberung deß Büchsenhauss alhie

Im Frühjahr 1641 besichtigte die Regentin *das neue Hofgepey* und befahl, mit dem Bau unverzüglich fortzufahren. Doch im Sommer mußte sie nicht ohne Mißfallen vernehmen, daß der langsame Baufortschritt gutteils daher rührte, daß Maurer, Zimmerleute und Raucharbeiter zu anderen Arbeiten abgezogen wurden. Vor allem aber mangelte es an Geld. Daher entschloß sie sich am 12. Juli, das baufällige Schloß Büchsenhausen um den höchstmöglichen Preis zu verkaufen (... *aufs hegste so gesein khan, versilbern zulassen*). Als einer der Interessenten meldete sich Dr. Wilhelm Bienner, dem Claudia wegen seiner *viel Jahrlang* geleisteten *ersprießlichen Dienste* am 23. April 1640 die Pflege St. Petersberg übertragen hatte. Er konnte die gewünschte Kaufsumme von 1500 Gulden sofort bar erlegen und erhielt daher am 29. November 1641 den Zuschlag: Damit *die Hofgepey hierdurch umb sovil mehr befürdert werden mügen*, ging Büchsenhausen in seinen Besitz über.[457]

Der geschäftstüchtige Hofkanzler errichtete beim Schloß (*Abb. 221*) eine Brauerei und schenkte Bier aus. Wer Bier ausschenkte, schädigte den Hof. Denn durch den Bierkonsum ging der Weinverbrauch zurück, dessen Besteuerung dem Unterhalt des Hofes diente. Als Bienner überdies behauptete, für seinen Bierausschank keine Abgaben zahlen zu müssen, reagierte Claudia verärgert. Sie konnte sich nicht erinnern, *deßhalber ainiche exemption oder befreyung* erteilt zu haben. Der Hofkanzler mußte also die geforderten Steuern bezahlen.[458] Braute sich durch diese Brauerei langsam das Unheil über dem *Obrist Hofkantzler* mit seinem bei Hof ungern gesehenen Nebenerwerb zusammen?

Das Neue Hofgebäude steht

Im Frühjahr 1642 war das Neue Hofgebäude offenbar bereits fertiggebaut (*Abb. 222*). Ab März 1642 wurden zu mehreren Malen unterschiedliche Farben *und anders zu Notturfft der Hofmallerey* angefordert, sie sollten an den Hofmaler Michael Waldmann gesendet werden. Auch Hans Schor war an der Malerei *bei dem newen Hof Gepey* beteiligt.[459] Gold, Silber, Öl und Pinsel sowie viel Rupfen wurden mehrmals benötigt. So bestellte man im September 1643 zu *Hofs Notturfften 8 Puech* Augsburger Feingold zur Vergoldung der Eisengitter (*Eysengäter*). Auch Eisen, verschiedene Sorten Nägel und 20 Zentner Gips – für den Stuck? – wurden besorgt. Am 9. Dezember 1645 befahl Claudia, die Zimmer im *Ertz. Fstl. Neuen Hofgebey alhie* so schnell wie möglich auszumalen, und noch am 21. März 1646 waren zu *Eilender Überfertigung des Frl. neuen Hofgepeys* weitere 6 Saum Stabeisen und 4 Saum Blech vonnöten.[460] Eile war dringend geboten, denn Ende April 1646 wurde bereits die Braut Ferdinand Karls erwartet: Anna de' Medici.

Abb. 221: Schloß Büchsenhausen, seit 1641 im Besitz von Hofkanzler Bienner. TLMF, FB 1637 (Aigner-Codex), Nr. 68.

Auch an die Einrichtung des Neuen Hofgebäudes mußte gedacht werden. Bereits im Jahr 1639 kaufte Claudia in Bologna sechs Kisten Majolikageschirr, die wohl für die neue Sommerresidenz bestimmt waren.[461] Im Jahr 1640 polierte der Hofpolier etliche Stücke *zu den Newen Hof Gepew bey den Caminen zugebrauchen,* der Hofsattler Pandolfini lieferte für die Kamine – wohl des Neuen Hofgebäudes – zwei große Feuerhunde aus Messing samt Schaufel, Gabel und Haken. Außerdem übergab er rotes Leder *in das New Gebey* zum Überziehen der Tische (*Tafflen*). Die niederländische Leinen- und Tischwäsche, die im Jahr 1644 um den beachtlichen Preis von 500 Gulden *zu unemperlicher Hofsnotdurfft* gekauft wurde, diente wohl auch der Raumausstattung des neuen Hofgebäudes. Im Februar 1646 benötigte der Hofhafner für die Anfertigung verschiedener Öfen *im Neuen Hof Gepey* zwei Zentner Silberglätte (*Silberglet*).[462]

Waren vielleicht die 57 Porträts, für die Lippi und sein Gehilfe im Jahr 1644 bezahlt wurden, für diesen Ansitz gedacht? Sollte möglicherweise sogar sein Tasso-Zyklus der Raumausstattung dienen?[463] Insgesamt war die Innsbrucker Residenz jedenfalls reich mit Bildern ausgestattet, sodaß Sigismund Franz im Jahr 1663 340 *Contrafaict und Gemähl* als offensichtlich nicht mehr in Verwendung nach Schloß Ambras bringen lassen konnte.[464]

Leider ist von diesem Bau nichts mehr erhalten, denn er wurde – wie einst sein Vorgängerbau Ruhelust – im Jahr 1728 ein Raub der Flammen (*Abb. 223*).[465]

Weitere Baumaßnahmen

Die Bauarbeiten im Hofgarten führten zu weiteren Maßnahmen. Im Jahr 1641 benötigte man für die von Claudia bewohnten Räume (*Losamenter*) und die Dächer der Hofburg Kupfer, in den Jahren 1642 und 1643 wurden *zue bedeckung des Beheimbischen Hauses im Fasanen Garten* Eisen und Nägel geliefert, die baufälligen Hofstallungen und

Abb. 222: Das Neue Hofgebäude auf dem Innsbrucker Stadtplan von Hieronymus Rindler (Nr. 10), 1723. TLMF, Historische Sammlungen K XIV/2.

Abb. 223: Der Brand des Neuen Hofgebäudes im Jahr 1728, gemalt von Michael Ignaz Mildorfer. TLMF, Gem 1460.

die Altane auf dem Wappenturm sollten repariert werden, beim *distelier hauß* waren Maurer beschäftigt.[466] Es wurden aber auch Neubauten errichtet. So im Jahr 1643, als offensichtlich hoher, männlicher Besuch erwartet wurde. Denn im November benötigte man *zu eilfertiger Aufrichtung* eines Reithauses (*Reithauß*) allerhand *Schintl und Ladenwerch*, im Dezember zu den *Eilfertig anbevolchnen Hofgepeyen, auch Vorhabenden Comedi Werckh* Stabeisen, Nägel und anderes. Im Juni 1644 waren *zu Döckhung der Fürstl. Burckh* und anderer *Herrschaftsheiser* drei Saum Scharnägel notwendig, im November *zu dem neu erpauten Fasanen Hauß* ehest 110 Ellen Rupfen. Auch am 15. Februar 1645 wurden für das Fasanenhaus 110 Ellen *Rupfen Tuech* bestellt.[467]

Schwierige Bezahlung

Die Hofarbeiter hatten während dieser Jahre viel zu tun. Doch ihre Besoldung stellte ein stetes Problem dar. Im Herbst 1642 war man ihnen eine beträchtliche Summe schuldig, worauf sie sich bei der Regentin *höchlich* beklagten und *fueßfällig* etliche Schriftstücke übergaben. Claudia wurde dadurch *zu grossem mitleiden bewogen* und befahl, Abhilfe zu schaffen. Doch die Kammer hatte kein Geld, ein Darlehen mußte aufgenommen werden. Im Jänner 1643 baten eine Menge *armer Arbaiter* inständig um ihren Sold, andernfalls sie anderswo *Ir nahrung suechen miessen*. Die Kammer schlug vor, ihnen Schmalz zu geben, damit die armen Werkleute *bey der unentperlichen Arbait erhalten werden mechten*. Im Jahr 1644 mußten für die Besoldung der Hofarbeiter 2000 Gulden, am 20. Oktober 1645 in *Ermanglung nothwenndiger mitl* für die Arbeiter *bey dem Ertzfürstl. Neuen Hofgepey* 955 Gulden aufgenommen werden. Doch im Februar 1646 war man den Arbeitern des Hofbaumeisteramts bereits seit 7 Monaten den Lohn schuldig.[468]

Ein Mitarbeiter wurde allerdings bevorzugt behandelt: Ende Dezember 1644 befahl die Regentin mündlich, dem Sohn des Hofbaumeisters Gumpp, *Johannes genannt*, wegen seiner *zu hof ain Zeitlanng verrichter Mallerey* und damit er sich nach Florenz begeben möge, 30 Gulden zu verehren.[469] Christoph Gumpp selbst sollte *wegen seines bißheer zu Irer Dt. genedigisten gefallen verbrachten embsigen dienens* ab 1. April 1646 zusätzlich 100 Gulden Gehalt bekommen, sein jüngerer Sohn beim österreichischen Faktor in Schwaz instruiert werden.[470]

Der Hofstaat der Regentin

Im Jahr 1639 hatten Regierung und Kammer Claudia nahegelegt, die Ausgaben ihres Hofstaats zu verringern, um Kosten zu sparen.[471] Am ehesten wäre dieser Effekt durch eine Reduktion des Personalstands zu erreichen gewesen. Doch dazu war die Regentin nicht bereit, im Gegenteil. Ihr Hofstaat wurde laufend erweitert, auch mit italienischen Mitgliedern:

Im Frühjahr 1633 fand Antonio Barbieri als Hofgärtner *im Fr. Hofgarten alhie* Aufnahme[472], am 9. August 1636 wurde Francesco Maria Gondi als Oberststabelmeister und Hofküchenmeister angestellt, dem auch die zum Hof gehörenden Güter und Meierschaften unterstanden.[473]

Nach dem Abgang von Graf Schinchinelli (1635) ließ Claudia den Posten des Obersthofmeisters zunächst unbesetzt. Erst im Sommer 1636 entschloß sie sich auf Wunsch Ferdinands II., die *ein Zeithero vaciente Obrist Hofmaister und Erste Gehaimben Rathsstell* wieder zu besetzen. Ihre Wahl fiel auf den kaiserlichen Geheimen Rat und Kämmerer, Graf Hieronymus Montecuccoli, wohl weil er Italienisch sprach. Montecuccoli war im Frühjahr 1636 in Innsbruck gewesen, am 29. Mai reiste er nach Wien zurück, Claudia ließ für ihn ein Schiff mit einer Kalesche (*mit ainem Khaleßl*), vier Pferden, sechs Kühen und etlichen Personen bereitstellen.[474] Nur ungern gab der Kaiser seinen langjährigen Diener frei, aber angesichts der großen *Lieb, Bemühung, Sorg und Eyffer*, die Claudia für ihre Kinder und das Land, dem gesamten Haus Österreich zum Besten *so treuherzig* bewies, kam er ihrer Bitte nach.[475]

Montecuccoli begab sich nach Innsbruck und übernahm die Stelle, vom 10. Oktober 1636 bis 30. September 1639 war er Obersthofmeister – als solcher begleitete er Claudia im Herbst 1637 nach Polen – und Erster Geheimer Rat. Im Geheimen Ratskollegium traf der adelsstolze Graf mit dem bürgerlichen Dr. Wilhelm Bienner zusammen, den Claudia im Jahr 1638 zum Hofkanzler ernannt hatte. Nur schwer vertrugen sich die beiden Männer, am 23. März 1639 kam es zum öffentlichen Eklat: Auf offener Straße beschimpfte einer den anderen als „Hund" – Montecuccoli sprach also auch Deutsch –, ein Handgemenge konnte nur knapp verhindert werden. Claudia ließ die Vorwürfe, die der selbstherrliche Graf gegen Bienner erhob, prüfen, sie stellten sich als unbegründet heraus. Das Arbeitsklima bei Hof war aber durch diese Affäre schwer belastet. Im Juli beklagte sich die Regentin beim Kaiser über ihren Obersthofmeister und wünschte seine Ablöse. Als sich Montecuccoli im August 1639 an den Kaiserhof begab, wurde er am 30. September von ihr entlassen.[476]

Während der häufigen Abwesenheit des Grafen übernahm der Hofmarschall Jakob Hannibal von

Hohenems die Agenden des Obersthofmeisteramts. Er berichtete darüber nach Hause und stellte Montecuccoli kein gutes Zeugnis aus: *In Summa, der guete Graf wollte gern alles allein thuen, allein regieren und ganz allein die Ehre haben ...*, wäre er nicht schon da, man würde ihn *bei Hof nit mehr gar vil begehren*. Der Vater riet ihm zu Vorsicht: *Du weißt selbst, wie die Welschen sein, daß sie alles allein haben wöllen*. Die Hauptsache sei die Zufriedenheit der Fürstin.[477]

Tatsächlich war Claudia mit dem Grafen von Hohenems zufrieden. Nachdem das *Obrist Hofmeisterambt* eine Zeitlang *ledig gestanden*, ernannte sie ihn in Anbetracht seiner ansehnlichen *Qualiteten* sowie besonders seiner bisher bewiesenen treuen Dienste am 5. Juni 1642 zum Obersthofmeister. Er versah dieses Amt bis zu seinem Tod im darauffolgenden Jahr.[478]

Das Frauenzimmer

Auch im Frauenzimmer gab es Veränderungen: Nachfolgerin der deutschsprachigen Maria Elisabeth Haidenreich als *Hoffrawen Zimers Hofmaisterin* wurde vermutlich im Jahr 1641 Elisabeth Huntpiss geborene Spaur, die wohl doppelsprachig war.[479] Sie blieb nicht immer Hofmeisterin im Frauenzimmer, sondern machte Karriere: Im Jahr 1645 wird sie als der *Ertzfürstl. Princessinen Signora d'Honor*, also Ehrendame von Isabella Klara und Maria Leopoldine bezeichnet und erhielt eine lebenslange Pension von 100 Talern. In den darauffolgenden Jahren wurden ihr goldene Ketten und Geldgeschenke verehrt, nach der Hochzeit von Maria Leopoldine (1648) blieb Witwe Huntpiss *Dona honor* von Isabella Klara.[480] Sie starb am 12. Jänner 1655, ihr umfangreicher Nachlaß wurde am 27. Februar sowie 1. bis 4. März 1655 inventarisiert. Ihr Grab fand sie beim Aufgang zur Silbernen Kapelle.[481]

Bei den Hofdamen ist das Schicksal von Julia Incontri, Freifrau von Schneeberg, berührend. Sie hatte im Frühjahr 1631 ein Kind geboren, das im Namen des Großherzogs von Carlo Caraffa aus der Taufe gehoben wurde, weil sich der als Taufpate vorgesehene Graf Schinchinelli noch in Wien befand.[482] Im Jahr 1633 starb sie jung, der Witwer hielt eine lange Trauerzeit ein, ehe er zum zweiten Mal heiratete.[483]

Neu ins Frauenzimmer aufgenommen wurden zwei junge italienische Adelige, von denen nur der Zeitpunkt ihres Ausscheidens bekannt ist: Das *Camerfreyele* Sara Margareta Schinchinelli, Gräfin von Casalbutano, Tochter des Obersthofmeisters, starb wohl im Sommer 1636, die zwölf Bruderschaften sowie Priesterschaft und Kirchendiener der St.-Jakobs-Kirche erhielten *wegen beywohnung am Begräbnis* 36 Gulden bezahlt. Claudia bestand darauf, daß sie in dieser Kirche beigesetzt wurde.[484] Das Kammerfräulein Portia Freiin von Castelbarco verließ den Hof im Herbst dieses Jahres und erhielt am 28. Oktober 1640 500 Gulden *zu ainer Hofs Abferttigung* sowie 300 Gulden als Reisegeld nach Arco bewilligt.[485]

Auch geringere Hofchargen wurden neu vergeben: Als Kammerfrau scheint im Jahr 1638 Marta Bartolda auf, 1640 wird sie als *Marta gewesste Camer Fraw* bezeichnet.[486] Als ehemalige Kammerdienerinnen werden Marta Gislimbertin, die im Jahr 1639 Reisegeld nach Trient erhielt, sowie Jacoma *Reversa* in Rovereto genannt.[487]

Neue männliche Hofstaatsmitglieder

In rein männlichen Domänen gab es ebenfalls neue Gesichter aus Italien: Im Jänner 1638 erhielt der Hofschmied Giovanni Antonio Biancho, den Claudia am 19. April als ihren *welschen Hofschmidt* bezeichnet, Eisen zugeteilt.[488] Auch der von ihr als Hofreitschmied aufgenommene Joseph *Secchiari* bekam im April 1644 eine Eisenzuteilung, er ist wohl nicht identisch mit Joseph Resciari, dem sie am 5. November 1645 die Pachtsumme für seine in der Innsbrucker Vorstadt gelegene Schmiede zu zahlen versprach. Er wird noch am 10. Juli 1646 als

Hofreitschmied Joseph Ressiari erwähnt.⁴⁸⁹ Dagegen wurde ein nicht namentlich genannter Mailänder Roßbereiter, der sich eine Zeitlang bei Hof aufgehalten hatte, am 18. Juli 1640 entlassen.⁴⁹⁰

Der Hofstaat im Jahr 1645

Im Jahr 1645 umfaßte der Innsbrucker Hofstaat nach einem Verzeichnis der *Personal Anlag* mindestens 390 Mitglieder.⁴⁹¹ Mehr denn je umgab sich Claudia mit Italienern oder Welschtirolern:

Obersthofmeister der beiden Prinzen Ferdinand Karl und Sigismund Franz war Ferdinand Castelleti, Graf von Nomi.⁴⁹² Als Obersthofmeister der Regentin und ihrer Töchter Isabella Klara und Maria Leopoldine fungierte Graf Carlo Caraffa di Stigliano.⁴⁹³ Von den *Cavaglieri* war Ludovico Piccolomini Geistlicher Rat und Kanoniker von Trient⁴⁹⁴, ebenso Dominico Giannettini, zugleich Zeremonienmeister und Privatsekretär.⁴⁹⁵ Vincenzo Pinelli hatte 1635 als Hofkaplan eine Anstellung in Innsbruck erhalten, er wird auch als Gardarobier bezeichnet.⁴⁹⁶ Der Leibschneider Sebastiano Ruspigliati war noch immer tätig, desgleichen Nicola Bassin⁴⁹⁷ und Stefano Cantini als *Butiglier* (Sommelier). Neu war Dominico Bruno als Mundkoch. Von den vier Silberdienern standen die Italiener Spolverino⁴⁹⁸ und Fabiano Rossi⁴⁹⁹ bereits lange im Dienst des Innsbrucker Hofes. Agostino Pelegrini (*Abb. 224*) wird als Kammerdiener und *Italienischer Secretari*⁵⁰⁰, Pietro Baccelli als *Special*, also spezieller Sekretär aufgeführt.⁵⁰¹ Dem Namen nach zu schließen, waren auch Leibmedikus Leonardo Panzoldo⁵⁰² und Tanzmeister Julian Masarota italienischer Herkunft.

In der *Hof Musica* unter Kapellmeister Johann Stadlmayr stammte von den elf Musikern lediglich Johann Baptist Scarmiglione aus Italien.⁵⁰³ Von den Kammerkünstlern tragen Jacomo Artimini, *Specials gehilff*, und der Edelknabenhofmeister Nicola Rossi⁵⁰⁴ italienische Namen. Vermutlich ebenfalls Italiener waren Lorenzo Francesco *Cassay*⁵⁰⁵, Vincenzo Bucconi und der im Jahr 1632 als Sänftenknecht bezeichnete Johann Baptista Guidi, alle drei ohne nähere Bezeichnung aufgeführt. Bucconi ist wohl identisch mit Claudias *Sennftenmaister Vicenz Puzano*, der den Brautwerber Maximilian von Mohr im November 1645 in einer Sänfte nach Florenz brachte und 100 Gulden als Reisezehrung vergütet erhielt.⁵⁰⁶

Noch immer arbeitete der Sattler Pandolfini für den Hof, für die Hochzeit Ferdinand Karls fertigte er neue Kutschen an. Aber es gab Probleme. Im Jahr 1646 beklagte er sich über Behinderungen durch einheimische Sattler, trotzdem blieb er bis zu seinem Tod in Innsbruck.⁵⁰⁷

Die beiden italienischen Jesuiten aus dem engeren Umfeld der Erzherzogin waren ebenfalls noch immer bei Hof: P. Pietro Malaspina, ihr Beichtvater, und P. Eustachio Pagano, in den Jahren 1644–1649 Sprachlehrer der erzherzoglichen Kinder.⁵⁰⁸

Abb. 224: Agostino Pelegrini in reiferen Jahren. KHM, GG, IN 5610.

*Abb. 225: Claudia de' Medici als Witwe.
Innsbruck, Jesuitenkirche, Sakristei.*

Auch die italienische Küche wurde weiter bevorzugt. Ein Bestellzettel vom Jahr 1638 listet folgende *welsche Früchte* auf: 60 Zitronen, 350 Granatäpfel (*Margranten*), 500 Limonen (*Lemoni*), 500 Pomeranzen (*Pomeranzi*) und 150 Pfund Maroni. Spezielle Weine, bestes Olivenöl, Reis, Parmesan, große Oliven, Kapern und gesalzene Limonen wurden gleichfalls für die Regentin nach Innsbruck geliefert.[509]

Für den Fortbestand des italienischen Elements am Innsbrucker Hof sorgte die von Claudia (*Abb. 225*) gewünschte Heirat des Erbprinzen Ferdinand Karl (*Abb. 226*) mit ihrer Nichte Anna de' Medici (*Abb. 227*).

*Abb. 226: Erzherzog Ferdinand Karl in modischer Kleidung, gemalt von Frans Luyx.
KHM, GG, IN 9425.*

Abb. 227: Anna de' Medici, gemalt von Justus Suttermans. KHM, GG, IN 803.

Heiliges Land Tirol
Katholische Frömmigkeit, Hexen und Sünder, Judenfeindschaft

Claudia de' Medici war eine fromme Fürstin. Im Kloster erzogen, wählte sie ein religiöses Motiv als Lebensmotto: „Gott sieht alles" (*Abb. 228*). Während der zwei Jahre, die sie im Klosterpalast *della Crocetta* auf die Heirat mit Leopold V. warten mußte, nahm sie sicher auf die eine oder andere Weise am Leben der Nonnen teil, lernte die kanonischen Tagzeiten kennen und betete sie vielleicht selbst. Auf jeden Fall besaß sie wohl schon in dieser Zeit ein kostbares Stundenbuch mit ihren Initialen.[510] Auch ein handgeschriebenes Gebetbuch mit goldenem, diamantverziertem Deckel und ein Marienoffizium mit goldenem Einband dürften aus ihrer Florentiner Zeit stammen.[511] In Innsbruck wurde für sie im Jahr 1627 ein großformatiges Brevier gebunden, für das der Buchbinder *Wellische Clausurn* machte.[512]

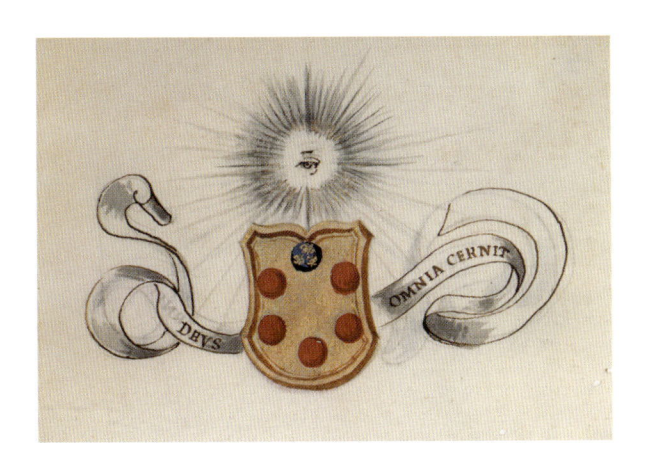

Noch vor ihrer Übersiedlung nach Tirol erhielt Claudia am 9. April 1626 die päpstliche Erlaubnis, den von der Hofburg in den Fürstenchor der Hofkirche führenden Gang, der im Klausurbereich des Franziskanerklosters lag, benützen zu dürfen.[513] Damit konnte sie auf kurzem Weg zum Gottesdienst in die Hofkirche gelangen, doch nicht immer. Denn während der Kindbettzeit durfte sie sich 40 Tage lang nicht öffentlich zeigen, auch nicht im Fürstenchor. Bereits kurz nach der Hochzeit (19. April 1626) schwanger geworden, wußte sie, was ihr bald verwehrt war. Daher wurde wohl auf ihren Wunsch hin ab Juli 1626 neben dem Fürstenchor eine Kapelle errichtet, in der gottesdienstliche Verrichtungen stattfinden konnten, an denen sie auch während dieser Zeit teilnehmen

Abb. 228: Das Motto „Gott sieht alles" als Entwurf. Eine direkte Vorlage für diese Devise gibt es nicht. ÖNB, Cod. 9899, fol. 13r (BA, E 29.062-C).

Abb. 229: Das Marienoratorium im ersten Stock des Innsbrucker Franziskanerklosters. Es konnte von Claudia de' Medici auch aufgesucht werden, wenn sie sich während der Kindbettzeit nicht öffentlich zeigen durfte.

Abb. 230: Die Heimsuchung, gemalt von Martin Teofil Polak. Als Muttergottes ist Claudia de' Medici mit rotblonden Haaren dargestellt, als heilige Elisabeth vermutlich ihre Vertraute Honorata Piccolomini. Das geschmückte weiß-rotbraune Bologneserhündchen weist ebenfalls auf Claudia hin.

Abb. 231: Die Anbetung der Könige, gemalt von Martin Teofil Polak. Als Muttergottes ist Claudia de' Medici abgebildet, das weiße Löwchen und der nicht ganz korrekt wiedergegebene Erzherzogshut weisen auf sie hin.

durfte.⁵¹⁴ Der Hofmaler Martin Teofil Polak schmückte dieses Marienoratorium (*Abb. 229*) mit Wandgemälden, auf denen die Erzherzogin in Sakralidentifikation, mit ihren beiden Schoßhündchen und dem Erzherzogshut dargestellt ist (*Abb. 230, 231*). Die unter dem Marienleben dargestellten Szenen aus dem Alten Testament sind monochrom in Braun gehalten und sollen offenbar – wie der Bilderzyklus *Apparato di Nozze* im Palazzo Ducale in Urbino – Bronzereliefs imitieren. Man kann daher wohl annehmen, daß Claudia, die ehemalige Herzogin von Urbino, die Anregung dazu gab.

Für die private Andacht besaß die Erzherzogin ein wertvolles Marienbild aus weißem Marmor (*Abb. 232*), dessen breiter Florentiner Goldrahmen auf die Herkunft aus Florenz hinweist.⁵¹⁵

Um die Marienverehrung auch in Innsbruck zu fördern, ließ die Landesfürstin für die Servitenkirche eine Kopie des hochverehrten Verkündigungsbildes in der Kirche SS. Annunziata in Florenz anfertigen (*Abb. 295*). Sie stiftete dazu einen Altar, wo das Gemälde noch heute zu sehen ist.⁵¹⁶

Auch in der Klosterkirche der Kapuziner entstand eine marianische Andachtsstätte: Im Jahr 1629 kam das Bild der stillenden Muttergottes von Lucas Cranach (*Abb. 233*) durch Schenkung nach Innsbruck. Claudia de' Medici ließ dafür einen Altar errichten und mit den Statuen der Heiligen Leopold und Claudia schmücken. Im Jahr 1633 bezahlte sie ein Heiliges Grab für das Kloster.⁵¹⁷

Im Jänner 1627 weilte Mary Ward, die Gründerin der „Englischen Fräulein", auf der Durchreise nach Deutschland einige Tage in Innsbruck. Sie kam aus Florenz, wo ihr Maria Magdalena im November 1626 das berühmte Verkündigungsfresko in SS. Annunziata gezeigt hatte. Sie besaß eine Empfehlung von Christine von Lothringen an ihre Schwester, Kurfürstin Elisabeth von Bayern. Auch Claudia stellte ihr am 4. Jänner 1627 ein Empfehlungsschreiben nach München aus.[518]

Während über diesen Besuch sowie einen weiteren der englischen Damen im Jänner 1629 wenig bekannt ist[519], blieb ein anderer Besucher länger in Innsbruck und hat darüber ausführlich berichtet: Philipp Hainhofer. Der protestantische Kunsthändler aus Augsburg erlebte Karwoche und Ostern 1628 bei Hof und beobachtete die katholischen Bräuche interessiert.

Seiner Meinung nach gab Leopold seinen Hofleuten das Vorbild *aines Gottsförchtigen, demüetigen fürsten*. Er hielt den Besuch der Kirchen und Gottesdienste *für den grössten lust*. An allen Aposteltagen und hohen Festtagen beichtete und kommunizierte er, selbst als Laie betete er täglich das Brevier. Die Teilnahme an der Fronleichnamsprozession war für ihn selbstverständlich, wurde aber auch der Innsbrucker Bürgerschaft und allen Hofangehörigen befohlen. Am Gründonnerstag wuschen Leopold und Claudia je 13 armen Männern und Frauen die Füße und beschenkten sie danach. Am Karfreitag sahen sie der Prozession zu, bei der der Erzherzog aber im Jahr 1628 das öffentliche

Abb. 232: Madonna mit Kind, Marmorrelief von Antonio Rossellino, um 1465. KHM, KK, IN 5455.

Abb. 233 Für die „Stillende Muttergottes" von Lucas Cranach (1525/1535) stiftete Claudia einen Altar in der Kapuzinerkirche. Innsbruck, Kapuzinerkirche.

Geißeln verboten hatte, um seine schwangere Gemahlin nicht zu erschrecken. Am Karsamstag besuchte der Hof die Heiligen Gräber in der Stadt, das Osterfest wurde mit großem Pomp gefeiert.[520]

Claudia de' Medici beeindruckte ihren Gemahl nicht nur durch ihre hohe Intelligenz, sondern auch durch ihre Frömmigkeit. Daher bestimmte er sie bereits im Jahr 1629 testamentarisch zur Regentin. Auf diese Weise konnte er sicherstellen, daß auch die kommende Fürstengeneration und das ganze Land der „allein seligmachenden katholischen Religion" treu bleiben würden.

Tirol – ein heiliges Land

„Heiliges Land Tirol" – dieses Ziel hatten sich die Tiroler Landesfürsten seit dem 16. Jahrhundert gesetzt. Die Tiroler Landesordnung von 1573, die im Jahr 1603 neu gedruckt wurde, verpflichtete die Untertanen zu gottesfürchtigem Leben.[521] Zusätzlich erlassene landesfürstliche Mandate reglementierten weitere Bereiche des religiösen und moralischen Verhaltens der Bevölkerung. Claudia de' Medici setzte diese Tradition in schwieriger Zeit fort.

Gemäß Landesordnung (Buch 7, Titel 1) sollte *Gott der Allmächtig* zu jeder Zeit, besonders aber an Sonn- und Feiertagen *gelobt und geehrt* werden, weshalb an diesen Tagen nicht nur die körperliche Arbeit ruhen, sondern auch *alle sündliche Werck als offen Spihlen und dergleichen* unterbleiben mußten. Dieser Befehl galt als grundsätzliche Devise für das gesamte Leben der Tiroler Bevölkerung.

Gotteslästerung und gotteslästerliches Fluchen, *damit Gott unser Schöpffer entehret wird*, wurden als strafbares Delikt gewertet. *Gottslästerer* sollten laut Landesordnung (Buch 7, Titel 2) beim ersten Mal mit acht, beim zweiten Mal mit vierzehn Tagen Gefängnis bei Wasser und Brot bestraft werden, beim dritten Mal je nach Schwere an Leib, Leben oder Gut. Für vermögende und angesehene Persönlichkeiten waren Geldbußen von 8 Gulden beim ersten Mal, 20 Gulden beim zweiten Mal sowie Gefängnis beim dritten Mal vorgesehen.

Wie Leopold V. erließ auch Claudia spezielle Mandate *wegen des Gottslästerlichen schwören, fluechen und schelten* (26. Juli 1635, 2. September 1636, 18. August 1638, 5. Juli 1639). Alle Obrigkeiten wurden aufgefordert, sie zu publizieren und ihre Einhaltung bei Strafe anzuordnen. Vierteljährlich sollten sie der Regierung Bericht erstatten, wer gegen dieses Gebot verstoßen hatte und wie dafür bestraft worden war, andernfalls sie selbst einer Geldstrafe verfielen. Doch viele Tiroler Obrigkeiten erfüllten die Berichtspflicht sehr saumselig und mußten immer wieder gemahnt werden. Selbst Pfarrer weigerten sich, das *Gottslesster Mandat* zu publizieren. Sie sahen darin eine unstatthafte Einmischung weltlicher Behörden in geistliche Belange.[522]

Der Jägerknecht Valentin Hofmann büßte sein gotteslästerliches Fluchen in Innsbruck schwer. Gemeinsam mit seiner Frau, die als Kupplerin galt, wurde er am 6. Februar 1644 ins Kräuterhaus gebracht. Claudia verfügte zwar am 11. Februar seine Entlassung aus diesem Gefängnis, zugleich aber auch aus ihrem Dienst.[523]

Der Lienzer Metzger Leonhard Geritzer war wegen dieses Delikts 8 Tage bei Wasser und Brot im Gefängnis, weigerte sich aber, zusätzlich 20 Gulden zu bezahlen. Die Innsbrucker Regierung wies den Lienzer Landrichter an, den Gotteslästerer wieder einzusperren und pro Gulden zwei Tage im Gefängnis zu belassen, im Weigerungsfall möge er ihm die Landesverweisung androhen.[524]

Der Innsbrucker Hof war ein Hort katholischer Frömmigkeit. Wie unter den vorangegangenen Landesfürsten, hatten auch während der Regentschaft von Claudia de' Medici die Angehörigen des Hofes *alle leichtfertigkeit, unzucht, fillerey* (= Völlerei), Gotteslästern und dergleichen zu meiden.[525] Als der Kanzleidiener Georg Endter 1645 in einem Innsbrucker Gasthaus ein zehnjähriges Mädchen mißbrauchte, wurde er sofort entlassen und nach längerer Haft aus Tirol verbannt, mit den ihm auferlegten 50 Gulden Strafgeld sollte auf Anweisung der Regentin das desolate Kräuterhaus, in das es bereits hereinregnete, repariert werden.[526] Ähnlich erging es dem Lehenskanzlisten Martin Gstirner. Wegen Ehebruchs zunächst suspendiert, wurde er anschließend trotz Zahlung von 300 Gulden Strafgeld nicht wieder eingestellt.[527]

Alle Hofangehörigen mußten *in alweeg der Catholischen allein Seeligmachenden Römischen Religion zuegethann* sein, sonn- und feiertags an allen religösen Übungen teilnehmen, in dringenden Fällen aber auch an diesen Tagen arbeiten.[528] Die Verpflichtung zur katholischen Religion war oft im Dienstvertrag enthalten (*Abb. 234*). Wenn aus besonderem Anlaß ein vierzigstündiges Gebet abgehalten wurde, waren die Mitglieder des Hofes schichtweise dazu eingeteilt.[529] Als die Regentin im Jahr 1636 bemerkte, daß sich nur wenige Beamte bei Predigt, Gottesdienst und Prozessionen einfanden, sondern ihre Sitzungen just auf diese Zeit verlegten oder die Zeit gar als Freizeit betrachteten, erteilte sie ihnen eine Rüge.[530] Auch der Tagesablauf der Edelknaben enthielt viele religiöse Pflichten, angefangen vom Kreuzzeichen beim Aufwachen bis hin zum Nachtgebet, während auf Hygiene offenbar weniger geachtet wurde. Nur morgens nach dem Anziehen sollten sich die Knaben Gesicht und Hände waschen.[531]

Die Jesuiten spielten bei Hof eine große Rolle. Pater Pietro Malaspina war mit Claudia aus Florenz gekommen und blieb ihr Beichtvater bis zu seinem Tod (1647). Ihm folgte in dieser Position Eustachio Pagano aus Neapel nach, den die Regentin mehrfach für diplomatische Missionen zum Kaiser und nach Spanien verwendete. Jesuiten waren auch, wie Leopold V. es testamentarisch festgelegt hatte, Beichtväter und Lehrer der *Ertzfürstlichen jugent*. Ihre Erziehung in streng katholischem Sinn war damit gewährleistet.

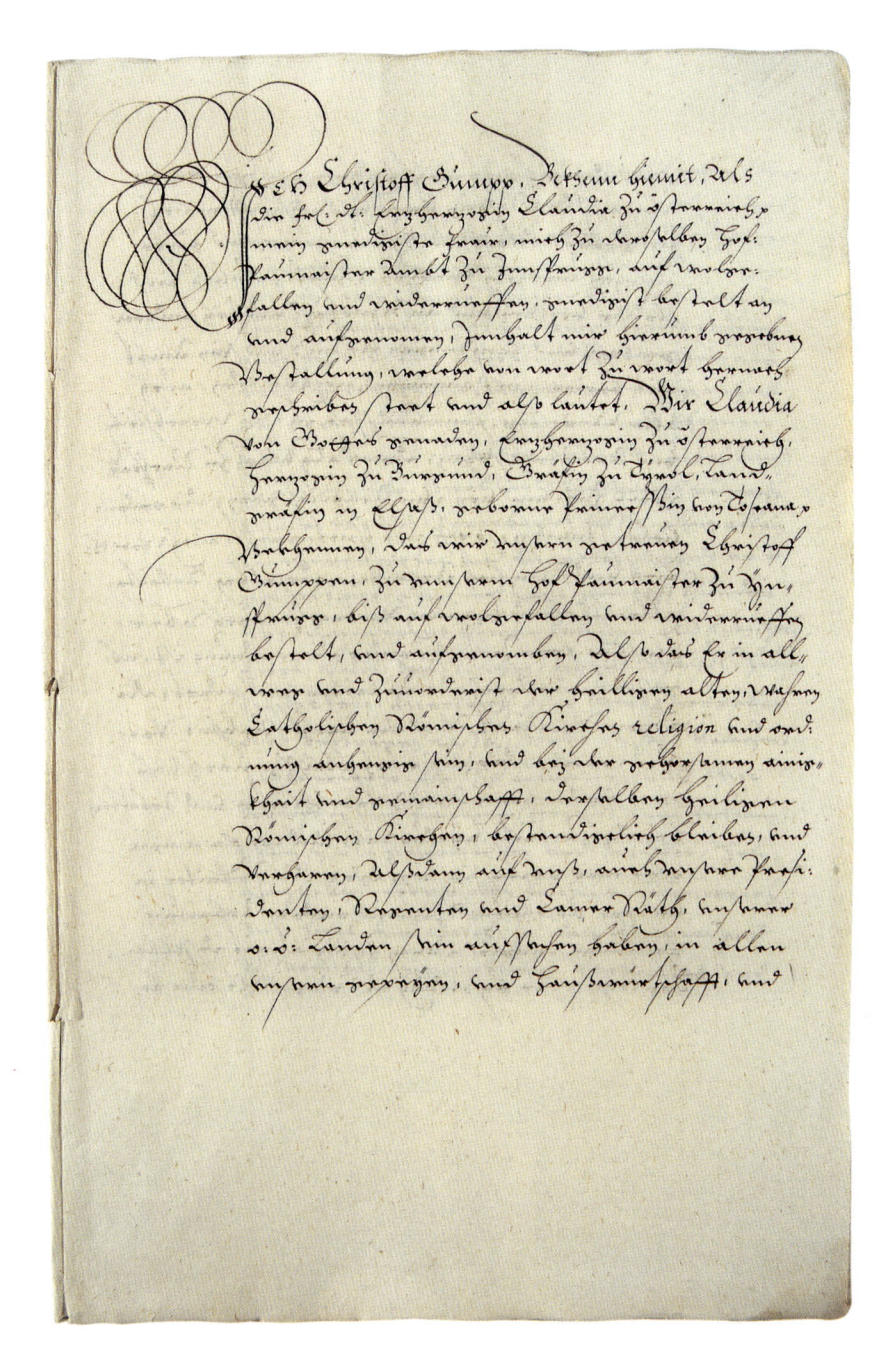

Tirol – ein katholisches Land

Auch das Land sollte rein katholisch sein. In seinem Testament hatte Leopold V. seine Nachfolger darauf verpflichtet, der *allain Seeligmachenden Catholischen Religion* treu zu bleiben und sich darum zu bemühen, *die verfierische Sectische Lehren* auszurotten und die Untertanen *zu der wahren Alten*

Abb. 234: Dienstrevers von Christoph Gumpp, 3. Februar 1633.
TLA, Dienstrevers II/891, erste Seite.

Catholischen Römischen Religion zu verhalten. In ihren Ämtern sollten sie vor allem *die Catholischen Landtleuth in allerbester Consideration und befürderung* haben.

Während Leopolds Regierungszeit gab es nur noch wenige „Unkatholische" im Land. Die meisten Wiedertäufer waren bereits im 16. Jahrhundert der Verfolgung zum Opfer gefallen, ihr prominentester Vertreter Jakob Huter im Jahr 1536 in Innsbruck lebendig verbrannt worden, seine Anhänger aus Tirol geflüchtet. Als die Regierung im Jahr 1627 erfuhr, daß sich verschiedene Personen, *welliche der Gotlosen hochschedlichen verfierischen widertauferischen Sect anhengig* seien, in Rattenberg und Umgebung aufhielten, ließ sie sofort nachforschen, offenbar ohne Erfolg.[532] Auch während der Regentschaft von Claudia de' Medici sind keine Anhänger dieser bibeltreuen Glaubensgemeinschaft, die noch heute als „Huterer" in Amerika leben, aktenkundig.

Die Ausweisung der Protestanten

Milder mußten die Tiroler Landesfürsten mit anderen „Unkatholischen" umgehen. Die Protestanten waren seit 1555 als Konfession reichsrechtlich anerkannt, ihr Aufenthalt im Land war vom Willen des jeweiligen Landesfürsten abhängig. In Tirol wurden die Anhänger dieser Variante des christlichen Glaubens ausgewiesen, sofern sie sich nicht binnen Monatsfrist *zu der allain Seligmachenden Christlichen Catholischen Religion bequemen*. Wurde jemand entdeckt, der *Lutherisch Augspurgischer Confession* war und sich nicht bekehren wollte, suchte man nach seinen Verführern und Komplizen. Claudia duldete ebenfalls niemanden, der mit dem *Lutheranismo* infiziert war, im Land.[533]

Es gab aber auch indirekte Bekehrungsversuche. So wollte Leopold V. die beiden Söhne seines verstorbenen Hofmalers Tobias Springler in Kost geben, um auf diese Weise eine Hinwendung zur katholischen Religion zu erreichen. Doch die Mutter weigerte sich entschieden, ihre Kinder abzugeben, *fürnemblich wegen der Religion, wann Sy sollen Cathollisch werden*, was sie *gegen Gott nit verandtwordten khundte*.[534]

Einzelne „Lutherische" wurden allerdings im Land geduldet, weil wirtschaftliche Überlegungen dafür sprachen. War es nicht möglich, daß sich Schmelzer und Gewerken in Kitzbühel *vermitlst Götlicher gnaden von Irem Irrthumb zue dem Claren Liecht des Catholischen Glaubens bekhennen wollten oder wurden*? Vor allem bei der aus Augsburg stammenden Kitzbüheler Gewerkenfamilie Rosenberger hoffte man, sie würde sich zum Katholizismus bekehren. Aber durfte ein katholischer Fürst *one verletzung des Gewissens wegen befirderung seines Camerguets* Personen, *so der Augspurgischen Confession zugethon*, in seinem Land tolerieren? Natürlich nicht, daher wurden im Jahr 1629 alle noch im Land geduldeten Protestanten ausgewiesen, nur die Gewerken erhielten alljährlich eine befristete Aufenthaltsgenehmigung, um nach ihren Bergwerken zu sehen. Den Rosenbergern, die wegen *erscheinenden Undergangs* mehrmals nach ihren Bergwerksanteilen sehen wollten, gewährte der Landesfürst am 25. Oktober 1630 noch eine zusätzliche Genehmigung.[535]

Claudia de' Medici war am Bergwesen, einer der Einnahmequellen des Landesfürsten, sehr interessiert. Als die Rosenberger 1639 ihre Bergwerksanteile ablösen wollten, sprach sie sich dagegen aus. 1644 ließ sie sich referieren, was es mit dem *Rosenbergischen Gewerckhenhandl in Tyrol* für eine Beschaffenheit habe. Bei dieser Gelegenheit werden Sequestration samt dem *vermuetlich vorstehenden Crida Proceß* erwähnt, im folgenden Jahr werden die einstmals mächtigen protestantischen Gewerken letztmalig erwähnt.[536]

Auch protestantische deutsche Kaufleute in Bozen wurden aufmerksam beobachtet. Als man in Innsbruck erfuhr, daß sie beim Ziegelstadel ein *Newes Gepew* zur Bestattung ihrer Toten fast fertiggestellt hatten, ließ die Regierung den Bau am 14. November 1639 sofort einstellen. Nachdem bekannt wurde, daß die Stadt das Gebäude dem Spital übergeben wollte, erinnerte man sie am 3. Jänner 1640 daran, daß vor jeder Bewilligung einer *sepultur* für die *Uncathollischen* die Erlaubnis in Innsbruck eingeholt werden müsse. Als ruchbar wurde, daß *teutsche uncathollische* Handelsleute während der Fastenzeit 1640 nicht nur selbst Fleisch verzehrten, sondern auch Gäste dazu einluden, außerdem welsche und deutsche Kaufleute *mit weibs Personen*, von denen einige verheiratet waren, *in unzucht* lebten, forderte die Regierung am 19. Juni 1640 die gebührende Bestrafung dieser *verbrechen*. Doch die Kaufleute reisten unterdessen ab, nur gegen die verhaftete *weibs Persohn* Ursula Oberwalder konnte vorgegangen werden. Auf Rat der Jesuiten gestattete man aber im November 1644 die Errichtung eines Friedhofs für die *uncatholischen* Handelsleute in Bozen.[537]

Calvinisten – eine sektische Religion

Erst 1648 reichsrechtlich als Konfession zugelassen wurden die Calvinisten. Der wichtigste Anhänger dieser Glaubensrichtung, Kurfürst Friedrich von der Pfalz, hatte durch seinen Anspruch auf Böhmen den Dreißigjährigen Krieg verursacht. An Tirols Grenze gab es im Engadin viele Anhänger dieser *Sectischen Religion*. Einige versuchten sich in der Fürstlichen Grafschaft niederzulassen, wurden aufgespürt und zur *bekherung* aufgefordert. Taten sie es nicht, mußten sie das Land verlassen, denn am 5. Oktober 1638 befahl die Regentin die Ausschaffung *dergleichen Unkatholischer Persohnen*.[538]

Die Osterbeichte – Beweis der Rechtgläubigkeit

Tirolern war es nicht erlaubt, sich zum Studium oder zur Arbeit in Länder, wo *die Sectische Religion in schwang*, zu begeben. Seit 1586 ergingen entsprechende Verbote, Leopold V. wiederholte sie mehrmals. Auch Claudia untersagte „Saisonarbeitern", sich im Frühling und Sommer *an uncatholische verdächtige Orth* zu begeben.[539] Für Augsburg und Kaufbeuren gab es eine Sonderregelung: Religionsagenten sollten sich darum kümmern, daß die hier beschäftigten Tiroler und Tirolerinnen auch in protestantischer Umgebung der katholischen Religion treu blieben. Die Agenten mußten die Beichtzettel, in denen ein Geistlicher die absolvierte Osterbeichte dieser Tiroler bestätigte (*Abb. 235*), nach Innsbruck senden.[540] Doch es gab auch Ausnahmen: Ein Bozner, dessen Sohn bei einem lutherischen Kaufmann in Augsburg in Dienst stand, wurde 1640 im Namen der Regentin aufgefordert, ihn zurückzuholen.[541]

Abb. 235: Beichtzettel dienten als Beleg für die abgelegte Osterbeichte. Hier zwei Beispiele, abgeliefert von Religionsagenten in Deutschland.
TLA, Leopoldinum, Littera R, Nr. 15.

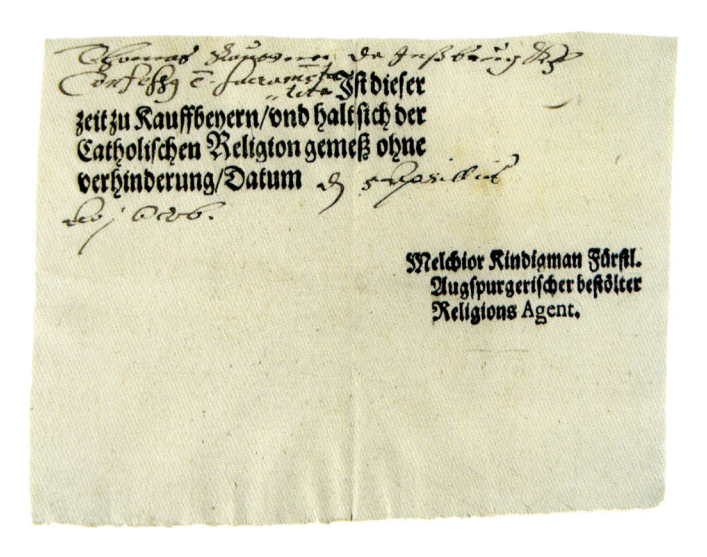

Abb. 236: Beichtmandat Leopolds V., 26. Jänner 1630. Der Vermerk auf der Rückseite besagt, daß das Mandat am 1. Fastensonntag (27. Jänner 1630) verkündet wurde. TLMF, FB 6630.

Um die *Catholische allain seligmachende Religion* zu erhalten und die Ungehorsamen *per brachium saeculare* zum *Christlichen gehorsam* zu bringen, wurde das religiöse Wohlverhalten der Untertanen von der Obrigkeit kontrolliert. Als wesentlicher Beweis für die Zugehörigkeit zur katholischen Religion galt, daß jemand *die schuldig österliche Peicht und Communion* verrichtete. Der zuständige Seelsorger mußte darüber eine Bestätigung, den Beichtzettel, ausstellen und die Liste der gehorsamen und ungehorsamen Beichtkinder nach Ostern seiner Obrigkeit übergeben. Von dort waren diese Beichtregister nach Innsbruck zu schicken. Entsprechende landesfürstliche Mandate gab es seit 1581, auch unter Leopold V. (*Abb. 236*).

Aber viele Obrigkeiten blieben säumig, oft jahrelang.[542]

Noch bevor Claudia de' Medici offiziell zur Regentin ernannt wurde, erging am 28. Jänner 1633 in ihrem Namen ein Beichtmandat. Alle Erwachsenen wurden aufgefordert, alljährlich zu Ostern *das hochwürdigiste Sacrament deß Altars under ainerley gestalt* zu empfangen. Sie selbst ließ ebenfalls Beichtmandate drucken und legte Wert darauf, daß die Beichtregister *gebirendermassen vleissig* eingesendet wurden. Die ungehorsamen Untertanen sollten eine Geldstrafe zahlen und die Beichte innerhalb von 14 Tagen nachholen, Verdächtige waren zu beobachten. Wer trotz Aufforderung nicht beichtete, wurde aus dem Land gewiesen. Es kam aber auch vor, daß ein Säumiger zunächst zwei Tage und Nächte bei Wasser und Brot im Gefängnis büßte und die Beichte innerhalb von drei Wochen nachholen mußte.[543]

Nicht alle waren mit diesen Beichtmandaten einverstanden, bisweilen wurden sie abgerissen oder Geistliche widersetzten sich. Auch nachlässige Seelsorger gab es. Wie anders konnte es passieren, daß der 26jährige Dieb Florian Pinter, der 1638 auf Schloß Rattenberg in Haft war, noch nie gebeichtet und kommuniziert hatte, ja angeblich sogar das Vaterunser nicht beten konnte?[544]

Die Verfolgung von Hexen und Zauberern

Die rigorose Kontrolle des religiösen Verhaltens der Bevölkerung – selbst eine öffentliche Bücherverbrennung gab es[545] – diente nicht nur der ausschließlichen Duldung des katholischen Glaubens, sondern auch der Überprüfung der Rechtgläubigkeit. Aberglaube galt als Vorstufe für Hexerei und damit als sehr gefährlich. Wer Gott, *seine außerwöhlte Mutter und lieben Heiligen* schmähte, anderen Schaden zufügte, auch mit seinen Zauberkünsten prahlte oder abergläubische Meinungen vertrat, stand vielleicht mit dem Teufel im Bund und bedrohte das Reich Gottes auf Erden. Nach solch *bösen Hexenleuthen* mußte gefahndet werden, um sie unschädlich zu machen. Hieß es nicht schon im Alten Testament (Exodus 22, 17): *Eine Zauberin –* den Begriff der Hexe gab es noch nicht *– darfst du nicht am Leben lassen?*[546]

Der erste Hexenprozeß auf Tiroler Boden hatte 1485 in Innsbruck stattgefunden und war vom Brixner Bischof niedergeschlagen worden. Doch der päpstliche Inquisitor, der Dominikaner Heinrich Institoris, gab nicht auf und verfaßte gemeinsam mit seinem Ordensbruder Jakob Sprenger ein Werk, das der Aufdeckung und Verfolgung von Hexen und Zauberern dienen sollte. Das 1487 gedruckte Buch *Malleus maleficarum* („Hexenhammer") setzte Hexerei mit Ketzerei gleich und forderte daher für die Beschuldigten die Todesstrafe durch Verbrennen. Durch den Buchdruck fand dieses verderbliche Werk über die angeblichen Hexen weite Verbreitung (*Abb. 237*), vor allem bei lateinkundigen Juristen und Geistlichen. In Predigten wurde bald auch die Bevölkerung mit den darin enthaltenen, uns heute absurd erscheinenden Lehrmeinungen vertraut gemacht. Als strafbares Delikt wurde „Hexerei" in der Grafschaft Tirol – anders als in den Territorien der Bischöfe von Brixen und Trient – aber erst spät verfolgt.[547]

Die Tiroler Landesordnung von 1573/1603 kannte nur das *Verbot der Zauberey und Abergläubigen Warsagerey* mit den gleichen Strafen wie bei Gotteslästerung: Gefängnis oder Bestrafung an Leib, Leben und Gut. Das übergeordnete Reichsgesetz, die 1532 von Karl V. erlassene *Constitutio Criminalis Carolina,* sah für Schadenzauber die To-

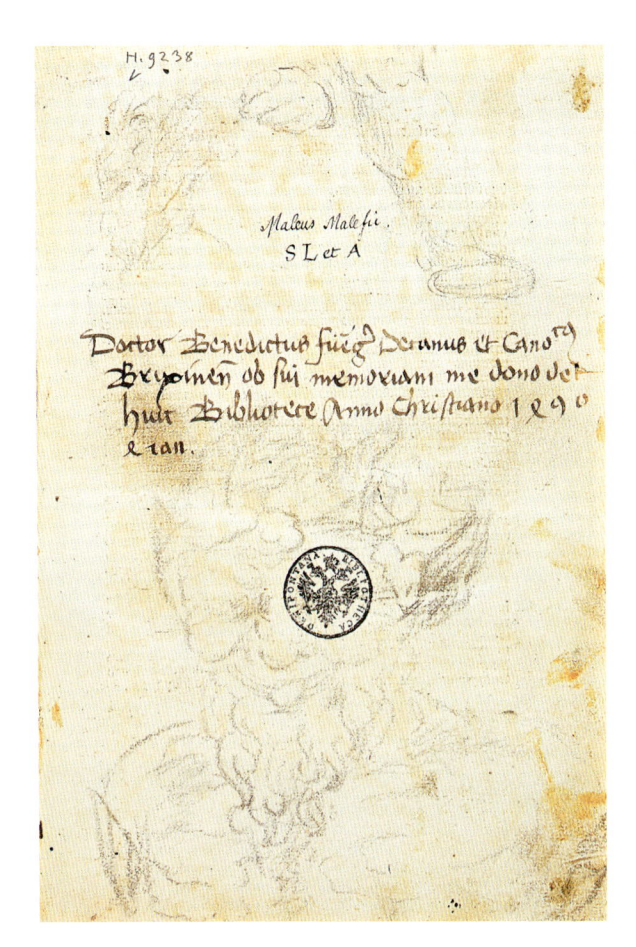

Abb. 237: Jakob Sprenger und Heinrich Institoris: Malleus maleficarum. Der „Hexenhammer" sollte schadenstiftende Frauen zermalmen. UBI, Sign. 157.C.2, Titelblatt der Erstausgabe (Speyer 1487).

desstrafe vor *unnd man solle solliche straff mit dem feur thun*.⁵⁴⁸ Prozesse wegen „Hexerei" konnten aber, wenn man den Teufelsbund als wesentlichen Bestandteil ansah, als Abfall vom rechten Glauben gewertet und damit als Ketzerprozesse geführt werden. Bei Verurteilung drohte der Tod durch Verbrennen bei lebendigem Leib.

Hexenverfolgung in Landeck

Bereits der erste unter Leopold V. geführte Tiroler Hexenprozeß zeigte die Schwierigkeiten bei der Beurteilung von derlei Delikten auf: Zu Jahresbeginn 1623 wandte sich der Landecker Pfleger und Richter an die Innsbrucker Regierung, um wegen Christina Schainger, die bezichtigt wurde, *allerhandt Zauberei* zu gebrauchen, einen Scharfrichter zu erhalten. Am 6. April 1623 erbat er sich Bescheid, wie er in verschiedenen Punkten bei den *der Hexerey halber* verhafteten *Schaingerin* und der Anna Haller verfahren sollte. Man antwortete ihm, er und seine Geschworenen hätten gemäß der Landesordnung sowie mit Zuziehung eines oder mehrerer Rechtsgelehrter ein Urteil zu fällen. Der Pfleger suchte daraufhin um die Entsendung eines Juristen sowie in Erwartung eines Todesurteils auch gleich um einen Bannrichter an, der die Blutgerichtsbarkeit ausüben konnte.⁵⁴⁹ Der Prozeß endete am 20. Juni 1623 mit der Verurteilung der 70jährigen *Schaingerin* und der 60jährigen *Hallerin*. Der Scharfrichter sollte sie *lebendig in das Feur werffen unnd zu Pulfer und Aschen verprennen*. Der Richter sowie der beigezogene Rechtsgelehrte plädierten aber für Milde. Tatsächlich änderte der Landesfürst das Malefizurteil am 4. Juli 1623 dahingehend

Abb. 238: Schloß Landeck. TLMF, FB 6201 (Burglechner-Codex), Nr. 9.

ab, *daz Sy zuvor enthäubt und volgents verbrent* werden sollten.[550]

Auch bei der in Schloß Landeck (*Abb. 238*) inhaftierten Anna Kolb aus Zams riet die Innsbrucker Regierung am 21. August 1623 zur Zuziehung von ein oder zwei Juristen. Da die Beschuldigte trotz dreimaliger Tortur nicht gestand, galt sie als *gleichsam genügend purgiert*, d. h. vom Verdacht der Hexerei gereinigt. Trotzdem lautete das Urteil auf Freilassung und anschließende ewige Verbannung aus Tirol. Die Innsbrucker Regierung billigte diese Entscheidung nicht, weil ohne Geständnis keine Verurteilung erfolgen durfte. Sie wies den Pfleger am 20. September 1623 an, Anna *Kolpin* gegen die übliche Urfehde[551] auf freien Fuß zu setzen.[552]

Ebenfalls in Schloß Landeck wegen *Zauber- und Hexerei* inhaftiert war Dorothea Höprant. Ob in diesem Prozeß ein – teurer – Rechtsgelehrter zugezogen wurde, ist unbekannt. Die Gefangene wurde jedenfalls nach Folterung dazu verurteilt, samt ihren *Zauberey sachen* verbrannt zu werden. Die Regierung bestätigte das Urteil am 3. September 1627, die Verbrennung erfolgte wohl nicht bei lebendigem Leib.[553]

Verfahren in Sachen Hexerei

Richter und Gerichtsgeschworene waren mit den Hexenprozessen vielfach überfordert. Wie sollten sie die Beschuldigten, die Teufelsbund, Teufelsbuhlschaft, Teilnahme am Hexensabbat oder das Wettermachen leugneten, der Tat überführen? Wie konnten sie ein Geständnis, ohne das kein Urteil gefällt werden durfte, herbeiführen? Wie das wohl auch sie bedrückende Verfahren möglichst rasch beenden?

Die Anwendung der Folter sollte dieses Problem lösen. Außer der Daumenschraube und dem Seilaufzug mit nach rückwärts gedrehten Armen, variabel nach Dauer und Gewichten, gab es eine Reihe von erprobten Mitteln, um ein Geständnis herbeizuführen. Wollte der/die Angeklagte auf glühende Eisenplatten gestellt werden, viele Stunden lang auf einem zwischen die Beine geschobenen spitzen Holzbock, auch Esel oder Schragen genannt, stehen (*Abb. 239*) und mit Rutenstreichen am Einschlafen gehindert werden (*tormentum insomnii*)?

Was tun, wenn der/die Beschuldigte die während der Folterung gemachten Geständnisse danach widerrief? Nach welchem Gesetz sollten Richter und Geschworene, in der Regel Laien, eine geständige Hexe verurteilen, wo es dieses Delikt doch in der Tiroler Landesordnung gar nicht gab? Mußte ihnen der Landesfürst nicht juristisch ge-

Abb. 239: Blick in eine Gerichtsstube des 18. Jahrhunderts, im Hintergrund die Folterkammer mit dem gefürchteten Bock. UBI, Sign. 141.E.12 (Johann Christoph Froelich von Froelichsburg: Commentarius in Kayser Carl V. u. d. Hl. Röm. Reichs Peinliche Halsgerichtsordnung, Frankfurt – Leipzig 1741, Frontispiz).

Heiliges Land Tirol 199

bildete Experten beigeben, um sie bei der Urteilsfindung zu beraten? Doch welcher wohlbestallte Jurist wollte sich schon in ein entlegenes Tiroler Dorf begeben, um einer unangenehmen und wenig lukrativen Hexeneinvernahme beizuwohnen? Was tun, wenn die beauftragten landesfürstlichen Kommissare diese Aufgabe nicht übernehmen wollten? Wie vorgehen, wenn die Beschuldigten mit und ohne Folter „Komplizen" angaben? Mußten sie einvernommen und konfrontiert werden, ehe der Prozeß beendet wurde, oder konnte man auch danach nach ihnen fahnden? Wohl ja, denn auch nachdem *etliche weiber* am 3. Dezember 1627 in Brixen hingerichtet worden waren, forschte man noch 1629 nach *Complices*.[554]

Hexenprozesse in Kurtatsch

Hautnah bekam der Südtiroler Ort Kurtatsch (*Abb. 240*) diese Problematik zu spüren, als dort eine Frau der Zauberei verdächtigt wurde: Barbara Köll, aus Deutschnofen gebürtig und verheiratet. Sie gestand in gütlichen und peinlichen Verhören (1. bis 5. September 1625) nur zögernd Teufelspakt, Milchzauber und Teilnahme am Hexensabbat. Der Kurtatscher Richter bat die Innsbrucker Regierung zweimal um Beistellung eines Rechtsgelehrten, wurde aber jeweils mit dem Hinweis abgewiesen, er möge sich selbst in Bozen nach einer geeigneten Persönlichkeit umsehen. Da er keinen Juristen zur Teilnahme am Prozeß bewegen konnte, ging das Verfahren, in dem die Beschuldigte bald auch Hostienschändung und Teufelsbuhlschaft gestand, ohne juristischen Beistand zu Ende. Am 6. Februar 1626 verurteilten Richter und Malefizgeschworene von Kurtatsch die *Köllin* wegen Zauberei zum Tod durch das Schwert, danach sollte ihr Leichnam *auf den Scheiter Cassten* gelegt und zu Pulfer verbrannt, die Asche in ein fließendes Ge-

Abb. 240: Kurtatsch in Südtirol.

wässer gestreut werden. Das zur Bestätigung nach Innsbruck gesandte Urteil fand nicht die Billigung der Regierung, sie forderte weitere Untersuchungen. Mit dem am 18. April 1626 übermittelten – nicht näher ausgeführten – Urteil war man dann in Innsbruck zufrieden, es sollte exekutiert werden. Wohl auch dieses Mal entschieden Richter und Beisitzer auf Verbrennung nach vorheriger Enthauptung.[555]

Vor demselben Forum begann etwa gleichzeitig das Verfahren gegen vier Frauen und einen Mann, die der Hexerei beschuldigt wurden. Der Landesfürst war diesmal bereit, juristisch geschulte Kommissare zu entsenden, doch mehrere Rechtsgelehrte entschuldigten sich oder agierten hinhaltend. Immerhin drängten sie am 11. Jänner 1628 zur ehestmöglichen Entsendung eines Bannrichters und zur Reparatur der übel bestellten Gefängnisse von Kurtatsch. Als einer von ihnen, Dr. Johann Andreas Guarinoni, um die Bestellung eines Advokaten zur Verteidigung der Angeklagten ansuchte, lehnte die Regierung diesen Vorschlag am 14. April mit dem Hinweis auf die hohen Kosten und den Zeitverlust ab. Schließlich wurde am 18. Oktober 1628 Dr. Balthasar Baldeser, Pfleger im nahegelegenen Deutschmetz, mit der heiklen Aufgabe betraut. Auch er fand wenig Gefallen an diesem Auftrag und zögerte, sich nach Kurtatsch zu begeben. Die Ehepartner der bereits seit bis zu zwei Jahren inhaftierten Frauen wandten sich daher an Leopold und baten *umb Gotes willen* dringend um die Beendigung des Prozesses. Der Landesfürst selbst dachte vor allem an die Kosten, die er als oberster Gerichtsherr gegebenenfalls zu tragen hatte, und ließ erkunden, wieviel Vermögen die Inhaftierten besaßen. Am 24. Februar 1629 forderte er Dr. Baldeser, der eine *weit gesuechte, auch affectierte Verhinderung* vorgebracht hatte, bei Strafandrohung auf, sich schleunigst nach Kurtatsch zu begeben. Doch erst im Juni 1629 fand sich der Rechtsgelehrte dort ein. Das Verfahren wurde nun zügig durchgeführt, ein Urteil gefällt. Es sah vor, daß Agnes Mit sowie Domenica, Ehefrau des Wolfgang an der Hofstatt, enthauptet und verbrannt werden sollten, während Hans Keller aus dem Gefängnis zu entlassen sei. Dorothea Sigl und Katharina Kässler waren freizulassen, sollten aber einstweilen weiter im Gefängnis bleiben. Da beide Frauen aber *fir offentliche Hexen gehalten* würden und selbst einiges gestanden, anschließend aber widerrufen hatten, empfahl die Innsbrucker Regierung dem Landesfürsten am 25. Juni 1629, beide *zu bösserer versicherung anderer* in ewiger Haft zu halten oder das Verfahren wieder aufzunehmen und *mit schörffer examine* – also mit intensiverer Folterung – gegen sie vorzugehen.

Am 30. Juni 1629 bestätigte Leopold das über Agnes und Domenica gefällte Todesurteil sowie die Freilassung Hans Kellers. Gegen Dorothea Sigl und Katharina Kässler sollte weiter verhandelt werden, weil ihr Urteil zu mild sei und daher *mit merern schörpfe ad eruendam veritatem* – „zur Wahrheitsfindung" – prozediert werden müsse. Doch Dr. Baldeser zeigte wieder keine Eile und mußte am 12. November 1629 ermahnt werden, den Prozeß weiterzuführen. Erst jetzt begab er sich nach Kurtatsch, wo die beiden Frauen beim gütlichen Verhör am 19. November nichts gestanden. Daher wurde am 20. November beschlossen, gegen sie *zu herausbringung der Warheit* das *Tormentum di Vigilia (als in disen fällen zuelässlich und bequemblichen Marter gegen Weibs Persohnen)* 24 Stunden lang ununterbrochen anzuwenden. Nachdem die *Siglin* bereits während der 12stündigen Schlafentzugsfolter (von $^1/_2$11 vormittags bis $^1/_2$11 nachts) *zimblicher massen* gestanden hatte, wurde am 14. Dezember auch die 51jährige *Khäßlerin* dieser „bequemen" Tortur unterzogen. Während ihrer 12stündigen Marterung gestand sie, eine Zauberin zu sein, schilderte detailreich ihre Beziehungen zum Teufel sowie die Teilnahme am Hexensabbat, bei dem u. a. ein dreijähriger Bub verzehrt worden sei. Auf die Frage des Richters, wie er geschmeckt habe, antwortete sie, es sei *nit gar ain guets Fleisch* gewesen, *seltzam waich, habens halbs Praten und den anndern halben Tail gesoten*. Weil sie ihre Aussagen anschließend widerrief, wurde sie am 11. Jänner 1630 ein zweites Mal verhört, wieder 12 Stunden lang auf dem Bock. Sie bekannte sich erneut als Zauberin, nannte eine Reihe weiterer Mitglieder ihrer *Hexerey Gsöllschafft* und gab zu, *ain peß Weter* gemacht zu haben. Bei einem dritten Verhör am 21. Jänner 1630 bestätigte und widerrief sie abwechselnd ihre bisherigen Aussagen. Daher wurde sie am folgenden Tag (22. Jänner 1630) *an das Sayl gepunden und volgents, doch one ainich angehenngten Gewicht* hochgezogen und aufgefordert, *die pure lautere Warheit* zu sagen und die Namen ihrer Hexengefährtinnen zu nennen. Nachdem sie ihre Angaben danach teilweise widerrufen hatte, wurde sie schließlich am 23. Jänner 1630 *zu Enntlicher bestätigung* dessen, was sie zuvor gestanden hatte, in das Kurtatscher Gerichtshaus gebracht, wo ihr ihre bisherigen *Bekhanntnus* vorgelesen wurden. Dabei widerrief sie die früheren Geständnisse teilweise mit dem Hinweis, es *seye die Marter so gros, habs halt aus Marter gesagt*. Anschließend beschwor sie aber ihre Aussagen und erklärte, sie wolle *gern und mit gedult leiden unnd übersteen, was ihr Gott und das Recht* auferlegen würden.

Das am folgenden Tag (24. Jänner 1630) gefällte Urteil (*Abb. 241*) stellte fest, daß die *arme Persohn Namens Caterina Khäßlerin* wegen ihrer *laider beganngnen Mißhanndlung und Teiflisch Werckhen das Leben gar wol* verwirkt und den Tod verschuldet habe. Sie sollte daher dem Meraner Scharfrichter übergeben werden, der sie *mit dem Pranndt* hinrichten, aber wegen ihrer langen Gefängnishaft und den schweren Folterungen *zu Herausbringung der Warheit* zuvor enthaupten möge. Ihren *Toten Corpus* sollte er danach auf den Holzstoß (*Scheiter Cassten*) *flechten, zu Pulfer unnd Äschen Verprennen, auch selbigen Äschen fleissig aufheben unnd unndter der Erden vergraben*.

Am 23. Februar 1630 bestätigte Leopold das ihm übersandte Urteil in der vorgeschlagenen Art, die Hinrichtung der beiden Frauen – Sigl und Kässler – sollte wegen der herannahenden *Haylig Zeit* (= Ostern, 28. März) möglichst bald vorgenommen werden.[556]

Die Kosten des langwierigen Verfahrens waren beträchtlich: Laut Quittung vom 3. Juni 1631 zahlte der Innsbrucker Kammermeister für den Unterhalt der zu Kurtatsch *gefenckhlich eingezognen Hexerei Persohnen*, für die Verhöre und teilweise *volfüerten Executionen* 1767 Gulden 10 1/2 Kreuzer, 372 Gulden 24 Kreuzer kamen am 12. August noch hinzu. Dr. Baldeser erhielt für seine Mitwirkung an

Abb. 241: Der Prozeß gegen Katharina Kässler, 1629. TLA, Sammelakten B, Abt. XVI, Lage 4, Nr. 2, Deckblatt.

diesem *unlustig, miesam und verdrießlichen werkh* 100 Taler (= 150 Gulden) als „Ergötzung" genehmigt.[557]

Als nach Beendigung dieses Verfahrens Maria Hörlinger, Witwe nach Bernhardin am Stain, wegen *bezichtigter Hexerey* in Kurtatsch inhaftiert wurde, befahl die Regierung dem Richter am 13. Juni 1631, sie auf freien Fuß zu setzen, er sei nicht berechtigt gewesen, sie zu verhaften, noch weniger sie zu foltern.[558]

Hexen in Not
Tod im Gefängnis

Weniger Glück hatten einige Frauen in Lavis. Vier *Hexerey weiber* waren zu Königsberg verhaftet worden, für deren Verpflegung vom 28. März bis 17. September 1627 der Gerichtsdiener *am Naviß* 208 Gulden erhielt.[559] Zwei der *alda in gefencknhus erhaltnen Hexen* waren im März 1629 bereits gestorben, eine dritte verschied am 1. Oktober 1629 *ohne beicht oder andere Christliche hilf noch beystandt, gleich wie ain Vieh*, eine vierte war dem Hungertod nahe. Ob sie die von der Innsbrucker Regierung geforderte Berichterstattung erlebte, ist unbekannt.[560]

In einem anderen Fall verursachten Regierung und Landesfürst selbst die Verzögerung des Verfahrens, sehr zum Nachteil für den Beschuldigten: Anfang November 1629 wurde Martin Retter, *Hexenman* aus Weißenbach (bei Reutte), *umb Hexerey willen* in Ehrenberg inhaftiert, der zwar *der Mitfahr* (= Hexensabbat) geständig war, aber keine weiteren Teilnehmer nennen wollte. Trotz seines hohen Alters – über 80 Jahre – befahl die Innsbrucker Regierung am 13. November 1629, ihn mit Androhung der Tortur nochmals zu verhören, um vielleicht *waß specificierters* aus ihm herauszubringen. Da er wieder nichts gestand und aus Altersgründen und wegen seiner Krankheit (*leibbruch*) *nit zu torquiern* war, erging am 10. Dezember aus Innsbruck die Anweisung, mit Rat und Assistenz eines Rechtsgelehrten über ihn zu richten. Das dürfte nicht erfolgt sein, denn am 29. Dezember 1629 – als es in der Haft bereits bitter kalt war – befahl die Regierung, Retter *wolverwahrter von Gericht zu Gericht* samt allen Unterlagen nach Innsbruck zu transferieren und ihn, da er *an Claidung ganntz Ploß sein solle*, so schlecht wie möglich zu bekleiden. Das Innsbrucker Gefängnis – *die Fronvest des Kreiterhauß* – besaß eine Folterkammer (*das gewöhnlich orth der tortur*), wo zunächst ein gütliches Verhör mit Retter stattfand, ohne ein Geständnis zu erreichen. Daher wurde im Frühjahr 1630 der Landesfürst über den Fall informiert. Er billigte es, Retter *von der ordinari tortur* zu entheben, doch sollte der zuständige Landrichter mit Zuziehung des Regimentsadvokaten Dr. Johann Anton Losi nach Möglichkeiten – *doch an Leib oder leben unschedlich* – suchen, um der Sache *auff den rechten* grundt zu gelangen, da *die inditia starckh und das crimen laesae Maiestatis Divinae* berührt werde. Als der Landrichter von Sonnenburg am 4. Juni über das mit Retter 12 Stunden *continuierlich gebrauchte tormentum insomnii seu vigiliae* samt dem daraufhin erfolgten Geständnis Bericht erstattete, befahl die Regierung, gegen den Inhaftierten weiter zu prozedieren. Dem Bericht des Advokaten und Landrichters vom 12. Juni war zu entnehmen, daß Retter nach vorangegangener Schlafentzugsfolterung (*tortur insomnii*) gestanden hatte, ... *mit hochverdechtigen Personen und Güspenster, die Er für Hexen und den besen feindt gehalten, khundt- und gemainschafft gepflogen* zu haben. Die Innsbrucker Regierung empfand daraufhin die *unumbgengeliche notturfft*, der Sache weiter auf den Grund zu gehen und ein *weittleuffigers und umbstendlicheres examen* anzustellen, wie Retter zu seinem Wissen gekommen sei. Dr. Losi und der Landrichter wurden am 14. Juni 1630 angewiesen, den Gefangenen darüber zu examinieren. Doch einen Monat später, am 14. Juli 1630, war der alte Mann im Gefängnis bereits gestorben.

Der Innsbrucker Kammer erwuchsen durch diesen Fall folgende Kosten:

4 Gulden für diejenigen vier Personen, die Retter am 11. Jänner 1630 von Reutte in das Kräuterhaus gebracht hatten und zu *ainem Trunckh* je einen Gulden bewilligt erhielten

2 Gulden 10 Kreuzer für Wein, die Retter, *als die Landtgerichtliche Obrikhait* zwei Nächte nacheinander *mit Ime gehandlt*, wegen seiner *in der Tortur Erschinen schwachait* gereicht wurden

52 Gulden 26 Kreuzer für seine Verpflegung und andere Unkosten im Kräuterhaus vom 11. Jänner bis 14. Juli 1630, *damallen Er alda Todts verplichen*

4 Gulden 6 Kreuzer an Begräbniskosten.[561]

Ein ähnliches Schicksal erlitt auch der erste Mann, der unter Claudia de' Medici – noch vor ihrer Ernennung zur Regentin – der Hexerei beschuldigt wurde. Am 7. Oktober 1632 befahlen die Geheimen Räte der Regierung, den in Reutte festgenommenen Mang Schmelz aus Nesselwang, *welcher mit der Hexerey behafft sein solle*, nach Innsbruck zu bringen, wo ihm durch qualifizierte Personen der Prozeß gemacht werden sollte. Am 8. Februar 1633 traf der Gefangene im Kräuterhaus ein und starb dort plötzlich, angeblich wegen Epilepsie (*hinfallend Kranckhait oder vergicht*). Die Innsbrucker Regierung ordnete noch am Todestag (25. Februar 1633) eine Untersuchung an, deren Ergebnis nicht überliefert ist. Der Kammermeister bezahlte jedenfalls für die Verpflegung des Inhaftierten – pro Tag 16 Kreuzer –, für seine Bewachung, den Totengräber, für Wein und Brot für die Träger sowie für die Geistlichen im März 1633 14 Gulden 18 Kreuzer.[562]

Hexenprozesse unter Claudia de' Medici

Im Jahr 1635 wurde Claudia erstmals selbst mit dem Hexenproblem konfrontiert. Dominica Gamper, die acht Jahre zuvor *wegen Hexerey verdachts* in Lavis inhaftiert, danach aber freigelassen worden war, bat statt der 18 Kreuzer täglich, die ihr wegen *lang ausgestandner gefangenschaft* als Unterhaltsgeld gereicht wurden, um *ein gewises erspießliches deputat* und die Ausstellung einer Urkunde über ihre Unschuld. Die Regentin rügte, daß Hexenprozesse so lange unerledigt blieben, und befahl der Regierung am 1. August 1635, die Angelegenheit besagter *Gampperin* zu klären, um der Kammer weitere Unkosten zu ersparen.[563]

Die erste Anleitung für Hexenprozesse

Hexenprozesse waren schwierig zu führen, dauerten oft lang und kosteten viel. Wurden Beschuldigte freigelassen, mußte der Gerichtsherr die Kosten tragen, außer das Gericht verurteilte die Freigelassenen zur Zahlung.[564] Das Vermögen hingerichteter Hexen verfiel dem Fiskus. Doch nur selten waren die Justifizierten vermögend, die Kosten ihrer Prozesse ging daher zu Lasten des Landesfürsten. Das hatten die unter Leopold V. geführten Verfahren gezeigt.[565]

Wohl vor allem aus diesem Grund versuchte die Innsbrucker Regierung, Hexenprozesse nach Möglichkeit einzudämmen. Als sie im Sommer 1637 in einem laufenden Verfahren um die Entsendung eines Rechtsgelehrten gebeten wurde, beauftragte sie am 7. September 1637 den für die Eintreibung von Geldern zuständigen Kammerprokurator Dr. Volpert Motzel, eine Anleitung zur Durchführung von Hexenprozessen auszuarbeiten. Am 5. Oktober sandte sie den Entwurf an Claudia, die aber gerade nicht in Tirol anwesend war.[566] Nach einer dringlichen Anfrage am 20. Oktober, ob die Regentin die übersandten *Conclusiones* zur Verhütung der Nullität und der sich daraus ergebenden Unkosten ratifizieren wolle, billigte an ihrer Stelle der Geheime Rat die Vorlage (26. Oktober 1637). Damit gab es erstmals eine Anleitung, *mit was Umbstenden die Hexen Persohnen constituiert werden khinden*.[567]

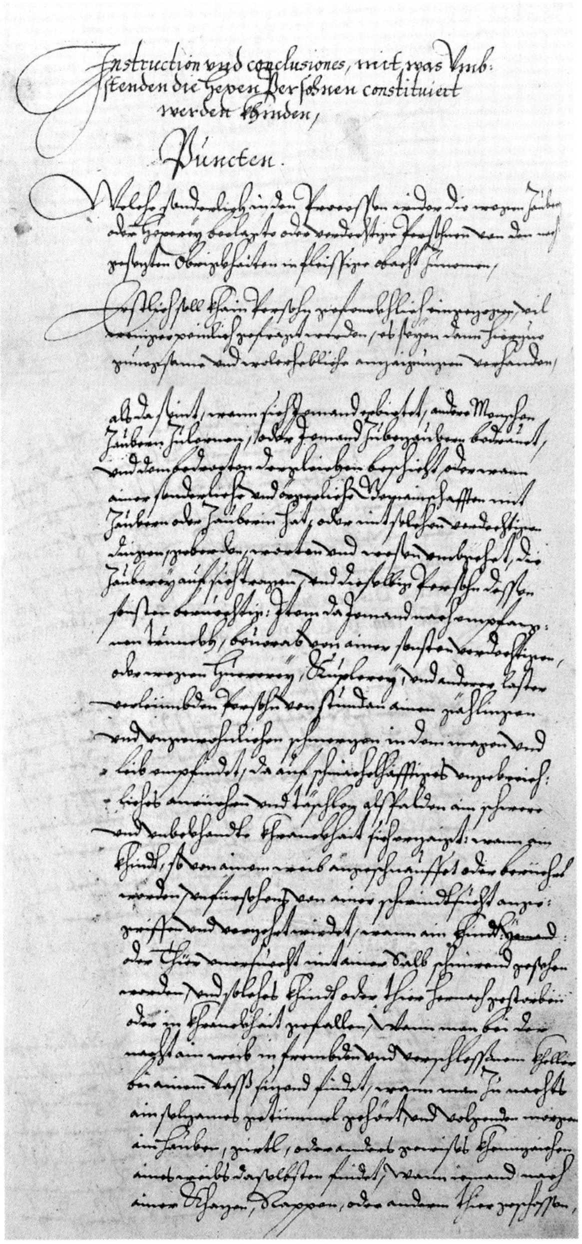
Instruction vnd conclusiones, mit was Vmbstenden die Hexen Persohnen constituiert werden khunden,
Puncten.

Abb. 242: Anleitung zur Führung von Hexenprozessen, 26. Oktober 1637. CD 1637/1641, fol. 120v–121r.

Kernpunkt der anhand des Reichsgesetzes von 1532 (*Constitutio Criminalis Carolina*) und gelehrter Autoren – unter ihnen die Innsbrucker Jesuiten Adam Tanner und Paul Laymann – ausgearbeiteten *Instruction und conclusiones* (*Abb. 242*) war die Forderung, nicht leichtfertig ein Verfahren zu beginnen. Nur wenn jemand durch zwei taugliche Zeugen unter Eid beschuldigt oder auf frischer Tat ertappt wurde, sollte er verhaftet werden, keinesfalls nach Angabe eines anderen Beschuldigten. Auf böse Gerüchte (*böse geschray*) sollte wenig geachtet, niemand länger als eine Stunde oder öfter als dreimal gefoltert werden. Nur Geständnisse **nach** der *marter* dürften protokolliert, die Angaben *der bekhanten missethat* müßten gewissenhaft überprüft werden. Bei Widerruf sollte nochmalige Folterung angedroht oder vorgenommen werden. Erst wenn der Verurteilte mit geistlichem Beistand zur Buße bereit war, sollte man ihn ermahnen, seine Komplizen zu nennen, um dieses „schreckliche" Laster auszurotten und arme Seelen zu retten, wozu er *bei gefahr seiner aignen seel seligkhait* verpflichtet sei. Würde ein Richter Zweifel haben, möge er sich jederzeit bei Rechtsgelehrten und *der sachen verstendigen Persohnen* Rat holen.

Gerade dieser Hinweis war aber problematisch. Denn welcher geschulte Jurist wollte schon eine Entscheidung treffen in einem Verfahren, das über Leben und Tod entschied, wenn es in der Tiroler Gesetzgebung überhaupt kein Delikt „Hexerei" gab?

Hexenprozesse in Karneid

Geradezu klassisch läßt sich dieses Defizit an einem Hexenprozeß in Karneid demonstrieren, in dem Richter und Geschworene ihren Pflichten gewissenhaft nachkamen, während sich der Rechtsgelehrte, der den Fall ins Rollen gebracht hatte, sorgsam heraushielt. Die noch heute vorhandenen Verhörprotokolle kann man nur mit Erschütterung lesen.[568]

Bereits im Herbst 1638 war in Karneid (*Abb. 243*) der aus Kastelruth gebürtige Hans Lacheman *insgemein Khachler* genannt wegen Zauberei verurteilt worden. Weil er die Hostie verunehrt hatte, sollten ihm die drei vorderen Finger der rechten Hand abgehauen, er anschließend auf einen Scheiterhaufen gestellt und samt seinen Zauberbüchern und Zauberutensilien *zu Staub und Aschen* verbrannt werden. Auf Vorschlag der Regierung mil-

Abb. 243: Schloß Karneid in Südtirol, im Hintergrund Bozen.

derte Claudia die Strafe am 11. Oktober 1638 dahingehend, daß der alte Mann, falls er bereue, vorher enthauptet werden sollte. Am 17. November 1638 war er bereits hingerichtet.[569]

Im Juni 1639 begann ein neuer Prozeß. Aufgrund von Gerüchten (*gemaines geschrai und beharliche difamation*) wurden auf Anordnung des *Edlen und Hochgelerten Herrn Christofen Zeillers baider Rechten Doctors*, Pflegers von Karneid, Steineck und Welschnofen, die in Welschnofen wohnende Witwe Dorothea Gerber und ihre Tochter Maria festgenommen.[570] Während die Tochter redselig ihre Zaubereien gestand und die Mutter als ihre Lehrmeisterin angab, bestritt diese entschieden jede Schuld. Daher wurde am 11. Juni 1639 das gerichtliche Verfahren gegen beide eröffnet. Die 28jährige Maria wiederholte ihre Aussagen, gab Details ihrer sexuellen Beziehungen zum Teufel an und denunzierte Georg Koler sowie seine beiden Schwestern Barbara und Juliana als Teilnehmer/innen am Hexensabbat.

Der Gerichtsanwalt Hans Reiter ließ sich daraufhin von der Regentin die Blutgerichtsbarkeit übertragen (20. Juni 1639) und führte am 27. Juni 1639 das zweite gütliche Verhör durch. Maria gab wieder ihre Zaubereien zu Protokoll, konnte aber kein Teufelsmal angeben, denn *zaichnet hab Si der Teifl nit, aber Unzucht hab er wol mit Ir trieben*. Sie schilderte das Verfahren des Wetterzaubers (*Nemblich das Si ain Wasser in ain griebl giessen, dasselbe Rieren und etlich wort dartzue sprechen*), die Zauberworte wollte das Gericht aber nicht hören. Ihre über 60jährige Mutter leugnete wieder alles, *Ir geschehe gantz Unrecht*. Bei der anschließenden Beratung zwischen dem Richter und den fünf anwesenden Beisitzern wurde beschlossen, die beiden Frauen einander gegenüberzustellen. Bei dieser Konfrontation blieben beide bei ihren gegensätz-

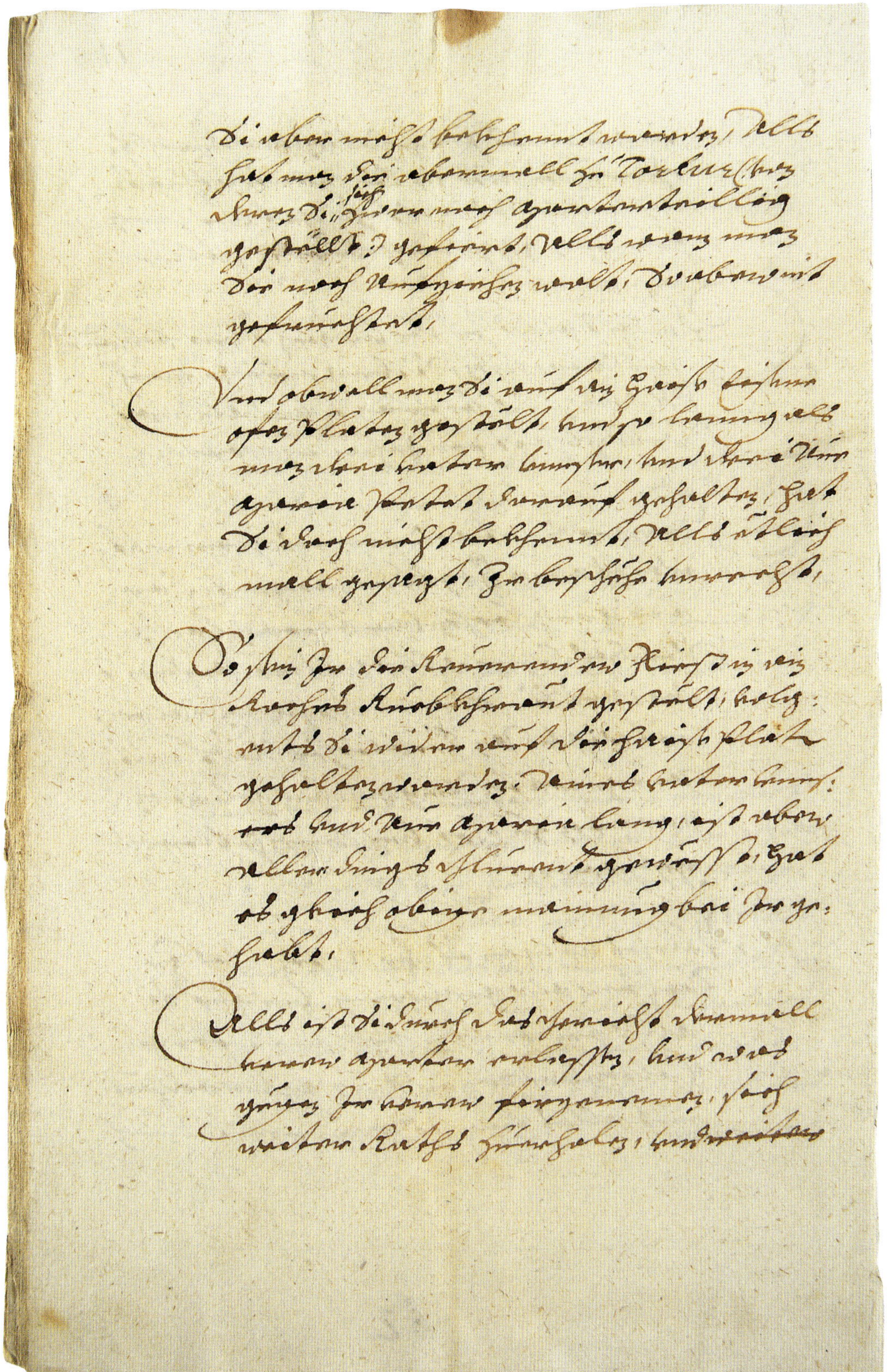

Abb. 244: Aus dem Prozeß gegen Dorothea Gerber: Folterung mit einer heißen Ofenplatte, zur anschließenden Kühlung werden die Füße in rohes Rübenkraut gestellt. TLA, Leopoldinum, Littera C, Nr. 67, fol. 62v.

Abb. 245: Schloß Karneid.

lichen Aussagen. Daher entschied das Gericht, die *Alte* neu zu kleiden, ihren Körper durch den Gerichtsdiener und seine Frau scheren zu lassen und ihr geweihte Sachen umzuhängen; danach sollte sie zur Folter geführt und zunächst ohne Stein und, wenn sie nichts gestand, mit einem Stein hochgezogen werden.

Während der Streckfolter – zunächst ohne Stein, nach einer halbstündigen Pause mit einem schweren Stein – beschwor Dorothea Gerber mehrfach den Teufel (*O Pesser Geist lass mich Reden ...*), gestand aber nichts. Als man sah, daß sie bleich wurde und zitterte (*das Si Plaich und ziterent worden*), ließ man sie vom Seil und bedrängte sie vergeblich, ein Geständnis abzulegen. Daher wurde beschlossen, sie auf heiße Ofenplatten zu stellen.

Am 30. Juni 1639 wurde in Gegenwart von vier Geschworenen zunächst die *Eltere Weibspersohn* verhört, gestand aber nichts. Anschließend beschwor die *Junge* zum dritten Mal ihre Aussage über die Mutter und erklärte, man müsse sie auf heiße Platten stellen, weil sie sonst nichts bekennen werde, *So si doch ain Hex sei*. Daraufhin wurde Dorothea Gerber entkleidet, durch den Gerichtsdiener und seine Frau am ganzen Körper untersucht, *ob Si ain Zaichen hab*, also ein Teufelsmal als Zeichen ihres Paktes mit dem Satan. Die Suche blieb ohne Erfolg. Bei der anschließenden Konfrontation wurde sie von der Tochter erneut beschuldigt, *das Si ain Zauberin sei*. Da sie trotzdem nicht gestand, wurde sie auf *ain haiße Eiserne Ofen Platen gestelt* und solange *darauf gehalten*, wie man drei Vaterunser und drei Avemaria betet – etwa eineinhalb Minuten lang. Noch immer legte sie kein Geständnis ab, sondern erklärte mehrmals, ihr geschehe Unrecht. Nun wurden ihre Füße – zur Kühlung – *in ain Roches Ruebkhraut (Abb. 244) gestellt*[571], danach wurde sie erneut auf die heiße Eisenplatte gestellt, ein Vaterunser und ein Avemaria lang. Sie gestand noch immer nichts. Daraufhin beschloß das Gericht, sich Rat zu holen. Die Angst vor einer weiteren Tortur hatte Dorothea Gerber aber bereits mürbe gemacht. Beim Verhör am 8. Juli 1639 gestand sie, sich vor 30 Jahren dem Teufel verschrieben zu haben, er habe ihr Geld und Gut versprochen, doch wenig gehalten. Wie von ihrer Mutter gelernt, habe auch sie ihrer Tochter das Zaubern beigebracht.

Am 21. Juli folgte ein weiteres Verhör. *Turl Gerberin* erklärte, nun ihr Gewissen reinigen, ein Kind Gottes werden und die pure Wahrheit sagen zu wollen. Sie bestätigte ihre Aussage über die drei Geschwister Koler und denunzierte auch den Pfarrer von Deutschnofen: Er sei seit langem ein Zauberer, der die Kinder *in des Teifls Namen* taufe. Sie benannte auch *2 Hexen* aus Welschnofen, mit ihnen gemeinsam habe sie am vergangenen Karfreitag Schnee gemacht. Sie gab weitere Details ihrer Beziehung zum Teufel an und beschwor ihre Aussagen eidlich. Auf die Frage, warum sie nicht eher gestanden habe, erklärte sie, der Teufel sei ihr auf den Achseln gesessen.

Am 27. Juli 1639 erging das Urteil mit detaillierter Begründung. Mutter und Tochter wurden vom Bannrichter und den 12 Geschworenen einstimmig zum Tod verurteilt. Sie sollten auf die Richtstätte geführt, Maria zuerst enthauptet und anschließend ihr Körper *sambt dem Haubt* auf einem Scheiterhaufen zu Asche verbrannt werden, danach *die Alte lebentig auf oder zwischen die Scheiterhaufen gestellt, Ir an die Prusst ain Sackhl Pixen oder Schuß Pulfer zu firdersamber Abkhirtzung des Lebens und Verhietung der Vertzweiflung angepunden, volgents von Leben zum Todt Pulfer und Aschen verprent werden.*

Claudia de' Medici wollte *die Milte der scherpfe* vorziehen und milderte das Urteil am 25. August 1639, dem Gutachten der Regierung folgend, dahingehend ab, *das die Mueter gleich wie die Tochter erstens mit dem Schwerdt und alßdann mit dem Feur hingericht werden möchte.* Bannrichter Reiter wurde am 31. August 1639 über diese Entscheidung unterrichtet, die Hinrichtung der beiden Frauen war am 17. September 1639 bereits erfolgt.[572]

Schloß Karneid (*Abb. 245*) war Schauplatz eines weiteren Hexenprozesses: Noch während des Verfahrens gegen Mutter und Tochter Gerber hatte das Gericht am 21. Juli 1639 beschlossen, den Welschnofener Tagwerker Georg Koler samt seinen Schwestern Barbara und Juliana festzunehmen, nachdem sie von den beiden Frauen der Hexerei bezichtigt wurden und auch sonst bereits *beschrait worden.*[573]

Beim ersten gütlichen Verhör am 27. Juli, in Gegenwart der beiden Denunziantinnen, erklärte Georg Koler (*Kholer*), er sei *bei 28 oder 29 Jar* alt und habe wohl gehört, daß seine Schwestern *der Hexerei halben* bezichtigt würden, es geschehe aber aus Neid, er selbst sei unschuldig. Die anschließend einvernommene Juliana *Kholerin* wußte ihr Alter nicht und behauptete, *si sey ain unschuldiges Mentsch.* Sie bestritt die von Mutter und Tochter Gerber aufgestellte Behauptung, daß sie bei der *Hexen Zusamenkhonfft* am vergangenen Gründonnerstag (*weiche Pfintztag*) gewesen sei und anschließend Schnee gemacht habe. Danach wurde Barbara Koler den beiden verurteilten Frauen gegenübergestellt und leugnete ebenfalls, eine *Zaubererin* zu sein. Äußerst heftig – *zu lanng zubeschreiben*, heißt es im Protokoll – widersprach sie deren Aussagen, die nur *aus Haß und Mißgunst* erfolgt seien.

Tags darauf (28. Juli 1639) beschloß das Gericht, obwohl die drei Geschwister geleugnet hätten (*das bei den merern diser Pesen leit yeblich und beschicht*), sie gütlich und, wenn man dabei *nichts außrichten khundt*, peinlich zu verhören; alle drei sollten durch den Gerichtsdiener und seine Frau entkleidet und untersucht werden, *ob etwa ain Zaichen des Feints an Inen zu befinden*; danach solle man sie einzeln zur Folter führen und vor dem Seilaufzug versuchen, *ob etwas ohne Marter heraus zebringen were.* Würden sie nichts gestehen, sollten sie zuerst ohne, anschließend mit dem Stein hochgezogen werden.

Bevor diese Prozedur ihren Anfang nahm, ermahnten sowohl der Bannrichter wie auch die anwesenden fünf Geschworenen Mutter und Tochter Gerber, ihre Anschuldigungen nochmals zu überdenken, auch ihr Beichtvater wurde gebeten, sie diesbezüglich zu ermahnen. Beides ohne Erfolg. Daraufhin begannen die Verhöre. Bei dem nackt ausgezogenen Georg Koler fand man am rechten Arm innen einen schwarzen Fleck – ein Teufelsmal? – und stach unbemerkt hinein, ohne daß Blut herausfloß. Er erklärte, es sei ein Muttermal von Geburt an (*ain Maill, das Er mit Ime auf die Welt gebracht*). Danach wurde er zuerst mit einem, dann mit zwei Steinen je eine Viertelstunde lang hochgezogen. Er beteuerte seine Unschuld, die schwarze Kunst beherrsche er nicht, *Got, unnsre liebe Frau und sein lieber Schutz Engl* würden ihm beistehen.

Auch die anschließend einvernommene Juliana wurde zunächst von der Gerichtsdienerin ausgezogen, um das Teufelsmal (*das Zaichen*) zu suchen. Auf der rechten Schulter fand sich *ain Fleckhl*, in das *mit ainer Glut* hineingestochen wurde, ohne daß Juliana aufschrie. Danach führte man sie zur Folter, zog sie mit einem Stein hoch und ließ sie etwa 8 Minuten (*ain halbe Viertl Stundt*) hängen. Sie rief Gott um ein Zeichen ihrer Unschuld an und nannte *die leit, So Sy angeben, verfluecht*. Als sie erklärte, *Si will es gern leiden, wann Si nur die gedult haben mechte*, wurde sie vom Seil gelassen. Man drang in sie, sie möge sich doch *selbs verschonen, die warheit sagen und sich nit allso martern lassen*. Weil sie aber weiterhin leugnete, wurde sie erneut mit einem Stein aufgezogen und eine Viertelstunde *torquiert*. Sie schrie noch heftiger, sie sei unschuldig, *khain unhold oder Hex, Got wisse es*. Daraufhin nahm man sie vom Seil.

Schließlich wurde an diesem 28. Juli 1639 auch Barbara Koler ausgezogen und besichtigt, aber kein verdächtiges Zeichen an ihr gefunden. Trotz eindringlichen Zuredens gestand sie ebenfalls nichts, schrie *O Herr Jesu, Ich khan nicht, Ich khann nicht* und wurde zur Folter gestellt. Ohne Gewicht hochgezogen, schrie sie abermals *O herr Jesu ich khann nicht, O herr Jesu ich khan nicht,* eine Zauberin sei sie nicht. Sie gab nur zu, einmal Ehebruch begangen zu haben. Danach wurde sie eine halbe Viertelstunde mit einem Gewicht hochgezogen, alles unter ständigem *geschrai*.

Nochmals wurden Mutter und Tochter Gerber bei Verlust *Irer Selen Seeligkheit* ermahnt, ihre Aussagen über die drei Geschwister, die ihretwegen solche Marter ausstehen müßten, zu überdenken. Doch sie blieben dabei, daß es *Hex und Zauberische* Leute seien. Bei der anschließenden Beratung beschloß das Gericht, die Geschwister am ganzen Körper – einschließlich des Genitalbereichs – scheren und neu kleiden zu lassen und mit Gewichten erneut zu foltern.

Am 30. Juli 1639 wurden die kahlgeschorenen und mit *frischem gewant* bekleideten Geschwister verhört, beginnend mit Juliana. Obwohl sie mit drei mittleren Steinen zunächst ein wenig, danach zweimal etwas höher hochgezogen wurde, gestand sie nichts. Auch Barbara, mit drei Steinen aufgezogen, und Georg Koler, mit drei Gewichten beschwert, legten trotz guten Zuredens kein Geständnis ab. Das Gericht beschloß daher, *das man Si weder tag oder nacht nicht schlaffen lasse*.

Nach vier Tagen und Nächten Schlafentzug (*Wacht*) war Juliana am Abend des 5. August bereit, ein Geständnis abzulegen. Sie gab nun detailliert zu, vor 12 Jahren *ain Hex worden* zu sein und gemeinsam mit Mutter und Tochter Gerber am Hexensabbat teilgenommen zu haben, Bruder und Schwester beschuldigte sie nicht.

Am 6. August 1639 wurden auf Befehl der Innsbrucker Regierung vom 3. August[574] Dorothea und Maria Gerber noch einmal vorgeführt und nach Komplizen befragt. In Gegenwart des Pflegers beharrten sie auf ihren Aussagen, wonach die Geschwister bei den *Hexen Conventiclen* gewesen seien. Die anschließend einvernommene Juliana widerrief ihr vortägiges Geständnis. Das folgende Verhör mit ihrer Schwester führte Dr. Zeiller selbst, weil der Bannrichter verhindert war. Barbara Koler bekannte, das Zaubern von einer *welschen diern* gelernt zu haben, gab die Teilnahme am Hexensabbat zu und nannte zahlreiche weitere *Complices*. Sie gestand auch Milch- und Wetterzauber (*sei ain Grober wolckhenpruch worden*). Danach wurde das Verhör beendet, weil sie bereits ziemlich *unlustig und verdießlich worden*. Die Chance, die Geschworenen zu beraten, nahm der rechtskundige Pfleger, der keine Folterung miterleben mußte, nicht wahr.

Beim Verhör am 9. August 1639 leugnete Juliana erneut und erklärte, sie habe nur *von Marter wegen* gestanden, auch *Bärbl* stritt alles ab. Das Gericht war der Meinung, die beiden Schwestern hätten ihre detailreichen Geständnisse nicht erfinden können, und beschloß, sie auf heiße Eisenplatten zu stellen und ein Vaterunser und ein Avemaria lang darauf festzuhalten. Barbara bekannte nun, ihrem Vater etwas Korn gestohlen und zweimal Ehebruch begangen zu haben, doch zaubern könne sie nicht. Auch Juliana gestand nichts. Danach wurden beide zur Abheilung der Brandwunden wieder in den Kerker gebracht.

Die Standhaftigkeit der Geschwister machte das Gericht ratlos. Sollte man sie weiter foltern, um doch noch ein Geständnis zu erzwingen? Oder mußte man sie freilassen, weil sie trotz dreimaliger Folterung nicht gestanden? Der um Rat gefragte Pfleger von Karneid entschuldigte sich und verwies den Bannrichter an die Innsbrucker Regierung. Am 15. September 1639 sandte dieser die Prozeßunterlagen nach Innsbruck und erbat sich Bescheid, was mit den drei nicht geständigen Geschwistern geschehen solle.

Nun schaltete sich auch Claudia de' Medici ein. Auf ihren Befehl hin wurde Dr. Zeiller am 17. September 1639 beauftragt, die Akten über die inzwischen hingerichteten Dorothea und Maria Gerber in Kopie an ihren Rat und Zeremoniar Dominico Giannettini zu übersenden. Er war Doktor der Theologie, Domherr von Trient und ihr Kaplan.[575] Sollte er sie theologisch beraten? Die Regierung ihrerseits rügte den Pfleger am 20. September scharf, daß er mit der Verweigerung des erbetenen Rechtsbeistands das Verfahren verzögert hatte. Man habe dem Bannrichter die Unterlagen mit einer *Claren Instruction* – derjenigen von Dr. Motzel – zurückgesandt und ihm befohlen, sich bei ihm *als aines Rechtsgelerten und Pflegers daselbst* stets Rat zu holen.

Der Prozeß ging nun weiter. Am 8. Oktober 1639 sollte in Karneid das Urteil über Georg und Juliana Koler – Barbara war unterdessen die Flucht gelungen – gefällt werden. Die Gerichtsgeschworenen wandten ein, *das sy die sach zu wenig versteen, und derohalben dariber zuerkhennen Inen schwer falle*. Weil ihnen aber befohlen worden sei, eine Entscheidung zu treffen, seien sie der Meinung, daß die beiden Beschuldigten eine *Extra ordinari Straf* verdienten und lebenslang aus den Gerichten Steineck und Welschnofen verwiesen werden sollten.

Das Urteil wurde am 11. Oktober samt einem Gutachten Dr. Zeillers zur Bestätigung nach Innsbruck geschickt. Die Regierung ersah aus den Unterlagen, daß die Beschuldigten teilweise widerrechtlich zu sehr gefoltert worden waren. Im Namen der Regentin erging daher am 24. November 1639 der Befehl an den Bannrichter, die Gefangenen gegen die Verpflichtung, sich jederzeit wieder zu stellen, ohne weitere Strafe sofort freizulassen, im übrigen aber ihr Tun und Lassen genau zu beobachten.[576]

Die Entscheidung der Innsbrucker Regierung war sicher eine Genugtuung für die vielfach gemarterten Geschwister. Doch angenehm dürfte ihr Leben in einer sie argwöhnisch beobachtenden Dorfgemeinschaft und unter einer Obrigkeit, die sie jederzeit wieder festnehmen konnte, kaum gewesen sein.

Ein langwieriger Hexenprozeß in Kronmetz

Ewige Verbannung schien den Gerichten ein probates Mittel, sich – angeblicher – Hexen zu entledigen. Dieses Schicksal traf bald danach zwei Frauen, die lange in Schloß Kronmetz (*Abb. 246*) inhaf-

Abb. 246: Kronmetz (Mezzocorona), Schloß Firmian.

tiert waren, weil sie offenbar nichts gestanden. Anlaß ihrer Festnahme waren vermutlich die Aussagen von vier Malefikantinnen, die vom Kronmetzer Gericht im Sommer 1638 wegen *deß abscheilichen lasters der Zauberey* – zum Tod? – verurteilt wurden.⁵⁷⁷ Die Suche nach ihren *Complices* führte zur Verhaftung von fünf Frauen. Eine von ihnen war die Witwe Katharina Seraphin geborene Benedetti, die im Juni 1639 *der Hexerey halben* bereits 7 Monate inhaftiert war. Ihr Bruder Antonio di Benedetti bat die Regentin um Beschleunigung des Verfahrens, in ihrem Namen erging am 7. Juni 1639 der entsprechende Befehl der Innsbrucker Regierung an den zuständigen Pfleger.⁵⁷⁸ Doch im Sommer 1640 war der Prozeß noch immer nicht eröffnet, obwohl die Witwe bereits 18 Monate in Haft war. Nun intervenierten Bruder und Schwester für sie bei Claudia, in deren Auftrag die Regierung dem Kronmetzer Richter am 13. Juli befahl, sofort Bericht zu erstatten. Am 9. August 1640 wurde er aufgefordert, die Prozeßunterlagen nach Innsbruck zu schicken, am 17. August 1640 ernannte die Regierung einen Kommissar, widerrief die Ernennung aber am 3. September wieder. Anschließend wurde dem Richter am 27. September 1640 befohlen, gegen *Catharina Benedetin Serafinischen Witib* und Ursula Frantzin, für die sich ihre Tochter nach Innsbruck gewandt hatte, *wegen bezichtigter Hexerey* den Prozeß zu eröffnen. Zum Mißfallen der Regierung schaltete der Richter zwei Rechtsgelehrte ein, um sich Rat zu holen, außerdem hielt er die Frauen in harter Kerkerhaft. Im Jänner 1641 war das Verfahren noch immer nicht zu Ende, sodaß sich die Angehörigen der Inhaftierten *ohne Underlaß* in Innsbruck beschwerten.⁵⁷⁹ Ende Februar 1641 waren drei Frauen bereits – zum Tod? – verurteilt, während die Gerichtsgeschworenen über Katharina Seraphin und Ursula Frantzin, die sich Verteidiger leisten konnten, zwiespältige Voten abgaben. Ende November 1641 wurden sie daher freigelassen, die Innsbrucker Regierung bestätigte das über sie gefällte Urteil ewiger Verbannung – für *die Frantzin* aus Gericht und Herrschaft Kronmetz, für *die Benedetin* aus der gesamten Grafschaft Tirol – am 9. Dezember 1641.⁵⁸⁰

Hexenprozesse in Ulten

Als man im Jahr 1644 bei Hof erfuhr, daß in Meran etliche Personen *der Hexerey halber* verhaftet und *ain oder mehr WeibsPersonen* angeblich bereits hingerichtet worden waren, forderte Claudia von der Regierung am 16. August 1644 einen *gründtlichen bericht* an. Nach Ende des Prozesses befahl sie am 15. Dezember die Exekution des gegen Georg Graf ergangenen Urteils, *damit weitere spesa abgeschniten werde.* Der Beschuldigte, der Zaubereien, Diebstähle und Sodomie gestanden hatte, dürfte also arm gewesen sein. Gleichzeitig milderte sie auf Vorschlag der Regierung das über ihn *geschöpffte Malefitz Urtl* ab. Statt mit einer glühenden Zange dreimal gezwickt zu werden, ehe ihm die unteren Arme und Schienbeine mit dem Rad abgestoßen, die rechte Hand abgeschlagen und er auf dem Scheiterhaufen mit angehängtem Pulversäcklein zu Asche verbrannt wurde, sollte er nicht gerädert, sondern vor dem Verbrennen stranguliert werden.[581]

Das Vermögen der ebenfalls hingerichteten Frauen verfiel dem *Ertz. Fürstl. Fisco* und interessierte daher die Innsbrucker Kammer. Brigitta Temblin hinterließ 761 Gulden 47 Kreuzer, Eva Simeoner *genant Miterhoferin* etwa 200 Gulden. Die für sie aufgewendeten Kosten betrugen in Ulten 167 Gulden 42 Kreuzer, während in Meran für die Temblin 96 Gulden 12 Kreuzer und die übrigen drei hingerichteten Personen 490 Gulden 25 Kreuzer, also insgesamt 754 Gulden 19 Kreuzer an Gerichts-, *Zöhr-* und Atzungskosten angefallen waren. Daher befahl die Kammer dem Pfleger von Ulten am 9. Dezember 1645, den Rest von 207 Gulden 28 Kreuzern sofort nach Innsbruck zu senden.[582] 70 Gulden von den *von der Justificierten Brigita Temblin* herrührenden 700 Gulden erhielt der Hofmusiker Leonhard Pellikan als Gnadengeld.[583]

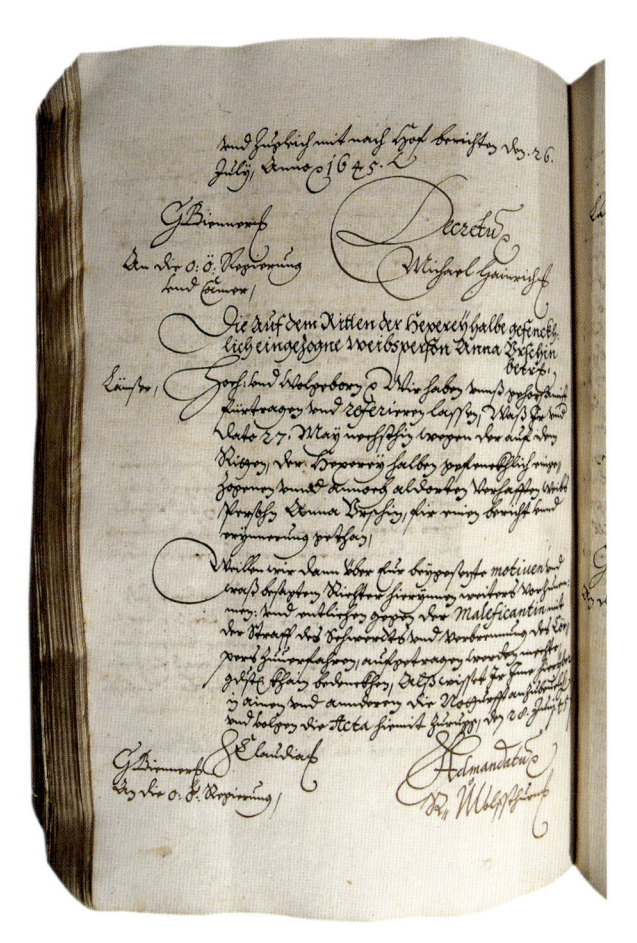

Der Hexenprozeß auf dem Ritten

In dem in den Jahren 1644/45 auf dem Ritten geführten Prozeß gegen die als Hexe und Zauberin verschriene Anna Ursch wandte das Gericht die ganze Skala der Foltermethoden an: Daumenschrauben, Streckfolter, Sitzen auf dem Esel mit Schlafentzug. Die nach Innsbruck gesandten Prozeßunterlagen ließen aber Zweifel an der Rechtmäßigkeit des Verfahrens aufkommen, weshalb die Regentin von der Regierung am 5. Jänner 1645 ein Gutachten anforderte, ob Zeugenaussagen ohne Eid *in Criminalibus* toleriert werden sollten. Am 27. Jänner 1645 befahl sie, dem Richter auf dem Ritten einen Rechtsgelehrten beizugeben, damit der Prozeß beginnen könne. Außerdem schlug sie vor, die im Jahr 1637 – vom Kammerprokurator Motzel – aufgesetzte Instruktion für *dergleichen Hexerey Processen* allgemein zu verkünden und darauf zu achten, daß die Zeugen unter Eid aussagten; zudem möge man beim Landeshauptmann an der Etsch anfragen, welcher Bozner Advokat dem Rittener Richter beigegeben werden sollte. Nachdem der in Bozen wohnende Dr. Christoph Zeiller am 22. Februar 1645 zum Rechtsberater bestellt worden war, ging der Prozeß am 19. Mai 1645 mit der Fällung des Urteils zu Ende. Dem zur Ratifikation nach Innsbruck gesandten Malefizurteil entnahm die Regierung, daß der Richter Anna Ursch bereits vor der Zeugeneinvernahme in Haft genommen hatte. Trotzdem akzeptierte sie den Prozeß. Die Geständnisse *in et extra torturam* hätten gezeigt, daß die *Mißhandlungen groß genueg* waren, um die Malefikantin zum Tode zu verurteilen. Doch obwohl die Carolina (*die Peinliche Halßgerichtsordnung Caroli 5.[ti]*) die lebendige Verbrennung der Hexen vorsehe, werde die Strafe gewöhnlich nicht so *gar scharpf* verhängt. Daher schlug die Regierung der Regentin am 27. Mai 1645 vor, das

Abb. 247: Claudia billigt das über Anna Ursch gefällte Todesurteil: Verbrennung nach vorheriger Enthauptung. VFDt 1644/1645, fol. 699v.

vorliegende Urteil zu ratifizieren, *das nemblich Sy Urschin durch das schwert von dem leben zum Todt hingericht und volgents der leib sambt dem Khopf unter dem Hochgericht verbrennt werden solle.* Claudia billigte diesen Vorschlag am 28. Juni 1645 (*Abb. 247*), der Befehl an den zuständigen Richter erging am 3. Juli 1645.[584]

Zwei Hexenprozesse in Rodeneck

Auch der Hexenprozeß, der von Mai bis Oktober 1645 gegen den in Schloß Rodeneck (*Abb. 248*) inhaftierten Matthias Perger (genannt *Lauterfresser*) geführt wurde, endete mit einem grausamen Urteil (*Abb. 249*): Der *arme Sinder* sollte am Richtplatz *andern zu ainem Exempl unnd Specktäcl* am rechten Arm mit einer glühenden Zange gezwickt und ihm – wegen seiner Hostienschändung – anschließend die Hand abgeschlagen werden; danach auf eine Leiter gebunden, sollte er, mit dem Gesicht nach unten, auf dem Scheiterhaufen lebendig *zu Pulfer und Äschen* verbrannt werden.[585] Das Gericht wollte das Urteil dem Rodenecker Gerichtsherrn, dem Geheimen Rat Graf Fortunat von Wolkenstein, zur Bestätigung vorlegen. Die Regentin, die allein eine Begnadigung aussprechen konnte[586], wurde offenbar nicht kontaktiert, wie das Fehlen dieses Prozesses in den Kopialbüchern der Innsbrucker Regierung nahelegt. Wann und wie das Urteil vollstreckt wurde, ist unbekannt.

Von Perger angegeben, stellte sich Bartholomäus Oberkofler (genannt *Lebenfierer*) im Bewußtsein seiner Unschuld im Juni 1646 selbst dem Rodenecker Gericht.[587] Als der Richter von Schöneck im Zuge der Ermittlungen in Innsbruck anfragte, ob er die Zeugen vereidigen müsse, verwies die Regierung am 27. September 1646 auf ihren am 6. Februar 1645 ergangenen Befehl, wonach jeder Zeuge *in Malefiz sachen iurato zu deponieren schuldig,* er möge also die ordentlich aufgeschriebenen *attestationes* dem Rodenecker Richter zu-

Abb. 248: Schloß Rodeneck, Eingang.

Abb. 249: Das Urteil über Matthias Perger (Lauterfresser), 30. Oktober 1645. TLA, Sammelakten B, Abt. XVI, Lage 4, Nr. 3, fol. 23v.

Abb. 250: Gutachten Dr. Christoph Zeillers im Prozeß gegen Bartholomäus Oberkofler (Lebenfierer): Da der Delinquent nicht die vorgesehenen 40 Stunden des Schlafentzugs ausgestanden hat, sondern nur 22 Stunden auf dem Bock war, soll er neuerlich torquiert werden. TLA, Sammelakten B, Abt. XVI, Lage 4, Nr. 4, fol. 150r (ca. November 1646).

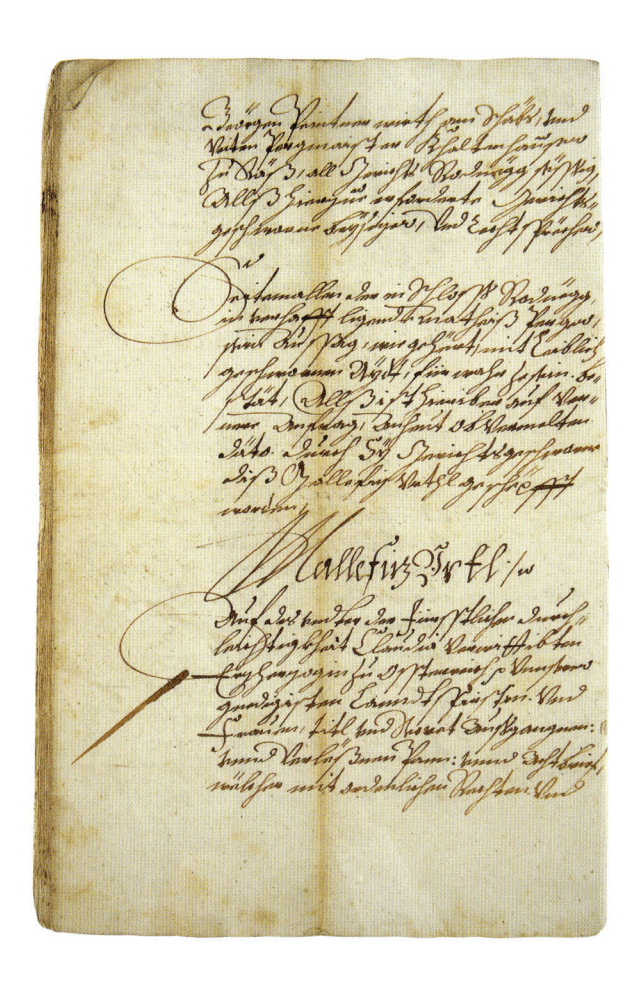

kommen lassen.⁵⁸⁸ Trotz brutaler Tortur gestand Oberkofler keine Zaubereien, weshalb sich der Richter – wie im Fall Perger – mehrmals an Dr. Christoph Zeiller wandte, der aus seiner Gutachtertätigkeit bereits finanziellen Nutzen zog. Der Rechtsgelehrte schlug vor, den Delinquenten weiter zu foltern, wenn er auch dann kein Geständnis ablegte, sollte er gegen Kostenersatz freigelassen werden (*Abb. 250*).⁵⁸⁹ Das Gericht folgte diesem Vorschlag, verurteilte Oberkofler aber am 26. Jänner 1647 zusätzlich zu ewiger Verbannung aus der Grafschaft Tirol. Auch in diesem Fall wurde die Regentin offensichtlich nicht eingeschaltet.

Claudia reglementiert Hexenprozesse

Claudia de' Medici griff in die während ihrer Regentschaft in Tirol geführten Hexenprozesse, sofern sie damit befaßt wurde, regelnd und mildernd ein.⁵⁹⁰ Im Prozeß gegen zwei Frauen in Landeck (ab 1637) änderte sie, wie von der Regierung vorgeschlagen, am 8. Februar 1638 das Urteil von lebendiger Verbrennung zu vorheriger Enthauptung, wünschte aber die Suche nach *Complices*.⁵⁹¹ Im langdauernden Hexenprozeß in Rovereto (1644/1645) wurde sie von einem der Ehemänner der angeklagten drei Frauen um deren Freilassung gebeten und bezweifelte am 14. Jänner 1645, *ob die indicia sufficient und Redlich seyen*. Der Prozeß ging aber weiter und endete vermutlich mit der Hinrichtung einer *zauberin* sowie der Freilassung der beiden anderen Frauen.⁵⁹²

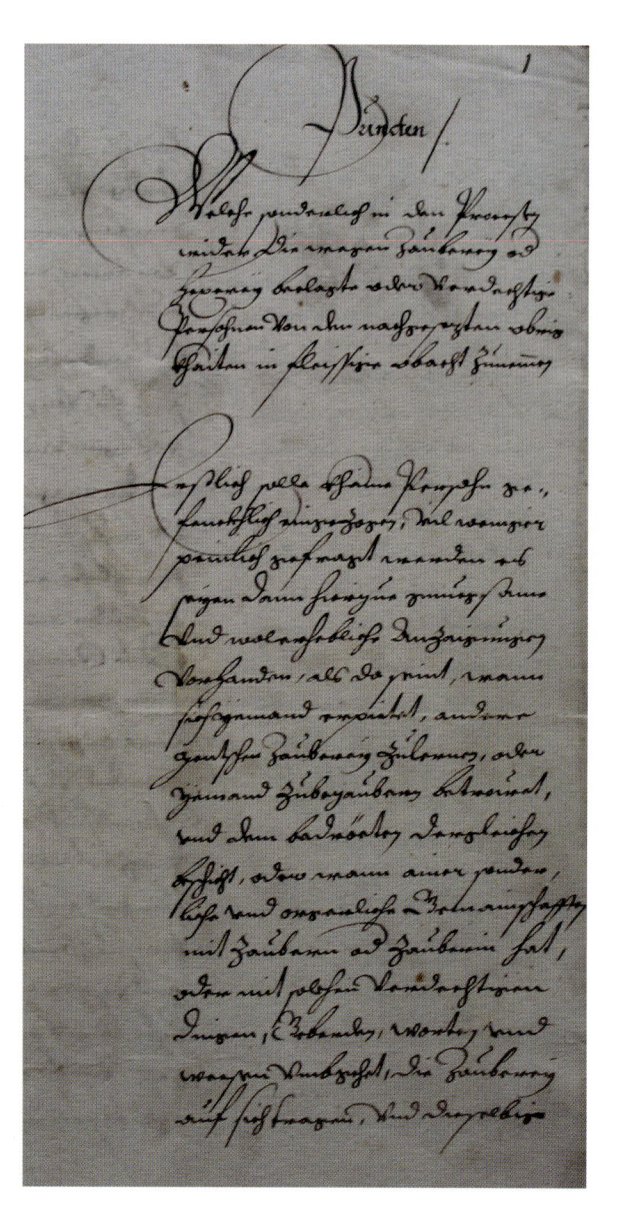

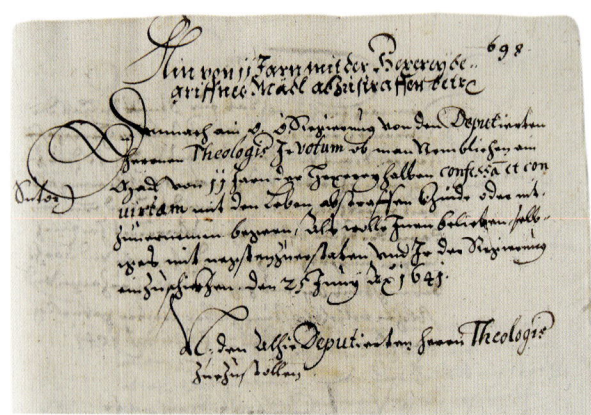

Abb. 251: Die erste Anleitung für Hexenprozesse, von Claudia im Jahr 1645 an alle zuständigen Obrigkeiten versandt. Vorarlberger Landesarchiv, Vogteiarchiv Bludenz 47/519.

Abb. 252: Anfrage der Innsbrucker Regierung an Theologen betreffend die Todesstrafe für eine elfjährige „Hexe", 25. Juni 1641. CD 1637/1641, fol. 698r.

Vor allem aber ließ sie am 6. Februar 1645 die im Jahr 1637 ausgearbeitete Instruktion für die Führung von Prozessen *wider die wegen Zauberey oder Hexerey beclagte oder verdechtige Persohnen* an alle Obrigkeiten verschicken (*Abb. 251*). Dadurch sollten Hexenprozesse möglichst eingedämmt werden. An der Existenz von Hexen zweifelte die Regentin aber nicht, zu sehr war der Hexenwahn allgemein verbreitet. Die Geständnisse der Verurteilten schienen den Glauben an den Teufelsbund zu bestätigen, die Gefährdung der christlichen Gesellschaft galt als Rechtfertigung für die Folterung und Tötung – angeblicher – Hexen. Doch was sollte mit einem elfjährigen Mädchen geschehen, das sich selbst als Hexe bekannte (*Abb. 252*)?

Das Laster der Unzucht

Nicht nur Teufelsbuhlschaft, auch unerlaubte sexuelle Beziehungen im durchaus irdischen Bereich waren in Tirol strafbar. Die geringeren Verstöße gegen das 6. Gebot wurden wohl nur dem Beichtvater bekannt und waren durch das Beichtgeheimnis geschützt. Wer allerdings öffentlich auffiel oder denunziert wurde, hatte seine „Unzucht" schwer zu büßen.

Ehebruch und Inzest

Ehebruch galt als schweres Delikt, bei Verwandten und Verschwägerten (z. B. Schwager–Schwägerin, Schwiegervater–Schwiegertochter) zugleich als Blutschande. Die Bestrafung von Ehebrechern war Sache der Obrigkeit. Hatte nicht *der Allmächtige Gott den Stand der Ehe im Paradeyß auffgesetzt*, damit *dardurch die Welt gemehrt und der Fall Lucifers ersetzt werden soll*? Laut Landesordnung sollten Ehemann oder Ehefrau, gleich welchen Standes, beim ersten Mal *ain Zeit lang mit Wasser und Brodt* eingesperrt werden, beim zweiten Mal noch länger, eventuell auch Geldstrafen erhalten. Wer ein drittes Mal ertappt wurde, war des Landes zu verweisen (*Abb. 253*).[593]

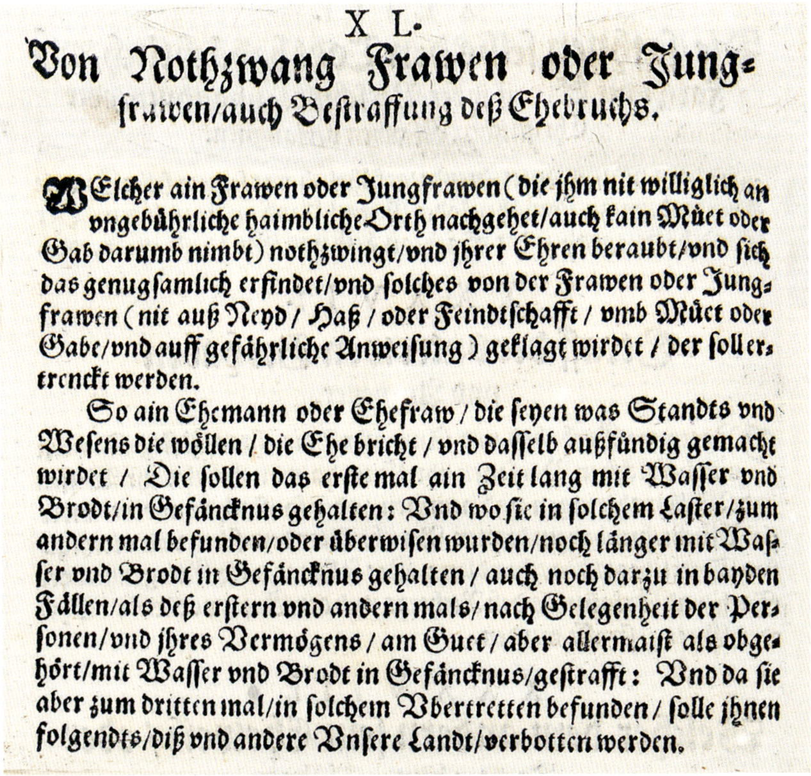

X L.

Von Nothzwang Frawen oder Jungfrawen/auch Bestraffung deß Ehebruchs.

WElcher ain Frawen oder Jungfrawen (die jhm nit williglich an vngebührliche haimbliche Orth nachgehet/auch kain Müet oder Gab darumb nimbt) nothzwingt/vnd jhrer Ehren beraubt/vnd sich das genugsamlich erfindet/vnd solches von der Frawen oder Jungfrawen (nit auß Neyd / Haß / oder Feindtschafft / vmb Müet oder Gabe/vnd auff gefährliche Anweisung) geklagt wirdet / der soll ertrenckt werden.

So ain Ehemann oder Ehefraw / die seyen was Standts vnd Wesens die wöllen / die Ehe bricht / vnd dasselb außfündig gemacht wirdet / Die sollen das erste mal ain Zeit lang mit Wasser vnd Brodt/in Gefäncknus gehalten: Vnd wo sie in solchem Laster/zum andern mal befunden/oder überwisen wurden/noch länger mit Wasser vnd Brodt in Gefäncknus gehalten / auch noch darzu in bayden Fällen/als deß erstern vnd andern mals/ nach Gelegenheit der Personen/vnd jhres Vermögens / am Guet / aber allermaist als obgehört/mit Wasser vnd Brodt in Gefäncknus/gestrafft: Vnd da sie aber zum dritten mal/in solchem Vbertretten befunden / solle jhnen folgendts/diß vnd andere Vnsere Landt/verbotten werden.

Abb. 253: Harte Strafen für Ehebruch, festgelegt in der Tiroler Landesordnung 1573/1603, Buch 8, Titel 40. TLA, Bibliothek, Sign. 5357.

Selbst hochgestellte Persönlichkeiten wurden aufmerksam beobachtet. Marx Sittich von Wolkenstein, Angehöriger eines der ältesten Tiroler Adelsgeschlechter und von seiner zweiten Frau getrennt lebend, wurde denunziert, *ain nit wol beschraitte weibs Person* namens Eva Leitner als seine *Häuserin* zu beschäftigen. Am 12. Oktober 1619 befahl ihm die Innsbrucker Regierung, die übel beleumundete Haushälterin baldigst nicht nur aus Bozen, sondern noch weiter wegzuschaffen; außerdem möge er *sein Haußweesen also* ausrichten, daß es keine *Scandola* gebe. Der heute als Historiograph sehr geschätzte Freiherr starb bereits im folgenden Jahr, ob er seine Haushälterin entließ, ist nicht überliefert.[594]

Ein anderer Tiroler Chronist, Hans Jakob Leopardt von Ferklehen, büßte sein Verhältnis mit der verheirateten Agnes Kupferdag im Jahr 1632 mit vier Tagen bei Wasser und Brot im Innsbrucker Kräuterhaus. Seine *Concubin* war ebendort zwei Monate lang in Untersuchungshaft und wurde anschließend für ein Jahr des Landes verwiesen.[595]

Die Verfahren wegen Ehebruchs waren sehr unangenehm. Entweder nach Denunziation – der Denunziant erhielt einen Anteil an der verhängten Geldstrafe – oder von Amts wegen wurden die Beschuldigten ausgeforscht, festgenommen und vor Gericht gestellt. Das Urteil erging oft erst nach langer Haft. Was folgte, war auf Abschreckung angelegt, wie ein Beispiel zeigen soll: Etliche Jahre lang hatten Wolfgang Wagner und Magdalena Arbain miteinander „Unzucht“ und Ehebruch verübt, dafür wurden sie inhaftiert und verurteilt. Zur Urteilsverkündung sollten sie vor das Kufsteiner Rathaus geführt, ihr *verbröchen* samt dem Urteil öffentlich verlesen, sie anschließend durch den Henker auf den Pranger gestellt und unter Rutenschlägen an unterschiedlichen Toren – also nicht gemeinsam – aus der Stadt getrieben werden, zu ewiger Verbannung.[596]

Leopold V. kannte bei Ehebruch meist keine Gnade und bestätigte die von den zuständigen Gerichten verhängten Strafen ohne Milderung. Die über vermögende Missetäter verhängten Geldstrafen waren dem *Ertzfürstlichen fisco* zu bezahlen und konnten vom Landesfürsten ermäßigt werden. Eine diesbezügliche Bitte hatte bisweilen fatale Folgen: So wurde der mehrfache Ehebrecher Peter Rainer aus Bruneck von Leopold am 5. April 1619 dahingehend „begnadigt“, statt der noch ausstehenden 150 Gulden Geldstrafe sechs Wochen bei Wasser und Brot im Innsbrucker Kräuterhaus zu büßen. Nach 17 Tagen Haft war er so geschwächt, daß er einstweilen nach Hause entlassen werden mußte, allerdings mit der Auflage, sich wieder zu stellen.[597]

Ehebruch in Verbindung mit anderen Delikten konnte ein lebensgefährliches Verbrechen sein. So sollte Rosina Kellermann *verüebter ehebrüch und diebställ halben* laut Landesordnung und Gerichtsurteil ertränkt, ihr Ehemann mit Ruten ausgehauen und auf ewig aus Tirol verbannt werden. Auf

Vorschlag der Innsbrucker Regierung milderte Leopold die Ertränkung am 16. Juni 1631 in Hinrichtung mit dem Schwert, die Landesverweisung blieb aufrecht.[598]

Ehebrecher fanden auch bei Claudia de' Medici keine Nachsicht, war sie doch der Meinung, daß *dises laster starckh eingreifft*. Erinnerte sie sich vielleicht noch an ihre erste Ehe mit dem ungetreuen Prinzen von Urbino? Als sie erfuhr, daß Benedikt Konstantin Hebenstreit von St. Lorenzen seit langem *mit zway weibern im Ehebruch* lebte und von beiden vier uneheliche Kinder hatte, ließ sie *in der still* Nachforschungen anstellen, um gegebenenfalls gegen ihn vorgehen zu können. Tatsächlich wurde er zu einer *Ehebruchsstraff* verurteilt und auch danach scharf beobachtet.[599]

Die offenbar weniger begüterte Christina Tschoni, wegen Ehebruch in Villanders inhaftiert, konnte sich nicht mit einer Geldstrafe freikaufen, sie sollte *andern zu ain Exempl* mit dem Pranger oder weiterer Gefängnishaft bestraft werden und keine *milterung* erfahren.[600] Auch als der Kitzbühler Landrichter Ludwig Aufschnaiter trotz voheriger Bestrafung angeblich noch immer mit seinem Anhang *in continuo adulterio* lebte und *sein Eheweib gleichsamb allerdings verstossen* hatte, forderte die Regentin *gründtlichen bericht* an, er sollte gegebenenfalls abgesetzt werden.[601] Milde zeigte sie dagegen bei Anton Toneller aus Eppan, der nach Inzest mit seiner Nichte, wofür er 40 Gulden Strafe gezahlt und die öffentliche Buße geleistet hatte, um Entlassung aus der Haft bat. Claudia verfügte am 3. Juni 1634, daß er noch 14 Tage bei Wasser und Brot im Gefängnis bleiben sollte, begnadigte ihn aber auf sein abermaliges *flehenlichs anriefen* am 26. Juni zu sofortiger Entlassung.[602]

Die für Ehebruch eingehobenen Geldbußen waren auf jeden Fall existenzschonender als die von den Gerichten verhängte ewige oder zeitliche Landesverweisung. Milde Strafen waren sie allerdings nicht. Als Abschreckungsmittel gedacht, wurden sie den Vermögensverhältnissen der Verurteilten angepaßt und gingen oft bis an das Existenzminimum. Da die einkommenden Summen der landesfürstlichen Kammer zufielen, waren sie für Claudia und den Innsbrucker Hof eine willkommene Einnahmequelle.

Im Jahr 1644 wurde der Wirt Georg Giglmair aus Angath von einem Denunzianten – er erhielt dafür 150 Gulden Belohnung – angezeigt, mehrfachen Ehebruch mit zwei ledigen *Weibspersonen* sowie als Witwer mit seiner Nichte Barbara Weingartner Inzest begangen zu haben. Die vom Gericht verhängte Strafe betrug 1000 Taler (= 1500 Gulden). Wirt und *Concubina* wurden nach Innsbruck in die *fronfest des Kreiterhauß* gebracht, wo sie, vom Kerkermeister unbeaufsichtigt, miteinander Kontakt aufnehmen konnten. Die Strafe wurde daraufhin auf 2000 Taler (= 3000 Gulden) erhöht, der Denunziant erhielt weitere 100 Gulden. Als sich herausstellte, daß Giglmairs Vermögen nicht so hoch war wie angenommen – es betrug nur 4888 Gulden –, ermäßigte die Regentin die Strafe nach monatelanger Haft auf 2000 Gulden. Die Nichte sollte nach der Entlassung noch an drei aufeinanderfolgenden Sonn- und Feiertagen während der Messe mit brennenden Kerzen und entblößten Armen vor der Pfarrkirche stehen. Außerdem mußte sie *an Aidtstatt* geloben, *sich des Gigelmairs verrers gentzlich* zu enthalten.[603]

Unerbittlich zeigte sich Claudia in einem weiteren Fall, der ebenfalls durch einen Denunzianten nach Innsbruck gemeldet wurde. Von Dr. Johann Baptist Träxl, der dafür auf ein Drittel der verhängten Strafsumme Anspruch hatte, denunziert, war Hans Kolhueber aus Barbian nach Inzest mit seiner Schwiegertochter Eva Kastner im Jahr 1640 geflüchtet und im Exil gestorben. Der Regentin schienen die verhängten Geldstrafen – 500 Gulden für ihn, 200 Gulden für sie – zu mild, doch die Regierung empfahl, es dabei zu belassen und die Schwiegertochter, die kleine Kinder hatte, zusätzlich noch 14 Tage bei Wasser und Brot im Gefängnis zu behalten. Kolhuebers *Unzucht Straff* ließ Claudia, von seinen sechs Kindern vergeblich um Nachlaß gebeten, aus seinem Erbe energisch einfordern, obwohl nach Abzug der 500 Gulden nur noch 342 Gulden 35 Kreuzer Vermögen übrigblieben. Das Geld wollte sie für die dringend notwendige Reparatur des Schlosses Thurnegg (Rotholz) oder des Jagdhauses in Pertisau verwenden.[604]

Christian Obkircher aus Vahrn wurde im Sommer 1637 wegen blutschänderischer Beziehung zu seiner Nichte Margarete Untertrafaller nach langer Haft zu fünfjähriger Verbannung verurteilt, außerdem sollte er öffentliche Kirchenbuße mit einer brennenden Kerze in der Hand und einem andächtigen Gebet unter der Friedhofstür absolvieren. Er bat um Umwandlung in eine Geldstrafe, auch seine über 70 Jahre alte Ehefrau intervenierte für ihn. Die Innsbrucker Regierung befürwortete sein Ansuchen, er sollte 200 Gulden Strafe zahlen, die Unkosten begleichen und eine Wallfahrt machen. Claudia forderte vom Landeshauptmann an der Etsch ein Gutachten an und begnadigte den Ehebrecher anschließend wegen seines hohen Alters und auch der Betagtheit seiner Frau zu 200 Gulden Geldbuße sowie zum Unkostenersatz. Vom Strafgeld wurden einem Innsbrucker Regierungskonzipisten 100 Gulden zugesprochen, die Landeshuldigung, also die Erlaubnis zur Rückkehr nach Tirol, erhielt Obkircher am 14. April 1639, nachdem er alle geistlichen Bußen und weltlichen Strafen hinter sich gebracht hatte.[605]

Wegen Inzests mit seiner Schwiegertochter Ursula Schöpfer wurde Urban Hilber aus St. Sigmund im Jahr 1643 zu 200 Gulden Geldstrafe samt vierjähriger Verbannung verurteilt, sie ihrerseits sollte 35 Gulden zahlen und zwei Jahre lang ausgewiesen werden. Obwohl seine übrigen sechs Kinder um Gnade für den betagten Vater baten und die Schwiegertochter, Mutter eines kranken Kindes und erneut schwanger, dieses *laster* nur einmal in betrunkenem Zustand verübt hatte und vor der Regentin einen *diemietigisten fueßfall* tat, auch die Regierung nur eine öffentliche Kirchenbuße empfahl, sprach sich Claudia am 22. Oktober 1643 gegen Milde für Hilber aus, weil die Strafe dem Delikt ohnedies kaum angemessen sei. 100 Gulden sollte ein Innsbrucker Regimentskanzlist erhalten. Die Verbannung fiel dem kranken Ehebrecher schwer, sie wurde ihm trotz seines Bittgesuchs nicht verkürzt, er starb fern der Heimat. Mit der wegen Verletzung der Urfehde verhafteten Schwiegertochter hatte Claudia Mitleid und wollte *auß gnaden* zulassen, *das die güete der schörpffe firgezogen* wurde. Gegen die Zahlung von 50 Gulden sollte Ursula Schöpfer aus der Haft entlassen werden, das Strafgeld wurde einem Hofkanzlisten zugesprochen.[606]

Mit 200 Gulden büßte im Jahr 1643 auch Christian Tschurtschentaler aus Sexten die Blutschande mit seiner Schwägerin. Die betrogene Ehefrau bat Claudia um Nachlaß oder Ermäßigung der Summe, da er *solche sindt* bald herzlich bereut und die geistliche Buße ausgestanden habe. Die Regierung meinte, daß durch die Geldstrafe mehr die Ehefrau und die armen Kinder getroffen würden, doch die Regentin beließ es bei der verhängten Strafsumme samt einjähriger Landesverweisung.[607]

Wegen *verüebten incests* mit seiner Schwägerin Maria Haslwanter war Jos Leiter aus dem Kühtai geflüchtet. Sein Gesuch um Landeshuldigung wurde abgelehnt, man ließ nach ihm fahnden. Das Gerichtsurteil über die Schwägerin sah vor, daß sie zusätzlich zu den bereits ausgestandenen 8 Tagen noch drei Wochen bei geringer Kost im Gefängnis bleiben und anschließend an drei Freitagen während der Messe vor der Kirchtüre in Ötz knien sollte, eine Rute und eine brennende Kerze in Händen haltend. Außerdem sollte sie 40 Gulden von ihrem mütterlichen Vermögen zahlen und alle Unkosten tragen. Die Regierung fand das etwas hart, die Entscheidung über *schärpf oder milterung und Landtshulderthailung* lag aber bei Claudia. Sie bestätigte das Urteil am 11. Juli 1635, das Strafgeld erhielt ein Innsbrucker Regimentssekretär.[608]

In einigen Fällen verzichtete die Regentin auf das Strafgeld von Ehebrechern. So am 19. November 1639 bei Georg Bartholomäus Mullsteter, der *ratione commissi adulterii* zu 100 Gulden verurteilt worden war. Auch als Georg Kirchler aus Ahrn wegen Inzests im dritten und vierten Grad 40 Gulden Strafe zahlen sollte, stimmte sie am 17. Mai 1645 nach Vorschlag der Regierung zu, daß ihm *clagender Armuet* willen 10 Gulden nachgesehen wurden. Die ihm auferlegten 8 Tage Gefängnis bei Wasser und Brot sollte er aber abbüßen.[609]

Auf jeden Fall legte Claudia Wert darauf, daß stets das Recht gewahrt wurde. Als Christian Füxl aus Aichholz nach Ehebruch mit seiner Schwägerin Magdalena Fux flüchtete, zog der Herrschaftsverwalter sofort sein Hab und Gut – ein *Freystüfft guetl* – ein, ohne das Gerichtsverfahren abzuwarten. Auf Befehl der Regentin mußte die unrechtmäßige Konfiskation kassiert werden.[610]

Ausweisungen wegen Ehebruch wurden von den Gerichten mehrfach verhängt, Claudia erlaubte in der Regel keine vorzeitige Rückkehr. Eine Ausnahme machte sie beim Kirchendiener und Schulmeister Michael Schöfprugger aus Terlan, der wegen *verschidenlich begangenen Ehebruchs* entlassen und drei Jahre lang aus seinem Heimatbezirk verwiesen worden war. Nach einem Jahr gestattete sie ihm am 19. Juli 1644 die Rückkehr, seine beiden Ämter sollte er aber nicht wieder erhalten.[611]

Sittlichkeitsdelikte mit Geistlichen

Besonders unnachsichtig verhielt sich Claudia gegenüber Sittlichkeitsdelikten mit Geistlichen. Als sie erfuhr, daß der einst von Leopold V. sehr gnädig behandelte Dr. Johann Flugi, Dompropst von Chur und Pfarrer von Schluderns, 1636 zum Churer Bischof gewählt worden war, versuchte sie die päpstliche Bestätigung zu verhindern, allerdings vergeblich.[612]

Kein Erbarmen zeigte die Regentin mit Ursula Kiechl, Köchin und *Concubin* des Villanderer Pfarrers Blasius Pergamin. Da sich die Pfarrersköchin auch mit dessen Vetter Thomas Pergamin vergangen hatte, zudem noch während der Gefängnishaft vom Pfarrer schwanger wurde und ein Kind gebar, wurde sie zum Tod durch das Schwert verurteilt. Trotz mehrfacher Intervention bestand Claudia im September 1635 auf der raschen Hinrichtung der bereits lange Inhaftierten, um weitere Unkosten zu sparen. Sie bemühte sich auch um die Entfernung des übel beleumundeten Pfarrers.[613]

Im Jahr 1636 wurden auf Befehl des Kammerprokurators Dr. Motzel in Kaltern drei Frauen inhaftiert, die sich mit dem dortigen Dechant Heinrich Altsteter *gepflogner ungebirlichen beiwohnung thailhafftig gemacht* hatten. Am 9. Februar 1637 entschied die Regentin, daß Sara Hueber noch etliche Tage bei Wasser und Brot im Gefängnis bleiben und danach aus dem Gericht Kaltern entfernt werden sollte. Die Witwe Katharina Luggin mußte ebenfalls bei Wasser und Brot die *poena carceris* erdulden, sollte das Pfarrwidum nicht mehr betreten, mußte Kaltern aber wegen ihrer drei kleinen Kinder erst in drei Wochen verlassen. Dorothea Tschandrin hatte noch 3 oder 4 Tage *in der Gefenckhnus* zu verbüßen.[614]

Im Juli 1642 erfuhr Claudia, daß Anna Elisabeth Sießl und ihre Tochter Maria Schor mit dem Propst Matthias Fusci und auch den Konventualen von Gries das *örgerliche Laster der Unzucht* begangen hatten. Die Regentin wollte *dergleichen hochsträffliche missethaten* anderen zum Exempel entsprechend ahnden lassen und bestimmte, daß die Mutter dem Fiskus 500 Gulden Strafe zahlen, alle Unkosten begleichen und samt der Tochter auf ewig aus Tirol verwiesen werden sollte. Auch als der Landeshauptmann an der Etsch für die bereits lange in Schloß Spaur inhaftierten Frauen intervenierte, ließ sie sich nicht umstimmen. Die Bozner Wohnung der Mutter wurde um 900 Gulden verkauft, 500 Gulden gelangten an Innsbrucker Beamte.[615]

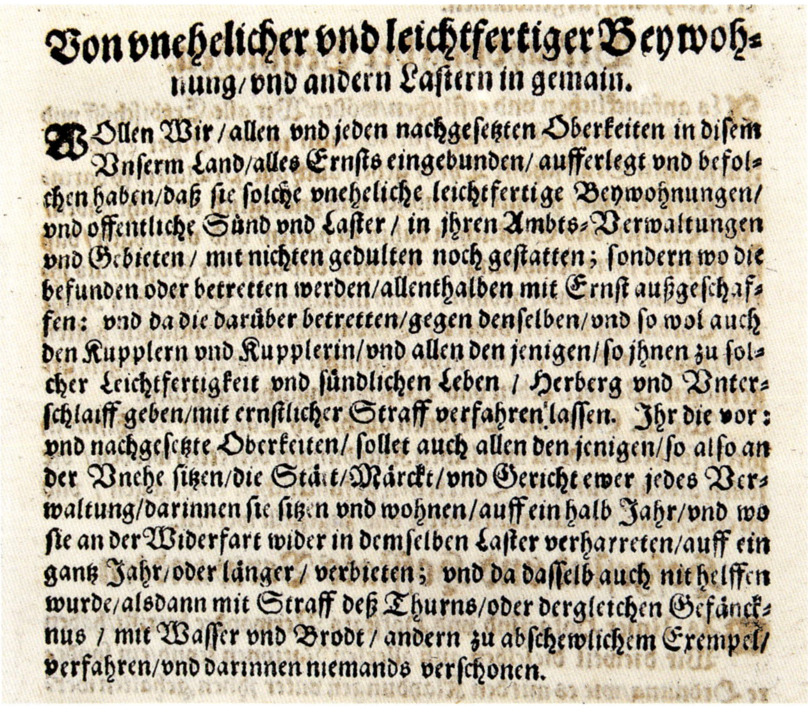

Uneheliche Liebschaften

Sexuelle Beziehungen zwischen Ledigen wurden in Tirol ebenfalls von Amts wegen bestraft. Die Polizeiordnung schrieb den Obrigkeiten vor, *daß sie solche uneheliche leichtfertige Beywohnungen und offentliche Sünd und Laster* in ihren Gebieten nicht dulden sollten. Wer in der *Unehe* angetroffen werde, sei ein halbes Jahr auszuweisen, bei Wiederholung noch länger. Würde auch das nichts helfen, sei ohne Ansehen der Person mit Gefängnis bei Wasser und Brot zu strafen, *andern zu abschewlichem Exempel* (Abb. 254).[616]

Wie bei Ehebruch versorgten oft auch bei unerlaubten Liebschaften Denunzianten die Obrigkeit mit den Namen *in Unzucht begriffner Personen*. Als die Innsbrucker Regierung im Jahr 1634 *glaubwirdig* erfuhr, daß Georg Ehrenreich Khun *incestuose* mit seiner Blutsverwandten Brigitta Khun zu tun gehabt hatte, wurde der Landeshauptmann im Namen der Regentin aufgefordert, *solche ungebür* abzustellen.[617]

Die ins Gefängnis gebrachten Beschuldigten erlebten oft eine lange Untersuchungshaft. Denn das Gericht fragte nach weiteren Beteiligten, notfalls unter Anwendung der Folter. So wurde Agnes Weilander, seit 1625 in Schloß Schöneck in Eisen gelegt und *mit Anlegung des Daumbstockhs* verhört, erst am 11. Juli 1626 wegen *underschidlicher veriebter Unzucht* des Landes verwiesen. Zweimal, 1627 und 1628, verweigerte ihr der Landesfürst die Landeshuldigung, erst im Jahr 1629 durfte sie heimkehren.[618]

Auch Claudia bestrafte unerlaubte außereheliche Beziehungen. Als Jakob Höperger, Zimmermann aus Thaur und Werkmeister am dortigen Salzberg, wegen der mit Rosina Püchler verübten Unzucht und *fleischlicher Vermischung*, deren Folgen er durch eine Abtreibung zu verhindern suchte, die öffentliche Kirchenbuße *mit tragung ainer Rueten und brinenden Körtzen* ausstehen sollte, wandte er sich mit der Bitte um Verschonung an die Regentin. Die Regierung empfahl Milde, doch Claudia ließ sich nicht umstimmen und bestätigte das Gerichtsurteil am 31. Oktober 1636.[619]

Streng ahndete die Regentin auch das *laster der Unzucht* eines jungen Adeligen: Georg Friedrich von Kiepach wurde wegen Inzests mit seiner Base Eva von Kiepach zu 300 Talern (= 450 Gulden) Geldstrafe, *dem Fisco* zu bezahlen, verurteilt. Claudia bestätigte das Urteil am 31. Oktober 1641, sie wollte damit die *verunehrte Persohn wieder zu ehrn bringen*. Die Geldsumme sollte zwischen einem Innsbrucker Kammerraitrat und einem Kammerbuchhalter geteilt werden.[620]

Pfählen bei Kindesmord

Ledige Frauen, die ihr neugeborenes Kind umbrachten, um ihre Schande zu verbergen, erwarte-

Abb. 254: Uneheliche Liebschaften wurden gemäß der Polizeiordnung von 1573 bestraft. TLA, Bibliothek, Sign. 5357, Bl. 11r.

> **XLI.**
> **Ain Fraw/die ain Kind verthuet.**
> Welche Fraw jhr aigen Kind verthuet/vmb deß willen/daß sie jhr Schandt verbergen möge / Die soll lebendig in das Erdrich begraben/vnd ain Pfal durch sie geschlagen werden.

Abb. 255: Die von der Tiroler Landesordnung (Buch 8, Titel 41) vorgesehene Strafe für Kindesmord. TLA, Bibliothek, Sign. 5357.

te eine grausame Strafe. Die Tiroler Landesordnung (Buch 8, Titel 41) sah vor, daß *sie lebendig in das Erdrich begraben und ain Pfal durch sie geschlagen* werde (Abb. 194, 255).

Zwei derartige Fälle kamen unter Leopold V. vor: Das Urteil über die Magd (*diern*) Katharina Tallay, die ihr uneheliches Kind tötete und dafür vom Richter in Kaltern mit Abschneidung der rechten Hand, Enthauptung und *Pfahldurchstossung* bestraft werden sollte, wurde von der Innsbrucker Regierung am 25. April 1629 als *denn Landtsrechten gemeß* bestätigt.[621]

Ein gleiches Schicksal drohte Elisabeth Mayr, Dienstmagd in einem Innsbrucker Gasthaus. Im Sommer 1631 wurde sie beschuldigt, das bei ihr gefundene tote Kind umgebracht zu haben. Obwohl sie, ins Kräuterhaus gebracht, trotz Folterung kein Schuldbekenntnis ablegte, urteilten die Malefizgeschworenen, *daß Sy lebendig in daß Erdtreich vergraben und ain Pfahl durch Sy geschlagen werden soll*. Die Regierung fand dieses Urteil *ganz ungemeß*, aber der Landesfürst war entschlossen, *dises ain Zeither vast zunemende laster andern zum Exempl* zu bestrafen und das Urteil zu exekutieren. Da die Regierung den zuständigen Landrichter von Sonnenburg am 4. Oktober 1631 anwies, die neuerliche Schwangerschaft der Delinquentin zu berücksichtigen, wurde sie wohl erst nach der Geburt des Kindes hingerichtet.[622]

Claudia de' Medici urteilte in solchen Fällen milder. Konnte sie sich in die Notsituation lediger Mütter, die gerichtlich belangt[623] und von der Gesellschaft diskriminiert wurden, hineinversetzen? Bereits 1629 intervenierte sie zugunsten von Katharina Christoff aus St. Michael, die vorgehabt hatte, *Ir aigens Kindt umb daß leben zubringen*. Die Regierung gewährte der Ausgewiesenen die erbetene Landeshuldigung und trug ihr auf, die befohlene Wallfahrt mit Andacht zu verrichten, künftig sollte sie sich *gantz eingezogen und ohne gebung ainicher ergernus* verhalten.[624]

Der erste von Claudia als Regentin zu entscheidende Rechtsfall betraf eine Kindesmörderin: Maria Schwaighofer. Im Frühjahr 1632 wegen *bezichtigter Kindtsentleibung* in Meran in Haft genommen, wurde sie vom Gericht zu Rutenauspeitschung und ewiger Landesverweisung verurteilt. Die Innsbrucker Regierung fand das Malefizurteil angesichts der schweren Verdachtsmomente nicht angemessen und wies den Meraner Richter im Sommer an, einen Rechtsgelehrten beizuziehen. Doch die Beschuldigte gestand auch im weiteren Verlauf des Prozesses trotz Folterung (*zwar clementer*) nichts und konnte auch nicht überführt werden. Somit war kein Todesurteil möglich. Da Klosterfrauen und Verwandte für die bereits seit acht Monaten Inhaftierte intervenierten, schlug die Regierung der Regentin am 17. Dezember 1632 vor, sie auf ewig des Landes zu verweisen. Claudia stimmte diesem Vorschlag am 29. Dezember 1632 zu.[625] Immerhin konnte so Gras über die Sache wachsen und im Ausland vielleicht ein Neubeginn gelingen.

Auf ewig des Landes verwiesen wurde vom zuständigen Richter auch Eva Taler, die bereits das zweite *ledigen Stanndts erzeugte Khindt* gleich nach der Geburt umgebracht hatte. Da die Kindesmörderin *Irer vernunnft unvolkhomben sey worden*, bestätigte die Regentin die Verbannung am 16. Juni 1645.[626]

Auch einer dreifachen Kindesmörderin ersparte die Regentin die Pfählung. Margarete Graulock aus Bregenz, in Bludenz inhaftiert, hatte die ihrer Beziehung zu Benedikt Ludescher entstammenden drei leiblichen Kinder getötet, nachdem die vom Kindesvater in der Apotheke und andernorts besorgten Mittel zur Abtreibung nicht wirkten. Die Gerichtsgeschworenen ersannen sich für sie anhand der Peinlichen Halsgerichtsordnung Karls V. – die Tiroler Landesordnung galt für Vorarlberg nicht – eine Strafe, die an Grausamkeit wohl kaum zu überbieten war: Die Verurteilte sollte in ein aufgeworfenes Grab gelegt, mit Erde bedeckt, ihr ein Rohr *ins Maul* gelegt und danach ein Pfahl durchs Herz geschlagen werden. Die Innsbrucker Regierung fand dieses Urteil zu hart und schlug am 9. Juni 1635 eine andere, symbolträchtige Todesart vor, die nicht viel weniger grausam erscheint: Die Verurteilte sollte auf dem Richtplatz vor der Enthauptung für jedes ermordete Kind dreimal mit glühenden Zangen in die Brüste gezwickt werden. Claudia stimmte diesem Vorschlag am 21. Juni 1635 zu. Nach dem Kindesvater als dem Anstifter sollte *mit angelegenen fleiß* gefahndet und ihm der Prozeß gemacht werden.[627]

Der Verdacht der Abtreibung (*unzeittig abgetribner leibsfrucht*) brachte Margarete Schuester in Bozen ins Gefängnis. Das Gericht verurteilte sie dazu, etliche Stunden am Pranger zu stehen. Die Innsbrucker Regierung fand dieses Urteil *gantz ungemeß* und befahl am 22. April, einen Rechtsgelehrten beizuziehen. Da das Gutachten des Juristen Dr. Christoph Zeiller und das Urteil der Geschworenen einander widersprachen, lag die Entscheidung bei Claudia. Sie forderte am 30. Juni 1636 das Verhörprotokoll an und entschied auf ewige Landesverweisung.[628]

Der Abtreibung beschuldigt, war Maria Haslgruber in Schloß Heinfels inhaftiert. Ihr Vater bat Claudia um ihre Entlassung, doch wie üblich forderte die Regentin ein Gerichtsverfahren. Der Richter scheint allerdings nachlässig – oder nachsichtig? – gewesen zu sein, denn als der Vater im Jahr 1646 nochmals um die Landeshuldigung ansuchte, befand sich die Tochter im sicheren Ausland.[629]

Ausweisung bei Fehlverhalten

Im ganzen Land sollte sich die Bevölkerung an die geltenden Moralvorschriften und Gesetze halten, wer dagegen verstieß, war in Tirol unerwünscht. So entschied Claudia am 15. Februar 1642, daß Barbara Wüst, Mutter eines ehelichen und eines unehelichen Kindes, gemäß Gutachten der Stadt Hall und der Regierung wegen *örgerlichen und continuierlichen Wandels* aus dem Land zu weisen sei. Auch die Witwe Barbara Praitenberger sollte *underschidlich geheuffter Misshandlungen* halber nicht die erbetene Landeshuldigung erhalten, sondern beim Betreten des Landes verhaftet werden.[630] Die Beispiele ließen sich vermehren.

Wer aus der Verbannung nach Tirol zurückkehren wollte, benötigte dazu die Genehmigung des Landesfürsten, die Landeshuldigung. Das Ansuchen wurde nur dann bewilligt, wenn die lokale Obrigkeit das Wohlverhalten des Bittstellers bestätigte und nichts gegen seine Rückkehr einzuwenden hatte. Auch die Regierung mußte den Fall prüfen und für genehmigungswürdig halten. Dann erst bewilligte auch die Regentin die Heimkehr.

Verpönte Faschingsbelustigungen

Als möglichen Tatort für „Leichtfertigkeiten" sah der Innsbrucker Hof Maskeraden, Faschingsumzüge und Musizieren (*Saittenspill*) auf der Straße sehr ungern. Besonders die *ergerlich verkhlaidung in bösen feindt* – also in den Teufel –, *auch unvernünfftiger Tiergestalt* mißfiel. Unter Leopold V. waren derlei *lusstbarkeiten* seit Beginn des Dreißigjährigen Krieges verboten, lediglich im Jahr seiner Hochzeit (1626), als der Landesfürst selbst *in freiden und sponsalitiis* war, und im darauffolgenden Jahr, als Claudia de' Medici in der Hofburg Maskenfeste veranstaltete, wurden sie auch der Bevölkerung erlaubt.

Das anläßlich von Leopolds Tod (1632) verfügte *Verbott der Mascarada* blieb auch in den folgen-

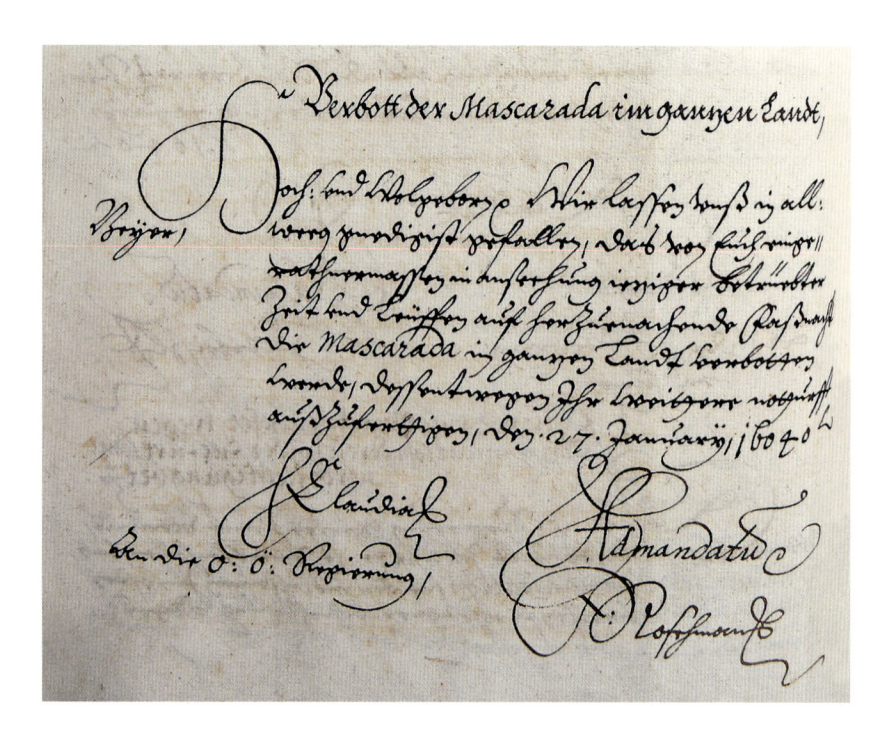

Abb. 256: Claudia de' Medici verbietet Maskeraden. VFDt 1640/1641, fol. 14v.

den Jahren aufrecht. Die Regierung schlug der Regentin alljährlich vor, diese Belustigungen *durch offenen Trumblstraich* zu untersagen, woran sie sich hielt (*Abb. 256*). Die *Mummereyen und auf den dörffern verübende insolentien* sollten unterbleiben, desgleichen die Faschingsbräuche der Innsbrucker Metzger.[631] Im Jahr 1643 begründete Claudia das Verbot der Faschingsbelustigungen damit, daß man genug Ursache habe, *den Allmechtigen Got umb abwendung seiner straf und Zorns vilmehr zu biten, als bei schierist eingeender Faßnacht mehrerlay vorlauffende ungelegenheiten* zu gestatten.[632]

Die Herren des Regiments konnten sich offenbar nicht vorstellen, daß eine schwer arbeitende Bevölkerung, die während des ganzen Jahres durch strenge Kirchengebote in Zaum gehalten wurde, vor Beginn der 40tägigen Fastenzeit noch einmal ausgelassen sein wollte. Die Verbote wurden allerdings nicht immer befolgt, es gab viele Übertretungen.[633]

Kriege und Seuchen galten als Zeichen göttlichen Zorns. Auch Claudia war dieser Meinung. Als sie wegen der in Innsbruck herrschenden *Sterbsucht* samt ihrer Familie 1634 nach Meran flüchtete, ordnete sie am 18. Oktober an, daß *vorderist dahin zusehen, die Göttliche Majestet, von wellicher dergleichen straffen und Haimbsuechungen umb begangner Sünden willen ervolgen*, zu versöhnen. Daher sollte bis auf weiteres im ganzen Land um 12 Uhr mittag nach dem üblichen Gebetsläuten ein weiteres Glockenzeichen gegeben werden, worauf bei Strafe jedermann sowohl in den Häusern als auch auf der Straße niederknien und den Allmächtigen Gott andächtig um die Abwendung dieser wohlverdienten Strafen und Heimsuchungen bitten sollte. Auch Prozessionen und Bittgänge wurden empfohlen. Die in Innsbruck zurückgebliebene Regierung ließ die Verordnung drucken und an alle Tiroler Obrigkeiten verschicken. Prozessionen schienen ihr wegen der Ansteckungsgefahr aber sehr gefährlich, auch in der Innsbrucker Pfarrkirche sollte der übliche Umgang am Donnerstag und Freitag unterbleiben.[634]

Juden und Christen – eine konfliktreiche Beziehung

Für die Wirtschaft von Bedeutung, aber in der christlichen Bevölkerung ungern gesehen waren die Juden. Ihre Aufenthaltsgenehmigung war landesfürstliches Regal, nur der Landesfürst konnte ihnen gegen Zahlung von Schutzgeld erlauben, sich in seinem Territorium niederzulassen. Bei Streitigkeiten unterstanden sie seiner Gerichtsbarkeit.

Das Judenzeichen

Juden wurden in der Grafschaft Tirol geduldet, doch eine klare Abgrenzung von der christlichen Gesellschaft sollte ihre Integration verhindern. Die Polizeiordnung von 1573 schrieb vor, daß alle Juden, *so in disem Unserm Land sitzen, also auch die darinnen oder dardurch hin und wider wandlen und handlen zu einem Zaichen, daran sie von den Christen unterschiden und erkennt werden*, an ihrer

Kleidung auf der linken Brustseite gut sichtbar *jederzeit einen gelben Ring ... aus gelbem Stoff tragen sollten* (*Abb. 257*). Wenn Juden über Land reisten, waren sie von diesem Gebot befreit, erst in den Städten und Dörfern sollten sie *das Zaichen wider herfür nemmen und tragen und sich dardurch für Juden zu erkennen geben.* Das Hausieren auf dem Land und *fayl haben* außerhalb der Marktzeiten war ihnen verboten.[635]

Maximilian der Deutschmeister bestätigte im Jahr 1613, daß alle Juden, *die nit sonderbar befreidt* sind, einen gelben Ring tragen sollten, entband aber am 17. Februar 1614 die zu den Bozner Märkten reisenden jüdischen Händler von dieser Verpflichtung. Daher waren jene 34 Juden, die im Herbst 1619 den Bozner Ägydimarkt besuchten, nicht als solche zu unterscheiden gewesen *weder von gemainen Cristen oder denen vom Adl*. Die Innsbrucker Kammer riet Leopold V. daher am 4. Oktober 1619, ihnen *die gelben Zaichen* wieder zu befehlen.[636]

Es ging aber auch um finanzielle Aspekte. Am 27. Mai 1619 hatte der getaufte Jude Norbertin dem Landesfürsten vorgeschlagen, den nach Bozen kommenden Juden einen Zoll von einem Dukaten (= 3 Gulden) aufzuerlegen, was pro Jahr 500 Gulden einbringen werde.[637] Die Kammer war der Meinung, daß die von Leopold am 20. Juni 1619 befohlene Abgabe die jüdischen Händler von Bozen fernhalten werde, nachdem sich bereits ein Florentiner Jude darüber beschwert hatte. Die Innsbrucker Juden – *Schmoll Hebreer alhie* und die anderen – waren jedenfalls von dieser Abgabe befreit. Aber nicht mehr lange. Als die Erben von Marx May den Gubernator um die Bestätigung ihrer Zollbefreiung auf den Bozner Märkten baten, wurden sie von der Regierung am 13. Jänner 1620 aufgefordert, das Privileg alsbald im Original und in einer beglaubigten Kopie vorzulegen. Bald danach, am 28. August 1620, informierte die Regierung den Stadt- und Landrichter von Bozen, daß

Leopold das *Juden Privilegium* gänzlich kassiert habe. Im Jahr 1621 wurde der übereifrige Norbertin aufgefordert, nicht eigenmächtig vorzugehen.[638]

Den Bozner Juden drohte eine weitere Verschlechterung. Ein Kapuzinerprediger erinnerte sich an die kirchlichen Bestimmungen, wonach Juden keine christlichen Ammen oder Dienstboten beschäftigen durften.[639] Der Landesfürst, einst selbst geistlichen Standes, kannte diese Verbote natürlich und erteilte hinsichtlich der Ammen (*Saugamen*) am 7. Mai 1627 einen entsprechenden Befehl. Wegen der Dienstboten (*Ehehalten*) erwartete er den Bericht des Landeshauptmanns an der Etsch sowie des Stadt- und Landrichters von Gries und Bozen, *ob sich hierunnder ainiche ergernus*

Abb. 257: Juden mußten laut Polizeiordnung von 1573 ein Erkennungszeichen an ihrer Kleidung tragen. TLA, Bibliothek, Sign. 5357, Bl. 15v.

HEILIGES LAND TIROL 225

ertzaigt oder was dabei für gefahr sein mechte. Wegen des *Juden Zaichens* wollte er sich später entscheiden. Auf die Klage von *Liberman Hebreer* von Bozen, daß er und die Seinen andernorts *von dem gemainen mann* allerhand Gewalttätigkeiten zu erdulden hätten und daher um Schutz und Schirm bäten, befahl Leopold dem Bozner Stadt- und Landrichter am 28. Mai 1627, den *gedachten Juden* einstweilen entsprechend seinen Privilegien in Schutz und Schirm zu nehmen. Nachdem der Landeshauptmann an der Etsch sowie der Stadt- und Landrichter von Bozen von den *Ergernusen* jener Bozner Juden, die sich christliches Personal hielten, berichtet hatten, war die Regierung der Meinung, daß den Juden christliche Dienstboten, besonders *weibspersohnen* nicht erlaubt sein sollten. Am 18. August 1627 bat sie den Rektor des Innsbrucker Jesuitenkollegs um sein Gutachten.[640]

Auch in Innsbruck gab es für die Juden Probleme. Als die *alhiesigen* Juden den neuen Landesfürsten um die Bestätigung ihrer von Maximilian dem Deutschmeister *hochseeligister gedechtnus* gewährten Privilegien baten, wurden sie von der Regierung am 25. September 1620 aufgefordert, ein Verzeichnis der *darin begriffnen Personen* zu übergeben.[641] Im Juni 1621 war *der Schmol Jud* aus unbekanntem Grund in Haft, die Regierung wollte vor seiner Entlassung von den in Innsbruck ansässigen Erben von Marx May wissen, ob und wie sehr er begütert sei und ob sie sich eventuell für ihn verbürgen würden.[642]

Der bekehrte Jude Norbertin brachte seinerseits einen Christen in Haft. Im Sommer 1623 schlug ihn Dr. Carlo Ceschi in der Innsbrucker Regimentsbehausung mit einem Schlüssel, wurde in Haft genommen und zur Zahlung von 200 Talern an die Regierung verurteilt. Außerdem wurde ihm am 11. August 1623 befohlen, Norbertin künftig *mit Worten und werkhen* unbehelligt zu lassen, andernfalls ihm 2000 Taler Strafe drohten. Doch auch der Geschlagene wurde *bei leibstraff* aufgefordert, Ceschi *mit friden und zu rhue* zu lassen. Am 21. August 1623 wurde Ceschi gegen eine Kaution von 2000 Talern aus dem Arrest entlassen, die 200 Taler Strafgeld wies Leopold am 28. August der Kammer zu. Bis zum 11. Dezember 1623 waren sie noch nicht bezahlt.[643]

Das Hofhandelshaus May genoß eine privilegierte Stellung, weil es den Hof belieferte. Auf die Bezahlung mußte der Hoflieferant allerdings oft lange warten: Im Jahr 1626 hatte Abraham May für die erzfürstliche Hochzeit *allerlay Wahrn* zum Preis von 33.517 Gulden 15 Kreuzern geliefert, für die 5% Zinsen zu zahlen waren. Sie beliefen sich bis zum 6. Juli 1637 auf 16.385 Gulden 21 Kreuzer, insgesamt war man ihm zu diesem Zeitpunkt also 49.902 Gulden 36 Kreuzer schuldig. Die letzten 6835 Gulden 37 Kreuzer wurden erst im Jahr 1641 bezahlt.[644]

Im Jahr 1627 baten die *Marx Mayischen Hebreer gebrieder und Erben* den Landesfürsten *diemietigist* um die Bestätigung und Erweiterung ihrer Privilegien. Sie wünschten das Prädikat *getheue und diener*, die Exemption vom Landgericht Bozen, die Erlaubnis zum Kauf weiterer Güter, die *nit austreibung aus dem Landt* sowie die Ausdehnung ihrer Privilegien auf ihre *behaußung* in Rovereto. Sie wurden von Leopold abgewiesen, nur den Erben von Marx May gestand er am 30. August 1627 zu, wegen der Befreiung vom *Judischen Zaichen* und dem Leibzoll ein Verzeichnis *wer und wievil solche Mayische Erben sein* zu übergeben, auch die Erweiterung ihres Friedhofs sollte ihnen gestattet werden.[645]

Seit langem schwelte ein Streit zwischen Abraham May und dem Innsbrucker Bürger und Goldschmied Tobias Pfaundler, vermutlich wegen eines verschwundenen Diamanten. Als Pfaundler im Jahr 1628 Schmäh- und Drohworte ausstieß, ließ ihn die Regierung ins Kräuterhaus bringen, wo er aber zuvorkommend behandelt wurde: Jesuiten und Ehefrau durften ihn in Gegenwart des Kerkermeisters besuchen, ehe er am 9. Dezember 1628 dem zuständigen Stadtrichter übergeben wurde. Das Verfahren ging weiter, May bat wohl zur Jahreswende 1629/30 um die *recognoscierung* des vorhandenen *diemantstains*. Die Geheimen Räte kamen seiner Bitte am 10. Jänner 1630 nach und befahlen zugleich *gebürende Justitiam zu administrieren*. Weiteres ist über diese Angelegenheit nicht bekannt.[646]

Es gab aber noch andere Unmutsbezeugungen von Innsbruckern: Wenn sich *Hebreer* auf der Gasse, *sonderlich in der Hofgasse* zeigten, erlaubten sich etliche Handwerksgesellen und Dienstboten allerhand Spott mit ihnen (*allerlay insolenz mit Jublieren, Klopffen und andere Ungebür*). Die Regierung ordnete am 19. August 1628 an, auf *dergleichen muetwillige Gesellen* Obacht zu geben und *solche insolenz mit dem Klopffen, Hämern und anderer Ungebür* alsbald abzustellen und dafür zu sorgen, daß *berüerte Hebreer* ungehindert ihren Geschäften nachgehen könnten.[647]

Keine Gnade gab es dagegen, wie zu erwarten, für den Juden Anselm Margelitti, der wegen der *mit ainer Christin veryebten ungebür* vom Innsbrucker Stadtrichter verhaftet wurde. Die Regierung befahl dem Richter am 2. September 1628, den *Hebreer* wegen *fleischlicher vermischung* mit Maria Stainhauser in das Kräuterhaus zu überstellen, doch er zögerte und berief sich auf die Tiroler Landesordnung (Buch 2, Titel 17), wonach Unzucht am Tatort verfolgt werden sollte. Selbst als ihm geboten wurde, *daz besagter Jud* von den Eisenfesseln gelöst werde, kümmerte er sich nicht darum und verweigerte anderen Juden, die ihm Speise und Trank bringen wollten, den Zutritt. Wie dieser Jurisdiktionsstreit ausging, ist unbekannt.[648]

Claudia und die Juden Tirols

Gespannt war das christlich-jüdische Verhältnis auch unter Claudia de' Medici. Als man Innsbrucker Juden dabei beobachtete, daß sie, *wann man die Zaichen des Englischen Grueß leüttet*, den Hut nicht abnahmen, befahl die Regentin am 25. Mai 1635, daß sie entweder den Judenfleck wieder tragen sollten, damit sie nicht für Christen gehalten würden, oder beim Angelusläuten und wenn das Allerheiligste (*das Venerabile*) vorübergetragen wurde, *das Haubt mit gebürender reverenz entblößen sollten*.[649]

Als im Jahr 1636 ein *Judischer Glaubensgenoß* starb, wurde der *todte Corpl* auf dem Innsbrucker jüdischen Friedhof wieder ausgegraben und geschändet. Die Regierung ließ nachforschen, wer *sollchen frevel* begangen haben könnte. Das Ergebnis ist nicht bekannt, ebensowenig das weitere Vorgehen gegen diejenigen, die einen Diener von Abraham May beraubten. Auch der Koch dieses *Hebreers* wurde auf offener Straße von einem Büchsenmeister und einem Fuhrmann *auf der Kholstat* mißhandelt. Der Landrichter von Sonnenburg nahm sie fest und verurteilte sie zu 6 Gulden Arztlohn sowie zur Zahlung der Verpflegs- und Gerichtskosten. Die Regierung fand, daß beide eine höhere Strafe verdient hätten, und befahl am 19. Mai 1637, sie noch mindestens vier Tage bei Wasser und Brot im Gefängnis zu behalten.[650]

Als sich im Jahr 1638 eine größere Anzahl Juden *mit liederlichen fürwandt und pretexten* sowie ohne Genehmigung in Innsbrucker Bürgerhäuser einquartierte, was nach Meinung der Regierung zu *allerhand ergernussen* führte, wollte Claudia wissen, wie viele und welche *Hebreer* sich in Innsbruck aufhielten. Nach Übersendung der Liste stellte sie klar, daß sie keineswegs beabsichtige, *sollchen Zuelauf und aufhalt der Judenschafft* zu gestatten, und befahl am 9. März 1638, alle Juden, die sich ohne Erlaubnis in der Stadt aufhielten, zu entfernen und jenen, die anwesend sein durften, das Quartier nur *in der Juden Hauß* zu gestatten. Im Jänner 1639 ließ sie Erkundigungen über einen Juden namens Leo von Pfersen einholen, der sich in Innsbruck als Geldwechsler betätigte (*verübenden*

Abb. 258: Dr. Hippolyt Guarinoni, Arzt und Verfasser mehrerer Schriften, im Alter von 60 Jahren. Das Porträt ist seiner Schrift gegen übermäßigen Fleischgenuß entnommen. UBI, Sign. 21.817 (Chylosophiae academicae ..., vor S. 1).

auswexls des gelts).[651] Als Abraham May im Jahr 1640 unter Hinweis auf die der Regentin und der Tiroler Landschaft *gelaiste servitia* um die Bestätigung eines ihm von Leopold V. im Jahr 1630 gewährten, nicht näher beschriebenen Privilegs bat, stellten Regierung und Kammer es Claudia anheim, ihm zu willfahren.[652] Eine bittere Enttäuschung für Abraham war es wohl auch, als sein 15jähriger Sohn Samuel im Jahr 1648 *zue dem Catholischen Glauben* bekehrt wurde und nun – nach seinen fürstlichen Taufpaten Ferdinand Karl und Sigismund Franz – Ferdinand Sigismund May hieß.[653]

Auch in ihren Häusern waren Innsbrucks Juden nicht vor Anfeindungen sicher. In der Karwoche wurden ihre Häuser während der Gottesdienste gestürmt und mit Steinen beworfen, was die Regierung im Jahr 1641 scharf verurteilte und bestrafen ließ.[654]

Persönliche Angriffe seitens christlicher Mitbewohner sind für Bozen nicht belegt. Wohl aber versuchte man, Juden so wenig Spielraum wie möglich zu geben, wie das Beispiel eines reich gewordenen Bozner Juden zeigt: Im Frühjahr 1642 bat Giacomo Moravi, *Hebreer zu Botzen*, die Regentin *unterthenigist*, in der Stadt ein Haus kaufen *und sein Gewerb alldorthen unverhinderlich* treiben zu dürfen. Die Innsbrucker Regierung forderte den Landeshauptmann an der Etsch sowie Bürgermeister und Rat von Bozen am 14. und 27. März zur Stellungnahme auf. Bürgermeister und Rat von Bozen sprachen sich dagegen aus, weil die Häuser eng zusammengebaut seien, sodaß, *da die Hebreer darinn wohneten, die Christen Ire Uebungen und gebreich desto mehr wider willen stetigs sehen und anhören miesten*. Juden sollten außerhalb der Stadt wohnen, ihre Zahl nicht vermehrt werden. Auch die Bürger und Handelsleute sprachen sich gegen jüdische Mitbewohner aus, weil Juden offen unerlaubte Waren, besonders Branntwein feilhielten. Die Bozner *Hebreer* konnten aber auf ihre mehrmals bestätigten Privilegien verweisen. Als Moravi im Sommer 1642 um die Erlaubnis zum Geldverleih (wöchentlich 2 Fierer Zins pro Gulden) ansuchte, ließ Claudia den Landeshauptmann auffordern, gemeinsam mit der Ritterschaft sowie den Städten Bozen und Meran darüber zu urteilen, ob und wie das Ansuchen zu bewilligen sei. Nachdem Moravi anschließend um die Bewilligung zum Pfandleihen bat, sprach sich der Landeshauptmann dagegen aus, weil *solcher bancho aufrichtung* von der Stadt nicht *an Ine begert worden*. Falls die Bozner es künftig wünschten, solle darüber entschieden werden. Die Kammer schloß sich am 23. Oktober 1642 der negativen Meinung von Landeshauptmann und Amtmann in Bozen an, worauf die Regentin am 22. Jänner 1643 ein Gutachten der Regierung anforderte, ob man das *privilegium auf Pfandt zuleichen* moderieren oder ohne Beschwerung der Untertanen und des Gewissens gewähren sollte. Das am 1. März 1643 erstellte Gutachten sprach sich entschieden dagegen aus.[655]

Anderl von Rinn

Die in der Tiroler Bevölkerung zweifellos vorhandene Judenfeindlichkeit erhielt in dieser Zeit einen wichtigen Impuls: Dr. Hippolyt Guarinoni (*Abb. 258*), in Trient geboren und als Haller Stiftsarzt hochangesehen, publizierte 1642 die Legende des „Anderl von Rinn" in Versform (*Abb. 259, 260*). Als Anregung diente ihm der Kult des 1475 – angeblich – von Juden rituell getöteten Kindes Simon von Trient. Durch seine zweite Frau stieß der noch heute als Erbauer der Volderer Karlskirche bekannte „Laienapostel", eigenen Angaben zufolge, im Jahr 1620 auf die Spur des ebenfalls von Juden ermordeten Andreas Oxner im nahegelegenen Ort Rinn. Die Spurensuche war mühsam, aber für ihn schließlich doch erfolgreich. Das Todesjahr des „Märtyrerkindes" (1462) erschien ihm im Traum, biographische Details „ermittelte" er durch eifriges Nachforschen. Das Rinner Kind erschien ihm ein passendes Pendant zum Trentiner Judenopfer, das bereits unter die Seligen aufgenommen worden war und an dessen mumifizierten Gebeinen er im Jahr 1637 sagenhafte 5812 Wunden festgestellt hatte.[656] Ein „Anderl"-Kult begann sich zu entwickeln (*Abb. 261*). Die Verehrung nahm in den folgenden Jahren und Jahrhunderten kontinuierlich zu, ehe sie am 2. Juli 1989 vom Innsbrucker Bischof Dr. Reinhold Stecher offiziell eingestellt wurde.[657]

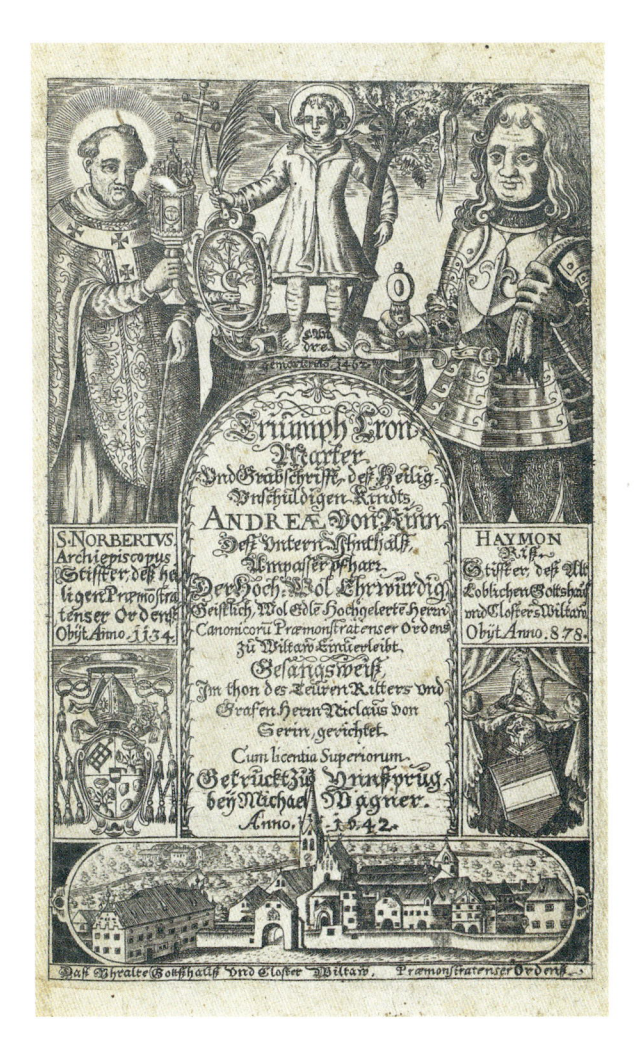

Abb. 259: Das von Guarinoni verfaßte Anderl-Lied, Titelblatt. TLMF, Dip. 307.

Abb. 260: Die Gebeine des „Märtyrerkindes" Andreas im Reliquienschrein. Die Knochen wurden im Jahr 2002 vom Altar entfernt und in einer Seitenwand eingemauert. TLMF, Dip. 307, S. 36.

HEILIGES LAND TIROL 229

Abb. 261: Der Kult des Anderl von Rinn beginnt sich zu entwickeln, Stich von J. A. Friedrich (18. Jahrhundert). UBI, Sammlung Roschmann, Bd. 14, Bl. 11.

Bekehrte Juden – ein Triumph des christlichen Glaubens

Die Judenfeindlichkeit dieser Zeit war nicht „rassisch", sondern religiös begründet. Juden, die sich bekehrten, waren hoch willkommen. Die Bekehrung galt als Triumph des Christentums, bei bedeutenden Juden fungierte der Landesfürst als Taufpate. So, als der Rabbiner Norbertin durch Kaiserin Anna *von dem verdamblichen Irthumb des Judenthumbs zu dem wahren Catholischen glauben* gebracht wurde. Für ihn übernahmen Kaiser Matthias und Maximilian der Deutschmeister die Patenstelle. Er hieß nun Matthias Maximilian Norbertin und erhielt wöchentlich 1 Gulden 30 Kreuzer *zu ainer unterhaltung*. 1619 war er im Dienst der Erzherzogin Anna Juliana, auf deren Fürbitte ihm Leopold am 4. August 1620 erlaubte, in Innsbruck zu wohnen und bestimmte Spezereien öffentlich sowie Seidenwaren und andere Luxusgüter aus Italien privat zu verkaufen.[658]

Leopold selbst hatte einen bekehrten Juden als Kammerdiener in seiner engsten Umgebung: Leopold vom Heiligen Kreuz. Er wurde im Jahr 1628 *aus dem Judenthumb zu dem Catolischen allain Seeligmachenden Glauben* bekehrt und getauft, daher erhielt er ein Jahr lang 150 Gulden zu seinem Unterhalt sowie neue Kleidung. Als Kammerdiener informierte er im August 1629 seinen abwesenden Herrn über das Befinden der im Kindbett liegenden Claudia, die ihn anschließend ebenfalls unter ihre Kammerdiener aufnahm. Bereits von Leopold *mit der Nobilitation* bedacht, ernannte ihn die Regentin im Jahr 1634 zu ihrem Rat und Hausmeister im Schloß Winkl (bei Meran) sowie 1635 – gegen eine Kaution von 1000 Gulden – zum Zöllner an der Talfer (Bozen). Auch Ferdinand Karl behielt ihn in seinem Dienst, noch im Jahr 1658 finden wir *Herrn Leopold vom heilig Creitz, Erzfürstl. Rath, Camerdiner und Zoller an der Talfer* erwähnt.[659]

Dem getauften Juden Ferdinand Renato – Taufpate war also Ferdinand Karl – wurden im Jahr 1636 als neu Bekehrtem Mantel und Kleidung bezahlt. Im Jahr 1637 war er Tafeldecker bei Hof, in den Jahren 1640–1647 sowie im Jahr 1653 wird er als Hofzergadner genannt, hatte also die Vorratskammer des Hofes unter sich. Am 2. Oktober 1638 ließ Claudia für ihn *ain Wünter Claidt* machen, wofür der Innsbrucker Handelsmann Hans Keberle 65 Gulden verrechnete.[660]

Auch für *Carl Sigmundt Constantin getaufften Juden*, dessen Taufpaten offensichtlich Ferdinand Karl und Sigismund Franz waren, lieferte Keberle *allerlai Ladenwahren* zum Preis von 59 Gulden 12 Kreuzern zur Anfertigung von Mantel und Kleidung. Die Summe wurde ihm im Jahr 1638 erstattet.[661]

Die Tiroler Gesellschaft dieser Zeit war eine geschlossene Gesellschaft von Katholiken, die die Zehn Gebote und die kirchlichen Gesetze tunlichst befolgten, andernfalls sie bestraft wurden. Andersgläubige fanden – außer einigen privilegierten Juden – keinen Platz im „heiligen Land Tirol". Religiöse Toleranz war ein Fremdwort.

Fromme Stiftungen

Der fromme Eifer hatte aber auch positive Seiten. Viele sakrale Kunstwerke – Monstranzen, Kelche oder Meßgewänder – wurden gestiftet, einige von ihnen haben sich bis heute erhalten und gehören nun zu den Kostbarkeiten des Landes, die auf Ausstellungen gezeigt werden.

Auch kirchliche Gebäude wurden trotz genereller Geldnot errichtet, so vor allem die Jesuitenkirche in Innsbruck, die Karlskirche in Volders, die Seekirche in Seefeld oder das Franziskanerkloster in Reutte. Fast immer beteiligte sich das Fürstenpaar an den Baukosten.

Maria Waldrast

Die größte Stiftung machte Claudia de' Medici als Witwe: Maria Waldrast, noch heute ein gern be-

Abb. 262: Leopold V. als Stifter des Servitenklosters Maria Waldrast. TLMF, W 9898, Nr. 6.

Abb. 263: Das Kloster Maria Waldrast um 1740, gestochen von Johann Daniel Hertz. Innsbruck, Servitenkloster.

suchtes Wallfahrts- und Ausflugsziel in den Tiroler Bergen, verdankt ihr seine gesicherte Existenz.

Im Jahr 1621 hatte Leopold V. aus besonderer Devotion *zu dem wunderbarlichen Unser lieben Frawen bildnus auf der Waldrast* an der bestehenden Kirche ein Servitenkloster für sieben Religiosen gestiftet, das im Jahr 1624 fertiggestellt war (*Abb. 262*). Am Beginn seiner Romreise hatte er hier im November 1625 den Segen des Himmels erfleht, nach der Rückkehr sagte er Dank für den erfolgreichen Abschluß der Heiratsverhandlungen. Mehrmals machte das Fürstenpaar eine Wallfahrt nach Maria Waldrast, es ließ sich daher im Jahr 1628 die päpstliche Dispens erteilen, im Kloster übernachten zu dürfen.[662] Seinen Plan, eine Stiftung für den Unterhalt von zwölf Serviten zu machen, konnte Leopold nicht verwirklichen, denn er wurde *von dem Allerhöchsten aus dieser Welt, ohn Zweifel zu den Ewigen Freuden abgefordert*, davon war seine Witwe überzeugt. Als Florentinerin lag ihr diese Stiftung sehr am Herzen, zumal der Waldraster Prior im Jahr 1642 einen Bau *zu Losierung Landtßfürstl. Herrschafft* plante, wofür er Schindelholz erbat. Die Tatsache, daß Archangelo Benevieni, der in Innsbruck anwesende Generalvikar der deutschen Serviten, aus Florenz stammte, mag ihren Eifer gefördert haben. So vollendete sie Leopolds Vermächtnis und stiftete am 18. Jänner 1644 42.000 Gulden für den Unterhalt des höchstgelegenen Klosters Tirols, das im 18. Jahrhundert eine Blütezeit erlebte (*Abb. 263*).[663]

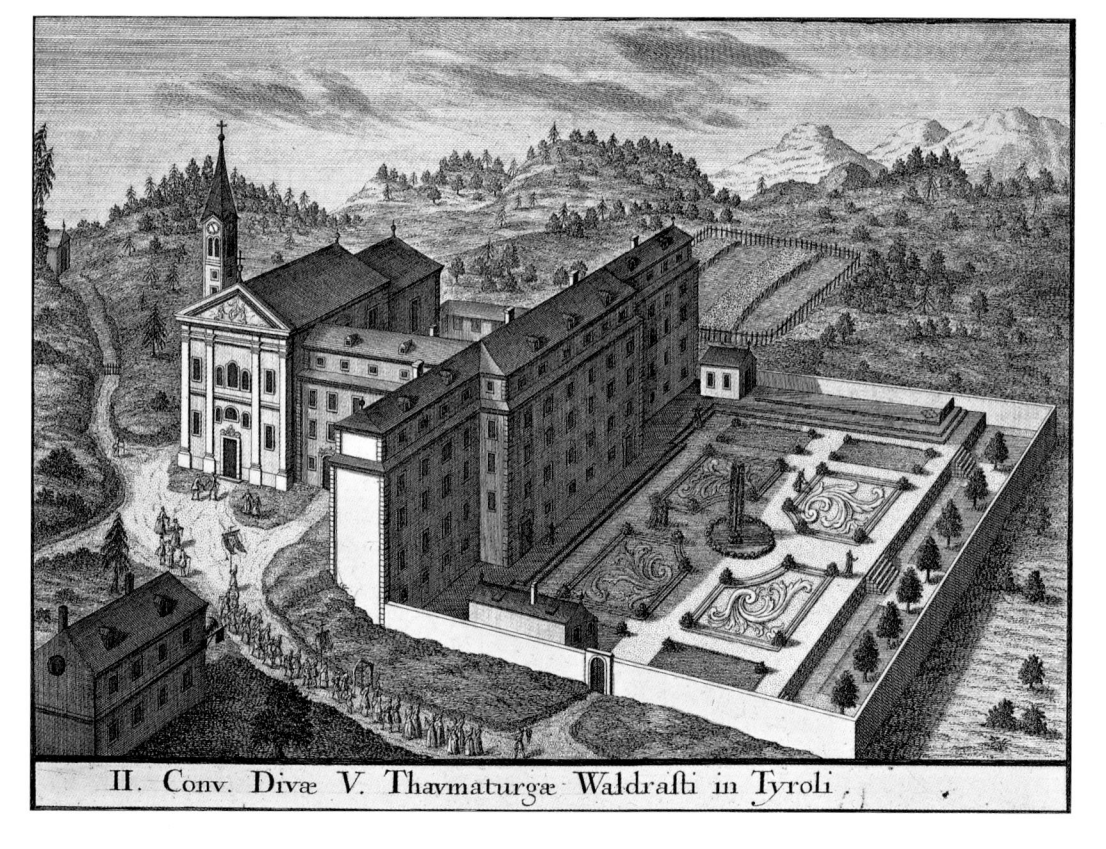

Die letzten Lebensjahre
Triumph und Niederlage

Mehr als 13 Jahre, seit ihrer Ernennung zur Regentin im Jahr 1633, regierte Claudia de' Medici Tirol mit fester Hand. Um ihre Autorität kraft Leopolds Testament zu unterstreichen, setzte sie seit dieser Zeit in offiziellen Schreiben ihrem Namen ein „L" voraus (*Abb. 179*). Ferdinand II. würdigte *die große Lieb, Bemühung, Sorg und Eyffer*, den sie *für dero Pupillen und selbige Landt, dem gesambten Hauß Österreich zu besten, so treuherzig* erzeigte, und unterstützte sie nach Kräften. Als sich nach seinem Tod in Regierung und Geheimem Rat Opposition gegen ihre Regentschaft bemerkbar machte, holte sich Claudia Rückendeckung bei seinem Nachfolger, der sie 1637 als Regentin bestätigt hatte. Im Juli 1639 sandte sie den Jesuiten Eustachio Pagano zu Ferdinand III., dem der Pater nicht nur die finanziellen Schwierigkeiten des Innsbrucker Hofes darlegen, sondern auch Klagen über einige Minister und Räte vorbringen sollte. Durch ihre Zwietracht und Parteilichkeit, auch geringe Liebe und Treue erhalte die Regentin wenig Unterstützung bei der Regierungstätigkeit. Der Kaiser möge ein Dekret erlassen, das ihre Regentschaftsvollmacht kraft Leopolds Testament klar definiere, um ihr mehr Respekt zu verschaffen.[664] Ferdinand III. vernahm *sehr ungern*, daß der Regentin von einigen Ministern und Räten der gebührende Respekt versagt wurde. Ein neuer Titel (*Abb. 264*) bestätigte ihre Autorität kraft kaiserlicher Vollmacht und Testament Leopolds.[665]

Eine eifrige Regentin

Claudia de' Medici nahm ihre Regentenpflichten sehr ernst und hatte viel zu tun. Wohl weil man sich von ihr als Frau besonderes Mitgefühl erwartete, unterbreiteten manche Bittsteller ihre Ansuchen persönlich. Im Jahr 1645 wiederholte sie daher einen bereits 1640 erlassenen Befehl, den Instanzenweg einzuhalten und sich *nit gleich geschwind* an sie zu wenden.[666]

Die Regentin kümmerte sich aber auch um Kleinigkeiten. So vernahm sie im Jahr 1644 mit *sonderbarem misfallen*, daß man, obwohl für das *Garten werch* jährlich etlich hundert Gulden aufgingen, in der Hofküche mit *notwendigen Kreitl-*

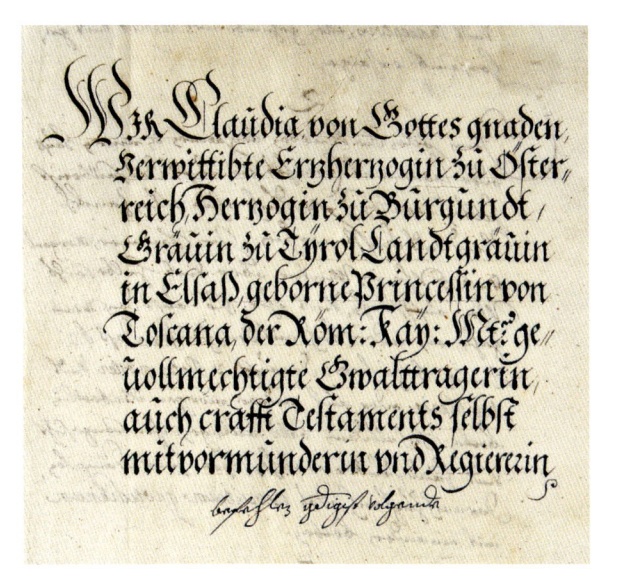

Abb. 264: Der volle Titel der Regentin Claudia. TLA, Hs. 2618, fol. 2r.

werch und Salat nicht versehen war und alles in Innsbruck oder Hall kaufen mußte. Sie befahl daher am 9. September 1644 mündlich, dem Hofkontrollor eine bessere Aufsicht über die Hofgärten anzuschaffen. Als sie ein Jahr später wahrnahm, daß etliche junge Pappeln (*Alber Pämb*) auf dem Weg zum Tiergarten auf der Ulfiswiese *etwaß ungleich und nicht der geröde nach* eingepflanzt worden waren, ordnete sie am 20. Oktober 1645 ebenfalls mündlich an, sie bei entsprechendem Wetter schnurgerade (*der Schnuer nach*) einzusetzen.[667]

Negst der Ehr Gottes war ihr Hauptinteresse aber *eintzig und allein auf den nutzen und fromben Irer Frl. Dt. Puppillen, auch deroselbigen Staat, Landt und Leith* gerichtet. Sie ließ sich die an sie gerichteten Schriftstücke „gnädigst" vortragen, forderte oft weitere Informationen oder Gutachten an und entschied schließlich souverän. Von einer Unterstützung oder Beratung durch Kanzler Bienner, ihren *Gehors. Underthenigisten Diener*[668], ist in den Quellen nichts zu bemerken.

Das Hauptproblem des Innsbrucker Hofes, die seit Jahrzehnten bestehende Verschuldung, konnte auch Claudia de' Medici trotz ihrer hohen Mitgift nicht beheben, obwohl sie mehrfach beraten ließ, *wie dem darnider ligenden und mit schulden gantz verdiefften Cameralwesen widerumb in etwas aufzuhelfen und zu steuern* sei. Die Ausgaben für die Verteidigung des Landes wurden zwar von den Ständen mitfinanziert, belasteten aber auch die landesfürstlichen Finanzen. Die Ausgaben überstiegen alljährlich die Einnahmen, die fehlenden Beträge mußten durch Kredite beschafft werden.[669] Bei repräsentativen Anlässen wie fürstlichen Hochzeiten oder Begräbnissen konnte und wollte man aus Prestigegründen natürlich nicht sparen.

Beisetzungen in der Fürstengruft

Im Jahr 1646 wurde der Erbprinz 18 Jahre alt und somit regierungsfähig. Bevor die Mutter die Herrschaft an ihn übergab, konnte sie ein lang geplantes Vorhaben verwirklichen: die Beisetzung der be-

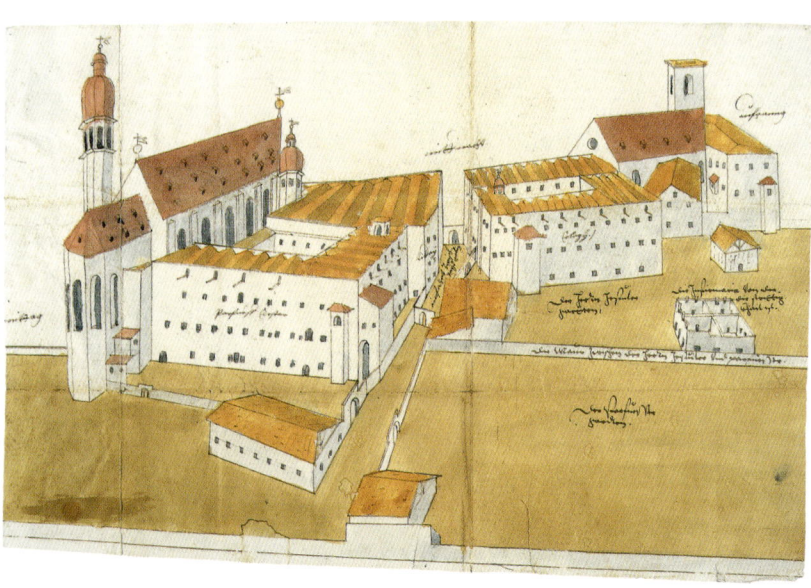

Abb. 265: Hofkirche und Jesuitenkirche, Rückenansicht. TLA, Karte 2874.

Abb. 266: Leichenpredigt, gehalten von P. Wibert Dietrich beim Totengottesdienst für Leopold, 27. Jänner 1646. TLMF, Dip. 432/2, Titelblatt.

reits verstorbenen Familienmitglieder in der Gruft der endlich weitgehend fertiggestellten Jesuitenkirche, zu deren Weihe am 21. Jänner 1646 sie den Brixner Weihbischof nach Innsbruck geleiten ließ.[670]

Am 26. Jänner 1646 trugen 75 Männer die Särge von Leopold V. und Maria Eleonore aus dem Franziskanerkloster, wo sie seit dem Brand der Ruhelust (1636) deponiert waren, unter Ausschluß der Öffentlichkeit, aber in feierlichem Zug durch die Gärten (*Abb. 265*) in die Jesuitenkirche. Die Krypta war mit schwarzen Tüchern ausgeschlagen.[671] Weil der Abt von Wilten erkrankt war, hatte Claudia am 22. Jänner den Abt von Stams nach Innsbruck beordert, wo er gemeinsam mit dem Brixner Weihbischof am 26. und 27. Jänner die Totenzeremonien abhalten sollte.[672] Die Leichenfeier wurde nach Florentiner Vorbild gestaltet.[673]

Am 27. Jänner 1646 fand unter zahlreicher Beteiligung von Geistlichen der feierliche Totengottesdienst statt. Wie in Florenz wurde die Trauerfeier als theatralisches Ereignis inszeniert, die Dekoration bezog die Kirche als Schauplatz ein. In der Mitte des Raumes hatte der Hofbaumeister Christoph Gumpp ein imposantes Trauergerüst errichtet, das mit unzähligen Kerzen bestückt war. Die zahlreichen Wappen waren von Hans Schor gemalt worden, etliche weitere Künstler und Handwerker hatten an der Ausstattung der Kirche mitgearbeitet. Pater Wibert Dietrich, der Vizerektor des Innsbrucker Jesuitenkollegs, hielt die Leichenpredigt, die anschließend in 450 Stück gedruckt wurde (*Abb. 266*). Wie nicht anders zu erwarten, lobte er Frömmigkeit und Leistung des verstorbenen Landesfürsten. Im Auftrag der Jesuiten verewigte der Augsburger Kupferstecher Wilhelm Frommer das *Castrum Doloris* (*Abb. 267*), der Innsbrucker Kupferstecher Johann Baptist Yetzl fertigte davon 1950 Exemplare an und schmückte auch Dietrichs Leichenpredigt mit einem Stich *auf Quart gestochen*.[674]

Abb. 267: Das Trauergerüst für Leopold V. in der Jesuitenkirche, errichtet von Christoph Gumpp, 1646. Wie in Florenz üblich, wird die Totenfeier als theatralisches Ereignis inszeniert, bei dem der Kirchenraum mit seiner bemalten Leinwanddekoration – ein Bild zeigt wohl Leopold zu Pferd nach Kaspar Gras – als Bühne fungiert, mit Zuschauern auf den Emporen und im Parterre. Der Stich von Wilhelm Frommer zeigt den Sarg in einem zweigeschossigen Schrein. TLMF, W 20.968.

Ferdinand Karls Regierungsantritt

Im Anschluß an das feierliche Begräbnis sollte Ferdinand Karl im Rahmen eines Landtags die Regierung Tirols übernehmen. Der Kaiser war damit einverstanden, ein Verzeichnis der in der Tiroler Landtafel immatrikulierten Personen wurde angelegt.[675]

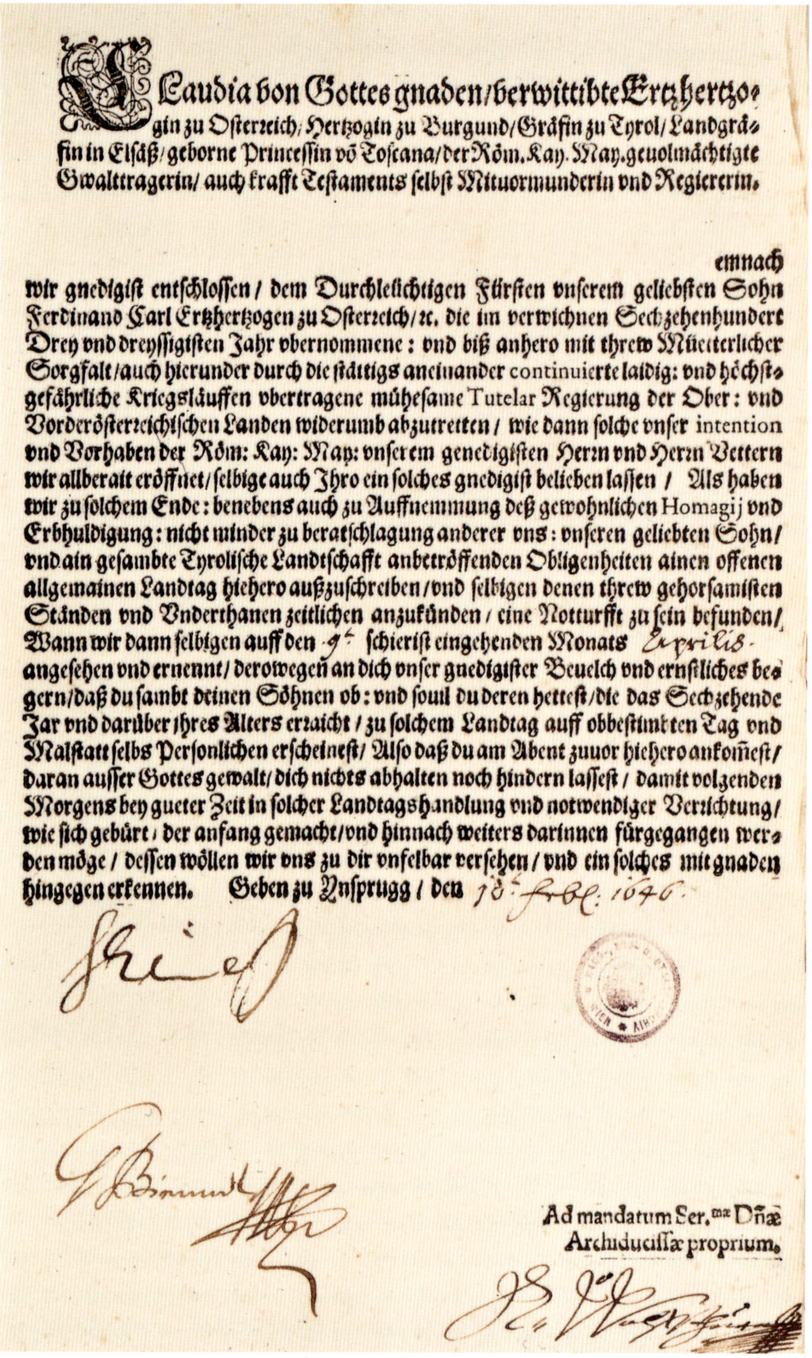

Claudia von Gottes gnaden/ verwittibte Ertzhertzogin zu Osterreich/ Hertzogin zu Burgund/ Gräfin zu Tyrol/ Landgräfin in Elsäß/ geborne Princessin võ Toscana/ der Röm. Kay. May. geuolmächtigte Gwalttragerin/ auch krafft Testaments selbst Mituormunderin vnd Regiererin.

emnach wir gnedigist entschlossen/ dem Durchleüchtigen Fürsten vnserem geliebsten Sohn Ferdinand Carl Ertzhertzogen zu Osterreich/ ꝛc. die im verwichnen Sechzehenhundert Drey vnd dreyssigisten Jahr vbernommene: vnd biß anhero mit ihrer Müeterlicher Sorgfalt/ auch hierunder durch die stätigs aneinander continuierte laidig: vnd höchstgefährliche Kriegsläuffen vbertragene mühesame Tutelar Regierung der Ober: vnd Vorderösterreichischen Landen widerumb abzutretten/ wie dann solche vnser intention vnd Vorhaben der Röm: Kay: May: vnserem genedigisten Herrn vnd Herrn Vettern wir allberait eröffnet/ selbige auch Jhro ein solches gnedigist belieben lassen/ Als haben wir zu solchem Ende: benebens auch zu Auffnemmung deß gewohnlichen Homagij vnd Erbhuldigung: nicht minder zu beratschlagung anderer vns: vnseren geliebten Sohn/ vnd ain gesambte Tyrolische Landtschafft anbetröffenden Obligenheiten ainen offenen allgemainen Landtag hiehero außzuschreiben/ vnd selbigen denen ihrer gehorsamisten Ständen vnd Vnderthanen zeitlichen anzukünden/ eine Notturfft zu sein befunden/ Wann wir dann selbigen auff den 9t. schierist eingehenden Monats Aprilis angesehen vnd ernennt/ derowegen an dich vnser gnedigister Beuelch vnd ernstliches begern/ daß du sambt deinen Söhnen ob: vnd souil du deren hettest/ die das Sechzehende Jar vnd darüber ihres Alters erraicht/ zu solchem Landtag auff obbestimbten Tag vnd Malstatt selbs Persönlichen erscheinest/ Also daß du am Abent zuuor hiehero ankomest/ daran ausser Gottes gewalt/ dich nichts abhalten noch hindern lassest/ damit volgenden Morgens bey gueter Zeit in solcher Landtagshandlung vnd notwendiger Verrichtung/ wie sich gebürt/ der anfang gemacht/ vnd hinnach weiters darinnen fürgegangen werden möge/ dessen wöllen wir vns zu dir vnfelbar versehen/ vnd ein solches mit gnaden hingegen erkennen. Geben zu Ynsprugg/ den 10t. Febr: 1646.

Ad mandatum Ser.ma Dñæ Archiducissæ proprium.

Abb. 268: Einladung zum Landtag am 9. April 1646. HHStA, FA, Kt. 28, fol. 254r.

Nachdem der für Februar 1646 angesetzte Termin aus unbekanntem Grund verschoben wurde, erließ Claudia am 10. Februar die offizielle Einladung für den 9. April 1646 (*Abb. 268*). Am Morgen dieses Tages versammelten sich die Abgesandten der Bischöfe und Domkapitel von Trient und Brixen, die Prälaten und weltlichen Herren sowie die Deputierten der Tiroler Städte und Gerichte in der Hofkirche zum *Ambt de S.to Spiritu*, das der Abt von Stams zelebrierte. Danach, um 10 Uhr, begaben sich alle in den großen Saal der Hofburg. Als alle versammelt waren, traten Claudia und Ferdinand Karl zu ihnen und nahmen unter einem Baldachin Platz. Hofkanzler Bienner gab eine kurze Erklärung ab, verlas die Proposition und die kaiserliche Vollmacht vom 10. März. Anschließend erhoben sich die Regentin und ihr Sohn von ihren Sesseln, Ferdinand Karl dankte seiner Mutter *in Italianischer Sprach* für ihre *müehesambe Tutelar Regierung unnd getrewe sorgfalt.* Claudia sprach ihm im Namen des Kaisers wie in ihrem eigenen Namen *trostreich* zu, sie werde ihn mit ihrer *Müetterlichen Assistenz* bestmöglich unterstützen. Nach dieser Versicherung setzte sie sich wieder hin, während Ferdinand Karl an die Versammelten *ain bewöglichen mündtlichen firtrag* hielt. Er versprach, die Stände und Untertanen bei ihren *wolhergebrachten* Rechten, Privilegien und *gueten gewohnheiten* bleiben zu lassen, Arm und Reich gleiches Recht zu gewähren und sich *alß ein Vatter des Vatterlanndts* zu erweisen. Nach dieser „bewegenden Ansprache“ dankte Veit Benno von Brandis, der Verwalter der Landeshauptmannschaft, Regentin und Kaiser namens der Tiroler Landschaft für ihre Vormundschaftsregierung und wünschte Ferdinand Karl Glück zum Regierungsantritt. Gleichzeitig erbat er sich etwas Zeit zur Beratung über die Erbhuldigung (*Landtshuldigung*), was ihm alter Gewohnheit nach bewilligt wurde.

Am 11. April 1646, spät abends überreichten die Stände Ferdinand Karl ein Schriftstück und erboten sich zur Huldigung. Sie fand am Vormittag des 12. April, nach vorangegangenem Gottesdienst, im großen Saal der Hofburg statt. Der Landeshauptmannschaftsverwalter hielt eine kurze Ansprache, dann leisteten die Stände dem Erzherzog in Gegenwart seiner Mutter nach vorgelesenem Formular (*Abb. 269*) die Erbhuldigung. Anschließend hielten Claudia und Ferdinand Karl öffentlich Tafel, die Inhaber der Tiroler Erbämter bedienten. Insgesamt nahmen etwa 200 Personen, die Abgesandten der Bischöfe und Domkapitel von Trient und Brixen, die vornehmsten Stände sowie die Vertreter der Städte und Gerichte das Mittagmahl bei Hof ein. So wurde dieser Tag *mit guetter Consolation und freuden* zugebracht, wie Claudia dem Kaiser am 17. April 1646 schrieb.[676]

Anläßlich des Regierungswechsels war in Innsbruck ein vierzigstündiges Gebet *zu glückhselig continuierender Regierung* Ferdinand Karls abgehalten worden, weitere Gebete sollten im ganzen Land folgen.[677]

Claudias letzter Landtag

Der junge Fürst gefiel allgemein, gespannt sah man seinem Auftreten auf dem Landtag entgegen. Die von ihm geforderten 100.000 Gulden für die Landesverteidigung wurden problemlos bewilligt, auch von den Abgesandten der Bischöfe von Brixen und Trient, die die Erbhuldigung nicht geleistet hatten. Ferdinand Karl hob die Verdienste seiner Mutter hervor, etwa das Messeprivileg für die Bozner Kaufleute und die Förderung der Seidenindustrie in Tirol. Die Stände machten Vorschläge zur Hebung der Wirtschaft, zur Errichtung einer Pfandleihanstalt (*Mons Pietatis*), um von jüdischen Pfandleihern unabhängig zu sein, oder zur Eindämmung von Schlemmereien der Untertanen, die bereits Claudia ein Anliegen gewesen war. Sie schlugen auch vor, in Innsbruck eine Universität zu errichten, um die Beamten im Land selbst ausbilden zu können. Regierung und Kammer gaben zu bedenken, daß es keine Stiftungen zum Unterhalt der Professoren und Gebäude gäbe und eine Universität arme Schüler und Bettler nach Tirol bringen würde. Der junge Landesfürst schloß sich angesichts der trostlosen Finanzlage diesen Bedenken an, der Plan einer „Landesuniversität" konnte daher erst später verwirklicht werden.[678]

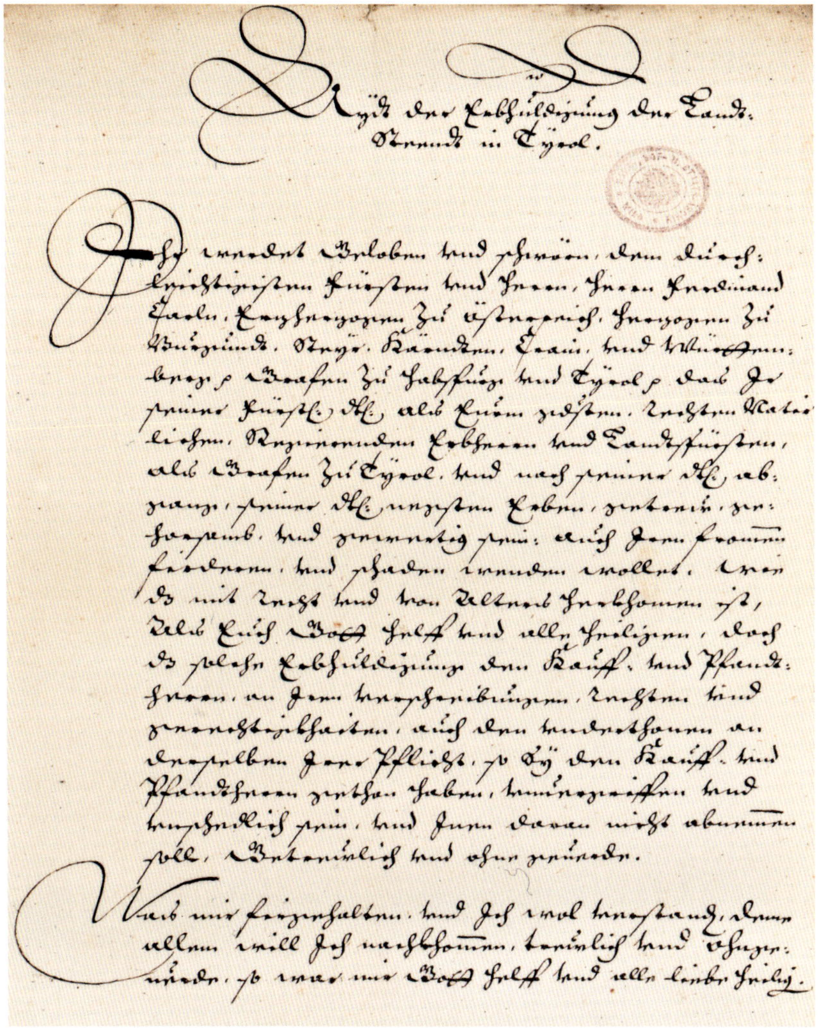

Der Landtag endete am 17. Mai 1646, dem 18. Geburtstag des neuen Landesfürsten. Es war der letzte, an dem Claudia de' Medici offiziell teilnahm. Von nun an lebte sie als Privatperson in der Innsbrucker Hofburg, in der wärmeren Jahreszeit wohl in der neuen Sommerresidenz. Einige Anschaffungen wurden dafür getätigt.[679]

Ferdinand Karl wird Vliesritter

Bereits am 7. November 1635 hatte Philipp IV., sein *geliebter Herr Vetter*, Ferdinand Karl in den Orden vom Goldenen Vlies aufgenommen. Auf

Abb. 269: Der Erbhuldigungseid der Tiroler Stände, 12. April 1646. HHStA, FA, Kt. 28, fol. 291r.

DIE LETZTEN LEBENSJAHRE

Abb. 270: Ferdinand Karl als Ritter des Ordens vom Goldenen Vlies. UBI, Sammlung Roschmann, Bd. 16, Bl. 49.

Wunsch des neuen Vliesritters (*Abb. 270*) sollte ihm der Abt von Stams *den Toson oder gulden Fluss mit gebürenden Ceremonien* anlegen, die Ordenskette Leopolds V. war in Innsbruck noch vorhanden. Die feierliche Zeremonie fand am 7. Juni 1646 in der Hofkirche statt, die Mitglieder der erzherzoglichen Familie sahen aus der Fürstenempore zu. Anschließend gab es in der Hofburg ein festliches Bankett.[680]

Die Fürstenhochzeit

Das wichtigste dynastische Ereignis des Jahres 1646 war die Hochzeit des Landesfürsten. Die während der Polenreise vereinbarte Heirat Ferdinand Karls mit Anna Katharina Constantia erwies sich als undurchführbar.[681] Die 1619 geborene Königstochter war neun Jahre älter als der Tiroler Erbprinz, sie hätte lange auf die Hochzeit warten müssen. Auch kamen polnischerseits Zweifel an der körperlichen und geistigen Reife des Bräutigams auf. Der polnische Hof stieß sich allerdings erst dann an diesen Tatsachen, als ein sofort ehefähiger, besserer Heiratskandidat auftauchte. Die erboste Mutter reagierte verärgert und berief sich darauf, daß Prinz Kasimir während seines Innsbrucker Aufenthalts mit Statur und *dispositione* Ferdinand Karls zufrieden gewesen sei. Im Frühjahr 1641 brach sie die *Heyratstractaten* mit Zustimmung des Kaisers wegen der sich *erzaigenden difficulteten* – man hatte polnischerseits auch hohe finanzielle Ansprüche gestellt – ab.[682]

Auf der Suche nach einer neuen Braut wandte sich die Regentin nach Florenz. Hier war Anna de' Medici, ihre jüngste Nichte, noch unverheiratet. Als Tochter von Großherzog Cosimo II. und Maria Magdalena von Österreich war sie eine Cousine Ferdinand Karls. Am 25. März 1626 hatte sie als zehnjähriges Mädchen an der prokuratorischen Trauung ihrer Tante Claudia mit Leopold V. teilgenommen, nun sollte sie selbst nach Tirol verheiratet werden. *Anna Medicea, geborne Princessin zu Toscana*, war 12 Jahre älter als ihr Bräutigam, eine ungewöhnliche Konstellation für eine Fürstenheirat, bei der in der Regel auf junge Bräute Wert gelegt wurde, um möglichst viele Nachkommen zu erzielen.

Im Jahr 1644 gab der spanische König, im Frühjahr 1645 der Kaiser seine Zustimmung. Der 17jährige Ferdinand Karl bedankte sich bei Ferdinand III. eigenhändig (*Abb. 271*). Der Papst erteilte die wegen zu naher Verwandtschaft notwendige Heiratsdispens im Herbst 1645. Claudia selbst wollte die Angelegenheit *sonnderbar* gern zum Abschluß bringen und auf Wunsch des Großherzogs eine ansehnliche Gesandtschaft nach Florenz schicken. Doch die Mittel des Innsbrucker Hofes ließen keine *Costbarliche absenndung mit grossem Comitat unnd Spesen* zu. Daher sollte ihr Verhandler gleichsam als Privatperson an den Florentiner Hof entsandt werden.[683]

Ende November 1645 wurde der Geheime Rat Maximilian von Mohr, Freiherr von Landstein, mit den Heiratsverhandlungen betraut. Er sollte Großwie zwei Reitklepper und ein anderes Pferd *di rispetto* um insgesamt 1200 Gulden. Für unterwegs benützte der Freiherr allerdings eine Sänfte.⁶⁸⁵

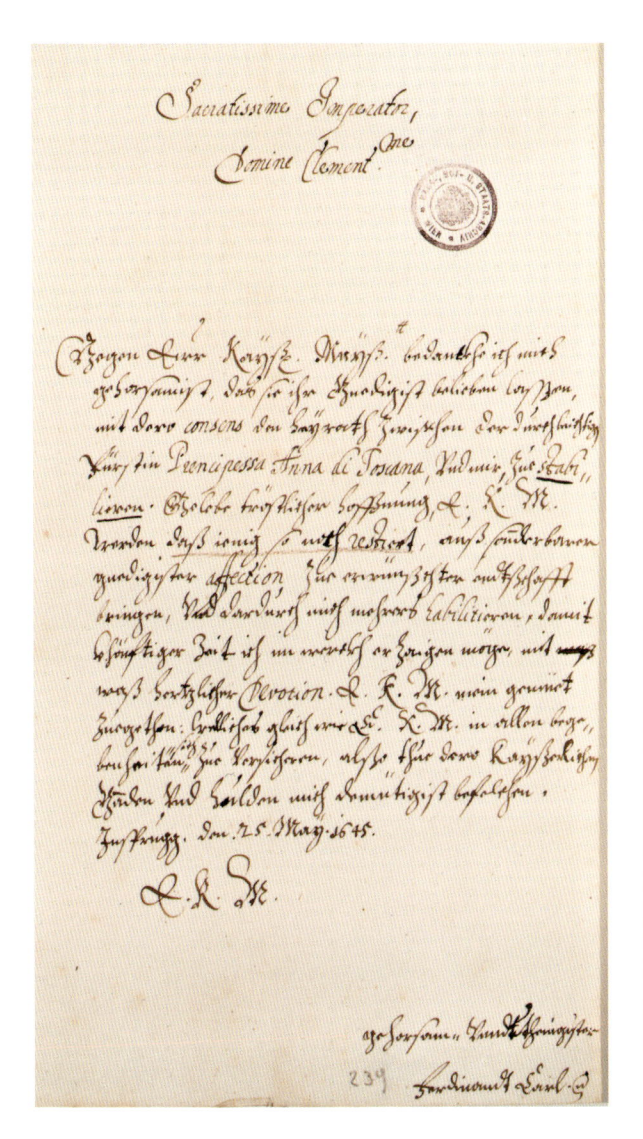

Am 13. Jänner 1646 fand im Palazzo Pitti, im Gemach der Großherzogin Vittoria (*Abb. 272*), Claudias Tochter aus erster Ehe, der erste Rechtsakt statt: Gegen eine Mitgift von 300.000 Scudi verzichtete die Braut auf alle Ansprüche an ihre Familie. Tags darauf wurde ebenfalls im Familienpalast in Gegenwart von Kardinal Carlo, Don Lorenzo, Kardinal Giovanni Carlo und Don Leopoldo de' Medici der Ehevertrag unterzeichnet.

Die für Ende April 1646 vorgesehene Hochzeit mußte verschoben werden, weil die *geliebste Gespons* an Fieber erkrankte. Der Bräutigam selbst empfand Anfang Mai etliche Tage lang *ein atteration* (= Niedergeschlagenheit) und mußte *etwas medicin* gebrauchen.⁶⁸⁶ Daher wartete man mit der prokuratorischen Eheschließung bis zum 17. Mai 1646, dem 18. Geburtstag Ferdinand Karls.⁶⁸⁷ Mit

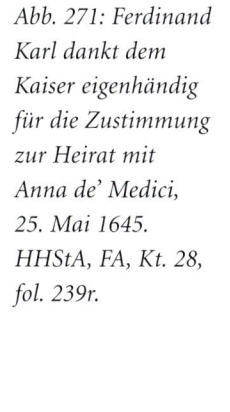

Abb. 271: Ferdinand Karl dankt dem Kaiser eigenhändig für die Zustimmung zur Heirat mit Anna de' Medici, 25. Mai 1645. HHStA, FA, Kt. 28, fol. 239r.

Abb. 272: Großherzogin Vittoria, Claudias Tochter aus erster Ehe, porträtiert von Justus Suttermans (Ausschnitt). Florenz, Palazzo Pitti.

herzog Ferdinando II., der bei der Heirat den abwesenden Bräutigam vertrat, einen Diamantring für die Braut und dieser selbst bei passender Gelegenheit eine diamantene Rose mit dem Miniaturporträt des Bräutigams überreichen.⁶⁸⁴ Trotz Geldmangels mußte Mohr als offizieller Brautwerber aber doch repräsentativ auftreten. Seine Diener erhielten Livree und versilberte Degen, für den feierlichen Einzug in Florenz kaufte Claudia im Dezember 1645 von Graf Francesco Piccolomini, Kammerherrn des Großherzogs, eine mit grünem Samt ausgeschlagene Kutsche, einen Reisewagen mit allem Zubehör, zwei Züge zu je 7 Pferden so-

DIE LETZTEN LEBENSJAHRE 239

Abb. 273: Kardinal Carlo de' Medici, gemalt von Justus Suttermans. Florenz, Palazzo Pitti.

Abb. 274: Leopoldo de' Medici, porträtiert von Justus Suttermans (Ausschnitt). KHM, GG, IN 6722.

Schwangerschaftsvergiftung gestorben.⁶⁸⁹ Ferdinand Karl wollte wegen dieses *laidigen Todfahlß* die Hochzeit vorerst ganz absagen, doch als er erfuhr, daß seine Braut Florenz bereits verlassen hatte, mußte er den Dingen seinen Lauf lassen. Auch der Kaiser empfahl, die Hochzeit nicht zu verschieben.⁶⁹⁰

Über Ferrara, Trient, Bozen und Brixen, wo der Bischof angeblich aus Krankheitsgründen nicht zur Begrüßung erschien, erreichte der Brautzug am 7. Juni 1646 Matrei. Hier erwarteten Claudia und Ferdinand Karl die Braut. Es folgte das bei Fürstenehen übliche Inkognito-Spiel: Als einer von vier Kavalieren trat der Bräutigam der Prinzessin zunächst unerkannt gegenüber, gab sich dann aber doch zu erkennen. Tags darauf kehrten Claudia und ihr Sohn wieder nach Innsbruck zurück.

Mit großem Troß – 67 Maultieren, 19 Reitpferden, 23 Kutschenpferden, dazu 32 Mauleseltreibern – hielt Anna (*Abb. 276*) am 10. Juni 1646 ihren Einzug in Innsbruck, mehr als doppelt so viele Personen wie ursprünglich angegeben begleiteten sie.⁶⁹¹ Claudia, Ferdinand Karl und seine beiden

großem Gefolge wurde Anna an diesem Tag vom Palazzo Pitti in den Dom geleitet, wo Kardinal Carlo de' Medici (*Abb. 273*) nach der Messe die Trauung vornahm. Als Stellvertreter des Bräutigams steckte Großherzog Ferdinando seiner Schwester den Ring an. Heimgekehrt, speiste man zu Mittag im Palazzo Pitti öffentlich, abends gab es einen Hofball.

Am 20. Mai 1646 verließ die nunmehrige Erzherzogin von Österreich in Begleitung ihres Bruders Leopoldo (*Abb. 274*)⁶⁸⁸, der als Stellvertreter des Kaisers an der Hochzeit teilnehmen sollte, Florenz. Der Großherzog und seine Gemahlin Vittoria gaben ihr das Geleit bis Pratolino. Unerwartet ergaben sich aber neue Schwierigkeiten. Am 13. Mai 1646 war Kaiserin Maria (*Abb. 275*) an einer

240 Die letzten Lebensjahre

Abb. 275: Kaiserin Maria mit ihrem ältesten Sohn Ferdinand, gemalt im Jahr 1634. KHM, GG, IN 3113.

Abb. 276: Anna de' Medici. TLMF, Gem 3148.

Schwestern Isabella Klara und Maria Leopoldine begrüßten sie in Wilten, aus mehreren Kanonen wurden Salutschüsse abgefeuert. Danach begab sich der Brautzug, ohne einen Triumphbogen zu passieren und ohne Freudenbezeugungen der Bevölkerung, direkt zur Hofkirche. Hier empfing der Bischof von Chiemsee im Auftrag des Salzburger Erzbischofs das Brautpaar, hielt eine lateinische Predigt und nahm die kirchliche Einsegnung vor.[692] Nach dem Tedeum ging die Gesellschaft, die Treppe beim Chor emporsteigend, durch die Gänge direkt in die Hofburg.[693]

Am Abend war im großen Saal der Hofburg die Tafel angerichtet, alle waren festlich gekleidet, silbernes Tafelgeschirr und feine Tischwäsche waren eingekauft worden.[694] Für leibliche Genüsse sorgten vier Truhen Konfekt aus Venedig, Kapaune, Wachteln, Rebhühner, Aale und Fische sowie Früchte vom Gardasee, ferner Auerhähne, Spielhähne und Schneehühner, Artischocken, grüne Erbsen und Mostarde aus Rovereto und Bozen sowie Wildgeflügel aus der näheren Umgebung. Natürlich durften auch erlesene Weine nicht fehlen.[695] Spielleute aus Verona spielten auf, Prinz Leopoldo hatte eigene Trompeter mitgebracht. Die Hofburg war mit 17 niederländischen Tapisserien geschmückt, die das jüdische Hofhandelshaus May zur Verfügung gestellt hatte. Nach dem Essen gab es Hofball mit Windlichtern, den Ferdinand Karl mit seiner Braut eröffnete. Spät zog man sich zurück, als erstes das Brautpaar in seine Gemächer.[696]

Am folgenden Tag (11. Juni) nahmen alle am Hochamt in der Hofkirche teil, bei dem den fürstlichen Personen „nach deutschem Brauch" (*secondo l'uso d'Alemagna*) der Wein aus zwei vergoldeten Kelchen gereicht wurde.[697] Abends fand wieder ein Ball mit Windlichtern statt, danach führten Isabella Klara und Maria Leopoldine mit acht Hoffräulein ein Ballett auf.

An den nächsten Tagen folgte das übliche Innsbrucker „Gästeprogramm": Am 12. Juni begab

Abb. 277: „Friedliches Tirol". Das gleichnamige, von den Jesuiten am 13. Juni 1646 aufgeführte Theaterstück entsprach dem allgemeinen Wunsch nach Frieden. TLMF, Dip. 447/1.

242 Die letzten Lebensjahre

man sich nach Ambras, am folgenden Tag fand eine Gemsenjagd statt, bei der 14 Tiere erlegt wurden. Am 15. Juni stattete man der Saline und Münze in Hall sowie den Reliquien im Haller Damenstift einen Besuch ab. In Innsbruck selbst wurden in der Kirche des Regelhauses und in der Servitenkirche ebenfalls Reliquien besichtigt. Auch ein Feuerwerk wurde abgebrannt.[698]

Den Höhepunkt der Hochzeitsfeierlichkeiten bildete am 13. Juni die Aufführung einer lateinischen Komödie mit deutschen Zwischenspielen bei den Jesuiten: *Spes aurei saeculi*. Das auch unter dem Titel *Tyrolis pacifica* – „Friedliches Tirol" – bekannte Stück (*Abb. 277*), das mit seinen zahlreichen Tanzeinlagen fünf Stunden lang dauerte, rief nicht bei allen Zuschauern Begeisterung hervor. Einige Florentiner fanden es übertrieben und langweilig.[699]

Wegen der Hoftrauer um Kaiserin Maria gab es bei der Innsbrucker Hochzeit keine großen Lustbarkeiten. Trotzdem beliefen sich die Kosten auf 87.428 Gulden 43 Kreuzer.[700] Zwei italienische Huldigungsgedichte verewigten die glorreiche Verbindung, der Papst sandte ein Glückwunschschreiben.[701]

Akute Kriegsgefahr

Während der Hof bald wieder fröhliche Tage verlebte[702], geriet Tirol selbst in Gefahr. Im Herbst 1646 drangen schwedisch-französische Truppen nach Bayern vor und bedrohten die Tiroler Nordgrenze. Claudia ließ am 17. September 10.000 Scudi von ihrer Mitgift nach Venedig überweisen[703], Ferdinand Karl Anfang Oktober 1646 den welschen Schanzmeister Ercole Baccicoluna, Oberstleutnant und Ingenieur, aus Mailand nach Tirol kommen. Er besichtigte die Schan-

Abb. 278: Die gesamte Tiroler Fürstenfamilie trat im Jahr 1647 der Christophorusbruderschaft auf dem Arlberg bei. HHStA, Hs. W 242, fol. 1r–4r (neu).

Abb. 279: Die von den Tiroler Ständen im Jahr 1647 gelobte Kirche „Mariahilf". TLMF, FB 1637 (Aigner-Codex), Nr. 60.

Landesverteidigung zu beraten. Die Innsbrucker Bevölkerung sollte ab August 1647 eine monatliche *Kriegshilff* zahlen.[707] Auch der Kaiser wurde um Hilfe gebeten, die von ihm gesandten Söldner richteten aber wenig aus.

Vielleicht nicht ohne Bezug zu dieser Gefährdung von Westen her gelangte die seit dem Mittelalter bestehende Christophorusbruderschaft auf dem Arlberg ins Blickfeld des Innsbrucker Hofes. Auf jeden Fall trat die gesamte Fürstenfamilie in diesem Jahr der Bruderschaft bei (*Abb. 278*).

Die versammelten Landstände vertrauten in dieser gefährlichen Notsituation der Fürbitte der *glorwürdigen Jungkhfrawen und Himelkünigin Maria*, um den Zorn des Allmächtigen abzuwenden und das Land vor Kriegsgefahr und Untergang zu bewahren. Am 1. Februar 1647 gelobten die Abgesandten der Bischöfe von Brixen und Trient sowie der Ausschuß der Tiroler Landschaft, eine Kapelle mit dem Namen und Bild *Maria Hilff* zu erbauen und mit einem einheimischen Landschaftskaplan, *so der Teütschen Sprach erfahrn*, und einem Mesner zu dotieren. Mit dem Bau der Kirche „Mariahilf" (*Abb. 279*) in Innsbruck-Hötting wurde sofort begonnen.[708]

Maria Leopoldine wird Kaiserin

Als die Kriegsgefahr im Jahr 1648 allmählich abebbte, erlebte Claudia de' Medici ihren größten Triumph: die Einheirat in das Kaiserhaus. Der seit 1646 verwitwete Kaiser (*Abb. 280*) warb um die Hand ihrer Tochter Maria Leopoldine. Zwar hatte Ferdinand III. aus seiner Ehe mit der spanischen Infantin Maria bereits zwei Söhne, aber die 16jährige Erzherzogin garantierte weiteren kräftigen Nachwuchs. Sie galt als besonders robust und war daher bereits für eine Heirat mit dem ebenfalls verwitweten, noch söhnelosen König Philipp IV. von Spanien im Gespräch gewesen. Aber die Spanier hatten Bedenken, zugleich mit der Braut auch

zen in Ehrenberg und Scharnitz und ordnete Reparaturen an. In Ehrenberg wurde ein neues Bollwerk, das *Schantzgepeu der Vesstung St. Claudia*, errichtet und das Gemäuer *beim Forte di San Claudia* anschließend bedacht. Die Gefahr von Norden her konnte so gebannt werden.[704]

Unerwartet stießen aber mitten im Winter schwedische Truppen von Westen her nach Bregenz vor und eroberten die Stadt am 4. Jänner 1647.[705] Die im Sommer 1646 reparierte Schanze auf dem Pfänder hielt dem Ansturm nicht stand.[706] Ferdinand Karl berief unverzüglich einen Ausschußlandtag nach Innsbruck ein, um über die rer Mutter, Erzherzog Ferdinand Karls sowie der Erzherzoginnen Anna und Isabella Klara in neu angeschafften Kutschen und mit eigens aufgestellter Leibgarde über Salzburg nach Linz. Großherzog Ferdinando hatte eine Sänfte und mehrere schöne Maultiere zur Verfügung gestellt. In Schloß Ebelsberg fand am 1. Juli 1648 die bei Fürstenhochzeiten übliche erste Begegnung der Brautleute vor dem offiziellen Einzug statt, am folgenden Abend zog Maria Leopoldine feierlich in Linz ein. Nach der Trauung gab es auf dem Linzer Schloß eine Hoftafel. Große Festlichkeiten entfielen wegen der Hoftrauer um König Wladislaw von Polen und auch wegen der Kriegswirren.[712]

Trotzdem war für Claudia Freude am Platz: Erstmals war eine Angehörige des Hauses Medici ihre energische Mutter ins Land kommen zu lassen, und lehnten ab. So wurde die Werbung des Kaisers in Innsbruck gern angenommen.[709] Die erforderliche päpstliche Dispens wurde am 29. Februar 1648 erteilt, der Papst gratulierte Claudia am 11. März zu dieser Verbindung. Die Heiratsverhandlungen begannen im Frühjahr, die Ehevereinbarung stammt vom 11. Mai 1648.[710]

Claudia de' Medici (*Abb. 281*) wollte die *Kayserlich Gespons* ihrem Rang entsprechend reich ausstatten. Sie kaufte vergoldetes Silbergeschirr und Diamantschmuck in Augsburg und Venedig, erwarb vom jüdischen Hofhandelshaus May sechs Ellen extra lange niederländische Spitze und engagierte den französischen Schneider Nicola Crimion, der gemeinsam mit ihrem welschen Leibschneider Sebastiano Ruspigliati an der Aussteuer der *Romischen Kayserin* arbeitete. Wohl für sich selbst ließ sie durch ihren Sekretär Pelegrini 392 Ellen gestickte schwarze Atlasborten aus Florenz kommen.[711]

Im Juni 1648 reiste die Braut in Begleitung ih-

Abb. 280: Kaiser Ferdinand III., gemalt von Jan van den Hoecke um 1640. KHM, GG, IN 3283.

Abb. 281: Claudia de' Medici in großer Robe, umgeben von ihren Lieblingshündchen. KHM, GG, IN 3132.

DIE LETZTEN LEBENSJAHRE   245

Abb. 282: Kaiserin Maria Leopoldine, als Schwangere. KHM, GG, IN 8119.

Abb. 283: Erzherzogin Isabella Klara. KHM, GG, IN 7938.

Abb. 284: Der Friede von Münster, 24. Oktober 1648. HHStA, AUR 1648 X 24 (mit der Unterschrift von Isaak Volmar).

Kaiserin geworden. Die stolze Mutter erlebte noch die Schwangerschaft ihrer Tochter (*Abb. 282*), ein gutes Omen für eine dauerhafte Verbindung der beiden Fürstenhäuser. Auch die Zukunft ihrer älteren Tochter Isabella Klara (*Abb. 283*) war gesichert, sie sollte auf Wunsch der Kaiserin Eleonore mit dem Herzog von Mantua verheiratet werden.[713]

Der Friede von Münster

Das für Tirol wichtigste Ereignis des Jahres 1648 war der Abschluß des Westfälischen Friedens am 24. Oktober 1648 (*Abb. 284*). Ein Postreiter verkündete das freudige Ereignis tags darauf in Euro-

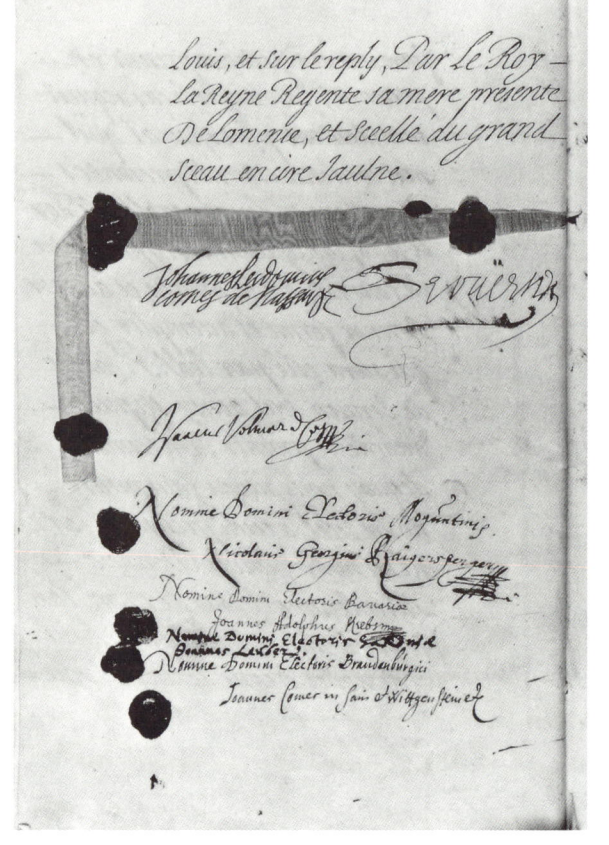

246   Die letzten Lebensjahre

Abb. 285: Ein Postreiter verkündet den Frieden von Münster 1648, Flugblatt. BA, 213.297.

pa (*Abb. 285*), am 3. November überbrachte ein reitender Kammerbote Ferdinand Karl, der sich in Thaur auf der Jagd befand, die Nachricht.[714] Nun konnten Handel und Verkehr langsam wieder in Schwung kommen und die Wirtschaft aufblühen.

Für Claudia de' Medici bedeutete der Friede mit Frankreich eine schmerzliche Niederlage. Im Jahr 1642 hatte sie den Tiroler Kammerpräsidenten Dr. Isaak Volmar mit hohem Kostenaufwand nach Frankfurt gesandt, wo über den Frieden beraten wurde. Von dort begab sich der Tiroler Abgesandte im August 1643 zu den Friedensverhandlungen nach Münster, wo er auch den Kaiser vertrat und von diesem besoldet wurde. Dem kaiserlichen Gesandten, Graf Maximilian von Trautmanstorff, zuordnet, führte er die eigentlichen Amtsgeschäfte. Er informierte den Innsbrucker Hof laufend über die Friedensverhandlungen und setzte sich nach Möglichkeit für die Interessen der Regentin ein, wollte vor allem die habsburgischen Besitzungen im Elsaß vor dem französischen Zugriff sichern. Aber alle Bemühungen waren angesichts der militärischen Niederlagen und der finanziellen Erschöpfung des Kaiserhofs vergeblich.[715] Im Frieden von Münster mußte die Tiroler Linie alle Besitzungen am linken Rheinufer sowie Breisach samt einigen Dörfern am rechten Rheinufer an Frankreich abtreten.

Als die Nachricht vom Friedensschluß in Münster in Innsbruck eintraf, war klar, daß Claudia de' Medici einen weiteren Titel aufgeben mußte. Nannte sie sich schon bisher mit wenig Berechtigung „Herzogin von Burgund"[716], so war sie nun auch nicht mehr „Landgräfin im Elsaß", weil das Elsaß an Frankreich überging. Immerhin konnten Tirol und die habsburgischen Territorien in Süddeutschland und Vorarlberg dank ihres unermüdlichen Einsatzes behauptet werden.[717]

Abb. 286: Claudia de' Medici im Alter von etwa 40 Jahren. TLMF, Gem 3151.

Abb. 287: Der geöffnete Sarg von Claudia de' Medici mit dem in rotes Leichentuch gehüllten Leichnam, aufgenommen anläßlich der Restaurierung (1992). Auf dem restaurierten Deckel sind unter einem Gekreuzigten die eingravierten Lebensdaten der Erzherzogin zu lesen: CLAUDIA ARCHIDUX MEDICÄA ARCHID(UCIS) LEOPOLDI CONIUX ANNO MDCIV IV IUNII FLORENTIAE NATA MDCXLVIII XXV DEC(EMBRIS) OENIPONTI DENATA.

Claudia de' Medici stirbt

Claudia de' Medici (*Abb. 286*) hat den Verlust nicht lang überlebt. Wohl schon einige Zeit lang krank – sie litt an Wassersucht[718] –, ließ sie wegen ihrer *Leibs indisposition* verschiedene italienische Ärzte nach Innsbruck kommen. Zuerst wurde Francesco Mistrucci, der Leibarzt des Salzburger Erzbischofs, zur *visitation* geholt, danach reisten aus Florenz Mattia Naldi und Johann Wallentin an.[719] Sie alle konnten nicht mehr helfen.

Am 25. Dezember 1648 starb die Regentin. Nachdem sie die Sterbesakramente erhalten hatte, wollte sie um 3 Uhr morgens ihre Familienmitglieder rufen lassen, um ihnen den mütterlichen Segen zu geben. Doch sie konnte nicht mehr sprechen, sondern brachte *mit auffgehebter Handt mit halber unnd blöder stimm* nur noch die Worte *In nomine Patris et Filii et Spiritus sancti* hervor. Zwischen 6 und ½ 7 Uhr morgens verschied sie in der Inns-

Crypta Archiducalis in Templo SS. Trinitatis PP.S.J. Oeniponti.

brucker Hofburg, 44 Jahre alt. Ihre langjährige Vertraute Honorata Piccolomini weilte an ihrem Sterbebett, Tochter Isabella Klara und Sohn Ferdinand Karl kamen wohl erst später hinzu. Beide Kinder informierten noch am Sterbetag den Großherzog über den Tod ihrer Mutter oder, wie es Isabella Klara ausdrückte, den Eintritt dieser gepriesenen Seele in das Paradies (... *quell'anima benedetta sia andata in Paradiso*).[720] Sicherheitshalber wurden für Claudia *Lobseeligisten angedenckhens* aber auch zahlreiche Seelenmessen gelesen.[721]

Der Leichnam der Erzherzogin wurde in eine Eichentruhe (*Leich Truchen von Aichen Holtz*) und in einen Zinnsarg (*Abb. 287*) gelegt, während der Aufbahrung in der Silbernen Kapelle lasen zwei Geistliche Messen für sie. Ferdinand Karl ließ für das Herz seiner Mutter eine goldene Urne anfertigen.[722]

Die Vorbereitungen für die offizielle Totenfeier dauerten lang. Es mußte schwarzes Tuch für die Trauerkleidung des Hofes und die fünf Baldachine der fürstlichen Familie in der Jesuitenkirche angeschafft und verarbeitet werden, auch drei schwarze *Narrn Khappen* – wohl für drei Hofnarren – waren notwendig. Vor allem aber sollte ein pompöses Trauergerüst errichtet werden. Christoph Gumpp, der Bildhauer Florian Nut, ein nicht namentlich genannter Maler – wohl Hans Schor – sowie zahl-

Abb. 288: Die Gruft unter der Jesuitenkirche auf einer Abbildung um 1823. Rechts vom Kreuz die Särge von Claudia und Maria Eleonore (darüber). Der Kindersarg ist heute andernorts deponiert. TLMF, FB 1637 (Aigner-Codex), Nr. 57.

Abb. 289: Wibert Dietrich, Leichenpredigt für Claudia de' Medici, 1649. TLMF, Dip. 432/3, Titelblatt.

DIE LETZTEN LEBENSJAHRE

reiche Handwerker arbeiteten daran.⁷²³ Als es fertig war, wurde der Sarg am 29. August 1649 in feierlicher Prozession aus dem Franziskanerkloster in die Jesuitenkirche (*Abb. 288*) gebracht, wo tags darauf die Exequien stattfanden. Pater Wibert Dietrich hielt die Leichenpredigt (*Abb. 289*), die anschließend gedruckt wurde. Auch das Trauergerüst hielt man in einem Stich für die Nachwelt fest (*Abb. 290*).⁷²⁴

Honorata Piccolomini, die treue Gefährtin seit Jugendtagen, überlebte Claudia um 17 Jahre. Sie starb am 18. August 1665 und wurde im Gewölbe unter der Silbernen Kapelle beigesetzt.⁷²⁵

Abb. 290: Das Trauergerüst für Claudia de' Medici, gestaltet als Apotheose der verstorbenen Fürstin. Das Castrum doloris nach Art eines Scheiterhaufens folgt einer Vorlage von Thommaso Porcacchi über antike Leichenbegängnisse (Funerali Antichi …, Venedig 1574, S. 33). Wie in Florenz ist die ganze Kirche in die Komposition einbezogen, wohl erst nachträglich sind im Chor und im Langhaus Leinwände mit Adlermotiven gespannt. Zahlreiche Personen umgeben stehend oder sitzend den Festapparat. TLMF, Dip. 432/3, Beilage (derzeit verschollen).

Spurensuche
Was blieb von Claudia de' Medici?

Claudia de' Medici, geborene Prinzessin von Toskana, hat 22 Jahre – von 1626 bis 1648 – in Tirol gelebt, davon sechs als Gemahlin Leopolds V., seit 1632 14 Jahre als seine Witwe. Als fürstliche Ehefrau, die fünf Kinder gebar, agierte sie zunächst im Hintergrund, war vor allem in kulturellen Belangen tätig. Im Witwenstand lenkte sie als Regentin bis 1646 pflichtbewußt und tatkräftigst die Geschicke des Landes. Was erinnert heute noch an diese intelligente und kunstsinnige italienische Prinzessin, die durch Heirat Tiroler Landesfürstin wurde?

In **Florenz** bietet der *Palazzo Pitti* (Abb. 291), in dem Claudia am 4. Juni 1604 zur Welt kam, noch immer einen imposanten Eindruck. Zahlreiche Kunstbegeisterte besichtigen ihn alljährlich und können bei dieser Gelegenheit auch die zukünftige Tiroler Landesfürstin und viele ihrer Familienmitglieder bewundern.

Abb. 291: Der Palazzo Pitti, ein imposanter Bau.

Abb. 292: Die im 19. Jahrhundert umgebaute Villa di Poggio Imperiale, heute eine staatliche Schule (Educandato Statale della SS. Annunziata).

Im *Palazzo Vecchio*, dem offiziellen Sitz der Medici, hat Claudia, seit ihre Ehe mit Leopold V. feststand, sicher die Städteansichten im Innenhof und speziell die Ansicht von Innsbruck interessiert betrachtet. Leider sind die Fresken gegenwärtig in einem sehr schlechten Zustand.

Das Kloster *delle Murate*, in dem die Prinzessin erzogen wurde, war nach seiner Aufhebung lange Gefängnis (*Carcere delle Murate*). Derzeit wird der riesige Komplex restauriert.

Am 29. April 1621 heiratete die 17jährige Claudia in der *Villa Baroncelli*, die bald danach in *Villa di Poggio Imperiale* umbenannt wurde, den 16jährigen Federigo della Rovere von Urbino. Der heute im Stadtgebiet von Florenz gelegene Landsitz wurde im 19. Jahrhundert in eine Schule umgewandelt (*Abb. 292*) und erfuhr gerade eine gründliche Restaurierung.

Abb. 293: Federigo della Rovere bricht zur Hochzeit mit Claudia nach Florenz auf. Urbino, Palazzo Ducale, Apparato di Nozze.

Als junge Ehefrau reiste Claudia im Mai 1621 nach **Urbino**, wo der Herzogspalast aus diesem Anlaß mit 17 Hochzeitsbildern geschmückt wurde. Man kann sie noch heute bewundern (*Abb. 293*).

Nach unglücklicher Ehe kehrte die Herzogin von Urbino im August 1623 verwitwet nach Florenz zurück. Der Sitte gemäß und wohl auch, um

252 SPURENSUCHE

nicht allzu auffällig in Erscheinung zu treten, mußte sie die nächsten Jahre in Abgeschiedenheit verbringen, während ihre Schwägerin Maria Magdalena die Heirat mit ihrem Bruder Leopold betrieb. Die Großherzogin hatte auf dem Areal des Klosters *della Crocetta* kurz zuvor einen Palazzo errichten lassen, in den die Witwe mit ihrer Tochter einzog. Der Palast beherbergt heute das *Archäologische Museum* von Florenz.

Die Heirat mit Erzherzog Leopold V. führte die Prinzessin von Toskana im April 1626 nach **Innsbruck**. Die Residenz hat seit dieser Zeit ihr Aussehen stark gewandelt. Die *Hofburg* wurde unter Maria Theresia grundlegend umgebaut, die *Ruhelust*, in der Claudia die Sommermonate verbrachte, brannte 1636 ab. Auch der von ihr errichtete Nachfolgebau, das *Neue Hofgebäude*, fiel im Jahr 1728 den Flammen zum Opfer.

An die glücklichen Jahre ihrer Ehe erinnern zwei Gemälde im *Servitenkloster*. In der Kunstkammer hängt ein Porträt, das Claudia als hl. Christine von Bolsena zeigt (*Abb. 294*), im ersten Stock die Kopie jenes Bildes, auf dem sie als Landesfürstin mit dem Erzherzogshut zu sehen ist. Doch auch die *Servitenkirche* besitzt zwei Erinnerungsstücke: Auf dem Hochaltarbild ließ sie sich als Caritas abbilden, unübersehbar sitzt sie mit dem Thronerben Ferdinand Karl, ihrer Tochter Maria Eleonore und ihrem Lieblingshündchen im Vordergrund (*Abb. 122*). Das Verkündigungsbild in der Annunziatakapelle (*Abb. 295*) verdankt ihr sein Entstehen, es wurde als Kopie nach einem Fresko in Florenz in Auftrag gegeben.

Im *Dom*, der ehemaligen St.-Jakobs-Kirche, werden die Kunstgegenstände, die an Claudia de' Medici erinnern, in der Domsakristei aufbewahrt: Die kostbare Säculummonstranz, die das Mediciwappen trägt (*Abb. 121*), ist sorgsam versperrt, an der Wand hängt ein Bild, das die Übertragung der Cranach-Madonna von Passau nach Innsbruck darstellen soll (*Abb. 296*).

Abb. 294: Claudia de' Medici als hl. Christine von Bolsena, mit stilisiertem Erzherzogshut. Innsbruck, Servitenkloster, Kunstkammer.

Abb. 295: Das Verkündigungsbild in der Innsbrucker Servitenkirche, als Kopie eines Freskos in der Kirche SS. Annunziata in Florenz gestiftet von Claudia de' Medici.

SPURENSUCHE 253

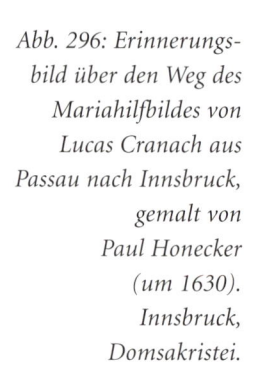

Abb. 296: Erinnerungsbild über den Weg des Mariahilfbildes von Lucas Cranach aus Passau nach Innsbruck, gemalt von Paul Honecker (um 1630). Innsbruck, Domsakristei.

Abb. 297: Die Paxtafel von 1552, mit dem um 1630 eingefügten Allianzwappen. Innsbruck, Hofkirche.

Abb. 298: Die Muttergotteskapelle in der Innsbrucker Kapuzinerkirche, wo einst der von Claudia für Lucas Cranachs Marienbild (Madonna lactans) gestiftete Altar stand.

Abb. 299: Kaspar Gras, Gedenktafel zur Erinnerung an den Besuch des Landesfürsten und seiner Gemahlin in Rodeneck, 14. bis 16. September 1628. TLMF, B 198.

In der *Hofkirche* ist eine aus dem 16. Jahrhundert stammende Paxtafel, der im Jahr 1630 das Allianzwappen Habsburg-Medici eingefügt wurde, noch heute erhalten (*Abb. 297*).

Im *Kapuzinerkloster* stiftete Claudia einen Altar für das von Lucas Cranach gemalte Bild der stillenden Muttergottes. Der Altar mit den Statuen der Heiligen Leopold und Claudia ist nicht mehr vorhanden, die Muttergotteskapelle ist als Andachtsraum erhalten geblieben (*Abb. 298*). Der auf einem Gemälde Martin Teofil Polaks abgebildete Engel und das Christuskind könnten Maria Eleonore und Sigismund Franz darstellen (*Abb. 124*).

Im September 1628 verbrachte das Fürstenpaar zwei Tage als Gast auf Burg Rodeneck. Eine Gedenktafel (*Abb. 299*) hielt dieses Ereignis fest, sie befindet sich heute im *Tiroler Landesmuseum Ferdinandeum*.

Claudia läßt Befestigungen ausbauen

Von besonderer Aussagekraft sind natürlich diejenigen Relikte, die aus der Regentschaftszeit stammen. Die Zeiten waren unruhig, der Krieg hielt an, Schweden und Franzosen bedrohten die habsburgischen Länder. Oberstes Gebot war die Sicherung der Grafschaft Tirol, vor allem an der Nordgrenze. Im Jahr 1632 hatten Christoph und Elias Gumpp die Befestigungsanlagen besichtigt und darüber nach Leopolds Tod einen Bericht erstattet (*Abb. 300*).[726] Die wichtigsten Anlagen waren Ehrenberg und Scharnitz, beide zur Abwehr eines mächtigen Feindes kaum geeignet.

Bald nach ihrer Ernennung zur Regentin befahl Claudia, mit den bereits angefangenen *Fortificationes Gepew* in der Herrschaft **Ehrenberg** (*Abb. 301*) fortzufahren, weil dem ganzen Land daran *merckhlichen gelegen*.[727] Wie so oft, fehlte es aber an Geld. Die Soldaten erhielten nicht ihr tägliches *Commißbrodt*, rissen aus und beraubten die Bevölkerung. Es herrschte Arbeitermangel, die rekrutierten Untertanen verlangten Geld und Verpflegung und richteten Schaden an. Die Fortsetzung der Ehrenberger Schanzbauten rund um die Klause geriet in Gefahr. Daher verfiel die Regentin im August 1633 auf die Idee, im Land umherziehende kräftige Bettler *von Mannß- und Weibs Personen* zur Schanzarbeit heranzuziehen. Die Tiroler Obrigkeiten wurden am 2. September 1633 aufge-

Abb. 300: Christoph und Elias Gumpp: Schanzentraktat, 1632.
UBI, Cod. 803 (zuvor: TLMF, FB 32.011), Titelblatt.

Abb. 301: Schloß und Klause Ehrenberg im Jahr 1632, Ansicht von Norden. UBI, Cod. 803, fol. 33r.

fordert, männliche und weibliche Bettler unverzüglich nach Reutte zu schicken.⁷²⁸ Der Effekt dieser Maßnahme dürfte gering gewesen sein.

Nach der Entlassung des Ehrenberger Pflegers trug Claudia der Regierung am 25. April 1635 auf, die *Vesstung* visitieren zu lassen und ihr jemand Tauglichen vorzuschlagen, der sie einstweilen sichere. Im August 1636 befahl sie, die durch starken Wind ruinierten Schanzbauten *auf das geschwindigist* zu reparieren.⁷²⁹

Vor allem aber mußte *bey vor Augen stehenden Feindtsgefarn* ein Verteidigungskonzept erarbeitet werden. Nachdem Christoph Gumpp die Befestigungen im Jahr 1637 inspiziert hatte, aber wegen der Hofbauten die befohlene Reise nach Ehrenberg nicht antreten konnte, wurde sein Bruder Elias beauftragt, die Anlagen in Augenschein zu nehmen. Es war der Beginn einer Karriere: Denn nachdem auch der Oberstleutnant Friedrich Hausmann Ehrenberg und Scharnitz im Mai 1638 visitiert hatte, beschloß Claudia im Juli 1638, Elias Gumpp *als ainen Pawmaister* zu den geplanten Ehrenberger und anderen *fortifications gebeyen* zu verwenden. Von Juli bis Oktober 1638 hielt er sich in Ehrenberg auf, nachdem die Landstände am 30. Juni 8000 Gulden für die dortigen *Fortifications Gepey* zur Verfügung gestellt hatten.⁷³⁰

Am 22. Februar 1639 wurde Elias Gumpp, zu dieser Zeit noch Kanzlist der Tiroler Kammer, in ihrem Namen aufgefordert, sechs ihrer Edelknaben *in Geometrischen, Fortifications- und anderen deme adhaerierenden Künsten zu instruieren*, auch

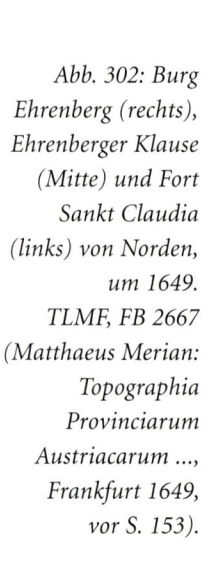

Abb. 302: Burg Ehrenberg (rechts), Ehrenberger Klause (Mitte) und Fort Sankt Claudia (links) von Norden, um 1649. TLMF, FB 2667 (Matthaeus Merian: Topographia Provinciarum Austriacarum ..., Frankfurt 1649, vor S. 153).

Abb. 303: Das Fort Sankt Claudia heute.

unterschiedliche Befestigungsentwürfe (*Fortifications Visierungen*) und eine Zeichnung (*Disegno*) der Ehrenberger Pässe und Grenzen anzufertigen. Ab Mai 1639 war er mit Arbeiten in Ehrenberg beschäftigt. Er errichtete auf dem strategisch wichtigen Falkenberg eine große Anlage, die zu Ehren der Regentin nach ihrer Namenspatronin *Fort St. Claudia* genannt wurde. Gemeinsam mit der gegenüberliegenden Festung Ehrenberg sollte sie die Klause sichern (*Abb. 302*). Im August 1640 befahl die Regentin, die *Forte di St. Claudia* mit frischen Holzladen zu decken, damit sie nicht durch Regen geschädigt werde. Der Pfleger von Ehrenberg schlug dagegen Anfang September vor, das Fort mit Lärchenschindeln zu decken. Bis Oktober waren noch keine Nägel geliefert worden, erst am 22. Dezember wurden 3000 Bretternägel aus Hall angefordert.[731]

Nachdem er Claudias Pagen zwei Jahre lang ohne Entschädigung *in Fortificationibus und dem adhaerierenden Künssten* unterwiesen hatte, bat Elias Gumpp im Frühjahr 1641 um eine Gehaltserhöhung sowie den *Ingenier Titl*, außerdem wollte er zu gegebener Zeit unter die Kammerdiener Ferdinand Karls aufgenommen werden.[732] Die Erfüllung seiner Bitten ließ auf sich warten. Erst am 17. November 1642 befahl die Regentin, die Grenzbefestigungen, besonders Ehrenberg schleunigst zu reparieren und in Verteidigungsstand zu setzen, womit Elias Gumpp beauftragt werden sollte. Die Kammer erteilte ihm dazu am 1. Dezember 1642 das Ingenieursdekret.[733]

Im Juni 1642 war die Schanze Ehrenberg baufällig, im Dezember hatte starker Sturm Schloß und Klause beschädigt. Im Oktober 1643 forderte Gumpp zur Bedachung des Forts Nägel und Eisen an, im Jahr 1645 empfahl er die Anlage einer Zisterne und eines festen Tores. Bis zum Abschluß des Westfälischen Friedens (1648) wurde an der Anlage weitergebaut.[734]

Das Fort St. Claudia wurde Ende des 18. Jahrhunderts aufgelassen und verfiel. Heute wird die imposante Anlage als Attraktion für einheimische und fremde Besucher, die den steilen Aufstieg nicht scheuen, wiederhergestellt (*Abb. 303*).

Als zweites großes Einfallstor im Norden galt **Scharnitz**. Daher wurde es von den Brüdern Gumpp bei ihrer Besichtigungstour im Jahr 1632

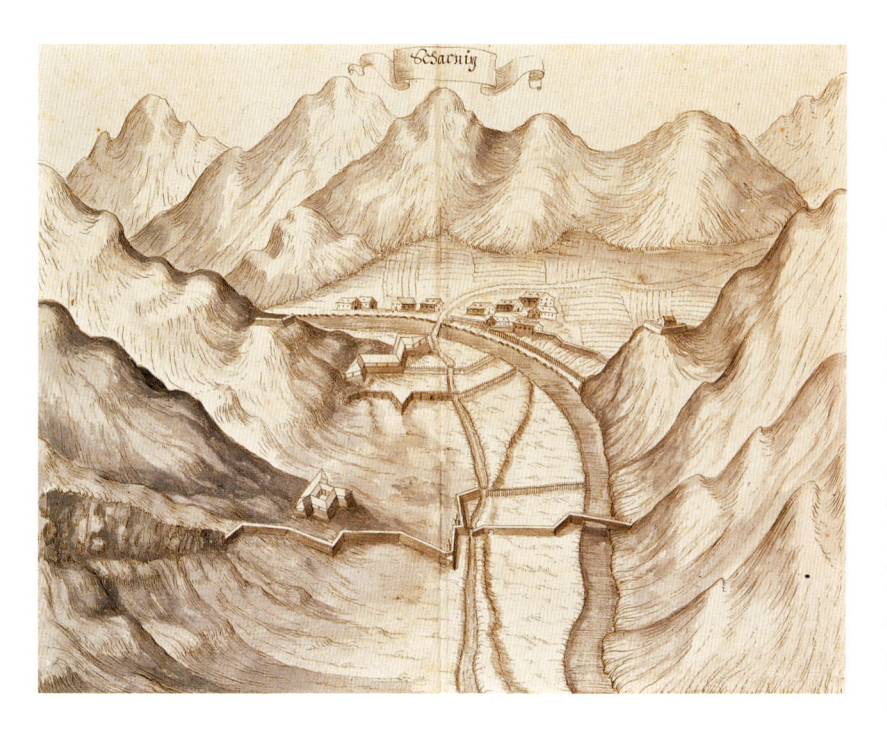

Abb. 304: Befestigungsanlagen in Scharnitz, 1632. UBI, Cod. 803, fol. 44r.

ebenfalls in Augenschein genommen (*Abb. 304*). Im Jahr 1633 wollte Claudia *bey den Jetzigen entpörenden Feindts gefahren* an der *Schernitzpruggen* eine neue Schanze errichten. Da das Terrain aber

Abb. 305: Franz Xaver Stadler: Reliefplan der ehemaligen Festung Scharnitz, holzgeschnitzt. TLMF, Relief.

dem Bistum Freising gehörte, mußte sie sich verpflichten, die Rechte des Freisinger Bischofs und seiner Untertanen auf Almabtrieb, *Pluembesuech*, Holzschlag und andere Nutzung zu respektieren.[735]

Für den Schanzenbau waren viele Arbeiter vonnöten. Aus den umliegenden Orten konnten nicht genügend Leute zur Verfügung gestellt werden, weshalb die Regentin am 2. Mai 1634 Befehl gab, aus allen Tiroler Gerichten je nach Größe 6 bis 10 *guete Arbaiter*, darunter jeweils einen Maurer und einen Zimmermann mit ihrem Werkzeug, für zwei Monate anzufordern. Lediglich der Richter von Ehrenberg wurde nachträglich (29. Mai 1634) von dieser Verpflichtung ausgenommen, weil zu diesem Zeitpunkt in Scharnitz bereits genügend starke Arbeiter vorhanden waren.[736]

Im Jahr 1641 war die Scharnitzer Schanze reparaturbedürftig, aber die Kammer hatte dazu kein Geld.[737] Immerhin wurde Elias Gumpp am 1. Dezember 1642 beauftragt, nicht nur Ehrenberg, sondern auch Scharnitz zu besichtigen und darüber Bericht zu erstatten. Aus seiner Relation vom 7. April 1645 konnte die Regentin ersehen, daß es um die Anlagen in Scharnitz schlecht bestellt war. Sie befahl daher im Herbst 1645 die Errichtung eines zweiten Tores, um den Durchzug von Truppen zu verhindern, auch sollten die Befestigungsanlagen umgehend vollendet werden.[738]

Die als *Porta Claudia* bekannte Festungsanlage und ihre Nachfolgebauten (*Abb. 305*) wurden Ende des 18. Jahrhunderts geschleift und sind noch heute bruchstückweise zu sehen.

Zivile und kirchliche Bauten

Kriegsgefahr und Geldmangel verhinderten, daß sich Claudia als Bauherrin großen Stils verewigen konnte, einige Bauwerke sind aber vorhanden.

In **Innsbruck** steht noch heute das ehemalige Regierungsgebäude in der Altstadt (Herzog-Friedrich-Straße 3). Im Winter 1641 bemerkte die Regentin, daß an der *Regimentsbehausung* bis hinunter zur Ottoburg (*alten Burg*) durch Wasser – Abwasser aus dem Hofwaschhaus – Schaden entstand, daher ordnete sie am 26. Februar 1641 einen Lokalaugenschein und Kostenvoranschlag an. Im Jahr 1643 war das Regierungsgebäude baufällig, die Kosten für die Reparatur sollten aus den Taxgefällen bezahlt werden. Doch erst im folgenden Februar waren 500 Ziegel angeliefert und Hofbaumeister Christoph Gumpp am 2. April 1644 angewiesen worden, den von der Regimentsbehausung in den Inn führenden Kanal zu reparieren. Am 9. Mai 1644 erhielt er den Auftrag, einen Kostenvoranschlag zu erstellen, danach begannen die Reparaturarbeiten. Bis Ende 1644 waren an Holz und anderen Materialien über 787 Gulden ausgegeben worden.[739]

Im Zuge dieser Sanierung wurden auch die Ratsstuben restauriert. Am 17. Juni 1644 wies die Kammer die für die *Neu aufrichtung der Regiment*

Abb. 306: Das Wappen im Claudiasaal weist auf die Bauherrin Claudia de' Medici hin.

Abb. 307: Altes Regierungsgebäude (Innsbruck, Herzog-Friedrich-Straße 3), Blick in den Claudiasaal.

SPURENSUCHE

Raths stubn und andere Reparaturen ernannten Deputierten an, die Arbeiten zu beschleunigen, doch die Hofarbeiter möglichst zu schonen, weil sie anderweitig – beim Neuen Hofgebäude – viel zu tun hätten. Da die Reparatur *lenger khain anstandt* duldete, ließ Claudia Bauholz und Bodenbretter (*Podenläden*) *zu reparierung der Regiments Rathsstuben* aus dem Bauschreiberamt zur Verfügung stellen. Die Regierung wollte einen Innsbrucker Meister mit der Arbeit betrauen, doch sie waren schlecht. Ihre Wahl fiel daher auf den Tischler Friedrich Sporer in Schwaz. Mitte Juli 1644 war das bewilligte Geld noch nicht eingelangt, weitere Angaben über den Fortgang der Reparatur der Ratsstube des Regiments fehlen.[740] Fest steht dagegen, daß sie eine Kassettendecke mit dem Wappen der Regentin (*Abb. 306*) sowie ein intarsiertes Portal mit einer Inschrift, die Claudia als Erneuerin preist und mit 1645 datiert ist, erhielt. Der eindrucksvolle Raum wird daher heute als *Claudiasaal* (*Abb. 307*) bezeichnet. Im Jahr 1647 sollten für die *grosse Rathstuben* Vorhänge gemacht werden.[741]

Neben dieser *Innern Ratsstuben* ist in den Quellen noch die Rede von zwei *aussern Stuben*. Für die Ausstattung einer von ihnen, *der ausseren O.Ö. Regiments Raths stuben*, wurde am 3. Februar 1646 mit Friedrich Sporer, mit dessen Arbeit man offenbar zufrieden war, ein Werkvertrag abgeschlossen. Bis zum 5. Mai sollte er fertigstellen: eine Holzdecke (*ain obern eingefassten Poden*), die Wandtäfelung (*das Stuben- oder Prust Täffl*), einen neuen Fußboden, auch die *Thür sambt saubern Verklaidung* sowie vier Fensterrahmen aus Lärchenholz. Dafür und das Zubehör wurden ihm am 23. Februar 1646 190 Gulden zugesichert.

Wohl für alle Arbeiten sollten jene 1000 Gulden Strafgeld Christian Mohrs verwendet werden, die Claudia am 5. März 1646 für die Reparaturen der *Regiments behausung* anwies. Am 11. September 1647 hatte die Kammer die Rechnung über die *erpawung der Zway aussern Stuben* erhalten, diejenige der *Innern Ratsstubn* fehlte noch.[742]

An der *Jesuitenkirche*, die zu ihrer Grablege bestimmt war, erinnert das Mediciwappen über dem rechten Eingangsportal an Claudia. Während der gesamten Regentschaftszeit wurde an der Kirche weitergebaut, aber aus Geldmangel kein Abschluß erreicht. Im Jahr 1635 erstellte Christoph Gumpp ein Modell der Kirchenfassade samt Türmen (*Abb. 308*), am 6. September 1636 bewilligte Claudia 12.000 Gulden für den Kirchenbau sowie am 5. Mai 1637 auf Bitten von P. Johann Baptist Cisat, *deß alhiesigen Paws Vorsteer*[743], zu schleuniger Fortsetzung am *Ertzfürstlich privilegierten Paw* weitere 2000 Gulden. Im Oktober 1637 war von dieser Summe nur wenig bezahlt, auch das erbete-

Abb. 308: Christoph Gumpp, Fassadenentwurf für die Innsbrucker Jesuitenkirche. Wappen und Inschriften bezeichnen Leopold und Claudia als Stifter. TLMF, Graphiksammlung A 47.

ne Baumaterial konnte nicht geliefert werden. Erst im März 1638 sollte dem Bauleiter Cisat kostenlos Holz übergeben werden. Schließlich entschied die Regentin am 25. Mai 1639, den Jesuiten in den kommenden vier Jahren je 500 Gulden und danach noch 1000 Gulden zur Verfügung zu stellen, und im Juli 1639 befahl sie, zur Fortsetzung des *Kirchengepeys* 3000 Gulden anzuweisen, die aber im Februar 1640 noch nicht bezahlt waren.[744]

So ging es mit dem Bau nur langsam voran. Im Jahr 1640 verrichtete der Hofglaser in der Jesuitenkirche *allerlay Glaser Arbeit* und erhielt dafür 151 Gulden 29 Kreuzer, Ende Oktober 1640 bekam Baumeister Cisat (*des Ertzfürstl. Kirchengebäus Sta. Trinitatis Paumaister*) Schmalz geliefert, wohl für die Arbeiter. Im Jahr 1641 wurden Dominico Balbierer, Maler *alhie* (= in Innsbruck), der auf Befehl des Obersthofmeisters Nomi die Fürstenempore (*das newgemachte Oratorium*) *gemahlt* (= ausgemalt?) hatte, 7 Gulden bezahlt.[745]

Aber auch der Innsbrucker Baumeister Gall Mayr hatte im Jahr 1641 am Kirchenbau mitgearbeitet und zwei Portale gemacht. Man war ihm dafür noch 800 Gulden schuldig, worauf Claudia den Jesuiten am 29. Juli 1641 das abgebrannte *Schlößl Seeloßhofen* schenkte. Sie übergaben es an Mayr.[746]

Für die Sakristei der Jesuitenkirche bewilligte die Kammer am 17. Oktober 1644 einen Wasseranschluß.[747] Weitere Baumaßnahmen waren aus Geldmangel nicht möglich. Trotzdem wurde die Kirche am 21. Jänner 1646 geweiht, wofür Ende Dezember 1645 eilends Glockengießer, Schlosser, Glaser und Steinmetze angestellt wurden.[748]

Für die Inneneinrichtung spendete Claudia de' Medici eine silberne Lampe vor dem Hochaltar, eine Silberstatue des hl. Ignatius sowie wenige Wochen vor ihrem Tod eine elfenbeinerne Tafel (*tabula ex Ebeno cum argenteis imaginibus*).[749]

Auch die *Mariahilfkirche* hält die Erinnerung an Claudia wach. Gall Mayr hatte die Brandstätte des Seelosgutes am 16. Februar 1647 um 1400 Gulden als Baugrund an die Tiroler Landschaft verkauft, mit dem Bau der Kirche wurde sofort begonnen. Der Bauplan stammte vom Hofbaumeister Christoph Gumpp.[750] Eine im Jahr 1640 angefertigte Kasel aus venezianischem Seidendamast mit dem Stifterwappen (*Abb. 309*) dürfte von Claudia de' Medici stammen.

Auch die im Jahr 1669 gegründete *Universität* besitzt ein Porträt der einstigen Landesfürstin (*Abb. 281*). Es handelt sich allerdings um ein Ausstattungsbild aus dem Besitz des Kunsthistorischen Museums in Wien.

Die *Universitätsbibliothek* hütet mehrere Werke aus dem Privatbesitz der Erzherzogin (*Abb. 310, 311*)[751], die als gebildete und fromme Italienerin wohl noch weitere Klassiker und vor allem religiöse Literatur besaß. Die Suche danach blieb leider ergebnislos.

Abb. 309: Kasel mit dem Allianzwappen Habsburg-Medici, wohl von Claudia im Jahr 1640 gestiftet. Innsbruck, Kirche Mariahilf.

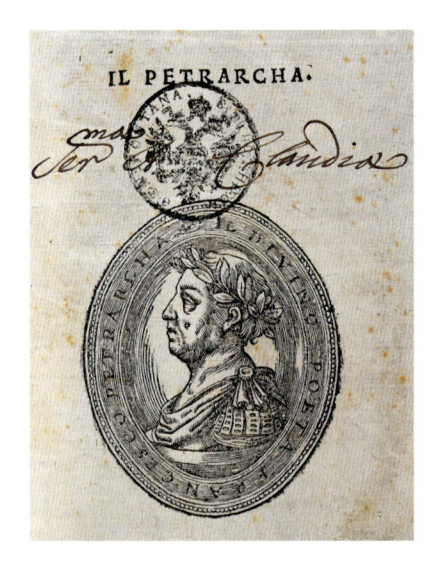

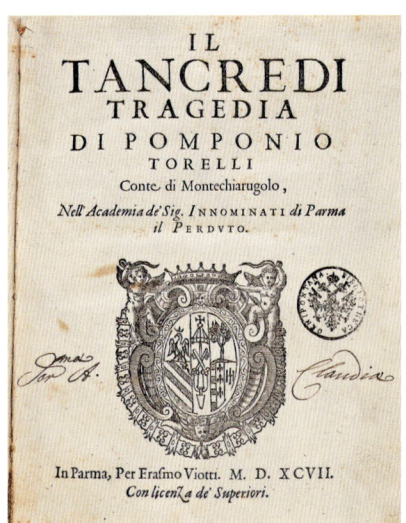

Abb. 310: Dieses 1541 gedruckte Büchlein mit Werken des Dichters Francesco Petrarca war einst im Besitz von Claudia de' Medici.
UBI, Sign. 114.330, Titelblatt.

Abb. 311: Pomponio Torelli, Il Tancredi …, mit Eigentumsvermerk der Erzherzogin Claudia. UBI, Sign. 207.696, Titelblatt.

Die Stadt Innsbruck ehrte ihre langjährige Bewohnerin am 21. März 1894 mit einem Gemeinderatsbeschluß. Künftig sollten *Claudiaplatz* und *Claudiastraße* (*Abb. 312*) im Stadtteil Saggen ihren Namen tragen.[752]

Im *Neuen Landhauses* erinnert im Festsaal ein Historienbild von Karl Anraiter (um 1890) an die ehemalige Regentin.

In **Seefeld** vollendete Claudia ein Vorhaben Leopolds V. Im Jahr 1628 hatte er für die Aufnahme eines wundertätigen Kreuzes den Bau einer Kapelle im – heute ausgetrockneten – See in Auftrag gegeben.[753] Nach seinem Tod kümmerte sich die Witwe um den durch Geldmangel bedingten langsamen Baufortschritt. Von 1631 bis 1635 wurden Wilhelm Schräl, dem Prior des Seefelder Augustinerklosters, zu dem die *New erpaute Cappellen aufm Seevelde* gehörte, als zu diesem Kapellenbau *verordnetem Pawmaister*[754] zum Ankauf von Material sowie zur Bezahlung der Fuhren und Arbeiter 5882 Gulden 14 Kreuzer bezahlt.[755] Im Jahr 1634 sollte der Bau mit Kupfer gedeckt werden, wozu 10

Abb. 312: Claudiaplatz, Haus Claudiaplatz 1 und Claudiastraße (rechts) in Innsbruck, 1894 nach der ehemaligen Landesfürstin benannt.

Abb. 313: Die Seekirche in Seefeld.

Abb. 314: Allegorie auf die Förderung des Handels an Etsch und Inn durch Claudia de' Medici. Die Devisen ‚Fove' und ‚Fave' („Hege und pflege") sowie ‚Numen et Omen' („Göttliches Wirken und Fügung") waren den gebildeten Zeitgenossen geläufig. Bozen, Merkantilmuseum, IN 345.

Zentner bewilligt wurden, auch im Jahr 1638 lieferte der Schwazer Faktor dem Hofkupferschmied zu diesem Zweck 7 Zentner Kupfer. Im September 1637 bat der Seefelder Prior um Geld (1400 Gulden Strafgeld) *zu endtlicher Vollfierung deß ertzfürstlichen Capellen Pauß beim heilligen Crucifix allda.*[756] Im Jahr 1640 fertigte der Hofschlosser drei eiserne Kirchentüren an, wofür er 120 Gulden erhielt, im März 1641 war Eisen für die Kapelle notwendig, im August 1643 bekam der Prior verschiedene Nägel (ganze Bodennägel, halbe und ganze Pretternägel), außerdem wurden dem Hofglaser für Fenstergitter (*wegen in die New erpaute Cappellen aufm Seeveldt gemachter 20 gestrickhten Gätter für die Fenster*) 163 Gulden 20 Kreuzer bezahlt.[757] Nachdem der Kapellenbau *zu transfaerierung aldort verhandenen miraculosischen Crucifix nachent zu endt gebracht,* bat der Prior die Regentin im Jahr 1643 um 400 Gulden zur völligen Fertigstellung. Claudia wollte ihm diese Summe bezahlen, doch die Kammer hatte vernommen, daß das *Gepey* mit 350 Gulden vollendet werden könne. Sie wies daher am 22. Juli 1643 150 Gulden sowie am 21. Juni 1644 200 Gulden an. Im Sommer 1644 stand bereits die Einweihung bevor, der Augsburger Bischof sollte sie vornehmen. Als die Regentin im Jahr 1645 befahl, für die Kapelle zwei Glocken anfertigen zu lassen, war das Metall in Innsbruck unentbehrlich, man benötigte es für die Herstellung von Kanonen.[758] Die Kirchweihe im Jahr 1666 erlebte Claudia nicht mehr, aber das Mediciwappen ist noch heute am Portal der Seekirche (*Abb. 313*) zu sehen.[759]

Südtiroler Reminiszenzen

Auch in Südtirol halten mehrere Orte das Andenken an Claudia de' Medici wach: In **Bozen** steht der im 18. Jahrhundert errichtete Merkantilmagistrat, der mit ihrem 1635 gewährten Privileg den Handel an Etsch und Inn belebte (*Abb. 314*). Der monu-

Abb. 315: Das Oberschulzentrum in Mals wurde nach Claudia de' Medici benannt.

mentale Bau beherbergt seit 1998 das *Merkantilmuseum*. Das ansprechende Porträt der Landesfürstin, das hier ausgestellt ist, wurde zum Titelbild der vorliegenden Biographie gewählt. Auch einige weitere Objekte erinnern an Claudia, sogar eine neue Blumensorte, eine orangefarbene Hängegeranie, trägt ihren Namen.[760]

Sowohl in Bozen wie auch in **Meran** wurden Straßen nach der ehemaligen Landesfürstin benannt.

Dem Vinschgauer Ort **Mals** gewährte Claudia, offiziell gemeinsam mit Kaiser Ferdinand III., im Jahr 1642 das Marktprivileg (*Abb. 197*). Zur Erinnerung an dieses wichtige Ereignis wurde ein Oberschulzentrum nach ihr benannt (*Abb. 315*).

Mäzenatentum

Claudia de' Medici entstammte einer reichen, kunstsinnigen Familie, ihre Heimatstadt Florenz war ein Kunstzentrum ersten Ranges. Durch Heirat mit Leopold V. Landesfürstin von Tirol geworden, versuchte sie den Innsbrucker Hof nach Florentiner Vorbild umzugestalten, was angesichts zerrütteter Finanzen nur bedingt möglich war. Als verwitwete Regentin trug sie die ganze Last der Verantwortung, offenbar nicht ungern, auf jeden Fall sehr engagiert. Für künstlerische Aktivitäten konnte sie nur wenig Geld ausgeben, ihr Hauptaugenmerk war auf die Verteidigung des Landes ge-

richtet. Daher war sie kaum in der Lage, Künstler und Gelehrte zu fördern.

Johann Stadlmayr, Innsbrucker Hofkapellmeister seit Maximilian dem Deutschmeister, widmete Claudia, ihren Kindern und Verwandten mehrere seiner kirchenmusikalischen Werke (*Abb. 316*).[761] Im Sommer 1640 bat er die Regentin, ihm vier Jahre lang je 300 Gulden anzuweisen, da er *etwelche componierte Musicalische opera* in Druck geben wolle. Im August 1643 hatte er zur Drucklegung *musicalischer Gsenger* in Toscolano am Gardasee sechs Ballen Papier bestellt, die nach Innsbruck gebracht wurden. Das zugesagte Geld ließ Claudia ihrem Hofkapellmeister aus unregelmäßig einkommenden Strafgeldern anweisen, erst am 9. Jänner 1646 waren 1160 Gulden 30 Kreuzer bezahlt.[762] Viele seiner Werke werden gerade in unseren Tagen gern aufgeführt.

Matthias Burglechner, seit 1620 vielbeschäftigter Tiroler Vizekanzler, wird heute als Kartograph (*Abb. 317*) und Historiker sehr geschätzt. Er betrieb seine Forschungen mit großem Eifer und ho-

Abb. 316: Der Hofkapellmeister Johann Stadlmayr ließ während der Regentschaft von Claudia de' Medici zahlreiche Werke drucken. Hier ein ihr und ihrer Familie gewidmeter Band mit Weihnachts- und Ostermotetten für 5 Stimmen. TLMF, FB 273/2, Titelblatt.

264 SPURENSUCHE

Abb. 317: Leopold und Claudia sind auf dieser Tirol-Karte Matthias Burglechners von 1629 abgebildet. TLMF, Historische Sammlungen K V/1 (Ausschnitt).

Abb. 318: Matthias Burglechner: Huldigungsblatt für habsburgische Herrscher, 1641. Claudia, hier als Witwe mit ihren vier Kindern abgebildet, sah sich wohl gern im Kreis dieser erlauchten Gesellschaft. Privatbesitz Meinrad Pizzinini.

hen Kosten, auch unter Claudia. Im Jahr 1635 präsentierte er ihr eine große und zwei kleine *Tyrolische Landtschafften auf Khupfer in Forma Libelli* und erhielt dafür bescheidene 14 Gulden.[763] Eine Darstellung der habsburgischen Kaiser, auf der auch Claudia mit ihren vier Kindern zu sehen war (*Abb. 318*), veröffentlichte er im Jahr 1641, ein Gnadengeld ist nicht nachweisbar. Trotzdem arbeitete er unverdrossen weiter. Am 4. Oktober 1641 machte er eine Eingabe wegen *der 4 grossen Tyrolischen Biecher*, die er offenbar zur Übernahme anbot. Mitte Februar 1642 wiederholte er sein Anliegen und bat angesichts seiner *leibs Zuestenndt und Alter* abermals um *genedigste Resolution*, um der Erzherzogin noch bei Lebzeiten seine *undterthenige gehorsamiste affection* zeigen zu können. Seine Eingabe wurde Claudia am 17. Februar 1642 präsentiert, aber nicht entschieden. Daher wiederholte er sein Anliegen. Er habe die vier Bände seiner Tiroler Geschichte mit viel Mühe *ad finem bracht*, sie wären in seiner – nahe der Hofburg gelegenen Wohnung – *tempore incendii* – beim Brand der Ruhelust im Jahr 1636 – fast verbrannt.[764] Nun endlich hatte er Erfolg. Am 24. Mai 1642 gewährte ihm Claudia einen lebenslangen jährlichen *gnadengenuß* von 100 Gulden. Doch die

Die besondere Liebe der Mediciprinzessin galt der Malerei. Im Jahr 1644 ließ sie den Florentiner Maler *Lorenzo Lippi* nach Innsbruck kommen, der hier zahlreiche – nicht erhaltene – Porträts und das berühmte Bild der Samariterin am Brunnen (*Abb. 217*) schuf. Zwei Porträts – Claudia (*Abb. 218*) und Sigismund Franz (*Abb. 211*) – werden ihm zugeschrieben.

Die Innsbrucker Hofmaler erreichten nicht die Qualität des führenden Florentiner Porträtmalers Justus Suttermans. Trotzdem erhielten auch sie Aufträge. So *Elias Naurizius*[767] und *Martin Teofil*

Abb. 319: Martin Teofil Polak, Selbstporträt. TLMF, Gem 1602.

Abb. 320: Claudia de' Medici, gestochen von Adriaen Haelwegh. BA, NB 500-484 Res.-B.

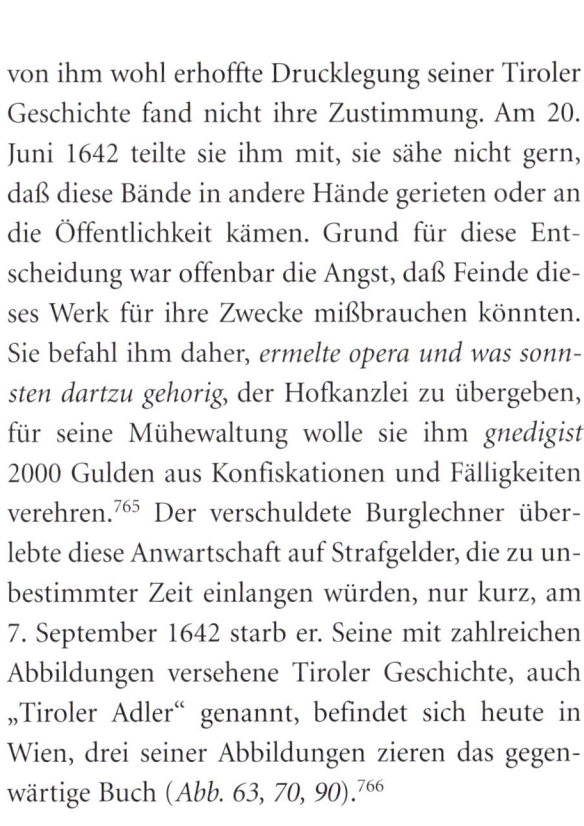

von ihm wohl erhoffte Drucklegung seiner Tiroler Geschichte fand nicht ihre Zustimmung. Am 20. Juni 1642 teilte sie ihm mit, sie sähe nicht gern, daß diese Bände in andere Hände gerieten oder an die Öffentlichkeit kämen. Grund für diese Entscheidung war offenbar die Angst, daß Feinde dieses Werk für ihre Zwecke mißbrauchen könnten. Sie befahl ihm daher, *ermelte opera und was sonnsten dartzu gehorig*, der Hofkanzlei zu übergeben, für seine Mühewaltung wolle sie ihm *gnedigist* 2000 Gulden aus Konfiskationen und Fälligkeiten verehren.[765] Der verschuldete Burglechner überlebte diese Anwartschaft auf Strafgelder, die zu unbestimmter Zeit einlangen würden, nur kurz, am 7. September 1642 starb er. Seine mit zahlreichen Abbildungen versehene Tiroler Geschichte, auch „Tiroler Adler" genannt, befindet sich heute in Wien, drei seiner Abbildungen zieren das gegenwärtige Buch (*Abb. 63, 70, 90*).[766]

SPURENSUCHE 267

Polak (*Abb. 319*), der Claudia mehrmals in Form verkleideter Porträts abbildete. Bei allen übrigen Gemälden oder Stichen (*Abb. 320*) ist der Maler leider nicht bekannt. Das gilt auch für das von Lucas Kilian im Jahr 1629 nach einer Innsbrucker Vorlage gestochene Porträt (*Abb. 165*). Es wurde vielfach nachgestochen (*Abb. 321*) und hält die Erinnerung an Claudia de' Medici bis heute wach, weit über Tirol hinaus. Sie ist die am häufigsten dargestellte Tiroler Landesfürstin.

Abb. 321: Claudia de' Medici, nach Lucas Kilian. Privatbesitz S. W.

Anmerkungen

[1] Karl Friedrich KRIEGER, Die Habsburger im Mittelalter. Von Rudolf I. bis Friedrich III., Urban-Taschenbücher 452 (Stuttgart–Berlin–Köln 1994) 11ff.; Die Habsburger zwischen Rhein und Donau (Aarau ²1996) 10ff.

[2] Hermann WIESFLECKER, Maximilian I. Die Fundamente des habsburgischen Weltreiches (Wien–München 1991); WEISS, Die Habsburger und das burgundische Erbe 8ff.

[3] Michael ERBE, Die Habsburger 1493–1918. Eine Dynastie im Reich und in Europa, Urban-Taschenbücher 454 (Stuttgart–Berlin–Köln 2000) 30ff.

[4] John R. HALE, Die Medici und Florenz. Die Kunst der Macht (Stuttgart–Zürich 1979) 9ff.; Franco CESATI, Die Medici. Die Geschichte einer europäischen Dynastie (Florenz 1999) 19ff.; Massimo WINSPEARE, Die Medici. Das goldene Zeitalter der großen Kunstsammlungen (Livorno 2000) 7ff.; James CLEUGH, Die Medici. Macht und Glanz einer europäischen Familie (München ⁵2001) 12ff.

[5] BÖDEFELD/HINZ 37ff., 151ff.

[6] Die Schätze der Medici 10ff.; Die Pracht der Medici, Teil I, 17ff.

[7] Karl MITTERMAIER, Machiavelli. Moral und Politik zu Beginn der Neuzeit (Gernsbach 1990) 9ff.

[8] LIMBURGER 110f. Nr. 454, 139f. Nr. 577, 175–179 Nr. 710.

[9] Die berühmte Statue wurde im 19. Jahrhundert in die *Galleria dell'Accademia* gebracht, an ihrer Stelle steht seit dieser Zeit eine Kopie.

[10] Viktor BIBL, Johanna, erste Großherzogin von Toskana, Beiträge zur neueren Geschichte Österreichs 4 (1908) 20–34; Brigitte GROHS, Italienische Hochzeiten. Die Vermählung der Erzherzoginnen Barbara und Johanna von Habsburg im Jahre 1565, MIÖG 96 (1988) 331–381.

[11] Adam WANDRUSZKA, Aus Oenipons wurde Cenipeus. Zu den österreichischen Städtebildern in und bei Florenz, Römische historische Mitteilungen 23 (1981) 319–328.

[12] Viktor BIBL, Die Erhebung Herzog Cosimos von Medici zum Großherzog von Toskana und die kaiserliche Anerkennung (1569–1576), AÖG 103 (1913) 1–162.

[13] Magnificenza alla corte dei Medici. Arte a Firenze alla fine del Cinquecento, Ausstellungskatalog (Milano 1997) 403f.

[14] BÖDEFELD/HINZ 58, 60 (Abb.), 103–108, 216f.

[15] Das *Opificio delle Pietre Dure* ist heute ein Museum und betreibt auch eine Restaurierwerkstatt.

[16] Die Schätze der Medici 108, 110; Lothringens Erbe. Franz Stephan von Lothringen (1708–1765) und sein Wirken in Wirtschaft, Wissenschaft und Kunst der Habsburgermonarchie, hg. von Renate ZEDINGER, Katalog des Niederösterreichischen Landesmuseums NF 429 (St. Pölten 2000) 253f. Der Diamant (137, 27 Karat) kam nach dem Aussterben der Medici (1736) an Franz Stephan von Lothringen, der ihn nach Wien brachte. Von dort wurde er 1918 von Kaiserin Zita in die Schweiz mitgenommen, seither ist er verschollen.

[17] RAINER, Du glückliches Österreich heirate 16, 82f., 98–101.

[18] GALASSO CALDERARA 18ff.

[19] WEISS, Haus Österreich Anm. 114.

[20] Zum Florentiner Hofleben dieser Zeit vgl. SOLERTI 40ff. (vor allem anhand des Tagebuchs des großherzoglichen Kammeradjutanten Cesare di Bastiano Tinghi) und Marcello FANTONI, La corte del Granduca. Forma e simboli del potere mediceo fra Cinque e Seicento (Roma 1994) 21ff.

[21] BÖDEFELD/HINZ 61f.; Villa di Poggio Imperiale 16f., 23–25. Das Edikt der Umbenennung in *Villa Imperiale* (später meist *Villa di Poggio Imperiale* genannt) stammt vom 24. Mai 1624 (SOLERTI 172).

[22] Galilei und seine Zeit, hg. von Enzo ORLANDI, Text von Barbara CIMINO (Verona 1966) 4ff.

[23] Vgl. über ihn WEISS, Erzherzog Leopold V. 29ff.

[24] NOFLATSCHER 67ff. Ein Brevier aus seinem Besitz ist erhalten geblieben (UBI, Sign. 125.A.4).

[25] WEISS, Die Österreicherin 271f.

[26] HIRN, Erzherzog Maximilian der Deutschmeister 2, 329f.; vgl. NOFLATSCHER 295f.

[27] Rb 1619, fol. 117v, 119rv, 362r.

[28] HHStA, AUR 1619 I 14 (Orig. und gedrucktes Mandat); TLA, Ambraser Memorabilien V/83 und Leopoldinum, Kasten B, Nr. 27/2 (jeweils gedrucktes Mandat); GH 1619, fol. 14r–22v. Für die Übernahme der Regentschaft wurden ihm 6000 Gulden als Reisespesen zugestanden (GH 1619, fol. 179rv; Rb 1621, fol. 87rv).

[29] Rb 1621, fol. 75v; EGGER 2, 318ff.

[30] TLA, Reiseresolutionen 1619 (8. März 1619 Reutte).

[31] TLA, Sammelakten B, Abt. I, Lage 1, Nr. 4; KS I/1442; Gutachten an Hof 1619, fol. 60r–62v; GH 1619, fol. 6rv, 66v–68r, 106v–107v; Rb 1620, fol. 365r; Rb 1623, fol. 315v.

[32] Rb 1619, fol. 95v–96v; Rb 1620, fol. 81v–85r; Rb 1621, fol. 44v–45r; EGGER 2, 318ff.

[33] GH 1619, fol. 21rv, 141rv; CD 1617/1619, fol. 450r; EB 1619, fol. 560r–564v.

[34] GH 1619, fol. 85v–86r, 106v–107v; EB 1619, fol. 132r. Vgl. KIRCHMAIR 95ff.; ZWANOWETZ 175; ÖKT 52/2, 547.

[35] Vgl. dazu WEISS, Der Innsbrucker Hof, Anm. 327.

[36] Für die Marienkapelle (*unser lieben Frauen Cappellen auf der Waldtrasst*) sollte ein eigener Priester bestellt werden (CD 1617/1619, fol. 419r).

[37] CD 1617/1619, fol. 435v–436r.

[38] Rb 1620, fol. 112r; Adelinde BRESCIANI, Erzherzog Karl von Österreich als Bischof von Brixen 1613–1624, phil. Diss. (Innsbruck 1974) 228ff. Am 6. Dezember waren die beiden Erzherzöge im Handelshaus der Fugger in Schwaz und nahmen dort das Frühmahl ein (Rb 1621, fol. 87r).

[39] EB 1619, fol. 557v–559v.

[40] *Der O.Ö. Cammer mittl, daß auß der Kunst Cammer zue Ombras die durch dieselb specificierte guldene Trinckhgschirr und geltsorten heraußgenommen und verschmelzt werden mächten, ist Unß etwas bedencklich, derowegen Wir solches für dißmahl einstellen* (TLA, Reiseresolutionen 1619, 7. Juli 1619; GH 1619, fol. 299v–300v; Jb. 17, Nr. 14.871).

[41] FRANZL 161ff.

[42] WEISS, Der Innsbrucker Hof, Anm. 46.

[43] TLA, Ausgegangene Schriften 34, fol. 405rv; CD 1617/1619, fol. 483r–484r; KIRCHMAIR 183.

[44] Rb 1619, fol. 279r (... *alhie im Saggen mit grossen Stuckhen* [= Kanonen] *ain Fraidnn Schiessen gehalten*); CD 1617/1619, fol. 496r, 508r; SINNACHER 8, 209.

[45] So nach einem undatierten Memorial für Verhandlungen mit dem Kaiserhof (nach 1623): *Als die Beheimische Rebellion angangen, sein auß den Fürstlichen Zeughäusern zu Ynsprugg und Güntzburg zu der Defendier- und widereroberung 2 dopplete Carthaunen, Item 2 Halbe Carthaun oder Singerin, deßgleichen 3 Quartier Schlangen und 3 Falconen, thuet zehen Stuckh groß Geschütz, einmal nach Passaw und volgents nach Krembs gefiert worden, von denselben hat man allain ain Carthaun und 1 Singerin zu einnembung Prag gebraucht, die übrig noch Resstierende 8 Stuckh sein zu Krembs verbliben. Sie sollen nach Tirol gebracht werden* (TLA, Germersheimer Akten, Fasz. II, Pos. 12). Vgl. FRANZL 181f.

[46] KHEVENHÜLLER 11, 1597ff.; ZOLLER 1, 308ff.; KS I/1406; Rb 1623, fol. 292r–293r (Hochzeitskosten) und 394rv (Zahlung an den

Maler Hans Schor, der einen Abriß der *Ehrn Porten* in Schwaz angefertigt hatte).

[47] Rb 1623, fol. 228v (spanische Zahlungen: 503.084 Gulden), 1014v–1018v (Kosten: 2,639.871 Gulden); TASSER 13 (Kosten: 2,940.729 Gulden); WEISS, Erzherzog Leopold V. 49ff.

[48] GALASSO CALDERARA 42ff.; GROTTANELLI 32ff.; Oreste Ferdinando TENCAJOLI, Claudia de' Medici, Contesssa del Tirolo (1626–1648), in: Urbinum. Rassegna di Cultura 7 (1933) 15–26.

[49] ASF, MM 5/2, fol. 80r–82r und MP 6355a, fol. 420r–452v; KS II/701; GROTTANELLI 32–34 (mit Datum 9. April 1609).

[50] LIMBURGER 490.

[51] SOLERTI 112ff.

[52] SOLERTI 126f., 131f.; danach SENN 218f.; WEISS, Erzherzog Leopold V. 59f.

[53] SOLERTI 149ff.

[54] ASF, MM 5/2, fol. 15r–16r und MP 6356, fol. 19r–145v.

[55] GROTTANELLI 44ff.

[56] ASF, MP 6130, fol. 6r, 7r, 42rv. Das bei GROTTANELLI 20 angegebene Geburtsjahr 1604 ist falsch.

[57] Andrea SALVADORI, Opere 1, 1–90: *La Regina S. Orsola. Tragedia Christiana.*

[58] AL II/35 (Maria Magdalena an Leopold, 17. November und 22. Dezember 1620, 27. April, 4. und 25. Mai 1621); ASF, MM 5/2, fol. 36r–112r und MP 6355a, fol. 441r–450v, 532r–544v; KS II/701; SOLERTI 159; GROTTANELLI 156ff.; GALASSO CALDERARA 96ff.; Villa di Poggio Imperiale 16.

[59] ASF, MM 94/13 (undatierter Bericht) und MP 6130, fol. 8r. Text (von Ignazio Bracci) und Musik (von Pietro Pace) der aufgeführten Oper sind erhalten geblieben (BVA, Cod. Urbinas latinus 379; SOLERTI 159f.).

[60] GALASSO CALDERARA 105f.

[61] ASF, MP 6129, fol. 40r–41v.

[62] AL II/35 (Maria Magdalena an Leopold, 11. Dezember 1623). Der in diesem Bestand liegende umfangreiche Briefwechsel zwischen den beiden Geschwistern bietet auch die wichtigste Grundlage für die folgende Darstellung, ohne daß alle Briefe eigens aufgeführt werden.

[63] WEISS, Erzherzog Leopold V. 58ff.

[64] ASF, MM 340/13 (*Decreti di Monsignore Arcivescovo di Fiorenza intorno alla Clausura dell'Abitazione fatta alla Crocetta per uso et servizio delle Signore Principesse 1621 e 1623*).

[65] AL II/35 (Maria Magdalena an Leopold, 11. Dezember 1623); ASF, MM 340/13 (Dispens von der Klausur); LIMBURGER 48 Nr. 218.

[66] Claudia begrüßte diese Verbindung (ASF, Acquisti e doni 59/4, Nr.40). Am 14. Oktober 1623 erfolgte die Verlobung, tags darauf wurde die Prinzessin auf den Namen Vittoria getauft (AL II/35: Maria Magdalena an Leopold, 14. und 21. Oktober 1623); GROTTANELLI 88ff.; GALASSO CALDERARA 106.

[67] Vgl. über sie RAINER, Du glückliches Österreich heirate 20, 36, 41 und SOLERTI 62 Anm. 3.

[68] SP 2 (Elisabeth Incontri an einen nicht genannten deutschsprachigen Adressaten, 17. November 1623 Florenz) und AL II/26 (Elisabeth Incontri an Leopold, 16. Jänner 1624).

[69] AL II/26 (Elisabeth Incontri an Leopold, 21. Jänner 1624).

[70] Die folgenden Angaben zumeist nach: TLA, Sammelakten B, Abt. I, Lage 6.

[71] SP 2 (mehrere Stücke).

[72] TLA, Leopoldinum, Kasten A, Nr. 264 und Kasten B, Nr. 57; HHStA, AUR 1625 IX 24; Victor RENNER, Die Erbteilung Kaiser Ferdinands II. mit seinen Brüdern, Zeitschrift des Ferdinandeums für Tirol und Vorarlberg III/18 (1873) 197–248.

[73] Zu dieser Romreise vgl. VIATOR, Veridicus Germanus (benützt nach dem Exemplar im TLMF, W 2633) 76–89; WEISS, Erzherzog Leopold V. 63ff. Die Tiroler Stände hatten dem Gubernator für diese Reise einen Zuschuß von 30.000 Gulden gewährt (Rb 1626, fol. 127r und 427r; Rb 1629, fol. 148rv). Für die Einschiffung von Leopolds Leibpferden mußten in Trient eigene Brücken gebaut werden (Rb 1630, fol. 115v).

[74] AL II/35 (Maria Magdalena an Leopold, 22. November 1625).

[75] SP 2 (Instruktion Leopolds für Albertini und Bemelberg, 3. November 1625).

[76] HHStA, FU Nr. 1606; AL I/166, fol. 7r–8v. Die päpstliche Dispens war sehr teuer (WEISS, Erzherzog Leopold V. 67 Anm. 342).

[77] ASF, MP 6355a, fol. 554r–557r, 559r–561v und MP 6357a (mehrere Stücke); TLA, Sammelakten B, Abt. I, Lage 6.

[78] ASF, MM 5/2, fol. 173r–176v; KS II/529; WEISS, Erzherzog Leopold V. 69f.

[79] SOLERTI 149f., 185f.

[80] Am 14. Februar 1626 wurde eine Visitation der Feuerstätten und Rauchfänge in Innsbruck angeordnet, auch eine neue Feuerordnung erstellt (BT 1625/1630, fol. 50v, 78v–79v; Rb 1629, fol. 411v–412r).

[81] SP 2 (Greiner an Leopold, 27. Dezember 1625); SP 41 (*Bestellung des Jenigen Genuesischen Confect zu Ertzfürstlicher Hochzeit*); KS I/1078 (Kaspar Griessauer an Leopold, 18. Jänner 1626).

[82] Bereits am 31. März 1626 (HHStA, Familienkorrespondenz A, Kt. 48).

[83] SP 2 (Innsbrucker Kammer an Leopold, 13. Jänner 1626). Am 16. Jänner 1626 ließ der Küchenmeister Greiner den Erzherzog wissen, daß Spezereien, weißes Konfekt und weißes Wachs (zur festlichen Beleuchtung) bereits aus Venedig angekommen seien, andere Bestellungen habe er einstweilen storniert (ebd.).

[84] Über die Einrichtung der Hofburg im Jahr 1619 unterrichtet das Nachlaßinventar nach Erzherzog Maximilian dem Deutschmeister: TLA, Inv. A 1/16; B. DUDIK, Des Hoch- und Deutschmeisters Erzherzogs's Maximilian I. Testament und Verlassenschaft vom J. 1619, AÖG 33 (1865) 269–352.

[85] WEISS, Erzherzog Leopold V. 71.

[86] ASF, MM 5/2, fol. 5r; TLA, Sammelakten B, Abt. I, Lage 6 (Großherzog Ferdinando an Leopold, 27. März 1626) und AL II/35 (Maria Magdalena an Leopold, 28. März 1626, etwas abweichend).

[87] ASF, Carte Strozziane I/186, fol. 89r; MM 5/2, fol. 5r. Christine von Lothringen bedauerte es, die ihrem Herzen so teure Tochter (*cosi cara del mio Cuore*) nicht begleiten zu können (Schreiben an Leopold, 30. März 1626).

[88] Der Herzog von Mantua teilte Leopold allerdings bereits am 3. April mit, daß seine Braut tags zuvor abgereist sei (TLA, Sammelakten B, Abt. I, Lage 6).

[89] SP 38 (Verzeichnis ihrer Ausstattung, S. 31).

[90] ASF, MM 5/2, fol. 196r–201r und MP 6377 (Bericht eines anonymen Florentiners vom 22. April 1626 aus Innsbruck, mit Informationen ab Sterzing, 18. April 1626); TLA, Sammelakten B, Abt. I, Lage 6; SINNACHER 8, 297.

[91] KS I/123–131. Ein Teil des Silbergeschirrs wurde gestohlen (*entfiert*), tauchte aber 1630 in Rattenberg wieder auf (GM 1630/I, fol. 195v, 489r).

[92] SP 2 (mehrere Stücke) und AL I/650 (Hieronymus von Lodron an Leopold, 13. April 1626).

[93] VIATOR 89f.

[94] CD 1624/1627, fol. 363r–364v.

[95] Die folgende Schilderung basiert neben dem anonymen Florentiner Bericht (ASF, MM 5/2, fol. 196v–201r) vor allem auf dem Bericht von Hans Jakob Leopardt von Ferklehen (TLMF, Dip. 803; ein unvollständiges Exemplar ebd. Dip. 897/I, beide handschriftlich). Eine kurze gedruckte Beschreibung der Hochzeit, mit teilweise abweichenden Angaben, erschien 1626 in Augsburg (*Abb. 98*); SENN 222–224. Zu Leopardt vgl. WEISS, Der Innsbrucker Hof, Anhang II.

[96] Teile des *Hochtzeit Leibwagen* waren noch im Jahr 1634 vorhanden (UBI, Cod. 966, fol. 54rv).

[97] ASF, MM 5/2, fol. 197rv. Alfonso Parigi, Sohn von Giulio Parigi, dem damals führenden Theaterarchitekten von Florenz, befand sich

im Gefolge von Don Lorenzo de' Medici (ASF, MP 6379, fol. 108r). Für die Mühewaltung bei der Zurichtung *der bey dem vorstatt Thor alhie gemachten Triumpf Porthen* sowie die bei der Abbrechung dieser Pforte *inhanden behalten daffeten Fanen* (= Taftfahnen) und 30 Pfund *Stächlene Innstrument* erhielt Adam Lucchese am 26. März 1627 50 Gulden *Ehrung*, sein Wunsch nach dem Hofbaumeisteramt wurde von Leopold aber einstweilen abschlägig beschieden (GH 1627, fol. 61rv). Zu diesem (zweiten) Triumphtor vgl. TLMF, Dip. 803, fol. 12v–14r; ZOLLER 1, 320. Zu unbekannter Zeit bot Adam Lucchese Claudia seine Dienste an (KS I/672).

[98] ASF, MM 5/2, fol. 197v; TLMF, Dip. 803, fol. 16v.

[99] ASF, MM 5/2, fol. 197v–198v; SINNACHER 8, 300. VIATOR 90 spricht nur von *gethaner teutscher Ermahnung*.

[100] Leopold hatte den Kaiser am 4. März 1626 gebeten, ihm *zu bevorstehendem Hochzeitwerckh* etliche Musiker, wie aus der beiliegenden (nicht vorhandenen) Liste zu ersehen, zu schicken, auch mit einem türkischen Roßzeug und Sattel auszuhelfen (TLA, Leopoldinum, Kasten C, Nr. 216). Ferdinand II. schickte drei Musiker namens Augustin Argomenti, Anderle und Giovanni Battista (SP 2: Ferdinand II. an Leopold, 24. März 1626). Vgl. TSCHMUCK 277f.

[101] TLMF, Dip. 803, fol. 16v. Nach VIATOR 90 erschien Claudia *in einem von Gold reich auff Silber gestickten Rock, welcher allein drey tausent Ducaten hoch geachtet;* diesen *so köstlichen Brautrock* stiftete sie zu zwei Kaseln und einem Antependium für die Jesuitenkirche. Die Übergabe des kostbaren Brautkleids an die Jesuiten wird auch in deren Hauschronik erwähnt (Initium S. 255, 301, 352). Nach Aussage des Leichenpredigers wurden die Meßgewänder zufällig gerade an ihrem Todestag (25. Dezember 1648) verwendet, das Antependium war dem Hochaltar gewidmet (Dip. 432/3, S. 50). Alle Stücke sind nicht erhalten geblieben. Die Angabe von LINDNER 119 („Im Jahre 1625 gab Erzh. Claudia ein Messkleid und 2 Levitenröcke, welche aus ihrem Brautkleide verfertiget waren") nach Maria Waldrast, ist falsch.

[102] TLMF, Dip. 803, fol. 21v.

[103] ASF, MM 5/2, fol. 201r: *La Ser.^{ma} Sposa, Cardinale, Principe* – also Claudia und ihre Brüder Carlo und Lorenzo – *con gli altri furono á vedere in un gabbinetto ch'é á metá d'una Galleria di legno lunga quanto il campo dove si corre.*

[104] ZWANOWETZ 45, 177.

[105] TLMF, Dip. 803, fol. 35v–36r; SINNACHER 8, 301.

[106] TLMF, Dip. 803, fol. 36v; ZWANOWETZ 232.

[107] Im Erbstollen war besonders *das verwunderlich groß Räderwerck* sehenswert, das nach Guarinoni *under die fürnembsten Wunderwercken der Welt mag gezehlt werden* (Die Grewel der Verwüstung 428). Für die Besichtigung besaßen Leopold und Claudia eigene *Perg Claider* (GM 1641/II, fol. 1843v–1844r).

[108] Das Ambraser Inventar von 1621 (KHM, KK) enthält auf fol. 205v folgenden Nachtrag: *Ain Trüchel von Holtz oben erhebt, mit Helffenpain überzogen, darauf ausgeschnitten von Paum, Laubwerckh und allerlay Wilden Thier, obenauf von Messing ain Klaines handhebel. Mer ain klieners Trüchel von dergleichen Holtz, mit Helffenpain überzogen, darauf Engel und andere figuren geschnitten sein. Obsteende zway Trüchel haben die Fr. Dt. Ertzhertzogin Claudia zu Österreich geborne Großhertzogin von Florentz hergeschenckht im 1627. Jar.*

[109] Zum Abschied erhielt er zwei schöne niederländische Tischdecken und 12 dazu passende Servietten aus Damast als Geschenk (TLA, Inv. A 29/3, fol. 58v).

[110] WEISS, Erzherzog Leopold V. 72 und Haus Österreich Anm. 136; AL I/1054.

[111] Das Passauer Jesuitenkolleg hatte Leopold im Jahr 1611 gegründet, den Grundstein für den Neubau von Kolleg, Kirche und Schule in Ensisheim wohl in Gegenwart seiner Gemahlin am 5. Februar 1628 gelegt. 1639 erhielt das Ensisheimer Jesuitenkolleg von Claudia 600 Gulden Hilfsgeld (WEISS, Erzherzog Leopold V. 42 Anm. 112; DUHR 2/1, 273; Rb 1639, fol. 333r). Rektor des Kollegs war während dieser Jahre Anton Weinhart, dessen Verwandtschaft mit Dr. Paul Weinhart, dem Leibarzt der Innsbrucker Fürstenfamilie, bei HYE, Die Innsbrucker Familie Weinhart nicht erwähnt wird.

[112] Außer der Huldigungsadresse der Stadt Rovereto (UBI, Sign. 30.271, Adl. 6) noch ein Gedicht eines ungenannten Autors (TLMF, Dip. 647/6).

[113] Hainhofer sah die Rüstung im Jahr 1628 im Schatzgewölbe: *ain getribne gantz silberne rüstung, so Ihre Hochfürstl. Drlt. im aufzug bey Ihrem beylager am leib geführt haben* (TLMF, Dip. 902, fol. 59v; DOERING 93). Das teure Stück ist nicht mehr vorhanden.

[114] Die Kosten beliefen sich einschließlich der Einholung der Gäste auf fast 45.000 Gulden (Rb 1635, fol. 178r, 265r–266r).

[115] AL II/35 (Maria Magdalena an Leopold, 12. Mai 1626).

[116] Das Porträt, das *Claudia Ertzherztzogin zu Österreich, mit einen offenen Buech in der hand und das Hertzog Hietl auf dem Kopf, lebens groß* zeigte, kam 1663 aus Innsbruck nach Schloß Ambras (ÖNB, Cod. 8014, fol. 1v, Nr. 3).

[117] Das Verzeichnis ihrer Ausstattung im Wert von rund 100.000 Scudi ist erhalten geblieben (ASF, MM 5/2, fol. 204r–219v; SP 38).

[118] Ihr Heiratsgut von 300.000 Scudi entsprach 587.000 Gulden (KS II/724 und *Abb. 178*). Claudia ließ sich aus Spanien Häute, Armbänder, Ohrringe, Kragen und andere Sachen schicken (SP 36: *Verzaichnus der Ausgaben, so ... in Madrid beschehen*), in Innsbruck kaufte sie bei einem Hutschmücker ein (SP 41: *Extract 1628*).

[119] Rb 1626, fol. 162r, 163r; AL II/35 (Maria Magdalena an Leopold, Mai 1626, ohne Tagesdatum).

[120] Mitte Juli war Claudia bereits im dritten Monat schwanger: *Parmi di poter accertamente dar parte ... della gravidanza della Sig.^{ra} Arciduchessa ... stimandosi che sia gia entrata nel terzo mese ...* (Leopold an Carlo de' Medici, 18. Juli 1626 Seefeld: ASF, MP 5180, fol. 8r).

[121] ASF, Acquisti e doni 59/4 Nr. 47 (Christine von Lothringen an Luigi Vettori, 5. September 1626: Antwort auf seine Schreiben vom 28. und 29. August, er könne sich vorstellen, *con quanta passione d'animo sia da noi stata sentita la pericolosa indisposizione* von Claudia); AL I/649 (Franz von Lodron an Leopold, 29. August 1626); AL II/35 (Maria Magdalena an Leopold, 5. und 14. September 1626); B. DUDIK, Correspondenz Kaisers Ferdinand II. und seiner erlauchten Familie mit P. Martinus Becanus und P. Wilhelm Lamormaini, kaiserl. Beichtvätern S. J., AÖG 54 (1876) 299 (13. September 1626).

[122] Heiner BOBERSKI, Das Theater der Benediktiner an der alten Universität Salzburg (1617–1778), Theatergeschichte Österreichs 6/1 (Wien 1978) 221.

[123] TLA, Reiseresolutionen 1626; KS I/1551; GH 1626, fol. 230rv; DOERING 3; WEISS, Der Innsbrucker Hof, Anm. 15.

[124] GH 1627, fol. 17rv; KS II/563; SINNACHER 8, 309.

[125] Erwähnt im Schreiben von Don Lorenzo an Claudia vom 15. Februar 1627 (ASF, Acquisti e doni 59/4, Nr. 54).

[126] ASF, MP 5180, fol. 24r (Leopold an Carlo de' Medici, 9. Februar 1627: *Fu femina ...*). Kurfürst Maximilian von Bayern gratulierte am 11. Februar, König Ferdinand von Ungarn am 16. Februar, Kurfürst Ferdinand von Köln am 27. Februar 1627 (SP 3 und AL I/224).

[127] Caraffa wurde am 10. Februar 1627 nach Florenz geschickt, sein Bericht liegt vor (SP 3); AL II/35 (Maria Magdalena an Leopold, eigenhändig geschrieben und irrtümlich auf *16. Jener* datiert, aber sicher vom 16. Februar 1627 stammend); ASF, Acquisti e doni 59/4, Nr. 48 (Christine von Lothringen an Claudia, 22. März 1627).

[128] WEISS, Die Österreicherin 19f.; AL II/35 (Maria Magdalena an Leopold, 30. März 1627, Antwort auf seine Mitteilung vom 19. März).

[129] Die neugeborene Erzherzogin war so schwach, daß der besorgte Vater daran dachte, sie noch vor dem offiziellen Tauffest taufen zu lassen (SINNACHER 8, 309f.).

[130] Leopold hatte die Kaiserin am 7. Dezember 1626 als Patin erbeten (AL II/21: Kaiserin Eleonore an Leopold, 26. Dezember 1626 und SP 3: Ferdinand II. an Leopold, 29. Dezember 1626); GROTTANELLI 118.

[131] Am 1. April 1627 wurde Maximilian Mohr, Leopolds Regimentsrat, zuerst nach München und anschließend zum Kaiser nach Wien gesandt, wohl wegen der bevorstehenden Taufe (Rb 1629, fol. 445r). Der Befehl zur gründlichen Säuberung der Stadt und der Gästezimmer erging am 28. und 29. April 1627 (VFDt 1627/1628, fol. 98rv; CD 1624/1627, fol. 649v–650r). Für die Musketiere und Hakenschützen aus Hall und dem Landgericht Sonnenburg, die am 1. Mai 1627 *wegen der Jungen Princesin Kintstauff* in Innsbruck sein sollten, wurden Pulver und Lunten bereitgestellt, die Geschütze aus dem Zeughaus mußten bereits am 30. April nachmittags am Innrain sein (GH 1627, fol. 98v, 111r). Zwei Gastwirte in Haiming verlangten im Jahr 1631 73 Gulden, die die Untertanen von Landeck auf dem Weg zur Kindstaufe nach Innsbruck bei ihnen verbraucht hatten (GM 1631/II, fol. 1296r–1298r). Als Unkosten für die Kindstaufe *anno 1627, als das Fürstenpaar mit ainer Princessin erfreyt worden*, wurden im Jahr 1635 431 Gulden 16 Kreuzer bezahlt, für das Feuerwerk 25 Gulden (Rb 1635, fol. 267v, 288r); Initium S. 254; ZWANOWETZ 178.

[132] Initium S. 255; TLA, Hs. 3484; ÖKT 52/1, 280 und 52/2, 548; KIRCHMAIR 97; MUSSAK 253.

[133] Am 21. Dezember 1627 wurde *auß genedigisten bevelch der für. Dt.* eine große Schlaguhr, die vom Uhrmacher in Hall gekauft worden war, nach Waldrast geschenkt (UBI, Cod. 966, fol. 79v). Im Jahr 1630 erhielt das Kloster eine große Glocke (WEISS, Der Innsbrucker Hof, Anm. 360).

[134] KS II/562 (Reiseroute von Innsbruck bis Rheinhausen). Das schwäbische Hochzeitspräsent war im Jahr 1633 noch nicht völlig bezahlt (Rb 1633, fol. 67r, 103v–104r).

[135] Die Geburt einer Tochter am 17. August erwähnt Griessauer in seinem Schreiben an Leopold vom 3. September 1627 (KS I/1622), die Taufe ist im Taufbuch VI, fol. 326r (Innsbruck, Pfarrarchiv St. Jakob) eingetragen. Der Auftrag zur Übergabe der Silberkanne, die der Hausmeister von Ambras – aus Ambraser Bestand? – übergeben sollte, stammt vom 15. November 1627 (KS I/1632). Claudia von Wolkenstein wurde 1641 Stiftsdame in Essen und 1645 Äbtissin von Freckenhorst. Vgl. über sie Ute KÜPPERS-BRAUN, Frauen des hohen Adels im kaiserlich-freiweltlichen Damenstift Essen (1605–1803). Eine verfassungs- und sozialgeschichtliche Studie (Münster 1997) 326f. (mit falschem Geburtsdatum).

[136] Mit einer Fontanelle, d. h. einem glühenden Eisen, wurde dem Patienten absichtlich eine Wunde zugefügt und zur Eiterung gebracht, um das „Gift" aus dem Körper ausfließen zu lassen (Heinz MOSER, Von Apothekern, Ärzten, Badern und Hebammen. Zur Geschichte des Gesundheitswesens der Stadt Hall in Tirol [Hall 1996] 171f.). Guarinoni warnt in seinem „Gesundheitsbuch" vor allzu leichtfertiger Setzung von Fontanellen (Die Grewel der Verwüstung 938–941).

[137] Bereits im Jahr 1622 war er lebensgefährlich krank. Maria Magdalena erfuhr am 18. Oktober, daß sich sein Zustand wenig verändert hatte und die *defluxiones Capitis jetzuweilen fliessen*, denen man, wie auch dem Fieber mit Arzneien nicht beikommen konnte. Im November 1622 erfuhr sie, daß das Fieber ziemlich nachgelassen hatte und auch der *Cathar* nicht mehr gefährlich war. Im Dezember hoffte man, daß sich das Fieber nicht *in Cholicam* wandeln würde, doch sie mußte erfahren, daß Leopold *neben unaussetzlichen Catharr mit dem reissen so schwerlich beangstigt* werde und große Schmerzen leide (AL II/35, Maria Magdalena an Leopold, 1. und 22. November sowie 6. Dezember 1622). Um welche Krankheiten es sich handelt, bleibt unklar, auch ein umfangreiches ärztliches Gutachten vom 11. Oktober 1629 (AL I/471) führt nicht weiter. Zum Katarrh, auch *defluxio capitis* genannt, den man mit einer Fontanelle behandelte, vgl. Johann Heinrich ZEDLER, Grosses vollständiges Universal Lexicon, Bd. 5 (Halle–Leipzig 1733) 1440–1453.

[138] KS I/1109 und I/1622; SP 41 (Extract 1628).

[139] KS I/672 (Christine von Lothringen an Leopold, 20. Juli 1627); KS I/1624 (Konrad von Bemelberg an Leopold, 4. September 1627) und KS I/1628 (Jakob Kurz von Thurn an Leopold, 23. Oktober 1627); AL II/35 (Maria Magdalena an Leopold, 12. Oktober 1627).

[140] Vgl. Anm. 165. Im Jahr 1663 ließ Sigismund Franz ein Kinderbild seiner ältesten Schwester nach Ambras bringen: *Ertzhertzogin Eleonora, gantz in der Jugent, in ainem Weissen Claidl, lebens groß* (ÖNB, Cod. 8014, fol. 5r, Nr. 47). Es ist vielleicht identisch mit dem im Ambraser Inventar dieses Jahres erwähnten Porträt: *Maria Eleonora, Ertzhertzogin zu Österreich gantz Junger* (TLA, Inv. A 40/21, fol. 227v).

[141] DUHR 2/1, 273.

[142] TLMF, Dip. 902, fol. 1r; DOERING 31.

[143] Bereits am 18. Oktober 1627 hatte Leopold zur Errichtung eines Franziskanerklosters in Reutte ein Haus samt Stadel neben der St. Annakirche gekauft (TLA, K 910). Im Jänner 1628 war Baumaterial für einen neuen hölzernen Gang von der *Behaußung* der Franziskaner in die St. Annakirche sowie zu *khonnfftiger erpawung des Closters* vorhanden (Gutachten an Hof 1628, fol. 27rv). Wie der Stiftbrief 17. März 1628 (Ausgegangene Schriften 48, fol. 63v–65v) besagt, erfolgte die Stiftung zum Dank für den dem Haus Österreich und besonders der Grafschaft Tirol im gegenwärtigen Kampf gewährten göttlichen Schutz, auch die über die Protestanten verliehenen Siege. Am 11. Mai hatten die Franziskaner das Kloster bereits in Besitz genommen, am 17. Juli 1628 befahl Leopold, ihnen, nachdem sie um eine *Schlaguhr auf Irem Schlafhauß* gebeten hatten, eine alte Gerichtsuhr vom Schloß Ehrenberg herrichten zu lassen (Ausgegangene Schriften 48, fol. 150rv; KS I/1555). Unter Claudia ging der Klosterbau nur langsam weiter (GM 1634/II, fol. 799r, 815v, 973v–974r). Vgl. CARAMELLE/FRISCHAUF 105f.; Richard LIPP, Kirchengeschichte, in: Reutte. 500 Jahre Markt 1489–1989 (Innsbruck 1989) 199–294, bes. 225.

[144] TLMF, Dip. 902, fol. 30r. Diese Innsbrucker Fassung ist ausführlicher als die von DOERING 29–138 publizierte Wolfenbütteler Version, ein Auszug daraus ist abgedruckt in: Neue Zeitschrift des Ferdinandeums 2 (1836) 36–57.

[145] Möglicherweise handelt es sich dabei um *das töchterlin* einer vorübergehend im Innsbrucker Stadtspital befindlichen *besessenen weibspersohn*, das Leopold 1627 *auß sonderbaren gnaden und barmhertzigkheit* erhalten lassen wollte und dem Hofküchenmeister Blasius Greiner in Pflege gab, der sich auch um die weitere Erziehung kümmern sollte (TLA, Reiseresolutionen 1627, Leopold an den Geheimen Rat, 15. September 1627 Ensisheim). Da Greiner in der Hofburg wohnte, könnte es durchaus sein, daß der Erzherzog das Pflegekind zu Gesicht bekam und seiner Tochter zur Gespielin gab.

[146] TLMF, Dip. 902, fol. 13rv; DOERING 40f. Der vom Hofdrechsler und Hofgoldschmied aus Elfenbein und Ebenholz verfertigte Tabernakel wurde am 11. Juli 1628 nach Maria Waldrast gebracht (TLMF, FB 9551, fol. 34r). Er verbrannte im Jahr 1809 (LINDNER 119).

[147] KS II/757 (1. November 1627).

[148] AL II/35 (Maria Magdalena an Leopold, 4. April 1628); TLMF, Dip. 902, fol. 3v, 6r, 15v, 16v, 19r, 22v, 26v, 28r, 65v, 70v–71v; DOERING 35f., 40, 43f., 48–50, 54, 60, 100, 107f. An Hofdamen waren an der Waage anwesend: Obersthofmeisterin Brandis (74 kg), Piccolomini (50 kg), Isabella Arco (48 kg), Kuefstein (46 kg) sowie die beiden Spaur (50 bzw. 47 kg). Im Jahr 1630 ließ Leopold im Zeughaus zwei neue Personenwaagen (*Frl. Leibwagen*) sowie zwei Hirschwaagen aufstellen (Rb 1630, fol. 123v).

[149] AL II/35 (Maria Magdalena an Leopold, 23. Mai 1628). Der Papst gratulierte am 3. Juni 1628 (TLA, Urk. P. 4629), mit gleichem Datum der Kurfürst von Köln (AL I/224). Auch Kardinal Klesl beglückwünschte den Erzherzog am 16. September 1628 zu seinem *von got erlangten Sohn* (AL I/564).

[150] HYE, Die Innsbrucker Familie Weinhart 6–10.

[151] Die undatierte Anleitung lag der Instruktion für die *Kindtsmuether* Anna Katharina (Grienegger) vom 31. August 1628 zugrunde (beide: TLA, Ambraser Memorabilien I/30), die Autorschaft

Weinharts ergibt sich aus dem Schriftvergleich mit seinen eigenhändigen Briefen (KS II/742).

¹⁵² Mit ihren zwei Neffen (*Nepotibus*) und einem Diener reiste sie am 27. Juni 1628 gemeinsam mit Violante Piccolomini und weiteren Bediensteten nach Florenz zurück (SP 36: Kostenabrechnung).

¹⁵³ GM 1628/II, fol. 1010v–1012v, 1014r, 1043v, 1047v–1048r, 1097v–1100v, 1113r–1114v; Rb 1632, fol. 97rv.

¹⁵⁴ Nur elf Personen ihres Frauenzimmers reisten mit: Obersthofmeisterin Maria Sulz, sechs nicht namentlich genannte *Cammer Fräwlin*, Honorata Piccolomini *Frawenzimmer Hoffmeisterin* sowie eine Kammerfrau und zwei Kammerdienerinnen, alle ohne Namensnennung.

¹⁵⁵ Relation unnd Beschreibung, wie die Translation der Reliquien beeder Heyligen SS. Ruperti & Virgilii ... verricht worden (Salzburg 1628), S. 38f., 96–98; KHEVENHÜLLER 11, 250f.; WEISS, Erzherzog Leopold V. 75ff.

¹⁵⁶ GM 1628/II, fol. 1503r–1505v.

¹⁵⁷ TLA, Ambraser Memorabilien I/166.

¹⁵⁸ AL II/35 (Maria Magdalena an Leopold, 20. Juni und 26. Dezember 1628, 15. Jänner 1629); ASF, MP 4481, Pacco 1, Ins. 6 (Dankschreiben von Julia Incontri vom 16. Dezember 1628 sowie Wolkenstein an Ferdinando, 20. Jänner 1629 mit Hochzeitsdatum 18. Jänner 1629).

¹⁵⁹ TLA, Hs. 3072 (Beschreibung der Hochzeit durch Hans Jakob Leopardt von Ferklehen).

¹⁶⁰ UBI, Cod. 966, fol. 85v (*drey Ring mit Robin Taflen, 2 schwartz und ainer weiß geschmeltzt*). Als Aussteuer und Abfertigung erhielt Julia Incontri 500 Gulden angewiesen (GM 1633/II, fol. 589v–590r).

¹⁶¹ Sie wurden im Jahr 1633, *weiln darzue yetziger Zeit die mitel ermanglen,* auf das Amt Bozen angewiesen (GH 1633/I, fol. 13r; GH 1633/II, fol. 589v–590r).

¹⁶² UBI, Cod. 966, fol. 86v (*ein schön Christalleß geschnitens Trinckhgeschirr, formiert wie ain Schüffl, daran ain gantz guldeß handthebl und der Fueß oben und unden in Gold gefasst und geschmeltzt, dero Fürstl. Frawen gemahel in der Maschgera zu einer Umbschantz* [= Würfelspiel] *geschlagen*). Maria Magdalena hatte die an Claudia gesandte Kassette in ihrem Landhaus Villa di Poggio Imperiale gefunden (AL II/35: Maria Magdalena an Leopold, 3. Oktober 1628).

¹⁶³ So nach den Berichten des Leibarztes Dr. Paul Weinhart an Leopold vom 13. und 14. Mai 1629 (KS II/742).

¹⁶⁴ ASF, MP 4481, Pacco 2, Ins. 2 (Leopold an Ferdinando, 31. Juli 1629).

¹⁶⁵ TLMF, Dip. 902, fol. 57rv; DOERING 91. Möglicherweise handelt es sich um das noch heute in Florenz befindliche Porträt (*Abb. 113*).

¹⁶⁶ KS I/1142. Im Jahr 1641 sandte Claudia eine Truhe mit einem Ornat *sambt der Zuegeheer* nach Maria Einsiedeln (Rb 1641, fol. 153v; GM 1641/I, fol. 1561v). Sowohl das silberne Jesuskind wie auch der Ornat sind laut Auskunft des Stiftes Einsiedeln nicht mehr vorhanden.

¹⁶⁷ Der Bote, der *wegen Gottseliger Ableibung der Jungen Princessin* mit Schreiben und Quittung zu Leopold ins Kühtai gesandt wurde, erhielt laut Befehl und Quittung 1629 11 Gulden 36 Kreuzer. Abraham Zinngießer, der *fir die Jungst abgeleibte Junge Ertzhertzogin ainen Zinnenen Sarch, so 110½ pfundt gewögen,* gemacht, bekam 73 Gulden 40 Kreuzer (Rb 1629, fol. 164v, 168r).

¹⁶⁸ KS I/842 (Hainhofer an Leopold, 10. August 1629). Kurfürst Maximilian von Bayern kondolierte am 5. August, Herzog Albrecht von Bayern am 6. August, Mattias de' Medici am 7. August sowie Kaiser und Kaiserin am 12. und 14. August 1629 (SP 3 und AL I/702). Auch Kardinal Klesl bezeugte am 29. August 1629 sein Beileid (AL I/564).

¹⁶⁹ AL II/35 (Maria Magdalena an Leopold, 3. Juli 1629); ASF, MP 4481, Pacco 2, Ins. 1 (Leopold an Ferdinando, 12. August 1629); GROTTANELLI 125. Die Umstände der Geburt erwähnt Herzog Albrecht von Bayern in seinem Schreiben an Leopold vom 22. August 1629, offenbar nach dessen Mitteilung (SP 3). Für den Transport der Hebamme ab Trient bezahlte die Kammer 86 Gulden (Rb 1632, fol. 100rv).

¹⁷⁰ KS II/742 (Weinhart an Leopold, 27. August 1629). In diesem Bestand liegen auch die folgenden, nicht einzeln aufgeführten Schreiben Weinharts, in denen er den abwesenden Landesfürsten über den Gesundheitszustand der erzherzoglichen Familie informierte.

¹⁷¹ KS I/1197 (Fortunat von Wolkenstein an Leopold, 1. bis 7. September 1629).

¹⁷² Guarinoni gibt in seinem „Gesundheitsbuch" genaue Anweisungen über die Verabreichung der *Cystier* (Die Grewel der Verwüstung 913–915).

¹⁷³ KS I/1197 (Fortunat von Wolkenstein an Leopold, 6. September 1629).

¹⁷⁴ SP 3 (Albrecht von Bayern an Leopold, 31. August und 27. Dezember 1629); GH 1629, fol. 230v–231r (Zurichtung eines Feuerwerks zur Taufe) und 263v–264r (Anweisung zur Bezahlung der *Herrn Jesuiten alhie Comedi uncosten*); Rb 1629, fol. 171v; Autographen G (Balde an Leopold, 24. September 1629); Jean-Marie VALENTIN, Jakob Baldes Jocus serius theatralis (1629), Euphorion 66 (1672) 412–436; ZWANOWETZ 178; Karlheinz TÖCHTERLE, Zur Hölle in Schwaz, gen Himmel in Hall: Jakob Balde und Tirol, In: Literatur und Sprachkultur in Tirol (Innsbruck 1997) 303–338. Die Kosten für die Unterbringung und Stallmiete einiger Begleiter Herzog Albrechts, als er zu *der Ertzfürstlichen Kindts Tauff alhie war,* vom 29. September bis 3. Oktober 1629 bei einem Innsbrucker Wirt trug die Kammer (Rb 1629, fol. 173v; Rb 1630, fol. 386v; Rb 1633, 307v mit falschem Jahresdatum 1630). Hans Jakob Leopardt hatte vergeblich gehofft, bei der Kindstaufe als Diener in einem Ehrenkleid aufwarten zu dürfen und diesen Festtag sowie den Besuch der spanischen Infantin beschreiben zu dürfen (KS II/559).

¹⁷⁵ AL II/35 (Maria Magdalena an Leopold, 20. Oktober 1629).

¹⁷⁶ Rb 1631, fol. 335v (*Maria Madruza* wird im Jänner 1630 als *Kündtsfraw* für Ferdinand Karl aus Italien herausgeführt). Laut Instruktion vom 15. Februar 1630 war sie eine geborene Guarinoni (TLA, Ambraser Memorabilien I/30).

¹⁷⁷ TLA, Ambraser Memorabilien I/166. Vgl. SENN 227f. und TSCHMUCK 279f.

¹⁷⁸ AL II/35 (Maria Magdalena an Leopold, 17. und 23. Februar 1630).

¹⁷⁹ WEISS, Erzherzog Leopold V. Anm. 443; VFDt 1629/1631, fol. 449v.

¹⁸⁰ ASF, MP 4481, Pacco 2, Ins. 1 (Leopold an Ferdinando, 28. November 1630: Nachricht über die Geburt des zweiten Sohnes *questa notte con buona salute e dispositione sua e della madre*); SINNACHER 8, 362. Ferdinand III. gratulierte am 7. Dezember 1630, Kurfürst Maximilian von Bayern am 30. November 1630 (SP 3), Kardinal Carlo de' Medici am 13. Dezember (AL I/702), der Kurfürst von Köln am 22. Dezember 1630 (AL I/224). Maria Magdalena erfuhr am 30. November 1630 schriftlich sowie am 14. Dezember 1630 durch Stefano Cantini mündlich, daß Claudia *wider mit ein schönen Jungen Prinzen sei erfreut worden* (AL II/35: Maria Magdalena an Leopold, 14. Dezember 1630, zwei Schreiben).

¹⁸¹ Die *levatrice* Anna war bereits am 10. August 1630 mit ihrem Neffen aus Florenz abgereist (ASF, Acquisti e doni 59/4, Nr. 49: Christine von Lothringen an Luigi Vettori, 14. August 1630). Die Hebamme wird mit unterschiedlichem Nachnamen genannt. Anfang April 1631 verrechnete die Raitkammer für *Anna Nortzin, der Fürstlichen Durchlaucht unser gnedigsten Frauen Hebam,* die samt einer Kammerdienerin, vier *Manspersohnen* und ihrem Gepäck zunächst in einer Sänfte und zwei Maultieren nach Branzoll und anschließend per Schiff nach Verona gebracht wurde, 15 Gulden 38 Kreuzer (Rb 1631, fol. 119v–120r). In einer Abrechnung vom 5. September 1634 werden für die *herbringung* der Hebamme *Naldin* in einer Sänfte aus Florenz 450 Gulden verrechnet (TLA, Leopoldinum, Littera F, Nr. 23); auch GROTTANELLI 125 nennt die Hebamme Anna Naldi.

[182] AL II/35 (Maria Magdalena an Leopold, 10. August bis 16. November 1630).

[183] Die Berichte Schinchinellis liegen im Bestand AL II/54.

[184] KS II/742 (Weinhart an Leopold, 24. März 1631). Der Abdruck bei HYE, Die Innsbrucker Familie Weinhart 61f. enthält einige sinnstörende Fehler.

[185] SINNACHER 8, 368f.; GM 1631/II, fol. 757r–759v; Rb 1638/I, fol. 69v. Am 31. Mai bedankte sich Leopold bei Maria Magdalena für das seinem Sohn zur Kindstaufe am kommenden Pfingstfest übersandte *Present*, am 5. Juli schrieb er seiner Schwester, daß die Taufe *wol und glickhlich verricht worden* (AL II/35: Leopold an Maria Magdalena, 31. Mai 1631 und Maria Magdalena an Leopold, 19. Juli 1631).

[186] SP 38 (Kaiserin Eleonore an Leopold, Dank dafür, daß er auf ihre Empfehlung hin Justina Freiin von Kuefstein in *dero geliebten Gemahl adelich Frauenzimer* aufnehmen will, 25. März 1626); KS II/706 (Schreiben vom 15. Mai 1625); KS II/707 (Schreiben vom 21. April und 1. Juli 1631).

[187] KS II/707 (Beschreibung der Hochzeit durch Hans Jakob Leopardt von Ferklehen).

[188] GH 1633, fol. 13r; GM 1633/I, fol. 383rv; Bekennen 1631/1635, fol. 195v–196r; Rb 1646, fol. 154r–155r. Justina Claudia von Brandis starb im Jahr 1660 (ERLACHER 344f.).

[189] AL II/35 (Maria Magdalena an Leopold, 9. August 1631); SP 41 (Rechnungen über die Reisen nach München und Prutz).

[190] KS II/742 (Weinhart an Leopold, 4. September 1631).

[191] AL II/35 (Maria Magdalena an Leopold, 16. August bis 14. Oktober 1631); KS II/545 (diverse Schreiben betreffend Durchreise und Ableben der Großherzogin, 1. Oktober 1631 bis 30. Jänner 1632); GALASSO CALDERARA 135ff.

[192] ASF, MP 6070 (Maria Magdalena an Christine von Lothringen, 11. Oktober 1631). In diesem Bestand liegen auch die für die folgende Schilderung herangezogenen Schreiben des Florentiner Sekretärs Lorenzo Poltri vom 11. Oktober bis 23. November 1631.

[193] ASF, MP 6070 (Maria Magdalena an Vittoria della Rovere, 18. Oktober 1631).

[194] *La Ser.^{ma} prima di partire vede in Giardini la Fonderia delle statue di Rame, dove ne sono di varie sorte bellissime e particolarmente un Cavallo von diverse figure, che vedono fare una fontana superbiss.^{ma}* (ASF, MP 6070, Schreiben vom 24. Oktober 1631). Im Jahr 1630 ordnete Leopold an, daß *dero Bildnus Lebens groß zu Aufrichtung aines Brunnens in Mettal gegossen* und die Kosten dafür von der Kammer übernommen werden sollten. Dazu wurden aus dem Zeughaus 4 Zentner 50 Pfund Metall zu 155 Gulden 15 Kreuzern sowie für Friedrich Reinhart als Gießerlohn 212 Gulden ausgegeben. Diese Summe (367 Gulden 15 Kreuzer) wurde im Jahr 1635 bezahlt (Rb 1635, fol. 280v–281r). Zu dem von Kaspar Gras modellierten und von Heinrich und Friedrich Reinhart gegossenen Brunnen vgl. den Ausstellungskatalog: Ruhm und Sinnlichkeit. Innsbrucker Bronzeguss 1500–1650. Von Kaiser Maximilian I. bis Erzherzog Ferdinand Karl (Innsbruck 1996) 290–297.

[195] Anfang September 1628 war endlich *La Cecilia Sonatrice d'Arpa* aus Rom nach Innsbruck gekommen (SP 23: Paolo Savelli an Leopold, 17. September 1628).

[196] Zum Inhalt der Komödie vgl. ZWANOWETZ 178.

[197] KS II/545; CD 1630/1632, fol. 416r, 453rv, 464r; ASF, MP 6379, fol. 362r.

[198] ASF, MP 6379, fol. 242r; GROTTANELLI 133ff.

[199] Das berichtete Leopold dem Großherzog am 7. April 1632: *... la notte passata de 6 accresciuta questa Casa d'una Bambina molto ben disposta con facilità di parto* (ASF, MP 4481, Pacco 2, Ins. 3; ebd. ein zweites Schreiben an Ferdinando gleichen Inhalts und Datums mit demselben Geburtsdatum *la notte de' sei*).

[200] *Madama Anna Levatrice* war bereits Ende Februar 1632 mit einer Dienerin in Florenz abgeholt worden (SP 36: *Außzug*; SP 41: *Conto*), am 25. Mai 1632 teilte Claudia Ferdinando ihre Rückreise mit (ASF, MP 4481).

[201] BAV, Cod. Barb. lat. 6860, Nr. 98.

[202] GROTTANELLI 136.

[203] TLA, Ambraser Memorabilien VIII/28.

[204] CD 1630/1632, fol. 531r, 612r–627r; EB 1631, fol. 442r–443r; GM 1631/II, fol. 1664v–1666v; GM 1632/I, fol. 52r–53v, 126v–132r, 240v–241r, 366v–367r, 383r, 430v; GM 1632/II, fol. 651r, 667v.

[205] TLA, Reiseresolutionen 1632 (diverse Schreiben Leopolds an den Geheimen Rat in Innsbruck, 26. Juni bis 5. Juli 1632); ASF, MP 4481, Pacco 2, Ins. 3 (Leopold an Ferdinando, 14. August 1632); GM 1632/II, fol. 716v (Bereitstellung der beiden Leibschiffe, 31. Juli 1632); SINNACHER 8, 373–376f.; Josef HOFINGER, 1632. Das Schwedenjahr Tirols, phil. Diss. (Innsbruck 1925) 78ff.; Initium S. 268f.; DUHR 2/2, 238.

[206] AL I/1195 (Schreiben vom 14. Oktober 1628). Erst im Jahr 1864 wurde Canisius seliggesprochen, die Heiligsprechung erfolgte 1925 (Petrus Canisius. Er bewegte den Erdteil [Innsbruck o. J.] 22).

[207] BT 1631/1636, fol. 658r; CD 1630/1632, fol. 596v; VFDt 1632/1636, fol. 111v.

[208] Vom 3. bis 6. August 1632 war Leopold in Heiterwang, am 9. August in Zirl, am 24. August in Rotholz, danach vom 26. August bis 2. September – mit Unterbrechungen – in Pertisau am Achensee (TLA, Reiseresolutionen 1632). Ein Schiffer, der Leopold und einen Teil seines Hofstaats im Jahr 1632 auf dem Achensee hin- und hergeführt hatte, erhielt dafür drei Gulden (Rb 1635, fol. 279v).

[209] Rb 1624, fol. 160v–161r; Rb 1630, fol. 125r; Rb 1632, fol. 97rv; GM 1629/II, fol. 1032v. Für den Transport des Heilwassers wurden eigene Gläser mit Zinnverschluß angefertigt (Rb 1621, fol. 81v–82r).

[210] Über die Todeskrankheit schrieb Claudias Beichtvater Pietro Malaspina am 11. September 1632 aus Innsbruck nach Florenz: *... si è inteso per un certo accidente d'infiammazione e per un umore corrosivo, sopraggiunto all'occhio destro dell'arciduca Leopoldo, in otto giorni avesse fatto capo in due luoghi con febbre acutissima* (GROTTANELLI 136). In seiner 1646 gehaltenen Leichenpredigt erwähnt P. Wibert Dietrich zum 12. September, daß ein Auge Leopolds *durch stätte Catharr schier gantz außgerunnen, das andere durch die Nacht gantz zugebachen* (= verklebt) gewesen sei, er habe es zum Empfang der Kommunion nicht öffnen lassen, weil er nicht würdig sei, daß er *Christum anschawe*. Die Nachricht vom kaiserlichen Feldlager bei Nürnberg, *daß der Feindt allda zimblich eingebüßt*, habe ihn sehr gefreut, tags darauf sei er gestorben (TLMF, FB 3513/1, S. 29f.; UBI, Sign. 30.205/1, S. 29f.).

[211] HHStA, FA, Kt. 66 (Claudia an den Kaiser, Originalschreiben vom 13. September und dessen Beileidschreiben vom 24. September 1632 im Konzept; Notifikation der Innsbrucker Regierung vom 17. September 1632, wonach Leopold am 13. September zwischen 10 und 11 Uhr vormittags verstorben sei); SP 3 (Kondolenzschreiben Ferdinands II. und Ferdinands III. vom 24. September sowie der Infantin Isabella vom 27. September 1632); AFDt 1632/1633, fol. 286r–287r; Rb 1632, fol. 385r; ZOLLER 1, 339. Am 16. September befahl die Innsbrucker Regierung, aus Anlaß des Todesfalls *alle weltliche Frewden und Uppigkeiten*, speziell *Singen, Pfeiffen, Tantzen, Mummereyen, Hoffieren auff der Gassen unnd in Häusern* abzustellen (CD 1630/1632, fol. 580r).

[212] GH 1632, fol. 164r–165r. Claudia kannte zu diesem Zeitpunkt noch nicht Leopolds Testament, worin er die Begräbniszeremonien nach dem Vorbild des Deutschmeisters anordnete.

[213] ASF, MP 4481, Pacco 1, Ins. 3 (Claudia an Leopoldo, 18. September 1632): *L'abondanza del dolore non permette, ch'io supplica conforme à i meriti di quella felicissima anima, percio finisco.* Auch in einem weiteren Schreiben gleichen Datums an den Großherzog erwähnt Claudia nur, daß ihr *dilettissimo Consorte* am 13. September *con molta pietà e divozione* gestorben sei, während sie in einem dritten Brief schreibt, daß der Schmerz ihr nicht erlaube, *ad altre circonstanze* einzugehen (ebd.).

[214] UBI, Cod. 966, fol. 54v–55r, 60r, 61v; GM 1642/I, fol. 504r.

[215] Im Hofstaatsverzeichnis von 1629 werden unter der Rubrik *Camermagt oder Khindtswarterin* Anna Schretter, *des Jungen Ertzherzogs Cammermagt oder Warterin sambt der tafel bey Hoff* mit einem Jahressold von 40 Gulden sowie Appolonia Schneider und Maria Zeißl ohne nähere Bezeichnung, ebenfalls mit Hoftafel und 40 bzw. 32 Gulden Jahressold aufgeführt (KS I/718, S. 76). Anna Schretter, 1632 als *Saugammen* bezeichnet (TLA, Hs. 5157, fol. 23v), erhielt 1637 von Claudia als Ferdinand Karls *geweste Amb* ein jährliches Gnadengeld von 100 Gulden (GH 1637, fol. 233r; GM 1637/II, fol. 1015rv; GM 1644/II, fol. 1161v). Appolonia Schneider wird 1632 unter den *Camermägt* aufgeführt (Hs. 5157, fol. 23v).

[216] Sie ist im Hofstaatsverzeichnis von 1629 unter der Rubrik *Saugamben* als *Elisabeta Gumppin sambt der tafel zue Hof* mit 25 Gulden Jahressold verzeichnet (KS I/718, S. 76). Am 4. März 1630 genehmigte ihr Leopold eine wöchentliche Provisionszahlung von 1 Gulden (GH 1630, fol. 48rv; Rb 1630, fol. 528v). Zu Elisabeth Schwaickhofer, die am 12. Mai 1625 Christoph Gumpp heiratete, vgl. KRAPF 25.

[217] UBI, Cod. 966 (nur die Jahre 1627–1628 umfassend), fol. 79r, 80v, 81rv, 83rv, 85rv, 86v, 87r, 88v–89v. Ein *Rinozero Horn, wie es auf der nasen hat*, sah Hainhofer im Schatzgewölbe (TLMF, Dip. 902, fol. 60v; DOERING 94).

[218] UBI, Cod. 966, fol. 81r: *Den 21. dito* (= April 1628) *haben die Für. Dt. ain Rottsametes Näkhißl mit Silberbeschlagen und Inwendig darinnen Silberne Pixel mit den Österreichischen Wappenzüer vergult, dero Für. Frawen Gemahl verehrt.*

[219] AL II/35 (Maria Magdalena an Leopold, 20. Dezember 1629 und 26. Jänner 1630; Leopold an Maria Magdalena, 12. Jänner 1630). Zur äußerst gefährlichen Wildschweinjagd mit Spieß oder Schwert vgl. Christoph GASSER/Helmut STAMPFER, Die Jagd in der Kunst Alttirols (Bozen 1994) 36, 201, 209.

[220] SP 42 (Verhandlungen über die Sendung des *Claret de Maconua* an den Hof 1629–1632); KS II/701 (Testament). Im Jahr 1647 kaufte der Hof auf dem Ägydimarkt in Bozen von einem Trentiner Handelsmann um 3540 Gulden 41 Kreuzer *Wein französisch Clareth gnant*, der 1648 zur Hochzeit nach Linz geführt wurde (Rb 1648, fol. 408v–409r). – Für seine Informationen über diesen Wein danke ich dem Innsbrucker Weinkenner Egon Mark auch an dieser Stelle sehr herzlich.

[221] Die Schlußformel *fin alla morte* entsprach dem innerhalb der Verwandtschaft üblichen deutschen Ausdruck *bis in tod*. Das Schreiben ist nur kopial überliefert, die an die Fugger verpfändeten Herrschaften Petersberg, Seifriedsberg und Sterzing waren im Jahr 1628 um 131.143 Gulden von Claudias Mitgift eingelöst worden (TLA, Leopoldinum, Littera F, Nr. 23; Ausgegangene Schriften 48, fol. 275r–276v, 361v–365r, 381r–385r). Die Schenkung (mit Datum 2. Dezember 1630) wurde von Ferdinand III. am 24. August 1641 bestätigt (TLA, Hs. 422, Beilage; VFDt 1640/1641, fol. 699r–702r).

[222] GROTTANELLI 139.

[223] Lediglich Leibwäscherin, Abwäscherin, Hennenwarterin und ähnliche weibliche Bedienstete waren in der Regel vorhanden.

[224] Leopolds Oberthofmeister Fortunat von Wolkenstein erhielt im Sommer 1626 eine – nicht erhaltene – Instruktion, diejenigen für Lichtkämmerer, Einkäufer, Oberstküchenmeister und Zergadner stammen vom 2. Jänner 1627 (TLA, Ambraser Memorabilien I/30).

[225] *Freyle Picolhuomini* reiste am 27. Juni gemeinsam mit der Hebamme Anna ab (SP 36: Kostenabrechnung); GROTTANELLI 343.

[226] ASF, MP 6379, fol. 103r; TLA, Reiseresolutionen 1626 (11. November 1626); Rb 1630, fol. 130r.

[227] Vgl. über sie WEISS, Der Innsbrucker Hof, Anm. 259. Ihre Instruktion stammt vom 2. Jänner 1627 (TLA, Ambraser Memorabilien I/30). Ihre Nachfolgerin wurde am 12. Juli 1628 Gräfin Maria von Sulz geborene Gräfin Öttingen, ebenfalls deutschsprachig (ebd.). Für die Begräbniskosten der *gewesten Obrist Hofmaisterin* wurden im Jahr 1647 23 Gulden 48 Kreuzer ausgegeben (Rb 1647, fol. 161r–162r, detailliert).

[228] TLA, Hs. 5157, fol. 8r–9r (Juni–Dezember 1627). Die italienischen Namen sind teilweise verballhornt.

[229] TLMF, Dip. 902, fol. 9r, 15v, 62r; DOERING 43, 96.

[230] Francesco Cechoni *detto Spolverino* (= Staubwedel) erhielt im August 1634 30 Gulden als Gnadengabe (Rb 1635, fol. 1021v).

[231] TLA, Hs. 5329 (11. Oktober 1628).

[232] KS I/718, S. 70–82; danach gekürzt übernommen in TLMF, Dip. 1086, S. 103–108 (spätere Kopie mit alter Archivsignatur), gedruckt in: Neue Zeitschrift des Ferdinandeums 2 (1836) 20–35; von dort (aber angeblich nach KS I/718) Übernahme bei MUSSAK, Anhang I, 314–321.

[233] Den *Italienischen Hoff Apothekhern Pietro Lemoni* sandte man im März 1630 nach Trient, um dort die Ankunft von Konfekt aus Italien zu erwarten. Am 26. März reiste er mit dem Sänftenmeister Piero nach Innsbruck zurück (AL I/650).

[234] In einem Überblick über ausständige Soldzahlungen bis Juni 1628 werden *Piero di Simone Special, Sebastian Rubinato* Leibschneider und *Piero Bapt. Sennftenmaister* aufgeführt (SP 41).

[235] TLA, Hs. 5157, fol. 23r–24r.

[236] Als *bisher gewestes* Kammerfräulein erhielt sie die übliche Abfertigung (GH 1636, fol. 374v–375r; Rb 1648, fol. 308r, 730rv).

[237] Die Gräfin Lodron verließ den Hof im Herbst 1639, die ihr zustehenden 500 Gulden Abfertigung bezahlte Claudia von ihrem eigenen Geld (Rb 1641, fol. 152rv). Für die Begleitung des *gewesten Ertzfürstl. Camer Freyle* Aurelia von Lodron nach Trient wurden im September 1639 50 Gulden bezahlt (Rb 1638/I, fol. 297v).

[238] Sie wurde später Kammerfrau und starb im Jahr 1647. Laut Anschaffung und Quittung vom 16. Februar 1647 wurden dem Hausmeister im Neuhof für *Tottfahl Uncosten, so über weillendt Frauw Maria Madrutschin geborne Quarinonin gewesten Ertzfürstl. Camerfrauw ergangen*, 114 Gulden 28 Kreuzer bezahlt (Rb 1648, fol. 313rv).

[239] WEISS, Erzherzog Leopold V. 73; TASSER 44f.; Hildegard ERNST, Madrid und Wien 1632–1637. Politik und Finanzen in den Beziehungen zwischen Philipp IV. und Ferdinand II. (Münster 1991) 166f.; Rb 1635, fol. 332v–333r.

[240] Am 14. Dezember 1630 war Cantini (*Stefano Botigliero*) in Florenz, um die Nachricht von der Geburt des zweiten Prinzen zu überbringen. Im Frühjahr 1631 weilte er als Claudias *Sumelier* mit unbekanntem Auftrag erneut am Florentiner Hof, am 4. Mai 1631 kehrte er zurück und sollte über *dieser Orthen beschaffenheit und unser aller wolstandt* berichten (AL II/35, Maria Magdalena an Leopold, 14. Dezember 1630 und 4. Mai 1631). Großherzog Ferdinando teilte Leopold die Rückkehr *di Stefano Bottigliero della S.ra Arciduchessa* am 5. Mai 1631 mit (AL I/1134).

[241] TLA, Bekennen 1631/1635, fol. 219v–221v; GH 1633, fol. 154v; GM 1633/II, fol. 1097v–1099r. Am 13. Juni 1644 bestellte ihn Claudia gegen eine Kaution von 500 Gulden zum Gegenschreiber an der Zollstange in Bozen (TLA, Bekennen 1644, fol. 35v–38r; EB 1644, fol. 269r; GM 1644/I, fol. 420r, 1131rv; GM 1644/II, fol. 1321v–1323r, 2335v und zahlreiche weitere Nennungen). Seine Ehefrau war Elisabeth Colin (GM 1646/I, fol. 147rv), bereits im Jahr 1628 wohnte sie bei seinem künftigen *Schwecher Collin* (KS I/1561).

[242] GH 1637, fol. 438v–439r. Im Jahr 1639 scheint er noch als Kredenzier auf (Rb 1639, fol. 166v).

[243] EB 1639, fol. 7v–8r. Später wird er als Apotheker bezeichnet.

[244] Am 21. März 1630 hatte Graf Hieronymus von Lodron Leopold berichtet, daß sein *Sennfftenmeister Piero* unterwegs *etwas übel auf worden* und in Ala geblieben sei. Am 26. März teilte er mit, daß er den *Lettighero Piero di Bohista* unterstützen werde (AL I/650). Alle Mühe war umsonst, für die Krankheits- und Begräbniskosten des Sänftenmeisters wurden am 1. Mai 1630 über 130 Gulden bezahlt (Rb 1630, fol. 125v).

[245] DUHR 2/2, 238ff.

[246] WEISS, Der Innsbrucker Hof, Anm. 86.

[247] Rb 1632, fol. 376r (Zahlungen von Juli 1624 bis Jänner 1632).

Sonstige Nennungen: KS I/1584 (Juli–August 1625); Hs. 5329 (November 1625); EB 1630, fol. 155v–156r.

[248] KS I/121; KS II/562.

[249] KS I/1584; UBI, Cod. 966, fol. 70r. Am 16. Jänner 1644 bestellte ihn Claudia zum Zöllner an der Zollstange in Bozen (TLA, Bekennen 1644, fol. 9v–11r).

[250] TLMF, Dip. 902, fol. 9r, 21v; TLA, Hs. 5329; Rb 1629, fol. 441rv.

[251] UBI, Cod. 966, fol. 67r, 73v–74r. Er hatte seit 1625 vielfach Soldrückstände (SP 36; SP 41).

[252] TLA, Hs. 5329. Als Claudias Kammerdiener überbrachte Favi Magdalena von Pfalz-Neuburg, die Leopold einst heiraten wollte, im Jahr 1628 ein Geschenk der Erzherzogin (KS I/1159).

[253] KS I/718, S. 2–4. Caraffa war bereits im Jahr 1626 Hofstaatsmitglied, sein Jahressold wurde oft nicht bezahlt (SP 36).

[254] Im Jahr 1627 war Leopold V. damit einverstanden, daß der Ehefrau seines *Leiblaggey* Dominico Bassin 15 Gulden für ein Brautkleid gezahlt wurden (TLA, Reiseresolutionen 1627, 14. August 1627). Am 10. April 1628 holte der *Leiblaggai Namens Dominicus Bassin* Orgel und Uhrwerk sowie den Schreibtisch für den Großherzog bei Hainhofer in Augsburg ab (TLMF, Dip. 902, fol. 1v; DOERING 33).

[255] KS I/718, S. 44.

[256] TLA, Hs. 5157, fol. 14r, 15r. Girardi wurde im Jahr 1639 vom Hof entfernt (HIRN, Kanzler Bienner 206ff.; ERLACHER 40–42).

[257] TLA, Hs. 5157, fol. 15r. Am 30. August 1635 bestellte Claudia den *gehaimen Hof Cantzelisten* Godin zum Zöllner auf der Töll, am 16. Jänner 1644 bestellte sie ihn zum Zöllner an der Zollstange in Bozen (EB 1641, fol. 82rv; GM 1644/II, fol. 2225rv; Bekennen 1644, fol. 9v–11r), am 29. Jänner 1649 übertrug ihm Ferdinand Karl gegen eine Kaution von 1000 Gulden den Zolldienst im Sack bei Rovereto (GM 1649/I, fol. 128r–129r).

[258] TLA, Hs. 5157, fol. 15v. Im Jahr 1642 wurde Dominico Bassin genannt *Sontag* Forstmeister in der württembergischen, damals habsburgischen Grafschaft Achalm, am 11. Februar 1645 erhielt seine Witwe ausständigen Sold angewiesen (EB 1642, fol. 289v–292r, 735v–736v; EB 1643, fol. 153v–154r, 199r–200r, 537rv; EB 1644, fol. 4v; GM 1645/I, fol. 305r–306r).

[259] TLA, Hs. 5157, fol. 19r.

[260] TLA, Hs. 5157, fol. 20r.

[261] TLA, Hs. 5157, fol. 15r; WEISS, Der Innsbrucker Hof, Anm. 448.

[262] TLA, Hs. 5157, fol. 17v; AL I/787; SENN 214f., 363f.; TSCHMUCK 262f., 280, 285, 306, 310.

[263] TLA, Hs. 5157, fol. 15r; SENN 214, 363; TSCHMUCK 262, 280, 287, 295.

[264] TLA, Hs. 5157, fol. 17r; SENN 214f., 363f.; TSCHMUCK 262, 269, 296, 371. Scapita, Scarmiglione und Rossi hatten im September 1631 Soldrückstände (SP 41).

[265] UBI, Cod. 966, fol. 71r.

[266] KS I/1561.

[267] Als *Obrist Stahlmaister* war er im Herbst 1627 im Hofstaat in Ensisheim vertreten (SP 41), die vom 26. Februar 1627 datierte Instruktion (TLA, Ambraser Memorabilien I/30) war noch für einen nicht genannten Oberststallmeister ausgestellt worden. Vgl. WELTI 99ff., 260f.

[268] KS I/874 (Verzeichnis seiner Arbeiten für den Hof von 1626 bis 1628, Rechnung über 1281 Gulden 28 Kreuzer).

[269] Vgl. dazu detailliert WEISS, Der Innsbrucker Hof (im Druck).

[270] Maria Magdalena sah Figuren und Pferd im Jahr 1631 (siehe S. 100).

[271] Der *Große Kalvarienberg* befindet sich in einem sehr schlechten Erhaltungszustand und ist nur auf ausdrücklichen Wunsch zu sehen.

[272] TLMF, FB 1195/83$^{1}/_{2}$ und Dip. 1370/16.

[273] Es ist auf dem Stich von Merian von 1649 (Nachsatz, Buchstabe B) zu sehen, im Jahr 1880 wurde es abgerissen.

[274] WEISS, Erzherzog Leopold V. 72ff.

[275] TLA, Hs. 5329 (Verzeichnis der Silbersachen aus der erzfürstlichen Silberkammer, die zur Ankunft des Salzburger Erzbischofs mitgenommen wurden mit dem Vermerk: *Silber so Anno 1629 in den Eysackh gefallen und verlorn worden*); AL II/35 (Maria Magdalena an Leopold, 3. Juli 1629); KS I/1197; Inv. A 29/3, fol. 85r; GM 1630/I, fol. 150v–151r; GM 1632/II, fol. 658rv; Rb 1635, fol. 1191rv; Rb 1638/I, fol. 234v–235r; EB 1638, fol. 61rv.

[276] Zum Folgenden vgl. detailliert WEISS, Der Innsbrucker Hof (im Druck).

[277] Rb 1632, fol. 385r. Ein Witwenporträt wurde im Jahr 1663 aus Innsbruck nach Schloß Ambras gebracht: *Ir dt. Ertzhertzogin Claudia in schwartzem Klag Claid, an der Seiten ein Klain Uhrl, lebensgroß* (ÖNB, Cod. 8014, fol. 4v, Nr. 41). Weitere Exemplare der abgebildeten Radierung (*Abb. 176*) befinden sich im Merkantilmuseum in Bozen (Katalog Nr. 18) und in der UBI, Sammlung Roschmann, Bd. 16, Bl. 47, eine Kopie bringt LANGEDIJK 378.

[278] CD 1630/1632, fol. 581r.

[279] Titel, Inhalt und Aufführungsdatum dieses *Drama mortuale* sind nicht überliefert (Initium S. 270; Rb 1633, fol. 240v; ZWANOWETZ 178).

[280] Trotz des bereits in der Landesordnung (Buch 4, Titel 11) ausgesprochenen und von den Regenten am 22. September 1632 wiederholten Verbots (CD 1630/1632, fol. 582r–583v) hatten nicht wenige Tiroler Jagd auf Rot- und Schwarzwild gemacht. Claudia bestrafte diejenigen, die in den fürstlichen *Lustgejaidern* jagten, meist schwer, erst am 5. Juli 1633 erteilten der Kaiser und sie auf Fürbitte der Tiroler Stände einen Generalpardon (AFDt 1632/1633, fol. 371v–372v; VFDt 1632/1636, fol. 101r–102v, 186v–190v, 210v–211r).

[281] HHStA, FU Nr. 1623; KS II/701; VFDt 1640/1641, fol. 44rv.

[282] KS II/701 (Schreiben Ferdinands II. an die Geheimen Räte vom 23. Oktober 1632, Orig. sowie weitere Schriftstücke betreffend Claudias Regierungsübernahme; Patent vom 15. Juni 1633); Hs. 1096; VFDt 1632/1636, fol. 235r–236r und GH 1633, fol. 185r–187r.

[283] CD 1630/1632, fol. 192v–193r.

[284] Vgl. über ihn ERLACHER 38ff.

[285] TLA, Hs. 1097, fol. 12v. Am 20. Oktober 1633 wurden Regierung und Kammer über die Einsetzung der Geheimen Räte sowie die Vollmacht der Regentin informiert (GH 1633, fol. 183v–185r), am 4. November 1633 gab die Regierung allen untergeordneten Behörden die Bestellung der Erzherzogin als von *Ir Kay. May. Verordnete vollmächtige Gwalthaberin* bekannt, die auch ermächtigt sei, ungehorsame Beamte zu entlassen (CD 1633/1636, fol. 196rv, gedrucktes Mandat); ERLACHER 2, 7, 31ff. Stotzingen starb noch vor Jahresende 1633 (GH 1633, fol. 221v–222r).

[286] GH 1633, fol. 88rv, 100v–101r; BT 1631/1636, fol. 303r, 304r; CD 1633/1636, fol. 7r–10r, 15v–16r, 62rv, 124r–125r; GM 1633/II, fol. 705r; Rb 1633, fol. 401rv (Abfertigung des Hofstaats am 15. September 1633); EGGER 2, 365ff.; BRUGGER 12ff. Weil die Auszahlung der 40.000 Gulden für die Abfertigung des Hofstaats erst für 1634 zugesagt wurde und Claudia mit der Entlassung nicht so lange warten wollte, nahm sie zwischenzeitlich einen Kredit auf (TLA, Bekennen 1631/1635, fol. 209r–210r).

[287] FINDEISEN 178ff.; LAHRKAMP 18ff., 121, 309–316; Hilliard Todd GOLDFARB (Hg.), Richelieu (1585–1642). Kunst, Macht und Politik (Gent 2002) 15ff.

[288] BABEL 146ff.

[289] Vom 12. Oktober bis 8. August 1633 schrieb Claudia mehrfach nach Brüssel (HHStA, Belgische Korrespondenz, Kt. 35).

[290] VAN DER ESSEN 1, 111ff.; Dieter ALBRECHT, Maximilian I. von Bayern 1573–1651 (München 1998) 856ff.

[291] Vorderösterreich 373ff. Albertini, mit dem Prädikat „von Ichtersheim" geadelt, wurde Statthalter von Hagenau und Germersheim, erhielt am 8. Juni 1633 von Claudia eine Wappenbesserung, am 4. Juli 1639 wird er als verstorben bezeichnet (WEISS, Erzherzog Leopold V. Anm. 291; GH 1632, fol. 127rv; GH 1633, fol. 72v–73r; EB 1639, fol. 225v–226r). Sein Nachfolger in Breisach wurde der kai-

291 serliche Generalfeldzeugmeister Hans Heinrich Reinach, den Ferdinand II. in den Freiherrenstand erhob (VFDt 1632/1636, fol. 591rv; VFDt 1637/1639, fol 764v–765r).

292 GM 1634/II, fol. 657v–659v, 788rv, 1139rv; Rb 1638/I, fol. 295v; KHEVENHÜLLER 12, 1576ff.; VAN DER ESSEN 378ff. Die Kosten für 24 *Compagnia Hispanisch Khriegs Volckhs*, die in den Herrschaften Hörtenberg und Petersberg sowie im Landgericht Sonnenburg *in Quartier gelögen*, betrugen 9137 Gulden 15 Kreuzer (Rb 1635, Extrakt der Kriegsausgaben).

293 KHEVENHÜLLER 12, 1579f.; VAN DER ESSEN 399ff.; Helga WIDORN, Die spanischen Gemahlinnen der Kaiser Maximilian II., Ferdinand III. und Leopold I., phil. Diss. (Wien 1959) 63, 66ff., 98ff.

294 Bei GROTTANELLI 56 wird er nicht unter den Söhnen von Honorata Piccolomini aufgeführt. Im September 1640 bestellte Claudia für ihn ein Schiff und acht Maultiere nach Wasserburg (GM 1640/II, fol. 1889v–1890r, 1896v).

295 LAHRKAMP 121, 205, 210; FINDEISEN 309ff., 318ff., 443ff.; Robert F. REBITSCH, Matthias Gallas und die Liquidierung Albrechts von Wallenstein, Innsbrucker Historische Studien 23/24 (im Druck).

296 KHEVENHÜLLER 12, 1211ff. (mit Abbildung der Schlacht); VAN DER ESSEN 360f., 407ff.

297 Grete MECENSEFFY, Habsburger im 17. Jahrhundert. Die Beziehungen der Höfe von Wien und Madrid während des Dreißigjährigen Krieges, AÖG 121 (1955) 29ff.

298 BRUGGER 27ff.

299 Martin P. SCHENNACH, Tiroler Landesverteidigung 1600–1650. Landmiliz und Söldnertum, Schlern-Schriften 323 (Innsbruck 2003) 167ff.

300 BT 1637/1642, fol. 194rv; Bekennen 1639, fol. 11v–13r; GM 1639/I, fol. 768rv; KS II/724; Hs. 1211 (*Unvergreiflicher Discurs von recuperation der Vestung Preysach ...*, anonym, 29. Jänner 1639 Innsbruck); HEYDENDORFF I, 127ff.; Vorderösterreich 373ff.; EGGER 2, 368ff.

301 J. DU MONT, Corps universel diplomatique du droit des gens, Tome VI/I (Amsterdam 1728) 180f.; EGGER 2, 379f.; HEYDENDORFF I, 139ff. und II, 119f.

302 HEYDENDORFF II, 126ff.; LAHRKAMP 29ff.

303 Rb 1648, fol. 887r–888r; ERLACHER 203–205; FINDEISEN 422f.

304 So in seinem Schreiben an Leopold vom 24. Juni 1632 aus Breisach (TLA, Reiseresolutionen 1632).

305 HHStA, Reichshofrat, Protokolle, Bd. 103, fol. 93r, Bd. 105, fol. 60v, 67rv, 206v–207r, Bd. 106, fol. 4v–5v; Sabine WEISS, Das Restitutionsedikt im Dienst habsburgischer Bildungspolitik, Innsbrucker Historische Studien 20/21 (1999) 218f., 230 sowie Erzherzog Leopold V. Anm. 187.

306 Graf Trautmanstorff (so seine eigene Schreibweise) war 1631 von Leopold in den Geheimen Rat aufgenommen worden, blieb aber weiterhin als Oberhofmeister der Kaiserin Eleonore in Wien, wo er die Interessen des Innsbrucker Hofes vertreten sollte. Zahlreiche Schreiben an Leopold vom 3. November 1630 bis 1. September 1632 sind überliefert (HHStA, Familienkorrespondenz A, Kt. 48). Vgl. über ihn TASSER 50f. und FINDEISEN 406–411.

307 LAHRKAMP 30ff., 240ff., 253f.

308 Rb 1635, Extrakt (*Summarischer Extract über Die Haubt Raittung der Khriegs Außgaben*); Rb 1648, fol. 1040v–1041r.

309 Beide Ordnungen wurden im Jahr 1603 gedruckt (TLA, Bibliothek, Sign. 5357).

310 Die Reform der Landes- und Polizeiordnung war während ihrer gesamten Regentschaft ein Thema, kam aber über Gutachten nicht hinaus (VFDt 1632/1636, fol. 14r; VFDt 1637/1639, fol. 80v–81r, 129r, 670v–671v; VFDt 1640/1641, fol. 188rv; VFDt 1642/1643, fol. 473rv; AFDt 1636/1638, fol. 415r; AFDt 1639/1640, fol. 316r; EB 1637, fol. 417v–419r; EB 1639, fol. 394r–397r; BT 1637/1642, fol. 257r, 335r, 346r).

311 BT 1637/1641, fol. 135r, 204r; CD 1637/1641, fol. 312^1/$_2$r; CD 1642/1645, fol. 620rv.

312 CD 1642/1645, fol. 616v.

313 AFDt 1639/1640, fol. 381v–382r; VFDt 1644/1645, fol. 100rv, 645rv; BT 1637/1642, fol. 334r; BT 1643/1648, fol. 330r–331r. Gegen Unordnungen im Justizwesen der Regierung ging Claudia ebenfalls vor (VFDt 1642/1643, fol. 366r–368r).

314 Das Verfahren zog sich seit 1633 über mehrere Jahre hin, obwohl Claudia es *gern befördert sehen* wollte (CD 1633/1636, fol. 167v–169v, 254v, 335r–336r, 342r, 526r–527v, 678r, 696rv, 699r–701r, 736r; CD 1637/1641, fol. 200v–201r; AFDt 1634/1635, fol. 7r–8r, 326r–327r, 459rv; AFDt 1636/1638, fol. 32v–33r, 81r, 119r, 152v, 183v; AFDt 1639/1640, fol. 60rv; AFDt 1641/1642, fol. 698rv; VFDt 1632/1633, fol. 280r, 398v–399r, 400v–401v, 407v, 576r; VFDt 1637/1639, fol. 495r; VFDt 1642/1643, fol. 151r, 324v; EB 1640, fol. 671v–672r, 695v–697v).

315 Hans Marck, wegen einer *begangnen entleibung* zum Graben nach Wien oder *auf ain Granitzhaus* verurteilt, wurde auf Intervention des Brixner Bischofs von Claudia dazu begnadigt, vor der Entlassung *Geistliche Pues* (genau beschrieben) zu tun. Auch David Rem sollte nach einer geistlichen Buße entlassen werden (CD 1633/1636, fol. 19v–20r, 110rv).

316 Von Andreas Frölich und Christian Eder, die einen Erzknappen getötet hatten, sollte ersterer noch einen Monat im Gefängnis bleiben, letzterer *genntzlich absolviert* werden (VFDt 1632/1636, fol. 422v).

317 Die Bitte von Matthäus Pfisterer um Ermäßigung der ihm auferlegten 50 Gulden schlug Claudia am 13. Februar 1645 ab, weil die Summe bereits einem Innsbrucker Kanzlisten bewilligt worden war (CD 1642/1645, fol. 620r).

318 CD 1642/1645, fol. 794rv; CD 1646/1647, fol. 35rv, 361v–362v; VFDt 1646, fol. 40v–41r. Im Jahr 1646 bat Mohr, ihm die noch ausständigen 500 Gulden nachzulassen, was Ferdinand Karl am 17. Oktober ablehnte (AFDt 1646, fol. 14rv, 704v–705r; VFDt 1646, fol. 361r).

319 CD 1637/1641, fol. 597r.

320 CD 1642/1645, fol. 175v–176r, 242rv.

321 So entschied Claudia, daß der wegen Diebereien zu vier Jahren Verbannung verurteilte Simon Yglpacher freizulassen sei, während der *zum stranngen* verurteilte Hans Grantner mit Ruten ausgehauen und auf ewig des Landes verwiesen werden sollte. Andreas Tassenbacher sollte nur auf den Pranger gestellt und ausgepeitscht werden, Christian Grätscher wurde von ihr zum Tod mit dem Schwert begnadigt, weil der Galgen inmitten von Getreidefeldern stand und diese durch *das zuelauffende Volkh* Schaden nehmen würden. Bartholomäus Erhardt, wegen Diebstahls im Wert von 40 Gulden zum Tod durch Enthaupten verurteilt, sollte alle Unkosten bezahlen, die Bestohlenen entschädigen, *dem fisco* 40 Gulden zahlen und drei Jahre zur Schanze nach Konstanz verschickt werden; das Strafgeld erhielt ein Innsbrucker Kanzlist (AFDt 1636/1638, fol. 165v–166v; CD 1633/1636, fol. 24v, 705rv, 717v, 762r; CD 1642/1645, fol. 357rv, 362rv).

322 BT 1637/1642, fol. 406r, 466r, 467r, 468r, 469r.; BT 1643/1648, fol. 310r, 310a.

323 EB 1640, fol. 609v–610v (Mandat vom 19. November 1640).

324 VFDt 1637/1639, fol. 137rv.

325 So im Fall eines Diebes, dem die Abhackung der Hand vor dem Hängen erspart wurde (VFDt 1637/1641, fol. 238r). Zu den einzelnen Hinrichtungsarten vgl. MOSER, Die Scharfrichter 83ff.

326 VFDt 1632/1636, fol. 302v–303v; GH 1632, fol. 216v–217v; GH 1633, fol. 132r–133r. Auch eine minderwertige Münze, *ringhaltige Sechsbatzner*, wurde am 31. Jänner 1633 verboten (BT 1631/1636, fol. 282r).

327 EB 1644, fol. 130r–131r.

328 TLA, Hs. 2725 (italienische und deutsche Fassung); BT 1631/1636, fol. 363v; VFDt 1632/1636, fol. 232v–233r, 303r, 311v.

Vgl. dazu: Merkantilmuseum Bozen, Katalog 21ff. Am 4. Februar 1639 erfolgte eine weitere Resolution an das *Colegium Mercantile* in Bozen, nachdem die Bozner Kaufleute um die Ratifizierung gewisser Punkte gebeten hatten (VFDt 1637/1639, fol. 456v–457r, 463v–465r). Vgl. auch Leopoldinum, Kasten B, Nr. 27/2 (*Rollo delli Mercanti conpresi nella matricola del Magistrato delle fiere di Bolzano ...*).

[329] Im Jahr 1645 gewährten die Kaufleute für dringende Ausgaben des Innsbrucker Hofs einen Kredit von 30.000 Gulden zu 2% Zinsen, angesichts der schwedischen Gefahr spendeten sie im Jahr 1646 2000 Gulden, 1648 stellte der Merkantilmagistrat dem Hof für die Reise zur Kaiserhochzeit nach Linz 3050 Gulden *gegen raichung des gewohnlichen lagio* zur Verfügung (Rb 1648, fol. 290r, 760rv; Rb 1655, Nachraitung fol. 1½rv). Am 9. September 1647 ersuchte Ferdinand Karl um etwa 100.000 Gulden für die Verteidigung Tirols (EB 1647, fol. 327v–328v, an den Konsul Alessio Bessi gerichtet).

[330] Für den Durchzug des spanischen Kriegsvolks unter dem Kommando des Herzogs von Feria sowie die Kostfreihaltung von Glurns bis Reutte bezahlte die Kammer im Jahr 1633 über 5789 Gulden, für den Durchzug der spanischen *Khriegs Armada*, als der Kardinalinfant im Jahr 1634 *Zu dem Gubernament nacher Niderlanndt verraist*, samt Kostfreihaltung von Glurns nach Kufstein über 12.933 Gulden (RB 1635, Extrakt der Kriegsausgaben). Vgl. Mercedes BLAAS, Siebenkirchen. Geschichte der Frauenpfarrkirche von Mals (Bozen 1992) 52; Herbert RAFFEINER/Heinrich MORIGGL, Mals. Dorfgeschichte von den Anfängen bis 1918. Geschichte der Volksschule in Mals (Schlanders–Meran 1994) 44.

[331] So in ihrem Schreiben an die Regierung vom 8. August 1640, nachdem sich die Innsbrucker Maler über einen in die Stadt gekommenen Tölzer Maler beschwert hatten. Claudia wollte zwar *denen Innlendischen handtwerckhsleüten, damit Sye vor andern Außlendischen einen Pfening und Ir nahrung gewinnen khinden,* dienlich sein, aber des freien Handels wegen sollte der Maler Daniel Mortzer seine *Arbait und Malerey* auf den hiesigen Jahr- und Wochenmärkten feilhalten dürfen (VFDt 1640/1641, fol. 245r).

[332] EB 1639, fol. 64v–66r; VFDt 1640/1641, fol. 233r; VFDt 1644/1645, fol. 765r; BT 1643/1648, fol. 388v.

[333] BT 1625/1630, fol. 52v–53r, 56r, 112rv, 223r, 274rv, 394rv, 692r–693r, 694r–695v, 733rv, 751r; CD 1628/1629, fol. 10r, 131r, 132r, 136r–137r, 150rv, 171v–173r, 187rv, 232rv, 466v–467v, 468v–469v, 481r, 514r, 578r; CD 1630/1632, fol. 418rv; Rb 1629, fol. 583rv; Rb 1639, fol. 326v.

[334] BT 1631/1636, fol. 549rv, 579r; BT 1637/1642, fol. 191r, 200r–201r, 276r, 377r–378r, 438v–439r, 472r, 480rv, 580r, 590r; VFDt 1632/1636, fol. 229rv, 322v–324r; VFDt 1640/1641, fol. 233r, 683v–684r; VFDt 1642/1643, fol. 378v, 587v–588r; VFDt 1644/1645, fol. 327v–328r; GH 1633, fol. 135rv; CD 1633/1636, fol. 61rv, 115rv, 349r, 366r, 461r, 471r–472r, 481v, 488r, 490r–491r, 505r–506r, 562v–563r, 584v, 671v–672r; CD 1637/1641, fol. 14r; EB 1644, fol. 372rv, 683rv; Rb 1635, fol. 946v, 953v–954r; Rb 1639, fol. 326v.

[335] VFDt 1644/1645, fol. 154r–156v, 327v–328r. Zur Kennzeichnung der einheimischen Bettler erging am 3. Oktober 1644 der Befehl, daß jede Obrigkeit ihren *armen Leuten* eine Bleimarke (*ein bleyes Zaichen respective mit der Statt Wappen oder Gerichts Namen*) ausstellen sollte, die am Hals zu tragen war (BT 1643/1648, fol. 238v).

[336] TLA, Ambraser Memorabilien I/30; GH 1637, fol. 299rv; Bekennen 1637, fol. 112r–114r; AFDt 1641/1642, fol. 570r; AFDt 1643/1644, fol. 1049r–1054r; VFDt 1644/1645, fol. 380r–381r; EB 1644, fol. 711rv; EB 1645, fol. 1r–12v.

[337] GM 1645/II, fol. 2180v–2181r.

[338] AFDt 1641/1642, fol. 928r–930r; AFDt 1643/1644, fol. 231r–232v; VFDt 1642/1643, fol. 308r, 536v–537v; EB 1642, fol. 114v–115r, 594rv; EB 1644, fol. 117v–119r, 703rv (Übertragung eines Grundstücks in der Hallerau an Christoph Gumpp); GM 1641/I, fol. 901r; GM 1642/I, fol. 862v–863r, 933v–934r; GM 1642/II, fol. 1943rv; GM 1644/II, fol. 1460rv; BT 1637/1642, fol. 180rv, 579v, 581r; BT 1643/1648, fol. 57v–58v, 394r; WEISS, Der Innsbrucker Hof, Anm. 356. Die Kultivierung der Hallerau sollte zugleich einem anderen Zweck dienen, denn sie war eine unsichere Gegend. Nach Information der Innsbrucker Regierung trafen sich hier sonn- und feiertags *leichtfertige Persohnen* und trieben *allerlay Unzucht*. Der zuständige Richter wurde am 17. Oktober 1635 angewiesen, Erkundigungen einziehen. Claudia ließ sich laufend darüber berichten (CD 1633/1636, fol. 600v–601r; VFDt 1640/1641, fol. 558v; VFDt 1642/1643, fol. 47rv; CD 1642/1645, fol. 38v–39r). Wegen der Reparatur des Fürstenwegs und der Straßen durch die Hallerau gab es Streitigkeiten mit den Anrainergemeinden (EB 1642, fol. 114v–115r; GM 1642/I, fol. 933v–934r).

[339] Das zumindest erwähnt der Oberststallmeister Jakob Hannibal von Hohenems im Jahr 1638 (WELTI 362).

[340] BT 1631/1636, fol. 586v–587r; VFDt 1637/1639, fol. 240v–241r; EB 1638, fol. 181v–182r, 253rv; GH 1638, fol. 346rv.

[341] TLA, Bekennen 1644, fol. 1r–2v.

[342] VFDt 1637/1639, fol. 240v–241r, 342v–343r; VFDt 1640/1641, fol. 430rv, 453v; VFDt 1646, fol. 126r–127r; Gutachten an Hof 1638, fol. 872r–873r; GH 1638, fol. 553r–554r; EB 1638, fol. 407rv; EB 1643, fol. 319rv; EB 1644, fol. 118rv; GM 1640/II, fol. 2646rv; GM 1641/I, fol. 568rv, 1098rv; GM 1643/II, fol. 1070rv, 1228v–1230r, 1366rv, 1447r, 1472r, 1506rv; BT 1637/1642, fol. 188rv; BT 1643/1648, fol. 394r, 410rv; Bekennen 1644, fol. 1r–2v. Vgl. PALME 207f.

[343] VFDt 1632/1636, fol. 366v–367r (Claudia an Regierung und Kammer, 18. Jänner 1635).

[344] VFDt 1637/1639, fol. 440v–444r, 670v–672v; VFDt 1640/1641, fol. 788v–790v; VFDt 1644/1645, fol. 444r–445r; EB 1642, fol. 140v–141r.

[345] GH 1633, fol. 21r–22v, 104r–105r, 163v, 225rv; VFDt 1632/1636, fol. 566r, 576r; VFDt 1640/1641, fol. 150v; VFDt 1644/1645, fol. 603v–604r.

[346] Erwähnt anläßlich der Ausnahmeregelung für den Geheimsekretär Agostino Pelegrini (GM 1646/I, fol. 427v–428r).

[347] AFDt 1636/1638, fol. 218rv; ÖKT 38/1, 94f.

[348] GH 1636, fol. 4v–5r, 126v–127r, 160r–162v; GH 1637, fol. 372v–373r, 434r–435r; EB 1637, fol. 151r–152r; EB 1638, fol. 15rv, 59v, 256r, 292r; EB 1639, 43v–44r, 131v, 245v–246r; EB 1640, fol. 153rv, 527v–528r, 557v–558r; EB 1641, fol. 472rv; Rb 1638/II, fol. 173r, 178v; Rb 1639, fol. 341v, 381v, 389v; AFDt 1636/1638, fol. 218rv, 413v–414r, 497r, 517v–518v, 592v–594r; AFDt 1639/40, fol. 321rv; AFDt 1641/1642, fol. 705r–706r, 945rv; AFDt 1643/1644, fol. 703rv, 883v–884r; AFDt 1646, fol. 665rv; VFDt 1640/1641, fol. 33v–34r, 90rv, 756rv; VFDt 1642/1643, fol. 366r–368r, 402v–403r; VFDt 1644/1645, fol. 143r–144v, 938v–944v; VFDt 1646, fol. 83rv; CD 1637/1641, fol. 186rv, 389r; CD 1642/1645, fol. 212v–213r, 640v, 645v–646v, 647v–648r; GM 1634/II, fol. 1117v–1118r; GM 1646/I, fol. 427v–428r. Das Raitbuch von 1648 enthält mehrfach Eintragungen aus viel späterer Zeit (Rb 1648, fol. 322r, 345r). Vgl. auch ERLACHER 18, 83–85, 190f.

[349] Für einige Hofbeamte wurden neue Instruktionen erstellt (TLA, Hs. 1188, Hs. 1674 und Hs. 1678). Zu den der Reformkommission vorgebrachten Anliegen siehe Hs. 1644 und Hs. 2646.

[350] Rb 1638/II, fol. 163r. Bereits Leopold V. hatte diese Finanzaktion im Jahr 1629 geplant (GH 1629, fol. 35v, 156rv, 159rv), im Jahr 1640 sollte sie auch bei der Tiroler Landschaft angewendet werden (VFDt 1640/1641, fol. 215rv). Einer der Betroffenen war der Leibarzt Dr. Paul Weinhart, dessen einstiges Darlehen von 3000 Gulden auf 1000 Gulden *devaluiert* wurde (GH 1637, fol. 141v), ein weiterer Verlierer war Maximilian von Mohr, der eine Reduktion seiner seinerzeitigen Kredits von 8000 Gulden auf 2666 Gulden hinnehmen mußte (EB 1636, fol. 100v–101r).

[351] *Florentz, die Hauptstatt in Toscana .... viel schöne weitte lange mit lauter grossen Quaderstucken gepflasterte Gassen seyn hier zu sehen und gar sauber gehalten ...* (FURTTENBACH 78).

352 CD 1630/1632, fol. 589r–590r; CD 1633/1636, fol. 286v, 299rv, 306v–307v; VFDt 1637/1639, fol. 360r–361r.

353 CD 1633/1636, fol. 59v–60v, 286v–287v, 299r–300v, 306v–307v; GH 1637, fol. 362r–363v; VFDt 1632/1636, fol. 272rv, 287v–288v; VFDt 1637/1639, fol. 289v–290r, 360r–361r; VFDt 1642/1643, fol. 264v–265v, 372v, 647r; AFDt 1634/1635, fol. 60rv; AFDt 1643/1644, fol. 113v–114r, 483v–484v; BT 1631/1636, fol. 415r; BT 1637/1642, fol. 186v–188r, 315v, 365v–366v, 583rv, 599r; BT 1643/1648, fol. 81v–82r, 176rv.

354 Im Jahr 1637 wurden neue *Wasser Kybl* für die Hofburg angeschafft (GM 1637/I, fol. 440r), im Jahr 1644 von einem Pradler Schuhmacher 99 *Feur Kibl* ausgebessert (Rb 1644, fol. 170r). Das Gefrieren des Wassers in den offenen Wassertrögen sollte durch hineingelegte Salzschnecken (*Salz Schnöckhen*) verhindert werden (GM 1644/II, fol. 2214v–2215r).

355 CD 1633/1636, fol. 59v, 167v, 194rv, 215r–216v, 371v–373r, 468v, 653r, 671v, 692r, 740r–741v; VFDt 1632/1636, fol. 322v–323v; VFDt 1640/1641, fol. 515rv, 553rv; VFDt 1642/1643, fol. 26v, 27r, 68v–71v, 334v–337r, 343v, 388v–389r, 405v, 543r; AFDt 1636/1638, fol. 788r–789v; AFDt 1641/1642, fol. 572r–578v, 602v–604r, 751v–756v, 1022v–1023v, 1026v; AFDt 1643/1644, fol. 479v–480r, 511r–512r, 527rv, 1031v–1032v, 1088rv; AFDt 1646, 488v–489v; EB 1637, fol. 109v–110v; EB 1638, fol. 103v–104v; EB 1639, fol. 83rv, 102r, 162rv; EB 1641, fol. 224v–225v; EB 1645, fol. 128v, 582r–583v, 602r–603r, 634rv; EB 1646, fol. 408v, 447r; BT 1631/1636, fol. 367r; BT 1637/1642, fol. 149rv, 155r–156r, 167r, 185v, 501v–502v, 507r, 508v, 524rv, 538v, 557v–559v, 565rv, 568v, 582r–583v, 589rv, 599rv; BT 1643/1648, fol. 69v, 332r–333v.

356 VFDt 1632/1636, fol. 146v, 387v; VFDt 1637/1639, fol. 79rv, 84v–85r, 394rv, 651rv; VFDt 1640/1641, fol. 791rv; AFDt 1634/1635, fol. 353r; AFDt 1636/1638, fol. 381v–382r, 626r–631r, 733v–734v, 797v–798r; AFDt 1643/1644, fol. 276v–277r, 305rv; AFDt 1645, fol. 818rv; EB 1637, fol. 317rv, 343r–345v, 397r–398r; EB 1638, fol. 254v–255v, 418v–419v; GH 1638, fol. 665rv; CD 1633/1636, fol. 27r, 286v–287v, 386r, 412r; BT 1631/1636, fol. 574r; BT 1637/1642, fol. 60rv, 79r, 114v, 569v–570r; BT 1643/1648, fol. 69r.

357 TLMF, Dip. 902, fol. 25v; DOERING 53.

358 CD 1628/1629, fol. 218v–220r; CD 1633/1636, fol. 154rv, 246v–247r, 299rv, 306v–307v, 317rv, 458v, 653rv, 657v, 743v–744r; CD 1637/1641, fol. 374rv, 420v–421r; VFDt 1632/1636, fol. 278v, 535v–536v; VFDt 1637/1639, fol. 125r, 658rv; AFDt 1634/1635, fol. 60rv; AFDt 1641/1642, fol. 768v; BT 1637/1642, fol. 74rv, 130r, 342r, 418v, 474r–475r.

359 CD 1624/1627, fol. 455v–456v, 572rv, 589r–591v, 608v–609r, 817v–818v; CD 1628/1629, fol. 218v–220r, 221rv, 509rv, 561r; CD 1630/1632, fol. 314rv, 323r, 390v, 392v–393v, 398v–399r, 411rv, 546rv; CD 1633/1636, fol. 60v–61v, 161v, 391v; VFDt 1627/1628, fol. 657rv; VFDt 1629/1631, fol. 666rv, 678v–1679v; VFDt 1632/1636, fol. 165rv; BT 1631/1636, fol. 128r.

360 CD 1633/1636, fol. 153v–156r, 354v, 373v–374r, 459rv, 557rv, 563r–564r, 612v–613r, 637r–638r, 671r; VFDt 1632/1636, fol. 215rv, 220v–221r, 294rv, 426v–427r.

361 TLMF, FB 1195, Nr. 87; BT 1631/1636, fol. 655rv.

362 Das Mandat wurde anschließend an Bürgermeister und Rat von Innsbruck sowie an die umliegenden Obrigkeiten versandt und sollte mit Trommelschlag öffentlich verkündet werden (VFDt 1632/1636, fol. 559v–560v; CD 1633/1636, fol. 763v–764v, 765v–766v; CD 1637/1641, fol. 116r).

363 EB 1637, fol. 150rv; AFDt 1643/1644, fol. 1022r–1023r; VFDt 1637/1639, fol. 125r; VFDt 1644/1645, fol. 937v–938v; BT 1643/1648, fol. 283v–284v, 294v–295r. Am 29. Mai 1645 befahl die Regierung dem Innsbrucker Bürgermeister, die *khlaine jugendt*, die abends und nachts *allerhand ungebür und rumor* verübte, gebührend zurechtzuweisen (CD 1642/1645, fol. 689rv).

364 AFDt 1641/1642, fol. 117r; VFDt 1637/1639, fol. 24rv, 237r–238r, 289v–290r; VFDt 1640/1641, fol. 469v–470v; VFDt 1642/1643, fol. 699r; VFDt 1644/1645, fol. 7rv; BT 1637/1642, fol. 146v–147r, 358r–360v, 368r–369v, 474r–475r; CD 1637/1641, fol. 20v–21r, 39v–40r, 45r, 676r; CD 1642/1645, fol. 38rv.

365 AFDt 1643/1644, fol. 307v; VFDt 1642/1643, fol. 177v; CD 1642/1645, fol. 42v–43r, 177v. Der Pradler Bader hatte um die Erlaubnis für ein *Schwitzpadl* angesucht, die Kammer schlug am 16. Oktober 1642 vor, ihn von seinem *nit wol zueläßlichem petito genntzlichen* abzuweisen (EB 1642, fol. 623v).

366 Am 18. Jänner 1642 ließ die Regierung Erkundigungen einziehen über eine junge ledige *weibs Persohn*, die ein Jahr zuvor bereits im Kräuterhaus inhaftiert war und anschließend weggeschafft wurde, sich nun aber im Gasthaus des Martin Haug *nit ohne ergernus* bei einem Rittmeister aufhielt. War sie mit dem Rittmeister verheiratet? (CD 1642/1645, fol. 8v–9r).

367 AFDt 1639/1640, fol. 826r–827v, 888rv; AFDt 1641/1642, fol. 71rv; VFDt 1640/1641, fol. 242r, 259v, 272v, 283v, 287v, 460v, 479v; CD 1637/1641, fol. 483v, 484v, 532rv, 534r–536r, 537r, 539r, 543rv, 549rv, 552r, 570r–571r; EB 1640, fol. 586v, 661v.

368 CD 1642/1645, fol. 404r–405v, 406rv, 408r, 411r, 412v–413v, 417r, 421r, 435v; AFDt 1643/1644, fol. 699rv; VFDt 1644/1645, fol. 83v–84v, 119v. *Claudi Frantz auf dem Graben wohnend* (VFDt 1646, fol. 188r) war wohl ein Franzose. Das Narrenhaus (*offenliche Nahrnheißl*) befand sich beim Stadtturm (*unter den Statt thurn*: BT 1643/1648, fol. 76v).

369 CD 1642/1645, fol. 357v–358¹/₂r, 372v, 374r, 376r. Christanell beklagte 1642 seinen Soldausstand, Ober wurde von der Regierung am 27. April 1643 aufgefordert, mit seinem Beichtzettel die absolvierte österliche Beichte und Kommunion nachzuweisen, andernfalls er sie unverzüglich nachholen müsse (GM 1642/I, fol. 543rv, 923r; CD 1642/1645, fol. 248v–249r).

370 AFDt 1639/1640, fol. 905rv, 928rv, 970v–971r; AFDt 1641/1642, fol. 5v–6v; VFDt 1640/1641, fol. 295r, 301rv, 306v, 335r, 366v, 398rv, 418v, 421rv; EB 1640, fol. 661v.

371 GH 1637, fol. 198r; CD 1637/1641, fol. 52rv, 216r, 484r–485v, 517r, 522r, 576rv; CD 1642/1645, fol. 41v, 50v–52r, 61rv, 145rv; AFDt 1639/1640, fol. 813rv; AFDt 1641/1642, fol. 628r–629r, 666v–667r, 706v–707r; VFDt 1640/1641, fol. 266r, 295r, 347rv; VFDt 1642/1643, fol. 132v–133r.

372 AFDt 1636/1638, fol. 96v–97r; AFDt 1641/1642, fol. 1037v–1038v; VFDt 1632/1636, fol. 515v–516v; VFDt 1637/1639, fol. 471rv; VFDt 1640/1641, fol. 234rv, 736rv; VFDt 1642/1643, fol. 114v–115v; GH 1637, fol. 184r; GH 1638, fol. 564rv; CD 1633/1636, fol. 252v, 636v–637v, 645rv, 694r, 715r–716v, 722v–723r, 728r–729r, 730v; CD 1637/1641, fol. 58v–59v, 179v, 180v, 191v–192v, 207v, 422rv, 425v, 458v, 526v, 553rv, 592rv, 603rv; CD 1642/1645, fol. 94v, 392v; EB 1640, fol. 395rv, 411r–412v, 512v, 544v–545v; EB 1641, fol. 6v–8v; EB 1642, fol. 59v–60v, 785v. Susanne Albizi wird 1644 als verstorben erwähnt, Hans Georg befand sich seit diesem Jahr beim Innsbrucker Maler Georg Riß in Kost (VFDt 1644/1645, fol. 188rv; GM 1644/I, fol. 1086r; GM 1644/II, fol. 1736v, 1807v–1808v; GM 1646/I, fol. 612v–613v; EB 1645, fol. 84rv) und lebte noch in den 1650er Jahren. Vgl. auch HIRN, Erzherzog Maximilian der Deutschmeister 2, 277, 307f. und ders., Kanzler Bienner 301.

373 Bienner änderte schmeichelhafte Verse über Claudias Geistesgaben (*Si dotes animi potuisset pingere, toto pulchrior in mundo nulla tabella foret*), die auf vielen Exemplaren des Witwenporträts (*Abb. 176*) zu lesen standen (z. B. UBI, Sammlung Roschmann, Bd. 16, Bl. 47), in ehrenrühriger Weise ab: *Si sordes animi potuisset pingere pictor, taedior in mundo nulla tabella foret*. Das Wort *sordes* (Schmutz, Schmutzigkeiten) ist mehrdeutig, es kann auch Habsucht, Geiz oder Gemeinheit bedeuten. Vgl. HIRN, Kanzler Bienner 355, 401ff., 438ff. Das vermutete Verhältnis basiert offenbar auf einer falsch interpretierten Stelle bei EGGER 2, 395, wo von Bienners „intimen Beziehungen zu Claudia" die Rede ist.

374 TLA, Inv. A 29/3, fol. 52v und Inv. D 43/1; Rb 1635, fol. 314r, 948rv, 1027r, 1037v–1038; VFDt 1632/1636, fol. 341v–342r; AFDt

1634/1635, fol. 319v–321v; KS I/657; HIRN, Erzherzog Maximilian der Deutschmeister 2, 318ff. und ders., Kanzler Bienner 232. Im Jahr 1645 wird erwähnt, daß Claudia *dero aigenthumblichen* Ansitz Winkl von *dero Dotal Patrimonio* gekauft habe, im Jahr 1650, daß sie das Gut Winkl *Käufflich an sich erhandlet* habe (GM 1645/II, fol. 1719v–1720v; EB 1650, fol. 42rv).

[375] BRUGGER 26; Rb 1635, fol. 948rv. Die Daten ihres Aufenthalts in Südtirol sind den von ihr in dieser Zeit ausgestellten Schriftstükken zu entnehmen (VFDt 1632/1637, fol. 335r–386r), am 29. März 1635 signierte sie wieder in Innsbruck (TLA, Bekennen 1631/1635, fol. 302r, 303r). Ein angeblicher Aufenthalt in Florenz (ZOLLER 1, 344) ist nicht nachweisbar.

[376] AFDt 1636/1638, fol. 107r–108r. Auf Befehl der Regentin wurde Unterperger am 23. April 1636 ins Kräuterhaus gebracht (CD 1633/1636, fol. 683r), aber offenbar für nicht schuldig gehalten. Im Jahr 1637 erfolgte jedenfalls seine Aufnahme in den Hofdienst (EB 1637, fol. 154v–158v, 372rv). Bereits am 12. Juli 1636 hatte Claudia angeordnet, daß künftige Pulvermacher nicht mehr so viel Schießpulver auf einmal herstellen sollten, im September 1636 erging der Befehl, eine neue Pulvermühle zu bauen (GH 1636, fol. 194rv, 362r–363r; EB 1636, fol. 204v–205r).

[377] Initium S. 282f.

[378] Eine eindrucksvolle Schilderung dieses Brandes gibt Claudia in ihrem Schreiben an Ferdinand II. vom 18. April 1636 (KS I/647. Hier liegen auch weitere Briefe betreffend diesen Brand). Das Schreiben an den Brixner Bischof erwähnt SINNACHER 8, 418f. Die Jesuitenchronik schildert den Brand gleichfalls ausführlich (Initium S. 282f.). Nach dem Tambur und sonstigen eventuell zum Kauf angebotenen Kostbarkeiten wurde gefahndet (CD 1633/1636, fol. 679v–680v, 685r, 691v). Zwei Kachelöfen aus der Ruhelust erbat sich ein Hofsekretär am 26. April 1636 kostenlos (TLA, Hs. 1644, S. 17).

[379] ASF, MP 4481, Pacco 1, Ins. 2 (Claudia an Großherzog Ferdinando II.) und MP 5180, fol. 341r–342r (Claudia an Carlo de' Medici), beide 30. Mai 1637.

[380] HHStA, FA, Kt. 28 (Claudia an Ferdinand III., 17. Juli 1637).

[381] Nach HIRN, Kanzler Bienner 90 sollte auch über eine Ehe zwischen Prinz Kasimir und einer der Innsbrucker Erzherzoginnen verhandelt werden.

[382] Giannettini borgte für den Ankauf der Livree 2000 Gulden in bar, zwei Kreditoren aus St. Gallen gewährten 9000 Gulden (Rb 1640, fol. 138r–139r; EB 1640, fol. 640v–642v). Im Vorfeld ihrer Reise versuchte Claudia vom Kaiser die Jülicher Schulden Leopolds V. ersetzt zu bekommen, allerdings vergeblich (TLA, Leopoldinum, Kasten C, Nr. 251/2).

[383] GM 1637/I, fol. 732v–733r; GM 1637/II, fol. 965v–966r; GH 1637, fol. 197v–198r; KS II/724; Hs. 422 (Beilage); K 265. Am 28. Juli 1637 ernannte die Regentin den Landeshauptmann an der Etsch zum Statthalter, der das Land gemeinsam mit drei weiteren Räten während ihrer Abwesenheit regieren sollte (GH 1637, fol. 234v–235r). Begleitpersonen *auf der Pollnischen Raiß* waren Maria Elisabeth Haidenreich, Maria Summer als Abspülerin (*Spielerin*) und wohl auch Elisabeth Huntpiss (GH 1637, fol. 228v–229r, 368v–369r, 461v–462r).

[384] WELTI 343ff. Das Theatrum Europaeum 3, 815f. und 858–860 schildert diese Hochzeit ausführlich, aber teilweise mit abweichenden, wohl falschen Daten. Die folgende Darstellung basiert auf dem offiziellen Bericht der drei kaiserlichen Kommissare (HHStA, FA, Kt. 28).

[385] TLA, Hs. 422, fol. 19r, 20v–21r, 22r–24r, 27rv.

[386] ASF, MP 5180, fol. 366r, 367rv (Claudia an Carlo de' Medici, 14. und 15. November 1637); EB 1637, fol. 400r.

[387] HHStA, FA, Kt. 53, II/6, fol. 84r–93v.

[388] TLA, Inv. A 4/2 und A 1/22 (zahlreiche Nennungen).

[389] Rb 1638/II, fol. 66r; Rb 1644, fol. 333rv (Öl und anderes *zu den aufgerichten Kripplen und Gröbern in der Cappellen bey unnser Lieben Frauen zum Heiligen Creitz Anno 1641 unnd 1642*). Im Jahr 1633 fertigte ein Seidensticker für Claudia und Ferdinand Karl zum Palmsonntag fünf (gestickte) Palmen an (Rb 1633, fol. 107r).

[390] Rb 1633, fol. 102v; Rb 1636, fol. 56r; Rb 1638/I, fol. 68rv; Rb 1639, fol. 173v–174r; Rb 1641, fol. 159r, 212; Rb 1644, fol. 461r.

[391] Rb 1638/II, fol. 68r; DUHR 2/2, 241; SINNACHER 8, 446f.; SONNWEBER 3. Dem Brixner Weihbischof verehrte Claudia am 5. August 1638 ein vergoldetes Handbecken samt Kanne, das um 312 Gulden vom jüdischen Hofhandelshaus May gekauft worden war (GH 1638, fol. 389rv; Rb 1639, fol. 163v).

[392] Rb 1638/II, fol. 66r; Rb 1640, fol. 142r. Der Befehl der Kammer vom 18. Juni 1643 betreffend die Wegräumung des beim oberen Zeughaus vorhandenen *Triumph oder Comedi Werckhs* bezieht sich wohl auch auf eine Aufführung (BT 1643/1648, fol. 93v–94r).

[393] Initium S. 279, 299, 303; TLMF, FB 572/1; ZWANOWETZ 180. In seiner Leichenpredigt erwähnt P. Wibert Dietrich, daß die Kinder alljährlich *auff S. Claudia Tag* bei Hof der *Fraw Mutter zu schuldigsten Ehren* Komödien aufführten und Claudia sich an *disen Spectaclen* erfreute (TLMF, Dip. 432/3, S. 14).

[394] Vermutlich aus den 1640er Jahren stammte ein von ihm geschriebener Zettel mit folgenden Schlagworten: *Mala educatio, maschere, comedie, balli, praetereaque nihil, bonum esset principem avocare aut ad seria applicare* (HIRN, Kanzler Bienner 157).

[395] Rb 1644, fol. 179v–180r.

[396] Mehrere Schreibhefte sind überliefert (TLMF, FB 1951 und W 4756).

[397] Die Burgpflegerin erhielt am 4. Juni 1644 27 Gulden für 45 Ellen schöne Hausleinwand, die sie für den Erbprinzen, als er *mit dem Platern behafft gewesen*, zur Verfügung stellte (Rb 1645, fol. 209v–210r).

[398] HHStA, FU 1656 (2 Ahnenproben für Köln, 7. Oktober 1637) und FA, Kt. 100 (Aufstellung seines Hofstaats von 1645–1647); BAV, Cod. Barb. lat. 6861, Nr. 28, 31, 40, 41, 45, 50; GH 1637, fol. 410v–411r; GH 1638, fol. 392v–393r; CD 1637/1641, fol. 353v; EB 1638, fol. 342rv; EB 1640, fol. 525v–526v; EB 1644, fol. 108v–109r, 123v; EB 1646, fol. 44v–48r; EB 1647, fol. 254v–255v, 363v–364r; Rb 1638/I, fol. 73r; Rb 1639, fol. 172r–174r; Rb 1640, fol. 142r–143r; Rb 1646, fol. 373rv, 481v–482v; Rb 1648, fol. 415rv; VFDt 1644/1645, fol. 756rv; Inv. A 4/2, fol. 2r, 6r, 17r, 30r, 35v, 36r, 38r, 39v, 41r, 49v, 78v, 96r; GM 1645/II, fol. 1673rv, 1888v–1889r, 1893r–1894r, 1914r–1915r, 1926v, 2029v–2031r, 2104r–2105r, 2111v–2112v, 2150rv, 2319rv; GM 1646/I, fol. 245r; Initium S. 320; Monumenta Ecclesiae Tridentinae, Vol. 3/2 (Tridenti 1765) 339; DUHR 2/2, 32; SINNACHER 8, 448, 521f.; SONNWEBER 3–6. Das im Jahr 1643 angestrebte Erzbistum Monreale wurde nicht erlangt, obwohl der spanische König Claudia die Präsentation ihres Sohnes gestattete, der aber vom Papst nicht die erforderliche Altersdispens, sondern nur eine Pension erhielt (Cod. Barb. lat. 6861, Nr. 9 und 54). Als Philipp IV. seinem Cousin im Jahr 1647 eine Jahrespension von 6000 Scudi aus dem Erzbistum Toledo bewilligte (GM 1647/II, fol. 1815v–1816r; EB 1648, fol. 91v–92r), verweigerte der Papst die Zustimmung. Im Jahr 1653 wurde Sigismund Franz Bischof von Gurk, 1659 Administrator von Trient (Hierarchia Catholica 4, 101, 200, 249, 339). Vgl. Jakob OBERSTEINER, Die Bischöfe von Gurk 1072–1822 (Klagenfurt 1969) 386–391; Fritz STEINEGGER, Das Inventar von Schloß Straßburg im Gurktal vom Jahr 1653. Eine Kärntner Geschichtsquelle im Tiroler Landesarchiv, in: Sabine WEISS (Hg.), Historische Blickpunkte. Festschrift für Johann Rainer (Innsbruck 1988) 659–676 (TLA, Hs. 2408).

[399] Rb 1633, fol. 110v. Die Pelzstöcke dienten zum Aufpfropfen guter Pelzer (erwähnt in der Instruktion für den Hofgärtner Peter Perl vom Jahr 1640: TLA, Hs. 1681, fol. 5r).

[400] Am 30. Juli 1633 hatte sich Claudia *gnedigst resolviert*, für einen der zehn Söhne der Witwe Rosina Ziegler, der die *Gartnerey* lernen wollte, 25 Gulden *Lehrgelt* zu bezahlen (GH 1633, fol. 114r).

[401] GM 1634/I, fol. 609v.

⁴⁰² Befohlen in der Instruktion für den Hofgärtner im Tiergarten vom 1. Mai 1636 (EB 1636, fol. 403r–409v; Ambraser Memorabilien I/30; Hs. 1188, fol. 32r–37r; ein undatiertes Konzept ebd. Hs. 1677). Der am 7. April 1645 aufgenommene Hofgärtner im Tiergarten wurde ebenfalls angewiesen, gutes Obst und Kräuterwerk anzupflanzen und nur an Claudias *Hof Mundtkhuchen* zu liefern, was sie an edlen Kräutern und *Zierlichen Pluembwerch* züchten lasse (EB 1645, fol. 206r–212r). Vgl. auch Fritz STEINEGGER, Aus der Geschichte des Innsbrucker Hofgartens, Schlern-Schriften 231 (1964) 13–33, bes. 22f. (wo die Signatur Pestarchiv I/157 lauten muß).

⁴⁰³ Rb 1636, fol. 55r.

⁴⁰⁴ TLA, Hs. 1681; GM 1637/II, fol. 1495r; EB 1640, fol. 330r–332v; Rb 1640, fol. 139v.

⁴⁰⁵ GM 1645/II, fol. 2033r.

⁴⁰⁶ Am 7. Mai 1645 verletzte *der Aff*, der an einer Kette aus dem Hofgarten geführt wurde, einen Senner, der beim Hofzergaden zu tun hatte, an der Hand (Rb 1646, fol. 535v–536r). Für Erheiterung konnten auch Hofnarren sorgen. Sie werden zum Tod der Regentin erwähnt, als sie schwarze Narrenkappen erhielten (Rb 1651, fol. 134r).

⁴⁰⁷ EB 1639, fol. 212v, 358rv; EB 1640, fol. 33rv; EB 1641, fol. 502v–503r; EB 1643, fol. 230v–231r, 344v–346r; Rb 1640, fol. 263v–264r. Im Jahr 1651 war Schloß Ambras baufällig (EB 1651, fol. 105rv, 248rv).

⁴⁰⁸ TLA, Bekennen 1640, fol. 25v–28v. Auf ihren Befehl hin inventarisierten vom 11. bis 27. Juni 1640 zwei Kommissare die *Ertzfürstl. Kunsst und Risst Camer* und zogen zum Abwiegen *allerhanndt Goldt- und Silberwerch, als sonnsten annderer fürtrefflicher sachen und erfundner Pfeningen*, die stückweise gezählt und gewogen wurden, den Innsbrucker Goldschmied Matthias Pfaundler bei, der 8 Tage lang in Ambras arbeitete (EB 1639, fol. 491v–492r; EB 1640, fol. 5r–6r, 381v; Bekennen 1640, fol. 25v–28v; Rb 1640, fol. 263v–265r). Das Inventar, das im Mai 1641 in zwei gebundenen Exemplaren mit insgesamt 370 Blatt vorlag (Rb 1641, fol. 265rv), wurde Scheu (Schef?) im Jahr 1644 zur Durchsicht übergeben (EB 1644, fol. 711v–712r). Es ist nicht erhalten, das Schiff wird im Inventar von 1663 erwähnt (TLA, Inv. A 40/21). Im Jahr 1643 arbeiteten Hofplattner und Hofpolierer in den Ambraser Rüstkammern (Rb 1643, fol. 309v–310r). Im August/September 1648 waren beide Rüstkammern und die Kunstkammer reparaturbedürftig (EB 1648, fol. 295r; GM 1648/II, fol. 1129rv).

⁴⁰⁹ SENN 283. Bereits am 16. Mai 1629 hatten Leopold V. und Claudia samt Hofstaat einer *alda gehaltnen Comedi* beigewohnt (Rb 1635, fol. 1006v).

⁴¹⁰ VFDt 1640/1641, fol. 683v–684r; Rb 1641, fol. 153r, 447v; Rb 1644, fol. 355v–356r; Rb 1645, fol. 201v–202r; GM 1642/II, fol. 2307rv; GM 1643/I, fol. 699rv; GM 1643/II, fol. 1200r–1201r, 1299r–1300r, 1336r–1337r; GM 1644/II, fol. 1460rv, 1473v–1474v, 2282v–2283r.

⁴¹¹ TLMF, Dip. 432/3, S. 16–18.

⁴¹² GM 1644/I, fol. 1014v–1015r; GM 1644/II, fol. 2282v–2283r; Rb 1644, fol. 357v–358r; Rb 1645, fol. 200rv. Das Strafgeld war am 15. Februar 1646 noch immer nicht eingelangt (EB 1646, fol. 54v–55r).

⁴¹³ HHStA, Belgische Korrespondenz, Kt. 35 (Claudia an Fernando, 28. Juli 1633 und 17. März 1634); Rb 1635, fol. 949r.

⁴¹⁴ HHStA, Belgische Korrespondenz, Kt. 35 (Claudia an Fernando, 5. und 26. Mai 1634, 4. Juli 1634); VFDt 1632/1636, fol. 318r, 322v–323v; CD 1633/1636, fol. 367rv, 396v–397v; GM 1634/II, fol. 657v–659v, 1139rv; Rb 1638/I, fol. 295v.

⁴¹⁵ KHEVENHÜLLER 12, 1577f.; VAN DER ESSEN 378ff.; ZOLLER 1, 344f.; FISCHNALER 1, 38. Als der Infant 1641 starb, ließ Claudia für ihn in der Hofkirche Exequien abhalten. Hans Schor und andere nicht namentlich genannte Maler malten dazu Wappen *sambt den Todtenkhöpfen*, ein Innsbrucker Hutschmücker fertigte einen Kardinalshut für die Bahre an (Rb 1641, fol. 146r).

⁴¹⁶ GM 1634/II, fol. 632rv; Rb 1635, fol. 955r, 956rv, 1166v–1168v, 1202r–1203r; Rb 1636, fol. 28v; Rb 1638/I, fol. 187rv; GM 1636/II, fol. 1176rv; GH 1638, fol. 376rv; BABEL 187f. Die Herzogin von Lothringen intervenierte zugunsten eines Tiroler Totschlägers, dem Claudia daraufhin am 30. August 1638 die Landeshuldigung erteilte (VFDt 1637/1639, fol. 311rv). Den *versessnen* Sauerbrunn in Ladis ließ die Regentin seit 1634 reaktivieren (GM 1634/I, fol. 169v–170r, 571rv; GM 1634/II, fol. 673v–674r; GM 1637/II, fol. 825v; GM 1640/I, fol. 1097rv, 1183r–1184r, 1189rv, 1203r; GM 1640/II, fol. 1612r–1613r; GM 1642/I, fol. 793v–794r, 998v, 1004rv; EB 1640, fol. 297rv; EB 1642, fol. 296r; Rb 1640, fol. 341r).

⁴¹⁷ Rb 1635, fol. 1160r–1161r, 1166v; Rb 1639, fol. 317r, 318v, 319v, 322v; GM 1639/II, fol. 1425r–1426v, 1449v–1450v; Hs. 422, fol. 32v–33r.

⁴¹⁸ GM 1633/II, fol. 929rv.

⁴¹⁹ Rb 1648, fol. 350v–351r.

⁴²⁰ D'AFFLITTO 366, 371f. Nr. 5.

⁴²¹ ÖNB, Cod. 8014, fol. 9v, Nr. 97: *Christus mit der Samaritana*.

⁴²² D'AFFLITTO 107, 161, 278, 366. Die Angabe von RINGLER, Teil 1, 40f. daß Lippi während seines Aufenthalts in Innsbruck 1648 „im Auftrage der Erzherzogin Claudia ein großes Ölbild für den Betchor des Innsbrucker Kapuzinerklosters" malte (Teil 2, Abb. 46) ist falsch. Der von ihm als Gewährsmann angeführte P. Denifle (TLMF, Dip. 1104) spricht nur von der *Muthmasung, es sey von Lippi*.

⁴²³ Viaggio del Cardinale Rossetti fatto nel 1644 da Colonia a Ferrara scritto dal suo segretario Armanni Vincenzo, in: Atti e Memorie della R. Deputazione di Storia Patria per le Provincie di Romagna, 3. Serie, Vol. 3 (Bologna 1888) 1–90, bes. 73–79.

⁴²⁴ Französischkenntnisse verdankte Claudia wohl ihrer Mutter Christine von Lothringen, die am französischen Hof aufgewachsen war. Auf Spanischkenntnisse weist der Brief ihrer Tochter Vittoria della Rovere vom Jahr 1631 hin (oben S. 99). Für die spanische Korrespondenz wurde am 22. August 1645 Johann de Castiglio aufgenommen, der am 30. September 1641 als Sekretär des in Innsbruck weilenden außerordentlichen spanischen Gesandten genannt wird. Im Jahr 1648 war er Kammerrat und *Secretario delle Lingue* und begleitete Maria Leopoldine als Geheimsekretär an den Kaiserhof (EB 1641, fol. 460v–461r; Rb 1648, fol. 223rv, 387r; ERLACHER 54).

⁴²⁵ TLMF, Dip. 432/3, S. 18.

⁴²⁶ TLA, Bekennen 1631/1635, fol. 198v–203r; GH 1633, fol. 92r–94r, 123rv, 196r; GM 1633/II, fol. 1118v; Rb 1633, fol. 65v–66r, 315r, EB 1642, fol. 234r–235v.

⁴²⁷ Rb 1638/II, fol. 173r; Rb 1639, fol. 163r, 349v; Rb 1640, fol. 367v, 369v, 381v; Rb 1644, fol. 455rv, 462r, 473r.

⁴²⁸ GM 1641/II, fol. 1535v–1536v; GM 1642/II, fol. 1378r–1379r.

⁴²⁹ Von ihrem Heiratsgut waren 171.000 Gulden beim Pfannhausamt Hall versichert, 141.000 zu 5%, 30.000 zu 6%, wovon sie jährlich 8850 Gulden an *Interesse* (= Zinsen) bezog (GM 1641/I, fol. 355v–356v und weitere Erwähnungen bis Rb 1655, 152v). Im Amt Bozen hatte sie 60.000 Gulden zu 6% angelegt, die bis zu ihrem Tod jeweils 900 Gulden pro Quartal eintrugen (Eintragungen in allen Raitbüchern). Zu weiteren Einnahmen vgl. die Übersicht vom 31. Dezember 1650 (TLA, Hs. 422 und ASF, MM 5/2, am Schluß: *Ponti di Pretensione*).

⁴³⁰ Im Jahr 1635 borgte sie der Reformkommission 8000 Gulden (Rb 1638/I, fol. 164Av; Rb 1639, fol. 330rv), im Jahr 1636 wurde um 1000 Gulden *von dero aignen geldt* für die Gewerken in Kirchberg Getreide eingekauft (EB 1645, fol. 453v–454v), im Jahr lieh sie der Kammer für dringende Ausgaben und insbesondere zur Bezahlung der für 1639 und 1640 ausständigen Pension des Grafen Maximilian von Trautmanstorff (je 1500 Gulden) und ein von Wien befohlenes Präsent (1500 Gulden) insgesamt 4500 Gulden (TLA, Bekennen 1642, fol. 19v–20v). Im Jahr 1643 schoß sie für die Verteidigung von Konstanz 2700 Gulden vor (Bekennen 1643, fol. 27r–28r). Vgl. TLA, K 265.

⁴³¹ Rb 1633, fol. 224v, 225v–226r; Rb 1635, fol. 166v–167r; Rb 1636, fol. 137v; Rb 1645, fol. 139v–140v.

⁴³² Rb 1633, fol. 326r. Der Weihbischof weilte wegen des Landtags in Innsbruck (SINNACHER 8, 388).
⁴³³ Rb 1629, fol. 327v–328r; Rb 1630, fol. 281rv.
⁴³⁴ Rb 1641, fol. 428rv, 432rv; Rb 1643, fol. 480rv; EB 1645, fol. 56v–57r; WEISS, Der Innsbrucker Hof, Anm. 327 und 328.
⁴³⁵ Rb 1633, fol. 106r.
⁴³⁶ Rb 1633, fol. 109v–110r (600 Gläser aus Rattenberg); Rb 1638/I, fol. 71r (Gilg Schreyer, Glasmacher aus Kramsach, macht zu ihrem *Hofgeprauch* 1000 Gläser); Rb 1638/II, 64r (laut Bericht von Pietro Baccelli *Appoteggern* 1000 Stück *allerlay Glaswerch* von Gilg Schreyer, Glasmacher in Kramsach); Rb 1644, fol. 163v; Rb 1645, fol. 205v. Im November 1632 werden eine deutsche und eine *welsche Leibapotheke* erwähnt (GM 1632/II, fol. 1046r).
⁴³⁷ TLA, Inv. A 29/3. Für die „Schwarzen Mander" in der Hofkirche (*zu den Metallen Pildern im Newen Paw*) gab es in der Hoflichtkammer mehrere eiserne Haken (ebd. fol. 51v, 90v). Vgl. WEISS, Die Habsburger und das burgundische Erbe 31ff.
⁴³⁸ Rb 1640, fol. 131r.
⁴³⁹ Rb 1639, fol. 162v, 167v–168r, 170rv; Rb 1640, fol. 135r.
⁴⁴⁰ Rb 1640, fol. 136v; Rb 1641, fol. 154r; Rb 1643, fol. 148v; Rb 1645, fol. 199rv; EB 1644, fol. 45v–46v, 719r; Inv. A 4/2 (Schatzgewölbe) und A 1/22 (Silberkammer). Weil in der Silberkammer große Unordnung herrschte, wurde 1648 ein neues Inventar angefertigt (EB 1648, fol. 45v–46r).
⁴⁴¹ GM 1636/I, fol. 350r–351r, 398v–399v, 433v; GM 1638/II, fol. 1512v–1513r; EB 1636, fol. 397v.
⁴⁴² Gumpp war nach Leopolds Tod abgedankt worden, Claudia nahm ihn am 2. Februar 1633 als Hofbaumeister mit 300 Gulden Sold in ihren Dienst (GH 1633, fol. 22rv; Bekennen 1631/1635, fol. 181v–185v; ERLACHER 331f.). Sein Dienstrevers stammt vom 3. Februar 1633 (TLA, Dienstrevers II/891, *Abb. 234*).
⁴⁴³ GH 1636, fol. 180v; GM 1636/II, fol. 1029v–1030r; EB 1636, fol. 145r, 154r, 215rv.
⁴⁴⁴ EB 1636, fol. 398rv, 401rv; EB 1637, fol. 36v–38r.
⁴⁴⁵ GH 1637, fol. 504r–505v.
⁴⁴⁶ Vgl. auch ÖKT 47, 627.
⁴⁴⁷ GH 1637, fol. 233v–234r; GM 1637/II, fol. 1002v, 1103v–1104r.
⁴⁴⁸ GH 1637, fol. 336r–337r und 341v–342r; GM 1637/II, fol. 1143r, 1239r–1240r, 1275v, 1276v–1277r, 1329v–1330r, 1373v–1374r, 1704r.
⁴⁴⁹ Rb 1638/I, fol. 31v.
⁴⁵⁰ GM 1638/I, fol. 49v–50r, 151r, 289rv, 684r; GM 1638/II, fol. 1073v–1074r, 1227rv, 1375r, 1703v–1704r; EB 1638, fol. 27v–28r, 151v, 431r–432r; Rb 1638/I, fol. 309r.
⁴⁵¹ EB 1638, fol. 428r.
⁴⁵² EB 1638, fol. 329rv; Gutachten an Hof 1638, fol. 928v, 940v–941r.
⁴⁵³ Im Mai 1636 waren die 300 Gulden wöchentlich für die Hofküche seit drei Wochen aus Hall ausständig, im Jahr 1638 wurden die 500 Gulden wöchentliches Hofdeputat nicht geliefert (GM 1636/I, fol. 433v; GM 1638/II, fol. 1166v).
⁴⁵⁴ TLA, Gutachten an Hof 1639, fol. 162v, 296v, 420r; GM 1640/I, fol. 166r; GM 1641/II, fol. 1535v–1536v; GM 1642/II, fol. 1378r–1379r.
⁴⁵⁵ GM 1639/I, fol. 280r, 897v–898v, 984r, 1101r, 1159r; GM 1639/II, fol. 1261v–1262r, 1386rv, 1512v, 1793v–1794v, 1826v–1827r, 1949rv; Rb 1641, fol. 261v.
⁴⁵⁶ EB 1640, fol. 97rv; GM 1640/I, 84rv, 199r–200r, 318v, 434v–435r, 530v; GM 1640/II, fol. 1259v; Rb 1640, fol. 139v.
⁴⁵⁷ EB 1640, fol. 170r–171r, 253rv; EB 1641, fol. 323r–324r, 334r, 522r–523r; Bekennen 1640, fol. 19r–23r; Bekennen 1641, fol. 105r–108r (Kaufbrief vom 29. November 1641); HIRN, Kanzler Bienner 298ff.
⁴⁵⁸ EB 1643, fol. 490v–491v, 587v–588r.
⁴⁵⁹ GM 1642/I, fol. 603rv. Am 11. März 1647 wurde festgestellt, daß man Schor wegen der beim Neuen Hofgebäude sowie zu verschiedenen Exequien *verrichten Mallerei Arbaiten* ziemlich viel Geld schuldig war, er hatte auch Gold dazu verwendet (GM 1647/I, fol. 279rv).
⁴⁶⁰ GM 1646/I, fol. 366v–367r.
⁴⁶¹ GM 1639/I, fol. 419rv; Rb 1639, fol. 162v, 167v–168r; Rb 1640, fol. 135r.
⁴⁶² Rb 1640, fol. 136r, 137v–138r; Rb 1644, fol. 173rv; EB 1644, fol. 357v; GM 1646/I, fol. 141v, 175r.
⁴⁶³ Vgl. dazu: Die Gemäldegalerie des Kunsthistorischen Museums in Wien. Verzeichnis der Gemälde (Wien 1991) 77 mit Tafel 204f.
⁴⁶⁴ ÖNB, Cod. 8014, fol. 1r–27v.
⁴⁶⁵ ZOLLER 2, 95–98; ÖKT 47, 627.
⁴⁶⁶ EB 1642, fol. 158v; EB 1643, fol. 639rv; GM 1641/II, fol. 1553r, 1927v–1928r, 2597v–2598r; GM 1643/II, fol. 1351v; Rb 1643, fol. 402r.
⁴⁶⁷ GM 1643/II, fol. 1874v, 2100v; GM 1644/I, fol. 1080rv; GM 1644/II, fol. 2161rv; GM 1645/I, fol. 346r.
⁴⁶⁸ EB 1642, fol. 588r–590v; GM 1643/I, fol. 114rv; GM 1646/I, fol. 129v–130r, 839v, 878rv; Rb 1646, fol. 373v–374r.
⁴⁶⁹ Rb 1644, fol. 448v. Johann Gumpp begab sich tatsächlich nach Florenz, sein Selbstbildnis in den Uffizien stammt vom Jahr 1646 (KRAPF 57f., 245, Fig. 21).
⁴⁷⁰ EB 1646, fol. 209r–210r.
⁴⁷¹ AFDt 1639/1640, fol. 327v–346v.
⁴⁷² GH 1633, fol. 47v (13. April 1633).
⁴⁷³ TLA, Hs. 1674, fol. 10r, 11v. Am 17. November 1643 entzog ihm Claudia die Güter und Meierschaften, weil er sich weigerte, davon Steuern zu zahlen (EB 1643, fol. 563v–565v, 617v–618v; GM 1643/II, fol. 1916rv). Der Befehl wurde im Jahr 1644 mehrfach wiederholt (EB 1644, fol. 42v–44r, 86v–87v, 189v–190r), am 6. Februar 1645 wird Gondi noch als lebend erwähnt, nach *schwerer Leibsindisposition* war er am 27. Juni bereits gestorben, seine Witwe hieß Isabella *Gondin* geborene von Eten (GM 1645/I, fol. 1253v; GM 1645/II, fol. 1763rv; EB 1645, fol. 57v, 623rv).
⁴⁷⁴ GM 1636/I, fol. 475v.
⁴⁷⁵ KS II/701 (Ferdinand II. an Claudia, 2. September 1636, Antwort auf ihr Schreiben vom 17. August 1636); HHStA, Familienkorrespondenz A, Kt. 10, fol. 7r–8v (Kopie mit falschem Datum 7. August bei Claudias Brief).
⁴⁷⁶ CD 1633/1636, fol. 758r–759r; VFDt 1637/1639, fol. 85rv; EB 1639, fol. 91r; Rb 1639, fol. 178r; ÖNB, Autographen 15/24-4 (Instruktion für P. Eustachio Pagano vom 25. Juli 1639); HIRN, Kanzler Bienner 96f., 240ff.; ERLACHER 32f.
⁴⁷⁷ WELTI 364f.
⁴⁷⁸ VFDt 1642/1643, fol. 137v–138r; ERLACHER 32, 44f., 48.
⁴⁷⁹ Am 2. Dezember 1639 wird noch die Witwe Haidenreich geborene Schurf als Hofmeisterin im Frauenzimmer genannt (VFDt 1637/1641, fol. 714v), sie hatte dieses Amt seit Frühjahr 1627 inne (GH 1627, fol. 41v. Im Hofstaatsverzeichnis von 1627 ist ihr Name durchgestrichen: TLA, Hs. 5157, fol. 8v). Am 17. Juli 1641 wird sie als ehemalige Frauenzimmerhofmeisterin bezeichnet, während Elisabeth Huntpiss geborene Spaur am 27. August 1641 als Hofmeisterin der *Camer Freylin* aufscheint (EB 1641, fol. 335r, 557v–558r).
⁴⁸⁰ EB 1645, fol. 260rv; EB 1648, fol. 135v–136r, 142rv; EB 1650, fol. 48r; Rb 1645, fol. 211v; Rb 1646, fol. 164v; Rb 1648, fol. 381rv; Rb 1655, fol. 379r, 380v; GM 1649/II, fol. 1409v–1410r.
⁴⁸¹ Innsbruck, Landeskonservatorat für Tirol, Akt Hofkirche 1897 (Beilage); TLA, Inv. D 21/1; ÖKT 47, 428 (mit falscher Lesart Hornpissin).
⁴⁸² ASF, MP 4481, Pacco 1, Ins. 6 (Schinchinelli an Ferdinando, 18. April 1631).
⁴⁸³ ERLACHER 113 (mit irrtümlicher Lesart Fecontri).
⁴⁸⁴ GH 1636, fol. 252rv; Rb 1640, fol. 136rv; Rb 1641, fol. 149v.
⁴⁸⁵ Rb 1640, fol. 137rv; Rb 1641, fol. 150v–151r.
⁴⁸⁶ Rb 1639, fol. 279r; Rb 1640, fol. 137r. Vgl. TLA, Hs. 422, fol. 17v, 20r, 21v, 24v, 39r.

⁴⁸⁷ Rb 1638/I, fol. 298r; Rb 1640, fol. 137r; EB 1640, fol. 206r; TLA, Hs. 422, fol. 39rv.

⁴⁸⁸ GH 1638, fol. 7r, 350r.

⁴⁸⁹ GM 1644/I, fol. 809r; EB 1646, fol. 329r; EB 1647, fol. 109v–110v.

⁴⁹⁰ EB 1640, fol. 370r.

⁴⁹¹ TLA, Hs. 1420 (Verzeichnis derjenigen Hofstaatsmitglieder, die die *Noth Steur* bezahlt hatten).

⁴⁹² Er war 1631 Kämmerer Leopolds V., am 15. April 1633 nahm ihn Claudia als Regimentsrat auf, seit 2. Dezember 1638 wird er als Obersthofmeister der beiden Prinzen oder nur *der Ertzfürstl. Jungen Herrschafft*, also Ferdinand Karls, genannt (VFDt 1629/1631, fol. 596v–597v; VFDt 1632/1636, fol. 186r; Rb 1638/I, fol. 73r; Rb 1641, fol. 150r; CD 1642/1645, fol. 486r). Am 9. Juli 1646 scheint er als verstorben auf (AFDt 1646, fol. 488v).

⁴⁹³ In den Jahren 1635 und 1638 wird er als Vizeobersthofmeister bezeichnet, später als Obersthofmeister der Regentin und beider Prinzessinnen (Rb 1635, fol. 317r; EB 1638, fol. 408r; Rb 1644, fol. 333r; EB 1645, fol. 432r–433r; GM 1638/II, fol. 1634rv; GM 1646/II, fol. 1414rv).

⁴⁹⁴ Im Jahr 1647 wird *Ludwig Graf Picolomini* als Oberstkämmerer von Sigismund Franz bezeichnet (TLA, Pestarchiv I/86; EB 1647, fol. 255r).

⁴⁹⁵ Ihrem *Consiliarius, Ceremoniarius, Secretarius ac Supremus Cappellanus* Giannettini stellte Claudia am 17. November 1635 einen Geleitbrief nach Italien aus (ASF, MM 5/2, fol. 275r–276v). Er verwaltete auch ihr Privatvermögen (TLA, Hs. 422, fol. 13r, 16v, 30r).

⁴⁹⁶ Im Juni 1635 erhielt er die Benefizien der Dreifaltigkeitskapelle im Mitterhof und der Leopoldkapelle in der Ruhelust (VFDt 1632/1636, fol. 389r, 409v–410r; CD 1633/1636, fol. 545v–547r). Als Benefiziat *zu Miterhoff in der Burg* wird er in den folgenden Jahren bis 1650 häufig genannt, als Claudias *Guardaroba* nur im Jahr 1635 (Rb 1635, fol. 317v; Rb 1651, fol. 138r).

⁴⁹⁷ Bassin wird sowohl als Leiblakai wie auch als Kammerheizer bezeichnet (GH 1636, fol. 416v–417r; GH 1638, fol. 243v–244r, 356v, 391v–392r; EB 1639, fol. 539v; EB 1642, fol. 735v–736v; EB 1643, fol. 569r; Rb 1639, fol. 318v; Rb 1645, fol. 205r). Als Claudias *Camerhaitzer* ließ er im September und Oktober 1640 unterschiedliche Tischlerarbeiten für den Hof verrichten (Rb 1641, fol. 149r). Am 3. November 1643 erhielt er als Claudias Kammerdiener eine Expektanz auf die Forstmeisterstelle in Schwaben (VFDt 1646, fol. 256v), 1648 wurde er Forstmeister im Pustertal (EB 1648, fol. 20v–21v, 99rv, 112r–125r, 290r; GM 1648/I, fol. 520v–521r). Auch als Forstmeister blieb er offenbar am Innsbrucker Hof, nun als Kammerdiener Ferdinand Karls (EB 1650, fol. 164v–165r).

⁴⁹⁸ Spolverino wird in den Jahren 1635 und 1637 als Leiblakai bezeichnet (AFDt 1634/1636, fol. 404v; GH 1637, fol. 46v), 1648 wieder als Silberdiener (Rb 1648, fol. 416v).

⁴⁹⁹ Fabiano Rossi wird 1643 und 1646 als Silberdiener Ferdinand Karls genannt, 1648 als dessen Kredenzier (Rb 1643, fol. 452v; EB 1646, fol. 477rv; GM 1648/II, fol. 1571rv). Am 10. November 1648 schenkte ihm der Erzherzog einen Hof beim Amraser See, am 28. März 1653 ein Grundstück in der Hallerau (TLA, Bekennen 1648, fol. 131r–133v; EB 1653, fol. 141rv).

⁵⁰⁰ Pelegrini wird 1645 als *Gehaimer Hofsecretario und Camer diener* bezeichnet, einmal wohl irrtümlich als *Gehaimer Hof Camer Secretario* (GM 1645/I, fol. 421rv, 641rv, 1151v–1152r). Als ehemaliger *Gehaimber Welscher Secretarius* erhielt er von Claudia im Jahr 1646 eine lebenslange Pension von 150 Gulden, die später auf 200 Gulden erhöht wurde. Ferdinand Karl ernannte ihn am 29. April 1648 zum Zöllner, Waldmeister und Bergrichter von Primör, am 18. Dezember 1653 bezeichnet er ihn als seinen Rat und Italienischen Sekretär (EB 1646, fol. 146r, 274v, 317r; EB 1648, fol. 68rv, 150r–153r, 190v–191r; EB 1653, fol. 356rv; GM 1646/I, fol. 427v–428r; GM 1648/I, fol. 336v–337r; Bekennen 1648, fol. 161v–167v; Rb 1645, fol. 197r; Rb 1648, fol. 397r; Rb 1649, fol. 78r; Hs. 422, fol. 40r). Im Jahr 1663 ließ Sigismund Franz sein Porträt nach Ambras bringen (ÖNB, Cod. 8014, fol. 27v, Nr. 339: *Ein Prusstbild deß Welschen Secretari Augustin Belegrini in ainen schwartzen Rämbl*). Von dort kam es nach Wien (*Abb. 224*).

⁵⁰¹ Als erzfürstlicher Kammerdiener Pietro Bazzelli wird er am 22. Juni 1648 bezeichnet (TLA, Hs. 1826, fol. 17r).

⁵⁰² *Doktor Leonardo Panzoldo* wird seit 1638 als *Leib medico* der Regentin genannt (GH 1638, fol. 204rv; GM 1638/I, fol. 645r; GM 1644/II, 2232v–2233r; GM 1648/II, fol. 1036r), später war er Leibarzt Ferdinand Karls (TLA, Hs. 1279, fol. 12r; EB 1650, fol. 480v–481r).

⁵⁰³ Er erhielt von Claudia am 29. März 1639 100 Gulden als Gnadengabe *zu ainem Claidt* bewilligt (Rb 1639, fol. 62v, 338v).

⁵⁰⁴ Nicola Rossi, auch Johann Nicola Rossi genannt, wird 1648 als Edelknabenhofmeister und Hofkaplan erwähnt (GM 1648/II, fol. 1086v–1087r; EB 1648, fol. 309v–310r).

⁵⁰⁵ Wohl identisch mit dem am 16. November 1645 als Leiblakai genannten *Lorenzo Francesc* (GM 1645/II, fol. 2109rv).

⁵⁰⁶ Rb 1648, fol. 322v.

⁵⁰⁷ Rb 1648, fol. 345r (700 Gulden für die *zue Ertzfr. Hochzeit gemachten neuen Gutschen*); AFDt 1646, fol. 628v–629v; Innsbruck, Pfarrarchiv St. Jakob, Sterbebuch V, fol. 214r.

⁵⁰⁸ DUHR 2/2, 238–242.

⁵⁰⁹ GM 1638/II, fol. 1309r–1310r, 1380v–1381v, 1393rv, 1560r–1561r, 1722rv, 1742rv.

⁵¹⁰ TLA, Inv. A 4/2 (Schatzgewölbe) fol. 125r, unter der Überschrift *Biecher* als erstes Stück: *Breviarii Romani pars aestivalis et hyemalis in Zappa gepunden, die Gesper von geschmeltztem golt, darauf die Buechstaben C. und M. in dessen ain Register mit Perlen geziert, von dem andern manglen die Clausurn bis auf zway Pantln* (= Bänder).

⁵¹¹ TLMF, Dip. 902, fol. 62v (*ain geschriben bettbüchlin in guldinem Deckel voller demant; l'offitio della madonna in guldiner Coperta*); DOERING 97.

⁵¹² UBI, Cod. 966, fol. 80v: *Mer ain Brevier so für die Für. Dtl. mein gnedigiste Fraw in Octaf gebunden. Mer Zu obemelten Brevier hat der Buechpinder Wellische Clausurn, auch von Zappa gemacht, so füerfach überainander gelegt worden. Ist ain gueter thail darzue khomen.*

⁵¹³ TLA, Urk. II/6558.

⁵¹⁴ GH 1626, fol. 96rv; KS I/1593; Jb. 17, Nr. 15.074, 15.134; ÖKT 47, 302–306.

⁵¹⁵ Vgl. dazu WEISS, Der Innsbrucker Hof, Anhang I.

⁵¹⁶ ÖKT 52/I, 181f. und ÖKT 52/II, 532f.

⁵¹⁷ ÖKT 52/1, 141–143; Rb 1633, fol. 235r.

⁵¹⁸ Vgl. dazu Henriette PETERS, Mary Ward. Ihre Persönlichkeit und ihr Institut (Innsbruck–Wien 1991) 669–671, 766.

⁵¹⁹ Für die *Zörungs Uncossten* für *Mater Maria dela Guardia, der Matrum Societatis Jesu Generalis*, drei weitere *Ordens Frauen*, zwei Diener, vier Landkutschen, vier Pferde und zwei Maultiere vom 5. bis 7. Jänner 1629 bezahlte die Kammer einem Innsbrucker Wirt 27 Gulden 53 Kreuzer (Rb 1629, fol. 424r).

⁵²⁰ TLMF, Dip. 902, fol. 19r–22v, 26v–27v, 29r, 57v–58r; DOERING 48–50, 54–56; VFDt 1627/1628, fol. 127r. In der Leichenpredigt wird erwähnt, daß er auch als Laie stets das Brevier (*die Tagzeiten der Priester*) gebetet habe (TLMF, FB 3513/1, S. 26; UBI, Sign. 30.205/1, S. 26).

⁵²¹ TLA, Bibliothek, Sign. 5357 (reformierte Landesordnung von 1573/1603 und *Policey-Ordnung* von 1573).

⁵²² BT 1631/1636, fol. 629r, 655r; BT 1637/1642, fol. 85r, 149r, 152r, 153r, 189v, 195r–196v, 240r–242v, vor 300r, 306v–307v, 600v–602r; BT 1643/1648, fol. 150r, 322r, 337v–341r, 344v–345r, 348v–349r; CD 1630/1632, fol. 400v–401r; CD 1637/1641, fol. 25r, 248v, 252rv, 265r–266r, 268v–269r, 383v–384r, 421v; CD 1642/1645, fol. 331v–332r, 586r, 798r; CD 1646/1647, fol. 144v–145v.

⁵²³ AFDt 1643/1644, fol. 596rv; VFDt 1644/1645, fol. 27v–28r; CD 1642/1645, fol. 381r.

⁵²⁴ CD 1642/1645, fol. 532r. Hans Georg Penz, der so unvorsichtig war, seine *Gottslesterung* – vermutlich gotteslästerliches Fluchen –

im Innsbrucker Regimentsgebäude zu begehen, sollte dafür 3 Tage und Nächte bei Wasser und Brot im Kräuterhaus büßen (ebd. fol. 413r).

[525] TLA, Hs. 1061, fol. 3v.

[526] VFDt 1644/1645, fol. 779v–780r, 797v–798r, 882r, 888v–889v; VFDt 1646, fol. 315v, 330v; CD 1642/1645, fol. 726rv, 747r, 758r–759r, 764v, 776v–777r, 789v, 794r, 808rv, 813v–814r; Geheimer Rat, SP 14 (Landeshuldigung im Juli 1648); ERLACHER 19, 189–191 (fälschlich Endert). Für die Ausstattung des Kräuterhauses hatte die Innsbrucker Kammer zu sorgen, ein Inventar von 1635 ist erhalten geblieben (TLA, Inv. A 17/2).

[527] AFDt 1639/1640, fol. 938rv; GH 1640, fol. 670rv; ERLACHER 61f., 176f.

[528] TLA, Hs. 1061, fol. 1r und Hs. 1089, fol. 2rv; TASSER 54; ERLACHER 18.

[529] GH 1627, fol. 17rv; BT 1637/1642, fol. 194rv (1638).

[530] VFDt 1632/1636, fol. 335v, 467v–468r.

[531] TLA, Hs. 2618 (nicht ausgefertigt und datiert).

[532] CD 1624/1627, fol. 766rv; CD 1628/1629, fol. 274v. Vgl. KIRCHMAIR 136; WEISS, Die Österreicherin 366ff.

[533] CD 1628/1629, fol. 298rv; CD 1633/1636, fol. 573v–574r, 589v; CD 1620/1623, fol. 121v; CD 1637/1641, fol. 294v, 298v, 321v, 342v–343r. Vgl. KIRCHMAIR 122ff.; WEISS, Die Österreicherin 375ff.

[534] KS I/1205 (Blasius Greiner an Leopold, 10. Dezember 1629, mit weiteren interessanten Details über die ablehnende Haltung der Familie Springler).

[535] TLA, Gutachten an Hof 1619, fol. 96r–97r, 365rv; GH 1627, fol. 161v; CD 1628/1629, fol. 412v–413r, 446rv, 619v–620r; CD 1630/1632, fol. 549rv; BT 1625/1630, fol. 140rv; VFDt 1629/1631, fol. 449rv; VFDt 1632/1636, fol. 79rv; Reiseresolutionen 1631 (19. Jänner 1631). Vgl. auch: Stadtbuch Kitzbühel, Bd. 2 (Kitzbühel 1968) 158f.

[536] VFDt 1637/1639, fol. 665v–666r; VFDt 1644/1645, fol. 360rv; BT 1637/1642, fol. 375v (Nachricht über die Anwesenheit zweier Mitgewerken, *so nit recht der Religion sein sollen*, in Kitzbühel im Jahr 1640); EB 1641, fol. 58rv, 133r. Am 13. Oktober 1645 ließ die Kammer Kupfer für das Neue Hofgebäude bei den Fuggerschen oder *Rosenbergischen* Gewerken kaufen (GM 1645/II, fol. 1880v).

[537] CD 1637/1641, fol. 393r, 414v, 474v–475v, 480v–481r; AFDt 1643/1644, fol. 1091v.

[538] AFDt 1636/1638, fol. 701v–702r, 793v–794r; AFDt 1639/1640, fol. 1v–2r; VFDt 1637/1639, fol. 265v–266v, 328v, 411r, 741rv; VFDt 1644/1645, fol. 849v–850v, 851v–852v, 920v–922v; VFDt 1646, fol. 9v–10r; CD 1637/1641, fol. 105v, 240r, 242v, 246v–247r, 250rv, 260r, 272v–273v, 288v, 373v, 382v, 404r, 424r; CD 1642/1645, fol. 803v–804r, 823v–824r, 838rv.

[539] TLA, Leopoldinum, Littera R, Nr. 15; CD 1624/1627, fol. 272rv; CD 1628/1629, fol. 262r; AFDt 1636/1638, fol. 378v; AFDt 1641/1642, fol. 150v–151r; AFDt 1643/1644, fol. 760rv; VFDt 1641/1642, fol. 530rv; BT 1637/1642, fol. 484r.

[540] AFDt 1628, fol. 540r–541v. In Kaufbeuren war seit 1632 Michael Luft tätig, der sich 1637 über nicht erfolgte Bezahlung beschwerte (GM 1636/II, fol. 1556rv; GM 1637/I, fol. 36r). Für Augsburg ernannte Claudia im Jahr 1639 nach längerer Vakanz Kaspar Pfeffer von Reutte, der im Dienst des Augsburger Bischofs stand (GM 1638/I, fol. 450r–451r; GM 1641/I, fol. 890v; AFDt 1639/1640, fol. 240rv; AFDt 1641/1642, fol. 199v; VFDt 1637/1639, fol. 605rv; VFDt 1640/1641, fol. 533v; VFDt 1646, fol. 77v; EB 1640, fol. 39v–40v, 47r–52r; CD 1646/1647, fol. 44rv). Vgl. KIRCHMAIR 146ff.

[541] CD 1637/1641, fol. 576v–577r.

[542] CD 1617/1619, fol. 398v–399r; CD 1624/1627, fol. 584r; CD 1628/1629, fol. 258rv, 621r; CD 1630/1632, fol. 163r–165r, 304v–305r, 484v–485r; BT 1625/1630, fol. 460rv, 464v–465r, 639rv, 689rv; BT 1631/1636, fol. 180r–181r; TLMF, FB 6630. Vgl. KIRCHMAIR 166ff.

[543] BT 1631/1636, fol. 280r, 281r, 627r, 630r; BT 1637/1642, fol. 374r–375v, 413rv, 454v–455v, 470v; BT 1643/1648, fol. 73v; CD 1633/1636, fol. 130rv, 457v–458v, 545rv; CD 1637/1641, fol. 105v, 454v–455r; VFDt 1637/1639, fol. 355r, 481v–482r; AFDt 1639/1640, fol. 28v–30r.

[544] AFDt 1632/1633, fol. 605v–606v; AFDt 1634/1635, fol. 236v–237r, 505rv, 509v–510v; AFDt 1643/1644, fol. 448v–449r, 703v–704v; VFDt 1632/1636, fol. 175v, 429v; VFDt 1642/1643, fol. 608v–609r; CD 1633/1636, fol. 49r, 53r–54r, 79v, 130rv, 545rv; CD 1637/1641, fol. 235rv, 243r; BT 1643/1648, fol. 95v–96r.

[545] Im Jahr 1644 ließ der Pfarrer von Ampaß die Regentin wissen, daß er bei einigen Pfarrkindern 13 *Ketzerische* Bücher gefunden, an sich genommen und teilweise in Gegenwart der weltlichen Obrigkeit verbrannt habe. Claudia befahl der Regierung am 16. Dezember 1644, Nachforschungen anzustellen und Maßnahmen zu ergreifen, *damit die Einschleichung dergleichen büecher beim gemainen Mann gentzlich verhüet werde* (VFDt 1644/1645, fol. 452v–453r).

[546] Ein derartiges Beispiel ist für das Jahr 1641 überliefert: Ein junger Bader von Inzing war auf dem Heimweg von *etwelchen bösen Hexenleithen*, von denen er angeblich ein oder zwei Personen kannte, so tief im Schnee vergraben worden, daß er erfroren wäre, hätte man nicht sein Schreien gehört und ihm Hilfe geleistet. Der Pfleger des zuständigen Gerichts wurde am 14. Jänner 1641 aufgefordert, den Fall zu untersuchen und das Untersuchungsergebnis nach Innsbruck zu senden (CD 1637/1641, fol. 603v–604r).

[547] Hartmann AMMANN, Der Innsbrucker Hexenprozess von 1485, Zeitschrift des Ferdinandeums für Tirol und Vorarlberg, 3. Folge, Heft 34 (1890) 1–87; HIRN, Erzherzog Maximilian der Deutschmeister 2, 66ff.; WEISS, Die Österreicherin 391ff.

[548] J. KOHLER/Willy SCHEEL (Hg.), Die peinliche Gerichtsordnung Kaiser Karls V. Constitutio Criminalis Carolina (Halle a. S. 1900) 59.

[549] CD 1620/1623, fol. 462v–463r, 511r, 524r.

[550] TLA, Sammelakten B, Abt. XVI, Lage 4, Nr. 1 (Geständnisse und Urteile); Reiseresolutionen 1623 (Leopold an die Geheimen Räte, 4. Juli 1623). Der Landecker Pfleger wurde am 15. Juli über die Milderung des Urteils informiert (CD 1620/1623, fol. 542v).

[551] Eid, sich an den Gerichtspersonen nicht zu rächen und dem Urteil nachzukommen (TLA, Bibliothek, Sign. 5357: Landesordnung von 1573/1603, Buch 8, Titel 58 und 78).

[552] CD 1620/1623, fol. 568v–569r, 578v–579r.

[553] CD 1624/1627, fol. 722r.

[554] CD 1628/1629, fol. 281r.

[555] TLA, Leopoldinum, Kasten A, Nr. 254, fol. 90r–99v (Verhörprotokolle und Urteil); CD 1624/1627, fol. 285v, 303rv, 342v–343r, 366r–367r, 392v.

[556] CD 1624/1627, fol. 661rv, 672v, 679rv, 692r–693v, 705r–707r, 729v–730v, 743r–744r, 751r–752r, 799r–801r; CD 1628/1629, fol. 7rv, 88v–89r, 123v, 125r, 137v–140r, 167rv, 194rv, 223rv, 235r–237r, 490v–493v, 573r–574v, 593r–594v; CD 1630/1632, fol. 27v, 182v–183r, 273v–274v; AFDt 1628, fol. 277r–278v, 590v–591v; GM 1629/I, fol. 952v–953v; GM 1629/II, fol. 1053v–1056v; GM 1630/I, fol. 247r; Leopoldinum, Littera C, Nr. 67, fol. 23r–24v (undatierte Bittschrift der vier Ehepartner, präsentiert am 19. November 1628), 28r–35v und 76r–82v (Schreiben der Regierung an Leopold vom 7. und 18. Oktober 1628 sowie 19. und 21. Februar 1629); Sammelakten B, Abt. XVI, Lage 4, Nr. 2, fol. 1r–79v (Verhörprotokolle und Urteil über Katharina Kässler, 14. Dezember 1629 bis 24. Jänner 1630); VFDt 1629/1631, fol. 46rv, 99rv, 141r–143r, 257rv, 278rv (Bestätigung des Urteils am 23. Februar 1630).

[557] Rb 1631, fol. 15r, 25v–26r, 422r–423r; VFDt 1629/1631, fol. 528r.

[558] CD 1630/1632, fol. 324rv.

[559] Auch die 73 Gulden 30 Kreuzer für zwei zu Königsberg eingezogene *Hexenweiber*, die am 18. Februar 1630 bezahlt wurden, beziehen sich wohl auf diese ehemals vier Hexen (Rb 1635, fol. 1137rv).

[560] CD 1628/1629, fol. 555v–556r, 572r; GM 1629/I, fol. 407v.

561 CD 1628/1629, fol. 142r, 575rv, 587v–588r, 615rv; CD 1630/1632, fol. 11r, 88rv, 95v–96r, 100v; EB 1629, fol. 348rv; Rb 1630, fol. 479r–480v.
562 CD 1630/1632, fol. 634r; CD 1633/1636, fol. 1rv, 18v–19v; VFDt 1632/1636, fol. 163r; Rb 1633, fol. 358v–359r.
563 VFDt 1632/1636, fol. 428r; AFDt 1634/1635, fol. 586r–587r; CD 1633/1636, fol. 569v–570r. Bereits im Frühjahr 1631 hatte Dominica *Comprina*, am Nevis *bezichtigten Hexerey halber* inhaftiert, die Regierung um Unterhalt gebeten, war aber abgewiesen worden (CD 1630/1632, fol. 604v–605r).
564 So etwa im Fall von Barbara Janegger, die 1631 *zauberischer Imputationen halber* in Kaltern inhaftiert war, aber freigelassen wurde. Sie sollte 225 Gulden an Gerichtskosten zahlen, worüber sie sich in Innsbruck beschwerte. Die Regierung forderte vom Pfleger von Kaltern die Übersendung der Prozeßunterlagen (CD 1630/1632, fol. 194v–195r, 212v–213r, 223rv, 273r–274r, 298v–299r, 310r, 361rv; CD 1633/1636, fol. 679r).
565 Einen Überblick gibt SCHOISSWOHL, Anhang. Die Tabelle der Hexenprozesse bei Pinuccia DI GESARO, Streghe. L'ossessione del diavolo. Il repertorio dei malefizi. La repressione (Bozen 1988) 620–643 basiert großteils auf Schoisswohl, ohne sie zu zitieren. In den Kopialbüchern der Innsbrucker Behörden werden ab 1619 zahlreiche weitere Personen genannt, die der Hexerei bezichtigt und teilweise auch hingerichtet wurden. Interessant ist das von Leopold V. am 5. Juni 1630 bestätigte Urteil über die seit Jänner 1629 in Gufidaun verhaftete, offenbar geistesgestörte Agnes von Reischach, die *wegen außgessprengter falsch Lehr und Vermischung mit dem besen Geist (weillen Sy nit recht beysinnen)* drei Feiertage nacheinander bei der Pfarrkirche in Gufidaun während des Gottesdienstes mit einer großen Rute in der Hand vor dem Friedhof stehen sollte, um danach außer Landes geschafft zu werden (CD 1628/1629, fol. 242v–243r; VFDt 1629/1631, fol. 42v–43r, 346rv).
566 AFDt 1636/1638, fol. 374v. Claudia befand sich in Polen (siehe Anm. 592).
567 AFDt 1636/1638, fol. 382rv; CD 1637/1641, fol. 112r, 116rv, 120v–125v; TSCHAIKNER 84–92.
568 TLA, Leopoldinum, Littera C, Nr. 67 (vermischt mit Stücken zum Kurtatscher Prozeß). Einen Überblick gibt Franz KOHLER, Kleriker & Laien, Welschnofen. Von der alten Zeit, Bd. 2 (Bozen–Wien 1994) 171–175. TSCHAIKNER 96–98 referiert den Prozeß ohne Berücksichtigung der Protokolle teilweise irrig.
569 AFDt 1636/1638, fol. 728r–729r; VFDt 1637/1639, fol. 335rv; CD 1637/1642, fol. 243rv (Befehl der Regierung an Melchior Gumerer, Gerichtsanwalt von Karneid, 13. Oktober 1638) und fol. 254v–255v (Erwähnung des *Jungst Justificierten Hannsen Kochlers*, 17. November 1638). Auch im Prozeß gegen die Geschwister Koler wird auf den *verten Justificierten Hannsen Khachler* Bezug genommen (TLA, Leopoldinum, Littera C, Nr. 67, fol. 8r). TSCHAIKNER 96 gibt als Richter irrtümlich Hans Reiter an.
570 TLA, Leopoldinum, Littera C, Nr. 67, fol. 51r–75v.
571 Gemeint sind kleingeschnittene, gesäuerte weiße Rüben. Der Arzt Guarinoni erwähnt in seinem *Gesondheitbuch* das *Rubenkraut* als wenig bekömmlich, das Köche würden für seine Zubereitung viel Speck und Schmalz benötigen (Die Grewel der Verwüstung 570f.). Großherzogin Maria Magdalena ließ sich im Jänner 1630 *ruebenkhraut* nach Florenz schicken (AL II/35: Maria Magdalena an Leopold, 4. Jänner 1630). Der Innsbrucker Hof kaufte im November 1633 Rübenkraut (*gehackhte Rueben, ... des Rüebenen gehackhten Krauts*) in Thaur (BT 1631/1636, fol. 379v–380r). Noch heute kann man auf Tiroler Bauernmärkten Rübenkraut kaufen.
572 VFDt 1637/1639, fol. 620v; CD 1637/1641, fol. 368r und 374r (die *Jungstlich Hexerey halber iustificierte Dorothea und Maria Gerberin* werden erwähnt, 17. September 1639).
573 TLA, Leopoldinum, Littera C, Nr. 67, fol. 1r–22v, 25r–27v, 36r–50v.
574 Erwähnt am Beginn des Protokolls über das Verhör am 6. August 1639 (TLA, Leopoldinum, Littera C, Nr. 67, fol. 72r). Vermutlich hatte die Innsbrucker Regierung Dr. Zeiller aufgefordert, sich nach Welschnofen zu begeben.
575 CD 1637/1641, fol. 374r; CD 1643/45, fol. 332r. Der Vater Dr. Zeillers war von Kaiser Ferdinand II. am 28. August 1634 in den erblichen Adelsstand erhoben worden, was die Regentin am 19. Dezember 1643 anerkannte (VFDt 1644/1645, fol. 29rv).
576 CD 1637/1641, fol. 376r–377r, 392rv, 397r–398r, 418v, 431rv; TSCHAIKNER 96–98.
577 CD 1637/1641, fol. 219v–220r (Bestätigung des inhaltlich nicht näher ausgeführten Urteils durch die Innsbrucker Regierung, an Michael Rosan, Pfleger und Richter von Kronmetz gerichtet, 6. August 1638).
578 CD 1637/1641, fol. 337v–338r (an den nicht namentlich genannten Pfleger von Deutschmetz gerichtet). In den weiteren Schreiben wird der Adressat Michael Rosan abwechselnd Pfleger und Richter von Deutschmetz oder Kronmetz genannt.
579 CD 1637/1641, fol. 348v, 485r, 526r, 532v, 575rv, 592v–593r, 605v–606r, 622rv, 624rv, 652r, 689v–690r, 692v–693r, 695v–696v. TSCHAIKNER erwähnt diesen Prozeß nicht.
580 CD 1637/1641, fol. 757r.
581 AFDt 1643/1644, fol. 1124rv; VFDt 1644/1645, fol. 266v, 447v–448r; CD 1642/1645, fol. 583v–584r. Vgl. TSCHAIKNER 102–105 und MOSER, Die Scharfrichter 27.
582 GM 1645/II, fol. 2262v–2264r.
583 GM 1646/I, fol. 393rv (Befehl der Kammer an den Ultener Pfleger vom 30. März 1646).
584 AFDt 1645, fol. 35r–38v, 306r–307r; VFDt 1644/1645, fol. 499rv, 525r–526r, 699v; CD 1642/1645, fol. 617v–618r, 623v–624r, 626r–628r, 710v; TSCHAIKNER 106–109 (mit weiterer Literatur).
585 TLA, Sammelakten B, Abt. XVI, Lage 4, Nr. 3, fol. 23v–25v (Malefizurteil vom 30. Oktober 1645); ausführlich benützt von SCHOISSWOHL 1ff.; Heimatbuch Rodeneck. Geschichte und Gegenwart, hg. von Alois RASTNER und Ernst DELMONEGO (Rodeneck 1986) 71–79 (nach Unterlagen im Pfarrarchiv Rodeneck). BENEDIKTER 267–273, 275 (Abb.), 277 (Abb.), 278 (Abb.), 283–290 (nach Schoisswohl).
586 Darauf machte die Regierung die Regentin am 17. September 1636 aufmerksam, nachdem Fortunat von Wolkenstein 1634 und 1635 auf Fürbitte seiner Gemahlin die über einen Dieb verhängten Strafen *aignen gewalts* gemildert hatte (AFDt 1636/1638, fol. 165v–166v). Das ausschließliche Begnadigungsrecht des Landesfürsten wird auch im Regierungsschreiben an Kammerprokurator Dr. Motzel vom 11. Oktober 1636 erwähnt, wonach *in den Wolckensteinischen Verträst- und Gabbrieffen umb das Schlos und Herschafft Rodenegg dergleichen Regalia* – d. h. die Begnadigung – *denen von Wolckhenstain nit eingeraumbt worden, gestalten dann das Jus indulgendi der Landsfürstlichen Superioritet und Hocheit jederwein reserviret wirdet* (CD 1633/1636, fol. 759v–760r). Auf Befehl der Regentin wies die Regierung Fortunat von Wolkenstein selbst am 11. Jänner 1638 darauf hin, daß das Begnadigungsrecht nur dem Landesfürsten zustehe (BT 1637/1642, fol. 79rv). Wolkenstein hatte den Innsbrucker Hof im Jahr 1635 verlassen, behielt aber weiterhin den Titel eines Geheimen Rats (ERLACHER 50f.).
587 TLA, Sammelakten B, Abt. XVI, Lage 4, Nr. 4; ausführlich benützt von SCHOISSWOHL 115ff.; danach BENEDIKTER 291–296.
588 CD 1646/1647, fol. 150r. Die Regierung verwies also auf die vom Kammerprokurator Motzel 1637 ausgearbeitete Instruktion (siehe oben S. 204).
589 TLA, Sammelakten B, Abt. XVI, Lage 4, Nr. 4, fol. 150rv; CD 1646/1647, fol. 150r. Zeiller läßt sich bis 1648 als Pfleger von Karneid nachweisen (CD 1646/1647, fol. 87r; GM 1648/II, fol. 1411r).
590 AFDt 1636/1638, fol. 382rv, 439rv; VFDt 1637/1639, fol. 153v; CD 1637/1641, fol. 151rv, 162v, 168v–169r; TSCHAIKNER 83f., 93f.
591 VFDt 1644/1645, fol. 512v–513r (Claudia an die Regierung); TSCHAIKNER 99–102.

285

[592] Vgl. TSCHAIKNER 82ff. Als im Herbst 1637 die Entscheidung im Heinfelser Prozeß anstand, weilte Claudia gerade in Polen, an ihrer Stelle verfügten die Geheimen Räte am 9. Oktober 1637 eine Milderung des grausamen Urteils: Auf Vorschlag der Regierung sollte Urban Pichler vor der Verbrennung an einen Pfahl gebunden und erdrosselt werden, während seine *Consortin* Ursula, wie vom Gericht vorgesehen, vor der Verbrennung zu enthaupten sei (AFDt 1636/1638, fol. 363v; VFDt 1637/1639, fol. 104v–105r; CD 1637/1641, fol. 126rv).

[593] Landesordnung von 1573/1603, Buch 8, Titel 40 und Polizeiordnung von 1573, Blatt 11r (TLA, Bibliothek, Sign. 5357).

[594] TLA, Ausgegangene Schriften 34, fol. 494r. Vgl. auch: Marx Sittich v. Wolkenstein, Landesbeschreibung von Südtirol, Schlern-Schriften 34 (1936) 1ff.

[595] WEISS, Der Innsbrucker Hof, Anhang II.

[596] Die Innsbrucker Regierung bestätigte das Urteil am 3. Juni 1633 (CD 1633/1636, fol. 123rv).

[597] CD 1617/1619, fol. 177r, 210r, 332v, 415r, 490r; CD 1620/1623, fol. 1v–2r; Ausgegangene Schriften 34, fol. 451r.

[598] CD 1630/1632, fol. 147v, 287rv, 302v–303r, 327v.

[599] CD 1637/1641, fol. 406r und zahlreiche weitere Nennungen bis 1646. Damals wurde sein Haus in Kiens, das er offenbar zur Bezahlung seiner Konkubinatsstrafe verkaufen mußte, veräußert (GM 1643/I, fol. 204r, 490r, 786r; GM 1646/I, fol. 559r).

[600] VFDt 1637/1641, fol. 507rv.

[601] VFDt 1642/1643, fol. 520r.

[602] CD 1633/1636, fol. 336rv, 359v, 377r.

[603] AFDt 1643/1644, fol. 938v–939r, 1039r–1041v, 1109v–1110v, 1131v–1132v; VFDt 1644/1645, fol. 284v–285v, 353v–354v, 407r–408r, 416v–417r, 418v–419v, 435v; CD 1642/1645, fol. 497v, 514r–515v, 520v, 532v–533r, 552v–553r, 571r, 573v, 589v–592v, 600v; GM 1645/I, fol. 197v–199r, 375rv, 428v–430v, 918v–919r; EB 1645, fol. 46v–47v, 98r.

[604] CD 1637/1641, fol. 429v, 450v–451r, 455v, 465v, 480v, 522r, 526rv, 532v; CD 1642/1645, fol. 209v–210v, 280r, 367rv, 640v–641v, 653rv, 770r–771v; AFDt 1641/1642, fol. 355v; AFDt 1643/1644, fol. 230r–231r, 498rv, 730rv, 1160v–1164r; VFDt 1642/1643, fol. 318r–319v, 546rv; EB 1643, fol. 58r, 621v–622r; EB 1644, fol. 279rv, 686v–687r, 697v–698v; EB 1645, fol. 114v–115v, 131v–133v, 235v–236v; GM 1642/II, fol. 1991v–1992v, 2218v–2219v; GM 1644/I, fol. 54r–55r, 644r, 1014v–1015v, 1162v–1163v; GM 1644/II, fol. 1271rv, 1455v–1456v, 1817v–1818v, 2282v–2283v; GM 1646/II, fol. 1435r.

[605] AFDt 1636/1638, fol. 306rv, 312v–313r; AFDt 1639/1640, fol. 49r; VFDt 1637/1639, fol. 39r, 46r; GH 1637, fol. 496v–497v; CD 1637/1641, fol. 50r, 53r, 64rv, 92v–93r, 316r.

[606] AFDt 1643/1644, fol. 457rv; VFDt 1642/1643, fol. 672v; VFDt 1644/1645, fol. 532r, 749v; CD 1642/1645, fol. 337v, 343v–344v, 363r, 525rv, 576v–577r, 724v–726r, 769v–770r, 780v, 789rv; GM 1643/II, fol. 1683rv, 1881r, 2058v; BT 1643/1648, fol. 344r, 350rv. Auch der Pfleger von Schöneck erhielt einen Teil des Geldes und verwendete es zur Reparatur seines Schlosses (EB 1646, fol. 21r–22r; GM 1646/I, fol. 63r).

[607] AFDt 1643/1644, fol. 451rv; VFDt 1642/1643, fol. 671r.

[608] AFDt 1634/1635, fol. 529v–530v; AFDt 1636/1638, fol. 68rv; VFDt 1632/1636, fol. 433r–434r; CD 1633/1636, fol. 516v–517v, 531rv, 554rv, 566rv, 580rv, 669rv, 679rv; Rb 1635, fol. 1112rv.

[609] VFDt 1644/1645, fol. 632v–633r. Zu gering bemessene Geldbußen wurden oft Jahre später nachgefordert. So hielt der Innsbrucker Kammerprokurator im Jahr 1636 eine im Jahr 1624 wegen Inzests verhängte Geldstrafe von je 30 Gulden für zu gering und forderte jeweils 200 Taler (CD 1633/1636, fol. 666v–667r).

[610] CD 1642/1645, fol. 329v–330v, 428v, 479r, 482rv, 611v–612v, 653v–654v, 734v–735r.

[611] AFDt 1643/1644, fol. 350r–351v; VFDt 1642/1643, fol. 595r; VFDt 1644/1645, fol. 255v.

[612] Gegen Jahresende 1629 hatte man in Innsbruck erfahren, daß Flugi ein Verhältnis mit der Frau seines Bruders hatte, das auch nach dessen Tod andauerte. Auf Wunsch des Churer Domkapitels ließ die Regierung Anfang Jänner 1631 nach Eleonora Flugi fahnden, der Pfleger von Naudersberg konnte sie bald danach festnehmen und sollte das Verfahren gegen sie *in gehaimb* vornehmen, wohl um den hohen Geistlichen zu schonen. Am 20. August 1631 befahl Leopold, die Witwe gegen Kaution freizulassen, doch sollte sie sich jederzeit stellen müssen. Diese Auflage hob er am 5. Mai 1632 auf Bitten des Dompropstes wieder auf (VFDt 1629/1631, fol. 449v, 490rv, 540rv, 581r; VFDt 1632/1636, fol. 67v; CD 1628/1629, fol. 600rv; CD 1630/1632, fol. 176v–177r, 207v, 215v–216r, 241v–242r, 268v–269r, 303rv, 542v). Claudia intervenierte am 16. März 1636 gegen die am 1. Februar 1636 erfolgte Bischofswahl des Dompropstes, der als französisch gesinnt galt (BAV, Cod. Barb. lat. 6861, Nr. 16; Hierarchia Catholica 4, 170; WELTI 335f.). SINNACHER 8, 417f. schreibt ohne Kenntnis dieser Quellen, daß sich Claudia „durch Verläumdungen habe hintergehen lassen" und daß Flugi, dem man „frühere Ausschweifungen zur Last legen" wollte, durch sein ganzes Betragen zeigte, „daß er der hohen Würde nicht unwürdig sey".

[613] AFDt 1634/1635, fol. 490v–491r; AFDt 1636/1638, fol. 11rv, 25v–26v, 83r; VFDt 1632/1636, fol. 467v; CD 1633/1636, fol. 350v–351v, 575r–576r, 591rv, 595rv, 602rv, 613rv, 693v, 708v, 718rv.

[614] AFDt 1636/1638, fol. 220v; VFDt 1632/1636, fol. 589v–590v; VFDt 1637/1639, fol. 763r; CD 1637/1641, fol. 16v; EB 1638, fol. 124v–125r; EB 1639, fol. 265rv. Der Pfarrer Dr. (Johann) Heinrich Altstetter blieb im Amt (EB 1641, fol. 464rv; EB 1645, fol. 89v–90r).

[615] AFDt 1641/1642, fol. 737v–738v, 784rv, 985r; AFDt 1643/1644, fol. 418r–420r, 608v–609r, 663r–665r, 781v–783v, 790r–791v, 865r–866v, 1013v–1014v, 1086r–1087v, 1141r–1142r; AFDt 1646, fol. 424r–425v, 826r–828v; VFDt 1642/1643, fol. 199r–200r, 236v–237r, 289r, 378r, 412rv, 442r, 455rv; VFDt 1644/1645, fol. 44rv, 115v–116r, 491v–492r; CD 1642/1645, fol. 153v–155v, 189r, 211v–212v, 224rv, 342rv, 377r, 420rv; GM 1643/I, fol. 757rv, 931rv; GM 1643/II, fol. 1027v–1028v.

[616] Polizeiordnung von 1573, Blatt 11r (TLA, Bibliothek, Sign. 5357).

[617] CD 1633/1636, fol. 415r.

[618] CD 1624/1627, fol. 161v–162r, 174rv, 199rv, 263v–264v, 274v–275v, 299v, 317rv, 327r, 376rv, 437v, 462v, 801r; CD 1628/1629, fol. 247v–248r, 506r, 537rv; CD 1630/1632, fol. 286v–287r; AFDt 1628, fol. 634rv.

[619] AFDt 1636/1638, fol. 168v–169r; CD 1633/1636, fol. 754v, 768v–769r. Als Mittel zur Abtreibung wird die Christwurz erwähnt.

[620] AFDt 1641/1642, fol. 374r–375r; VFDt 1640/1641, fol. 728rv, 744rv.

[621] CD 1628/1629, fol. 413rv, 591rv; CD 1630/1632, fol. 121v.

[622] VFDt 1629/1631, fol. 670v–671v; CD 1630/1632, fol. 307r, 314rv, 316v, 321r, 323r, 339rv, 377v, 378v–381v, 385r, 390v–391r, 396v–397r, 406r. Eine Elisabeth Mayr von Mils, die vom 24. Mai bis 10. Oktober 1631 im Kräuterhaus inhaftiert war und mit dem Schwert hingerichtet wurde (Rb 1631, fol. 427v–428r), war wohl nicht mit ihr identisch.

[623] Wegen ihres von einem Bindergesell unehelich empfangenen und anschließend versteckten Kindes wurde Margarete Fuchsberger in Bozen inhaftiert. Auch als ein Heiratswilliger um ihre Entlassung bat, entschied Claudia am 29. April 1633, daß ihr der Prozeß gemacht werden sollte (VFDt 1632/1636, fol. 185v–186r). Afra Mayr war einen Monat lang bei Wasser und Brot im Gefängnis, weil sie mit einem Geistlichen *ain lediges Khindt erzeugt*, am 19. Mai 1643 genehmigte die Innsbrucker Regierung ihre Entlassung (CD 1642/1645, fol. 265r).

[624] CD 1628/1629, fol. 264rv (Befehl vom 10. Februar 1629).

[625] CD 1630/1632, fol. 587v–588v; CD 1633/1636, fol. 3v; AFDt 1632/1633, fol. 327v–328r; VFDt 1632/1636, fol. 135rv.

⁶²⁶ CD 1642/1645, fol. 681v–682r, 700r; VFDt 1644/1645, fol. 649v–650r, 664v.

⁶²⁷ AFDt 1634/1635, fol. 507r–508r; VFDt 1632/1636, fol. 416r. Weitere Entscheidungen über Kindesmord wurden offenbar nicht an die Regentin herangetragen, nach zwei geflüchteten Kindesmörderinnen ließ sie im Jahr 1645 fahnden (CD 1633/1636, fol. 708v–709r; CD 1637/1641, fol. 397r, 400v–401r; CD 1642/1645, fol. 755r, 806v).

⁶²⁸ Das Verfahren dauerte lang. Als die *Schuesterin* im September 1636 nach einjähriger Haft außer Landes gebracht werden sollte, gab es wegen der unsicheren Zeitläufte Schwierigkeiten (CD 1633/1636, fol. 682v–683r, 725v–726r, 739r, 751r, 753v; AFDt 1636/1638, fol. 104v; VFDt 1632/1636, fol. 518v–519r).

⁶²⁹ CD 1642/1645, fol. 754v–755r; CD 1646, fol. 92rv, 121v–122r.

⁶³⁰ AFDt 1639/1640, fol. 222rv; VFDt 1642/1643, fol. 35r, 258rv; CD 1642/1645, fol. 25r.

⁶³¹ CD 1617/1619, fol. 539v, 543r; CD 1624/1627, fol. 330rv; CD 1628/1629, fol. 266rv; CD 1633/1636, fol. 229r, 460r; CD 1642/1645, fol. 16rv; VFDt 1627/1628, fol. 46rv; AFDt 1639/1640, fol. 58v–59r, 64rv; VFDt 1646, fol. 3v–4r; GH 1633, fol. 104rv. Vgl. auch Christa MÜLLER, Sozialdisziplinierung während Fastnacht und Fastenzeit in Tirol zwischen 1530 und 1650 (Wien 1995) 16ff.

⁶³² VFDt 1642/1643, fol. 442v.

⁶³³ CD 1633/1636, fol. 205v (*Abstellung der Saitenspil an der Etsch*), 462rv (*Mascarada* in Wattens, *Saiten- und andere Spil* in Hall); BT 1643/1648, fol. 156r–157r (während der Fasnacht 1644 gab es in Innsbruck Tag und Nacht in und außerhalb der Häuser *allerhand insolentien mit masceraden, Spilleiten, schitenfahren, iuchetzen, schreyen und andern Ungebürnussen ...*, was Claudia *mit Ungnädigisten mißfallen vernehmben* mußte).

⁶³⁴ VFDt 1632/1636, fol. 340rv, 386r; AFDt 1634/1635, fol. 350v–351r; CD 1633/1636, fol. 387r, 427rv.

⁶³⁵ Polizeiordnung 1573, Blatt 15rv und Landesordnung 1573/1603, Buch 6, Titel 13 (TLA, Bibliothek, Sign. 5357).

⁶³⁶ Erwähnt im Schreiben der Kammer an Leopold vom 4. Oktober 1619 (TLA, Gutachten an Hof 1619, fol. 389v–390v). Vgl. auch HIRN, Erzherzog Maximilian der Deutschmeister 1, 519ff.

⁶³⁷ TLA, Gutachten an Hof 1619, fol. 209v–210v.

⁶³⁸ TLA, Gutachten an Hof 1619, fol. 398v–399r (Schreiben der Kammer an Leopold, 10. Oktober 1619); CD 1620/1623, fol. 4r, 99v, 125r, 219rv, 265r, 301rv, 511v, 559v, 560r, 636rv.

⁶³⁹ WEISS, Die Österreicherin 442ff.

⁶⁴⁰ BT 1625/1630, fol. 182r, 184v–185r; CD 1624/1627, fol. 712rv.

⁶⁴¹ CD 1620/1623, fol. 136r.

⁶⁴² CD 1620/1623, fol. 253rv (Befehl vom 7. Juni 1621).

⁶⁴³ CD 1620/1623, fol. 559v–561v, 636rv.

⁶⁴⁴ Rb 1641, fol. 147rv; EB 1641, fol. 100v. Im Jahr 1626 (wohl zur Fürstenhochzeit) hatte Marx May Kirchenornat zur Verfügung gestellt, im Jahr 1638 waren dafür noch 1400 Gulden ausständig. Auch sonst wurden Rechnungen des Hofes oft spät bezahlt (EB 1637, fol. 159v–160r; GM 1638/I, fol. 824v; GM 1640/I, fol. 206rv, 1204rv; GM 1640/II, fol. 1879rv; GM 1642/I, fol. 1110v–1111r; GM 1642/II, fol. 1935rv; GM 1643/I, fol. 452v; GM 1643/II, fol. 1546, 188v–1886r).

⁶⁴⁵ CD 1624/1627, fol. 718rv.

⁶⁴⁶ CD 1628/1629, fol. 196v–197r, 222v–223r, 436v; VFDt 1629/1631, fol. 246v–247r; Rb 1629, fol. 247r, 572v.

⁶⁴⁷ CD 1628/1629, fol. 169v–170r.

⁶⁴⁸ AFDt 1628, fol. 502r–505r; CD 1628/1629, fol. 176v–177r, 191rv.

⁶⁴⁹ VFDt 1632/1636, fol. 407r; CD 1633/1636, fol. 530r–531r (mit etwas anderer Formulierung).

⁶⁵⁰ TLA, Hs. 1644, S. 18; CD 1633/1636, fol. 760rv; CD 1637/1641, fol. 47v–48r, 64v–65r.

⁶⁵¹ AFDt 1636/1638, fol. 477v; AFDt 1639/1640, fol. 4v; VFDt 1637/1641, fol. 161rv; CD 1637/1641, fol. 171v–172r.

⁶⁵² AFDt 1639/1640, fol. 1020r; HIRN, Kanzler Bienner 288.

⁶⁵³ EB 1648, fol. 402v–403r; HIRN, Kanzler Bienner 289–291. Bei Gretl KÖFLER, Zur Geschichte der Juden in Tirol, in: das Fenster 27 (1980) 2733–2735 ist er mit falschem Vornamen Johann Ferdinand aufgeführt.

⁶⁵⁴ BT 1637/1642, fol. 378v–379r.

⁶⁵⁵ AFDt 1641/1642, fol. 727r–728r, 736v–737r, 951rv; AFDt 1643/1644, fol. 113v–14r; VFDt 1642/1643, fol. 168rv, 451v–452r; EB 1642, fol. 695rv; CD 1642/1645, fol. 47v, 55rv, 136rv. Im Jahr 1648 bat Moravi um ein Privileg für Ölbaumzucht, die Kammer reagierte ablehnend (GM 1648/I, fol. 258v–259r).

⁶⁵⁶ TLMF, Dip. 272.

⁶⁵⁷ WEISS, Die Österreicherin 441f.; Ellen HASTABA, Vom Lied zum Spiel. Das Anderl-von-Rinn-Lied des Hippolyt Guarinoni als Vorlage für Anderl-von-Rinn-Spiele, in: Literatur und Sprachkultur in Tirol (Innsbruck 1997) 273–288; Judenstein. Das Ende einer Legende. Dokumentation (Innsbruck 1995) 31ff., 105–108; Susanna BUTTARONI/Stanislaw MUSIAL (Hg.), Ritualmord. Legenden in der europäischen Geschichte (Wien–Köln–Weimar 2003) 85ff., 173ff.

⁶⁵⁸ TLA, Gutachten an Hof 1619, fol. 421r–422r (Gutachten der Kammer an Leopold, 29. Oktober 1619); Geheimer Rat, SP 14; HIRN, Erzherzog Maximilian der Deutschmeister 1, 522.

⁶⁵⁹ Auf Leopolds Befehl legte der Geheime Rat Hans von Wolkenstein für ihn, *alß Er von Judenthumb abgestannden, umb erkhauffte khlaidung unnd annders* 64 Gulden aus, die ihm erst im Jahr 1638 bezahlt wurden (Rb 1638/I, fol. 233r); KS II/742 (Weinhart an Leopold, 27. August 1619); Hs. 422, fol. 42v; Hs. 5157, fol. 15v; Bekennen 1631/1635, fol. 243v–244v, 297v–299v, 391r; CD 1633/1636, fol. 448v; VFDt 1632/1636, fol. 357v–358r; VFDt 1640/1641, fol. 697r; Rb 1629, fol. 470v–471v, 483v–484v; Rb 1631, fol. 124r; Rb 1635, fol. 184r, 320v–321r; Rb 1658, fol. 9v, 186r; HYE, Die Innsbrucker Familie Weinhart 60f.

⁶⁶⁰ GH 1636, fol. 338r; GH 1637, fol. 418v–419r; GH 1638, fol. 510v–511r; Rb 1636, fol. 257r; Rb 1638/II, fol. 151rv; Rb 1641, fol. 153r; Rb 1643, fol. 151r–153r; Rb 1644, fol. 170v; Rb 1645, fol. 199v–200r; EB 1647, fol. 157rv; EB 1653, fol. 340rv; Hs. 1420, fol. 4v.

⁶⁶¹ Rb 1638/II, fol. 150rv.

⁶⁶² BAV, Cod. Barb. lat. 6253, fol. 169v–170r; SP 23. Bis zu diesem Zeitpunkt hatte Leopold für den Klosterbau unter Baumeister Johann Hoffingott bereits über 5025 Gulden ausgegeben (Rb 1629, fol. 618r–619r).

⁶⁶³ TLA, Leopoldinum, Littera W, Nr. 27; EB 1638, fol. 249v–250r; EB 1642, fol. 564v–565v, 612v–613r; EB 1645, fol. 13r–18v; VFDt 1640/1641, fol. 812v; Bekennen 1644, fol. 82r–85v; GM 1642/I, fol. 1154v–1155v; Rb 1648, fol. 670r–671r, 673r, 677v; Augustin-Maria ROMER, Servitus Mariana ... seu Historia Ordinis Servorum B. Mariae Virginis (Viennae Austriae 1667) 128f.; CARAMELLE/FRISCHAUF 173f.

⁶⁶⁴ ÖNB, Autographen 15/24-4 (Instruktion für Eustachio Pagano, 25. Juli 1639).

⁶⁶⁵ TLA, Hs. 1098; KS II/701 (Dekret vom 8. Jänner 1640); VFDt 1640/1641, fol. 42v–47r.

⁶⁶⁶ BT 1643/1648, fol. 310r, 310a.

⁶⁶⁷ EB 1644, fol. 720rv; EB 1645, fol. 535v–537r.

⁶⁶⁸ So unterschrieb er seinen Brief an die *Durchleichtigiste Ertzhertzogin, Gnedigiste Furstin und Frau* vom 8. Mai 1637, als er wegen der Jülicher Schulden Leopolds am Kaiserhof verhandeln sollte (TLA, Kasten C, Nr. 251/2).

⁶⁶⁹ Darüber informieren die alljährlichen Extrakte des Kammermeisters. Eine Übersicht *des Tyrolischen Camerweesens* im Jahr 1647 weist aus, daß die Ausgaben die Einnahmen damals um über 119.305 Gulden überstiegen (TLA, Hs. 2663).

⁶⁷⁰ EB 1646, fol. 9rv; ÖKT 52/2, 550; SCHNEIDER-PRETTNER 51f.

⁶⁷¹ Initium S. 321; Rb 1648, fol. 362r. Die Träger erhielten dafür Wein und Brot (Rb 1648, fol. 362v–363r, mit irriger Zeitangabe: *im*

februari 1646). Am 27. November 1645 wollte der Hof wissen, *mit was Cermonien und Soleniteten, auch ob solches bey tag oder zu nacht beschehen,* Kaiser Matthias und Kaiserin Anna einst aus dem Wiener Klarissenkloster, wo sie vorübergehend beigesetzt waren, in die Kapuzinergruft transferiert wurden, der Tiroler Agent am Kaiserhof sollte sich danach erkundigen und darüber berichten (GM 1645/II, fol. 2184rv).

[672] GM 1646/I, fol. 71rv. Der Abt von Stams hatte Leopold nach seinem *tödtlichen abganng einen sonnderbaren gewissen Jartag* zugesichert (GH 1632, fol. 134v–135v). Claudia ließ dafür auf Wunsch des Abtes einen Ornat aus schwarzem Samt anfertigen, Samt und Taft sollten in Venedig eingekauft werden, Gold und Seide in Rovereto, die Fransen in Innsbruck. Das Handelshaus May lieferte Waren im Wert von 764 Gulden 19 Kreuzern (TLA, Gutachten an Hof 1638, fol. 344r–345r; Rb 1641, fol. 428rv). Der Ornat ist laut Aussage des Stiftes nicht mehr vorhanden.

[673] Nach BRIX 85f. war man in Florenz seit den Exequien für Francesco de' Medici († 1614) dazu übergegangen, „den traditionellen Katafalk durch einen vielteiligen Festapparat zu ersetzen, welcher den ganzen Innenraum der Kirche S. Lorenzo erfaßte". Claudia hat diese Totenfeier ihres jung verstorbenen Bruders sicher erlebt.

[674] EB 1646, fol. 37rv (Geldzahlungen an die beteiligten Geistlichen), 401v–402r; Rb 1648, fol. 362r–365v; TLMF, Dip. 432/2 und FB 3055/1 sowie UBI, Sign. 30.205/1 (Leichenpredigt); DUHR 2/2, 120, 242, 291f.; HOCHENEGG 40 (teilweise irrig); KRAPF 287f. (Kat. 12) und Abb. 62.

[675] HHStA, FA, Kt. 28, fol. 253r–254r; TLA, Hs. 482 (*Der Fr. Graffschafft Tyrol Lannd Tafl 1646*).

[676] HHStA, FA, Kt. 28, fol. 288r–291v (in Deutsch) und fol. 294rv (eigenhändiges Dankschreiben in Italienisch).

[677] AFDt 1646, fol. 2v–8v; VFDt 1644/1645, fol. 882r–883v; VFDt 1646, fol. 70r–71v, 91r–93v; CD 1646/1647, fol. 53v–55r; SALFINGER 38ff.

[678] AFDt 1646, fol. 229v–238v, 265v–277v; VFDt 1646, fol. 124v–126r; SALFINGER 44.

[679] Ein Tischler machte im Februar 1646 unterschiedliche Tischlerarbeiten in ihren Zimmern, eine Kiste mit Silbergeschirr (*Silbergeschmeidt*) kam für sie im April aus Linz. Im Juli 1647 lieferte ein Steinschneider aus Schwaz für sie ein Bett aus Malachit (*ain Peten von Malehit*), wohl für ihren eigenen Bedarf ließ sie 1647 eine Kiste mit Gläsern aus Venedig nach Innsbruck bringen (Rb 1646, fol. 158v–159r; Rb 1647, fol. 162v; Rb 1648, fol. 316v–318r).

[680] Liste Nominale des Chevaliers de l'Ordre illustre de la Toison d'Or depuis son institution jusqu'à nos jours (benützt nach dem Exemplar im TLMF, FB 13.587) 24 Nr. 390; Cassian PRIMISSER, Additiones ad Annales Stamsenses, Tom. VIII, Caput XLII, Nr. 100 (Stiftsarchiv Stams); ZOLLER 1, 351–353. Am 9. Juni 1646 ließ Claudia ihrem Sohn eine goldene Kette mit 140 Gliedern, jedes mit vier Diamanten besetzt, und einem goldenen Lamm als Vlies, mit zwei großen Diamanten *in Triangl form geschniten* geziert, aus dem Innsbrucker Schatzgewölbe übergeben (TLA, Inv. A 4/2, fol. 8v).

[681] In einem Brief an den Kardinalstaatssekretär vom 17. Juli 1639 (BAV, Cod. Barb. lat. 6861, Nr. 36) erwähnt Claudia, daß die Ehe während ihrer Polenreise vereinbart wurde, aber wegen zu enger Verwandtschaft (2. Grad) nicht abgeschlossen werden konnte. Tatsächlich wurden die Heiratsverhandlungen erst im Jahr 1641 abgebrochen.

[682] HHStA, FA, Kt. 28, fol. 36r, 57r–59v; SALFINGER 5ff.

[683] AÖG 103 (1913) 227; HHStA, FA, Kt. 28, fol. 239r, 251v; TLA, Urk. P 3689.

[684] So nach seiner Instruktion vom 27. November 1645 (KS II/699; hier liegen auch weitere Stücke betreffend diese Heirat); EB 1645, fol. 608v–612r, 659v–660v; GM 1645/II, fol. 2152v. Auch die vier Silberschüsseln, die Claudia im Dezember 1645 in der Haller Münze einschmelzen ließ (Erlös: 418 Gulden 41 Kreuzer) dienten wohl der Finanzierung dieser Heirat (EB 1645, fol. 639v–640r).

[685] Rb 1648, fol. 322r–323v; EB 1645, fol. 608v–612r; EB 1646, fol. 295v–296r; kurze Erwähnung bei Elisabeth FORCHER, Maximilian Graf Mohr (1588–1659), phil. Diss. (Innsbruck 1977) 118f. Die Behauptung von GROTTANELLI 149, daß Claudia selbst Mitte Dezember 1645 nach Florenz kam, ließ sich nicht verifizieren und erscheint sehr unwahrscheinlich.

[686] Erwähnt in Ferdinand Karls Schreiben an den Kaiser vom 8. Mai 1646 (HHStA, FA, Kt. 28, fol. 302r).

[687] Über prokuratorische Trauung in Florenz, Brautzug und Hochzeit in Innsbruck liegen vier anonyme Berichte vor (KS II/699; ASF, MP 6355a, fol. 592r–607r und MP 6381, ins. 1, fol. 1r–32v sowie 33r–48v). Vgl. GROTTANELLI 149f.

[688] Wohl dieses Porträt kam im Jahr 1663 aus Innsbruck nach Schloß Ambras (ÖNB, Cod. 8014, fol. 3r, Nr. 18).

[689] WEISS, Die Österreicherin 160.

[690] HHStA, FA, Kt. 28, fol. 306r (Ferdinand III. an Ferdinand Karl, 27. Mai 1646).

[691] GM 1646, fol. 1007v–1008v, 1341rv; EB 1647, fol. 16v–17r; Rb 1648, 346r.

[692] EB 1646, fol. 426v–427r; Rb 1648, fol. 326r; ZOLLER 1, 353f. Am 20. Juni 1646 bedankte sich Paris von Lodron für Claudias Nachricht über die vom Bischof von Chiemsee in seinem Namen vorgenommene *Copulation* (KS II/699).

[693] ... *e tutti salendo la Scalla del Choro, d'inde passando per li Corridori, entrorno in Corte* (KS II/699).

[694] Im März 1646 wurde Giovanni Castiglio, Kammerrat und *gehaimber Secretario delle Lingue*, nach Mailand gesandt, um die für die bevorstehende *Ertzfürstl. Hochzeit notwenndigen Klaider* – sie kosteten über 1342 Gulden – nach Innsbruck zu bringen, ein Kammerdiener der beiden Prinzessinnen stellte niederländische Spitze um 276 Taler zur Verfügung (EB 1646, fol. 113r–114v, 279v–280v). Wohl auch aus diesem Anlaß hatte Claudia im Frühjahr 1646 um 2132 Gulden lothringisches Tafelsilber erworben sowie in Weilheim und Augsburg *Silber geschmeidt* gekauft und von zwei italienischen Marchesen um über 8000 Gulden Silbergeschirr erstanden (GM 1646, 244r, 384r–385r, 516v–517r, 523r, 686r, 881r; EB 1646, fol. 88v–89r, 278rv, 385rv). Die Tiroler Landschaft verehrte dem Bräutigam zur Anschaffung von Silbergeschirr 15.000 Gulden, wovon die Kammer allerdings 10.000 Gulden zur Bestreitung der Hochzeitskosten verwendete (GM 1646/I, fol. 882r–884v), im Jahr 1648 waren noch 2873 Gulden 57 Kreuzer ausständig (EB 1648, fol. 430rv, 433r–435r).

[695] Rb 1648, fol. 330r, 337r–338v.

[696] EB 1649, fol. 74r–75r (Abraham May urgiert die Bezahlung der 2500 Gulden für die am 8. Februar 1646 für die Hochzeit gelieferten 17 Stück niederländische *Tappetzerey*).

[697] Das Brautpaar trank vermutlich aus jenem goldenen, mit Diamanten besetzten Kelch, den Claudia kurz zuvor um 4250 Gulden gekauft hatte (EB 1646, fol. 96r–97v).

[698] Für ihre Mitwirkung bei dem während der Hochzeitsfeierlichkeiten abgebrannten Feuerwerk und den Salutschüssen (*abschiessung der Stuckh*) erhielten zwei Arbeiter 5 Gulden 30 Kreuzer (Rb 1648, fol. 343rv).

[699] Initium S. 321f.; ASF, MP 6355a, fol. 599r und 6381, fol. 28v; Rb 1646, fol. 337v–338r; Rb 1648, fol. 344v–345r; KS II/699; TLMF, Dip. 447; ZWANOWETZ 183; Stefan TILG, Spes aurei saeculi. Hoffnung auf ein goldenes Zeitalter oder Tyrolis pacifica. Ein Innsbrucker Jesuitenschauspiel zur Hochzeit Erzherzog Ferdinand Karls mit Anna von Medici (1646), Tirolensia latina 4 (Innsbruck 2002) 16ff.

[700] Rb 1648, fol. 322r–357v, 361v.

[701] Marcantonio BALCIANELLI verfaßte ein Werk mit dem Titel *Mercurio nelle Augustissime Nozze de' Serenissimi Principi Carlo-Ferdinando Arciduca d'Austria & Anna-Maria Medici*, Hieronimo BERTELLI nannte sein in Innsbruck gedrucktes Opus: *Il vaticinio d'Amore ...* (TLMF W 172/2 und 172/3); TLA, Urk. I/9534.

[702] Wohl auf Ballettaufführungen im Hofballhaus weist folgende

Eintragung hin: Hans Schor, Bernhard Stangl und weitere nicht namentlich genannte Maler, *welche den Triumph Wagen gemahlen, auch in dem Pallethauß Unterschidliche Mallerei verricht*, erhielten dafür laut Quittung vom 3. März 1648 33 Gulden 12 Kreuzer (Rb 1648, fol. 299r).

[703] ASF, MM 5/3, fol. 79r–80r.

[704] Baccicoluna (auch *Baccecoluue* oder ähnlich geschrieben) reiste am 9. Oktober 1646 von Mailand ab und wurde bis Ende 1648 besoldet (EB 1647, fol. 314v–316v; Rb 1648, fol. 439v–440v, 507v, 665rv, 828v); SALFINGER 74ff.

[705] Vgl. dazu Peter BROUCEK, Die Eroberung von Bregenz am 4. Jänner 1647, Militärhistorische Schriftenreihe 18 (1971) 1ff.

[706] GM 1646/II, fol. 962r. Bereits im Februar 1643 hatte Claudia Silbergeschirr einschmelzen lassen, um das daraus erzielte Geld (3044 Gulden) zusammen mit weiteren 1000 Gulden *eylfertig* nach Bregenz und Konstanz zu schicken. Auch der 15jährige Ferdinand Karl war *zu Eilfertigen Kriegs Außgaben* bereit, noch einmal 500 Gulden zuzuschießen (EB 1643, fol. 40r–42r; Rb 1646, fol. 104r). Im August 1645 war die Kammer nicht in der Lage, die von Elias Gumpp für das Bregenzer *Fortifications Gebey* berechneten Kosten (2050 Gulden) zu bezahlen, sie sollten von den Vorarlberger Ständen übernommen werden (GM 1645/II, fol. 1501rv). Im November 1646 erlaubte die Kammer, Büchsenmeister und Material (genau angegeben) von der Festung Ehrenberg nach Bregenz abzugeben (EB 1646, fol. 527v–528r). Die Härte der Bregenzer Schanzarbeit erhellt aus der Tatsache, daß sich ein dazu verurteilter Delinquent *desparaterweis* in einem Ofen verbrennen wollte, aber gerettet und im Jahr 1648 erneut zur Arbeit verpflichtet wurde, sicherheitshalber nun mit einem Aufseher (EB 1648, fol. 32rv).

[707] TLA, Hs. 5195 (mit Angabe des Namens und Berufs der Innsbrucker Steuerpflichtigen).

[708] TLA, Landschaftliches Archiv, Urk. Nr. 135; ZOLLER 1, 355; SINNACHER 8, 550, 557f.; FISCHNALER 2, 26; ÖKT 52/2, 180–221, 617–626. Die Einweihung der Mariahilfkirche erfolgte im Jahr 1660.

[709] Theatrum Europaeum 6, 476f.; GROTTANELLI 150.

[710] HHStA, FU Nr. 1677–1680; TLA, Urk. P 3690.

[711] EB 1648, fol. 149v–150v, 206rv, 216r–217r, 301v–302r, 357rv, 396v–397r, 414rv; GM 1648/I, fol. 588v–589r; Rb 1648, fol. 377r–409v (*Hochzeituncosten* der Kaiserbraut Maria Leopoldine: 62.359 Gulden 10 Kreuzer); Rb 1655, fol. 376r–377r. Im März 1648 wurden zwei Leibschiffe in Auftrag gegeben, Christoph Gumpp sollte mit den Tischlern verhandeln (EB 1648, fol. 110v–111r, 289r; GM 1648/I, fol. 445rv).

[712] TLA, Hs. 1826 (*Raittung* über die Reise zur Kaiserhochzeit nach Linz, 1648); EB 1648, fol. 164v–165r, 215r–216r, 281v–282r, 286v–288r, 292v–293r, 348v–349r; Rb 1648, fol. 377r (Reisekosten: 13.758 Gulden 39$^{1}/_{2}$ Kreuzer); GROTTANELLI 151; Theatrum Europaeum 6, 479f.; ZOLLER 1, 356f.

[713] Maria Leopoldine starb am 7. August 1649 bei der Geburt ihres ersten Kindes (WEISS, Die Österreicherin 45 und Abb. 38), der Sohn überlebte. Die Mantuaner Hochzeit fand im Jahr November 1649 statt, über die Reise der *Mantuänisch Sposa* von Innsbruck an die Tiroler Grenze (25. Oktober bis 4. November 1649) liegt eine Abrechnung vor (TLA, Hs. 1279). Um die Kosten für die Heirat aufzubringen, ließ Ferdinand Karl im Oktober 1649 goldenes und silbernes Tafelgeschirr, *so in die Schatz Camer zue Ombras* gehörig, sowie 12 goldene Schüsseln, die er zuvor – aus der Innsbrucker Silberkammer? – dorthin hatte bringen lassen, in der Haller Münze einschmelzen, wofür er über 16.735 Gulden erhielt (EB 1649, fol. 494rv, 529rv, 530r–532r, 595v–596r; Rb 1649, fol. 40r–41r).

[714] Rb 1648, fol. 991r; Urk. I/9612 und I/9612a (*Ratificatio Pacis Austriaca*).

[715] EB 1646, fol. 346rv; VFDt 1646, fol. 435v–136v; Rb 1648, fol. 887r–888r; SALFINGER 91f.; DICKMANN 113ff., 202, 271–273, 281, 489f.; LAHRKAMP 276. Sein inzwischen gedrucktes Tagebuch gilt als eine der wichtigsten Quellen für den Friedenskongreß in Münster (Acta Pacis Westphalicae, Serie III, Abt. C, Bd. 2/1 [Münster 1984] XXIVff.)

[716] Die Habsburger hatten das Herzogtum, ein französisches Kronlehen, durch Maximilians Heirat mit Maria von Burgund 1477 erworben, aber nach deren Tod (1482) wieder verloren. Den Titel „Herzog von Burgund" führten sie jedoch weiter (WEISS, Die Habsburger und das burgundische Erbe 17ff.).

[717] SALFINGER 91ff.; DICKMANN 279ff., 477ff.

[718] So ZOLLER 1, 367. Bereits am 10. Jänner 1643 erhielt Claudia wegen der von ihr angegebenen Kränklichkeit (*ob quasdam indispositiones, quibus labores*) die päpstliche Dispens zum Fleischgenuß an Fasttagen, außer in der Karwoche. Am 17. September 1644 berichtete sie Kardinal Rossetti, der kurz zuvor in Innsbruck gewesen war, von ihrer *indisposizione* und wollte wohl deshalb entsprechende päpstliche Vergünstigungen. Die vom Papst am 26. September 1644 erlaubte Wahl eines Beichtvaters, der sie von allen Sünden außer in den dem Heiligen Stuhl zur Absolution vorbehaltenen Fällen lossprechen durfte, wurde vermutlich vom Kardinal erwirkt (TLA, Urk. P 3685, P 3687, P 3688). Zum Aderlaß ließ Claudia im Jahr 1647 einen Chirurgen (*Chyrurgo*) aus Verona kommen (Rb 1648, fol. 303r).

[719] Rb 1648, fol. 371v; Rb 1649, fol. 75v–76r, Rb 1651, fol. 135v; Hs. 422, fol. 53v–54r.

[720] GROTTANELLI 151; Initium S. 351/352.

[721] Der Hofkaplan las 180 Seelenmessen für sie (Rb 1649, fol. 78v).

[722] Rb 1649, fol. 76rv; Rb 1651, fol. 133v–134r, 135v–136r; Initium S. 351f.

[723] Hans Schor erhielt für seine Malereien bei den Exequien für Claudia und Maria Leopoldine am 5. Jänner 1649 abschlagsweise 50 Gulden (GM 1649/I, fol. 17r). Der Abt von Georgenberg, der für die am 29. August 1649 gehaltene Vigil sowie die Exequien nach Innsbruck beordert worden war, wurde bei einem Innsbrucker Gastwirt untergebracht (Rb 1649, fol. 78v).

[724] Rb 1649, fol. 78v–79r; Rb 1651, fol. 66v–67r, 133rv, 134r, 136r; Rb 1653, fol. 152v–153r; Rb 1655, fol. 375r–377v; EB 1651, fol. 155v–156r; Initium S. 366; TLMF, FB 3055/1 und Dip. 432/3 (Leichenpredigt); BRIX 35f.

[725] FISCHNALER 2, 30; ÖKT 47, 418 und 448.

[726] UBI, Cod. 803 (zuvor TLMF, FB 32.011); KRAPF 283–285 Nr. 5. Die Namen von Christoph Gumpp Hofbaumeister und Elias Gumpp sind rasiert, nur das Wort *Insignier* bei Elias ist klar zu lesen.

[727] GH 1633, fol. 263rv (14. Mai 1633). Am 7. Jänner 1633 forderten die Geheimen Räte von der Kammer Rechnungslegung, nachdem über die Befestigungsanlagen in der Herrschaft Ehrenberg bereits *ain Zimbliche Summa gelts auferloffen* (GH 1633, fol. 233v). Die Tiroler Landschaft hatte im Jahr 1632 12.000 Gulden *auf die Ehrnbergische Schantzen und Fortification gepey* übergeben (Rb 1635, fol. 197v–198r).

[728] GH 1633, fol. 122rv, 125r–126r, 135rv; VFDt 1632/1636, fol. 229rv; GM 1633/II, fol. 746r; VFDt 1631/1636, fol. 347r, 354r.

[729] VFDt 1632/1636, fol. 402r; GM 1636/II, fol. 880v–881r, 1114rv.

[730] TLA, Leopoldinum, Littera D, Nr. 57/2; GH 1637, fol. 336v–337r, 341v–342r; EB 1637, fol. 358r–359r; EB 1638, fol. 233v–234r; Rb 1638/I, fol. 29r, 256v–257v.

[731] EB 1639, fol. 56rv; EB 1642, fol. 513r–514r; GM 1640/II, fol. 1710v–1711r, 1792v–1793r, 2087rv, 2265r, 2602v–2603r; KS I/1642 (im Kopfregest falsch aufgelöstes Jahresdatum 1629); ERLACHER 297f.; KRAPF 26 (mit übernommenem falschem Datum 1629) und 107f.; Tiroler Burgenbuch, Bd. 7 (Bozen/Innsbruck–Wien 1986) 294, 298f. (teilweise falsche Daten).

[732] EB 1641, fol. 254r–255v (Stellungnahme der Kammer vom 29. April 1641).

[733] EB 1642, fol. 780rv; EB 1648, fol. 500r–501r. Erst am 1. März 1644 schied Elias aus dem Kammerdienst aus (ERLACHER 293).

⁷³⁴ TLA, Leopoldinum, Littera D, Nr. 57/2; GM 1642/I, fol. 1149r; GM 1643/II, fol. 1748rv; GM 1645/I, fol. 728v–729r; GM 1646/I, fol. 723rv, 767v.

⁷³⁵ VFDt 1632/1636, fol. 212v–214v; AFDt 1632/1633, fol. 636v.

⁷³⁶ VFDt 1632/1636, fol. 301r–303r; BT 1631/1636, fol. 426r, 461v–463r. Der Büchsenmeister *in der Schärnitz*, der das große Geschütz sowie die Kriegsmunition in Verwahrung hatte, bat im Sommer 1633 um Soldaufbesserung, was Claudia am 9. September ablehnte (GH 1633, fol. 149r).

⁷³⁷ BT 1637/1642, fol. 429r (Schreiben vom 17. Juli 1641).

⁷³⁸ TLA, Leopoldinum, Littera D, Nr. 57/2; GM 1645/II, fol. 1787v, 2040v–2041r.

⁷³⁹ EB 1641, fol. 81v–82r; EB 1643, fol. 207rv; EB 1644, fol. 170v–171r, 207v–208r, 408rv, 722rv; EB 1645, fol. 71v–72r; EB 1646, fol. 83rv; CD 1642/1645, fol. 419v.

⁷⁴⁰ AFDt 1643/1644, fol. 804rv, 857r–858r (hier *Sporr* genannt); BT 1643/1648, fol. 200v; EB 1644, fol. 375r, 626rv.

⁷⁴¹ CD 1646/1647, fol. 346r; ÖKT 38/1, 82–84, 96–98. Die Signatur des Mainzer Tischlers ließ sich nicht überprüfen.

⁷⁴² CD 1646/1647, fol. 21v–22r, 35r–36r, 361v–362v; VFDt 1646, fol. 40v–41r; EB 1647, fol. 216v–217r, 331rv. 500 Gulden des angewiesenen Strafgeldes waren im Oktober 1646 noch ausständig (AFDt 1646, fol. 14rv, 704v–705r; VFDt 1646, fol. 361r). Die Lage der beiden äußeren Ratsstuben war nicht eruierbar.

⁷⁴³ Cysat (in den Innsbrucker Quellen *Cisat, Zisato* oder ähnlich), 1588 in Luzern geboren, war Mathematiker und Astronom. Gemeinsam mit P. Christoph Scheiner, dem Bauleiter der ersten Innsbrucker Jesuitenkirche, die 1626 einstürzte, beobachtete er im Jahr 1611 die Sonnenflecken, entdeckte den Orionnebel und sah im Jahr 1631 als erster einen von Johannes Kepler vorhergesagten Merkurdurchgang (Franz DAXECKER, Briefe des Naturwissenschaftlers Christoph Scheiner SJ an Erzherzog Leopold V. von Österreich-Tirol 1620–1632 [Innsbruck 1995] 157 Anm. 1). Nach SCHNEIDER-PRETTNER 42ff. war Cysat zuvor in Amberg als Bauleiter tätig.

⁷⁴⁴ EB 1636, fol. 430v–431r; EB 1637, fol. 375r–377v; EB 1638, fol. 79v; EB 1639, fol. 450v–451r.

⁷⁴⁵ EB 1640, fol. 265rv; Rb 1641, fol. 259r; GM 1640/I, fol. 369v–370r, 1099r; GM 1641/I, fol. 1942v.

⁷⁴⁶ EB 1641, fol. 612v–613r; EB 1642, fol. 482rv. Der Steinmetz wollte auf dem Grund des abgebrannten Schlosses, *alwo Er haushäblich*, Bier ausschenken, was Claudia nicht genehmigte (EB 1643, fol. 189rv; EB 1644, fol. 327r–328r, 423v–424r).

⁷⁴⁷ EB 1644, fol. 653rv.

⁷⁴⁸ EB 1645, fol. 640v–641r.

⁷⁴⁹ Initium S. 314, 328, 341, 352. An der Kanzel der Jesuitenkirche ist Claudia als Stifterin verewigt (ÖKT 52/1, 298).

⁷⁵⁰ ÖKT 52/2, 180ff., 617f.; TLA, Hs. 342 (Kirchenbaurechnungen 1647–1654).

⁷⁵¹ Nämlich Sign. 128.G.4 (Scipione Ammirato, Vescovi di Fiesole, di Volterra e d'Arezzo), 200.491 (Traiano Boccalini, Pietra del Paragone ...) und 219.645 (Tasso, Il Goffredo overo La Gierusalemme liberata ... col Commento del Beni).

⁷⁵² Laut Gemeinderatsbeschluß vom 21. März 1894 (veröffentlicht in den Innsbrucker Nachrichten, 22. März 1894, S. 6); Adressbuch der Landeshauptstadt Innsbruck und der Gemeinden Hötting und Mühlau nach dem Stande vom 1. Dezember 1909 (Innsbruck 1910) 22; ÖKT 45, 220. Die Gemeinderatsprotokolle des Jahres 1894 sind nicht erhalten.

⁷⁵³ TLA, Hs. 5245a (*Ursprung des Heiligen Creitzes auf den Seefeld*); KIRCHMAIR 222f.; MUSSAK 82f.

⁷⁵⁴ Die Zuschreibung an Johann Hoffingott oder Christoph Gumpp wurde bereits von KRAPF 282 bezweifelt.

⁷⁵⁵ Rb 1635, fol. 641v–642r. In den Jahren 1631 und 1632 waren für den *Neuen Cappellen Paw* Eisen und verschiedene Nägel zur Verfügung gestellt worden (EB 1631, fol. 321r; GM 1632/I, fol. 31v–32r; GM 1632/II, fol. 861v).

⁷⁵⁶ GM 1634/II, fol. 748r, 806v; GM 1637/I, fol. 276r; GM 1637/II, fol. 1166v–1167r; Rb 1640, fol. 270v. Im Jahr 1637 war kein Baugeld vorhanden, daher befahl Claudia am 3. Juli 1637, das Kreuz vielleicht anderswohin zu bringen (GH 1637, fol. 175rv).

⁷⁵⁷ GM 1641/I, fol. 193rv, 589r; GM 1641/II, fol. 1384v–1385r; GM 1643/II, fol. 1276v–1277r; Rb 1643, fol. 314r; Rb 1644, fol. 359v.

⁷⁵⁸ EB 1644, fol. 341v–342r; Rb 1644, fol. 359r; GM 1644/II, fol. 1447v–1448r; GM 1645/II, fol. 1511v–1512r.

⁷⁵⁹ TLA, Hs. 1275, fol. 2r, 13r; CARAMELLE/FRISCHAUF 131 (Abb.).

⁷⁶⁰ Merkantilmuseum Bozen, Katalog Nr. 17–21.

⁷⁶¹ Vgl. Walter SENN, Stadlmayr, in: Die Musik in Geschichte und Gegenwart, Bd. 12 (Kassel 1965) 1127–1132.

⁷⁶² EB 1640, fol. 427v–428r; EB 1644, fol. 61v–62r, 242v–243r, 393r, 516r–517r; GM 1643/II, fol. 1194v–1195v; GM 1646/I, fol. 32v–33r, 383r; Rb 1641, fol. 111r, 113rv, 401r–402r; Rb 1643, fol. 413v–414r; Rb 1648, fol. 920r.

⁷⁶³ Rb 1635, fol. 1037r. Um welche Werke es sich handelt, war nicht zu ermitteln. Vgl. HIRN, Erzherzog Maximilian der Deutschmeister 1, 419ff.; TASSER 100ff.; ERLACHER 93ff.; MUSSAK 223ff. Burglechners Ansuchen um eine jährliche Gnadengabe von 100 Gulden aus seiner Pflege Freundsberg und Schwaz wurde von Claudia auf Vorschlag der Kammer am 8. Juli 1639 abgelehnt (VFDt 1637/1639, fol. 580v–581r).

⁷⁶⁴ Auch aus eigenem Interesse machte Burglechner im Juni 1636 Vorschläge, wie die Residenz künftig vor Feuer gesichert werden sollte (EB 1636, fol. 157v–158r).

⁷⁶⁵ KS III/35; AFDt 1641/1642, fol. 654v–655r, 693v–694r; VFDt 1642/1643, fol. 128r; Bekennen 1642, fol. 128v–129r; GH 1642, fol. 303v–304v.

⁷⁶⁶ HHStA, Hs. W 231 (12 Bände). Vgl. J. KRAFT, Der Bilderschmuck in M. Burgklehners „Tiroler Adler" (Veröffentlichungen des Museum Ferdinandeum 8 [1928] 361–405). Im Jahr 1643 kaufte Claudia Burglechners Haus und Garten in der Innsbrucker Silbergasse (heute Universitätsstraße) um 7000 Gulden (TLA, Urk. I/4254; EB 1643, fol. 283v–284r; Rb 1648, fol. 371v).

⁷⁶⁷ In seinem Werkverzeichnis von 1627 listet er mehrere Porträts des Fürstenpaares auf (KS I/646).

Abkürzungen

AFDt	An die Fürstliche Durchlaucht, TLA
AL	Alphabetisches Leopoldinum, TLA
AÖG	Archiv für österreichische Geschichte
ASF	Archivio di Stato di Firenze, Florenz
AUR	Allgemeine Urkundenreihe
BAV	Biblioteca Apostolica Vaticana, Città del Vaticano
BDA	Bundesdenkmalamt
BT	Buch Tirol, TLA
CD	Causa Domini, TLA
Cod.	Codex
Drlt., Dt., Dtl.	Durchlaucht
EB	Entbieten und Befehl, TLA
FA	Familienakten
Fr., Frl.	Fürstlich
FU	Familienurkunde
GG	Gemäldegalerie
GH	Geschäft von Hof, TLA
GM	Gemeine Missiven, TLA
HHStA	Österreichisches Staatsarchiv, Abt. Haus-, Hof- und Staatsarchiv, Wien
HJRK	Hofjagd- und Rüstkammer
Hs.	Handschrift
IN	Inventarnummer
Initium	Initium et progressus Collegii Societatis Jesu Oenipontani, Hauschronik des Kollegs 1563–1685, Innsbruck, Archiv des Jesuitenkollegs
Inv.	Inventar
Jb. 17	Jahrbuch der kunsthistorischen Sammlungen des Allerhöchsten Kaiserhauses, Bd. 17 (Wien 1896)
KHM	Kunsthistorisches Museum, Wien
KK	Kunstkammer
KS	Kunstsachen, TLA
Kt.	Karton
MIÖG	Mitteilungen des Instituts für österreichische Geschichte
MM	Miscellanea Medicea
MP	Mediceo del Principato
ÖKT	Österreichische Kunsttopographie, Bd. 38/1 (Wien 1972), Bd. 45 (Wien 1981), Bd. 47 (Wien 1986), Bd. 52/1 und 52/2 (Wien 1995)
ÖNB	Österreichische Nationalbibliothek, Wien
Rb	Raitbuch, TLA
SP	Kanzlei Erzherzog Leopold, Sonderposition, TLA
TLA	Tiroler Landesarchiv, Innsbruck
TLMF	Tiroler Landesmuseum Ferdinandeum, Innsbruck
UBI	Universitätsbibliothek Innsbruck
VFDt	Von der Fürstlichen Durchlaucht, TLA

Literatur
(mehrfach zitierte Werke)

BABEL, Rainer: Zwischen Habsburg und Bourbon. Außenpolitik und europäische Stellung Karls IV. von Lothringen (Bonn 1989)

BENEDIKTER, Hans: Hexen und Zauberer in Tirol (Bozen 2000)

BÖDEFELD, Gerda/Berthold HINZ, Die Villen der Toscana und ihre Gärten. Kunst- und kulturgeschichtliche Reisen durch die Landschaften um Florenz und Pistoia, Lucca und Siena. Mit einem Beitrag von Richard HARPRATH, DuMont Kunst-Reiseführer (Köln 1991)

BRIX, Michael: Die Trauerdekorationen für die Habsburger in den Erblanden. Studien zur ephemeren Architektur des 16. bis 18. Jahrhunderts, phil. Diss. (Kiel 1971)

BRUGGER, Hans: Die Regierungszeit der Erzherzogin Claudia in Tirol, phil. Diss. (Graz 1952)

CARAMELLE, Franz/Richard FRISCHAUF: Die Stifte und Klöster Tirols (Innsbruck–Wien–Bozen 1985)

D'AFFLITTO, Chiara: Lorenzo Lippi (Firenze 2002)

DICKMANN, Fritz: Der Westfälische Frieden (Münster ^{7}1998)

DOERING, Oscar: Des Augsburger Patriciers Philipp Hainhofer Reisen nach Innsbruck und Dresden, Quellenschriften für Kunstgeschichte und Kunsttechnik des Mittelalters und der Neuzeit NF 10 (Wien 1901)

DUHR, Bernhard: Geschichte der Jesuiten in den Ländern deutscher Zunge, Bd. 2/1 und 2/2 (Freiburg im Breisgau 1913)

EGGER, Josef: Geschichte Tirols von den ältesten Zeiten bis in die Neuzeit, Bd. 2 (Innsbruck 1876)

ERLACHER, Albert: Beamtenschematismus der drei oberösterreichischen Wesen in den Jahren 1632–1646, phil. Diss. (Innsbruck 1973)

FINDEISEN, Jörg-Peter: Der Dreißigjährige Krieg. Eine Epoche in Lebensbildern (Graz–Wien–Köln 1998)

FISCHNALER, Konrad: Innsbrucker Chronik, 5 Bde. (Innsbruck 1929–1934)

FRANZL, Johann: Ferdinand II. Kaiser im Zwiespalt der Zeit (Graz–Wien–Köln ^{2}1989)

FURTTENBACH, Joseph: Newes Itinerarium Italiae (Ulm 1627)

GALASSO CALDERARA, Estella: La Granduchessa Maria Maddalena D'Austria. Un'amazzone tedesca nella Firenze medicea del '600 (Genova 1985)

GROTTANELLI, Lorenzo: Claudia de' Medici e i suoi tempi (Firenze 1896)

GUARINONI, Hippolytus: Die Grewel der Verwüstung Menschlichen Geschlechts (Ingolstadt 1610), auch als Reprint, hg. von Elmar LOCHER (Bozen 1993)

HEYDENDORFF, Walther: Vorderösterreich im Dreißigjährigen Kriege. Der Verlust der Vorlande am Rhein und die Versuche zu deren Rückgewinnung, Teil 1 und 2, Mitteilungen des österreichischen Staatsarchivs 12 (1959) 74–142 und 13 (1960) 107–194

Hierarchia Catholica, Vol. 4 (Münster 1935)

HIRN, Josef: Kanzler Bienner und sein Prozess (Innsbruck 1898)

HIRN, Josef: Erzherzog Maximilian der Deutschmeister. Regent von Tirol, 2 Bde., hg. und mit einem Nachwort versehen von Heinrich NOFLATSCHER (Reprint Bozen 1981)

HYE, Franz-Heinz: Die Innsbrucker Familie Weinhart im Tiroler Geistesleben (1600–1833), Schlern-Schriften 258 (Innsbruck–München 1970)

KHEVENHÜLLER, Franz Christoph: Annales Ferdinandei, Bd. 9–12 (Leipzig 1724–1726)

KIRCHMAIR, Karl: Die religiöse Lage Tirols während der Regierungszeit Erzherzog Leopolds V. (1619–1632), phil. Diss. (Innsbruck 1950)

KRAPF, Michael: Die Baumeister Gumpp (Wien–München 1979)

LAHRKAMP, Helmut: Dreißigjähriger Krieg. Westfälischer Frieden. Eine Darstellung der Jahre 1618–1648 mit 326 Bildern und Dokumenten (Münster ^{3}1999)

LANGEDIJK, Karla: The portraits of the Medici 15th–18th Centuries, Bd. I (Firenze 1982)

LIMBURGER, Walther: Die Gebäude von Florenz, Architekten, Strassen und Plätze in alphabetischen Verzeichnissen (Leipzig 1910)

LINDNER, P.: Die Aufhebung der Klöster in Deutschtirol 1782–1787, Zeitschrift des Ferdinandeums für Tirol und Vorarlberg 3. Folge, Heft 30 (1886) 9–271

Merkantilmuseum Bozen. Museo Mercantile Bolzano, Katalog, bearb. von Roberto FESTI/Lucia NARDELLI (Bozen 1998)

MOSER, Heinz: Die Scharfrichter von Tirol. Ein Beitrag zur Geschichte des Strafvollzuges in Tirol von 1497–1787 (Innsbruck 1982)

MUSSAK, Karl: Hofleben und Kulturpflege in Tirol unter Erzherzog Leopold V. (1619–1632), phil. Diss. (Innsbruck 1962)

NOFLATSCHER, Heinz: Glaube, Reich und Dynastie. Maximilian der Deutschmeister (1558–1618), Quellen und Studien zur Geschichte des Deutschen Ordens 11 (Marburg 1987)

PALME, Rudolf: Frühe Neuzeit (1490–1665), in: Geschichte des Landes Tirol, Bd. 2 (Bozen 1986) 1–271

Die Pracht der Medici. Florenz und Europa, Ausstellungskatalog, Teil I und II (Wien 1999)

RAINER, Johann: Du glückliches Österreich heirate. Die Hochzeit der innerösterreichischen Prinzessin Margarethe mit König Philipp III. von Spanien 1598/99 (Graz 1998)

RINGLER, Josef: Die barocke Tafelmalerei in Tirol, Teil 1 und 2, Tiroler Wirtschaftsstudien 29/1 und 29/2 (Innsbruck–München 1973)

SALFINGER, Felizitas: Das Tiroler Landesfürstentum in der ersten Hälfte der Regierungszeit Erzherzog Ferdinand Karls (1646–1654), phil. Diss. (Innsbruck 1953)

SALVADORI, Andrea: Opere, Vol. 1–3 (Roma 1668–1669), benützt nach dem Exemplar der ÖNB, Sign. 105.353-A.

Die Schätze der Medici, hg. von Cristina ACIDINI LUCHINAT (München–New York 1997)

SCHNEIDER-PRETTNER, Brigitte: Die Innsbrucker Jesuitenkirche. Baugeschichte, Urheberschaft und kunstgeschichtlicher Stellenwert, phil. Diss. (Innsbruck 1985)

SCHOISSWOHL, Veronika: Die Prozesse gegen drei Hexenmeister in Südtirol im 17. Jahrhundert, phil. Diss. (Innsbruck 1971)

SENN, Walter: Musik und Theater am Hof zu Innsbruck. Geschichte der Hofkapelle vom 15. Jahrhundert bis zu deren Auflösung im Jahre 1748 (Innsbruck 1954)

SINNACHER, Franz Ant.: Beyträge zur Geschichte der bischöflichen Kirche Säben und Brixen in Tyrol, Bd. 8 (Brixen 1832)

SOLERTI, Angelo: Musica, Ballo e Drammatica alla Corte Medicea dal 1600 al 1637 (Firenze 1905)

SONNWEBER, Hans: Erzherzog Sigmund Franz von Tirol. Geschichte seiner oberösterreichischen Regierung (1663–1665) mit Berücksichtigung der nach seinem Tod erfolgten Uebernahme des Landes durch Kaiser Leopold I., phil. Diss. (Innsbruck 1949)

STEINER, Franz: Geschichte Tirols zur Zeit Erzherzog Ferdinand Karls (2. Hälfte seiner Regierungszeit: 1655–1662), phil. Diss. (Innsbruck 1961)

TASSER, Raimund: Beamtenschematismus der drei oberösterreichischen Wesen in den Jahren 1619–1632, phil. Diss. (Innsbruck 1973)

Theatrum Europaeum, Bd. 3 (Frankfurt 1670) und Bd. 6 (Frankfurt 1663)

TSCHAIKNER, Manfred: Die Zauberer- und Hexenverfolgung in Tirol von 1637 bis 1645, Tiroler Heimat 66 (2002) 81–112

TSCHMUCK, Peter: Die höfische Musikpflege in Tirol im 16. und 17. Jahrhundert. Eine sozioökonomische Untersuchung (Innsbruck–Wien–München/Lucca 2001)

VAN DER ESSEN, Alfred: Le Cardinal-Infant et la politique européenne de l'Espagne 1609–1641, Tom. 1 (Louvain–Bruxelles 1944)

VIATOR, Johannes (= Johann BILGER), Veridicus Germanus. Der Teutsche Warsager (Franckenburg 1630)

Villa di Poggio Imperiale. Lavori di Restauro e di Riordinamento 1972–1975 (Firenze o. J.)

Vorderösterreich – nur die Schwanzfeder des Kaiseradlers? Die Habsburger im deutschen Südwesten (Stuttgart ²1999)

WEISS, Sabine: Erzherzog Leopold V. – Ritter des Ordens vom Goldenen Vlies. Biographische Notizen zu Karriere und Lebenswelt eines frühbarocken Tiroler Landesfürsten, Tiroler Heimat 66 (2002) 29–80

WEISS, Sabine: Die Habsburger und das burgundische Erbe. Österreichs Aufbruch nach Europa, in: Europäische Dimensionen österreichischer Geschichte, hg. von Ernst BRUCKMÜLLER, Schriften des Institutes für Österreichkunde 65 (Wien 2002) 8–49

WEISS, Sabine: Haus Österreich – Casa de Austria. Habsburgische Familienbeziehungen als Brückenschlag zwischen Österreich und Spanien, in: Die Europapolitik Innerösterreichs um 1598 und die EU-Politik Österreichs 1998 (im Druck)

WEISS, Sabine: Der Innsbrucker Hof unter Leopold V. und Claudia de' Medici. Glanzvolles Leben nach Florentiner Art, AÖG 138 (im Druck).

WEISS, Sabine: Die Österreicherin. Die Rolle der Frau in 1000 Jahren Geschichte (Graz–Wien–Köln 1996)

WELTI, Ludwig: Graf Kaspar von Hohenems 1573–1640. Ein adeliges Leben im Zwiespalte zwischen friedlichem Kulturideal und rauher Kriegswirklichkeit im Frühbarock (Innsbruck 1963)

ZOLLER, Franz Carl: Geschichte und Denkwürdigkeiten der Stadt Innsbruck und der umliegenden Gegend, 2 Bde. (Innsbruck 1816–1825)

ZWANOWETZ, Günter: Das Jesuitentheater in Innsbruck und Hall von den Anfängen bis zur Aufhebung des Ordens, Diss. zur Erlangung des Doktorgrades an der Fakultät für Grund- und Integrativwissenschaften (Wien 1981)

Zeittafel

1586 Oktober 9: Erzherzog Leopold wird als vorletzter Sohn Erzherzog Karls II. von Innerösterreich und seiner Gemahlin Maria von Bayern in Graz geboren

1604 Juni 4: Claudia de' Medici kommt als letztes Kind des Großherzogs Ferdinando I. und seiner Gemahlin Christine von Lothringen in Florenz zur Welt

1605 Leopold wird Bischof von Passau

1608 Leopold wird Bischof von Straßburg

1619 Jänner 14: Leopold wird Gubernator von Tirol

1621 April 29: Claudia heiratet in der Villa Baroncelli Federigo della Rovere, im Mai Abreise nach Urbino

1622 Februar 7: Geburt der Tochter Vittoria della Rovere

1623 August 19: Claudia kehrt als Witwe nach Florenz zurück, ihre Tochter folgt nach

1623 November 15: 1. Erbvertrag zwischen Kaiser Ferdinand und seinen Brüdern Leopold und Karl ohne genaue Länderangabe

1625 September 24: 2. Erbvertrag mit Ferdinand II., Leopold wird erblicher Landesfürst in zwei Dritteln der Tiroler Linie

1625 November 17: Leopold trifft zu einem kurzen Besuch in Florenz ein, seine Bevollmächtigten beginnen mit den Heiratsverhandlungen

1625 Dezember 6–30: Leopold weilt in Rom und verhandelt mit dem Papst über die Modalitäten seines Austritts aus dem geistlichen Stand

1625 Dezember 18: Leopold erhält Dispens vom Subdiakonat und kann heiraten

1625 Dezember 25: Publikation der Heirat Leopolds mit Claudia

1626 Jänner 5–30: Leopold hält sich nach seiner Rückkehr aus Rom in Florenz auf

1626 März 25: Claudia wird im Florentiner Dom prokuratorisch mit Leopold getraut

1626 April 19: Claudia trifft in Innsbruck ein, in der Hofkirche wird die Ehe mit Leopold kirchlich eingesegnet

1627 Februar 9: Geburt der Tochter Maria Eleonore

1628 Mai 17: Geburt des Erbprinzen Ferdinand Karl

1628 Juni 18: Taufe Ferdinand Karls

1628 September 26: Leopold wird in Salzburg in den Orden vom Goldenen Vlies aufgenommen, Claudia reist mit

1629 Juli 25: Leopold macht sein Testament und bestimmt Claudia zur Regentin

1629 Juli 29: Maria Eleonore stirbt

1629 August 12: Geburt der Tochter Isabella Klara

1630 Oktober 24: Leopold erhält auch das restliche Drittel der Tiroler Linie, besonders das Elsaß

1630 November 28: Geburt des Sohnes Sigismund Franz

1632 April 6: Geburt der Tochter Maria Leopoldine

1632 September 13: Leopold V. stirbt in Schwaz

1633 Juni 15: Claudia wird von Kaiser Ferdinand II. zur Regentin ernannt, bis zur Volljährigkeit Ferdinand Karls kann sie weitgehend selbständig regieren

1634 September 6: Sieg der kaiserlichen Truppen bei Nördlingen

1634 Ende September – Mitte November: Auf der Flucht vor einer Seuche in Innsbruck weilt Claudia samt Familie in Meran

1634 Mitte November – Ende März 1635: Claudia hält sich in Bozen auf

1635 September 15: Claudia privilegiert den Bozner Merkantilmagistrat

1636 April 17: Die Innsbrucker Sommerresidenz Ruhelust brennt ab

1637 Ende Juli: Claudia bricht zu einer Reise nach Polen auf

1637 November 8: Claudia kehrt aus Polen und Wien nach Innsbruck zurück

1639 September 18: Ebersdorfer Vertrag zwischen Kaiser Ferdinand III., König Philipp IV. von Spanien und Claudia zur Rückeroberung verlorengegangener habsburgischer Gebiete

1642 Jänner 13: Mals wird zum Markt erhoben

1646 April 9: Claudia übergibt die Herrschaft an Ferdinand Karl

1646 Juni 10: Hochzeit Ferdinand Karls mit Anna de' Medici in Innsbruck

1647 Jänner 18: Die Tiroler Stände geloben die Errichtung der Mariahilfkirche

1648 Juli 2: Maria Leopoldine heiratet in Linz Kaiser Ferdinand III., Claudia, Ferdinand Karl, Anna und Isabella Klara nehmen an der Hochzeit teil

1648 Oktober 24: Friede von Münster, die Tiroler Linie verliert die linksrheinischen Gebiete

1648 Dezember 25: Claudia stirbt in Innsbruck

Bildnachweis

Serge Domingie: Abb. 10, 11, 13, 16, 17, 24, 25, 38–40, 48, 49, 75, 76, 78, 94, 154–156, 291, 292.

Gabinetto Fotografico: Abb. 12, 14, 18, 21, 22, 26, 31, 33–35, 42, 56, 79, 80, 84, 93, 113–115, 129, 134, 135, 151, 163, 188, 272, 273.

Jörg Moser: Abb. 9, 41, 47, 51, 53, 54, 63, 67, 77, 81, 83, 103, 106, 121, 131, 132, 137, 143, 144, 150, 153, 158, 160, 167, 173, 186, 188, 194, 199, 229, 237, 239, 258, 261, 263, 281, 296, 300, 301, 304, 309, 310, 311, 321, Vorsatz und Nachsatz.

Albert Steger: Abb. 112.

M. Hye-Weinhart: Abb. 119.

Martin Mittermair: Abb. 120, 248.

Walter Graf: Abb. 122, 124, 230, 231, 233, 294, 295, 312.

BDA Wien: Abb. 128, 159, 198, 225, 287, 297, 306, 307, 313.

Gemeinde Kurtatsch: Abb. 240.

Gemeinde Karneid: Abb. 243, 245.

Comune di Mezzocorona: Abb. 246.

Josef Ziegler: Abb. 287.

Markus Klotz: Abb. 315.

Meinrad Pizzinini: Abb. 318.

Alle übrigen Aufnahmen wurden von den genannten Institutionen oder Privatpersonen zur Verfügung gestellt.

Titelbild: Claudia de' Medici, Merkantilmuseum Bozen, IN 349.
Rückentitel: Claudia de' Medici, KHM, GG, IN 4392.

Register
(Auswahl)

Abtreibung → Gerichtsbarkeit
Achensee 50, 81, 105, 170; Anm. 208.
Ala 45, 71, 99; Anm. 244.
Alba, Herzog 27.
Albertini, Ascanio 64, 67, 140; Anm. 291.
Albizi, Hans Georg 161; Anm. 372.
– Susanna 161; Anm. 372.
Albrecht, Herzog von Bayern († 1666) 95, 103; Anm. 168, 169.
Aldringen, Johann 104, 176.
Alessandro de' Medici, Herzog († 1537) 22f.
Alessandro de' Medici, Kardinal († 1605) 34.
Ambras → Innsbruck
Ampaß Anm. 545.
Anderl von Rinn 229f.
Andreas von Österreich, Kardinal († 1600) 161.
Anna, Kaiserin († 1618) 43; Anm. 671.
Anna, Königin von Polen († 1598) 96, 163.
Anna, Königin von Spanien († 1580) 27.
Anna de' Medici († 1676) 9, 70, 181, 187, 238ff.
Anna Katharina Constantia, Prinzessin von Polen († 1651) 163f., 238.
Anna Katharina Gonzaga, Anna Juliana († 1621) 34, 77, 113, 231.
Anraiter, Karl 262.
Arco 185.
– Isabella 115, 125; Anm. 148.
– Johann Baptist 71.
Arlberg, Christophorusbruderschaft 244.
Augsburg 69, 82, 85f., 112, 151f., 157; Anm. 254, 540, 694.
Baccicoluna, Ercole 243f.; Anm. 705.
Balde, Jakob 95.
Bemelberg, Konrad 67.
Benevieni, Archangelo 232.
Bernhard, Herzog von Weimar 108, 140.
Bienner, Wilhelm 161, 167, 180f., 184, 236; Anm. 373.
Bludenz 45, 222.
Bozen 71, 90, 98, 141, 151f., 162, 195, 200, 213, 217, 221, 223, 225f., 228, 240, 263f.; Anm. 623.
– Amt, Amtmann 98, 228; Anm. 160, 429.
– Bürgermeister 228.
– Friedhof 194f.
– Märkte 151, 225; Anm. 220.
– Merkantilmagistrat, Merkantilmuseum 7, 151f., 162, 237; Anm. 277, 328, 329.
– Protestanten 194f.
– Zollstation 231f.; Anm. 241, 249, 257.
Brandis, Johann Andrä 71.
– Maria Barbara 114; Anm. 148.
– Veit Benno 98, 236.
Branzoll Anm. 181.
Bregenz 45, 222, 244; Anm. 706.
Breisach 140f., 145, 147, 247; Anm. 300, 304.
Breitenfeld 102, 146.
Brixen 44f., 50, 74, 77, 90, 98, 103f., 126, 157, 166–168, 176, 197, 200, 236f., 240, 244; Anm. 315, 378, 391.
Brixlegg 79, 100, 125.
Brüssel 80, 134, 140–142; Anm. 289.
Burgau 66, 69, 95, 139.
Burglechner, Matthias 264–267; Anm. 763, 764, 766.
Cäcilia Renata, Königin von Polen († 1644) 162–164; Abb. 201.
Campagnolo, Francesco († 1630) 132, 134.
Cappello, Bianca († 1587) 28.
Caraffa di Stigliano, Carlo 83, 118, 185f.; Anm. 127, 253.
Carlo de' Medici († 1666) 59, 71, 73, 79f., 103, 239f.; Anm. 103, 180.
Castelbarco, Portia 185.
Castelleti, Graf von Nomi, Ferdinand 167, 186, 261.
Castiglio, Giovanni Anm. 424, 694.
Caterina de' Medici, Königin von Frankreich († 1589) 23, 30.
Caterina de' Medici, Herzogin von Mantua († 1629) 57, 71.
Chiemsee 242; Anm. 692.
Christine von Lothringen, Großherzogin († 1637) 30, 55, 58f., 66, 70, 83, 85, 102f., 140; Anm. 424.
Chur 220; Anm. 612.

Cisat (Cysat), Johann Baptist 260f.; Anm. 743.
Claudia von Lothringen († 1575) 31, 55.
Claudia de' Medici, im ganzen Band
- Anleitung für Hexenprozesse 216.
- Heirat mit Federigo della Rovere von Urbino 54, 56–61, 64.
- Heirat mit Leopold V. 40, 54, 62ff.
- Heiratspläne mit Ferdinand II. 87.
- Hundeliebhaberin 7, 87.
- Krankheiten 58, 67, 84, 248; Anm. 718.
- Leichenpredigt 170, 176, 250; Anm. 393, 724.
- Regentschaft 137ff.; Anm. 282, 285.
- Regierungsübergabe an Ferdinand Karl 235–237.
- Reise nach Linz 245.
- Reise nach Polen 162–165, 178; Anm. 383, 565, 592, 681.
- Reise nach Südtirol 162.
- Tod, Beisetzung 248–250; Anm. 723.

Colin, Abraham 176.
- Elisabeth Anm. 241.

Cosimo der Alte († 1464) 16f.
Cosimo I., Großherzog († 1574) 23–27, 32, 120, 127.
Cosimo II., Großherzog († 1621) 8, 31, 34–40, 56, 58f., 238.
Cranach, Lucas 190, 253, 255.
Cysat → Cisat
Dietrich, Wibert 170, 176, 235, 250; Anm. 393.
Dürer, Albrecht 120f.
Ebersdorf 145, 165.
Ehebruch → Gerichtsbarkeit
Ehrenberg, Fort St. Claudia, Klause, Schloß 10, 47, 104, 148f., 153, 255ff.; Anm. 143, 706, 726.
Einsiedeln → Maria Einsiedeln
Eleonora von Toledo 23.
Eleonore Gonzaga, Kaiserin († 1655) 8, 53, 62, 83, 98, 174, 246; Anm. 130, 168, 306.
Elisabeth, Königin von Frankreich († 1592) 27.
Elisabeth von Lothringen, Kurfürstin von Bayern († 1636) 71, 83, 90, 103, 191.
Elsaß 11, 45, 47, 50, 52f., 96, 105, 117, 140, 144, 147, 247.
Engadin, Prättigau 45, 54, 195.
Enn 176.
Ensisheim 80, 83, 139, 147; Anm. 111, 267.

Faschingsbräuche → Feste
Favi, Stefano 115–118; Anm. 252.
Federigo della Rovere, Prinz von Urbino († 1623) 8, 54, 56, 58–60, 134, 218.
Feldkirch 45.
Ferdinand I., Kaiser († 1564) 14f., 25.
Ferdinand II., Kaiser († 1637), im ganzen Band
- Erbverträge mit Leopold V. 64ff.
- Heiratspläne mit Claudia 58.
- Patenschaft für Ferdinand Karl 124ff.
- Regentschaftsübertragung an Claudia 137f.

Ferdinand II., Erzherzog († 1595) 34, 43, 77, 113f.
Ferdinand III., König von Böhmen und Ungarn, Kaiser († 1657) 66, 129, 133, 135, 141f., 144, 147, 152, 162–164, 233, 238, 240, 244–246, 264; Anm. 126, 180.
Ferdinand, Kurfürst von Köln († 1650) Anm. 126, 149, 180.
Ferdinand Karl, Erzherzog († 1662) 8f., 88–91, 94–99, 106, 124–129, 136, 163, 170, 172, 186, 228, 231, 234ff.; Anm. 176, 215, 318, 329, 397, 492, 497, 499, 500, 502, 706, 713.
Ferdinando I., Kardinal und Großherzog († 1609) 25, 28, 55, 128.
Ferdinando II., Großherzog († 1670) 36f., 40, 63, 67, 85, 88, 91, 99, 103, 118–129, 136, 238–240, 245.
Feria, Herzog 140f.; Anm. 330.
Fernando, Kardinalinfant († 1641) 140f., 170, 172; Anm. 330, 415.
Ferrara 16, 34, 64, 240.
Ferrari, Camillo 117.
Feste, Belustigungen
- Faschingsbräuche 8, 91, 95f., 223f.; Anm. 631, 633.
- „Königreich"-Spiel 91, 95f.
- Narren 123, 249; Anm. 406.
- Oper, Theater 7f., 83, 95, 98, 127f., 131–136.
- Roßballett 8, 57, 131f., 134f.

Florenz 15ff.; Anm. 351.
- Biblioteca Medicea Laurenziana 17.
- Boboligarten 23f., 56.
- Corridoio Vasariano 24, 69.
- Crocetta, Kloster, Palazzo 63, 67, 189.
- Dom 57, 70, 240.
- Loggia dei Lanzi 23.

– Murate, Kloster 56, 252.
– Neptunsbrunnen 120.
– Palazzo Medici 17f.
– Palazzo Pitti 7, 23, 38, 55, 57f., 61, 68, 71, 113, 120, 240, 251.
– Palazzo Vecchio, Palazzo della Signoria 23–25, 28.
– Ponte Vecchio 24.
– San Lorenzo 16, 24, 31.
– San Marco 18.
– Santa Trinità 24.
– Santissima Annunziata 190f.
– Teatro Mediceo 28, 131f.
– Uffizien 24, 28, 31, 33, 68, 123; Anm. 469.
– Villa Baroncelli, Villa di Poggio Imperiale 38f., 59, 133; Anm. 21, 162.

Flugi, Eleonora Anm. 612.
– Johann 220; Anm. 612.

Francesco de' Medici, Großherzog († 1587) 25, 27f., 31, 53, 96.

Francesco de' Medici († 1614) Anm. 673.

Francesco de' Medici († 1634) 99f., 103, 142.

Francesco Maria della Rovere, Herzog von Urbino 56, 58f.

Franz I., König von Frankreich († 1547) 22, 127.

Freiburg im Breisgau 12, 146.

Freundsberg Anm. 763.

Friedrich III., Kaiser († 1493) 13.

Friedrich, Kurfürst von der Pfalz († 1632) 51f., 195.

Frommer, Wilhelm 235.

Füssen 104, 141.

Fugger 50, 69, 71; Anm. 221, 536.

Galilei, Galileo 39.

Gallas, Matthias 142.

Gardasee (Gartsee) 45, 118, 242.

Genua 69, 133, 161; Anm. 81.

Georgenberg 47; Anm. 723.

Gerber, Dorothea 206ff.
– Maria 206ff.

Gerichtsbarkeit, Delikte
– Abtreibung 223; Anm. 619.
– Ausweisung 150, 192, 211, 217, 223.
– Carolina, Constitutio Criminalis Carolina (1532) 197, 205, 213, 223.
– Diebstahl 148, 150.
– Ehebruch 193, 216ff.
– Foltermethoden 159, 199ff., 222.
– Hexen, Hexenhammer, Hexenprozesse 148, 197ff.; Anm. 546.
– Kindesmißbrauch 192f.
– Konkubinat 160, 217f.; Anm. 599.
– Landeshuldigung 223.
– Landesordnung (1573/1603) 148, 150, 153, 158, 192; Anm. 310, 521, 593, 636.
– Pfählen 150, 194.
– Polizeiordnung (1573) 148, 221; Anm. 310, 521, 593, 636.
– Rädern 150.
– Schandstrafen 217, 223; Anm. 321.
– Totschlag 150.
– Urfehde 199, 219; Anm. 551.
– Wildschützen 48, 137, 150; Anm. 280.
– Zauberei, Zauberer 148, 197ff.

Germersheim 53f.; Anm. 291.

Giannettini, Dominico 186, 211; Anm. 382, 495.

Giovanni de' Medici, Papst Leo X. († 1521) 21.

Giovanni di Averardo (Bicci) dei Medici 16.

Giovanni Carlo de' Medici († 1663) 86, 118–129, 239.

Girardi, Anton 118, 165.

Giulio de' Medici, Papst Clemens VII. († 1534) 21–23.

Glurns 141; Anm. 330.

Götz, Ferdinand 177.

Gondi, Francesco Maria 184.
– Isabella Anm. 473.

Gras, Kaspar Anm. 194.

Grassi, Bernardino 134f.

Graz 34–36, 43, 64, 102.

Greiner, Blasius 69; Anm. 83, 145.

Grienegger, Anna Katharina 95.

Griessauer, Kaspar 84, 168; Anm. 135.

Gschnitz 161.

Guarinoni, Hippolyt 120, 229; Anm. 107, 136, 137, 172, 570.
– Johann Andreas 201.
– Maria → Madruzzo

Günzburg 52; Anm. 45.

Gufidaun Anm. 565.

Gumpp, Christoph 106, 131, 177–180, 184, 235, 249, 256, 259f.; Anm. 338, 442, 711, 726, 754.

– Elias 179, 255–257; Anm. 726, 733.
– Elisabeth 166; Anm. 216.
– Johann 184; Anm. 469.
Gustav Adolf, König von Schweden († 1632) 102, 104.
Haidenreich, Maria Elisabeth 125, 185; Anm. 383, 479.
Haiming Anm. 131.
Hainhofer, Philipp 82, 85–87, 93, 117, 157, 191; Anm. 113, 217, 254.
Hall 43f., 50, 77, 81f., 100, 125, 141, 154, 156, 163, 223, 229, 234, 243; Anm. 131, 133, 429, 453, 633, 684, 713.
Hallerau 83, 153; Anm. 338, 499.
Heinfels 223; Anm. 592.
Heinrich II., König von Frankreich († 1559) 23.
Heinrich IV., König von Frankreich († 1610) 33.
Heiterwang, Heiterwangersee 50, 105; Anm. 208.
Hexen → Gerichtsbarkeit
Höprant, Dorothea 199.
Hörtenberg 108; Anm. 292.
Hoffingott, Johann Anm. 662, 754.
Hohenems, Jakob Hannibal 88, 118, 163, 170, 184f.; Anm. 339.
Huntpiss, Elisabeth 185; Anm. 383, 479.
Huter, Jakob 194.
Imst 50, 82, 108.
Incontri Attilio 64.
 – Elisabeth, geb. Stein 64, 91, 95.
 – Julia, verh. Schneeberg 91, 95, 115, 125.
Innsbruck 156–171
 – Ambras 48, 50, 79, 100, 114, 117, 127f., 131, 168, 174, 182, 243; Anm. 40, 108, 135, 140, 277, 407, 408, 688, 713.
 – Amraser See 80; Anm. 499.
 – Bäder 159.
 – Böhmisches Haus 182.
 – Bossierhaus 120.
 – Brandvorsorge 156f.; Anm. 354.
 – Büchsenhausen 161, 180f.
 – Bürgermeister Anm. 362, 363.
 – Claudiaplatz 262.
 – Claudiasaal 7, 150, 259f.
 – Destillierhaus 183.
 – Dom → St. Jakobskirche
 – Fasanengarten 96, 182.
 – Fasanenhaus 183.
 – Feuerordnung 156f.; Anm. 80.
 – Franziskanerkloster 47, 96, 189, 235.
 – Gewürzgarten 168.
 – Hofballhaus (Dogana, Congress), Reitbahn, Theater 95, 120, 131–133, 136; Anm. 702.
 – Hofburg 53, 69, 71, 76, 91, 95, 98, 106, 113, 119f., 124–126, 129, 157, 162, 166, 177, 182f., 189, 236f., 242, 253, 266; Anm. 84, 145, 354.
 – Hofgarten 96, 168, 177f., 184; Anm. 399, 406.
 – Hofgasse 227.
 – Hofkirche 47, 53, 73f.,76, 91, 97f., 100, 125, 176, 189, 236, 238, 242; Anm. 415, 437.
 – Jesuiten, Jesuitenkolleg 77, 83, 100, 120, 126, 137, 165f., 193, 195, 205, 226, 260f.; Anm. 174, 378.
 – Jesuitenkirche 48, 83, 93, 128, 137, 235, 249f., 260f.; Anm. 101, 743, 749.
 – Kapuzinerkloster 85, 96, 100, 190.
 – Kohlstatt 227.
 – Kräuterhaus 159–161; Anm. 422, 524, 526, 622.
 – Lärmbekämpfung (Wäschewaschen, Holzhacken) 157–159.
 – Lange Wiese → Ulfiswiese
 – Leopoldsbrunnen 100, 120; Anm. 194.
 – Löwenhaus 162, 168, 177.
 – Mariahilfkirche 7, 244, 261; Anm. 708.
 – Marienoratorium 87, 96f., 190.
 – Mitterhof Anm. 496.
 – Narrenhaus 157, 160; Anm. 368.
 – Neues Hofgebäude, Sommerresidenz 177ff.; Anm. 459, 536.
 – Neues Landhaus 262.
 – Pradl 159; Anm. 354, 365.
 – Pulvermühle 162; Anm. 376.
 – Rathaus 160.
 – Regelhaus 77, 100, 123, 125f., 243.
 – Regierungsgebäude (Herzog-Friedrich-Straße 3) 155.
 – Reithaus 183.
 – Ritschen, Bachrinnen 156f.
 – Ruhelust 93, 99, 106, 113, 119, 125f., 156, 162, 168, 176f., 179, 235, 253, 266; Anm. 378, 496.
 – Saggen 165; Anm. 44.
 – Saggentor 118.

- Seeloshofen 261.
- Servitenkloster 92, 190, 243, 253.
- Silbergasse (Universitätsstraße) Anm. 766.
- Silberne Kapelle 100, 166f., 176, 249.
- Spezereiwaren 231.
- St. Jakobskirche (Dom), Stadtpfarre, Stadtpfarrer 44, 48, 84, 90f., 98, 100, 126, 176f., 185, 224, 253.
- Stadtrichter 159f., 227.
- Stadtspital Anm. 145.
- Stadtturm, Stadttürmer 157; Anm. 368.
- Tierhaus 120.
- Ulfiswiese, Lange Wiese, Tiergarten 47, 100, 114, 123, 129, 234; Anm. 402.
- Universität 7, 237, 261.
- Wappenturm 118, 183.
- Weiherburg 161.
- Wilten 47, 73, 235, 242.
- Zeughaus 52, 87, 100; Anm. 45, 131, 194, 392.

Institoris, Heinrich 197.
Inzing Anm. 546
Isabella Clara Eugenia, Infantin 95, 134, 140f., 170.
Isabella Klara, Erzherzogin († 1685) 94f., 97–99, 166, 172, 185f., 242, 245f.
Johanna, Großherzogin († 1578) 25, 27, 53.
Johanna, Infantin († 1555) 14.
Juden → Religion
Jülich 42, 54; Anm. 382, 668.
Kässler, Katharina 201f.
Kaldiff 176.
Kaltern 220; Anm. 564.
Karl II. von Innerösterreich († 1590) 41, 126.
Karl IV., Herzog von Lothringen († 1675) 140.
Karl V., Kaiser († 1558) 14f., 22f., 127, 146.
Karl VIII., König von Frankreich († 1498) 19.
Karl, Bischof von Breslau und Brixen († 1624) 44, 50, 64, 70.
Karl von Burgau 69, 161.
Karl Ferdinand, Prinz von Polen († 1655) 164.
Karneid 205–211; Anm. 569, 589.
Kasimir, Prinz von Polen († 1672) 164, 172, 238; Anm. 381.
Kastelruth 205.
Katharina von Lothringen († 1648) 167, 172f.; Anm. 416.

Kaufbeuren 195; Anm. 540.
Kepler, Johannes Anm. 743.
Ketelius, Johannes 177.
Kilian, Lucas 268.
Kindesmißbrauch → Gerichtsbarkeit
Kirchberg Anm. 430.
Kitzbühel 194, 218.
Klausen 90.
Klesl, Melchior Anm. 149, 168.
Köll, Barbara 200f.
Köln 109; Anm. 398.
- Kurfürst → Ferdinand
Königsberg 203; Anm. 559.
Königsegg, Hans Georg 88, 106.
- Johanna 84.
Kolb, Anna 199.
Koler, Barbara 206, 208–211.
- Georg 206, 208–211.
- Juliana 206, 208–211.
Kolhueber, Hans 170, 218f.
Kollmann 154.
Konkubinat → Gerichtsbarkeit
Konstanz 51, 67, 84, 141, 149; Anm. 321, 706.
Konstanze, Königin von Polen († 1631) 35, 96.
Kramsach Anm. 436.
Krankheiten, Heilpraktiken
- Aderlaß Anm. 718.
- Blattern 91, 167; Anm. 397.
- Fontanelle 84, 94, Anm. 136.
- Klistier 84.
- Seuchen 157, 162.
Kronmetz (Mezzocorona) 211f.; Anm. 577, 578.
Kuefstein, Justina verh. Brandis 98, 125; Anm. 148, 186.
Kühtai 50, 219; Anm. 167.
Künigl, Veit 105, 137, 163.
Kufstein 100, 141f.; Anm. 330.
Kupferdag, Agnes 217.
Kurtatsch 200–203.
Lacheman, Hans (Khachler) 205f.
Ladis, Obladis 90, 105, 173; Anm. 416.
Landeck 149, 198f., 215; Anm. 131, 550.
Lavis, Naviß, Nevis 230f.; Anm. 563.
Laymann, Paul 205.
Leopardt von Ferklehen, Hans Jakob († 1643) 74, 78, 95, 217; Anm. 95.

Leopold V. († 1632), im ganzen Band
- Beisetzung in der Jesuitengruft 234f.
- Biographie 41ff.
- Deposition des Sarges in der Ruhelustkapelle 106, 162.
- Heirat mit Claudia 40, 54, 62ff., 140, 253.
- Krankheiten 84, 105; Anm. 137, 210.
- Leichenpredigt 235; Anm. 520.
- Reise nach Florenz 57, 67–69.
- Reise nach Rom 67–69.
- Testament 108f., 137, 165, 233.
- Trauergerüst 235.
- Vliesverleihung 90, 129f.

Leopold vom Heiligen Kreuz 162, 231.
Leopold Wilhelm, Erzherzog († 1662) 66f., 69, 164.
Leopoldo de' Medici († 1675) 57, 239f., 242.
Lienz 192.
Lindner, Johann 139.
Linz 245; Anm. 220, 679, 712.
Lippi, Lorenzo 173f., 182, 267; Anm. 422.
Livorno 31, 68.
Lodron, Aurelia 116; Anm. 237.
- Franz 95, 118.
- Hieronymus 71; Anm. 244.
- Maximilian 71.
- Paris 118.
- Paris, Erzbischof von Salzburg († 1653) 52, 74, 76f., 130, 168, 242, 248; Anm. 275, 692.

Lorenzo de' Medici († 1648) 57, 71, 73, 76, 79f., 103, 173f., 239; Anm. 97, 103, 125.
Lorenzo de' Medici, Herzog von Urbino († 1519) 21, 23.
Lorenzo der Prächtige († 1492) 18, 21.
Lottiere, Hortensio 118.
Lucchese, Adam Anm. 97.
- Bartholomäus 47.
Luders 52, 67.
Ludwig XI., König von Frankreich († 1483) 13, 20.
Ludwig XII., König von Frankreich († 1515) 109.
Ludwig XIII., König von Frankreich († 1643) 34, 139f.
Ludwig XIV., König von Frankreich († 1715) 34.
Ludwig, Vinzenz 177.
Luft, Michael Anm. 540.
Machiavelli, Niccolò 21.

Magdalena von Bayern († 1628) 42; Anm. 252.
Madrid 70, 142; Anm. 118.
Madruzzo (Madrutschin), Maria geb. Guarinoni 95, 116; Anm. 176, 238.
Mailand 19, 52, 71, 116, 139–141, 154, 170, 172, 243; Anm. 704.
Malaspina, Pietro 117, 186; Anm. 210.
Mals 152, 264.
Mantua 69, 71, 246; Anm. 88, 713.
Margarete, Erzherzogin († 1530) 14.
Margarete, Königin von Spanien († 1611) 34f.
Margarete von Parma († 1586) 22f.
Margherita de' Medici († 1679) 70, 131.
Maria, Erzherzogin, Anna Katharina († 1649) 77, 96, 112f., 123.
Maria, Herzogin von Burgund († 1482) 13; Anm. 716.
Maria, Infantin, Königin von Ungarn und Kaiserin († 1646) 8, 90, 96, 100, 129, 131–136, 141f., 240, 243.
Maria von Bayern († 1608) 41f.
Maria de' Medici, Königin von Frankreich († 1642) 33, 53, 112, 139.
Maria Einsiedeln 84, 92f.; Anm. 166.
Maria Eleonore, Erzherzogin († 1629) 82, 84–86, 89, 92, 94, 162, 235, 253, 255; Anm. 140.
Maria Leopoldine, Kaiserin († 1649) 103, 112, 166, 185f., 242, 244–246; Anm. 424, 711, 713, 723.
Maria Loreto 77, 83, 88, 100, 154.
Maria Magdalena, Großherzogin († 1631) 8, 35–40, 54, 56f., 59, 63ff., 81–83, 85, 88, 91, 96, 98–102, 106, 108, 131–133, 191, 238, 253; Anm. 180, 185, 571.
Maria Waldrast 50, 84, 86, 94, 150, 160, 231f.; Anm. 35, 101, 133, 146.
Martelli, Lorenzo 173.
Matrei 71, 240.
Matthias, Kaiser († 1619) 42–44, 47, 231; Anm. 671.
Mattias de' Medici († 1667) 99, 100, 103, 142, 173; Anm. 168.
Maximilian I., Kaiser († 1519) 13, 44, 50, 76, 82, 113, 120, 144; Anm. 716.
Maximilian II., Kaiser († 1576) 25.
Maximilian, Kurfürst von Bayern († 1651) 98,

103f., 130, 142; Anm. 126, 168, 180.
Maximilian der Deutschmeister († 1618) 43, 47, 100, 113, 225f., 231; Anm. 84, 212.
May, jüdische Hoflieferanten 225–228, 242, 245; Anm. 391, 672.
– Abraham 226–228; Anm. 696.
– Ferdinand Sigismund 228.
– Marx 226; Anm. 644.
– Samuel → Ferdinand Sigismund
Mayr, Afra Anm. 623.
– Elisabeth 160; Anm. 622.
– Gall 261.
Meran 141, 162, 212f., 222, 224, 228, 231, 264.
Mezettino, Komödiant 87.
Mezzocorona → Kronmetz
Mils Anm. 622.
Mohr, Christian 150, 260; Anm. 318.
– Maximilian 238f.; Anm. 131, 350.
Monreale 67, 176; Anm. 398.
Montecuccoli, Hieronymus 163f., 184f.
Moravi, Giacomo 228; Anm. 655.
Motzel, Volpert 204, 211, 213; Anm. 586, 588.
Müller, Johann Dietrich 159f.
München 43, 76, 98, 167, 191; Anm. 131, 189.
Münster 147, 246f.; Anm. 715.
Murbach 52, 67.
Nassereith 108.
Naurizius, Elias 267.
Nikolaus Franz, Herzog von Lothringen († 1670) 173.
Nördlingen 142.
Nomi → Castelleti
Norbertin, Matthias Maximilian 225f., 231.
Nut, Florian 249.
Oberkofler, Bartholomäus (Lebenfierer) 214f.
Obladis → Ladis
Ötz 219.
Pagano, Eustachio 186, 233; Anm. 476, 664.
Pandolfini, Andrea 118, 177, 182, 186.
Panta, Claudio 135.
Panzoldo, Leonardo 123; Anm. 502.
Paradis, Giacomo 134f.
Parigi, Alfonso 73f., 76, 102, 131–136, 173; Anm. 97.
– Giulio 113, 131, 133; Anm. 97.
Parma 131.
Passau 8, 41, 52, 63, 68f., 80, 100, 142, 168; Anm. 45, 111.
Pelegrini, Agostino 186, 245; Anm. 346, 500.
Pellikan, Leonardo 213.
Peregrini, Helena Barbara 116.
Perger, Matthias (Lauterfresser) 214.
Pertisau 219; Anm. 208.
Pesaro 59f.
Petersberg → St. Petersberg
Petrus Canisius 104; Anm. 206.
Pfaundler, Matthias Anm. 408.
– Tobias 226.
Pfeffer, Kaspar Anm. 540.
Philipp der Schöne († 1506) 14.
Philipp II., König von Spanien († 1598) 27.
Philipp III., König von Spanien († 1621) 34f., 59.
Philipp IV., König von Spanien († 1665) 95, 116, 140, 142, 145, 237, 244; Anm. 398.
Piccolomini, Francesco 239.
– Honorata († 1665) 95, 106, 114–116, 125, 142, 249f.; Anm. 148, 154, 294.
– Ludovico 186; Anm. 494.
– Ottavio 142.
– Violante 114, 125; Anm. 152, 225.
Piero de' Medici († 1503) 18f.
Pinelli, Vincenzo 116, 162, 186.
Pinggera, Johann 149.
Pisa 25, 39, 68, 169.
Pius IV., Papst († 1565) 25.
Polak, Martin Teofil 92, 133, 190, 255, 267f.
Polen 162–165, 178.
Prackenhofer, Philipp Ernst 160f.
Prag 34, 42f., 124; Anm. 45.
Prättigau → Engadin
Primör Anm. 500.
Pratolino 28, 59, 240.
Prutz 98; Anm. 189. Vgl. Ladis
Pustertal Anm. 497.
Rattenberg 100, 141, 172, 194, 197; Anm. 436.
Regensburg 96, 108, 133, 142.
Reinhart, Friedrich Anm. 194.
– Heinrich Anm. 194.
Religion, Konfession
– Beichte, Beichtmandate, Beichtregister, Beichtzettel 161, 195–197.
– Calvinisten 195.
– Gotteslästerung 157f., 197; Anm. 524.

– Juden 224ff.
– katholische Rechtgläubigkeit 192ff.
– Passionsspiele 169.
– Protestanten 194f.; Anm. 143, 545.
– Religionsagenten 195; Anm. 540.
– vierzigstündiges Gebet 51, 73, 82, 94, 104, 145, 193, 237.
– Wiedertäufer 194.
Renato, Ferdinand 231.
Reutte 47, 50, 73, 85, 103f., 203f., 231, 256; Anm. 143, 330, 540.
Richelieu, Kardinal 139, 147.
Rinn 229.
Riß, Georg Anm. 372.
Ritten 213.
Rodeneck 90, 214f., 255; Anm. 586.
Rom 7, 22, 26, 28, 40, 67, 82, 88; Anm. 195.
– Villa Medici 7, 30, 40, 118.
Rosenberg, Hans Eckhart 162.
Rosenberger, Gewerken 194; Anm. 536.
Rossetti, Carlo 174; Anm. 718.
Rossi, Matteo 118; Anm. 264.
Rotholz, Thurnegg 50, 81, 169f., 219; Anm. 208.
Rottula, Cesare 154.
Rovereto 99, 117, 154, 215, 226; Anm. 112, 257, 672.
Rubens, Peter Paul 142.
Rudolf I., König († 1291) 11, 77.
Rudolf II., Kaiser († 1612) 34f., 42f.
Rudolf IV., Erzherzog († 1365) 12.
Salvadori, Andrea 57f., 69, 132f.
Salzburg 41, 51, 82, 90, 103, 125, 129f., 245.
– Erzbischof → Paris von Lodron
Savonarola, Girolamo († 1498) 19.
Scapita, Vincenzo 118; Anm. 264.
Scarinelli, Ferdinando 133.
Scarmiglione, Giovanni Battista 118, 186; Anm. 264.
Schainger, Christina 198f.
Scharnitz 148, 244, 255–258; Anm. 736.
Scheiner, Christoph Anm. 743.
Scheu (Schef) 163, 168.
Schinchinelli, Oliverio 97, 102, 116, 139, 172, 184f.
– Sara Margareta 185.
Schleicher, Philipp Heinrich 120.

Schulderns 220.
Schmelz, Mang 204.
Schneeberg, Johann 91.
– Julia → Incontri
Schön, Elias 50.
Schöneck 147 154; Anm. 606.
Schor, Hans 167, 181; Anm. 46, 415, 459, 702, 723.
Schreyer, Gilg Anm. 436.
Schwaz 44, 50, 79, 100, 105, 125, 168, 180, 184, 260, 263; Anm. 38, 46 107, 679, 763.
Seefeld 169, 231, 262f; Anm. 753.
Seifriedsberg 50, 108; Anm. 221.
Sibylle von Burgau 69.
Siena 25.
Sigismund III., König von Polen († 1632) 35, 96, 98.
Sigismund Franz, Erzherzog († 1665) 96f., 136, 167f., 182, 186, 231, 267; Anm. 140, 494, 500.
Sigl, Dorothea 201f.
Silz 169.
Simon von Trient 229.
Spaur 220.
– Elisabeth 115, 125.
– Felizitas 115f.
– Katharina 115, 125.
– Paul 118.
Spolverino, Francesco 115, 117, 186; Anm. 230, 498.
Sporer, Friedrich 260.
Sprenger, Jakob 197.
Springler, Tobias 194.
St. Petersberg 50, 82, 108, 181; Anm. 221, 292.
Stadlmayr, Johann 47, 134f., 186, 264.
Stams 47, 235, 238; Anm. 672.
Stangl, Bernhard 167; Anm. 702.
Stecher, Reinhold 229.
Stein, Elisabeth → Incontri
Steinach 179.
Steineck 206, 211.
Sterzing 50, 71, 144, 150; Anm. 90, 221.
Stotzingen zu Dellmessingen, Ulrich 139; Anm. 285.
Straßburg 45, 47, 52, 63, 67, 78.
Sulz, Maria Anm. 154, 227.
Suttermans, Justus 267.

Tanner, Adam 205.
Tax, Hans 167.
Telfs 141.
Thaur 169, 221, 247; Anm. 571.
Thurnegg → Rotholz
Toledo Anm. 398.
Trautmanstorff, Maximilian 147, 163, 247; Anm. 306.
Trient 45, 50, 71, 99, 103f., 154, 168, 185f., 197, 211, 229, 236, 240; Anm. 73, 169, 237, 398, 430.
Triest 12, 96, 133.
Ulten 212f.; Anm. 583.
Unterperger, Bartholomäus 162; Anm. 376.
Urbino 58f., 60f., 82, 92, 106, 190, 252.
Ursch, Anna 213f.
Varagnano, Scipio 117.
Veltlin 144.
Venedig 33, 69, 99, 173, 242f., 245; Anm. 83, 672, 679.
Verona 242; Anm. 181, 718.
Villa Baroncelli, Villa di Poggio Imperiale → Florenz
Vittoria della Rovere, Großherzogin († 1694) 63, 71, 82f., 121, 239f.; Anm. 66, 424.
Volders 125, 229, 231.
Volmar, Isaak 147, 167, 247.
Vorarlberg 12, 45, 247.
Waldmann, Michael 133, 167, 176, 181.
Waldrast → Maria Waldrast

Wallenstein, Albrecht († 1634) 104, 141f.
Ward, Mary 190f.; Anm. 518, 519.
Wattens Anm. 633.
Weimar, Herzog Bernhard 140.
Weinhart, Anton Anm. 111.
– Paul 89, 94, 96–98; Anm. 151, 163, 170, 350.
Welschnofen 206, 209, 211; Anm. 574.
Welser, Philippine 100, 176.
Werth, Jan 142.
Wien 8, 34, 45, 50f., 58, 64, 91, 97, 99, 133–136, 142, 162–165, 267; Anm. 131, 306, 315, 430, 500, 671.
Wildschützen → Gerichtsbarkeit
Winkl 162, 231; Anm. 374.
Wladislaw IV. Sigismund, König von Polen († 1648) 133, 163f., 245.
Wörgl 170.
Wolkenstein, Claudia Seraffia 84; Anm. 135.
– Fortunat 84, 90f., 139, 172, 211; Anm. 224, 586.
– Hans 116; Anm. 659.
– Marx Sittich 217.
Yetzl, Johann Baptist 235.
Zabern 52.
Zams 199.
Zauberei, Zauberer → Gerichtsbarkeit
Zeiller, Christoph 206, 210f., 213, 215, 223; Anm. 574, 575, 589.
Zigeuner 153, 169.
Zirl 76, 87, 124, 139; Anm. 208.

Das Fürstliche Schloß Vmbras.

A. Der große Saal.
B. Ballenhause.
C. Sommerhaus, darinen der vmblauffende Tisch.
D. die Kellerei.
E. Kornschütte.
F. Bibliothec.
G. Kleperstall.
H. Kunstkammer.
I. Rüstkammern.
K. Römische Antiquite[n]
L. Der Edelknaben lo[giament]